中国共产党历史（地方卷）集成　社会主义革命和建设时期

中国共产党福建历史

第二卷（1949—1978）

中共福建省委党史研究和地方志编纂办公室　著

中共党史出版社

图书在版编目（CIP）数据

中国共产党福建历史．第二卷，1949–1978 / 中共福建省委党史研究和地方志编纂办公室著．—北京：中共党史出版社，2024.1

（中国共产党历史（地方卷）集成．社会主义革命和建设时期）

ISBN 978-7-5098-6267-4

Ⅰ．①中… Ⅱ．①中… Ⅲ．①中国共产党－地方组织－党史－福建－1949-1978 Ⅳ．① D235.57

中国国家版本馆 CIP 数据核字（2023）第 194104 号

书　　名：中国共产党福建历史第二卷（1949—1978）
作　　者：中共福建省委党史研究和地方志编纂办公室

出版发行：中共党史出版社
责任编辑：姚建萍
责任校对：申宁
责任印制：段文超
社　　址：北京市海淀区芙蓉里南街 6 号院 1 号楼　邮编：100080
网　　址：www.dscbs.com
经　　销：新华书店
印　　刷：保定市中画美凯印刷有限公司
开　　本：710mm × 1000mm　1/16
字　　数：576 千字
印　　张：38.5
版　　次：2024 年 1 月第 1 版
印　　次：2024 年 1 月第 1 次印刷
书　　号：ISBN 978-7-5098-6267-4
定　　价：93.00 元

此书如有印装质量问题，请联系中共党史出版社读者服务部 电话：010-83072535

第 二 卷

目 录

第 一 编
人民民主政权的建立和向社会主义过渡的实现

（1949 年 8 月—1956 年 9 月）

第　二　编
社会主义建设在探索中曲折前进
（1956年9月—1966年5月）

第三编
“文化大革命”的内乱与抗争

（1966年5月—1976年10月）

第 四 编
在徘徊中前进和伟大历史转折的实现
（1976 年 10 月—1978 年 12 月）

绪　论

一

福建位于中国东南沿海，东北与浙江毗邻，西北与江西交界，西南与广东相连，东隔台湾海峡与台湾相望。全省人口 4187 万人[①]、土地总面积 12.4 万平方公里。境内峰岭耸崎，丘陵连绵，河谷、盆地穿插其间。武夷山、仙霞岭、杉岭蜿蜒于边境，戴云山、鹫峰山、博平岭横亘于中部，闽江、九龙江、汀江、晋江贯通境内、东流入海。全省山多、田少，素有“八山、一水、一分田 ”之称。

福建海域辽阔，海域面积达 13.6 万平方千米，超过全省陆地面积。大陆海岸线蜿蜒长达 3324 千米，居全国第二位。沿海岛屿星罗棋布，共有大小岛屿 1546 个。大小港湾 125 个，其中深水港湾 22 处，可建 5 万吨级以上深水泊位的天然良港有东山湾、厦门湾、湄洲湾、福清湾、罗源湾、三都澳 6 个。

福建气候温和，雨量充沛，矿产资源和动植物资源丰富。已发现矿种 118 种，其中已探明储量 75 种。山林面积大，是全国四大林区之一。海洋生物多，是中国南方重要的渔业基地。还有丰富的畜禽品种资源

① 福建省统计局、国家统计局福建调查总队：《2021 年福建省国民经济和社会发展统计公报》，《福建日报》2022 年 3 月 14 日。

和微生物资源。

福建山川秀丽，风光旖旎，山与海、自然与人文紧密组合，形成优良的旅游资源地域组合结构。著名的武夷山、太姥山、鼓山、冠豸山、清源山、鼓浪屿、金湖等风景名胜区吸引着众多慕名而来的中外游客。

二

福建历史悠久，早在新石器时代，就有先民繁衍生息在这块土地上。考古所发现的昙石山、壳丘头、黄土崙等处遗址，不仅表明五千年前，福建已经创造了具有南方文化独特性的、可以跟黄河中下游的仰韶文化、长江中下游的河姆渡文化相媲美的昙石山文化，而且为中国先秦文化增添了丰富的佐证。

从战国起这里为闽越地，以蛇为图腾。公元前 221 年秦始皇统一中国后，在这里设置闽中郡，第一次作为一个行政区划单位出现在中国版图上。19 年后，立无诸为闽越王，建都东冶（今福州），这是福建历史上的第一个县。

西晋南北朝期间，北方连年战乱，中原汉人大批南迁。随着“衣冠南渡，八姓入闽”（即林、陈、黄、郑、胡、何、邱、詹八族），这里的经济、文化也兴盛起来。

唐开元二十一年（公元 733 年），为加强边防，设福建经略使，“福建”由此得名。五代时，在“开闽王”王审知的治理下，实行“保境息民”政策，兴修水利，发展农业，招徕航海船舶，提倡海外贸易。王审知治闽近 30 年，为福建经济文化的繁荣打下了基础。

北宋雍熙二年（公元 985 年）设立福建路，辖福、建、泉、漳、汀、南剑（今南平）六州和邵武、兴化两军。这种格局，从宋沿袭至清，在省以下置八个行政区，故称“八闽”。此后，福建便成为中国南方开发程度较高的地区，经济文化均处国内的领先地位。尤其造船业、航海业，居全国之冠。宋元之间，泉州为世界上最大商港之一，与 100 多个国家和地区有通商关系，形成了著名的“海上丝绸之路”。经济的发展推动了文化的繁荣，在许多文化领域，都有福建人作出的杰出成就。李纲、朱熹、郑樵、苏颂、宋慈、柳永、袁枢等都是这一时期中国文化史上的杰出人物。

自明清以来，台湾海峡就是东亚政治的焦点之一，倭寇对东南沿海的袭击，葡萄牙、西班牙、荷兰、英国、法国、美国、日本等国殖民者对台湾两岸的图谋，都使福建成为抗击海外侵略的第一线，民族英雄俞大猷、郑成功、林则徐等都曾在这里写下了反抗外来侵略的光辉篇章。

三

1840 年的鸦片战争揭开了中国近代史的序幕，从此，中国逐渐成为半殖民地半封建社会，蒙受了一个世纪的苦难和屈辱。在此期间，福建人民反侵略反封建斗争风起云涌。

1844 年 7 月，根据《南京条约》，福州开埠。英国侵略者提出了进入福州城的要求，福州人民运用各种形式开展反对英国侵略者入城的斗争，表达他们反对英国侵略者强迫清政府接受不平等条约的义愤。

太平天国运动，是当时中国社会基本矛盾不可调和的产物。当太平天国运动风暴席卷南中国时，闽南小刀会、闽中天地会、闽北红巾会党等纷纷起义响应，掀起了反抗封建剥削和清朝反动统治的武装斗争。翼王石达开等率太平军四次入闽作战，威震八闽，沉重打击了清朝统治势力。

中外反动派镇压了太平天国运动后，福建人民斗争的主要锋芒逐渐转向了外国侵略者。从 1869 年到 1878 年，先后发生了罗源教案、古田教案、建宁府教案、福州乌石山教案等，福建人民的反洋教斗争规模之大，时间之久是空前的，充分显示了福建人民反对外国侵略者的斗争精神。

在 1894 年 8 月的中法马江海战中，福建军民为保家卫国，喋血马江，表现了与侵略者血战到底的大无畏精神，仅福建水师就有 796 名爱国志士惨烈殉国。

1911 年 4 月 27 日，中国资产阶级革命先行者孙中山和黄兴领导广州起义。福建革命党人积极参与，付出了重大的代价。在战斗中牺牲的闽籍烈士有 30 余人，其中安葬在“黄花岗七十二烈士墓”中有林文、林觉民、方声洞、冯超骧、林伊民等 19 人。他们都是福建同盟会和连江光复会的精英，他们的牺牲使福建革命力量受到了重大损失。

1911 年 10 月 10 日武昌起义胜利，各省纷纷响应，进而掀起席卷全国的革命风暴，推翻了主宰中国两千多年的封建君主专制制度，建立了共和政体。福建革命党人于 11 月 9 日光复福州，结束了清王朝在福建 260 多年的统治。但包括福建革命党人在内的中国民族资产阶级因没有勇气也没有力量把反帝反封建的革命斗争进行到底，辛亥革命终于以同旧的反动势力妥协而告终，革命的果实落入北洋军阀的手中，福建从此为北洋军阀势力所盘踞。

四

进入近代以来，福建的先进分子历经千辛万苦，探索救国救民的真理，尝试过种种改造社会的方案。

1921 年 7 月中国共产党诞生，这是开天辟地的大事变。在全国革命形势的影响和推动下，1925 年福建建立了共青团组织，1926 年仲夏组建了中共组织。福建党组织利用北伐战争节节胜利的大好形势，努力发展革命势力，使福建的工农革命运动不断高涨。

然而，革命的征途不是一帆风顺的。1927 年，福建的国民党右派先于四一二反革命政变前，就在福州、厦门发动反革命事变，被捕的共产党员和革命群众有 1300 多人，被杀害 500 多人。从革命一开始，烈士的鲜血就洒在八闽大地上。

中共福建组织从大革命失败的痛苦经历中，吸取了极为深刻的经验教训，把主要力量迅速转入农村继续坚持革命斗争。在党的八七会议之后，致力于恢复党组织、组建工农武装，先后举行了龙岩后田暴动、平和暴动、上杭蛟洋暴动、永定暴动及崇（安）浦（城）暴动等，在闽西（含闽西北）、闽北、闽南、闽中、闽东等广大地区创建了革命根据地，苏区分布 40 多县，约 300 万人口。全省参加红军和游击队的 10 多万人。

在土地革命战争时期，毛泽东、周恩来、朱德等老一辈无产阶级革命家都在福建领导过革命斗争，并在这里召开了著名的古田会议，制定了建党建军纲领，对中国革命的胜利起了重大作用。

福建各革命根据地的发展、巩固，经历了艰难曲折的过程。由于国民党反动派的疯狂“围剿”，使根据地屡遭摧残，军民牺牲惨重，加上党在指导思想上几度犯“左”的错误，因而使革命事业遭受严重挫折。1934年10月上中旬，中央红军8.6万多人先后从福建的长汀、宁化和江西的瑞金、于都出发，开始长征，其中福建人民子弟兵有3万人，占总数的三分之一，到达陕北的仅2000余人，大部在长征途中英勇牺牲。

中央红军被迫长征后，福建党组织在与党中央失去联系的情况下，在闽西、闽北、闽东、闽中、闽粤边、闽赣边游击区独立地领导了艰苦卓绝的三年游击战争，在常人难以想象的险恶环境中，不屈不挠，坚持斗争，与人民群众生死与共，奇迹般地度过最黑暗的时刻，保存了革命的有生力量。

全民族抗日战争爆发后，中共福建组织认真执行党中央抗日民族统一战线政策，以民族大义为重，不计前嫌，迅即投入挽救民族危亡的斗争。在与国民党福建地方当局和驻军达成国共合作抗日的协议后，全省近5000名游击健儿改编为新四军北上抗日，占当时新四军改编总数将近一半。留在闽粤赣、闽浙赣边区坚持斗争的福建各级党组织，在十分艰难的情况下，开展抗日反顽斗争。在闽粤赣边区，还取得了保田斗争的胜利，使20万亩苏维埃时期分得的土地始终保留在农民手里，创造了党在国统区保留土地果实的一个奇迹。在海外的闽籍华侨，也以空前的爱国热忱，积极支援祖国的抗战，为抗日战争的胜利作出了重大贡献。

抗战胜利后，福建党组织在十分严峻的形势下，坚持武装自卫斗争。在农村，广泛发动游击战争，为建立民主根据地而斗争；在城市，领导工人、学生、市民进行“反饥饿、反内战、反迫害”的爱国民主运动，形成了反对美蒋反动派的人民革命第二条战线。至解放前夕，党领导的闽粤赣边区纵队和闽浙赣人民游击纵队，发展到数万人，频频出击，打击敌人，有力配合中国人民解放军南下大军解放福建，取得了新民主主义革命在福建的伟大胜利。

在长期的革命斗争中，福建人民为中华民族的解放事业作出了重大贡献，也付出了巨大牺牲。全省为革命牺牲的老区群众和死难的烈士达20余万人。革命先辈与革命先烈立下的丰功伟绩，与日月同辉，与天地共存。

五

1949 年 10 月 1 日，中华人民共和国宣告成立。新成立的中共福建省委和省人民政府担负起领导全省人民建设新福建的历史重任，福建历史从此揭开新的篇章。

福建解放之初，在中共福建省委、省人民政府领导下，首先在城市开展接管工作和社会改造，同时，迅速建立各级党组织和人民政权，废除旧保甲制度，召开各级各界人民代表会议，开展基层民主建政工作。为了巩固新生的人民政权，省委、省政府领导全省人民肃清残敌、清剿土匪，至 1951 年初，基本肃清了成股土匪；与剿匪斗争相结合，开展了镇压反革命、抗美援朝和土地改革三大运动；在全省城乡开展了民主改革，扫除旧社会遗留的丑恶现象，建立起新的社会秩序。与此同时，人民政府以没收官僚资本为基础，建立起社会主义性质的国营经济，整顿了金融秩序，加强了城乡及本省与外埠的物资交流，抑制了严重的通货膨胀；开展统一财经工作，致力于复工复业，并贯彻“公私兼顾、劳资两利”方针，合理调整工商业，帮助有利于国计民生的私营工商业度过经营困难，进而得到发展。在农村发展互助合作事业，帮助土地改革后的农民恢复和发展农业生产。为适应新的形势和任务，福建省委从解放伊始就注意加强党的建设。1950 年在全省党内开展了解放后的第一次整风；开展了“三反”和“五反”运动，清除了党和国家干部队伍中的腐败分子；1951 年冬至 1953 年 2 月，福建各级党组织又进行了解放后的第一次整党，增强了党组织的纯洁性。经过三年的努力，至 1952 年底，福建恢复国民经济的任务基本实现，从而为福建有计划经济建设的开始和向社会主义过渡的实现，奠定了坚实的基础。

1953 年，中共福建省委、省人民政府学习贯彻中共中央提出的“一化三改”的党在过渡时期总路线，有重点地实施“一五”计划，至 1956 年底，福建提前一年基本上完成了第一个五年计划的各项指标。在实施“一五”计划的同时，福建省贯彻中共中央的决议，实行了粮食统购统销政策；对农业、手工业和资本主义工商业的社会主义改造也快速推进，至1956年底，全省基本完成了对资本主义工商业的全行业公私合营；1957年初，全省农业和手工业也基本完成了高级合作化。全省第一个五年计划的提前完成、“三大改造”的顺利实现和社会主义基本制度的初步建立，为福建开展社会主义的全面建设创造了十分有利的基础。

党的八大根据中国社会主义改造基本完成后的形势，提出在社会主义条件下全党要集中力量发展生产力，开展全面的大规模的社会主义建设。根据党的八大精神和党内外出现的新情况、新问题，福建省委根据中共中央的指示，在县以上机关党组织中开展了整风运动。然而，极少数人乘机向党和新生的社会主义制度发动进攻，于是整风运动迅速转为反右派斗争。但由于对阶级斗争的形势作了过于严重的估计，反右派斗争被严重扩大化。福建在反右派斗争的过程中，还开展了反“地方主义”和处理“不纯干部”等运动，严重混淆了两类不同性质的矛盾，伤害了一大批无辜的干部、群众。此后，随着指导思想上“左”的错误日益发展，特别是1958年开展了“大跃进”和人民公社化运动，在经济领域刮起了高指标、瞎指挥、浮夸风和“共产风”，生产倒退，国民经济比例严重失调，市场供应紧张，物价上涨，城乡人民生活出现严重困难。这期间，全省广大干部、群众积极响应中共中央的号召，以冲天的革命干劲、满腔的生产热情和大无畏的英雄气概，投身于热火朝天的社会主义建设。筹建三明工业城、实施重点基础设施和农田水利基本设施等建设，为全省工农业的发展打下了坚实的基础。此外，解放军福建前线部队于1958年发动“八二三”金门炮战，坚决打击台湾国民党当局及国外敌对势力的干扰破坏活动，有效地捍卫了国家的安全。

1958年秋冬间，中共中央察觉到“大跃进”和人民公社化运动中出现的乱子，开始整顿人民公社、调整高指标，作了初步纠正“左”的错误的努力。1961年1月，党的八届九中全会决定对国民经济实行“调整、巩固、充实、提高”的八字方针，国民经济开始转入调整的新轨道。福建省委根据中央的指示，首先从农村整风整社入手对农业进行调整，并积极贯彻党中央先后制定的有关农业、工业、商业、手工业、科技文化等方面的“条例”或“意见”，在不同程度上继续纠正1958年以来“左”的错误，使经济、政治、科学、教育和文化等各个领域的工作有了明显的起色。1962年七千人大会之后，福建在国民经济调整中进一步深入开展经济、政治和科学教育文艺政策、知识分子政策的调整，开展对党员干部甄别平反，并对在历次政治运动中遭受错误批判、被戴上各种帽子的基层干部也进行了平反。至1965年，福建的国民经济的调整任务基本完成。

从1966年5月到1976年10月是十年动乱的“文化大革命”时期。这场动乱，使福建社会主义事业的发展遭到了严重的破坏，国民经济一度濒临崩溃的边缘。但由于全省广大党员、干部和人民群众对“文化大革命”进行了多种形式的抵制，在十分困难的条件下努力排除动乱造成的严重干扰，坚守岗位，艰苦奋斗，使生产建设的某些方面仍有所发展。

1976年10月，中央政治局执行党和人民的意志，毅然粉碎了“四人帮”，结束了“文化大革命”这场灾难。福建根据中央的部署，迅即展开清查“四人帮”在福建的帮派体系，并结合整风运动有重点、有步骤地整顿了各级领导班子，开展“双打”斗争，落实党的政策，推动全省因受“文化大革命”和“四人帮”迫害造成的冤、假、错案的复查和平反工作。1978年5月，关于“实践是检验真理的唯一标准”问题在全国引起讨论。9月，省委第一书记廖志高在《人民日报》发表文章，公开支持这一观点，省委宣传部对“真理标准问题讨论”作出了部署。与此同时，福建省着手医治十年动乱的创伤，清除极左错误造成的影响，大力整顿国民经济，使全省工农业生产得到恢复发展。

1978年12月，中国共产党第十一届三中全会召开，作出了把党和国家工作重点转移到经济建设上来、实行改革开放的历史性决策，实现了新中国成立以来党的历史上具有深远意义的伟大转折。福建的社会主义建设也开始进入了改革开放和社会主义现代化建设新时期。

第 一 编

人民民主政权的建立和向社会主义过渡的实现

（1949年8月—1956年9月）

第一章
人民民主政权的建立

第一节　新中国成立初期福建的形势和党的任务

一、新中国成立前后福建的政治经济形势

随着国民党反动统治的覆灭和中华人民共和国的成立，中国新民主主义革命赢得了基本的胜利。中华人民共和国的成立，揭开了中国历史新的篇章。领导和组织人民革命取得胜利的中国共产党，成为在全国范围内执掌政权的党，担负起领导全国各族人民创造幸福美好生活的新征程。中国发展从此开启了新纪元。

1949 年 5 月，中国人民解放军第三野战军第十兵团及第二野战军第四、五兵团各一部，先后进入福建，拉开了解放福建的序幕。在福建地方党组织及其领导的革命武装的配合下，解放大军依靠福建广大人民群众的支持，经过 5 个月的英勇作战，在福建全省范围内消灭了国民党军队 10 多万之众，除沿海一些岛屿外，全省基本上宣告解放，推翻了国民党在福建的反动统治。福建的解放，结束了 100 多年来帝国主义勾结反动统治者剥削压迫福建各族人民和战乱频仍、民穷财尽的局面，实现了福建各族人民长期追求的民族解放和国家独立的梦想。

革命取得伟大胜利，这是当时形势的主流。但是，在解放初期的福建，党和福建各族人民面临着诸多亟待解决的问题，面临着政治、经济、军事等方面一系列严峻挑战。

在政治上，人民民主政权在福建全省范围内还没有自下而上地建立，广大人民还未普遍发动与组织起来，乡村中封建恶霸还在为非作恶，反动的保甲制度尚未彻底摧毁，基层政权还大部分控制在恶霸地主封建势力的手里，农民还处在封建制度剥削下，人民自己的组织力量还不够强大。

在社会经济方面，国民党留下的是一个满目疮痍、民穷财尽的破烂摊子。民族工业极端落后。当时省会福州勉强维持生产的现代工业仅有装机容量5000千瓦的福州火电厂和日产5吨纸规模的福州造纸厂，其余则是小规模的机器修理厂和制茶、酿酒、锯木、印刷、碾米及火柴、肥皂等工厂。即便是稍有发展的电力工业，在1949年全省69个县市中，才有33个小电厂，其装机容量包括福州火电厂在内仅有7400多千瓦，而年发电量仅670万千瓦小时，主要供民用照明，工业动力仅占四分之一。全省近7000家私营工厂，规模小、技术落后；在规模较大的100家工厂中，平均资本也只有4万元。1949年全省工业总产值仅占工农业总产值的0.83%①。由于产业破落、市场萧条等原因，解放之际，全省城镇有15万的失业人员②。据统计，当时福州锯木、造船、化学、制冰、食品、火柴、印刷、造纸、电气、机器、金属冶制等企业合计166家（含工业户），能够恢复开业的只有49家，停业117家。尤其在55家机器厂（店）中，大部分资金短缺，设备不足，能经常开工的不到三分之一③。农村经济凋零，1949年的全省粮食总产量仅56.6亿斤，比总产量最高的1936年下降30%，缺粮的县份占全省县数的三分之一；与1936年相比，甘蔗总产量下降71.2%，水果下降55.7%，茶叶下降45%，水产品下降66%，猪、牛等饲养头数也下降了20%—25%，到解

① 福建省统计局：《福建：奋进的四十年》，中国统计出版社1989年7月版，第4、44、163页。

② 《当前福州市工商业概况初步调查报告》（1949年10月），福州市档案馆编：《福州解放》，海风出版社2005年8月版，第639、641页。

③ 《政治通报》第六期，1949年5月1日。

放时，全省农村的破产农民达500万之众，外出逃荒、卖儿卖女的惨状随处可见[①]，全省没有一寸铁路，勉强能通车的公路仅945公里，三分之二的县城不通汽车。沿海23个县市可投入营运交通的9艘海轮，仅822吨位；内河轮驳船130艘，仅1400吨位。全省港口年吞吐量不到30万吨。有13个县不通电报，23个县不通长途电话。疫病流行也是当时福建人民的致命威胁。尤以鼠疫、霍乱、天花三大烈性传染病最为猖獗。加上缺医少药，全省平均每千人仅有0.3张病床，近10万人才有1名医生，劳动人民得不到医疗保障，大批死于非命。福建鼠疫持续流行了68个年次，波及全省84%的县、市，病死率高达88.3%，累计因疫病死亡人数达71万多。据国民党政府公布的资料，1949年以前，全省人口平均寿命只有35岁左右，从1912年到中华人民共和国成立前夕，全省人口在37年间下降25.05%。加之商业凋敝，物价飞涨，人民生活急剧恶化。到1949年春，国民党政府发行的金元券已贬值到几乎一文不值，5亿元金元券装满两大麻袋，只能换一块银元，实际上等同废纸。3月以后，福建广大城乡已普遍拒用金元券，代之以米、黄金、银元和外币。物价一日数涨，涨幅有时高达数倍。据厦门《江声报》报道：厦门大学月薪最高的教授，每月薪水只能买20多斤米，3担柴，30斤菜花，不到十码质地最劣的土布。而且，买了这样，就买不到那样[②]。一般百姓更是挣扎在死亡线上。

在军事上，由于与福建隔海相望的台湾省以及福建沿海的金门、东山等大小岛屿尚未解放，溃逃到此的国民党军队利用其海军、空军封锁并袭扰福建的沿海地区和港口城市；在全省内地，国民党政权在溃逃前夕，曾制订应变措施，有计划地笼络和扶植土匪，指使其开展“游击战”。这些土匪，与国民党潜伏下来或派遣进来的特务分子、国民党军队溃败的散兵游勇、妄图逃避打击的恶霸地主及反动会道门头子等，相互勾结，形成了一股股“政治土匪”。这些土匪到处烧杀抢掠，造谣惑众，破坏交通，袭扰党政机关和人民群众，对于社会秩序和生产的恢复、人民政权的巩固造成了极大的威胁。

---

① 福建省统计局：《福建：奋进的四十年》，中国统计出版社1989年7月版，第4、179页。

② 《厦大教授在饥饿中》，《江声报》1949年2月15日。

面对复杂形势和种种考验，福建省委在中共中央的领导下，满怀信心地采取一系列积极稳健的政策措施，有条不紊地领导全省人民迎接挑战，开始了完成社会主义革命和推进社会主义建设的伟大进程。

二、中共福建省委、福建省人民政府的成立

早在1949年1月8日，在中共中央政治局会议通过的《目前形势和党在一九四九年的任务》中就指出："一九四九年和一九五〇年将是中国革命在全国范围内胜利的两年。"确定"一九四九年夏、秋、冬三季，我们应当争取占领湘、鄂、赣、苏、皖、浙、闽、陕、甘等九省的大部，其中有些省则是全部"[①]。对福建来说，是相机占领靠近浙江的闽北一些地区，1950年再解放全省[②]。

然而，形势的发展要比预想的快得多，为了最后消除美国的武装干涉危险，中共中央决定提前一年解放福建。5月23日，上海战役正取得节节胜利之际，中共中央军委发出《关于各野战军进军部署给总前委等的指示》，要求第三野战军："你们应当迅速准备提早入闽，争取于六、七两月内占领福州、泉州、漳州及其他要点，并准备相机夺取厦门。入闽部队只待上海解决，即可出动。"[③]上海战役刚结束，第三野战军即指示十兵团，准备入闽作战。十兵团所部随即集结于苏州、常熟、嘉兴一带休整，进行入闽的各项准备工作。

与此同时，根据中共中央、中央军委的指示，中共中央华东局开始着手接管和经营福建的干部准备。6月19日，中共中央根据中央华东局的请示意见，批准以张鼎丞、曾镜冰、叶飞、韦国清、方毅、梁国斌、伍洪祥、刘培善、范式人、冷楚、陈辛仁、黄国璋12人为省委委员，组成中

---

① 《目前形势和党在一九四九年的任务》(1949年1月8日)，中共中央文献研究室、中央档案馆编：《建党以来重要文献选编（1921—1949）》，第26册，中央文献出版社2011年6月版，第24、26页。

② 《叶飞回忆录》，解放军出版社1988年11月版，第569页。

③ 《军委关于各野战军进军部署给总前委等的指示》(1949年5月23日)，中共中央文献研究室、中央档案馆编：《建党以来重要文献选编（1921—1949）》，第26册，中央文献出版社2011年6月版，第419页。

共福建省委，张鼎丞任省委书记[①]。7 月 13 日前后，新的中共福建省委率领华北、华东各地南下干部组成的“南下干部纵队”和上海知识青年组成的“华东随军南下服务团”等数千人（包括从老解放区太行、太岳抽调组成的长江支队 3339 名，在上海招收的华东随军南下服务团 1927 名和华东新老解放区抽调组成的南下纵队 150 名）[②]，陆续从上海、苏州等地随第三野战军第十兵团向福建进军。

队伍到达浙江省江山县兴塘边时，休整了数日。期间，张鼎丞等主要领导到达后，在兴塘边召开南下干部地委（大队）以上领导干部会议。张鼎丞传达了 6 月 19 日中央同意华东局的建议，以张鼎丞为首组成中共福建省委；同时，宣布省委各部委领导人的任命：曾镜冰任省委秘书长、韦国清任组织部长（1949 年 11 月后为冷楚）、陈辛仁任宣传部长、梁国斌任社会部长、方毅任财委书记、伍洪祥任青委书记。此外，还确定了“南下干部纵队”各个大队入闽后接管的地区[③]。

7 月中旬，中共福建省委主要领导人张鼎丞、方毅、梁国斌、陈辛仁等到达闽北，在建瓯与坚持地下斗争的中共闽浙赣省委会师。张鼎丞传达了中共中央和华东局的决定。中共福建省委在建瓯正式成立，中共闽浙赣省委的工作结束，机构取消。同时，中共福建省委确定增补左丰美为省委委员，并报经华东局同意[④]。同年 9 月，经中共福建省委建议、中共中央华南分局同意，增补魏金水、刘永生为省委委员[⑤]，中共闽粤赣边区委工作结束，机构取消。

8 月 17 日，福州市解放。张鼎丞率中共福建省委及省级机关干部 200 余人于 8 月 20 日晚到达福州。8 月 24 日，奉中国人民革命军事委员会及中国人民解放军总部的命令，福建省人民政府在福州成立，张鼎

---

① 《中共中央巳皓复电》，1949 年 6 月 19 日。

② 中共中央组织部等编：《中国共产党组织史资料》第 5 卷，过渡时期和社会主义建设时期（1949 年 10 月—1966 年 5 月），中共党史出版社 2000 年 9 月版，第 516 页。

③ 刘尚之等：《两太四千健儿，随军南下福建——中国人民解放军长江支队队史》，《中国人民解放军长江支队回忆录》，1997 年 5 月编印，第 30 页。

④ 《华东局给张鼎丞复电》，1949 年 8 月 6 日。

⑤ 《叶剑英、方方致张鼎丞并告魏金水、刘永生、王维电》，1949 年 9 月 14 日。

丞任省政府主席，叶飞、方毅任副主席①。同日，奉中国人民解放军总部的命令，中国人民解放军福建军区宣告成立，叶飞任司令员，张鼎丞任政治委员，韦国清任副政治委员，刘培善任政治部主任②。

面对新中国成立初期全省范围内严峻困难的局面，为了顺应福建人民迫切期盼尽快彻底摆脱深重的苦难、迫切期盼社会安定的呼声，更好地完成“建设福建”这一新的历史任务，遵照《共同纲领》及中央有关重要精神，新成立的中共福建省委于1949年12月11至23日在福州市召开了第一次省委扩大会议。张鼎丞在会上作主旨报告，叶飞、刘培善、冷楚、陈辛仁、梁国斌、方毅等先后分别就军事、组织、宣传教育、公安、财经等问题作了专题发言。会议通过了《关于福建目前形势和党的任务的决议》，向全省人民提出十一项任务：一、剿匪反霸；二、武装基本群众，巩固人民政权；三、动员所属党政军民担负起支援战争的义务；四、放手发动群众、组织群众；五、进行财经工作，恢复与发展生产，沟通城乡内外物质交流，整理税收，完成征粮；六、发展与巩固人民民主统一战线，加强人民民主政权建设；七、加强保卫和公安工作，与反革命分子作斗争；八、开展文化教育工作；九、加强党的建设；十、提拔和培养干部；十一、1950年上半年完成整理党的组织工作。会议强调，要加强党的团结，在思想上作风上要贯彻团结一致，集中统一，反对混乱分散的盲目性的山头主义和无纪律无政府状态；要克服狭隘的关门主义，贯彻党中央关于团结党外人士共同工作的指示，善于和一切可以合作的人士合作，发展与巩固人民民主统一战线。号召全省人民“坚强团结起来，为完成一九五〇年的光荣任务而斗争，为建设新民主的福建而斗争”③。

三、各级人民政权的建立

1949年5月，根据中共中央军委提前解放福建的决定，中共中央华

① 《福建省人民政府布告（总字第一号）》，1949年8月24日。

② 《中国人民解放军福建军区司令部、政治部布告》，1949年8月24日。

③ 《关于目前福建形势和党的任务的决议》，1949年12月23日。

东局即开始着手接管和经营福建的干部准备。除了组建新的中共福建省委以外，华东局组织部长张鼎丞与华东局第一书记、总前委（统一指挥二野、三野）书记邓小平商量决定，原拟随二野西进大西南的“中国人民解放军长江支队”，改随第三野战军十兵团南下入闽。

长江支队是中共中央华北局根据党中央的部署，从太行、太岳两大解放区抽调得力干部组成的一个南下区党委，由冷楚、刘尚之、周璧、刘裕民、叶松、陶国清、侯振亚 7 人为委员，冷楚、刘尚之、周璧为常委。其中从两区各地委专署军分区调来的干部编为 6 个地委、专署、群团、军分区的架子；县区调来的编为 30 个县委、县政府、群团的架子和 105 个区委、区政府、群团的架子。对外番号为“中国人民解放军长江支队”，计有 4000 人左右[①]。鉴于接管和经营福建的干部严重不足，中共中央华东局决定从华东各地再抽调一批干部随军入闽；同时在上海、苏州招收一批革命知识青年组成“中国人民解放军华东随军南下服务团”（简称南下服务团）南下福建。根据华东局书记陈毅的意见，十兵团司令员叶飞与苏南区党委书记陈丕显商量决定，从苏南区 5 个地委及苏州市委抽调的干部共约 500 人组成“苏南大队”，由许亚、张维兹、林修德等为领队[②]。根据华东局的指示，从山东渤海等老解放区抽调 1100 多人组成一个大队，负责人任曰森、胡为新[③]。6 月 15 日，“南下服务团”在上海成立，至 6 月 22 日共招收 2334 人，加上带队干部和勤杂人员共约 2500 余人，组成 4 个大队、21 个中队和一个附属中队。由张鼎丞任团长，陈辛仁、伍洪祥为副团长[④]。新成立的中共福建省委以华北、山东南下干部成立“南下干部纵队”，于 7 月 13 日从苏州出发向福建进军[⑤]；苏南大队于 7 月 15 日从苏州出发向福建进军；“南下服务团”则于 7 月 19 日从

① 刘尚之等：《两太四千健儿，随军南下福建——中国人民解放军长江支队队史》，《中国人民解放军长江支队回忆录》，1997 年 5 月编印，第 23—34 页。

② 郑重、张继中等：《苏南大队南下入闽情况》，2000 年 5 月。

③ 《山东南下福建干部回忆录》，2001 年 3 月整理，第 22 页。

④ 韩伟之主编：《南下服务团》卷一 • 简史，北京广播学院出版社 1998 年 11 月版，第 12—18 页。

⑤ 任曰森、胡为新：《山东南下干部进军福建接管永安地区纪实》，2000 年 12 月。

上海出发向福建进军。

南下干部到达闽北后，新建立的中共福建省委以南下干部及第三野战军十兵团的部分军事干部为主体，结合福建地下党干部，组成了省、地（市）、县、区的党、政、军领导机构和工作机构。此后，随着福建各地的陆续解放，这些领导机构和工作机构也陆续正式成立。

福建全省解放时，共设 2 个直辖市、8 个行政督察专员区、67 个县，县以下建立了 498 个区公所，作为县人民政府的派出机构。地、市主要领导为：中共福州市委书记韦国清、市长韦国清（兼）；中共厦门市委书记林一心、市长梁灵光；第一（建瓯）地委书记陈贵芳、专员郭述尧；第二（南平）地委书记贾久民、专员侯国英；第三（福安）地委书记王毅之、专员康润民；第四（闽侯）地委书记郝可铭、专员陈亨源；第五（晋江）地委书记张慧如、专员郭良；第六（龙溪）地委书记卢叨、专员丁乃光；第七（永安）地委书记王敬群、专员林志群；第八（龙岩）地委书记范元辉、专员陈仲平。

1949 年冬，福建省先后开办了华东军区军政大学福建分校、福建人民革命大学，共招收学员 4000 多名。这批学员经过短期学习后，派赴全省各地工作，壮大了干部队伍。此外，1949 年 8 月成立隶属于中共闽粤赣边区委的“中国人民解放军福建文化服务团”，以黄明为团长，林平风、庄芬殊（杰鹄）为副团长，全团 120 人（全部是马来亚、新加坡、菲律宾、印尼、香港等地爱国华侨知识青年），于同年 11 月到达福州，随即由省委分配到省直机关及各地工作①。

在全省各地（市）、县党组织和人民政府陆续成立的同时，1950 年 6 月 30 日，福建省委发出《关于废除保甲制度建立乡村人民民主政权的指示》，强调指出保甲制度系在国民党进行反动内战的高度恐怖政策下，所施行的反共反人民的极端反动的统治制度，是国民党反动统治和封建地主阶级的农村统治的机构，且为长期残害掠夺人民，为人民所痛恨

① 陈文治：《福建文化服务团纪实》，《福建党史通讯》1987 年第 10 期，第 15—16 页。

的，“必须给予彻底摧毁，并随即建立乡村的人民民主政权”①。《指示》规定了废除保甲制度、处理保甲人员、选举建立乡村人民民主政权的具体原则和措施。同年12月，省人民政府又发出《关于结合土改加强民主建政工作的指示》，要求完成土改的地区普遍建立乡人民代表会议和乡人民政府委员会。随即，福建全省城乡基层民主建政工作全面展开。

根据省委的指示精神，省、专区、市、县派出工作队，组织发动农民，建立以贫雇农为骨干、吸收中农参加的农民协会，结合征粮、减租、退押、剿匪、反霸和土地改革等中心工作，召开乡、镇各界人民代表会议，选举组成新的乡、镇（街）人民政府。至1951年12月止，全省共建立乡、镇（街）人民政府5967个，并在乡、镇（街）之上设立了区公所，同时废除国民党政府遗留下来的10265个保和131978个甲。按照政务院的《区人民政府及区公所组织通则》规定，新设置的区公所，不属一级政权，而作为县人民政府派出机关。区公所设区长1人，副区长1～2人，秘书、会计、出纳及助理员若干人，均由县人民政府委派。区配置区中队武装。乡、镇人民政府人员设置，按《福建省乡人民政府试行组织条例》规定，设乡（镇）长1人，副乡（镇）长1—2人，委员若干人，均由乡（镇）人民代表会议选举，并经区报县批准任免。乡（镇）人民政府视工作需要，设置民政、财粮、文教、生产、调解、公安、武装等委员会，委员会主任委员均由乡（镇）人民政府委员兼任，副主任委员和委员由人民代表或人民中积极分子充任，由乡（镇）人民政府委员会决定。乡（镇）设文书、会计等各1人。1952年4月，省人民政府根据政务院关于缩小区、乡范围，便于人民管理政权的指示精神，发布了《关于缩小区乡行政区划的决定》。乡划标准为：山区800—1500人，纵横不超过40华里；平原1500—2500人，纵横不超过10华里。每个区以领导12个乡为准，最多不超过15个。经调整，全省共设置了区608个、乡6884个。

通过对基层政权的彻底改造，使全省各级人民民主政权形成上下贯

① 中共福建省委：《关于废除保甲制度建立乡村人民民主政权的指示》（1950年6月30日），福建省人民政府土地改革委员会编：《福建省土地改革文献汇编》上册，1953年4月编印，第374页。

通、集中高效、具有高度动员能力的国家行政体系，从而为建设新福建奠定了坚实的组织基础。

第二节　全面接管和社会改造

一、城市接管工作的全面展开

早在中国人民解放军第三野战军第十兵团发起福州战役之前，已到达闽北建瓯的中共福建省委就已开始为接管全省各主要城市展开积极的准备工作。1949 年 7 月 15 日，中共福建省委印发了《福建省财经接管方案（草案）》，对粮食、税务、盐税及财务行政工作的接管、征收政策和办法步骤，以及注意事项，提出了具体的要求。7 月 20 日，省委又制订了《福州市文教接管方案（草案）》，对学校、报纸、刊物、通讯社、广播电台、出版社和文艺团体等文教宣传机关、单位的接管政策和基本方法作了具体的规定。8 月 8 日，省委召开会议讨论了福州解放后的军管及接管问题。会议明确了接管福州的组织机构和干部配备；根据党中央的"自上而下，原封不动，各按系统，先接后管，坚持立场，逐渐改造"和"有准备、有秩序的接管"的方针，确定了接管工作的原则及具体方案。会后，张鼎丞代表省委向中共中央华东局作了接管福州的准备工作的报告。在此前后，中共福建省委还抽调接管福州市的人员及工作干部 300 多名进行政策和业务教育、纪律教育，对武装部队也进行了这方面的教育①，从而为顺利接管福州等主要城市创造了有利条件。

福州市解放后，在福建省人民政府、福建军区成立的同时，奉中国人民解放军华东军区司令部、政治部的命令，8 月 23 日，福州市军事管制委员会正式成立，由韦国清任主任，叶飞、刘培善、方毅、梁国斌、朱绍清、陈美藻为委员②。军管会下设秘书处、军事部、政策研究室、卫生

① 《张鼎丞同志向华东局的综合报告第三号》，1949 年 8 月 13 日。

② 《中国人民解放军福州市军事管制委员会布告》（管字第一号），1949 年 8 月 25 日。

处、财经部、文教部、公安部、政务部、房产管理处9个办事机构。军管会为福州市军管时期的最高权力机关，统一负责全福州市的军事行政管制事宜。8月26日，福州市人民政府成立，韦国清、许亚分任正、副市长。随之福州市的接管工作全面展开。

福州市是福建省的政治、经济、文化中心。福州市军管会根据上海等地的接管工作经验，将接管工作分成两种情况处理：凡是属于国民党反动的政治统治机构，“予以摧毁破坏”“清除其种种反革命制度，代之以人民民主制度”；凡是属于经济、文化等机构，一般“不予打乱”，以使这些机构在接管时期的工作与生产得以继续进行。此外，在接管步骤上采取了“稳步前进、实事求是的慎重的方法”①。

8月25日，张鼎丞在原国民党省政府礼堂对旧政权人员发表讲话，宣布党和人民政府对旧政府、旧人员的接管政策，对他们进行形势和前途教育。同日，福州市军管会召集旧市政府、警察局、法院等机关负责人200余人开会，韦国清宣布了接管的具体政策和要求。随后，福州市军管会派出人员先后接收了旧省、市政府的秘书、人事、民政等部门和参议会、慈善救济机关、社会行政事务机关、高等法院、地方法院、监狱及福州市城区的鼓楼、大根、小桥、台江、仓前5个区公所。

与此同时，福州市军管会还正式开始接管原中国银行、交通银行、中央银行、农业银行和中央信托局、邮政储金汇业局、合作金库（即“四行二局一库”）在闽机构，以及省、市、县银行等金融单位，并奉中国人民银行华东区行的命令，成立了中国人民银行福建省分行，由方毅兼任行长，高磐九任副行长。原银行员工经教育后随即开始参加人民银行的工作。接管了国民党官僚资本的“四行二局一库”之后，福州市军管会对原公私合股的福州市银行、林森县银行“则接收其官股部分，私股部分由全体董事签具切结后，由股东自行处理”②。此外，福州市军管会还分别接管了财经、工商、贸易、交通等各个部门。8月25日下午，原福州邮政管理局及其所属8个分局650余名员工在福州市三一中学召

---

① 《福州市两月来接管与施政工作——韦国清兼市长在各界人民代表会议的报告》（1949年10月21日），福州市档案馆编：《福州解放》，海风出版社2005年8月版，第439页。

② 《本市金融处接管工作进入第二阶段》，《福建日报》，1949年10月18日。

开欢迎会，欢迎福州市军管会代表对邮政部门实行接管。邮政接管工作即于会后展开。

对国民党省、市各军事机构的接管工作于8月21日开始，历时17天，共接收了包括国民党福州绥靖公署、省保安司令部、闽北师管区司令部、省防空情报所、国防部史政局资料室、国防部陆地测量第八队以及国民党空军、联勤系统等20多个单位。8月24日，福州市军管会派出人员对原福州市警察局实行接管。翌日，又派出人员开始接管城区5个警察分局。接管工作按照“先接人后接文、物”的步骤，先后接管了原福州市警察系统所属的局、科、室、队、分局、派出所等40个单位。此外，中共福建省委社会部还接管了国民党福建省各反动党团与特务组织机构，以及省保安司令部警保处、省警察学校、警保医院、省水上警察局、防护团、新生活俱乐部等10多个单位。9月3日，在顺利接管警察机构的基础上，福州市人民政府公安局正式成立。

原国民党福建广播电台、福建《中央日报》社，由于解放前夕在中共地下党组织和工人群众的保护下，广播、电台、印刷机器等设备都完好无损地保存下来，所以，福州市军管会一经接管，立即就开始正常运转。8月24日，福州市人民广播电台成立，开始对外广播；8月25日，中共福建省委机关报《福建日报》也正式创刊，印行了第一张《福建日报》。《福建日报》创刊号发表了《为建设人民民主的新福建而奋斗》的社论，号召全省人民继续发扬革命战争年代的光荣传统，团结起来，为建设人民民主的新福建而努力。

解放前夕，福州市共有公立和私立大、中、小学100余所。福州市军管会于8月25日接管了国民党福建省教育厅和福州市教育科后，即开始对各个学校实行接管。在接管中，对公立学校接管后即直接领导管理，对一般私立学校以指导辅助并用，废除了反动的训导制度，取消“国民党党义”“公民”“军训”“童子军训练”等课程，新设立“青年修养”“政治经济学”等课程；停办了三青团所办的乐群中学和青年党所办的福华中学，接管其校产，让两校学生转学到各公立、私立学校就读；同时，又新创办了邮政职工子弟学校等4所学校。接管之后，各学校迅速复课。小学9月12日开学，19日开始上课。全市公私立小学75所，共有学生 20468 人；公私立中等以上学校 55 所，9 月 15 日开学，9 月 26 日上课，共有学生 19539 人。至 9 月底，福州市公立和私立大、中、小 130 所学校已全部上课，并已逐渐走上正规状态①。

接管省会福州市的具体工作，至 1949 年 10 月中旬基本告一段落，"所有国民党政府机关、军事机关、文化机关及公用事业等，均已接收完毕。"②共接管了 236 个单位，其中国民党中央直属机构 54 个、省级机构 36 个、市级机构 23 个、各地流亡到福州的机构 4 个、军事机构 23 个、教育单位 86 个；接收人员 12029 人；接收金银货币及武器弹药、车辆、船只、飞机、仪器等物资一大批③。

泉州解放后，由长江支队第一大队的南下干部组成的中共福建省第五（泉州）地委于 1949 年 9 月 3 日抵达泉州。9 月 9 日，中共福建省第五地委、第五专员公署、泉州市军事管制委员会、泉州军分区等在泉州同时成立。张慧如任地委书记兼军管会主任，郭良任专员，叶克守任军分区副司令员。随即出布告示安民，并宣布实行军管。泉州市军管会下设财经、政务、公安、文教、秘书 5 个处④，结合泉州的实际情况，分为县及专署两级，从上而下，各按系统，立即投入了接管工作。9 月 11 日，军管会开始接管晋江县政府。由于接管工作头绪繁多，接管干部少，军管会一方面发动工人、学生积极分子参加接管，一方面"采取宁缓勿急、稳步前进的方针"，集中力量先接收政府地税征收处、卫生院、邮局、电话局等单位⑤。9 月 20 日，接管工作转入了审查登记旧人员、调查遗漏物资阶段。至此，泉州市军管会先后接管了 18 个单位，"其中属县的有县政府、卫生院、农业推广所、地方征税处、电话局、县参议会、粮食调剂所、田粮办事处九个单位。属省城独立系统的有邮局及东石、安海、石

---

① 《福州市两月来接管与施政工作——韦国清兼市长在各界代表会议的报告》（1949 年 10 月 21 日），福州市档案馆编：《福州解放》，海风出版社 2005 年 8 月版，第 447 页。

② 《福建日报》1949 年 10 月 18 日。

③ 《福州市两月来接管与施政工作——韦国清兼市长在各界代表会议的报告》（1949 年 10 月 21 日），福州市档案馆编：《福州解放》，海风出版社 2005 年 8 月版，第 440 页。

④ 《中共泉州地委半个月工作综合报告》，1949 年 9 月 20 日。

⑤ 《泉州市军管会政务处接管工作的初步总结》，1949 年 11 月 4 日。

狮、河市四个邮局，地方法院和地方法院检查处，高等法院和高等法院检查处九个单位”①。与此同时，泉州市军管会财经处也先后接管了中国银行、交通银行、中国农业银行、福建省银行等在泉州的机构，以及国货公司、电信局、国税局、泉州“省立医院”、防疫处、水利工程处、盐务征收处等11个单位。军管会文教处先后接管了泉州日报、群力报、省立晋江中学、晋江县立中学、县政府教育科等单位，同时，派出联络员进驻国立海疆专科学校和8个私立中等学校。泉州市的接管工作，由于注意了接收与管理的衔接，因此，在接管后的短短几天内，卫生院、医院就开始诊疗，税务局开始征税，电话局、邮政局、国货公司、电信局、盐务征收处、中国银行等相继复业；中国人民银行驻泉机构也在原省银行机构的基础上成立，并开始营业；各个学校也于9月25日前先后发出通告，开学复课。

1949年9月20日，由长江支队第五大队的南下干部组成的中共福建省第六（漳州）地委的主要负责干部李伟等30余人，随解放军三十一军军部指挥所进入解放后的漳州城。9月22日，又有长江支队第五大队部分人员到达漳州。与原地方党组织中共闽南地委及地方武装的主要负责干部卢叨、李仲光、卢炎、高明轩等汇合。当天，双方召开会议，决定组织临时的混合工作组，立即进行宣传活动和调查了解漳州城的各方面情况，为正式成立漳州军管会作准备。同时，成立了中共龙溪县委、县政府，并决定在正式成立中共漳州市委之前，由卢叨负责抽调干部组成城市工委开展党的工作。9月24日，解放军三十一军政委陈华堂赶到漳州，立即召开了南下和地方两地委正式联席会议，“讨论会师问题，确定了地委委员各部名单及军管会委员名单，和军管会当前的方针任务与步骤等问题。”②陈华堂在会上提出，漳州军管会要迅速建立革命秩序，清除无政府的混乱状态，彻底摆脱国民党的政治制度、政治组织，建立人民民主政权；有组织有秩序地进行接管工作，注意接管政策等。9月26日，漳州军管会正式成立，由陈华堂任主任，卢叨、李伟任

① 《泉州市军管会政务处接管工作的初步总结》，1949年11月4日。

② 《第六地委进入龙溪后半个月工作报告》，1949年10月8日。

副主任。接着接管工作便陆续展开。首先派出人员接管了国民党龙溪县政府、县监狱、县看守所、省医疗防疫四分队、肃清烟毒调验所、救济院等单位，命令旧人员清点移交了这些单位的财产、印信、档案卷宗、药品、器械等；随后又接管了漳州城内的公立、私立中学 9 所（其中 4 所为教会学校），并于 10 月初开始陆续复学上课。但是，由于国民党从漳州“是有计划撤退的”[①]，不但“撤退时，将所有物资掠夺一空，全部转移”，而且，“我军入城时，敌伪政治机构人员，都疏散隐蔽了，各机关的负责人，大部跑到厦门，特务分子也已潜伏下去了”[②]，这给漳州军管会的接管工作增加了很大的困难。至 10 月中旬，漳州军管会仍“正在收集、审查、整训”旧人员，“叫他们办移交，收缴武器，并从中侦查与发现特务的线索”[③]；10 月底，在财经接管方面，仍未能完全了解全部情况，对于“两家汽车公司、龙溪电灯工厂、五成米厂等重要部门尚未弄清性质，很多隐蔽物资没有清查出来，这就难以正确地处理与接管”[④]，只得等待调查清楚后才能实行接管。所以，漳州的城市接管工作至同年 11 月底才得以完成。

对厦门市的接管，自 1949 年 8 月福州解放后不久，即在中共福建省委的领导下进行了准备工作，在福州配备了接管厦门的工作班子。接管工作干部在未进入厦门前，即在福州、泉州和同安的潘涂等地进行了学习培训。同时，还根据厦门地下党组织对厦门市各方面的详密调查材料，于 9 月间相继制订了《厦门市接管方针与任务》《厦门市军管会政务部接管方案》等，对厦门市的基本情况作了分析，提出了接管工作的基本方针、基本任务，明确了接管工作的步骤和注意事项，确定了接管的范围和接管工作力量的组织与分配，为厦门市解放之后的顺利接管奠定了基础。

1949 年 10 月 17 日，中国人民解放军解放厦门全岛。9 月在泉州正式成立的厦门市军事管制委员会和中共厦门市委随解放军进入厦门

---

① 《第六地委进入龙溪后半个月工作报告》，1949 年 10 月 8 日。

② 《第六地委进入龙溪后半个月工作报告》，1949 年 10 月 8 日。

③ 《第六地委进入龙溪后半个月工作报告》，1949 年 10 月 8 日。

④ 《漳州地委九、十月份综合报告》，1949 年 11 月。

市区。以叶飞为军管会主任，黄火星为军管会副主任，林一心为市委书记。厦门市军管会下设政务、财经、军事、公安、文教5个部和秘书、卫生、房产管理3个处等，各部、处内还分设若干组，各按系统筹备接管工作的展开①。10月21日，厦门市人民政府正式成立，梁灵光为市长、张维兹为副市长。同时成立厦门警备司令部，段焕竞为司令员。

在厦门的城市接管过程中，厦门市军管会十分强调接管工作的统一领导，规定“必须一切统一于军管会领导下进行接管工作，具体分工、步调统一，各个接管单位均不向原单位负责，都应直接向军管会负责，才不致脱节混乱，造成接管工作中的损失，以及避免政策执行的错误。凡带有原则性的政策性的重大问题，尤应严格执行事先请示、事后报告等制度，坚决反对无组织无纪律现象。”②同时，还重视发动群众参加接管工作，如发动群众性的检举揭发，动员青年学生等积极分子参加清点被接管单位的财产，组织旧人员中态度比较明确、表现较好的参与保管资财档案等。因此，厦门市各系统的接管工作得以迅速而有条不紊地进行，使国家资财等得以完整地接收。

厦门的城市接管工作至1949年底基本结束。共接管了120个原国民党军政单位，其中国民党中央直属机构22个，省属机构19个，市属机构45个，各种政府文化机关21个，军事单位1个。此外，还接管了厦门大学等公立、私立大中小学校22所及图书馆1所，报社、通讯社5个，广播电台2个，印刷所2个，出版书社1个，文艺单位3个，还有医院1所。同时，还接收了金银货币、武器弹药、交通工具、燃料、仪器、药品、医疗器材等物资一大批，接收旧人员计4818人③。

随着福建各地的陆续解放，福建各级党组织和人民政府还在全省各个县城进行了接管。全省各大、中、小城市接管工作的顺利完成，为全省城乡民主改革和社会改造奠定了基础。

---

① 梁灵光：《厦门接管工作报告》，1950年1月。

② 厦门市军管会：《厦门接管的方针和任务》，1949年9月28日。

③ 梁灵光：《厦门接管工作报告》，1950年1月。

二、城乡的民主改革

在全面接管旧政权的同时，福建各级党组织还发动群众在城市和农村进行了包括社会改造在内的社会各方面的民主改革。

首先在工交企业逐步开展民主改革。福州市肃清码头搬运业的封建把持制度的斗争，具有典型意义。福州市在闽江两岸和市内河道有大小码头、道头共 50 余个，有码头搬运工人 2000 多人。中华人民共和国成立前，各个码头、道头都有封建把头（一般自兼甲头，亦称甲首）把持。他们各霸一方，规定了许多封建陋规，对搬运工人工资强行抽成，而且肆意欺压工人，甚至夺占人妻，逼死人命；对往来商旅也敲诈勒索，无恶不作。中华人民共和国成立之初，虽然许多封建把头被打倒了，但仍有一些甲头及国民党匪特混进了搬运工队伍，把持码头、道头的搬运工会，致使封建把头势力依然盘踞着许多码头和道头。这些封建把头，有的或明或暗地继续对工人的搬运工资实行抽成剥削；有的以其所把持的工会名义滥收所谓“福利金”，供其个人腐化享受；有的则故意大幅提高搬运工资，增加物资流转的成本，破坏城乡内外物资的交流；有的还造谣惑众，挑拨离间，鼓动商人小贩抗税，反对政府的海口检查法令，从而影响了福州市经济的发展，也严重危及了社会的安定。为此，福州市人民政府根据中央人民政府政务院颁布的《关于废除各地搬运事业中封建把持制度暂行处理办法》，结合本市搬运行业的实际当即颁布了《废除福州所有码头、道头封建甲头制度的通告》，并成立了反封建把持工作队，深入各个码头、道头，发动工人群众检举揭发封建甲头的罪行，进行面对面的斗争。接着，又根据工人群众的意见逮捕了一批罪大恶极的甲头，于 1951 年 2 月 1 日召开全市公审封建甲头大会，予以严惩法办。与此同时，着力整顿各码头搬运工会，正式成立了中国搬运工会福州市委员会，福州市各有关部门单位还联合成立了福州码头管理委员会，将码头、道头收归国有，所有的搬运工人组织成立了福州市搬运公司，从而彻底废除了各码头、道头的封建把持制度，使全市搬运工人在政治上、经济上获得了彻底翻身，真正成为搬运行业的名副其实的主人[1]。

福州、厦门、泉州、漳州等城市的民主改革运动，除了打击城市和工商行业、企业中剥削工人、欺行霸市的封建把头、恶霸和黑社会组织头子外，还广泛地在各工商企业中改善劳资关系，从而推动了劳资双方共同克服困难，维持和恢复生产。

中华人民共和国成立前，企业中资本家与工人的关系是雇佣与被雇佣、剥削与被剥削的关系。中华人民共和国成立后，部分工人由于过去长期受压迫和剥削，产生了对资方报复的思想情绪；而部分资本家因对人民政府的政策不了解，有怀疑和顾虑，当劳资双方发生纠纷时，不肯在经济上采取让步措施，也不敢向政府反映，甚至以解雇工人相威胁。不少资本家情绪不振，甚至转移资金或消极坐等，造成了中华人民共和国成立初期劳资双方关系的紧张。

1950 年，福州市第二届各界人民代表会议通过决议，将全国总工会颁布的《关于劳资关系暂行处理办法》等 3 个文件作为本市处理劳资争议的基本原则。同年 5 月至 9 月全市共发生劳资争议 220 件（包括此前未处理的 24 件），经处理解决 176 件，占 80%；动员说服后自行销案的 33 件，自行协商解决的 81 件；由劳动部门调处的 46 件，仲裁或移送法院处理的 8 件；其余 8 件转有关部门处理解决。许多行业还建立劳资协商会议，至 1950 年 9 月止，全市已建立全行业性劳资协商会议 16 个，区域性 2 个；具体厂、店 40 个。厦门市人民政府也于 1951 年 1 月 21 日公布了全国总工会《关于劳资关系暂行处理办法》等 3 个文件，并以此为法律依据，陆续在各个工商业企业中建立劳资协商会议，同时指导劳资双方订立集体合同。厦门市人民政府还成立了“劳动争议仲裁委员会”，致力于改善劳资关系。泉州市在 1950 年初由于解雇、减薪及发放年终奖金等引起许多劳资纠纷。经过广泛宣传劳资两利政策，并积极发挥各工商企业工会的作用，在各行业的 25 个工人以上的企业中，普遍建立起劳资协商会议，发动工人群众参与企业的管理，从而使劳资

① 《福州市废除码头搬运事业中封建把持制度、建立搬运公司工作总结报告》，1951 年 2 月。

纠纷得到较好的处理，极大地调动了双方生产经营的积极性。在漳州，解放初期，资方过分强调经营困难，消极生产甚至不生产，或以淡季为藉口裁员、拖欠工人工资，劳资双方关系十分紧张。漳州市人民政府通过正确执行公私兼顾、劳资两利的政策，建立劳资协商机构，在解放后的半年内，就处理了劳资纠纷 138 件。

由于各城市的党组织和人民政府对改善劳资关系的重视，中华人民共和国刚成立时普遍紧张对立的劳资关系，逐渐得到改善。工人群众逐渐从长远利益和社会稳定等方面着想，克服某些过激的情绪，在困难较大的行业和企业，自动降低待遇，团结资方共同维持或恢复生产；资方通过教育后认识也有提高，有的在生产经营最困难时期，也放弃裁员，积极改变经营方针，维持生产，从而在各个城市，使旧的劳资关系逐渐变为新的、平等的、两利的、契约的新民主主义的劳资关系，劳资双方共同克服困难，对维持和恢复生产经营起到了重要的作用。

三、移风易俗的社会改造

中华人民共和国成立后，为了净化社会环境，建立良好的社会秩序，保障人民群众的正常生活和生产的顺利发展，福建省各级人民政府在社会上严厉整治旧社会遗留的吸毒贩毒、卖淫嫖娼、聚众赌博等丑恶现象。

鸦片烟毒是旧中国半殖民地半封建社会的痼疾，始终无法禁绝。中华人民共和国成立初期，福建各地仍然是烟毒泛滥，种植罂粟大部分分散于闽南、闽北、闽中和闽东等较为偏僻的山区。据不完全统计，当时全省还有建瓯、建阳、崇安、邵武、浦城、水吉（现属建瓯市）、政和、南平、古田、顺昌、建宁、屏南、罗源、连江、长乐、宁德、福安、柘荣、晋江、德化、安溪、平和、云霄、漳浦、诏安、永安、清流、宁化、三元（现属三明市）等 29 个县种植罂粟，约占当时全省总县数的 50%[①]。在龙溪地区有一个庞大的产销网络，其中邻近漳州的平和县山区是毒品产地，漳

① 福建省肃毒（禁毒）指挥办公室：《福建烟毒情况初步综合》，1952 年 7 月 30 日；《福建烟毒流行情况综合（第一号）》，1952 年 8 月 7 日。

州及石码等城镇则成为毒品的集散地；在晋江地区，由于侨汇多，民间游资用于吸毒的现象十分普遍，因此，泉州及其邻近各县制毒、贩毒、吸毒十分严重，仅泉州市区就有从事贩毒活动的商店150多家；福州和厦门则更是烟馆林立。烟毒的泛滥，使许多劳动者吸毒成瘾，丧失劳动力，大片土地被用来种植罂粟，影响了农民的生计，还败坏了社会风气，给刚刚成立的新生人民政权的政治、经济建设和社会安定造成了严重的破坏。

消除吸毒、贩毒等严重影响社会安定的因素，不仅是新生的人民政权刻不容缓的急务，也是人民群众的迫切期望。1950年2月24日，中央人民政府政务院颁布了《关于严禁鸦片烟毒的通令》，明令禁止制毒、贩毒、运毒、吸毒，要求各级政府设立禁烟禁毒委员会，制定限期禁绝办法，督促查禁。福建省人民政府根据中央《通令》的精神，于4月8日向全省发出《关于严禁鸦片烟毒的指示》。7月3日，福建省禁烟禁毒委员会成立，各市、县也相继成立禁烟禁毒委员会，有计划、有步骤、有重点地开展查禁工作。7月14日，省政府颁布《关于目前禁烟禁毒实施步骤与工作指示》，从6个方面制定了查禁烟毒的具体实施步骤。据此，福建全省各地结合各阶段的中心工作，查禁烟毒，破获了不少案件。漳州自1950年8月以后，开始陆续收审了贩毒、吸毒者。厦门在查禁烟毒的活动中，曾于1950年11月23日在中山公园集中烧毁了大批缴获的鸦片和烟具等，1951年12月，处决了一名解放后继续贩卖鸦片毒品的大烟毒犯。泉州在1951年也破获毒品案件141起，抓获案犯179人。

1951年6月，福建省委又加大了这一工作力度，发出了《关于肃清毒品的指示》，在全省各地结合镇压反革命运动，广泛开展了群众性的清毒运动。

中共福州市委根据省委的指示精神，成立了福州市清毒委员会统一领导查禁烟毒工作。经过3个月的努力，全市传讯了烟毒案犯361人，其中运毒犯8人，贩毒犯326人，鸦片烟馆业主27人，办理了登记手续，并缴获鸦片966两。在此基础上，对罪行严重的293名案犯实行逮捕，并召开公审广播大会，判处其中3名死刑、69名有期徒刑、26名劳动改造，其余或从宽释放、或实行管制改造。福州市在清毒运动中还层层召开各种会议，广泛宣传党的政策和清毒的决心，使全市群众40多万人次受到教育[①]。晋江专区在接到省委指示后，立即组织力量开展了调查和侦察，同时成立了泉州市清毒指挥部，并在各区设立指挥分部，所属街、乡成立清查小组，随后制定了计划，开始行动。首先在市区逮捕了一批毒犯，并通过泉州市各界人民代表会议把清毒运动的精神，宣传传达到广大群众中去。接着，根据群众检举和毒犯坦白的情况，先后传讯、集训烟毒分子430人，经甄别后，逮捕了204人，从而摧毁了数个制毒、运毒集团，摧毁了在晋江地区的贩毒零售网，所有毒犯都被依法惩办或接受教育改造[②]。在龙溪地区，龙溪专署公安处于全省清毒工作会议后，当即召开漳州、平和、龙溪三个重点市、县的市、县长及公安局长联席会议，布署清毒工作。8月24日深夜，在龙溪地区清毒办公室的指挥下，全区各市、县统一行动。漳州市一举收缴鸦片烟膏500多两，烟具100余副，抓获贩毒犯30余人，集中教育吸毒犯200多人。此后，又根据群众的检举揭发，打击地下贩毒网。在历时50天的清毒行动中，全区共破获贩毒集团8个，逮捕毒犯667人，处决了一名大毒犯，并对其他毒犯实行了劳改、管制、判处有期徒刑等处理。在厦门，8月13日，全市统一行动，逮捕了24个贩毒集团的280人，缴获鸦片6433两，鸦片副制品235两，吗啡105两，及贩毒犯所有的武器弹药一批。随后，又对毒犯实行集训，对吸毒犯实行登记。中华人民共和国成立初期全省性的清毒运动，给予各地贩毒、制毒、运毒团伙及吸毒犯以毁灭性的打击，各种毒犯绝大部分被肃清，吸毒者被迫戒除了毒瘾。这一在旧中国100多年来屡禁不绝、在西方社会也被视为不治之症的社会病害，在共产党和人民政府的领导下，被基本禁绝。

在肃清烟毒的同时，人民政府还明令禁止卖淫嫖娼和赌博。中华人民共和国成立前夕，福建各地妓院林立，妓女人数甚众。此外，还有舞厅、茶室、酒楼的歌女、舞女、女招待的暗中卖淫等。中华人民共和

① 福州市公安局：《福州市建国初期的镇压反革命运动》，《福州党史通讯》1990年第4期。

② 《泉州市人民政府一年来工作情况总结报告》，1952年12月31日。

国成立后，福建省各级人民政府先后明令取缔妓院，很多妓女从良，但卖淫嫖娼现象仍未能绝迹。为此，福州市人民政府将改造妓女作为一项重要工作来抓，于1951年初又将部分妓女集中到教养院教育改造。1952年7月，还专门在娼妓活动最集中的台江区中平路设立了全部配备女所长、女民警的公安派出所，加强了对娼妓的教育改造，收到了显著的成效[①]。晋江专区公安部门也于1951年开始取缔妓馆，对妓女进行教育改造，帮助其改恶从良，或回乡参加生产劳动。泉州市区原有16家公开妓馆，至1951年7月全部被取缔[②]。1952年10月，又对数十名台基主（鸨头）和妓女分别实行集中教育、劳动就业、监督生产等处理。1952年12月，厦门市公安局等单位统一行动，集中收容了166名妓女，送入妇女生产收养所教养改造。各城市人民政府通过对卖淫从业人员的教育改造，帮助她们树立了生产劳动观念，有病的则予以治疗，然后分别安排就业或回乡生产，大多数人都成为自食其力的劳动者，其中许多人还择偶成家，开始了新的生活，从而使这种在旧社会绵延几千年的丑恶现象顿时绝迹。

中华人民共和国成立之前，全省各地也有许多营业性的赌场，这些赌业场所多是地方黑社会势力勾结反动官僚势力开设的。中华人民共和国成立后，随着国民党政权被推翻，黑社会势力被摧毁，以及人民政府对赌博和开设赌场的明令禁止，并进行广泛的宣传教育，经过两三年的努力各地的赌博之风逐渐消失。

乞丐多，也是中华人民共和国成立初期福建一些城市的一大社会问题。厦门市政府对此十分重视，在财政十分困难的情况下，拨出专款，作出收容乞丐的决定。1951年9月1日至12日，全市出动公安干警、警备部队、纠察队700余人，收容了分散在社会各个角落的乞丐369人。多数人在收容所里被组成生产教养大队，施以教育救济、劳动改造的工作；少数有劳动能力又有家可归者遣送回乡；对个别伪装成乞丐的反革命分子则押回原籍处理，从而解决了长期存在的一大社会难题。

---

① 汪宝基等：《解放初期福州市取缔娼妓活动纪实》，《福州党史通讯》1992年第3期。

② 《第一次晋江县城市工作会议纪要》，1950年5月。

在以后相当长的时间里社会上看不到露宿街头、沿途乞食的乞丐，使厦门市容市貌有了明显的转变。

改革封建婚姻制度，实现妇女解放，是中华人民共和国成立后，中国共产党推进民主改革和社会改造的一个重要方面。1950 年 5 月 1 日，《中华人民共和国婚姻法》正式颁布，这是新中国制定的第一部法律。《婚姻法》颁布后，省委、省人民政府为广泛宣传《婚姻法》和贯彻执行《婚姻法》进行了大量的思想和组织工作。福州市成立了“婚姻法宣传委员会”，开展多种形式的宣传活动，厦门市委、市民政局等单位则组织宣传队到工会、学校、识字班等开设《婚姻法》讲座，此外还结合在农村进行土地改革开展《婚姻法》的宣讲。通过宣传发动，有力推动了全省反对封建父权、夫权统治的群众斗争。据 40 个县的司法科的统计，自 1950 年 4 月至 12 月，在受理的 6678 起民事案件中，婚姻纠纷案即有 1630 起，占全部民事案件的 24% 以上，而在婚姻案件中又以离婚案为最多，计 1331 起。在《婚姻法》的保障下，还处理了一批违反《婚姻法》的恶劣事件，使不少受封建婚姻压迫的妇女，在新婚姻法的保障下获得了婚姻自由。

《婚姻法》颁布后，违反、破坏《婚姻法》的现象仍普遍存在，有的地、县主要领导对宣传贯彻《婚姻法》的重要意义还缺乏正确的认识，为此，1951 年 9 月 26 日，政务院发出《关于检查婚姻法执行情况的指示》，要求全国各省（市、行署）以上各地方人民政权应立即“有领导、有重点地组织一次关于《婚姻法》情况的检查”，制止违反《婚姻法》的犯罪行为，以保证《婚姻法》的切实贯彻。根据政务院的指示，10月初，福建省人民政府布置了全省的检查工作。共派出 3 个检查组分赴建瓯、闽侯、永春 3 县进行重点检查，省人民法院抽调 20 余名干部组成 3 个巡回法庭协同前往。全省各地也组织了检查组选择若干区乡作为检查重点。通过对典型案件的公开宣判，取缔违法行为，启发教育群众，收到良好的效果。许多乡村的农户订立了“家庭和睦公约”，改变了虐待童养媳、殴打老婆等封建恶习；许多乡健全了调解委员会，使其在调解婚姻纠纷中发挥贯彻婚姻法的实际作用；全省农村改变了以往结婚大操大办、铺张浪费的习惯，举行“集体婚礼”，仪式简单隆重，受到群众的广泛欢迎。至 1952 年 5 月，省司法部门共计受理的婚姻纠纷案达 11765 起，其中离婚案有 10911 起，占婚姻纠纷案的 92.7%。在这些离婚案件中，由女方主动提出的有 8991 起。由于各地大张旗鼓地宣传婚姻法，并对虐杀、虐待妇女的罪犯举行公审后，大大地鼓舞了广大遭受封建制度迫害的妇女的斗争勇气，使虐待妇女的现象大为减少，各种不合理的封建婚姻陋习也逐渐改变。闽东北地区过去存在着严重的租妻、典妻、卖妻等野蛮婚姻制度。这些非法制度的废除，使受压迫的妇女在婚姻法的保障下获得了自由。宁德县三区赤溪村原先有 64 个妇女被租典给别人做妻子，后来都已无条件地回到自己丈夫家里；婚姻上出现问题的家庭，也得到了合理的解决。

由于正确地贯彻执行了《婚姻法》，有效地推进了福建妇女的解放，使福建社会出现了新的气象。据闽侯、晋江、龙溪、永安、福安、南平等 6 个专区及福州、厦门 2 个市的统计，至 1952 年底，自由结婚的男女青年就达 84159 对，其中寡妇结婚的有 5067 人。广大男女青年在获得婚姻自由之后，生产积极性大大提高，主动订立爱国公约，在各种工作中起积极模范作用。此后，随着《婚姻法》不断深入贯彻，包办强迫、男尊女卑、漠视子女利益的封建婚姻制度在福建各地被逐渐废除，男女婚姻自由、一夫一妻、男女权利平等、保护妇女和子女合法利益的新民主主义婚姻制度广泛建立起来。这是几千年来中国社会家庭生活的一个伟大变革，也是福建人民反封建斗争在一个方面的深入，从而成为福建社会进步的一个显著标志。

第三节　民主建政和统一战线工作

一、召开各界人民代表会议

在中共福建省委的领导下，全省继各地（市）、县（区）党委和人民政府成立之后，继续推进人民民主制度建设。

1949年七八月间，中共中央连续发出《关于迅速召开各界代表会议和人民代表会议的指示》《关于三万人口以上城市均须召开各界代表会议的指示》，要求全国各地不论新、老解放区，“凡三万人口以上的城市，在解放两个月至迟三个月后，即应召开各界代表会议，以为党与政府密切地联系人民群众的重要方法之一。”[①] 同年8月26日，中共中央又发出《关于三万以上人口的城市和各县均应召开各界人民代表会议给华东局等的指示》，进一步要求除三万人口城市外，“各县要开全县各界人民代表会议”“不论新区老区一律举行”[②]。

根据中共中央的指示精神，中共福建省委于同年10月发出《关于召集各界代表会议的指示》，要求各级党委必须根据上级的指示，从实际出发，作出召开各界代表会议的计划，解决当地最重大、最迫切的一二个中心问题。此后，福州林森、闽清、平潭、晋江、福清、建瓯、南平、建阳、古田、漳州、长乐、连江、周宁、罗源、宁德等县市召开各界代表会议。1950年1月13日，福建省人民政府发出《关于召开各界代表会议的指示》，要求“各县市必须尽早的召开各界人民代表会议，并在一九五〇年做到每三个月按时召开一次。”强调“会议要认真严肃，切忌潦草的简单方式，必须发扬民主，建立正常民主作风，使代表做到知无不言，言无不尽。”[③]

为了使人民群众明确召开人民代表会议的意义目的，福建各地根据当地的情况，相继召开了干部会、群众大会、小型座谈会，加紧了宣传鼓动工作。有的还进行重点个别访问。为了使宣传工作深入细致，有的地方培养了一批报告员、记录员，组织了访问小组，利用墙报、黑板报、快报、标语等形式，进行广泛的宣传。宣传内容主要是：召开首届

---

① 《中共中央关于迅速召开各界代表会议和人民代表会议的指示》（1949年7月31日），中共中央文献研究室、中央档案馆编：《建党以来重要文献选编》（1921—1949），第26册，中央文献出版社2011年6月版，第610页。

② 《中共中央关于三万以上人口的城市和各县均应召开各界人民代表会议给华东局等的指示》（1949年8月26日），中共中央文献研究室、中央档案馆编：《建党以来重要文献选编》（1921—1949），第26册，中央文献出版社2011年6月版，第672页。

③ 《福建省人民政府关于召开各界代表会议的指示》，《福建日报》1950年1月29日。

人民代表会议对建立和巩固人民民主专政的重要性，人民代表会议的性质、任务；代表应如何选举、议案应如何提出等。这些卓有成效的宣传鼓动，使各地人民充分发动起来，为召开首届人民代表会议作好了思想准备。

在加紧宣传工作的同时，各地相继成立了人民代表会议筹备委员会，订立筹委会组织办法。邀请各机关、各人民团体、民主党派、工人、居民、农民等代表人物，组成筹备委员会。筹委会下还设置一些具体工作机构，如秘书处、工作组、提案整理委员会、代表资格审查委员会等，分工负责，统一领导。经过这些充分准备之后，各地人民代表会议筹委会对人民代表的名额分配，选举产生等具体工作，进行充分酝酿。由此制定出根据各地具体情况的选举办法。对政府机关、人民团体、驻地部队、学校等单位的代表，按分配名额，充分发扬民主，自行选举。对市区居民代表，农村农民代表，采取协商与选举相结合方式。一般先采取酝酿协商，再召开群众大会，然后由群众表决选出代表。由于在整个选举代表过程中，进行了认真细致的发动群众工作，使群众意识到自己的光荣使命，激发了大家情绪，使得选举工作较为完满，选出的代表素质较好，为胜利召开人民代表会议奠定了基础。

由于人民群众对人民代表会议的认识逐步提高，他们希望自己的意见和要求，能通过人民代表会议进行表达讨论，因而在会前提出了很多提案和要求。这些提案，有的是通过有关部门召开群众讨论会提出的，有的是直接填写的。提案内容有群众福利、文教、卫生、市政建设、社会救济、农业生产建设等诸多问题。这些提案收集后，由筹委会提案整理委员会进行整理，并按内容性质进行分类。同时把这些提案内容提交政府有关部门，共同研究，提出初步处理意见。为了使人民代表会议开得更有成效，有的地方还把政府工作方针或群众普遍关心的提案，在会前就分发给群众，并召开群众会议进行讨论，提出具体修改意见和处理办法。

经过以上充分准备之后，各地代表会议相继召开。会议召开时，先由政府负责人向大会作工作报告，然后由代表进行热烈讨论，对各种议案提出意见，对政府工作报告和干部作风也提出诚挚的批评和看法。

有的地方代表还根据群众意见，提出具体看法，如农民代表提出要求减轻负担；教职员提出要增加工资；工商业者提出有些税收过重。这些问题经代表提出后，都能在会议中进行热烈讨论，充分发扬民主，尊重代表意见。

各地召开人民代表会议期间，对提案的处理十分慎重。各类提案经交小组讨论，提出意见，再由提案审查委员会按提案整理委员会所提出的初步处理意见进行综合审查。对每一个提案，都经过反复研究分析，并根据大家意见，以及客观条件来确定审查处理意见，最后向大会作提案审查报告，分别视情况以“能办、缓办、不能办”作出处理，并且把处理意见向大会作出解释。

各地人民代表会议闭幕后，都及时向广大人民群众作了传达，使人民代表会议的决定和精神深入到群众之中，变成群众行动的指导方向。在农村，有的还召开乡人民代表会议，向农民广泛宣传上一级人民代表会议的精神和决定，切实解决农民关心的问题。

全省各地各界人民代表会议的召开，意义非常深远。它密切了人民群众和政府之间的关系，加强了各界人民团结，做到了“知无不言，言无不尽”。人民群众对政府工作大胆提出批评意见和建议，使政府在施政中避免了许多错误和损失。政府对代表的提案和意见也进行了认真研究，提出处理意见。充分表明人民政府是切实以人民利益为重，其宗旨是为人民服务的。因而使广大人民群众能紧密地团结在人民政府的周围，调动了群众政治觉悟和爱国热情，增强了当国家主人的责任感。

尽管全省各地召开的人民代表会议也存在一些不足之处，如有的地方对代表名额分配不尽合理，对知识分子代表要求过严、过高等，但各界代表会议的召开充分表明了福建的社会政治制度向民主与法制迈出了新的可喜的一步，成为福建实施新民主主义建国纲领的一项重要内容。

全省各地人民代表会议的胜利召开为全省各界人民代表会议的召开奠定了基础。1951 年 9 月 27 日，福建省人民政府委员会第五次会议作出《关于召开省首届各界人民代表会议的决定》。《决定》确定了会议的任务是，审查解放两年来省人民政府的工作，决定1952年的任务，审查与通过1951年的财政收支概算等事宜，选举省人民政府主席、副主席、委员及省协商委员会主席、副主席、委员会。会议代表名额为519名①。

根据省人民政府的决定，特邀请了47人组成福建省首届各界人民代表会议筹备委员会，由张鼎丞为主任，方毅、陈绍宽为副主任，并成立了常务委员会，进行日常工作②。

经过充分准备之后，福建省首届各界人民代表会议于1951年12月15日在福州隆重开幕。张鼎丞致开幕词，并代表省政府向会议作工作报告。报告肯定了两年来的成绩，指出解放两年来，全省形势发生了根本变化，半封建、半殖民地的旧福建一去不复返了。新民主主义的福建正在建设中，全省人民表现了空前的团结，人民民主专政得以建立和巩固。张鼎丞在报告中，就政府的今后工作向人民代表作了说明：一是继续贯彻和深入抗美援朝运动，并把它作为思想上、政治上推动各种工作的动力；二是开展爱国增产节约运动，领导和组织农民建立互助组，有重点有计划建立农业生产合作社；三是彻底完成土改，确定地权，颁发土地证，有计划完成山林土地改革；四是继续进行镇压反革命的斗争，发动群众，进行对敌斗争；五是加强人民民主建政工作。六是加强文化教育工作；七是加强海防工作③。会议还听取了江一真《福建土地改革工作报告》、梁国斌《关于镇压反革命活动的报告》、叶飞《两年来军事工作的报告》、方毅《两年来财政经济工作的报告》、陈辛仁《两年来文化教育工作报告》以及陈绍宽《第二届国庆观礼和中国人民政治协商会议第一届全国委员会第三次会议及华东军政委员会第四次全体委员会议的传达报告》。

会议期间，经过代表的审议和讨论，先后通过了《福建省各界人民

① 福建省人民政府委员会：《关于召开省首届各界人民代表会议的决定》，1951年9月27日。

② 福建省首届人民代表会议筹委会：《福建省首届各界人民代表会议筹备经过报告》，1951年12月15日。

③ 张鼎丞：《福建解放两年来的工作及今后任务的报告》，1951年12月16日。

代表会议组织条例》《福建省各界人民代表会议协商委员会组织条例》《福建省首届各界人民代表会议提案审查委员会组织规程》《福建省首届各届人民代表会议文电起草委员会组织规程》《福建省首届各界人民代表会议议事规则》等，会议还通过了提案审查报告，并提出和通过了10件提案。

省各界人民代表会议选举了省人民政府和省各界人民代表会议协商委员会组成人员。经代表们选举表决，张鼎丞当选为福建省人民政府主席；叶飞、方毅、陈绍宽[①]、丁超五[②]当选为副主席。江一真、曾镜冰、彭冲、许亚等38人当选为委员。会议于12月25日胜利闭幕[③]。

1952年10月，省人民政府召开全省首次县长会议，总结民主建政的经验，布置各界人民代表会议普遍代行人民代表大会职权的工作，把传达政策、联系群众的协议机关变成人民行使国家政权的机关。到1952年底，全省各县市都开过一次至几次各界人民代表会议，并积极创造条件，使人民代表会议行使人民代表大会的职权，把人民民主制度的建设继续向前推进。

全省各级党组织和人民政府的成立，及各级人民代表会议的召开，标志着福建民主建政和人民民主制度建设取得了巨大的成就。中共中央和中央人民政府对福建民主建政工作的成绩和经验给予了充分肯定。1951年《中央政治公报》第29期专门发表评论。指出，福建省民主建政工作取得很大成绩不是偶然的，省领导机关抓住了两个关键问题：一是把民主建政工作同各时期的中心工作结合起来进行；二是重视县级人民民主制度的建立并将人民民主制度进一步深入区、乡，以乡的民主建政为中心任务。

---

① 陈绍宽（1889—1969），福建闽县（今福州人），曾任国民党第五届中央执行委员、中华民国海军总司令。中华人民共和国成立后，历任福建省人民政府副主席、民革中央副主席、国防委员会委员等职。

② 丁超五（1884—1967），福建邵武人，曾任国民党候补中央执行委员，福建省参议会议长。中华人民共和国成立后，担任全国政协委员、华东军政委员会委员和福建省人民政府副主席，民革中央委员。

③ 《省各界人民代表会议胜利完成选举》，《福建日报》1951年12月25日。

各地召开的各届人民代表会议，逐步代行人民代表大会的职权，讨论和决定人民政府的施政方针和重大事宜，选举人民政府。各届人民代表会议成为了从军事管制向人民代表大会制度过渡的适当形式。在各级人民政府中，相当一批民主党派人士参加并担任了领导职务。中国共产党领导的统一战线的新政权，从根本上改变福建旧社会四分五裂的局面，实现了全社会的空前统一和各民族各阶层人民的大团结，从而为建设新民主主义的新福建奠定了坚实的政治基础。

二、建立健全人民团体

在开好各界人民代表会议的同时，福建省委对建立健全人民群众团体的工作也抓得很紧。

1949 年 10 月 1 日，省委就提出，根据全国总工会关于一年内要把工人组织起来的要求，福建省工会工作要以福州、厦门为中心，以福州为示范区，以泉州、漳州、建瓯、南平、龙岩为重点，有领导有计划地把全省的工人组织起来，并成立福建省总工会筹备委员会。10 月 20 日，福建省总工会筹备委员会正式成立，张鼎丞、叶飞、方毅、韦国清、曾镜冰等 5 人为该会名誉筹备委员，筹备委员共 33 人。在第一次筹备委员会全体会议上选举产生常务筹备委员 11 人，推定吴良杰为主任委员，林修德、粘文华为副主任委员[①]。1951 年 5 月 10 日至 18 日，福建省首届工会会员代表大会在福州举行，出席代表 176 人。省委书记、省人民政府主席张鼎丞在会上作了题为《为恢复生产、发展生产而斗争》的报告。大会通过了《福建省总工会章程（草案）》及相关决议，选举产生了省总工会第一届委员会，由吴良杰为主席，王竟成为第一副主席，崔予庭为第二副主席[②]。

1949 年 6 月 2 日，根据张鼎丞建议，经中共中央华东局同意，在上海动员知识青年组成南下服务团。华东青委书记李昌要求同时着手开展建团工作，具体由南下服务团青年处处长庄炎林负责。服务团动身

① 《福建省总工会筹备委员会成立》，《福建日报》1949 年 10 月 24 日。

② 《福建省总工会正式成立》，《福建日报》1951 年 5 月 20 日。

南下之前，在上海就成立了福建省青年工作委员会和青年团南下服务团工作委员会，伍洪祥任福建省青委书记，庄炎林任团工委书记。8月，南下服务团抵达福州后，立即成立青年团福建省工作委员会的领导班子，由伍洪祥任省青委和团省工委书记，庄炎林任省青委和团省工委秘书长。10月15日，省委召开专门会议讨论青年工作问题。会议指出，加强福建青年运动的领导已成为福建党的重要任务之一，要求在全省建立青年运动的领导机构，广泛地开展青年工作①。会议形成《关于青年运动和青年团工作的决定》。为加强对青年工作的领导，省委从南下服务团中抽选党团员骨干分赴工厂、农村、学校开展建团工作，有计划、有步骤、有重点地发展团员，并确定全省的青年运动和建团工作以福州为中心，以青年学生为重点。经过一段时间的筹备，11月5日，中国新民主主义青年团福建省工作委员会在福州正式宣布成立，伍洪祥任书记②。此后，全省的青年工作发展迅速。至1950年2月，全省团员总数已达4000人，5月发展到1万人。福州市5月初团员总数为1261人，占全省21%。厦门市团员总数为762人，占全省总数13%。其他各地平均发展数只占8%。1950年3月28日至4月2日，福建省各界青年第一次代表大会在福州召开，出席大会的有工人、农民、机关、解放军、青年团、学联、妇联、工商、科学、体育、医学、新闻、教协、文艺、中苏友协分会、华侨、宗教及民建、民革、农工等民主党派的青年代表300余人。省委书记张鼎丞在会上作《目前形势和福建青年的任务》的报告，方毅作《青年工作与土地改革》的报告。会议选举成立了“福建省民主青年联合会”，由胡辛人任主席，伍洪祥等45人为委员。

1950年2月12日，省委召开会议讨论召开全省第一次农代会的问题。27日，张鼎丞、叶飞、方毅等40余人发起筹备召开全省第一次农代会，并召开省第一次农代会筹备会议。6月28日至7月5日，省第一届农民代表会议在福州召开。张鼎丞代表省委在会上作了《关于全省九个月来农运工作的总结和目前农运工作任务》的报告，会议选举产生

---

① 中共福建省委：《关于青年运动与青年团工作的决定》，1949年10月15日。

② 《伍洪祥回忆录》，中共党史出版社2004年8月版，第394页。

了省农民协会，张鼎丞、叶飞等15人为常务委员，魏金水、江一真为正、副主任。会议通过了向毛泽东主席致敬电和有关农运的3个决议，发表了《告全省农民书》，号召全省农民组织起来、团结起来，为争取彻底翻身解放而奋斗①。

1950年6月10日，全省首届妇女工作会议在福州召开。会议总结了解放9个月以来福建的妇女工作，并确定了1950年下半年的妇女运动的方针和任务。会议产生了"省民主妇女联合会筹备委员会"，以苏华为主任，谢怀丹、于晶为副主任。张鼎丞代表省委、省政府在会上作了《福建妇女工作的任务》的报告，强调积极支援人民解放军解放金门、台湾，剿灭内地土匪，是全省人民的中心任务，也是全省妇女当前的中心任务，号召全省妇女要加强学习和团结，积极参加各项建设②。

在省委的领导下，全省人民逐步组织起来。到1952年，全省已有农民协会会员340余万人，工会会员18.7万余人，有组织的青年达200余万人，有组织的妇女达300多万人。工、农、青、妇等群众团体及其工作机构的建立，推动了全省群众运动的蓬勃发展，加强了工农联盟。

此外，在1950年4月召开的福建省文学艺术工作者代表会议上，正式成立了福建省文学艺术工作者联合会；在1951年11月召开的福建省第一次自然科学工作者代表会议上，分别成立了中华全国自然科学专门学会联合会福州分会和福建省科学技术普及协会。这些团体的成立，对团结学术界人士，促进知识分子的思想改造，繁荣福建文学艺术与促进自然科学研究以及科学技术的发展，都起了十分重要的作用。

三、开展党的统一战线工作

中共福建省委历来十分重视统一战线工作。作为人民民主统一战线的重要组成部分的各民主党派，于中华人民共和国成立前后，在中共各级组织的帮助、支持下，先后在福建成立了地方组织。

---

① 《省农代会昨日开幕》，《福建日报》1950年6月29日；《省农民协会成立》，《福建日报》1950年7月5日。

② 张鼎丞：《福建妇女工作的任务》，《福建日报》1950年7月4日。

1948年元旦，民联与民主促进会合并为中国国民党革命委员会。此前受民盟中央指派到福建筹备建立民盟福建地方组织的刘朝缙当选为该会中央候补委员。同年春，刘朝缙受民革中央领导人李济深、朱蕴山派遣，携密信回闽交给丁超五和刘通，委托他们筹建福建民革组织。该组织成立后以“民革”和“民联”两个名义开展工作，立即受到中共重视和帮助，福州解放前夕，已经发展了100多名成员。1949年11月，中国国民党民主派在北京召开全国第二次代表会议，决定民革、民联、民促和国民党其他爱国民主人士正式合并为中国国民党革命委员会。根据民革中央决定，建立民革福建分部（后改称委员会）筹备委员会，委派刘通、丁超五等10人为筹备委员，并作为筹备活动的召集人。

中国农工民主党在福建的活动历史比较长。但由于各种原因，多次停止活动。1949年6月，农工党南方局在福建组建农工党福建省临时工作委员会，由李述中任主任委员。

1949年6月，新的中共福建省委一组建，就确定社会部部长梁国斌负责对各民主党派的联系。1950年春，在省委的关心和帮助下，民盟福建省临时工作委员会、民革福建省支部筹委会和农工党福建省工作委员会相继成立。同年6月，中共福建省委成立统一战线工作部，彭冲为部长，负责开展对各民主党派的统战工作。遵照1950年5月中共中央政治局会议决定，中共全党进行整风，民主党派也自行整风。福建的民革、民盟、农工党于1951年在中共福建省委支持下还进行了组织整顿。同年4月，中国民主建国会在福州建立福州分会筹备处。1953年，根据过渡时期总路线的精神，各民主党派加强了对机关、学校和企业基层组织的工作，教育、推动各自的成员和所联系的人士接受社会主义改造，参加社会主义建设，为全省资本主义工商业和平改造和第一个五年计划的顺利完成，发挥了重要作用。

中华人民共和国成立前，福建省内就有省商会联合会和省工业会，各市县也有带封建行业性质的商会和同业公会。中华人民共和国成立后，省委即对旧商会和同业公会进行整顿和改组，加强对私营工商业的利用、限制和改造，做好私营工商业者团结、教育、改造工作，1953年5月，省工商联正式成立。此后，省工商联紧紧配合党和政府贯彻对资本主义工商业实行和平改造的方针和赎买政策，组织工商界人士学习过渡时期总路线，团结、推动私营工商业者走上社会主义道路，同时代表私营工商业者的合法权益，经常向政府反映他们的意见、建议和要求，对促进社会生产，实现对资本主义工商业的社会主义改造，作出了积极的贡献。

福建省是著名的侨乡，据解放初的统计资料，当时福建籍海外侨胞约有 367.6 万人，占全国华侨总数的 30.6%①。省内还有大量的归侨侨眷。中华人民共和国成立后，省委、省政府十分重视侨务工作。省人民政府于 1950 年 11 月成立华侨事务委员会，各主要侨区的专、市、县也先后设置了侨务科(局)，主管侨务工作。大部分市、县还成立了归国华侨联合会，成为党和人民政府联系归侨、侨眷和华侨的桥梁。中华人民共和国的成立，海外侨胞受到极大鼓舞，大批侨生回国升学，各地侨乡利用侨资兴办了工厂、农场、学校、医院，一批批侨胞和海外华人回国观光、探亲、旅游、讲学，爱国爱家热情日益高涨，对全省国民经济的恢复、发展作出了贡献。

中华人民共和国成立初期，福建全省有佛教寺庙 3000 多座，道观、道宫近 600 多座，伊斯兰教的清真寺 4 座，天主教堂 500 多座，共有宗教职业者 1.9 万余人。省委、省人民政府坚决贯彻执行党的宗教政策，广大信教群众不仅和全省人民一道获得政治上、经济上的翻身解放，而且享有宗教信仰自由的权利，从而更加拥护共产党、拥护人民政府②。

中共福建省委、省人民政府十分重视统一战线工作，真诚地同民主党派和各界民主人士团结合作，在国家政治生活和建设事业中充分发挥他们的作用。福州一解放，省委、省政府领导张鼎丞等就亲自登门看望或会见民主党派领导人和各界知名人士，召开各种座谈会，宣传和解释中国共产党的方针政策，听取他们的意见和建议，动员各方面代表人士参加人民政府的工作。福建刚解放，张鼎丞四次派人请原国民党海军上将总司令陈绍宽参加新政权的工作，并亲自到闽侯县胪雷乡去探望，

① 福建省华侨事务委员会：《本省华侨分布情况》，1955 年。

② 参考何少川主编：《当代福建简史》，当代中国出版社 2001 年 5 月版，第 57—58 页。

阐明大局。陈绍宽原想告老返乡，看到共产党全心全意同党外人士交朋友，共商国策，才出来工作。福州解放没几天，张鼎丞、叶飞等又亲自到福州泉山仁寿堂看望曾任中华民国海军总长、原国民党福建省长的萨镇冰，共商福建大政。萨镇冰虽年迈体衰，还是积极参加中央和省人民政府的一些力所能及的工作。1950 年 10 月，经中央人民政府批准，首届福建省人民政府委员会正式成立。省人民政府组成人员中，民主党派和无党派人士有省人民政府副主席陈绍宽、丁超五，委员王亚南、萨镇冰、洪晓春、何公敢、李述中、林采之、林植夫、倪松茂、陈培锟、傅柏翠、黄长水、黄农、廖华、刘通、刘栋业、练惕生、蔡友兰。这时期，福建省各城市也都安排有民主党派人士担任实职。1951 年 12 月，中共福建省第一次代表会议召开，张鼎丞特地请陈绍宽、丁超五等民主人士列席，体现了中国共产党对党外人士在政治上的信任。

在中共福建省委的领导下，各民主党派、工商联和各界民主人士热情高涨，积极参政议政。省政府委员中的民主党和无党派民主人士都参加福建省人民政府全体委员会议，开始了在中共领导下多党合作、政治协商，为新民主主义建设出谋献策的历程。

福建省各民主党派和无党派民主人士在积极参政议政的同时，还积极投身历次政治运动。1950 年 7 月，民革、民盟、农工党福建省委等民主党派领导人先后发表书面谈话，抗议美帝国主义侵略罪行，积极开展反对侵略、保卫和平的宣传和签名运动。1950 年 11 月，省民革、民盟、农工党福建省委等民主党派联合发表宣言，拥护中共和人民政府发动的抗美援朝、保家卫国运动。在这一运动中，各民主党派和各界党外人士的爱国热情空前高涨。一些民主党派领导人踊跃参加赴朝慰问团，他们归来后即分赴闽东、闽西、闽南等地区传达朝鲜战况，宣传志愿军战士艰苦奋斗的精神和胜利的消息，激发人们的爱国热情。许多民主党派成员和爱国人士纷纷捐款，超额完成相当于捐献 8 架战斗机的任务。

1951 年 1 月 4 日，省民革、民盟、农工党成员响应中共和人民政府号召，积极投身土地改革运动。在中共福建省委的推动和安排下，民主党派除抽调一些骨干成员参加土改工作队，到福州、闽侯、长乐、古田、福清、永春、南安、泉州、晋江、南平等地参加土改外，还派一些骨干成员参加“反革命审查委员会”，为新民主主义革命和建设清除暗藏的反革命分子。民革、民盟、农工党等民主党派还组织成员进行学习和检查，清洗混入组织的反革命分子和坏分子，纯洁队伍，巩固组织。省人民政府根据上级有关规定，对一些解放前已参加反蒋斗争的民主人士，特别是高级民主人士和起义军官，给予特殊照顾和宽大处理，保持和发展了统一战线，调动了民主党派人士的积极性，争取了更多的人支持和参加土改、镇反和抗美援朝运动。

1951 年 12 月 24 日，在福建省首届各界人民代表会议上选举产生了福建省首届各界人民代表会议协商委员会。协商委员会由各党派、各人民团体和各界代表 48 人组成，张鼎丞为主席，曾镜冰、王亚南、林植夫、黄长水为副主席①。在政协福建省委员会产生之前，履行中国人民政治协商会议福建省地方委员会的职责，参加全省政治、经济生活中重大事项的协商，协助人民政府联系和动员人民，推动各项工作。协商委员会的成立标志着福建省人民民主统一战线组织正式建立。在中共福建省委的领导下，福建人民民主统一战线，为福建国民经济的恢复和新民主主义建设的开展，创造了积极有利的条件，起了重大的历史作用。

① 《省各界人民代表会议胜利完成选举》，《福建日报》1951 年 12 月 25 日。

第二章
巩固新生的人民民主政权

第一节　清剿土匪和镇压反革命

一、清剿土匪安定社会

福建地处东南沿海，海岸线弯曲漫长，内陆山脉纵横交错，山高林密，历史上多有盗匪。民国以后，各种土匪和封建武装更形成割据，互相侵夺。

1949年解放时，据估计，福建境内约有土匪5万余人①，随着福建各地的陆续解放，又有大批国民党军散兵游勇和地方反革命分子上山加入土匪的队伍。解放初期福建的土匪有三种：一是国民党军队逃往台湾前，有计划、有组织地布置留下的土匪，如“突击军”“人民反共救国军”“海上保安纵队”等均为国民党军统、中统特务所控制；二是封建恶霸地方实力派所掌握的地主、土匪武装，如刘子宽、严正、林德龙等股匪，他们长期鱼肉人民，拥有大量家产田地，在当地号称土皇帝；三是历

① 福建军区、第十兵团司令部：《1950年之剿匪总结》，1951年3月18日；福建军区、第十兵团情报处：《闽省匪情演变总结》，1951年6月15日。

史悠久的惯匪，主要由一些无业游民、流氓及部分在旧社会无法生存、被迫铤而走险者所组成，专以抢劫谋生的职业土匪。1950 年上半年，国民党把福建境内的土匪统一组织为“福建游击军区”，由驻金门的国民党高级将领胡琏兼任司令[①]。沿海“海上保安”系统改为“海上突击军”，派高级特务、政治土匪为骨干，加以控制，执行国民党的所谓“游击计划之作战方针”，完全成为政治性的反革命武装[②]。这些土匪烧、杀、抢、掠，破坏解放军的军事行动，武装袭击县、区、乡人民政府机构，袭击解放军和地方武装，千方百计地妄图颠覆新生的人民政权，危害十分严重。

1949 年下半年，随着全省各大中城市及广大农村的陆续解放，福建各地土匪、国民党败军的散兵游勇、特务等的反革命活动对“解放福建、接管福建”进程的威胁日益突显出来。中共福建省委和人民解放军第三野战军第十兵团对此十分重视。早在入闽之初，即以八十四师二五二团、八十七师二六一团（各缺 1 个营）在闽北地区担任剿匪任务[③]。福州战役刚刚胜利结束，中共福建省委就印发了《清剿匪特的指示及经验》，并决定在厦门战役后，以全面开展剿匪为中心任务[④]。10 月 17 日，厦门解放。省委、第十兵团、福建军区就以三十一军侦察营和八十三师、九十一师、九十二师、九十三师各一部及沿海军分区的 3 个警备团，共约 7 个团的兵力投入剿匪，重点打击主要交通线两侧和重要产粮区内的土匪[⑤]。11 月 19 日，省委在《关于剿匪问题的指示》中，仍然把肃清匪特作为全省党政军民当前的中心任务。确定剿匪的基本方针是“军事政治双管齐下”，斗争的策略是“争取多数，打击少数”，利用矛盾、各个击破，以政治分化瓦解为主，结合军事打击，并要求必须正确执行“首要必办、胁从不问，立功受奖”的政策[⑥]。至年底，全省共歼灭土匪

① 福建省地方志编纂委员会编：《福建省志·军事志》，新华出版社 1995 年 6 月版，第 253 页。
② 华东区福州军区司令部：《匪情综合》，1950 年 9 月。
③ 福建军区司令部：《1949 年 8 月至 12 月剿匪工作总结》，1950 年 3 月 23 日。
④ 张鼎丞：《关于大力开展剿匪及建设福建军区工作的意见》，1949 年 10 月 12 日。
⑤ 福建军区司令部：《1949 年 8 月至 12 月剿匪工作总结》，1950 年 3 月 23 日。
⑥ 中共福建省委：《关于剿匪问题的指示》，1949 年 11 月 19 日。

15438名,其中大队长以上匪首33名[①]。但这时,全省尚有土匪240余股(含海匪3股),拥有长枪2.77万支,机枪300余挺,分布于已解放各县边界山区,并控制着光泽、建宁、泰宁、将乐、永安、三元(今三明)等县城和部分沿海岛屿[②]。于是福建军区决定抽调近10个主力团兵力,协同各军分区警备团及县区武装开展剿匪。首先肃清上饶至南平公路两侧及闽江中游沿岸之股匪,确保交通安全,保障军运;同时解放尚为股匪占据的县城,控制城镇和产粮区;尔后,消灭边缘地区的股匪,普遍建立基层政权,为转入全面清剿作准备。

1950年1月,剿匪部队全面展开,二十八军所属1个师又2个团及军直3个营进驻闽北、闽东地区;二十九军1个师及三十一军1个团又1个营分赴闽西、闽南各地。一二月间,八十四师一部与江西剿匪部队先后解放了土匪占据的将乐、建宁、泰宁、光泽等县城,八十七师一部先后解放了永安、三元等县城,各歼匪一部。二五二团一部以崇安为中心,分布于分水关至建阳公路沿线,担负清剿土匪"中华民族自救军闽北总指挥"刘午波部及护路任务。至3月底,全省共歼匪10884名,毙、俘刘午波等重要匪首32名,迫使盘踞城镇的土匪化成小股流窜于偏僻山区。三四月间,福建军区从主力部队中抽调800名干部和27个建制连,编入各军分区地方武装,并要求各地在建立基层政权的同时,组织民兵队伍,配合部队剿匪作战。4至7月,全省共歼匪9943人,其中大队长以上匪首72名。至此,全省经一年时间的清剿,累计歼匪36265名,缴获各式武器17288件[③]。全省各地土匪已被歼一半,取得了重大的胜利。但主要股匪仍未受到歼灭性打击,各地匪势仍很嚣张。

1950年下半年,全省剿匪斗争进入了"重点清剿、面上坚持"阶段。在中共福建省委领导下,福建军区在全省10个重点清剿区,以12个主力团的兵力,加上各军分区警备团,担任重点清剿;在重点清剿区之外,

---

① 福建军区司令部:《1949年8月至12月剿匪工作总结》,1950年3月23日。

② 福建军区、第十兵团司令部:《1950年之剿匪总结》;福建军区司令部《剿匪计划》,1950年1月6日。

③ 《进军福建以来剿匪战绩统计表》,福建军区、第十兵团司令部:《(一九)五〇年至五二年剿匪及匪情整理资料》,第57页。

由各军分区组织剿匪委员会，统一领导各种剿匪力量，坚持面上的清剿。8月至11月，全省共歼匪14281名，其中大队长以上匪首248名，缴获各种武器5041件[①]。10个重点清剿区股匪大部被歼，一批重要匪首被活捉或击毙。特别是土匪控制区内的群众已广泛发动起来，使残余股匪日益孤立。

1950年11月，由于美国扩大侵朝战争，国际国内形势发生新的变化。11月17日，毛泽东就加强华东军区领导和做好剿匪工作问题，致电华东局陈毅、饶漱石，其中对闽浙两省的剿匪、土地改革工作做了明确的指示。11月18日，中共中央华东局对执行毛泽东指示给福建省委发文，传达了毛泽东的意见："闽浙两省剿匪工作极为重要，特别是福建匪患必须使用四五个主力师用全力穷追猛打、限期肃清"，并且"提议从现在起，和广泛开展土地改革工作相配合（福建必须迅速实行土改），限六个月内剿灭一切成股土匪，责成叶飞鼎丞全力以赴，做出成绩。只要福建的土匪消灭，土改完成，即令蒋介石登陆进犯，也是容易对付的"[②]。11月19日，省委就贯彻执行毛泽东主席关于闽浙剿匪、土地改革工作的指示向饶漱石、陈毅并中共中央华东局、毛泽东主席作出报告。报告说，省委完全拥护毛泽东主席及华东局的指示，争取明春前消灭全省股匪；土地改革分两步完成，除闽侯专区7个县及其他6个专署各完成1至2个县的土地改革完全按土地改革法进行外，每个专署尚可扩大2至4县先解决地主阶级的土地及其控制的公田，其他问题在春耕后夏收前加以解决。此外尚有30%的地区则加紧剿匪反霸、减租和发展地方武装等工作，做好土地改革准备工作。省委、军区将抽调大批干部组成工作组，把剿匪与土地改革结合起来开展工作，加紧镇压反革命。11月22日，毛泽东主席批转了福建省委的报告，指出："在时局紧张的情况下，必须限期剿没股匪，加速进行土改，发展地方武装和坚决镇压反革

① 《进军福建以来剿匪战绩统计表》，福建军区、第十兵团司令部：《（一九）五〇年至五二年剿匪及匪情整理资料》，第57页。

② 毛泽东：《关于加强华东军区领导和做好剿匪工作的电报》（1950年11月17日），《建国以来毛泽东文稿》，第1册，中央文献出版社1987年11月版，第669页。

命活动，我党我军才能取得主动，否则有陷入被动的危险”[①]，肯定了福建将土地改革与剿匪相结合、扩大土地改革县数的做法。要求和福建同样解放较晚、土匪甚多而尚未肃清的省份加以研究、仿行。

11月26日至30日，中共福建省委在福州召开扩大会议，传达贯彻毛泽东对福建剿匪、土地改革工作的紧急指示，通过了《关于加紧剿匪及开展土地改革运动的决议》。决定剿匪、土地改革、肃特三项工作齐头并进，结合进行。要求于1951年5月底前肃清全省残余股匪，镇压反革命；于1950年开始在全省60%以上地区进行土地改革；壮大地方武装，要求在1951年5月底发展3.3万人，达到6万人，同时大力发展民兵组织。

会后，福建军区与浙江、江西、广东军区组织了6个省与省、军分区与军分区的联防会剿区；集中5个师兵力进剿股匪，另以3个师担任海防和进剿海匪，切断海陆土匪之间的联系；从部队中抽调9280名干部和老战士，组成一支强大的工作队，在地方党委统一领导下，进行土地改革、剿匪和镇压反革命工作。

1951年1月，福建军区会同浙江、江西有关地区，组织了三省边界地区联防会剿，消灭了流窜在边界地区的股匪。二八七团于1月12日侦悉匪“中国人民自由军闽赣边总指挥部”中将司令严正逃窜到泰宁南举凤山区，立即组织6个连兵力进剿，泰宁弋口乡民兵积极主动配合，于1月15日活捉了在闽北为非作歹数十年的土匪头子严正。二八七团和弋口乡民兵均得到福建军区的通令嘉奖。这个月，全省歼匪4741名，其中大队长以上匪首194人，创剿匪以来月计最高纪录。毛泽东主席于2月26日致电福建军区叶飞等领导人：“一月份福建剿匪简报，已收到阅悉。剿匪成绩甚大，极慰。望继续不懈，坚持到底，于三月底以前肃清福建一切股匪。如那时尚有残匪未清，仍须以地方武装及民兵继续坚持清捕，直至完全消灭匪众为止。在清匪斗争中，对于一切为民众痛恨的匪首惯匪及恶霸，必须在人民同意下坚决迅速地处以死刑，是

① 毛泽东：《转发福建省委关于剿匪和土改报告的批语》（1950年11月22日），《建国以来毛泽东文稿》第1册，中央文献出版社1987年11月版，第680页。

为至要。”[①] 华东军区也于 2 月 28 日通电表扬，并要求华东各省研究参考福建的剿匪经验。

在解放军强大的军事压力和不断打击下，以及全省土地改革、镇压反革命运动的展开，使土匪无法再成股活动。许多股匪遂化整为零，化匪为民，就地分散隐蔽，匪首则潜藏深山，等待时机。剿匪部队采取以分散对分散的策略，驻剿、搜剿土匪。同时充分发挥地方武装和民兵的作用，加强内部控制，村村联防，查户口，设路卡，断匪粮，挖耳目，断绝土匪与外界的联系，继续掀起清剿高潮。2 月份，全省又歼匪 5665 人，其中大队长以上匪首 236 名。全省已有 47 个县基本肃清股匪。毛泽东于 4 月 1 日再次致电福建军区，对福建剿匪工作表示嘉勉："你们在一二两月消灭股匪万余，成绩甚大，极为欣慰。尚望继续努力，消灭一切残匪。只要消灭了土匪，镇压了反革命分子，在大部分地区完成了土改，厦门平潭的防御工事又做好了，福建的形势就改变了，台匪如敢进攻，你们就有完全的胜利把握了。"[②]

至 1951 年 3 月，在 4 个月里，全省歼匪 18277 名（其中大队长以上匪首 762 名），其中投降、自新者 8179 人，占 45%，缴获各种武器 8456 件[③]。为此，华东军政委员会特致电嘉勉福建军民。福建军区司令部向全省军民发表公告：全省股匪已告基本肃清，胜利地实现了毛泽东主席限期肃清全省一切股匪的要求。福建剿匪作战的胜利，巩固了全省基层人民政权，保证了土地改革的顺利进行。

1951 年 4 月，中共福建省委扩大会议在福州召开。叶飞作《关于春季剿匪成绩与今后剿匪方针的报告》，指出福建的股匪已化整为零，基本消灭，今后的方针是转入肃清散匪、潜匪、进剿海匪，结合镇压反革命及摧毁其地下组织，以达到彻底根绝匪患的目的。会后，福建的剿

---

① 毛泽东：《关于继续肃清福建一切股匪给叶飞等的电报》（1951 年 2 月 26 日），《建国以来毛泽东文稿》第 2 册，中央文献出版社 1988 年 11 月版，第 144 页。

② 毛泽东：《关于继续努力消灭残匪给叶飞等的电报》（1951 年 4 月 1 日），《建国以来毛泽东文稿》第 2 册，中央文献出版社 1988 年 11 月版，第 212 页。

③ 《进军福建以来剿匪战绩统计表》，福建军区、第十兵团司令部：《（一九）五〇年至五二年剿匪及匪情整理资料》，第 57 页。

匪斗争由大规模的围剿股匪，转入彻底肃清散匪的新阶段。根据省委的指示精神，福建军区对剿匪工作做了重新部署，参加剿匪的大部野战军集结备战，留下 5 个团又 1 个营的兵力继续剿匪，除坚持德化、大田、永春、漳平、尤溪、永泰、永安、仙游 8 县联防会剿外，新组织了龙岩、永安、瑞金（属江西）3 个军分区接合部以长汀为中心的 5 县联防会剿，并组织了部分地区之县与县的小型联防会剿。剿匪部队贯彻“以清匪支持土改，以土改根绝匪患”的指导方针，既是战斗队又是工作队，直接参加土地改革、镇压反革命和发动群众工作。由于清匪运动的普遍开展，残匪相继被歼，参加剿匪的野战军从 5 月上旬开始，逐步集结休整，到 9 月全部集结完毕。肃清残匪的任务转以地方武装、公安部门和民兵为主，在地方党委统一领导下进行。自县至村均成立党政军民一体的清匪委员会（沿海地区称海防清匪委员会）。从 4 月至 12 月，全省歼匪 3739 名，其中大队长以上匪首 350 名。1952 年，全省歼灭散匪 444 名。1953 年又歼灭散匪 222 名，全省散匪基本肃清。尚余 200 余名潜伏散匪，于 1954 年至 1956 年底也被彻底肃清。福建党政军民从 1949 年 8 月至 1956 年底，共歼灭土匪 73450 人，其中中将以下、大队长以上匪首 1670 人，缴获各种武器 33145 件①。

由于福建地处海防前线，剿灭土匪成为巩固海防的首要任务；又由于朝鲜战争爆发后，美国第七舰队侵入台湾海峡，台湾国民党蒋介石集团加紧窜扰大陆沿海地区，台海形势十分紧张，所以毛泽东提出福建在加紧剿灭土匪的同时，提前进行土地改革，土地改革与剿匪齐头并进，以迅速取得福建的稳定局势，防止美蒋反动派趁朝鲜战争爆发之机，大举进犯福建。中共福建省委在领导剿匪斗争过程中，坚决贯彻毛泽东的指示，在剿匪形势相对较好的地区，立即展开土地改革，从而深入地发动了群众，反过来又促进了剿匪斗争取得更快更大的胜利。正如叶飞所讲，解放初期福建省委将剿匪与土地改革相结合，成为福建不同于

① 《进军福建以来剿匪战绩统计表》，福建军区、第十兵团司令部：《（一九）五〇年至五二年剿匪及匪情整理资料》，第 57 页；福州军区司令部作战处：《解放福建以来战绩统计表（1949—1956）》中之《福建解放以来大陆剿匪战绩统计表》。

其他新、老解放区的一个特点[①]。

二、开展镇压反革命运动

福建曾经是国民党特务统治的重点区域之一，国民党反动政权曾在福建开办训练特务的“中美特种技术合作所东南训练班”；福州市曾经是国民党在福建省的统治中心，经过国民党长期经营，反革命组织众多，反革命基础深厚，仅军统、中统建立的大小组织即达 70 多个；宪兵、警察设置的组织有 60 多个；反动党团组织 240 多个，会道门组织达数十种，仅一贯道在福州就有 7 个总坛、85 个分坛、129 个家坛或支坛。据镇反运动中调查，至 1950 年年底，全市残存的匪首、惯匪、恶霸、特务、党团骨干分子、会道门头子等五个方面的反革命分子多达 3314 名。其他国民党军政警宪人员、“一般党团员”“一般会道门分子”[②]等多达 1.3 万多名。

中华人民共和国成立前，厦门的反动党团有国民党、三青团、国民党海员特别党部、青年党、民社党等，特务机构则有保密局（军统）、内调局（中统）、国防部二厅、宪兵特务组、毛森系统的反共救国军、蒋经国系统的青年反共救国团等。他们所属的分支机构遍布厦门社会的各个角落，骨干分子多达数千人。国民党反动政权覆灭前夕，特务头子毛森曾在厦门召开过“应变”会议，有计划地布置了一批国民党“内调局”“保密局”等系统特务潜伏下来，并预谋实行“向内地推进”的计划。

福建解放后，盘踞在台湾的美蒋反动派还不断地通过未解放的沿海岛屿等，派遣特务潜入福建各地。反革命特务分子与城乡各地的土匪及各种地方反动势力勾结起来，以各种形式进行破坏活动，特别是美国政府武装干涉朝鲜内战，并派遣第七舰队侵入台湾海峡之后，各种反革命特务分子错误估计了形势，认为蒋介石反动残余势力“反攻大陆”的时机已到，于是，破坏活动更加猖獗起来。他们或利用人民政权初建，

① 中共福建省地方史编写组：《访问叶飞同志谈话记录》，1995 年 1 月 4 日。

② 所谓“一般”，当时指非骨干分子。

情况不熟、人心未稳之机，造谣惑众，纵火放毒，企图制造社会混乱；或利用帮会势力制造事端，破坏生产；或改换姓名，掩饰面目，混入新政权的各机关团体，搜集情报，伺机破坏；或搜罗国民党流散官兵，组织地下反动武装，大肆抢劫和偷盗物资、残杀干部，甚至还妄图制造反革命暴乱。在福州，解放前夕曾参加毛森“应变”会议的国民党潜伏特务郑琦，组织了“反共救国军闽江纵队”，自任总指挥，制定《反共复国行动纲领》，通过安置各地的4部电台，将情报转报给台湾国民党特务机关；受台湾国民党特务机关派遣潜入福州的郑美居、陈灼奎，组建“福建人民反共突击军第四纵队”，在福州、古田、罗源、南平等县市，搜罗国民党流散官兵、地痞流氓，勾结地主恶霸，封官委职，建立5个支队、7个秘密联络点，开设电台，搜集情报，伪造人民币，破坏金融市场，妄图组织反革命暴乱；以孙大琰为首组织的“中国青年反共救国军”地下武装，在侵朝战争爆发后，大肆发展组织，纠集土匪、特务和其他反革命分子30多人，妄图建立“敌后游击走廊”；惯匪王思彰、特务许炳凯组织“反共抗俄突击军第一纵队独立支队”，先后发展3个大队，企图进行反革命暴乱；国民党派遣特务郑海棠、郑秋桂等于1950年4月9日夜在福州台江区纵火，烧毁江滨路等7条街巷，烧毁房屋315间，造成784户、3621人无家可归；国民党潜伏特务叶心浩，利用秘密电台指引国民党飞机轰炸福州台江码头、闽轮修造厂、三保街商业区、中选路电厂等处，炸死炸伤市民300多人，烧毁房屋1700多间，造成900多户人家居无住所①。泉州潜伏特务施明汉等在泉州市区设立了“东南人民反共救国军晋、南、惠、安四县游击司令部”；匪特王樵、苏建义组织的“兴泉纵队”也接受金门国民党军的指挥，携带电台活动于泉州市区和城郊清源山一带；厦门的反动会道门组织“一贯道”和“同善社”，解放前与国民党地方军政界有勾结，解放后则大肆收罗国民党兵痞、警察及土匪和黑社会帮派势力，成立反革命地下组织，制订反革命纲领，阴谋发动暴乱。

反革命活动的猖獗，严重危害着人民的生命财产和社会治安，阻碍了抗美援朝、城市民主改革和国民经济恢复工作的顺利进行。因此，坚

① 许亚：《福州市人民政府一年来的工作》，1950年8月。

决镇压一切公开和暗藏的反革命分子，迅速建立和巩固革命秩序，成为福建解放后人民政权的一项刻不容缓的重要任务。

1950 年 3 月 18 日，中共中央发出《关于镇压反革命活动的指示》，要求“对于这些反革命活动，各地必须给以严厉的及时的镇压，决不能过分宽容，让其猖獗”①。7 月 23 日，政务院和最高人民法院又发布了《关于镇压反革命活动的指示》，要求各地迅速开展一场镇压反革命的运动。镇反运动打击的重点是土匪（匪首、惯匪）、特务、恶霸、反动会道门头子和反动党团骨干和反动会道门头子。根据中央的指示精神，福建在解放之初即结合城市接管和消灭残敌进行镇压反革命。但由于政权初建，情况不明，加之反革命分子的欺骗宣传，致使一部分人对党的镇反政策不够了解。为了不致搞乱社会秩序，中共福建省委采取了小心谨慎、稳步前进的方针。在城市，结合接管，打击破坏活动，建立革命秩序，对特务分子采取突破一点，掌握情况，有计划、有步骤地进行登记、搜捕，求得彻底摧毁特务组织。对农村中的恶霸，则在减租斗争中，打击罪大恶极者。这样做的结果，收效甚大，确是瓦解、争取了一部分反革命分子，很多特务分子悔过，交待了组织关系，交出了证件，有的还有立功表现。但当时在一些地方也曾经存在对反革命分子“宽大无边”的偏向，群众意见较大②。

为了进一步纠正镇压反革命运动中许多地方落后于形势的“严重的右的倾向”，中共中央于 10 月 10 日再次发出《关于镇压反革命活动的指示》（亦称“双十指示”），要求各级党委全面贯彻党的“镇压与宽大相结合”的政策，即“首恶者必办，胁从者不问，立功者受奖”，对罪大恶极、怙恶不悛的反革命首要分子，实行坚决镇压。11 月 19 日，省委召开全省公安、检察、司法部门联席会议，传达贯彻中央“双十指示”精神，检查前段在处理反革命案件方面的右倾偏向，制定开展镇压反革命运动的计划。省委根据中共指示精神和福建的实际情况，确定在不同

① 《中共中央关于镇压反革命活动的指示》（1950 年 3 月 18 日），中央档案馆、中共中央文献研究室编：《中共中央文件选集》（1949 年 10 月—1966 年 5 月），第 2 册，人民出版社 2013 年 6 月版，第 222 页。

② 中共福建省第一次代表会议文件：《两年来镇压反革命工作总结》，1951 年 11 月 29 日。

地区采取不同方法:在已进行土地改革、群众充分发动起来的地区,由群众检举揭发反革命分子,经审查批准后逮捕;在尚未进行土地改革、群众尚未发动的地区,一边发动群众,一边开展镇压反革命运动;在土匪、恶霸等反革命势力严重的地区,先镇压反革命分子再发动群众。因此,从1950年11月起,福建省按照党中央的统一部署,大张旗鼓地开展了一场镇压反革命运动。省人民政府召开了广播动员大会,向全省人民公开揭露反革命分子的种种罪行,宣布了惩办与宽大相结合的政策。各级公安部门也紧紧依靠人民群众开展斗争,制裁、处决、判处、管制了一大批反革命分子,清除了一批混进职工队伍的反革命分子。解放前横行乡里,在农民新婚之夜灭绝人性地强暴施行"初夜权",奸淫妇女达370余人的武平县大恶霸练文恭;在同安、南安、安溪、长泰等地横行28年,枪杀和活埋老百姓48人,毒打致死76人的同安县"土皇帝"叶金泰;勾结日军与国民党反动派,霸占民田千亩,杀害人命4条的厦门禾山区大恶霸陈宝琦;在国民党军溃逃前夕,于厦门港亲手杀害40多名爱国青年的军统特务魏光清;勾结国民党反动派与惯匪,用尽欺诈、威胁手段欺压农民,霸占洲田千亩,杀害农民一家9口的福州市远洋乡大恶霸孙亨梧;1950年4月9日纵火烧毁福州市台江区街道民宅,造成3000多人无家可归的特务分子吴宝轩等,都在这个阶段前后伏法。

在福建省委的坚强领导和精心部署下,全省各地都掀起了镇压反革命运动的高潮,成效显著。福州市于1950年11月运动展开后,首先在全市范围内进行了反动党团骨干分子和特务分子的登记。此后,在5个月的时间里,前后4次集中逮捕了一批罪大恶极的反革命分子,并组织民主党派人士和各界、各阶层代表成立了市、区"反革命案件审查委员会",审查各类反革命案件。同时,广泛举行诸如公审大会、报告会、讨论会、控诉会、检举会、座谈会等各种大小会议,在广大群众中进行镇压反革命的宣传活动,广大群众的政治觉悟大大提高,积极参加镇反运动,检举揭发并协助捕捉反革命分子①。厦门市自1950年11月起,首先逮捕了一大批反革命分子,镇压了一批血债累累、罪恶昭彰的首恶分

① 福州市公安局史志办公室编:《福州市建国初期的镇压反革命运动》,1990年1月。

子，使全市80%以上的市民受到镇压反革命的教育。全市人民积极参加镇反运动，先后有2000多人控诉反革命分子的罪行，近千人检举揭发反革命分子，迫使1352名反革命分子向人民政府悔罪自首[①]。龙溪专区于1950年12月全区统一行动，一举破获重大反革命组织24起，捕获5种类型的反革命分子1267名。福建省委及时总结和推广了龙溪地区的经验，派遣省公安厅处级以上干部率领工作组到各地指导巡视。泉州市在镇反运动广泛展开之际，尚未从晋江县分立出来。1950年12月28日，晋江县首届五次人民代表会议讨论通过了关于开展镇压反革命运动的决议。会后，就逮捕了一批反革命分子。1951年1月，泉州市从晋江县分立后，随即召开了有1.5万人参加的公审反革命分子大会，审判处决了16名特务分子，公审大会后又分批处决了23名匪特。与此同时，中共泉州市委进行广泛宣传，消除群众的疑虑，发动群众积极参加镇反运动。发动起来了的广大群众纷纷检查揭发反革命分子的罪行，协助公安部门抓捕暗藏的反革命匪特，前后三批共抓获反革命分子474名[②]。至1951年5月，全省共逮捕各种反革命分子8.5万余人，处决2.6万余人，其中匪首、惯匪和犯有血债者居多[③]。

在镇压反革命运动的高潮中，全省各地群众的政治觉悟和对敌斗争的积极性空前提高，出现了许多群众性的捉捕土匪、特务、恶霸，保卫海防等动人事例。在反革命分子家属中也出现了儿子检举特务父亲、妻子控诉反革命丈夫等典型事例。广大人民群众真正把镇压反革命当作又一次“大翻身”。由于镇压反革命运动取得了重大的成绩，使福建的面貌大为改观，征粮、参军、支前等任务都得以顺利开展；抗美援朝、土地改革、剿匪等中心工作都得到了有力的支持。

福建镇压反革命运动的迅速展开与取得的成效，得到了中共中央和华东局的肯定，多次受到表彰并获得毛泽东的赞扬。1951年3月1日，福建省公安厅向华东公安部和中央公安部报告了福建的镇反工作。半个月后，毛泽东即于3月18日在这份报告上批示：“福建公安厅的这个

① 《厦门市人民政府两年工作报告》，1951年12月5日。

② 泉州市人民政府：《1951年施政工作报告》，1952年1月10日。

③ 中共福建省第一次代表会议文件：《两年来镇压反革命工作总结》，1951年11月29日。

报告写得很好，有分析，有内容，方针正确，态度坚定，值得各地同志研究仿行。”①

但在运动的高潮中，由于一些工作人员一定程度地存在着简单粗糙的工作作风，对量刑的标准认识不够明确，对具体情节审查鉴别不够仔细，量刑处理上也发生了个别的畸轻畸重的现象。尤其是1951年3月以后，各地的镇压反革命工作已经形成了全面性的群众运动，个别区乡干部和群众中“左”的情绪开始滋长起来，出现少数错杀与自杀现象。

这种情况引起中共福建省委的高度重视和警惕，省委随即发出指示，指出“大捕大杀的阶段已经过去”，强调“巩固胜利，防止发生左的偏向”②，并派出工作组到各地巡视，及时纠正错误倾向。1951年4月，省委决定把批准死刑判决的处决权收回到省。4月7日，毛泽东在《福建省公安厅镇反情况报告》上作出重要批示，充分肯定福建镇反的工作成绩。批示指出：“福建有些地方情况特殊，反动派多，处决的比例较大，这是可以理解的，别地自不应援例也杀这样多，但有些情况相似者，亦可仿照办理。福建方面最值得重视的经验是发动最广大群众参加镇反工作和派遣工作组下去巡视镇反工作。关于工作组，我认为各省都应当注意，即由省级机关组织几个有训练有能力的工作组，分往各专区，直到县级去巡视，有偏差者帮助纠正，积案太多者帮助清理，不敢放手者帮助开展工作，发动群众不足者告知发动参加的办法。这样的工作组，对于坚决而正确地开展镇反工作，当有很大的帮助，请你们研究执行为盼。”③

1951年5月，中共中央及时决定立即实行谨慎收缩的方针，集中力量处理积案。福建省委坚决贯彻中央的指示，结合本省的实际情况，要求全省各地的镇压反革命运动从6月起至9月以清理积案、组织犯人劳

① 毛泽东：《转发福建省公安厅关于镇反情况报告的批语》（1951年3月18日），《建国以来毛泽东文稿》，第2册，中央文献出版社1988年11月版，第170页。

② 中共福建省第一次代表会议文件：《两年来镇压反革命工作总结》，1951年11月29日。

③ 毛泽东：《转发福建省公安厅关于镇反情况报告的批语》（1951年4月7日），《建国以来毛泽东文稿》，第2册，中央文献出版社1988年11月版，第223页。

动改造为突击中心任务，积极开展清理积案工作。至9月底，全省共清理36146件积案，并改善狱政，组织1.5万余名犯人投入劳教，同时建立健全基层公安组织，加强对反革命分子的管制和对反革命分子家属的宣传教育工作。大张旗鼓的清理积案运动，不但更加普遍而深入地发动与教育了群众，提高了群众的主人翁思想，而且广大干部的政策水平和工作能力也大大提高，克服了草率粗糙与宣传不足的现象，巩固和发展了镇压反革命运动的胜利成果。

大规模的镇压反革命斗争取得决定性胜利后，福建全省各地又于1951年11月，福建全省各地又在少数镇反运动不够彻底的地区开展了深入的斗争。尤溪县公安局破获“东南人民反共救国军南平纵队尤溪第二大队”反革命集团案；随后在四区破获“东南人民反共救国军闽北纵队第二总队第一大队”和“东南人民反共救国军自卫大队”反革命集团案，逮捕反革命分子29人。永安县公安局破获一起匪特潜伏案，挖出潜伏特务22人。1952年12月，又在沿海及偏僻山区等地区重点打击了反动会道门组织和遣散匪特。至1953年5月，全省范围内大体完成了镇反任务。

大张旗鼓的镇压反革命运动，基本上扫除了国民党反动派以及帝国主义势力遗留在福建的反革命分子，极大地巩固和加强了新生的人民民主政权，使福建秩序获得前所未有的安定，有力地支持、配合了抗美援朝、土地改革及其他各项改革建设工作。

第二节　开展抗美援朝运动

一、开展抗美援朝宣传教育运动

中共七届三中全会以后，正当全国人民从各方面为争取财政经济状况根本好转而斗争的时候，1950年6月，朝鲜战争爆发。美国随即打着联合国的旗号武装干涉朝鲜并派遣其第七舰队入侵台湾海峡，美国空军也随即进驻台湾。接着，侵朝美军不顾中国政府的多次警告，悍然越过南北分界的北纬38度线（通称三八线），直逼中朝边境的鸭绿江和图门江，出动飞机轰炸中国东北边境的城市和乡村，新中国面临着外部侵略的严重威胁，福建也直接面临着美国和国民党台湾当局的战争威胁。10月，中国人民志愿军开赴朝鲜与朝鲜人民并肩打击侵略者。在国内，党领导全国人民开展了轰轰烈烈的抗美援朝运动。

1950年8月1日，有3万军民参加的福建省、福州市纪念八一建军节暨反对美国侵略台湾、朝鲜大会在福州市体育场召开。中共福建省委书记张鼎丞、华东军政委员会委员陈绍宽分别发表讲话，从而揭开了福建抗美援朝运动的序幕。

中共福建省委随即根据中共中央的部署，召开1950年第六次省委扩大会议讨论部署抗美援朝工作，决定把抗美援朝运动作为首要任务，并以此推动各项工作的深入开展。根据省委的部署，各地市委和绝大多数县委都订立了抗美援朝工作计划，派出工作组，检查抗美援朝的广度和深度，组织了开展工作的突击力量①。轰轰烈烈的抗美援朝运动迅速在全省蓬勃展开。

8月中旬，全省各地发起在要求缔造和平公约的“和平呼吁书”上签名的运动。8月16日，《福建日报》专门为此发表了《争取全省500万人在和平呼吁书上签名》的社论。8月30日，闽籍侨领陈嘉庚在福州代表华侨致电联合国安理会，抗议美国飞机侵入中国领空，屠杀中国同胞，要求立即制裁美军暴行，并令其撤出朝鲜。8月31日，中共福建省委及省各民主党派联合发表抗议书，抗议美国侵略台湾、朝鲜的罪行，号召全省人民团结起来，加紧准备解放台湾，粉碎美帝国主义的侵略行为。11月7日，中国人民保卫世界和平反对美国侵略委员会福建分会（亦称“抗美援朝福建分会”）成立，共有委员94人，主席陈绍宽，副主席陈辛仁、王亚南，以加强对全省抗美援朝运动的领导②。此后，全省各地陆续成立了各地、市的“抗美援朝分会”。与此同时，在抗美援朝

① 中共福建省委：《关于普及抗美援朝运动情况的报告》，1951年5月。

② 《中国人民保卫世界和平反对美国侵略委员会福建分会首次全会决定加强领导全省抗美援朝运动》，《福建日报》1950年11月14日。

福建分会的领导下,全省普遍掀起了爱国主义时事教育和学习热潮,通过专题报告、小组漫谈、控诉会、出快报等方式,启发广大人民群众对美帝国主义的仇视、鄙视和蔑视。随后,各地开展了大规模的宣传运动,把控诉运动从机关、团体、学校推广到广大人民群众中去;并在学习宣传及控诉美帝罪行的基础上,召开各地、市、县抗美援朝代表会议,订立爱国公约,号召各阶层人民用实际行动做好当前工作。

抗美援朝福建分会在运动一开始,就举办了21次大讲座,省文联也组织了8次抗美援朝晚会,每次听众、观众均在1200人以上,并印发了学习、文艺材料50余种40余万份,组织了以学生为主的宣传队2800余人,深入福州市各街道居民中进行宣传,继而开展了大规模的控诉运动,以居民委员会为单位召开的控诉会就达21次,仅以居民小组为单位召开的有436次。全市17个教会学校也普遍举行了控诉会,并发表宣言,坚决为肃清美帝国主义文化侵略,实现政务院的决定而努力。12月13日,全市各界人民举行了5万人的庆祝平壤光复的示威游行,工商界也举行了7000余人的示威游行。厦门市在11月29日一天即出动了千余人的宣传队,大多数商店的玻璃橱都贴上了抗美援朝标语、漫画等各种宣传品,并把抗美援朝标语、口号印在包货纸上,使宣传工作通过各种方式,深入到群众中去。

随着全省农村土地改革运动的开展,农村中的抗美援朝运动也逐步开展起来。各地普遍组织了下乡宣传队,其中以晋江规模最大,全专区组织学生下乡宣传队达万余人,仅泉州市9所中学就有3000余人参加宣传队下乡宣传。龙溪专区除开展一般宣传外,还在267个村举办了夜校,建立了49个屋顶广播台和组织了25个读报组,成为农村中宣传抗美援朝的有力阵地。闽侯、南平等专区通过各种代表会议进行深入教育,推动了农村中的抗美援朝运动。

1951年新年后,福、厦、漳、泉4个市及平潭、建瓯等7个县先后召开了抗美援朝代表会议。从2月中旬开始,全省抗美援朝以转入反对美国重新武装日本为中心,开展了广泛的示威游行。据统计,在36个县、4个市、7个重点镇共举行了101次示威游行,参加人数计545800

人，至此，抗美援朝运动在全省各地广泛开展起来[①]。

通过上述各种宣传教育，全省人民的爱国主义和国际主义的觉悟普遍提高，在工厂、农村纷纷开展爱国主义生产竞赛；在学校广大学生纷纷报考各种军事干部学校；工商界则订立爱国公约，提出诚实经营、踊跃交税，以实际行动来抗美援朝。1951年1月底，抗美援朝福建分会推举该分会宣传委员会副主任委员倪松茂代表福建人民参加“中国人民慰问团华东分团”，赴朝慰问中朝人民军队，省市各界为之举行了盛大欢送会。与此同时，全省人民发起慰劳中朝人民军队、救济朝鲜难民的运动。截至1951年3月底止，全省共捐献人民币16.3万余元[②]，收到慰问袋830个、日用品1.3万余件、慰问信6.5万余封[③]。至1951年5月底，全省签名拥护缔结和平公约及投票反对美国重新武装日本的人数，已增至706万人，占全省总人口的半数以上。有的地区如永安专区签名投票人数已占全区总人口的76%。同安县签名投票人数占全县总人口的85%[④]。

1951年5月，中共福建省委及时总结全省抗美援朝运动的经验，并责成各级党委“总结抗美援朝宣传教育特别是结合经常工作的经验”，得出“较典型的材料和经验”。同时，“领导和组织进行一次自下而上较普遍的群众性的检查总结”，通过总结，“使所有的人得到一次抗美援朝必须持久深入下去的教育”。要求各级党委“要以运动中涌现出来的大批积极分子培养抗美援朝运动群众中的骨干，建立和健全成为经常性的群众宣传队伍”，加强对他们的领导，使“抗美援朝与时事宣传经常化和制度化”[⑤]。此后，各级党委开始将抗美援朝运动与实际工作紧紧结合起

① 张秋泉：《全省抗美援朝运动概况》，《福建日报》1951年4月14日。

② 按1955年2月以后的新人民币计算。根据1955年2月2日国务院颁布的《关于发行新的人民币和收回现行的人民币的命令》的规定，新人民币和旧人民币的折合比率为1∶10000。下同。

③ 张秋泉：《全省抗美援朝运动概况》，《福建日报》1951年4月14日。

④ 《本省人民坚决保卫和平反对武装日本，签名投票达七百万人》，《福建日报》1951年6月2日。

⑤ 《福建省抗美援朝会关于贯彻普及和深入抗美援朝运动的通知》，《福建日报》1951年5月14日。

来，引导运动深入持久发展。

二、增产节约和捐献运动

“保和平，卫祖国，就是保家乡”的宣传教育，极大地激发了社会各阶层人民的爱国热忱。为了争取抗美援朝战争的最后胜利，1951 年 6 月 1 日，中共中央发出《关于开展爱国公约等项运动的指示》，决定：“在全国更普遍地开展爱国公约运动，开展增产捐献武器运动和优待烈属军属及残废军人的运动，借以提高人民的政治觉悟和爱国热忱，借以鼓励前线的士气，并解决一部分财政上的困难。”①

6 月 18 日，抗美援朝福建分会发出《关于开展捐献飞机大炮运动的通告》，号召全省人民争取在半年内捐献战斗机 40 架，支援抗美援朝②。6 月 19 日，中共福建省委发出《关于开展捐献运动的指示》。在此前后，抗美援朝福建分会根据省委的部署，相继发出了一系列指示，领导和组织全省人民开展增产节约和捐献运动。省总工会发表《告全省工人书》，省农民协会发表《告全省农民书》，省青年联合会、团省工委、省学生联合会联合发表《告全省青年书》，省妇联筹委会也发出有关通知，号召工、农、青、妇群众响应党的号召，踊跃开展增产节约和捐献运动，推动捐献运动猛烈兴起。《福建日报》也发表《捐献运动必须结合增产》的短评，指导捐献运动的正确、健康开展。各地、各单位及个人纷纷订立增产节约及捐献计划，在增产节约基础上的捐献运动迅速形成热潮。截至 1951 年 12 月，全省人民共捐献人民币 1023 亿元，认捐战斗机 53 架，坦克 1 辆，大炮 5 门，高射炮 3 门。全省已在占 60% 人口的地区开展了爱国公约运动，福州、厦门两市有 70% 以上人口订立爱国公约③。

抗美援朝期间，全省许多华侨、归侨以各种方式支援这场正义战争。1950 年 11 月 15 日，陈嘉庚将一张 500 元人民币的支票交中国银

---

① 《中共中央关于开展爱国公约等项运动的指示》（1951 年 6 月 1 日），中央档案馆、中共中央文献研究室编：《中共中央文件选集》（1949 年 10 月—1966 年 5 月），第 6 册，人民出版社 2013 年 6 月版，第 184 页。

② 《省抗美援朝分会关于开展捐献飞机大炮运动的通告》，《福建日报》1951 年 6 月 20 日。

③ 陈绍宽：《关于一年来抗美援朝运动的报告》，《福建日报》1951 年 12 月 19 日。

行代转，作为寒衣捐，支援抗美援朝。郑昌祯等4人也认捐1100元。福建省人民政府华侨事务委员会还于1951年2月收到旅居新加坡的福建华侨转寄的慰劳金折人民币5786元。1951年6月起，全省归侨又和全省人民一道热烈开展捐献购买飞机、大炮支援朝鲜前线运动。晋江县抗美援朝分会决定发动全县侨乡人民在年内捐献战斗机3架，高射炮1门。7月，晋江县归侨联谊会决定响应抗美援朝总会号召，捐献“晋江华侨号”飞机1架，莆田县抗美援朝分会于6月底决定捐献战斗机3架。新加坡崑兴企业有限公司常务董事郭瑞人等人，为祖国采购了大量橡胶等军用物资，冲破重重困难，及时运回祖国①。

这期间，为了抗议美国政府悍然宣布管制中国在美国辖区内之公私财产，并禁止在美国注册的商船开往中国港口的敌对行动，福建省人民政府根据中央人民政府政务院的决定，先后发布管制美国政府、美国企业在福建的一切财产，冻结美国在福建的公私存款，并对省内接受外国津贴及外资经营的文化教育机构、医疗卫生机构、救济机构和宗教团体进行了登记。1951年4月，省政府下令接收由美国津贴的福建协和大学及华南女子学院，合并成立福州大学。后来，又接管了45所中学和96所小学。5月，正式接办美国教会办的福州“中国基督教协和医院”，改名为福州“中国协和医院”。此外，全省基督教、天主教爱国人士和信教群众积极开展“三自”革新运动，实行“自传、自治、自养”的独立自主办教会方针，使福建境内的基督教、天主教摆脱了外国势力的支配。基督教三自爱国运动委员会、省天主教爱国会等全省性的爱国宗教组织相继成立，一些披着宗教外衣或以兴办文化教育为幌子的帝国主义分子，或被驱逐出境，或被判刑、待刑满后再驱逐出境。1952年7月30日，中共福建省委还发出《关于取缔反动“圣母军”工作的指示》，坚决取缔了以宗教为掩护的秘密反动组织“圣母军”。

在普及、持久的爱国主义教育和抗美援朝宣传热潮中，福建各地广大青年学生、青年工人和青年农民，热烈响应“抗美援朝、保家卫国”

---

① 福建省地方志编纂委员会编:《福建省志·华侨志》，福建人民出版社1992年12月版，第180页。

的号召，踊跃报名参加中国人民志愿军，奔赴朝鲜战场，消灭美帝国主义军队及其雇佣军。据统计，抗美援朝运动中，有关军事部门在福建三次征招志愿兵[①]。第一次征招的志愿兵多数编入福建地方武装参加剿匪；第二次征招 3 万人；第三次征招 4.8 万人，共 7.8 万人。其中输送 2.5 万名补充中国人民志愿军入朝作战[②]。此外，厦门市还有一批归侨到朝鲜前线担任汽车驾驶员[③]。福建子弟兵在朝鲜战场上发扬爱国主义和国际主义精神，英勇奋战，视死如归，不少人立功受奖，有的还荣获朝鲜国家军功章，更有不少人献出了宝贵的生命。至抗美援朝战争结束，福建共牺牲 1126 人[④]。福建人民为抗美援朝战争的胜利作出了重大贡献。

经过艰苦卓绝的战斗，中朝军队打败了武装到牙齿的对手，打破了美军不可战胜的神话，迫使不可一世的侵略者于 1953 年 7 月 27 日在停战协定上签字。抗美援朝战争以伟大的胜利向世界宣告："西方侵略者几百年来只要在东方一个海岸上架起几尊大炮就可霸占一个国家的时代是一去不复返了！"朝鲜战场上的胜利和国内轰轰烈烈的抗美援朝运动，极大地提高了全省人民爱国主义和国际主义的政治觉悟，消除了一部人存在已久的"亲美""崇美"和"恐美"的思想情绪，提高了民族自尊心和自信心，树立起战胜一切帝国主义的大无畏精神。全省人民取得了在政治上、思想上消除帝国主义影响的一次伟大胜利。由此激发的广大人民群众的爱国主义劳动生产热情，成为恢复和发展国民经济，推动各项社会改革的巨大动力。

---

① 解放初期的 1949 年至 1954 年中国实行志愿兵役制。

② 福建省地方志编纂委员会编：《福建省志·军事志》，新华出版社 1995 年 6 月版，第 324—325 页。

③ 福建省地方志编纂委员会编：《福建省志·华侨志》，福建人民出版社 1992 年 12 月版，第 180 页。

④ 福建省民政厅编：《福建省革命烈士英名录》，1982 年 11 月。

第三节 完成土地制度改革

一、福建土地改革前的土地占有状况

在新民主主义革命时期，中国共产党领导农民在解放区广大农村进行了波澜壮阔的废除封建土地制度的斗争。中华人民共和国成立时，还有占全国人口一多半的新解放区尚未完成土地改革，严重阻碍着社会生产力的发展。因此，在新解放区进行土地改革，既是继续完成民主革命任务的必然要求，也是经济和社会发展的迫切需要。根据中共七届三中全会的部署，党和政府领导人民进行了废除封建土地制度的改革，实现"耕者有其田"。福建土地制度的改革运动正是这一伟大运动的一个缩影。

土地改革前，福建农村的土地制度，总的说来，都是旧中国遗留下来的封建土地所有制，但是，土地占有情况比较复杂。

闽西、闽北革命老根据地，曾进行过"打土豪、分田地"的土地革命，农民分到了上百万亩土地。1938年初，红军北上抗日后，在中共闽西组织领导下，开展了群众性的"保田"斗争，打破了国民党顽固派一次又一次的夺田阴谋，有20多万亩土地革命分田果实一直保留在农民手中，创造了中国革命史上罕见的奇迹。但闽北老根据地大部分田地都被地主阶级倒算回去。所以，闽西老区土地占有比较分散，如据龙岩县12个乡统计，地主、富农占总人口2.17%，所占土地为5.56%；闽北、闽东北地区土地占有则十分集中，地主、富农占总人口9.08%，所占土地比重竟高达62.35%[①]。

全省山区山林大部分亦为地主占有。闽北山林占有最为集中，据可代表一般情况的建瓯县3个乡统计：地主及"公山林"占有杉木林

① 《中国农业全书·福建卷》，中国农业出版社1997年10月版，第103页。

59%，工商业者以及富农占有14%，中农占有12.5%，贫雇农占有11%，小商贩占有3%，地主、富农、工商业者占有的多为靠近河流的大片山林[①]。此外，茶山、油桐、竹山、荒山占有亦相类似。

沿海渔区的渔业地主、渔霸等封建剥削者占了大片渔用地和70%—80%的渔船、渔具。据宁德县调查，公海渔场海面权多为地主阶级占有。如城关一地主就霸占了宁德广大海面，渔民要向其交纳5%的“水面租”才能捕鱼泊船[②]。其他海地、海滩、海埕等养殖用地，亦为地主或封建族房所霸占，出租给渔业资本家或渔民经营，进行地租剥削。在沿海侨乡中，有相当一部分华侨是地主或小土地出租者。许多华侨把在海外做工或经商的部分所得用来在家乡购买土地，作为家庭生活和年老归国的凭藉。沿海各地工商业者兼地主的较多。一些官僚资本家和工商业者在沿海城市郊区购置良田；由于这些地区地少人多，一些地主、富农也兼营工商业。

公轮田（包括族田、社田、祭田、学田等）比重较大。全省农村公轮田约占耕地总面积的30%左右。名义上是宗族、家族或村社“公堂”所有，实际上是由地主阶级和封建势力所把持。

典押土地较为普遍，多数是贫苦农民迫于生计，把田地典押（典当）给地主、富农或高利贷者，也有典押给“公堂”的。到期无力赎回者，实际上丧失了土地所有权。在地主、富农和其他剥削者之间，也有互相典押土地的现象。

土地改革以前，占全省农村总人口5.8%的地主、富农，以各种形式直接间接地占有61.3%的田地（包括公轮田）；而占农村人口90.8%的贫农、雇农、中农和其他劳动人民，总共只占有38.7%的田地（全省农村还有一些非农业人口，约占农村总人口的3.4%。）[③]山林、海涂、池塘和盐场等基本上也由剥削阶级所掌握。其中，沿海侨乡一带土地占有较为分散，占人口4.96%的地主、富农，所占土地为28.07%[④]。

---

① 《中国农业全书·福建卷》，中国农业出版社1997年10月版，第104页。

② 《中国农业全书·福建卷》，中国农业出版社1997年10月版，第104页。

③ 何少川主编：《当代中国的福建》（上），当代中国出版社1991年8月版，第57页。

④ 《中国农业全书·福建卷》，中国农业出版社1997年10月版，第103页。

地主、富农虽然占有大量土地，但地主、富农并不从事生产劳动，而是把绝大部分耕地出租给农民或雇工耕种。农村中80%以上的土地是中农、贫农及一部分雇农耕种，但他们只拥有少部分土地所有权，对大部分土地则没有所有权。地主阶级残酷地剥削农民，所收地租一般占产量的半数，高的竟达70%—80%，并且全是荒年不减的“铁板租”，遇到好年景还要加租加押①。除地租外，还有许多额外剥削，广大农民终年辛劳，不得温饱，过着“火笼当棉袄，番薯当粮草”的悲惨生活。一般农户除简单的农具外，无钱购置耕牛、肥料，耕作粗放，有半数以上田地靠人力翻土犁田。农田水利无人修建，水灾、旱灾、虫灾年甚一年。农村生产严重破坏的直接结果是农民生活的极度贫困。许多农民被迫外出行乞，典妻卖女，生活在水深火热之中。因此，福建广大农民群众迫切要求推翻封建地主阶级的统治，实行土地制度的改革。

二、土地改革的准备和发动

1949年9月，福建省解放后，即以剿灭土匪为中心，结合减租、反霸、合理负担等进行发动群众的工作。从1950年1月起，全省除剿匪重点区外，均转向以减租为发动群众的中心内容。

1950年6月30日，中央人民政府公布施行《中华人民共和国土地改革法》，明确规定，中华人民共和国废除地主阶级封建剥削的土地所有制，实行农民土地所有制，没收地主的土地、耕畜、农具、多余的粮食及其在农村中的多余的房屋，统一、公平合理地分配给无地少地及缺乏其他生产资料的贫苦农民所有，以解放农村生产力，发展农业生产，为新中国的工业化开辟道路。并决定在全国农村先用三年的时间实行减租减息，实行过渡，然后实行全面的土地制度改革。

7月11日，福建省委发出《关于土改工作的指示》，并向中共中央华东局作了报告。决定于当年冬天和第二年春天在闽侯专区先行一步进行土改，其他专区可进行一两个乡的土改试点，以便为第二年冬天完成全省土改任务作准备。华东局批准了福建省委的报告。为了加强对农

① 《中国农业全书·福建卷》，中国农业出版社1997年10月版，第104页。

村土地改革运动的领导，中央人民政府政务院任命张鼎丞为“福建省人民政府土地改革委员会”主任，魏金水、江一真为副主任，委员有方毅、王汉杰等30人。此外，全省从专区到县都成立了土地改革委员会，负责指导和处理有关土地改革的各项事宜。

然而，此时美帝国主义悍然发动了侵略朝鲜的战争，同时把它的第七舰队开进台湾海峡，阻止人民解放军解放台湾，台湾海峡的军事形势一时骤紧。加上当时福建全省范围内尚有好几万名土匪武装未被肃清。各地土匪、特务、恶霸和反动会道门破坏活动猖狂。台湾、金门和沿海岛屿的海匪骚扰也十分嚣张。福建省处于形势紧张、斗争尖锐的复杂环境之中。因此，在福建全省范围内提前开展土地改革运动已经迫在眉睫。

1950年11月8日，中共福建省委接到中共中央华东局转来的毛泽东电报。根据毛泽东关于“福建必须迅速实行土改”及将剿匪与“广泛开展土地改革工作相配合”①，以及“必须限期剿没股匪，加速进行土改，发展地方武装和坚决镇压反革命活动”“将土改与剿匪相结合，扩大土改县数至卅六个县”②的指示精神，中共福建省委于11月26日至30日在福州召开省委扩大会议，并作出了《关于加紧剿匪及开展土地改革运动的决议》，强调：“全省必须抓紧从大部减租小部土地改革迅速转入广泛展开土地改革，才能适应当前形势发展的要求”。会议决定：“全省60%以上地区包括70%以上的户数和人口，应在今冬开始进行土改。”③

12月15日，张鼎丞在省人民政府委员会第二次委员会议上，代表省委、省政府作了题为《为完成福建土地改革而斗争》的报告，对全省土地改革运动作了全面部署，强调要有领导地放手发动群众，开展反封建

① 毛泽东：《关于加强华东军区领导和做好剿匪工作的电报》（1950年11月17日），《建国以来毛泽东文稿》第1册，中央文献出版社1987年11月版，第669页。

② 毛泽东：《转发福建省委关于剿匪和土改报告的批语》（1950年11月22日），《建国以来毛泽东文稿》第1册，中央文献出版社1987年11月版，第680页。

③ 《中共福建省委第四次扩大会议关于加紧剿匪及开展土地改革运动的决议》（1950年11月30日），福建省人民政府土地改革委员会编：《福建省土地改革文献汇编》，上册，1953年4月编印，第1、3页。

地主阶级斗争的群众运动，防止和平分田、假分田；土地改革是一场激烈的斗争，这场斗争的胜利，是依靠农民群众的政治觉悟和组织起来的力量来决定的，不是任何包办代替所能成功的；为加强人民政府对土地改革工作的领导，在土地改革期间，县以上各级人民政府应组织土地改革委员会，负责指导和处理有关土地改革的各项事宜；要胜利地完成福建土地改革，就必须积极整顿和加强农会，农民协会中的主要成员应从贫农雇农中挑选，同时必须吸收中农积极参加农民协会的领导，“农民协会必须十分注意农民内部的团结并应该注意吸收农村中贫苦知识分子和其他劳动人民参加土地改革。”①

在此前后，福建省委农村工作委员会先在闽侯地区进行了土改试点，摸索经验。接着，全省分批训练了乡以上干部2万多人，并由这些当地干部和8000多名机关干部、各界人士及驻闽解放军1万多名指战员组成成千上万个土改工作队，深入各地农村进行土地改革②。

1950年12月，第一批土地改革在42个县的2635个乡开始，1951年春耕以前完成。这些乡多在交通便利的沿海地区。第二批在2592个乡中展开，从1951年春耕生产后开始至秋收前完成土改，这一批多半是情况复杂，特点明显的山林地区和渔、盐地区。最后一批共857个乡，大都是交通不便的边缘交界地区③。自1951年秋收后开始到1952年春耕生产前完成土地改革。

三、土地改革的全面展开

全省三批土地改革大致都经历以下三个阶段。

第一阶段是发动群众阶段。各地组织了大批工作队到农村中去，深入群众，召开农民代表会议，举办农民积极分子短期训练班，宣传土地改革法，反对不发动群众，用行政命令方法把土地“恩赐”给农民的

① 张鼎丞：《为完成福建土地改革而斗争》（1951年12月15日），福建省人民政府土地改革委员会编：《福建省土地改革文献汇编》，上册，1953年4月编印，第19页。

② 《中国农业全书・福建卷》，中国农业出版社1997年10月版，第107页。

③ 中共福建省委：《福建省土地改革基本总结》（1953年1月），福建省人民政府土地改革委员会编：《福建省土地改革文献汇编》，中册，1953年4月编印，第349页。

“和平土改”及对群众运动放任自流、做群众的“尾巴”的倾向。同时积极把农民组织起来，由少数的贫雇农小组发展到包括中农在内的农民协会，建立反封建的统一战线，作为改革土地制度的合法执行组织。在此基础上，通过“吐苦水”“挖穷根”“算剥削账”、讨论“谁养活谁”等方式，让农民用自身经历进行自我教育，以提高阶级觉悟和政策水平。然后发动农民群众起来斗争地主。对罪大恶极破坏土地改革的不法恶霸地主，则召开审判大会，揭发控诉，并由人民法庭依法逮捕、惩处。通过打击地主阶级的威风，树立起农民阶级的统治权力。与此同时，全省乡村普遍建立了贫雇农组织，全省农民协会会员发展到340万人，构成了农村人民民主专政的强大基础①。

第二阶段是划分阶级阶段。群众发动起来了，阶级阵线初步分清了，但不少群众在思想上、经济上，还没有同地主阶级划清界线。土地改革运动开始以后，地主除了政治上恐吓群众外，另一手就是经济收买，利用亲朋故旧和封建宗族意识，转移隐藏财产，借以混淆阶级阵线。通过农民协会组织群众学习政务院《关于划分农村阶级成分的决定》，掌握划分标准；然后进行试划，先把地主、富农划出来，以分清阵线；再在农民内部划分成份，充分发扬民主，采取自报公议方式，允许个人反复申辩，由群众审议评定。最后由乡人民政府批准并张榜公布。经过划分阶级成分，为分配土地创造了条件。在划定阶级后，按土地改革法有关规定没收土地和多余财产，然后分配土地和财产。以乡或相当于乡的行政村为单位，在原耕地基础上，按土地数量、质量及其位置远近，用抽补调整方法，按人口统一分配土地。并认真贯彻了“满足贫雇农，团结中农，保护富农”的原则，使土地等生产资料回到农民手中，彻底摧毁了封建剥削制度。同时，按照“填坑补缺，满足贫雇”，适当照顾贫苦工人、渔民、中农及其他劳动人民的精神，合理分配生产生活物资，从而保护了农村生产力。到1951年10月底为止，有5228个乡完成了分配土地，占全省总乡数88.9%。据1650个乡的统计，有641622户分得

① 中共福建省委：《福建省土地改革基本总结》(1953年1月)，福建省人民政府土地改革委员会编：《福建省土地改革文献汇编》，中册，1953年4月编印，第351页。

2471603 亩土地，得益户占总户数 72%，得益人口占农村总人口 65%[①]。

第三阶段是复查总结阶段。土地改革是推翻 2000 多年封建统治的一场伟大革命，从事土改工作的人员多数经验不足，为了巩固已取得的胜利果实，克服工作中的缺点，纠正政策执行偏差，解决遗留问题，各地工作组都进行了认真细致的复查工作。如龙岩地区先后纠正了各种错划成分共 6938 户，占总户数 2.8%；对侵犯中农利益作了补偿，纠正了土地分配不合理现象。据龙岩 8 个乡了解，补偿了 56 户中农被侵犯的土地，处理了干部贪污多得或分配不公等现象，从而划清了阶级阵线，扩大了阶级队伍，孤立了地主，巩固了人民政权[②]。全省自上而下地重点检查和普遍复查了各地土改中群众发动的程度、封建势力摧毁的程度和政策执行的程度，不合标准的进行补课。然后，查实田亩，分发土地证。全省土地改革运动于 1952 年 6 月胜利结束。

土地改革是一场极为深刻的社会变革，它既涉及政治、经济、思想、文化各方面，也涉及各阶级各阶层的具体利益。为了使土地改革达到正确执行政策、充分发动群众、消灭封建势力的目的，各地在土地改革运动中，一方面，充分发挥了政权、人民法庭的作用，广泛采取了人民法庭审判和群众控诉相结合的做法，给地主阶级的反动政治组织及武装势力以迎头痛击，鼓舞了人民群众的斗志。全省共召开 2.7 万余次斗争大会，参加群众达 1092 万多人次[③]。依法严办了一批扰乱治安、破坏土地改革的不法地主。同时，在运动中福建省委特别强调要依靠贫雇农，因为福建省贫雇农占农村总人口的 42%，是土地改革的主力军，同时注意团结中农，福建中农在土改前占农村总人口的 40%，是一支强大的力量。从而为紧紧依靠贫雇农，团结中农，中立富农，有步骤地有分别地消灭封建剥削制度，胜利完成土地改革奠定了广泛的群众基础。另一

① 江一真：《福建土地改革工作报告》（1951 年 12 月 19 日），福建省人民政府土地改革委员会编：《福建省土地改革文献汇编》，中册，1953 年 4 月编印，第 285 页。

② 中共龙岩地委农委会：《龙岩专区三年来土地改革工作总结》（1952 年 12 月 3 日），福建省人民政府土地改革委员会编：《福建省土地改革文献汇编》，中册，1953 年 4 月编印，第 328 页。

③ 中共福建省委：《福建省土地改革基本总结》（1953 年 1 月），福建省人民政府土地改革委员会编：《福建省土地改革文献汇编》，中册，1953 年 4 月编印，第 350 页。

方面，在运动中充分采用调查研究，典型试点，掌握重点，训练干部和开好代表会议的工作方法；在运动开展之前，抓紧时间完成剿匪、反霸、减租、健全农会等准备工作。运动开展时，运用先进地区支援落后地区的工作方法；运动转入结束阶段后，注意防止了急躁草率和自满松劲的现象发生，从而使土地改革运动健康地发展。

四、特殊土地问题的解决

福建土地关系复杂，特殊地区多，因此，在土地改革运动中，经过调查研究和典型试验，针对不同地区的不同情况，分别制订了有关华侨、老区、林区、盐区、渔区等土地改革的具体实施办法，解决了具体的特殊政策问题。

福建省委在领导一般地区农民进行土地改革的运动中，对侨乡采取了比较特殊的政策。当时福建出国侨胞在 350 万以上，省内侨眷 150 万以上，遍布闽南、闽东的 23 县内[①]。对沿海侨区和各地侨属集中的地区，省人民政府专门发布了侨区土地改革的若干规定，省农委主任魏金水还带队到侨乡晋江县第八区塘市乡搞土地改革试点，以取得侨区土地改革的经验，然后全面推开侨区的土地改革。土地改革中，华侨的成分难划，原因在于侨胞的情况很难调查清楚，政策界限很容易混淆，特别是华侨工商业家，有一些土地出租，很容易把他划为兼地主成分；在国外劳动的华侨，家中有青壮年妇女不参加劳动，将小量土地出租或托亲友代耕或雇人耕种，土改中往往容易将此种小土地出租或小土地经营者划为地主或半地主或富农；华侨小商、店员因家庭生活较好，又往往容易将此划为工商业者。为此，省委、省政府特别强调在各侨乡要认真贯彻《土改中对华侨土地财产的处理办法》，对华侨实行特殊政策。首先谨慎地划分侨眷的阶级成分，在没收、征收和分配土地中照顾侨眷的利益。华侨地主、工商业者所有的房屋，除原系出租给农民者外，均予以保留。原系劳动人民出国后上升为兼地主者，除土地没收外，其他财

① 陶奎璋：《福建省侨区土地改革情况》（1952 年 3 月），福建省人民政府土地改革委员会编：《福建省土地改革文献汇编》，中册，1953 年 4 月编印，第 450 页。

产不动。华侨工商业家因深受帝国主义的压迫和限制，侨汇往往不能及时，征收其出租土地时，一般都作了适当照顾。少量学校公田一般不动。没收和征收方法，采取自报后再由农会讨论决定的方法。贫苦侨眷根据劳动与否、侨汇多寡及其经济情况，都分得了或多或少的土地。

由于党和政府在侨乡实行了从实际出发和照顾华侨利益的政策，推翻了地主阶级的统治，提高了广大侨胞的政治地位和爱国热情，使广大侨眷实现了“耕者有其田”。如晋江塘市乡 104 户贫苦侨眷，土地改革前有土地 694.74 亩，土地改革后为 825.85 亩，比土地改革前增加了 20%[①]。广大侨眷分得土地后，生产热情高涨，纷纷添置农具，购买耕牛，进行精耕细作。过去从不参加生产劳动的侨眷妇女，土地改革后也积极参加劳动。晋江县龟湖乡的 129 名侨眷妇女，兴修水渠 169 丈，可灌溉农田 120 亩[②]。此外，侨乡的文化教育事业也得到了发展。据华侨较多的晋江县的统计，土地改革前原有小学学生 52188 人，土地改革后为 62156 人，增加 19%。侨眷们还自动组织农村剧团 123 个，文工队 16 个，土地改革以来共演出 545 场[③]，活跃了农村的文化生活。

福建省委十分重视老区土地改革，特别是具有 15 万人口保留着土地革命成果的龙岩地区的土地改革。1951 年 1 月 18 日，经华东局同意，福建省人民政府正式颁发了《关于龙岩专区经过土地革命地区有关土地改革若干具体实施办法的规定》等文件，对不同情况，采取不同的实施办法。其中规定：凡保持苏维埃政府土地革命果实的地区，按照《共同纲领》第 27 条“必须保护农民已得土地的所有权”的规定，进行必要的土地调整，确定地权，保护农民以及其他人民在苏维埃土地革命时期分得的以及土地革命后所得的土地财产，不受侵犯；对富农在土地革命时依法保留的土地及其在土地革命后劳动所得之自耕或雇人耕种的土地

① 陶奎璋：《福建省侨区土地改革情况》（1952 年 3 月），福建省人民政府土地改革委员会编：《福建省土地改革文献汇编》，中册，1953 年 4 月编印，第 452—453 页。

② 陶奎璋：《福建省侨区土地改革情况》（1952 年 3 月），福建省人民政府土地改革委员会编：《福建省土地改革文献汇编》，中册，1953 年 4 月编印，第 453 页。

③ 陶奎璋：《福建省侨区土地改革情况》（1952 年 3 月），福建省人民政府土地改革委员会编：《福建省土地改革文献汇编》，中册，1953 年 4 月编印，第 454 页。

不受侵犯；征收“公田”（包括族田、庙田、学田、教会田）和“保公田”，由农会分配给无地少地的农民，以消灭土地革命后复活的封建势力和反革命势力；新中国成立后群众自发分配的土地，基本上予以承认，但进行了复查和调查，对中农利益被侵犯者予于补偿；在调整土地时，切实解决革命军人家属、烈士家属的土地和其他生产资料[①]。经过土地革命而未能保持土地革命果实的地区，按照一般新区土地改革法实行土地改革。对于国民党推行所谓“扶植自耕农运动”形成的土地占有状况，中共龙岩地委制定了7条具体处理原则，除了在政治上否认其合法性之外，“根据土地法的原则结合实行情况进行抽补，调整土地”[②]。

福建的山区占全省总面积的80%以上，林木地带占总面积的17%以上，依靠森林特产为生的人口约有400万。在这些地区，地主阶级不仅占有大量土地，而且还占有大片的山林，采取租佃、雇工、插苗还山、放债等方式，剥削和压迫农民。因而，完成山林土地改革是废除封建剥削制度的重要内容。福建的林区土地改革与一般地区土地改革不同，采取了不同的分配方法和计算方法。1951年9月22日，福建省人民政府颁布了《福建省土地改革中山林处理办法》，其主要的分配原则是，以原经营为基础，山与田统一计算分配，“山林便于一户经营者，应分给各户所有。其不便于一户经营者，得参照当地原有习惯分给数户共有，或自愿相结合的组所有，或分给一乡一村共有，并合理经营之。”大森林、大荒山和矿山则收归国有。规定：“山区的乡村，无地少地的农民田少的多补田，山少的多补山。一面是山区一面是平原的乡村，无地少地的农民靠山近并习惯经营山者多分山，靠田近并习惯经营田者多分田。”[③]其计算原则为：“根据土质好坏、苗木大小、面积多少、离村远近、运输方便与否、产品价格高低等不同情况，参照当地原有习惯并经过农民民主评

① 《福建省人民政府关于龙岩专区经过土地革命地区有关土地改革若干具体实施办法的规定》（1951年1月18日），福建省人民政府土地改革委员会编：《福建省土地改革文献汇编》，上册，1953年4月编印，第173—174页。

② 中共龙岩地委：《对老区土改的实施意见》，1951年2月1日。

③ 《福建省土地改革中山林处理办法》（1951年9月22日），福建省人民政府土地改革委员会编：《福建省土地改革文献汇编》，上册，1953年4月编印，第177页。

议，以每年平均收益折合普通土地计算之”[①]。获得山林的广大农民开始建立了吃山养山的观念，经营林业生产的积极性大为提高，并建立了护林组织。据统计，仅 1952 年春，全省“公、私营造林共 402258 亩，达全年造林任务的 150%，封山育林共 2584181 亩”[②]，这对于供应工矿、交通等大规模的国家建设和燃料用材，以及防止水、旱、风等自然灾害，保障农业生产都发挥了积极的作用。

对于有 10 多万人口的盐区，福建省于 1951 年 11 月 8 日公布《福建省盐区土地改革实施办法》，规定：“没收盐坎主的盐坎、停晒坎、盐具、多余存盐、多余粮食、多余房屋及房屋中的家具。盐坎主自己劳动经营部分的盐坎，在适当加以抽补后，应在基本上予以保留。”同时，除征收祠堂、庙宇、寺院、教堂等在盐区的盐业土地外，还“征收工商业家在盐区出租的盐坎、停晒坎、盐具及原由盐民居住的房屋”。对于盐坎的分配，“以乡或等于乡的行政村为单位，在原使用基础上，按盐坎数量、质量、位置远近及劳动力情况，用抽补调整方法，按人口统一分配”[③]。没收、征收盐田的生产面积，总数共达 7250 亩[④]。所有没收和征收的盐坎、停晒坎都归政府所有，由人民政府经营管理，只分配给无地或少地的盐民使用权。对于被没收后别无生活出路的盐业封建剥削者，也分配给与贫苦盐民同样多的盐业土地，使其能自食其力。

中华人民共和国成立后，因福建的渔区大多地处海防前沿，残存的土匪、特务、恶霸三者结合起来，不断对渔区进行窜扰和破坏，严重地威胁渔民的生命财产安全。鉴于福建沿海为国防前线这一特殊环境，中共中央华东局和福建省人民政府对沿海、海岛工作极为重视。从 1950 年开始，福建渔区根据《中华人民共和国土地改革法》和政务院、最高

---

① 《福建省土地改革中山林处理办法》（1951 年 9 月 22 日），福建省人民政府土地改革委员会编：《福建省土地改革文献汇编》，上册，1953 年 4 月编印，第 180 页。

② 江一真：《彻底完成山林改革，做好护林育林工作》（1952 年 8 月 13 日），福建省人民政府土地改革委员会编：《福建省土地改革文献汇编》，上册，1953 年 4 月编印，第 160 页。

③ 《福建省盐区土地改革实施办法》（1951 年 11 月 8 日），福建省人民政府土地改革委员会编：《福建省土地改革文献汇编》，上册，1953 年 4 月编印，第 225—227 页。

④ 福建省地方志编纂委员会编：《福建省志・轻工业志》，方志出版社 1996 年 1 月版，第 95 页。

人民法院《关于镇压反革命活动的指示》,发动广大渔工、渔民展开了尖锐激烈的剿匪、反恶霸斗争,没收了渔霸、地主的渔用地、渔船渔具及渔业设施,取消了鱼行的专卖权。这一斗争的胜利,不仅巩固了渔区的人民民主专政,而且也为渔业土地的没收、征收和分配工作创造了良好的条件。

为了推动渔区的土地改革,1951 年 5 月,福建省委农村工作委员会决定在连江县黄岐乡进行渔区土地改革试点,并组织由 18 人组成的试点工作队进驻黄岐半岛。通过大会报告、讨论、个别谈心、典型教育等方式做好宣传发动工作。此后通过划分阶级、斗霸、分田、组织建设等阶段,于 7 月初完成了渔区土地改革试点。1952 年 1 月 8 日,根据《土地改革法》和《中央人民政府关于划分农村阶级成分的决定》的精神,福建省颁布了《渔区土地改革实施办法》,规定:"没收渔业封建剥削者的渔用地及附属于该项土地上之渔业设备;并没收其农业土地、多余的房屋和多余的粮食。"征收宗祠、庙宇、寺院、教堂等团体的渔用地及附属渔业设施;"保护渔业资本家所有的渔船、渔网及其他渔业用具和资金,不得侵犯。征收渔业资本家渔用地及附属于该项土地上之渔业设备。"[①] 保留地主、渔霸、渔业资本家占有的船网工具及其财产。《渔区土地改革实施办法》主要是废除封建性的占有制,铲除封建剥削制度的经济基础。而对于资本主义性的占有,还是实行保护政策,借以鼓励渔业投资。

根据《关于开展渔业工作的意见》和《渔区土地改革实施办法》,从 1951 年冬至 1952 年春,全省开展了轰轰烈烈的渔区土地改革运动。首先便是重新划分渔区阶级成分。渔区绝大多数人兼有渔业和农业两种收入,划分阶级成分必须把渔业和农业两种收入完全分开,分别划分。农业部分按政务院关于划分农村阶级成分的决定处理。渔业部分则按本人对生产工具占有及使用关系的不同情况,分别定其为渔业资本家、渔业经营者、渔民、渔工等不同成分。同时视其以那一种剥削为主,定其为渔兼农或农兼渔。在渔为渔业资本家,在农为地主。如渔业收入

① 《福建省渔区土地改革实施办法》(1951 年 1 月 8 日),福建省人民政府土地改革委员会编:《福建省土地改革文献汇编》,上册,1953 年 4 月编印,第 199 页。

超过农业收入，则其成分为渔业资本家兼地主；如以农业收入为主，渔业生产为副者，没有剥削他人劳动成果的，则其基本成分应为农民，反之亦然。

福建渔区经过土地改革，废除了封建把持制度，摆脱了封建剥削，使渔民在经济上得到了解放，政治上翻了身，大大激发了他们恢复和发展生产的积极性。1952 年上半年全省渔业生产量达到 9.25 万吨，超过 1951 年全年的产量[①]。随着生产的发展，广大渔民的物质和文化生活也都有了很大改善，渔区到处盖上了新房子，渔民的穿着也有改善，改变了过去"破屋难挡一阵雨，褴褛衣衫难遮体"的面貌。

五、土地改革的胜利完成

福建土地改革从 1950 年秋季开始到 1952 年春耕生产前完成，经历近两年紧张而又激烈的反封建斗争，消灭了地主阶级，废除了封建土地所有制，取得了巨大的成就。全省先后消灭 4.2 万余名武装土匪，镇压 3 万多名罪大恶极的反革命分子，收缴了掌握在反动分子手中的枪支 4 万余支。按照《土地改革法》的规定，全省共没收和征收了封建土地 930 余万亩，占全省总耕地面积的 45.4%，没收房屋 45 万余间，耕牛 4.3 万余头，农具 1060 多万件，多余粮食 9560 多万斤，分配给全省 720 多万的贫农和其他劳动人民，占当时农村总人口的 62.8%[②]。这就从根本上改变了农村土地和其他生产资料的占有关系。地主从每人平均占有 18.66 亩土地降到 1.47 亩，富农从每人平均占地 5.88 亩降到 2.49 亩；中农从每人平均占地 1.53 亩提高到 1.95 亩；贫农从每人平均占地 0.67 亩提高到 1.87 亩，雇农从每人平均占地 0.24 亩提高到 2.1 亩。

土地改革完成时全省各地农村都建立了各级农民协会组织，拥有 340 余万会员；建立和健全了民兵组织，有民兵 52 万人；各级青年团妇女会组织、地方武装也得到很大发展。土地改革还推进了民主建政工

---

① 福建省水产学会《福建渔业史》编委会编:《福建渔业史》，福建科学技术出版社 1988 年 10 月版，第 109 页。

② 中共福建省委:《福建省土地改革基本总结》(1953 年 1 月)，福建省人民政府土地改革委员会编:《福建省土地改革文献汇编》，中册，1953 年 4 月编印，第 350 页。

作，基层政权和群众组织的主要领导构成普遍达到雇农占三分之二，中农及其他劳动人民占三分之一，保证了人民当家做主人。在土地改革的伟大斗争中，还培养和锻炼了大约5万名以上的乡干部和大批积极分子[①]；建立和健全927个中国共产党基层支部，1952年底全省农村中共党员人数已达到7165人，新民主主义青年团员91958人。党团组织的建立和加强保证了党的方针政策在农村的贯彻落实。

福建土地改革运动的斗争十分复杂、尖锐。国民党统治崩溃之后，他们有计划地布置与组织土匪武装，妄图进行所谓"长期的游击战争"。地主阶级早有应变准备，他们对土地改革进行顽固的反抗，到处造谣惑众，制造宗派斗争，分散财产，隐瞒土地，破坏农具，宰杀耕牛，组织假农会，勾结土匪特务，阴谋武装暴动。因此，在土地改革进行中，各级党组织和政府采取放手发动群众，开展阶级斗争，把土地改革与剿匪、镇压反革命、海防对敌斗争以及生产救灾工作紧密结合的方针，同时部署、同时开展，相互推动。这样，给土匪、恶霸、特务、反革命分子以严厉的打击，为土地改革的顺利进行扫除了障碍，同时又彻底肃清了土匪和反革命分子。在农忙时，全力以赴领导群众生产，鼓舞农民的生产热情，发展生产。农闲时，则以土地改革为中心任务，结合做好生产工作。对沿海渔农、盐民则在开展反封建斗争的基础上，组织他们武装下海捕鱼，实行劳武结合。平潭县的土地改革特别是小海岛的土地改革更是以战斗队姿态执行工作队的任务，同时为了彻底消灭封建统治阶级，斩断残敌爪牙，在土地改革斗争的各个阶段和各个侧面，都结合继续镇压反革命的斗争。将土地改革工作与剿匪等中心工作相结合，成为福建土地改革运动的一大特色。

土地改革解放了全省农村的生产力，大大提高了农民的生产积极性，恢复与发展了农业生产。1952年接连战胜水、旱、虫、风等灾害，获得了丰收，全省粮食总产量达74.4亿斤，比1950年增加12.2亿斤，增长19.6%；林、牧、副、渔各业也分别比1950年增长350%、56%、28.4%和

① 中共福建省委：《福建省土地改革基本总结》（1953年1月），福建省人民政府土地改革委员会编：《福建省土地改革文献汇编》，中册，1953年4月编印，第351页。

117%。同时,由于山林改革和土地改革后城乡物资交流日益发达,商品经济也日趋繁荣。农村购买力显著提高。根据当时 8 个专区国营贸易系统的统计,农村总购买力 1952 年较 1951 年增加 20.25%,全省 8 个专区棉花销售的数量 1951 年较 1950 年增加 63%[①]。

经过土地改革,全省农村社会面貌和农民生活也发生了巨大变化。各地普遍掀起了文化学习和爱国卫生热潮。全省农村普遍办起扫盲班、夜校,1952 年全省常年民校达 8696 所,入学学生达 975180 人,其中贫雇、中农子弟共 750233 人,占学生总数的 72%[②]。除此之外,不少乡村办起了俱乐部和农村剧团,农民开始自觉地破除迷信,求神拜佛的减少了。妇女参加了政治和生产活动,妇女婚姻自主权开始得到了保障。农村还禁止吸鸦片、贩毒品,改造了不少懒汉、二流子、偷盗者和赌博者,消灭了连年不断的宗族械斗,社会风气和社会治安开始好转。整个农村呈现出一派欣欣向荣的景象。

福建土地改革运动的胜利完成,宣告了在福建延续了几千年的封建制的基础——地主阶级的所有制被彻底消灭了。这是土地制度上的一次最彻底的历史性变革。土地改革不仅使全省农民真正在经济上得到翻身,调动了他们踊跃参加革命、建设的积极性,从而使农村生产力得到了极大的解放,促进农村经济迅速走向恢复和发展,而且巩固了工农联盟和人民民主专政,为福建的繁荣富强和现代工业的发展创造了有利条件。特别是,党依靠土地改革中形成的有觉悟有组织的阶级队伍,完成了对旧的乡村基层政权的改造,为福建社会逐渐走向进步奠定了深厚的群众基础。这是近代以来福建人民反封建斗争的一个伟大胜利。

---

① 中共福建省委:《福建省土地改革基本总结》(1953 年 1 月),福建省人民政府土地改革委员会编:《福建省土地改革文献汇编》,中册,1953 年 4 月编印,第 351—352 页。

② 中共福建省委:《福建省土地改革基本总结》(1953 年 1 月),福建省人民政府土地改革委员会编:《福建省土地改革文献汇编》,中册,1953 年 4 月编印,第 351 页。

第三章
国民经济的恢复和各项建设的展开

第一节　建立新的经济秩序

一、建立国营经济和统一财经工作

福建解放初期，国民党留下的是一个满目疮痍、民穷财尽的破烂摊子，各大中城市百业萧条、物资匮乏、失业严重；沿海的金门、马祖等岛屿为蒋帮所盘踞，海口被其封锁；福州等城市多次遭到台湾国民党军飞机的轰炸；福、厦、漳、泉各城市周围的土匪未被肃清，陆上交通和内河等航道很不安全，妨碍了城乡物资交流，因而，造成了人心浮动和社会秩序的混乱。在这样的经济和社会形势之下，人民政府还要解决好军队、干部、公教人员（包括留用的国民党旧工作人员）的吃饭问题和军政开支费用问题。为此，福建省人民政府张鼎丞主席在1950年元旦向全省提出了十一项任务中，就把“恢复农工生产，搞好财税工作”作为一项重要任务，首先着手掌握经济命脉，建立国营经济，努力稳定金融秩序、稳定市场物价，并解决财力匮乏问题。

福建各大中城市接管和没收的官僚资本和帝国主义国家的资本为数有限。官僚资本和工商业比较集中的只有福州和厦门两个城市。福州市解放之际有官僚资本和官商合办的企业 30 多家；厦门市只有航运、电力和金融等几家官办和官僚资本控制的较大企业。人民政府接管这些企业后，派出军代表进行领导，采取“原封不动、完整接收”的办法，即不打碎原有企业的组织机构，实行“原职、原薪、原制度”的政策，改造其生产关系，将其改变为国营企业，并依靠工人群众，很快恢复了生产。由于人民政府接管的企业和经济部门主要是银行、电力、邮电、交通运输等重要行业，加上解放后各城市建立起来的国营贸易公司，控制了一大批粮食、棉布等重要的民用必需品，这就使新生的人民政权掌握了关系国计民生的经济命脉，初步建立起各城市的国营经济。

在掌握经济命脉，建立国营经济的同时，人民政府积极采取措施稳定金融和市场物价。福、厦等大城市刚解放时，因军政费用开支浩大，人民政府不得不增加人民币的投放。于是，一些投机资本趁机捣乱市场，哄抬物价，囤积居奇，甚至大搞金融投机，以致物价暴涨。

在省会福州，1949 年 8 月下旬，福州市军管会发出通知，宣布“人民币为解放区统一流通的合法货币，‘银元券’及地方一切货币均为非法货币，即日起禁止流通”[①]，并明确规定人民币与银元的收兑比价为 2000 ：1，国民党福建省银行的银元辅券与银元同价收兑。一批银元贩子和投机商人便趁机大搞银元投机买卖，国民党匪特也造谣惑众，破坏人民币的信誉，从而引起物价波动，9 月份主要生活必需品价格上涨一成到几成不等。针对这一情况，福州市军管会和市人民政府一方面坚决打击不法分子对银元黑市的操纵，取缔金银黑市交易，先后连续破获了地下银元铸造厂 3 处，并抓获银元贩子 32 人；另一方面加强宣传教育工作，通过工会、学联等召开集会，并组织南下青年干部和福州各校学生 5000 多人上街宣传国家金融政策，声讨奸商投机倒把活动。与此同时，福州市国营贸易公司从外县组织了大批粮、油、食盐等生活必需品投放市场，从而很快刹住了这次由银元投机引发的涨价风。同年 11 月，受上海地区物价上涨的影响，五金及化工品调进价格上扬，引起纱布价格波动，最终带动粮价猛涨。福州市国营贸易公司接连从闽北

① 《福州市军管会布告（金字第一号）》，1949 年 8 月 25 日。

运进大批粮食，平抑了米价，接着又从外省调进纱布等重要物资，平价抛售，使投机资本大受打击。与此同时，公安机关还破获了几伙囤积居奇的奸商，全市主要商品的价格很快回落。

厦门市在解放初期，物价涨幅也很猛。继 1949 年 11 月中旬物价暴涨之后，各种主要商品的价格时有起伏。“如以解放初期（1949 年 12 月）为基数，指数定为 100，1950 年 3 月的物价总指数为 255.5，同年 5 月财经统一后为 204.2，至 6 月下降为 199.9。但自 6 月 25 日美帝发动侵朝战争以后，蒋匪加紧封锁海口，引起部分进口货价格上涨，故 1950 年底物价指数平均在 230 左右。”① 厦门市军管会和市人民政府采取严厉惩处破坏金融分子、查封地下钱庄、争取侨汇、管理外汇、禁止金银外币流通、成立贸易公司平抑物价等办法，稳定金融秩序和市场物价②。同时，还邀请工商和航运界人士座谈，鼓励他们冲破美蒋封锁，开辟内外贸易航运，以组织主要生活必需品和生产资料等的货源，投放市场，平抑物价。1949 年 11 月初，厦门进出口商用机帆船运送土特产到香港，并从香港运回化肥、煤油等物资获得成功。随后，许多外籍轮船也参加了厦港之间的货运。此外，厦门航运界还以小轮船开辟了厦门至涵江、东山、漳浦和广东汕头的航线，活跃了物资交流。全市解放后的两个半月内，共惩处银元贩子 70 余人，取缔地下钱庄 40 余家；银行办理省内外通汇数十处，共汇入 89412 元，汇出 218790 元；共出口物资价值计 95376 元，入口物资价值 794393 元③。从而使新生的人民政权稳定了物价。

打击投机资本虽然取得了重大的胜利，但要从根本上制止通货膨胀，稳定物价，还必须平衡国家财政收支。而国家财政收支的平衡，必须节约支出，整顿财政收入，实行财政收支的统一管理。1950 年 3 月，中央人民政府政务院颁布了《关于统一国家财政经济工作的决定》。福建解放之初，因“各级政权随军前进，当时为了保证供应，采取在统一方针、政策下，实行分级管理，就地取给的体制，以专署一级为单位，采

① 《厦门市人民政府两年工作报告》，1951 年 12 月 5 日。

② 《厦门市人民政府两年工作报告》，1951 年 12 月 5 日。

③ 梁灵光：《厦门接管工作报告》，1950 年 1 月。

取提成和划税办法，确实困难者由省补助。这对鼓励大家的积极性与度过解放初期的财政难关，是成功的。到4月份执行全国财经统一决定，即由分散经营，跃进到统一管理。"[①]在省委的统一领导下，实行"三统一"：统一财政收支，集中使用财力，确保收支平衡；统一调度粮食、棉布、工业器材等重要物资；统一管理现金，各单位现金由国家银行统一管理，集中调度使用。此外，还建立了统一的金库、粮库和预算决算制度，并加强干部纪律教育，反对财经工作上无组织、无政府、无纪律和贪污浪费及渎职的现象。

统一财经工作的另一个重要方面是税收工作，福建省委要求"全部任务以税收工作为中心环节"。福州、厦门、晋江（泉州）、龙溪（漳州）作为重点地区抓住主要税种（货物税、营利事业所得税、屠宰税等），集中力量进行突破，并利用一切机会通过各种群众性的代表会议，广泛宣传解释，造成纳税光荣的社会舆论，各大中城市均圆满地完成了上级下达的征税工作指标，从而开通了人民政府财政的源流[②]。在建立统一的财经制度、征收工商税及发行公债的基础上，各地很快紧缩了市场上的货币流通量，人民政府掌握了大量的资金和物资。各地通过统一财经工作到1950年底基本达到了财政收支的平衡。

中华人民共和国成立前，福建人民群众曾饱受通货膨胀之苦，对"物价一日三涨"和"一捆法币只能买到一捆草纸"记忆犹新。中华人民共和国成立后，人民政府经过短短一年多的努力，各地的财政经济的状况均开始好转，广大人民群众也因此更加拥护新生的人民政权。这不但标志着福建社会主义国营经济的领导地位已开始确立起来，同时为福建国民经济的恢复和发展、为国家对资本主义工商业实行利用、限制和改造的政策，创造了重要的前提条件。

二、复工复业和合理调整工商业

福建解放后，新生的人民政权用极大的精力致力于生产的恢复，以

① 《福建省财政经济委员会1950年全年财经工作总结报告》，1950年12月。

② 《福建省财政经济委员会1950年全年财经工作总结报告》，1950年12月。

尽快安定人民生活和社会秩序，巩固人民政权。

在接管城市的过程中，福州、厦门、泉州、漳州等城市的军管会和人民政府首先致力于恢复水电供应、邮电通讯和水陆交通，为工商业的复工复业创造条件。福州电气股份有限公司是福州一家官僚资本企业，福州市军管会接管该公司后，对公司股份中的民族资本部分予以保护，承认私股2.6万股的所有权，按股份计付利息。同时，派军管会代表任公司经理，对公司进行了生产整顿和民主改革，市政府即拨款2万元使该公司能够迅速恢复发电；为了帮助已停航数月的闽江各轮船公司恢复水路航运，福州市军管会派出解放军部队为轮船进行护航，保护闽江航运免遭国民党残余武装匪特的袭击。厦门是个海岛，为了恢复生产首先必须恢复交通，以便岛内岛外物资的交流。但由于解放厦门的战斗中船只损失较多，恢复水上交通面临着很大的困难。因此，厦门市人民政府一开始就集中一切力量恢复航运交通。经过多方努力，不但恢复了原有的而且开辟了新的内河航线，维持了外海的航运，保证了产品的输出和生产资料的输入。此外，及时整顿了厦门电灯公司和自来水公司，确定适当的水、电价格，使资本家有利可图，从而恢复了厦门的供水、供电；还抢修了邮电通讯设备，恢复了国内除台湾外的电话、电报线路，以及便利侨胞通讯的国际线路。泉州市人民银行则在两个月内给资金困难的汽车公司贷款2400元，帮助其维持和发展生产。漳州市军管会在接管城市的同时，发动军民先后修复了漳州至同安、福州、平和、漳浦的公路，抢修了漳州至安溪、广东汕头的公路。福建各大城市水、电供应、邮电通讯、水陆交通的恢复，为工商业的复工复业创造了有利条件。

与此同时，各大中城市人民政府还召开工商界人士座谈会，并利用各界人民代表会议等，进行广泛的宣传，使工商界了解党的城市政策，消除顾虑，振作起复工复业的信心。1949年9月12日，福州市召开了全市工商界人士座谈会。省、市主要领导都到会，解疑释惑，与工商界人士共商复工复业措施和计划。10月21日，福州市市长韦国清在各界人民代表会议上提出6项任务，其中之一就是积极帮助各行各业复工复业复航，力求“恢复工业生产和尽可能的维持一部分手工业生产的继续生产以至恢复”①。厦门市军管会和市政府领导也于1949年11月6日召集全市工商界代表举行座谈，对“公私兼顾、劳资两利、城乡互助、内外交流”的工商业政策作了详细的讲解，号召全市工商界人士自力更生、恢复生产。会上，工商界人士纷纷表示，愿在新民主主义经济政策总方针指导下，发展生产，繁荣经济，为建设新城市而努力。

对于复工复业有困难的工商户，各地人民政府都提供了必要的扶持和帮助。福州市人民政府为了解决火柴业的困难，收购了建华火柴厂生产的火柴1000多箩；为了促进印刷业的复苏，新华书店交由各印刷厂翻印教科书3万套；国营贸易公司为了扶植土产，收购了糖、纸、木材等，还委托私营企业代织漂白土布6000多尺，蚊帐布3000多尺，加工粮食100万斤；在贷款方面，起初对工商业贷款数量较少，条件过严，对帮助工商业克服困难做得不够。后由银行、工商局、工商联、劳动局、工会等单位联合成立贷款审议小组，主动开展贷款业务②。仅1950年1至9月份，市人民银行一般性贷款就贷出人民币33.54万元，押汇贷款55.08万元，扶持国外贸易部分：打包贷款折人民币4.56万元；出口讫收贷款折人民币8.93万元。厦门人民政府为了推动生产的恢复和发展，采取暂时禁止电池、肥皂、纸等进口的措施，使厦门原有的电池业、制皂业、造纸业获得了生机；同时，让市国营贸易公司对厦门民生织布厂实行贷纱换布，与华垦火柴厂订立代销合同，介绍电池厂将产品售予驻军部队等，使厦门一些有利国计民生的工业企业恢复了生产。市政府还鼓励工商户积极主动地吸收社会资金投入生产，同时组织公私银行成立联合贷款组，适当调整利率，统一办理对全市工商户的贷款事宜。银行贷款规模逐月扩大，如以1950年6月为基数100，至10月则增加到1258，增加了11倍半，其间还5次调低放款利率。泉州市的工商企业中，国营、地方国营的企业不足10户，绝大多数是私营工商户。泉州市人民银行积极扶持有利国计民生的骨干企业维持和恢复生产，解放后两个月内就向汽车公司、制药社、织布厂等几家私营企业贷款2400元，

① 《福州市两月来接管与施政工作——韦国清兼市长在福州各界代表会议的报告》(1949年10月20日)，福州市档案馆编：《福州建放》，海风出版社2005年8月版，第453页。

② 许亚：《福州市人民政府一年来的工作》，1950年8月。

帮助他们度过了难关。

在积极恢复生产的过程中，各级党委和政府，十分注意贯彻实行“全心全意依靠工人阶级”“提高与巩固工人阶级领导作用”的方针政策。1949年9月6日，福州市人民政府召开了全市各业职工代表座谈会。会上，市委、市政府领导向工人代表阐明了党“全心全意依靠工人阶级”的方针，希望广大工人确立新的劳动态度，树立主人翁责任感，在生产战线上发挥积极性和创造性，克服困难，开展增产节约运动，积极恢复和维持生产。工人代表也纷纷表示了建设新福州的决心。全省工人阶级在党和政府的领导、教育下，为恢复生产做出了自己的贡献。如解放初期福州南光厂锅炉被台湾国民党飞机炸毁后，银行就贷款近万元帮助资方恢复生产，全厂工人也自愿做一个月的义务工，为恢复生产出力；福州电厂职工曾冒着台湾国民党飞机轰炸的危险，抢修机器和输电线路，平时还千方百计节省燃料，把过去占总发电量60%的损失减少到35%；福建造纸厂经工人们的努力，日产量由解放前夕的170令增加到210令。又如漳州汽车公司的职工，为了解决汽油紧缺的问题，进行技术改造，改汽车发动机由烧汽油为烧木炭。

由于各地人民政府在恢复生产过程中，紧紧依靠工人阶级，充分发挥工人阶级的主人翁作用，并积极争取民族资产阶级，从而极大地调动了工人阶级和广大人民群众建设新城市的积极性，工商业迅速复工复业。据统计，厦门市在解放后的两个半月间，“各商业共有3217家，已复业者为2488家，未复业者为729家”，“全市工厂94家，解放前开工71家，现已复业者55家，未复业者16家”①。80%左右的工商业户都得以复工复业。福州市许多重要企业，由于市人民政府的重点扶持，更得到了迅速发展。如福州电力公司在保证福州市区供电的同时，很快就开始了福州至长乐莲柄港灌区35千伏高压输电线路的重建工程。此外，各个城市的工商业结构也发生了本质的变化。以泉州为例，“土产经营已逐渐引起人们注意，囤积居奇、投机倒把亦遭到了比较严重的打击，经营迷信品的已没落了，经营金银楼的已纷纷倒闭，经营奢侈品的

① 梁灵光:《厦门接管工作报告》，1950年1月。

已急走下坡，代替起来的是有利于国计民生、面向农村，为工人农民服务的工商业。”①

中华人民共和国成立前，在国民党政府的反动统治下，福建人民的生活极端困苦，各个城市都有大量的工人、公务员、小市民等处在失业、半失业的状态。中华人民共和国成立初期，福州市的失业工人总数约在8000人以上，泉州市的失业者达4700余人，漳州市也有失业工人近4000人。如此庞大的失业队伍，最初只能依靠人民政府发放救济维持生活。至1950年5月底，仅福州市就发放各种救济粮60多万斤，衣、物4198件。但单纯的救济并不是解决庞大失业问题的长久之计，于是，从1950年6月起，各城市开始改变救济方式，由省人民政府拨出社会救济粮150多万斤作为“工赈”，并积极组织失业人员开展生产自救。仅福州市参加“工赈”的失业人员就达9500余人次。漳州市人民政府则确定手工业生产计划，鼓励手工业工人自由结合寻找生产门路，各街道还先后成立了生产委员会，组织合作社，开展生产自救。泉州市人民政府自1950年下半年起，也陆续安置就业1490人，转业训练342人，组织以工代赈2827人次，动员54人回农村参加生产。

福建省委、省政府在城市致力工商业迅速复工复业的同时，在农村首先重点支持农民的生产度荒。1950年初相继发布了《关于春耕生产备荒救荒的指示》以及保护耕牛条例、保护山林条例等文件。当时春荒严重，许多农民无力备耕，全省有51个县在春耕前就贷放粮食和种子635万斤，及时帮助农民生产自救，度过了灾荒。

在全省工农业生产得到初步恢复之后，福建省委、省政府又确定了以农业为中心，力争粮食自给自足，对轻工业进行部分建设，重工业只进行古田水电站工程建设的经济建设战略，积极争取国民经济的全面恢复②。

全省各地的工商业恢复生产后，由于当时人民群众，特别是农民的购买力低下，致使部分私营商店因生意清淡停业关闭，一些私营工厂也

① 泉州市人民政府：《一九五一年施政工作报告》，1952年1月。

② 张鼎丞：《在省委第六次扩大会上的总结报告》，1951年4月16日。

因产品滞销、生产萎缩而停工倒闭。为了使有利于国计民生的私营工商业摆脱困境，并在国营经济的领导下发挥其应有的积极作用，从1950年5月起，福建各城市的人民政府开始调整工商业，限制和排挤那些不利于国计民生的工商业，即投机商业，奢侈品、迷信品工商业，而扶助那些正当的有利于国计民生的工商业。调整工商业主要是调整公私关系、劳资关系和产销关系，认真执行“公私兼顾、劳资两利、城乡互助、内外交流”的“四面八方”政策。在调整劳资关系方面，主要是广泛成立各行业的“劳资协商会议”“在（劳资）双方同意下，在劳资两利、自愿平等的原则下，讨论有关维持生产、克服困难诸事项，而不是扩大干涉私营企业中的行政权力或削弱劳方应得的权利。”[①] 在解决劳资矛盾时，积极贯彻劳资两利，维持和发展生产的方针，既要资方改变对待工人的错误态度和行为，接受劳方的合理要求，又说服工人照顾资方的实际困难，从长远利益考虑作必要的让步，以维持和发展生产。在调整公私关系方面，主要是在公私兼顾的原则下，进行了调整税收，调整国营贸易公司批发与零售差价，灵活掌握地区差价，以便疏通有无，调节供求，打击投机，并保障正当商人的合法利润。此外国营贸易公司有重点地进行订货、收购和代办原料的工作；人民银行对有利于国计民生的企业进行贷款，帮助他们度过难关。在调整产销问题上，国营贸易公司收购了茶、米、糖、木材、香菇、明矾、笋干等农产品，并大量供应布、纱、煤油、肥田粉、豆饼等工业产品，缺粮区并供应大批粮食[②]。同时积极引导部分商业资本转向工业生产；国营商业还给私营商业让出部分阵地，把大量零售业务交给私营商店和小商贩。

在福州，市人民政府积极推动各行业建立劳资协商会议，加强劳资团结。按行业建立者有5个，即机器、百货、制笔、旅社、制酒；按企业商店个别建立者有18个，如闽轮公司、电话公司等。为了救济失业工人，政府拨面粉13万斤进行以工代赈，对资方困难也尽量设法解决[③]。在厦门，市人民政府在各工商企业广泛建立劳资协商会议的同时，还成

① 张鼎丞：《新年献词》，1951年1月1日。

② 张鼎丞：《新年献词》，1951年1月1日。

③ 许亚：《福州市人民政府一年来的工作》，1950年8月。

立了厦门市劳动争议仲裁委员会，此外，为了实现工商业的联合，避免盲目竞争，市人民政府以组织联营的初级改造形式，组织私营工商户按行业、根据自愿原则联营。至1951年底，全厦门已发展了20多个联营单位。在漳州，市人民政府于1951年7月召开了手工业生产会议后，组织工商业者生产农业生产资料、农业特产加工制品和城乡人民生活必需品，从而使1/3的农业生产资料产品销往龙岩、晋江和厦门地区，提高了漳州工商业的活力①。

随着各地工商业的合理调整和全省农村土地改革的进行，城乡市场购买力逐步提高。于是，自1951年春开始，福、厦、漳、泉各地还举办了各种形式和规模不等的城乡物资交流会，恢复和发展了城乡之间、工业品和农产品之间的交流。调整工商业在短短的时间内就取得了积极的成效，城乡市场日趋活跃，为城市工商业的恢复和发展起了极大的推动作用。

调整工商业的结果不但使全省各地的私营工商业顺利度过了难关，恢复了正常的生产和经营，并得到了可喜的发展，而且全省市场的性质也发生了根本的变化，从解放前那种由官僚资本操纵下的市场，基本改变为在国营经济领导下的以服务人民生活与恢复及发展生产为目的的市场了，从而为福建国民经济的全面恢复创造了有利条件。

三、革命老区生产的恢复和中央访问团访问福建老区

福建是全国著名的革命老区，据福建省1952年的初步统计，全省老区包括土地革命战争时期的苏区和游击区、抗日战争时期以及解放战争时期新开辟的游击区，遍及63个县境（后因行政区划改变达69个县），共有2880个乡，21837个村，694899户，约2634273人。加上以后补划的老区，约有300万人口②。在长期、曲折和残酷的革命战争中，由于遭受国民党反动派烧光、杀光、抢光、移光、抓光的“五光”政策的摧残和迫害，无数的革命群众被害，房屋被烧毁，东西被抢掠，壮丁被抓

---

① 泉州市人民政府：《1951年施政工作报告》，1952年1月。

② 《中共福建省委、福建省人民委员会关于四年来革命老根据地工作概况与今后意见的报告》，1956年12月1日。

走。据不完全统计，全省被摧毁的村庄有2564个，被烧毁、拆毁或被强迫移民并村而倒塌的房屋411215间，被杀害、被迫流浪饥饿疾病死亡的群众达336999人，绝灭86319户，被抢杀耕牛51547头，荒芜土地100多万亩，其他财物损失更是难以计数①，造成老区人口锐减，生产衰落，人民灾难深重。中华人民共和国成立初期，福建省委、省政府立即领导人民开始了医治战争创伤和恢复国民经济的工作，把革命老根据地的恢复和建设作为工作重点，采取一系列措施，帮助老根据地人民重建家园、发展生产，兴办文教卫生事业。

1950年1月，省委组织老区工作调查团赴闽西进行了3个月的调查。5月，省委在此次调查的基础上，向中共中央和华东局呈送了《关于龙岩地区工作的报告》，对闽西老区的历史和现状作出详细汇报，肯定闽西解放后在地委领导下取得的工作成绩，同时也说明了老革命地区的工作和救济困难群众的问题，提出政府必须给予援助，帮助他们恢复发展生产。中央和华东局很快批准了省委在报告中提出的意见，调拨200万斤粮食救济老区人民。11月15日，省政府发出《关于开展老革命根据地地区工作的指示》，动员与组织老区群众进行"恢复生产、重建家园"②。

革命老区的生产生活同样牵动着中共中央负责同志的心。1951年7月4日，中共中央作出了《关于访问老红色区的决定》，决定"以中央人民政府名义对所有老红色区进行一次访问""中央除派一负责同志参加访问原中央苏区的访问团为团长外，其他地区访问团团长须由有关中央局派出"③。根据中央的指示和部署，中央人民政府分别成立了南方革命根据地访问团和北方革命根据地访问团，下设多个分团，对革命老区

① 《中共福建省委、福建省人民委员会关于四年来革命老根据地工作概况与今后意见的报告》，1956年12月1日。

② 《福建省人民政府关于开展老革命根据地地区工作的指示》，1950年11月15日。福建老区建设委员会办公室、福建省老区建设促进会编：《情系红土地——福建老区工作手册》，海潮摄影艺术出版社2003年12月版，第392页。

③ 《中共中央关于访问老红色区的决定》（1951年7月4日），中央档案馆、中共中央文献研究室编：《中共中央文件选集》（1949年10月—1966年5月），第6册，人民出版社2013年6月版，第261页。

进行访问。

8月15日，以谢觉哉为团长、李步新为副团长的中央人民政府南方老根据地访问团和该团中央苏区分团的第七、八、九、十、十一分队200余人，由瑞金向福建老区进发。8月17日，李步新副团长率领访问团到达长汀。20日，谢觉哉团长到达长汀。福建省委指定福建省人民政府文教委员会主任陆维特、华侨事务委员张壮飞和龙岩地委书记伍洪祥代表省、地党政机关前往长汀迎接中央苏区访问团的到来。

访问团送来了毛泽东主席的“发扬革命传统，争取更大光荣”的题词，号召老区人民“发展生产，重建家园”，使老区人民备感亲切。谢觉哉团长一行在闽西访问了3天，参观了毛泽东、朱德、陈毅在长汀、连城新泉和上杭才溪乡的旧居，察看了福音医院、福建省苏维埃政府旧址、松毛岭战斗遗址和瞿秋白、何叔衡殉难处，并听取了闽西老区正在进行的剿匪反霸、土地改革以及恢复生产重建家园情况的汇报。

中央访问团中央苏区分团的各分队随即在当地政府的配合下，迅速分赴各地进行访问，其中第七分队赴龙岩、永定、漳平，第八分队赴上杭、武平，第九分队赴长汀、连城，第十分队赴永安专区，第十一分队赴龙溪地区。

与此同时，中央访问团闽浙赣分团第五分队14人，在队长龙跃、副队长杨昌岑、毛标的率领下，于8月16日到达建阳专区，在与福建省政府及建阳专区、地委人员汇合后，分队扩大为干部44人，电影队2个。此后，将第五分队分成5个工作小组，分赴崇安、浦城、政和、松溪、建阳、水吉、光泽、邵武等地进行访问。访问工作主要可分为三个阶段，第一阶段为8月17日至8月20日，主要向当地党政领导机关进行访问，传达了解情况，组织力量，部署计划。第二阶段为8月20日至9月9日，分别到县区访问。访问方式一般都先开群众大会，然后召开县区烈军属代表会议。第三阶段为9月10日至12日，主要是汇报总结，并和当地党政机关交换访问中所提各种问题的解决意见①。

---

① 《五分队（闽北地区）访问工作总结》，《中央人民政府南方老根据地访问团闽浙赣分团工作报告汇编》，1951年9月编印，第94页。

中央访问团深入广大山村访贫问苦，举行各种形式的代表会、座谈会，向老根据地人民群众散发了大批毛泽东主席相片、像章、《中央人民政府致老根据地人民信》，以及毛泽东“发扬革命传统，争取更大光荣”的题词。

中央访问团在福建各地的访问持续了近一个月，先后访问了长汀、连城、上杭、武平、龙岩、永定、漳平、龙溪、平和、诏安、闽清、漳浦、云霄、宁化、清流、明溪、建阳、邵武、崇安、浦城、光泽、政和、松溪、水吉等区 28 个县，并且深入基点村，向 40 多万的老根据地人民传达了中央人民政府和毛泽东主席对他们的深切关怀和亲切鼓励。访问团在福建老根据地进行访问工作中，计召开了县的代表会 17 次，到会代表 3680 人，区代表会 101 次，到会代表 13839 人。举行座谈会 315 次，到会 12946 人。在中央访问团进行访问的同时，福建省各级党委也组织干部和老同志深入老区基层，慰问群众，了解情况。

9 月 15 日，中央苏区分团在完成访问活动后离开龙岩到福州与闽浙赣分团会合。9 月 17 日，福建省和福州市举行了省市各界盛大晚会欢迎访问团的全体同志。省委书记张鼎丞代表全省人民对访问团全体同志不辞辛苦，完成对老根据地的访问，传达了中央人民政府、毛泽东主席对老根据地人民的关怀，表示衷心的感谢，并号召各级党委、政府继续做好老根据地的工作，帮助老根据地人民恢复和发展生产，重建家园。中央访问团于 9 月 18 日、19 日和 20 日离开福建返回北京，并将老根据地人民对党、对革命的深情厚谊以及老根据地人民生产生活状况，及时向党中央、中央人民政府作了汇报。

中央访问团对福建的访问极大地鼓舞了福建老区人民，增进了人民政府和老根据地人民的联系，激发了老根据地人民爱国和建设的热情，也促进了老区工作的开展。

针对各个老根据地普遍存在着经济恢复、卫生、文教、优抚、人民民主建设等一系列问题，中共中央于 1952 年初成立了全国革命老根据地建设委员会以加强对老区的领导工作。1 月 28 日，政务院发布了《关于加强老根据地工作的指示》，要求各地“无论从政治上或经济上都必须十分重视加强老根据地的工作，大力领导与扶植老根据地人民恢复与发展经济建设与文化建设”“争取在三、五年内改变老根据地的经济面貌，在经济发展的基础之上提高老根据地人民的物质生活与文化生活的水平”①。

8 月 22 日，福建省召开第一次老区工作会议，总结老区工作的经验教训，研究制定老区工作的方针和计划，解决老区组织机构及干部配备问题。10 月 15 日，福建省召开各专区、县市负责人和省直属机关处长以上干部会议，张鼎丞在会上作了《关于加强老区工作的报告》，明确指出：我们很多干部包括某些高级干部，要充分认识老革命根据地和老区人民坚持 20 多年的革命斗争是艰难困苦的，“老区的贡献是很大的，红军高级干部大多是从老区出来的，没有老区就没有新区……”因此对老区工作必须重视。他说：“在今后三年内，各级领导应该多拿些粮、款帮助老区人民恢复生产、重建家园，三年以后就要强调自力更生”②。10 月 29 日，省委召开例会，决定成立福建省老根据地建设委员会，由省人民政府主席张鼎丞任主任，伍洪祥、曾镜冰和蓝荣玉为副主任。同时在七个地区 61 个县也建立了老根据地建设委员会的机构。全省调配了 650 名老区专职干部（包括华东批拨的 150 名和省临时增拨 500 名），加强领导老区人民进行恢复与重建工作。

1953 年 1 月，福建省委召开第二次老区工作会议，张鼎丞在会上强调指出：“老区革命的光荣传统要保持，要发扬，要拿来教育我们的子子孙孙。”他要求：一方面，“必须使各地区各部门重视老区工作，动员和教育全党、全体干部甚至全省人民重视老区工作，支持老区建设”，另一方面，“必须教育老区人民树立自力更生的思想，并争取外援来恢复与发展生产”③。此后，省委多次组织由党、政、军领导和干部组成的老区慰问团、工作组，深入老区基点村慰问、调查，摸清老区家底、制订重建家园计划。根据老区多系偏远山区、村庄分散、劳力不足、交通不便、生

---

① 《中央人民政府政务院关于加强老根据地工作的指示》（1952 年 1 月 28 日），中共中央文献研究室编：《建国以来重要文献选编》，第 3 册，中央文献出版社 1992 年 6 月版，第 55、60 页。

② 《张鼎丞传》，中央文献出版社 1996 年 9 月版，第 390 页。

③ 《张鼎丞》，陈志凌主编，中共党史人物研究会编：《中共党史人物传精选本》第 7 卷 • 政治经济建设篇（上），人民日报出版社、中央文献出版社 2001 年 4 月版，第 796 页。

产资料缺乏等特点，开展互助合作，帮助老区人民解决生产资料缺乏的困难，组织群众与灾害作斗争，大力兴修水利，防旱防涝，提高粮食单位面积产量。与此同时，对老区实行扶助的经济政策和采取"领导群众解决当前生活困难与长期建设相结合"的方针，向老区拨出修建房屋补助金 365 亿元（旧币），减免老区公粮 7000 万斤，发放老区低利生产贷款 200 亿元（旧币），无利贷粮 5600 万斤，帮助老区人民解决了部分生产资料和生活资料缺乏的困难。在全省各级党委、政府和老区群众的共同努力下，至 1953 年时，福建帮助老区群众添置了耕牛 32430 头，农具 138460 件，修水利 173000 处，垦复荒地 335045 亩，恢复纸槽 6748 座[①]。

同时，福建省还对革命老区进行救济和优抚，对无劳力又无依靠的老烈、军属，从 1953 年起由政府给予定期定量补助，解决他们的生活困难。对中华人民共和国成立前牺牲未经抚恤的烈士、病故革命人员家属，有 26 个县进行了追恤，共追恤 15751 户，发放追恤费 203 万元。此外，全省还对老区的文教、卫生等事业进行扶持。老区共新增设小学 361 所，修建校舍 221 所，增加教员 1617 名。举办冬学、民校等，开展老区的扫盲运动，组织电影队经常巡回放映，丰富老区人民的文化生活。增设老区卫生所 30 多个，拨出医疗减免经费 110 万元，组织巡回医疗队 1600 余人次，深入老区进行减费或免费医疗。

在各级党委和政府的帮助下，福建革命老区人民因长期支持革命战争所带来的创伤和生产、生活上的特殊困难，基本上得到解决，大多数老区群众摆脱了过去"衣不蔽体、食不果腹"的极端贫困状态，老区文教卫生有了较大发展，识字率显著提高，流行病大大减少，死亡率迅速下降，革命烈军属优抚工作得到较好的落实，大大激发了老区群众的政治热情和生产积极性。

四、国民经济的恢复和初步发展

中华人民共和国成立后，福建省委、省政府领导全省人民围绕恢

① 《张鼎丞传》，中央文献出版社 1996 年 9 月版，第 391 页。

复和发展生产这一中心工作，开展了包括经济、政治、思想文化等多方面的新民主主义建设。通过没收官僚资本和对原官僚资本企业进行改革，建立了社会主义国营经济并得到进一步的发展；通过土地改革，解放了农村的生产力，广大农民收入的增加，大大提高了社会购买力，城乡交流日趋活跃；通过调整工商业，私营资本主义经济的困难得到了克服。同时随着福建境内战争的结束，以及对国家干部实行低薪制和供给制等，国家的财政开支也有所节减。这一切使福建的财政状况得到了根本的好转，国民经济也得到了全面的恢复和初步发展。

农业方面。中华人民共和国成立后的三年间，福建省各级人民政府在财力十分有限的情况下，共投入1000多万元资金兴修水利和进行农业技术改造。全省水利建设投资超过国民党政府20多年投资的总和。当时修建的闽江下游防洪堤工程量超过解放前福建任何一个水利工程。解放时已破败不堪的长乐莲炳港水利枢纽工程，经人民政府拨款修复，在1950年5月恢复蓄水，并使灌溉面积扩大到2.4万亩。通过群众性的兴修小型农田水利运动，福建三年中共建了小型水利2000多处。同时，在各级人民政府的领导和支持下，各地农民在防治病虫害、改进耕作技术等方面也取得不少成绩，如防治螟虫、合理施肥、合式秧田等新技术，都是解放前从未采用过的。由于农田水利建设的发展和农业技术改造的实行，加上土地改革和变工互助激发了农民的生产积极性，三年中福建农业生产逐年增长。抗日战争前，福建最高粮食总产量为66.89亿斤，解放前夕粮食总产量比抗日战争前最高水平下降了三成多。1950年粮食总产量即恢复到62.18亿斤，接近历史最高水平，1952年达到74.35亿斤，超过了历史最高水平。甘蔗、花生、黄麻、烤烟的产量及家禽的存栏数，也恢复或超过了历史最高水平①。三年中，全省造林面积累计达到69.8万亩②。1952年与1949年相比，粮食产量增长31.4%、茶叶增长25.6%、水果增长14.7%、生猪存栏数增长97.6%，

① 福建省统计局:《福建省国民经济统计提要(1950—1961)》，1962年5月，第2、3、29页。
② 福建省统计局:《福建省国民经济统计提要(1950—1961)》，1962年5月，第40页。

水产品增长 1.4 倍[①]。1952 年全省农业总产值达到 98191 万元（按 1957 年不变价格计算）。三年累计，农业总产值增长了 34.1%，年平均递增速度达到了 15.8%[②]。

工业方面。在各级人民政府的鼓励和扶持下，通过三年的整顿改造，补充平衡，重点新建和积极扶植等措施，公营、公私合营工业及符合群众需要的手工业均得到了迅速增长。公营、公私合营工业的工厂数及产值均较解放前增加二倍。仅发电厂一项即恢复发展了 33 家，增加发电量 4445 万度。私营福建造纸厂，1949 年产量仅有 535.39 吨，经人民政府扶植后，产量逐年增长，1950 年为 613.37 吨，1951 年为 851.39 吨，1952 年扩充了设备，产量超过解放前最高生产水平的 15% 以上。火柴工业逐年递增，1952 年比 1949 年增 9 倍半。私营手工业也得到恢复和发展，手工造纸及角梳、雨伞等亦因人民政府贷款、收购，使产量较 1949 年增 3 倍至 5 倍[③]。1952 年全省工业总产值达 41425 万元（按 1957 年不变价格计算），三年累计，工业总产值增长了 70.2%，年平均递增速度达到了 30.5%[④]。

商业方面。1950 至 1952 年全省商品购销有了较大幅度的上升，社会商品购买力增长了 43.6%，年平均递增速度达到了 19.8%[⑤]。

交通运输方面。三年中全省交通运输状况有了较大改观。至 1952 年全省已有公路 3562 公里，通车里程达到 3050 公里；内河通航里程达到 4115 公里。1952 年全省全社会货物运输总量达到 202 万吨，比 1950 年 108 万吨增长近 1 倍[⑥]。

教育文化卫生方面。中华人民共和国成立后，全省各级人民政府实行改造旧学校与举办新学校同步进行的方针，促使教育事业获得迅速

① 福建省统计局编：《光辉的历程——福建五十年》，中国统计出版社 1999 年 8 月版，第 77 页。

② 福建省统计局：《福建省国民经济统计提要（1950—1961）》，1962 年 5 月，第 26、28 页。

③ 刘裕民：《三年来福建工业生产成绩及今年任务》，1951 年。

④ 福建省统计局：《福建省国民经济统计提要（1950—1961）》，1962 年 5 月，第 51、52 页。

⑤ 福建省统计局：《福建省国民经济统计提要（1950—1961）》，1962 年 5 月，第 143 页。

⑥ 福建省统计局：《福建省国民经济统计提要（1950—1961）》，1962 年 5 月，第 125、130 页。

恢复和发展。首先抓紧旧学校的改造。各级人民政府对国民党政府的公立学校全部进行接管。1951 年初又对教会办的 2 所高等学校、45 所中学和 96 所小学进行接管和接办。1952 年，进行了高等学校的院系调整。对各种私立学校则采取区别对待的方针，除办得极坏者予以取缔或接管外，一般是保护维持、加强领导、逐步改造，办学成绩显著的给予奖励和补助。对旧学校的整顿、改造工作，到 1952 年全部完成。与此同时，全省新办了一大批学校，仅小学就增加 4400 所。1952 年，全省在校大中小学学生增加至 114 万多人，占全省人口 9.02%，比 1949 年提高 4.63 个百分点。学龄儿童入学率提高到 50.7%，比 1949 年提高了 34.44 个百分点。此外还大力发展工农业余教育，开展了扫除文盲的运动。至 1952 年，全省已有文艺表演团体 62 个，各县、区都办起了文化馆或文化站。中华人民共和国成立前全省医院和卫生机构只有 100 多个，到 1952 年已有 633 个，卫生技术人员从 850 人增加到 17281 人①。南靖、华安等几个全国闻名的鼠疫流行县，经过三年的大力防治，消灭了这种历史上威胁人民健康的重大疫病。

福建省国民经济的全面恢复，不但稳定了物价，基本做到了财政的收支平衡，而且医治了长期战争所造成的社会巨大创伤，使工农业生产达到或超过了历史的最高水平。福建人民在旧社会受尽帝国主义、封建主义、官僚资本主义的剥削和压迫，经济落后，生活贫困到了极点的状况，随着福建国民经济恢复任务的胜利完成，开始从根本上得到了改变。

中华人民共和国成立三年以来，福建省委、省政府在纷繁复杂的斗争中，坚决贯彻实施新民主主义建国纲领，不但继续完成了民主革命的任务，结束了两千多年来封建剥削制度和封建统治阶级对福建人民的剥削和压迫，解放了社会生产力，而且成功进行了工商业的合理调整和社会经济结构的改组，建立并迅速发展了社会主义的国营经济，确立并巩固了国营经济在整个国民经济中的领导地位。在国营经济的领导下，

---

① 福建省统计局编：《光辉的历程——福建五十年》，中国统计出版社 1999 年 8 月版，第 290—295 页。

发展了各种形式的国家资本主义经济，积累了对资本主义工商业实行利用、限制和改造的经验，使福建国民经济得到全面恢复和初步发展，从政治、经济、文化、社会等各方面促进了社会主义因素的成长，为由新民主主义向社会主义的过渡，奠定了良好的基础。

第二节　党在执政初期的自身建设

一、加强党员学习教育和整风

中华人民共和国成立初期，福建党组织和党员中存在的主要问题是：由于新党员发展快，一时疏于教育和管理，造成在组织上、思想上的不纯；而福建地下党组织长期处于被分割的地下状态和紧张的战争环境中，对党员缺乏充分的、系统的共产主义教育和党性教育。为此，中共福建省委在百废待兴、工作千头万绪的情况下，决定把加强党员干部的理论学习作为提高党员干部素质和推动工作的迫切的政治任务来抓。1949 年 12 月，省委成立了以省委书记张鼎丞为主任的“省总学习委员会”，并作出了建立各级学习机构等 7 项决议。1950 年 4 月 29 日，福建省委又作出《关于 1950 年在职干部学习的决定》，要求干部除学习形势、政策外，必须结合实际有系统地学习马克思列宁主义基本理论，主要是学习社会发展史、政治常识和中共党史，结合学习进行阶级教育。工农干部还要学习文化。

1950 年 3 月，福建省委强调今后一定要结合整顿农村、城市、机关党支部，建立党日和党课制度，从党员的权利、义务等基本知识学起，加强党员教育。党组织开始从农村和城市的积极分子中吸收新党员后，省委提出：对新党员要加强党章、党员修养和党史等方面的教育；对文化水平较低的党员，要采取学习文化和学习理论政策相结合的办法，尽快提高文化知识和理论政策水平。

1951 年，福建省委根据中共中央召开的第一次组织工作会议精神，对党员和积极分子进行较为系统的关于共产主义、共产党和党员八条标准的教育。并规定，在吸收新党员前，都要由党组织对准备发展的积极分子进行认真教育。候补党员转正前，也要学习党员八条标准，进行自我对照检查，明确奋斗目标。

1952年，省委宣传部下发《关于对建党后农村支部和党员进行教育的初步意见》，强调党员教育要与农村工作紧密结合，采取党的组织生活会、支部书记联席会、个别教育、党课教育以及举办党员训练班等形式，对党员进行农村经济发展道路的教育，支部如何领导互助合作运动的教育和领导方法问题的教育，以及如何发挥党组织的战斗堡垒作用和党员先锋模范作用的教育。到1953年，全省共开办党员训练班187期，每期15—25天，受教育的党员共有40467人[①]。

中共福建省委还根据党的七届三中全会精神和《中共中央关于在全党全军开展整风的指示》，于1950年夏秋季在福建党内开展了解放后的第一次以查思想、查工作、查作风为重点的整风运动。1950年6月12日，省委书记张鼎丞在省委扩大会议上作了《半年来的工作总结及今后任务》的报告，部署开展整风运动，目的是克服党内思想作风上的各种不良倾向，整顿党的组织纪律，改进干部的作风，加强干部党员与群众的团结。重点是严整官僚主义、命令主义，反对个人主义与贪污腐化、浪费等行为，检查阶级立场与组织观念。整风的方针是：与当前检查总结工作相结合，着重检查解放以来干部的思想、工作、作风，实行“惩前毖后”“治病救人”，以教育改造提高干部为原则，辅之以整饬纪律教育。7月12日，省委作出《关于开展整风运动的计划》，除了明确整风的目的、方针、方法外，还根据福建的实际，确定了整风的时间和组织形式。计划规定开展整风运动的时间一般以8、9两月为限，其学习组织形式，第一种是开会整风形式，第二种是在职整风学习，第三种是党校和轮训班的形式。对轮训班和在职整风学习，决定分四个步骤进行：第一步是整风动员，说明整风的意义和重要性；第二步是进行学习文件的动员，

① 福建省地方志编纂委员会编：《福建省志・共产党志》，中国社会科学出版社1999年11月版，第295页。

说明文件的主要精神，学习文件的方法；第三步是动员检查工作、思想、作风，由负责同志针对主要缺点错误作启发性的分析批判；第四步是动员结束整风学习①。

7 月 20 日，福建省委成立整风委员会，以陈辛仁为主任，周璧为副主任，指导全省的整风运动。8 月 7 日，省委召开省直机关县处级以上党员干部大会，张鼎丞作整风动员报告。张鼎丞指出，“这次整风，主要是由上而下，由党内到党外，由领导机关到各级机关，由领导核心到一般干部，从上而下的检查工作，并与由下而上的检查结合起来”，强调领导机关、领导干部带头整风的重要性，要求各单位的负责同志要协同党委、支部进行具体动员，搞好整风，从而“改善和提高我们的思想作风，加强全党的团结，加强党员干部与非党干部的团结，加强党与全福建人民的团结，达到全福建人民团结在党的周围，共同完成省委所交给我们的任务，争取革命事业的胜利”。② 9 月，省委针对整风运动中出现的一些不良倾向，发出《关于当前整风运动的指示》。省委认为，福建干部少，提高老干部和培养新干部需要时间和精力，因此，各级领导干部要防止工作上的急躁情绪和过高要求，同时强调，要对干部进行必要的政策教育，使他们掌握政策，主动工作，防止因反对命令主义，而造成干部束手束脚，不敢大胆放手发动新区群众的偏向。在中共福建省委的领导下，福建各级整风运动得以健康开展。10 月中旬，整风运动结束。全省参加整风运动的乡以上干部达 3.2 万余人，占干部总数的 92.9%③。

通过整风，开展批评与自我批评，使福建党内的官僚主义、命令主义等不良倾向受到了深刻批判，从而改善和端正了思想作风，增强了党和干部队伍的团结，密切了党与人民群众的联系，推动了各项中心工作的开展。

---

① 《中共福建省委关于执行整风运动的计划》，1950 年 7 月 12 日。

② 张鼎丞：《在省直机关县以上党员干部大会上的整风动员报告》，1950 年 8 月 7 日。

③ 中共福建省委：《关于整风运动的总结报告》，1950 年 11 月 8 日。

二、清理整顿党的组织

加强中国共产党的领导是人民政权建设与巩固的保证。为了更好地发挥各级党委集体领导的作用，福建省委组成人员逐渐充实并作了几次调整。1950年3月，经中共中央批准，设立中共福建省委常务委员会。1951年12月，中共福建省第一次代表会议在福州召开，会议选举产生省委委员27人，张鼎丞为省委书记，叶飞为第一副书记，方毅为第二副书记。此后，又充实和加强工厂、矿山、文教等部门党组织的领导，加强地、县党委的领导，初步适应了省内新建、扩建单位对干部的需要。

在党的基层组织建设方面，省委认为，“原地方党的组织，除省级或地委、县委的基本干部和老游击队中的党组织和党员是经过考验的和可靠的，但一般的组织非常混乱……这种党的组织混乱问题，我们四个月来解放福建的各种工作中感到麻烦、感到棘手。”[①] 因此，1949年12月5日，省委召开会议，讨论组织工作问题，要求整理和建设好党，使党在思想、政治、组织和作风上达到统一。1950年1月25日至2月上旬，省委召开全省组织部长联席会议，通过了1950年组织工作决议，强调“必须抓紧一切有利时机与条件来整理党”，要求“加强各级党委的领导，发挥党委制的重大作用，加紧教育干部培养干部提拔干部，健全各级党的各部门的组织机构，积极整理支部、审查党员（组织不纯的），发扬批评与自我批评，开展思想斗争，克服党内存在着的组织上思想上作风上的不纯洁状态及一切不正确倾向。”[②] 决定首先进行党的基层组织的整顿、清理和党员登记，在土匪基本消灭、环境安定的地方，结合整顿、清理党支部，公开党的组织。此次整党首先是审查已发现严重政治与组织不纯的局部组织，对占70%以上的机关、企业、学校的支部、党员进行教育提高，结合清理“中层”有重点地整理党的组织，进而普遍登记审查党员；对仅占20%以上的工厂、农村支部，亦应着手整党准备工作，进而进

① 《张鼎丞同志向华东局的综合报告（第八号）》，1949年11月30日。

② 《中共福建省委关于1950年组织工作决议》，1950年3月。

行教育整顿[①]。整党采取团结、爱护、教育、改造的方针，贯彻耐心教育的精神，达到从思想上、组织上纯洁党的目的。经过努力，到1951年底，全省地下斗争时期坚持下来的269个支部、2676名党员，经过整顿、清理和党员登记，保留和恢复了绝大部分的党支部，不符合党员条件清理出党的有638名[②]。

1951年初，在党内整风过程中，省公安部门从俘获特务供述和敌特刑庭档案中，发现原闽粤赣区党委系统闽南地委所属的中共厦门市工委书记陈华于1947年7月曾被捕，并有变节行为。1948年被释放后，隐瞒了在狱中的真相，骗取了地下党组织的信任，于1949年5月又担任中共安溪中心县委书记职务，1949年9月与南下干部会师时担任中共福建省第五地委（11月改称泉州地委）宣传部副部长。而安溪中心县委在解放前又发展了大量党员和武装。对此，福建省委感到问题严重，遂向中共中央、华东局作出报告。得到批准后，省委于1951年4月成立了专门委员会，负责专案进行全面的审查与处理。随即，省委将原闽西南党的白区组织的600余名党员进行集中审查。经过数月的审查，查清了陈华被捕的原因及其被捕后白区党组织的活动情况，查明了会师前闽西南白区党的活动和陈华取得安溪中心县委领导职务的经过情况，查明了安溪中心县委领导成员除陈华隐瞒投降变节外，其他成员均无政治问题，历史也是清楚的。

1951年7月2日，省委根据专案办公室的审查报告认为：原闽西南党的白区组织不是打着红旗的反革命组织，而是我们党的组织；绝大多数党员历史清楚，没有政治问题；经过13年的斗争历史，闽西南白区组织（特别是龙门的党）的基础，是切实的、有成绩的；在中心县委被破坏的时期中，仍然保持着一部分党的组织（如厦门大学与龙门的党），保持了部分党员，这是难得的；在解放军反攻、全国革命胜利形势中，这个党组织和党员又活动起来了，这是好的。至于陈华投降是属于他个人的问题，

---

① 《中共福建省委关于整顿原有党的组织和发展新党员的计划》，1951年6月27日。

② 张鼎丞：《两年来全省组织工作概略总结和明年全省组织工作方针、任务的提要》，1951年12月。

应该依法处理[①]。7 月 28 日，华东局同意福建省委对原闽西南党的白区组织的分析和结论，并向中共中央报告。 中共中央批准了省委的报告。

从整个审查过程和结果来看，弄清了情况，肯定了组织性质，保护了绝大多数革命同志，纯洁和巩固了党的组织，对广大干部量才使用，有的同志提升到重要工作岗位，从而增强了党的团结，审查工作是成功的，产生了较好的影响。 但由于审查工作中将闽西南白区党组织在斗争中的一些错误看得过于严重，这给原闽西南白区党组织所属党员干部遗留了一些问题。

1951 年冬季至 1953 年 2 月，中共福建省委还根据中共中央关于开展整党整风运动的部署，在全省各级党组织中进行了新中国成立后的第一次整党。 此时，全省除金门、马祖外，已全部解放，并开展了剿匪、反霸、镇压反革命和土地改革等一系列民主改革运动。 随着革命事业的胜利和党的地位的变化，党内出现一些新情况、新问题。 因此，这次整党，在县以上机关着重批判了资产阶级思想，反对在一些党员干部中发生的贪污、浪费、腐化堕落等行为；在工矿企业着重批判了资本主义的经营管理方法和旧的劳动态度；在农村则利用冬闲时间，组织工作队，以整党工作为中心，与生产、整顿互助合作组织等工作结合进行。 在整党过程中，全省结合“三反”运动共整顿、清理县以上机关所属支部 1147 个，占 1160 个机关支部的 98.9%，参加整党的党员 13633 人，占 13968 名党员的 97.6%，县以上机关团员参加整党学习的有 11051 人，党外干部有 44020 人。 整党中，揭发出少数党员干部的贪污行为，并有部分党员重新交待了政治历史问题。 通过整党，被开除党籍的党员有 247 名，取消候补党员资格的 100 人，退党 21 人，受留党察看、警告、劝告等处分的 853 人，以上共占参加整党党员总数的 9%[②]。

此外，1951 年下半年，根据中共中央《关于清理“中层”“内层”问题的指示》，省委还在全省县以上机关和要害部门的党员干部中，采取

---

① 中共福建省委：《关于审查原闽西南党的白区组织中陈华案件的综合报告》，1951 年 7 月 2 日。

② 福建省地方志编纂委员会编：《福建省志 · 共产党志》，中国社会科学出版社 1999 年 11 月版，第 256 页。

整风的方法，发动有政治历史问题的人用忠诚老实的态度向党和政府交待自己的历史，坦白隐瞒的问题，检举知道的反革命分子、嫌疑分子，交代别人隐瞒的问题，然后进行广泛的调查研究，在掌握充分的事实依据后，再作出结论。此后还结合“三反”“五反”、整党运动，进一步进行了清理。

在清理、整顿党的组织的基础上，全省党员队伍和党的基层组织得到蓬勃的发展。1949 年底，全省有党支部 793 个，党员 9694 人。1950 年 1 月，省委召开全省第一次组织工作会议后，开始有计划有重点地从民主改革活动中涌现出来的积极分子中新发展党员 1153 名，到年底，全省共有党支部 981 个，党员 12281 人。1951 年 4 月，省委贯彻全国组织工作会议精神，坚持“积极慎重”的方针，在基本完成民主建政、土改、镇反的农村及城市和开展“三反”“五反”运动的工矿、企业、机关、学校、文教卫生单位中，又发展一批新党员，到年底，党支部总数增至 1224 个，党员总数达到 15260 人。1952 年起，随着农村土地改革运动的完成，全省开始在农村中建党，首先在莆田、长乐等县进行试点，取得经验，以指导广大农村建党工作，全省还配备党的组织员 1258 名，负责给积极分子、党员进行党的基本知识教育。至 1952 年底，全省党支部增加到 2244 个，共有党员 24892 人。1953 年，建党工作又有较快发展。到年底，全省共有党支部 4645 个，党员总数达 42153 人①。

党的队伍的壮大、党员素质的提高、党的各级组织战斗力、凝聚力的增强，保证了福建国民经济恢复和新民主主义建设工作中各项中心任务的完成。

三、开展“三反”“五反”运动

1951 年 12 月，党中央根据在全国普遍开展的增产节约运动中日益暴露出来的党和国家机关工作人员中贪污、浪费和官僚主义的问题，决定与加强党的政治思想建设相配合，在全国党政机关工作人员中开展一

① 福建省地方志编纂委员会编：《福建省志·共产党志》，中国社会科学出版社 1999 年 11 月版，第 253、261 页。

场反对贪污、反对浪费、反对官僚主义的“三反”运动。中央认为，事实证明，党的七届二中全会“严重地指出资产阶级对党的侵蚀的必然性和为防止及克服此种巨大危险的必要性，是完全正确的。现在是全党动员切实执行这项决议的紧要时机了。再不切实执行这项决议，我们就会犯大错误”①。针对福建省的实际情况，毛泽东更明确地对福建省委指出，“应把反贪污、反浪费、反官僚主义的斗争看作如同镇压反革命的斗争一样的重要，一样的发动广大群众包括民主党派及社会各界人士去进行，一样的大张旗鼓去进行，一样的首长负责，亲自动手，号召坦白和检举，轻者批评教育，重者撤职，惩办，判处徒刑（劳动改造），直至枪毙一大批最严重的贪污犯，全国可能需要枪毙一万至几万贪污犯才能解决问题。”②

在党政机关工作人员中滋长起来的贪污、浪费和官僚主义“三害”痘瘤，有着深刻的社会原因。中华人民共和国成立以来，党和国家对资本主义工商业采取了“限制、利用、改造”的方针，但随着经济的好转，资本主义工商界资产阶级唯利是图、投机取巧的本质进一步暴露出来，他们要求无限制地发展资本主义，摆脱国营经济的领导和国家法令的限制。不法资本家放肆地施行贿赂，偷税漏税，偷工减料，盗骗国家财产，盗窃国家经济情报等“五毒”活动，成为国家机关中贪污、浪费、官僚主义“三害”滋长起来的主要原因。其次，由于新中国成立后，人民政府保留了一大批原国民党政权机构人员，特别是企业性机关更是原原本本地保留着旧人员。这些人中，有一部分严重地沾染着旧社会的许多恶习，不以贪污为耻，盗窃公款公物，集体分赃，结成贪污集团，勾引干部走向贪污堕落的陷阱。第三，党政机关中有许多新参加工作的人员，其中有一部分人仍保持着旧社会的坏习气，缺乏明确的革命人生观和艰苦朴素的革命传统，存在着严重的个人主义思想，不但不能帮助那些深积

① 《中共中央关于实行精兵简政、增产节约、反对贪污、反对浪费和反对官僚主义的决定》，1951 年 12 月 1 日，中共中央文献研究室编：《建国以来重要文献选编》第 2 册，中央文献出版社 1992 年 6 月版，第 483 页。

② 毛泽东：《中央关于三反斗争必须大张旗鼓进行的电报》（1951 年 12 月 8 日），《建国以来毛泽东文稿》第 2 册，中央文献出版社 1988 年 11 月版，第 548—549 页。

恶习的旧人员进行改造，而且还和他们沆瀣一气。或采取自由主义的态度，对贪污、浪费熟视无睹。此外，还有极少数革命老干部，自恃革命历史较长，居功自傲，进入城市以后，以为自己“没有功劳也有苦劳，没有苦劳也有疲劳”，应该休息休息、享受享受了。他们丧失了革命斗志，被资产阶级的“糖衣炮弹”所击中。

根据中共中央和毛泽东的指示，全省反贪污、反浪费、反官僚主义运动从1951年12月底开始。12月29日，省委召开“三反”动员大会，决定在全省范围内，首先是在领导机关和财经部门、军事部门、公安司法部门中，立即大张旗鼓地开展“三反”斗争，并成立了以张鼎丞为主任的省节约检查委员会具体领导这场运动。12月30日，省委向中共中央、华东局报告《关于开展“三反”运动的计划》，打算“三反”运动一般要经过学习动员、联系实际、结束处理三个阶段，由上而下、由内而外、由公及私，并抓住重点、抓住关键、推动运动向前发展。

1952年1月3日，张鼎丞在省直属机关党员干部“三反”动员大会上作了题为《开展反贪污、反浪费、反官僚主义的斗争是增加生产、厉行节约运动的关键》的动员报告，列举了全省各机关已查出的贪污，主要方式有：盗骗国家财产，泄漏经济贸易情报，私吞公款公粮，利用职权敲诈勒索，接受贿赂，伪造、涂改账目、单据，冒领公款，勾结奸商挪用公款，投机取利，盗卖物资，集体贪污等，并指出浪费主要表现在建设和经营上以及机关自己在经费上的浪费。1月20日，省委根据省直机关“三反”斗争的经验和半个月来各地委、市委所反映的进行“三反”斗争的情况，又发出了《关于继续开展“三反”斗争的指示》，要求各地、各有关单位继续加强“三反”斗争，而不能停留在一般的学习阶段，并提出进一步开展“三反”斗争的七点具体措施和要求。此后，各地、各有关单位相继召开会议，进一步动员和布置开展“三反”运动。

运动从学习动员阶段转入普遍检查阶段时，许多领导干部以身作则，带头在群众中开展批评与自我批评，检查官僚主义、铺张浪费和右倾思想，扫除运动中出现的各种思想障碍和对运动的自由主义态度，鼓励群众参加斗争。为了使群众放下思想包袱，消除不敢向领导提意见，怕提了意见被打击报复的顾虑，福州市委还制订了处理压制民主的三项办法[①]。并对洪山区委主要领导干部压制群众的行为作出了处理。此事在报上公布之后,群众的顾虑消除了,纷纷大胆地提意见,检举揭发问题,从而出现了全省“三反”运动群众积极参与的热潮。

通过领导以身作则的自我检查和群众的检举,使广大干部、群众对这次运动的意义有了更加实际的了解。进而各单位开展了坦白运动,宣布了一些政策性的规定,如对一切贪污分子,除罪大恶极者外,倘能主动彻底坦白,重者可以减罪,轻者可以免罪等。在党的政策的感召下,在领导干部的带动下,中小贪污分子迫于运动的威力,纷纷坦白交待,运动很快获得了极大成果。至1952年8月,全省共暴露出有贪污行为者计26764人,贪污款项计654.7779万元[②]。

在当时运动中,将贪污分子称为“老虎”,检举揭发贪污分子称为“打虎”。由于福建“打虎”初期,“大老虎”[③]暴露得较少,省委要求“打虎”斗争要集中力量打“大老虎”。在这种情况下,各地、各有关单位为了能迅速挖出“大老虎”,不同程度地出现了一些错误倾向,如有些单位为了迅速完成打虎任务,采取了诸如罚跪砖头、关厕所、车轮战、打人、吊人等逼供信做法,致使定案时,凡是以“逼供信”“打”出来的“老虎”普遍翻供。虽然省增产节约委员会多次强调要防止“逼供信”,要求进行耐心细致的调查工作,掌握确切证据。但是由于运动兴起时,对政策的掌握、指导不够,致使一些单位和地区的逼供信现象仍然得不到及时制止,产生了不少错案。

1952年3月14日,中共中央《关于处理贪污、浪费及克服官僚主义错误的若干规定》公布后,运动便转入追赃定案处理阶段。省委强调处理时要“实事求是,掌握贯彻中央政策原则,由上而下,由内到外,层层贯彻”,并要求各地各单位要纠正前一阶段运动中的错误倾向。至4月23日《中华人民共和国惩治贪污条例》公布时,全省共打出“老虎”6082人。由于前一阶段打虎时未能严格划清界线,折价偏高,追算过远,以

---

① 《福建日报》社论:《向压制民主的非法行为作坚决斗争》,《福建日报》1952年1月13日。

② 中共福建省委:《福建省三反运动总结报告》,1952年8月23日。

③ 指贪污1万元(时为1亿元旧币)以上的贪污分子。

及过去确定“老虎”的某些标准在定案中已不适用，加之运动中为了完成打虎任务而存在某些逼供信现象等原因，在核实定案时，仅结案 1520 个，占打出“老虎”的 24.8%。①根据中央关于“斗争从严、处理从宽”的原则，全省被判处 5 年以上徒刑的“老虎”，只占总数的 2.6%，75% 的贪污分子受到宽大处理，共追缴赃款及实物总值达 327.9225 万元①。

在此前后，根据省委要求，为彻底澄清资产阶级的思想影响，巩固“三反”运动的成果，各单位还先后结合追赃定案处理工作进行检查思想、交待关系（即交待与资产阶级家庭或亲戚的关系）。检查思想、交待关系，划清了阶级界线，提高了机关工作人员的社会主义觉悟，但在当时的形势下，由于在对资产阶级的态度上，存在宁“左”勿右的偏激倾向，机关工作人员在思想检查时，过分注重于交待关系，这种作法成为后来“唯家庭成分”的泛觞。

在这次运动中有不少国家机关工作人员和党、团员犯有不同程度的贪污、浪费和官僚主义错误。根据这种情况，从 1952 年 5 月 5 日起，省委连续召开了 20 多天的高干会议，进行重点整党。此后，各地各单位也都结合整党对干部进行鉴定，并处理了一批犯有错误的党员，撤销了一批居功自傲、不求上进、消极疲沓、极不称职的官僚主义分子的职务，提拔了一批德才兼备的优秀干部到各领导岗位上来，从而纯洁了党的组织，提高了党的战斗力。运动后期各机关、单位还进行了整编，建立健全新的财务制度、人事制度、工作生活学习制度以及监察检查制度等，至此，历时半年的“三反”运动基本结束。

总的说来，这次运动教育了干部的大多数，挽救了犯错误的同志，清除了党的队伍和国家干部队伍中的腐化分子，有力地抵制了旧社会恶习和资产阶级的腐蚀，对于形成健康的社会风气有很大的作用。在此后相当一段时期里，贪污浪费，官僚主义现象大大地减少了，为福建经济建设打下了良好的思想基础。

在恢复和发展国民经济中，如何对待私营工商业，是一个极关紧要的大问题。私营工商业在增加工业产品以满足人民的需要、帮助商品

---

① 中共福建省委：《福建省三反运动总结报告》，1952 年 8 月 23 日。

流通以促进城乡交流、吸收职工就业、培养技术人才和管理人才、增加国家税收和社会积累等方面，起了相当大的作用。但私营工商业也有其消极的一面。特别是随着“三反”运动的深入，揭露出许多资本家通过行贿、偷税漏税、盗骗国家财产、偷工减料、盗窃国家经济情报，即采取“五毒”行为牟取暴利，破坏国家经济建设和人民正常的经济生活，给国家和人民造成了严重的危害。于是1952年1月，中央决定在私营工商业中开展一场反对行贿、反对偷税漏税、反对偷工减料、反对盗骗国家财产、反对盗窃国家经济情况的“五反”运动。

1952年2月10日，福建省人民政府在福州召开了有6万人参加的“五反”动员大会。省人民政府副主席叶飞、陈绍宽、丁超五都在会上作了动员报告①。会后，“五反”运动即在福州市首先展开，不久，又在厦、漳、泉等市同时展开。各城市人民政府在注重维持生产的基础上，全面发动人民群众特别是工人阶级直接参加斗争，经过检举揭发，查明不法资本家的“五毒”行为。同时，根据“过去从宽，今后从严；多数从宽，少数从严；坦白从宽，抗拒从严；工业从宽，商业从严；普通商业从宽，投机商业从严”等原则，依据工商户的不同情况，经过“工商户自报公评”“工人、店员集体审查”“市、区增产节约委员会批准”等三道手续，将工商户分为“守法户”“基本守法户”“半守法半违法户”“严重违法户”和“完全违法户”等五类，并根据“严肃与宽大相结合”的政策，给予不同的对待、处理②。对一、二、三类，一般是补、退不罚，主动坦白者酌减退、补，情节严重者酌情惩罚；对第四类则令其退出违法所得，并按情节酌处罚金；对第五类，除令其退出违法所得外，还按情节处以罚金或追究刑事责任。福州、厦门两市参加“五反”运动的工商户共20806户，定案属一、二、三类的占绝大多数，为98.67%. 福州市定为完全违法的52户，占该市参加运动总数的0.3%；厦门市定为完全违法的8户，占该市参加运动总户数的0.4%。对极少数人给予处理，同时也核

① 《本市各界六万余人举行五反斗争动员大会》，《福建日报》1952年2月11日。

② 《张鼎丞主席在省人民政府委员会第一次会议及省各界人民代表会议协商委员会第二次会议上的报告》，《福建日报》1952年5月4日。

减违法工商户的退、补、罚数字，并允许分期缴纳税款[①]。

全省的“五反”运动历时半年于1952年6月结束，有力打击了不法资本家的严重“五毒”行为，在工商业者中普遍进行了一次守法经营的教育，推动了私营企业中建立工人监督和实行民主改革，使党在同资产阶级的限制和反限制斗争中取得又一个胜利，从而为福建各主要城市的资本主义工商业的社会主义改造铺平了道路。

① 福建省地方志编纂委员会编：《福建省志·政府志》，方志出版社2002年5月版，第142页。

第四章
宣传贯彻过渡时期总路线和开始有计划的经济建设

第一节　宣传贯彻党在过渡时期总路线

一、党在过渡时期总路线的宣传与贯彻

在中国实现社会主义，是中国共产党自创立时就确定的奋斗目标。新中国成立后，随着土地改革的基本完成和国民经济的恢复发展，中国向社会主义过渡的条件已经基本具备，因此，中共中央审时度势，改变了原来经过10年到15年的新民主主义建设时期，再采取实际的步骤进入社会主义社会的设想，及时提出了党在过渡时期的总路线。经过反复酝酿，1953年6月，中共中央政治局正式讨论和制定了中国共产党在过渡时期总路线。12月，毛泽东在审阅修改中央宣传部起草的关于党在过渡时期总路线的学习和宣传提纲时，将过渡时期总路线的完整表述最后确定下来："从中华人民共和国成立，到社会主义改造基本完成，这是一个过渡时期。党在这个过渡时期的总路线和总任务，是要在一个相当长的时期内，逐步实现国家的社会主义工业化，

并逐步实现国家对农业、对手工业和对资本主义工商业的社会主义改造。”[①] 这是一条社会主义建设与改造同时并举的路线。1954 年 9 月，第一届全国人民代表大会第一次会议通过的《中华人民共和国宪法》，以根本大法的形式，把这条总路线作为国家在过渡时期的总任务确定下来。

党在过渡时期总路线提出后，中共福建省委根据党中央的指示，向全省各级党组织和人民群众进行了广泛深入的宣传教育工作。

1953 年 11 月 2 日至 11 日，中共福建省第二次代表会议召开。会议传达了党在过渡时期总路线的基本精神，讨论了福建省贯彻总路线及总路线的宣传教育工作问题。会后，层层召开干部扩大会议，先在干部中进行党在过渡时期的总路线和总任务的学习，同时组织各种宣传力量大张旗鼓地展开宣传教育工作。南平专区结合县、区扩大干部会议，召开了宣传员代表会议，布置宣传工作；永安地委迅速下发一批宣传材料给各县，各县委宣传部在订出宣传工作计划后，立即召开了文化馆、广播收音站等有关宣传业务部门会议，动员和组织宣传力量；清流县组织所有的报告员赴各基层单位作报告；厦门市除召开各区宣传员代表会议外，市委宣传部还编写了《宣传员讲话》，印发给每一位宣传员；沙县普遍整理了黑板报和广播筒，在各墟场、街头向群众进行宣传；清流县召开民间艺人、小学教师会议，讨论怎样用当地的语言，编成生动通俗的山歌，让大人、小孩、妇女们都去唱，以使宣传达到家喻户晓。全省各地还根据省委的要求，召开县、区、乡三级干部会议，学习党在过渡时期总路线、总任务的精神，通过学习，全省广大干部对党在过渡时期总路线的精神有了更深刻的认识。在此期间，省委副书记曾镜冰、陈辛仁，省委农村工作部部长江一真、省委组织部部长伍洪祥、省委统战部部长彭冲，省委宣传部副部长许彧青等分赴闽侯、晋江、龙溪、龙岩、长乐等地，向干部传达总路线精神，指导当地的总路线宣传工作。

---

① 《为动员一切力量把我国建设成为一个伟大的社会主义国家而斗争》(1953 年 12 月)，中共中央文献研究室编：《建国以来重要文献选编》，第 4 册，中央文献出版社 1993 年 7 月版，第 700—701 页。

12月18日，中共福建省委转发了中共中央《关于今冬明春向农民宣传总路线的指示》，要求各地遵照执行。与此同时，省委还抽调了省级机关干部700多人，组成工作队深入各地；地委委员和专区一级机关干部也纷纷下乡，协助各县宣传、贯彻总路线精神。至1954年1月上旬，全省约有5000个乡村已经开始大张旗鼓地全面宣传总路线，各地约有数十万名经过事先训练的县区干部、乡村干部和乡村积极分子参加了宣传工作。据晋江、龙溪、闽侯、建阳4个专区的统计，初步受到总路线教育的群众已达500多万人。许多偏僻乡村的农民群众也受到了总路线的教育。如福清县上张乡的荔枝岚等偏僻村落和独家小村，过去很少受到政治教育，在宣传总路线过程中，干部们上门宣传，使这些村落的群众初步了解了党在过渡时期总路线的精神。通过总路线的宣传教育，广大农民群众不但明确了社会主义的前途，而且对国家工业化的重要性也有了深入的了解，进一步巩固了工农联盟的思想，推动了征购余粮工作的开展。

党在过渡时期总路线提出后，在全省各地工商界中曾引起较大的震动。起初不少人士担心"走社会主义道路风险大"，因而情绪消极。针对这一思想状况，中共福建省委及时召开全省私营工商业者代表座谈会，对私营工商业代表人士深入讲解党在过渡时期的总路线，重申国家资本主义的具体政策，集中解决工商业界对总路线的模糊、片面认识，从而使他们认识到"走社会主义道路是时代的潮流""接受社会主义改造是私营工商业者的唯一光明大道"。许多工商业界代表人士转变了态度，积极向党靠拢，有的还在会上当场申请公私合营①。

全省各级党委还纷纷召开工厂工作会议，部署在工人群众中的总路线教育。省工会联合会也发出通知，要求全省各级工会要把总路线宣传教育工作与工会的实际工作结合起来，与组织动员广大职工参加全省范围的增产节约劳动竞赛结合起来，从而推进了全省增产节约运动的深入开展。

与此同时，全省各地中等以上学校师生和小学教师也展开了总路线

---

① 中共福建省委：《关于对资产阶级进行总路线教育情况的报告》，1953年12月17日。

的学习和宣传热潮。厦门、福州等地还抽调一部分干部组成工作组，深入到各个学校巡回督导，并直接指导一个中学或小学，以取得经验带动其他学校的宣传教育工作。

通过大张旗鼓地宣传贯彻总路线，在福建党内迅速统一了思想认识，在全省人民中得到了广泛的拥护，实现社会主义现代化（“一化”）和农业、手工业以及资本主义工商业的社会主义改造（“三改”）的基本精神深入人心，成为团结和动员全省人民为建设社会主义新福建而共同奋斗的新的纲领。

二、实行统购统销

粮食统购统销，与稳定物价、统一财经及对资本主义工商业、个体农业、个体手工业的社会主义改造，并称为中华人民共和国成立初期财经战线的“三大战役”。随着国家大规模经济建设的开始，城镇人口和就业人员大量增加，粮食供需任务重，而社会上粮食投机猖獗，为此中共中央决定实行粮食计划收购和计划供应（简称统购统销）。这一政策的实施，不仅为了解决中华人民共和国成立初期尖锐的粮食供销矛盾，也是受计划经济模式影响，把它与对私营经济进行社会主义改造联系在一起。

福建是长期缺粮的省份，粮食供应历来都是一个突出问题。中华人民共和国成立初期，福建粮食仍然处于紧张状态，当时，国家掌握的粮源主要是农村征收的公粮。由于帝国主义经济封锁和国民党破坏，内陆匪特骚扰，加上产粮区交通不便，粮食调出困难，外来粮源中断，在市场上私营商业居于优势，不法私商利用粮食供求矛盾，进行猖獗的投机活动。福建各级人民政府加强公粮征收，实行通盘调度，大力筹集粮源；同时大力开展粮食贸易，国营粮食商业部门积极收购，在市场上实行“粮价波动则抛，粮价稳定则购”的灵活吞吐政策，以稳定粮食局势。

1953 年，福建粮食形势日趋紧张，国营粮食商业购少销多，供求矛盾尖锐。一方面是由于全省城镇人口从 1950 年的 136.8 万人发展到 1953 年的 174.5 万人，农村种经济作物的农民和其他缺粮农民也随之增多，这使得国家承担的社会粮食供应量越来越大。另一方面则是农村提供的商品粮赶不上经济建设发展需要。经过土地改革后，粮食产量虽大幅度提高，但由于农民生活改善，增产的粮食相当一部分被农民自己消费，提供的商品粮却相应减少，1953 年，全省粮食销大于购 8436 万公斤。加之当时一遇粮食形势吃紧，私商便同国家争夺粮源。据 1953 年上半年建阳、海澄（今属龙海市）、连江、南平等县 9 个乡的典型调查，国营和合作社收购量仅占 56%，私商收购占 24%，农民自销占 20%；海澄县东园村私商收购量达 49%。特别是糯米、大豆等紧缺品种，私商与国营商业争夺更为激烈，大豆市价高于牌价 85%，糯米高于牌价 24%[①]。在粮食市场上，粮食投机商多方破坏国家粮食政策，囤积居奇，哄抬粮价，引起物价波动，导致粮食形势日趋紧张。

为了从根本上解决粮食问题，1953 年 10 月 16 日，中共中央作出《关于实行粮食的计划收购与计划供应的决议》，决定：农村向余粮户实行粮食计划收购（简称统购）；对城市人民和农村缺粮户实行粮食计划供应（简称统销）；由国家严格控制粮食市场、对私人粮食工商业进行严格管制，严禁私商经营粮食；实行在中央统一管理下，由中央与地方分工负责粮食管理。指出实行粮食购统销“不但在现在的条件下可以妥善地解决粮食供求的矛盾，更加切实地稳定物价和有利于粮食的节约，而且是把分散的小农经济纳入国家计划建设的轨道之内，引导农民走向互助合作的社会主义道路和对农业实行社会主义的改造所必须采取的一个重要步骤，它是党在过渡时期的总路线的一个不可缺少的组成部分。”[②]11 月 19 日，政务院发布《关于实行粮食的计划收购和计划供应的命令》，决定在全国范围内实行粮食统购统销，由国家严格控制粮食市场，对私营工商业实行严格管制并严禁私商自由经营粮食。

根据中共中央“全党动员、全力以赴”的指示，福建于 1953 年 12 月

① 福建省地方志编纂委员会编：《福建省志·政府志》，方志出版社 2002 年 5 月版，第 151 页。

② 《中共中央关于实行粮食的计划收购与计划供应的决议》（1953 年 10 月 16 日），中央档案馆、中共中央文献研究室编：《中共中央文件选集》（1949 年 10 月—1966 年 5 月），第 14 册，人民出版社 2013 年 6 月版，第 131 页。

开始，在积极促进农业生产合作化、发展粮食生产的同时，组织大批党政干部深入农村，广泛宣传过渡时期的总路线和实行粮食统购统销的政策。1953 年 12 月 14 日，省人民政府颁发《福建省粮食市场管理实施办法》，规定实行统购统销粮种暂定为稻谷、大米、小麦、大麦、面粉、黄豆等，其他杂粮如地瓜、地瓜干、蚕豆、绿豆、豌豆等暂允许私商经营，但须经过工商行政部门批准，服从国家牌价。

在农村实行粮食统购初期，在提高农民思想觉悟的基础上，采取由上级政府下达控制数字，并由群众实行民主评议相结合的办法，来完成国家粮食统购统销任务。由于缺乏具体办法和制度，以致有些农户多卖了粮食，有些农户则卖粮不足。为使粮食统购统销工作趋于合理，在总结第一个年度粮食统购统销的基础上，1954 年 11 月 9 日，福建省委发出《关于执行中央〈关于粮食征购工作的指示〉的指示》，要求各地认真总结去年统购统销工作的经验教训，克服粮食浪费现象，正确贯彻统购统销政策。11 月 10 日，省人民政府颁布《福建省粮食计划收购暂行办法》《福建省粮食计划供应暂行办法》和《福建省国家粮食市场管理暂行办法》。

《福建省粮食计划收购暂行办法》规定：根据国家需要和余粮多者多购、余粮少者少购、无粮者不购的原则，全省一律采取以实产量为基础，扣除公粮和免购额后（免购额按务农户实际人口平均计算），分级计购，辅之以民主评议的办法实行统购。统购粮种暂定为稻谷、大豆、小麦、大麦 4 种，部分地区统购一部分地瓜干。对城市人民和农村缺粮人口，《福建省粮食计划供应暂行办法》规定：本着多缺粮多供应、少缺粮少供应、不缺粮不供应的原则，对农村缺粮户，结合征购工作，采取一次计算全年供应数量，分期进行评议调整，经区公所核准后，按户发购粮证，分季、按月、划区凭证供应。城市、工矿区、经济作物区、渔盐区的工人和不生产粮食的居民，根据其户口核实需粮人数和需粮数量，发给购粮证，分区、定点、凭证、分季按月供应。同时，对粮食市场实行国家严格控制的政策。根据《福建省国家粮食市场管理暂行办法》规定，农民在缴纳公粮和完成国家计划收购任务后的余粮，可以在国家粮食市场自由出售。国家粮食市场严格禁止私营粮商、粮贩进场收购和贩卖国家统购的粮种，并取缔一切非法的场外交易。办法公布后，广大农民经过深入宣传过渡时期总路线和支援解放军、支援国家建设、支援灾区的“三支援”教育，积极把余粮卖给国家。

由于核定农业社和农户的征购任务是在秋收全年实产量落实之后才能确定，农民还不能做到心中有数。加之1954年省内部分地区受灾，粮食减产。为救灾需要，在非灾区多购了一些粮食。有的地区评产偏高或留量偏低，有的农户卖了过头粮。同时，对统销也抓得不紧，城市供应中也存在偏宽问题，使农民产生一种“购粮无底”“增产无益”的错觉，在一定程度上影响了农民生产积极性。

为了稳定农民情绪，努力增产粮食，使统购统销走上制度化。1955年4月上旬，福建省人民委员会发出指示，要求各地普遍进行统销补课，加强管理，严格制度。至5月上旬，平均日销量比4月份下降9%左右，紧张情况初步缓和。

1955年8月25日，国务院发布《农村粮食统购统销暂行办法》，规定农村粮食实行定产、定购、定销（简称“三定”），同时发布《市镇粮食定量供应暂行办法》，规定市镇粮食统销由凭证购买，按户核实，改为按人定量供应，并发行粮票。9月22日，福建省人民委员会根据国务院规定精神，制定颁发《福建省农村粮食统购统销实施细则》和《关于粮食定产、定购、定销工作的指示》。规定粮食“三定”的办法是：农村粮食统购统销，应分别核定每户农民的粮食产量，分别规定各类农户和不生产粮食的农村居民的用粮标准，按月计算用粮量；凡生产粮食的农户，按照核定的粮食产量，减去用粮量和实交公粮后，粮食有余的为余粮户，不余不缺的为自足户，不足的为缺粮户；国家对余粮户分别核定粮食交售任务进行统购，对缺粮户分别核定粮食供应量进行统销，对自足户不进行统购统销。

1955年7月间，全省各地先后选择560个不同类型的乡进行农村粮食“三定”试点工作。1955年8月29日至9月6日，福建省委召开扩大干部会议，参加的有区委书记以上的党员干部900多人，会议着重对粮食“三定”有关政策、办法作了部署。9月中旬又召开了粮食“三定”试点会议，交流试点工作的情况经验，各地也层层开会进行贯彻。9

月27日，福建省委发出《关于切实做好粮食“三定”试点和训练干部工作的通知》。在做好充分准备的基础上，于11月开始，一个以生产、合作化为中心，以粮食“三定”为重点的群众运动，在全省广大农村全面铺开，到1956年1月，历时两个月全面胜利结束。

全省粮食“三定”结果：定产41.3亿公斤，比1955年实产量增加6.03%；定购7.69亿公斤，征收公粮3.91亿公斤，征购共计11.6亿公斤，比1955年征购实绩10.63亿公斤增加8.36%；定销2.93亿公斤，比1955年统销实绩3.45亿公斤，减少15.07%。农村留粮（包括定销）32.62亿公斤，基本保持1955年水平。全省286.51万个农户，其中定购户175.4万户，占61.22%；定销户96.57万户，占33.71%；自给户14.54万户，占5.07%①。通过粮食“三定”，使广大农民心中有数，更好地安排生产和家计，征购负担更加合理，激发农民生产和售粮的积极性，扭转了供应紧张的局面，使粮食工作走上制度化。

1955年9月22日，省人民委员会在颁发《福建省农村粮食统购统销实施细则》的同时，还颁发《福建省市镇粮食定量供应实施细则》，并发出《关于市镇实行粮食定量供应办法的指示》，规定依据市镇居民从事的不同工种、劳动强度、年龄大小和不同地区的粮食消费水平，贯彻“一人一份粮，干什么工种吃什么定量”的原则，按照制定的分等定量标准，核定市镇居民的口粮定量，归户（或单位）计算，并全面实行票证购粮制度。此外，由于国家对市镇粮食供应，市场粮食由自由贸易改为国家专营，并逐步形成一套比较完善的管理制度，做到收支平衡略有节余，市场粮价比较稳定。

在实行粮食统购统销的同时，还实行油料统购统销，对油料集中的产区，除留下种子和自食油外，全部统购，一般产区则通过市场进行收购，严禁私商贩运。同时，还实行棉布计划供应，除针棉织品暂不配售外，所有人民消费衣着、被褥等用布，一律凭证配售。福建是食糖主要产区之一，1954年11月开始，亦实行统购统销，国营糖厂所产的糖由

① 福建省老年人大学经济研究班等编：《福建商业经济》，福建科学技术出版社1990年5月版，第34页。

国营百货公司与之签订合同全部收购，食糖加工作坊产糖除留给该户每人每年最高不超过 5 公斤的自食量外，其余均予统购，禁止私商插手经营，全省实行按年发证供应。

通过实行统购统销，国家掌握了粮源，扭转了自由市场上国家购少销多的局面，促进了对资本主义工商业的社会主义改造和农业互助合作运动的发展，基本满足了早期工业建设的需要，对保证人民基本生活安定，维持物价和社会秩序稳定，起到积极作用。当然也应看到，统购统销制度在客观上割断了农民历来同市场的联系，限制了商品生产的发展，这在当时的历史条件下是难以避免的。

第二节　编制“一五”计划和工业化的起步

一、福建“一五”计划的制订

实现社会主义工业化，是党领导各族人民实现国家独立和富强的客观要求和必要条件。在一个经济文化落后的大国开展大规模的经济建设，就必须把有限的人力、物力、财力集中起来，建设一批国民经济急需的重大项目，这就需要有一个周密翔实的计划。因此，从 1951 年开始，中共中央就着手编制第一个五年计划，从 1953 年起开始执行国家建设的第一个五年计划，其指导方针和基本任务是：集中主要力量发展重工业，建立国家工业化和国防现代化的初步基础；相应地发展交通运输业、轻工业、农业和商业；相应地培养建设人才；有步骤地促进农业、手工业的合作化；继续进行对资本主义工商业的改造；保证国民经济中社会主义成份的比重稳步增长，同时正确地发挥个体农业、手工业和资本主义工商业的作用；保证在发展生产的基础上逐步提高人民物质生活和文化生活的水平。

而福建当时的实际情况是，虽然经过解放以来三年的努力，全省工业生产已经恢复，并有初步发展。但基础甚为薄弱，一般厂矿规模较小，设备陈旧，经营管理落后，仅纸、锯木、松香等较有大宗出产。同时，福建地处国防前线，面对金（门）台（湾），国民党残余势力盘踞沿海岛屿，时来骚扰，因而沿海某些地区，经常处于战争状态，外海交通时断时续，渔民捕鱼往往遭劫，对于本省经济建设的进行，增加了一定的困难①。在国家的“一五”计划中也没有在福建安排重点建设项目。

根据福建这一实际情况，张鼎丞、叶飞等省委、省政府主要领导在着手编制“一五”计划之初，就强调指出，福建是国防前线，在经济建设方面，主要是农村工作，要解决农业合作化问题，要发展老区经济，把建设老区作为工作重点之一②。1953 年 3 月，中共福建省委和省人民政府在研究制定福建“一五”计划时，分析了福建现实条件和特殊情况，考虑到当时还不具备全面进行工业建设的条件，认为应该根据国家在过渡时期的总任务和国家“一五”计划对地方的要求，从福建地处亚热带，又是一个沿海山区省份，具有发展农、林业和经济作物的有利条件出发，结合本省的自然条件和地处海防前线、经济发展不平衡等特点，制定“一五”计划的基本任务。于是，省委在 1953 年 10 月召开的省委全会上确定了“一五”期间以发展互助合作为中心的农林业生产为首要任务，国民经济实行农、轻、重布局，努力增产粮食、油料，相应地发展其他的工业原料和特产，积极发展畜牧业和水产业；大量营造用材林、特种经济林和防护林；大力移民开发山区，以求得全省经济的平衡发展；同时有计划地发展地方工业、手工业，发展社会主义商业，贯彻地方工业为农村经济服务的方针，发展农具、肥料和其他农业生产资料的制造业以及农林产品、土特产、海产的加工业，保证工商业中的社会主义成分不断增长，逐步对私营工商业、手工业进行社会主义改造；根据国防和经济发展的需要，相应地发展交通运输业；配合经济区划工作，有计划地调查勘测省内重要矿藏、森林和水利等资源，有重点地进行基本建设，为全省“二五”计划做好准备，为大规模地进行工业建设创造条件；在工业建设具体项目的安排上，以支前备战完成军工建设为主要任务，

① 《福建省一九五三年——一九五七年国民经济五年计划纲要草案》（初稿），1954 年 12 月 10 日。

② 《张鼎丞、叶飞在省直机关处长以上干部大会上讲话》，1952 年 11 月 1 日。

以鹰厦铁路和古田溪水电站一级电站为重点投资工程。并新建、扩建一些为农业生产和为人民生活服务的工业建设项目。

福建在制定“一五”计划的过程中，主要是有三个问题不容易解决，需要反复讨论：“第一是，整个计划的要求高低问题。太高了，计划完不成，结果成了空洞的计划；太低了，不能动员群众。最大的问题是农业计划。全国1957年4000亿斤（指粮食），全省90亿斤的指标能否达到，需反复考虑。第二是，整个计划的比重问题。譬如工业与农业的比重、生产资料与生活资料的比重、农业生产中粮食与其他作物的比重等等。各部门各地区都要做统一的考虑。第三是，计划既要首先照顾国家统一的要求，又要照顾当地人民和经济上的需要。”[①]1954年12月初，福建省委接到中共中央《关于进一步作好编制地方经济五年计划纲要的工作的指示》。中央指出：第一，“除了个别省份（例如辽宁）工业比重很大，省委应把工作重点摆在工业方面外，一般省委都应该明确地把工作重点放在领导农（牧）业方面。对于五年计划中的农业部分，应当细致研究，找出办法，力求完成和超额完成。对于国家掌握的粮食和技术作物等主要产品应当列入地方计划，同时关系当地人民生活的农副产品、土特产品和各种出口物资也应尽可能地列入地方计划；对于国家统一的要求应当充分照顾，对于当地的具体的要求也应当切实照顾。”第二，“各省管理的各种类型工业（包括地方国营、地方公私合营、合作社营和私营）目前还存在很多问题，其中最主要的一个问题，是地方工业应当服务于当地农业生产和农村生活的具体需要的问题。中央认为，不论在地方工业的生产方面，或地方工业的基本建设方面，都必须贯彻为农村经济服务并与农业经济密切相结合的方针。”第三，“在编制商业计划时，对于公私比重，必须贯彻中央稳步前进的方针，不应当进得太快。目前主要的危险倾向是急躁冒进，把私商排挤得过快过多，以致失

① 《省委副书记曾镜冰同志在省委计划工作会议上的总结报告》（记录稿），1954年12月29日。

业人员大增，一时无法安插。”①

中央的指示为解决福建编制“一五”计划的三大难题指明了方向，于是省委、省政府对本省“一五”计划再次进行修改，形成了上报中央的《福建省一九五三年——一九五七年国民经济五年计划纲要草案（初稿）》。这次修改，省委将农业部分提放到工业部分的前面，以表明以农业为福建“一五”计划的工作重点，并考虑了福建自然灾害频仍的情况，将粮食指标，从要求1957年达到90亿斤，降到88.29亿斤②。此后，福建“一五”计划又广泛征求了各地区、各部门及各方面专家学者的意见，反复修订，数易其稿，其中主要的修改是，把粮食指标进一步降到1957年达到83.01亿斤；同时考虑到全省有手工业工人约20余万人，手工业生产比重较大，所以将手工业部分从工业部分中单独独立出来加以编制。直到1956年2月27日，省委常委会才正式讨论通过了福建“一五”计划（草案）③。

福建“一五”计划列入国家计划的基本建设投资总额约为4.45亿元，相当于三年国民经济恢复时期投资的6倍多，其中以中央的投资为主。全部投资的60%用于修建鹰厦铁路和公路干线，20%用于兴办农田基本建设、轻工业建设项目和修建古田溪水电站一级电站，其他用于发展文教、科研、卫生和城市公用事业。计划要求到1957年全省工农业总产值达到20.5亿多元，比1952年增长54%。其中工业总产值在工农业总产值中所占的比重，将由1952年的14.6%上升到20.5%；手工业总产值将达到3.5亿元，所占比重由1952年的15.4%上升到17.3%。农业总产值将达到12.7亿元，比1952年增长36%以上④。

---

① 《中共中央关于进一步作好编制地方经济五年计划纲要的工作的指示》（1954年12月3日），中共中央文献研究室编：《建国以来重要文献选编》，第5册，中央文献出版社1993年11月版，第689—691页。

② 《省委副书记曾镜冰同志在省委计划工作会议上的总结报告》（记录稿），1954年12月29日。

③ 《中共福建省委常委会议记录》，1956年2月27日。

④ 《中共福建省委常委会议记录》，1956年2月27日。

二、福建工业化的起步和初步成效

经过三年国民经济的恢复，福建的工业有了一定的发展。从1953年开始，由于贯彻党在过渡时期总路线提出的“一化三改”的历史任务，在执行福建省第一个五年计划的过程中，福建的工业建设在工业化的道路上迈出了初始的步伐。

1953年，省委、省人民政府制定了“有计划地发展地方工业”和“地方工业为农村经济服务”的方针，决定在“一五”期间的工业化任务主要是发展有资源优势、见效快的轻型工业。1954年1月19日至30日，省委工业部和省财政经济委员会联合召开1954年第一次全省地方工业会议，会议认为，地方工业是实现国家过渡时期总路线的不可缺少的组成部分。国家的建设重点是重工业，地方工业必须努力满足当地人民的生产、生活需要，并为国家培养干部，积累资金。本省交通不便，充分发挥地方工业的作用，逐步满足当地人民特别是农民对工业品不断增长的需要，尤其有特别重要的意义。地方工业主要是就地取材、就地生产、就地销售，这就一般决定了它规模小、数量多、分布广、产品杂，必须充分掌握地方工业的这些特点，整顿、提高现有企业，并根据需要和可能相应地建立新的厂矿，支援国家重点建设，满足人民需要①。

根据省委、省政府的部署，“一五”期间，全省地方工业主要发展有资源优势、见效快的制糖、造纸、制盐、水果罐头等轻工业。福建地处亚热带，种植甘蔗有2000多年历史，特别是闽江以南地区甘蔗单位面积产量和含糖量，均远远超过全国平均水平，发展制糖工业具有很好的资源优势。1953年兴建的泉州糖厂，是福建第一个机制糖厂。1956年动工兴建的日榨蔗1200吨的仙游糖厂，则是全国一流的大型糖厂之一。“一五”期间，新建日榨蔗能力250吨以上的糖厂还有云霄糖厂、度峰糖厂，新建的小型糖厂达38个。这批机制糖厂的建成投产，为福建进

① 《省委工业部和省财政经济委员会联合召开全省地方工业会议》，《福建日报》1954年3月4日。

一步发展制糖工业打下了初步基础。发展造纸工业，也是根据资源优势作出的决策。福建林木多，生长快，东北林木成材要100年，福建只要25年。福建的竹林面积、蕴藏量更居全国前列。竹、木等造纸原料比较丰富，为发展造纸工业提供了重要条件。“一五”期间，福建首先抓了福州造纸厂的改造扩建。1954年该厂与国营造纸实验厂等合并和实行公私合营后，生产能力大大提高，1957年又接受省华侨投资公司的投资，日产纸能力扩大到50吨，成为全国造纸行业32家重点企业之一。与此同时，福建又着手兴建南平造纸厂，该厂后来逐步发展成为拥有两条新闻纸生产线和一条硫酸盐木浆生产线的大型的新闻纸生产基地。福建林区盛产木材、竹丝、毛香（提炼松香的原料）。根据这一特点，福建锯木、机制纸、松香、火柴等工业解放以来已有相当发展。1953年内本省各地锯木厂承锯了价值七八千万元的各种规格的木材，及时供应了上海、江苏、山东和本省各地基本建设的需要。龙岩专区上杭、永定、连城三个松香厂大量收购毛香提炼松香和松节油，仅1953年中，就使当地农民增加了副业收入7万多元。这三个厂的产品还远销国外，为国家增加了收入。随着本省渔业生产的恢复、发展，福建渔冰业也有一定发展。如以1950年的生产量为100，1953年已增长为137。地方国营福建制冰厂在渔区设立供应站源源供应渔冰，防止了鱼产品的腐烂，支持了渔民的生产。过去渔民捕来鲨鱼后，鲨鱼的鱼肝油用来点灯。自新建了厦门鱼肝油厂后，大量收购鲨鱼肝，大大增加了渔民收入。

在主要发展轻型工业的同时，“一五”期间福建为重工业投资1.5亿元，先后扩建、新建了一批机械工业企业，其中包括扩建的福建机器厂、厦门机器厂，新建的福建农业机械厂、福州通用机器厂、福州机床厂、厦门工程机械厂、厦门锻压机床厂等。1954年12月，本省第一台60匹马力柴油机在福建机器厂试制成功，标志着福建省机械制造能力上了一个新台阶。从此，福建既能生产一些农业排灌机械和较大的动力机械设备，也能为制糖、造纸、水泥等工厂提供部分配套设备，改变了以往轻工机械比较大的部件都要依赖上海修配的历史。1955年建成投产的南平水泥厂是福建第一家机械化生产的建材工业企业，年产水泥3.6万吨，在当时是全省最大的建材工业企业。1955、1956年先后建成安溪湖头煤矿、建瓯县煤矿等5家地方国营煤矿，1957年煤产量达到8.25万吨。

福建烟煤资源短缺，而水能资源却比较丰富，全省可开发利用的水力资源约为1075万千瓦，居华东地区之首。优先开发水电资源，构成福建电力建设的一大特色。1953年1月，闽江支流古田溪水电站工程（6.2万千瓦）正式开工，被列为全国“一五”计划的重点项目。该工程包括当时国内水电系统最长的引水隧洞（1758米）和第一座地下厂房，是中华人民共和国成立后最早兴建的大型梯级水电站之一。在国内水电专家和前苏联专家的指导、帮助下，广大工程技术人员和施工人员风餐露宿，日夜苦干，克服机械缺乏、地质复杂、没有经验等重重困难，并在施工中创造了当时条件下月掘进202米的全国水电建设最高记录。这座由中国自己勘测设计、自己施工、自己制造和安装机械设备的水电站，于1956年3月完成了装机容量1.2万千瓦的一级电站一期工程，并正式向福州、南平送电，有力地推动了福建工业的发展①。

“一五”期间，福建地方工业在提高产品质量、降低成本方面也获得一定成绩。地方国营上杭松香厂所产松香质量已合乎国际出口标准，所含杂质为万分之十四，较国际标准还少86%。地方国营福州化工厂健康牌肥皂过去易变形，有花斑、质软，经不断改进后已和上海一般肥皂的质量相差不多，得到用户的好评。由于劳动生产率的提高，原材料和燃料消耗的降低，产品质量的提高，管理机构的精简，不少产品成本有了降低。据全省27个企业14种主要产品的统计，除印刷、花生油和部分卷烟外，1953年平均单位成本比1952年降低了11.57%，这就相对地增加了人民的收入，为国家积累了更多的资金。在降低成本中，不少工厂改用了价格低廉的原料，为农村出产的工业原料扩大了销路。省工业厅造纸实践厂学习苏联先进经验，试用稻草和竹丝在一起造纸，使报纸的成本降低了三分之一，并使农民原来当作燃料和饲料的稻草转而供应了工业，增加了农民的收入。地方国营福州化工厂职工利用糖油做

---

① 《古田水电站首期工程建设完工，三月一日开始正式向福州送电》，《福建日报》1957年3月7日。

酒精。过去农民用糖油来喂猪，现在可以以每百斤每月 3.4 万元的价格售与该厂。以 1953 年该厂每月所产酒精折合所需糖油计算，农民将因此增加收益 5000 万元左右。福建工业在满足农民和城市人民生产、生活需要以及支援国家建设中所起的作用越来越显著[①]。

① 《本省地方工业已有相当发展》，《福建日报》1954 年 2 月 25 日。

第五章
社会主义改造的基本完成

第一节　农业合作化运动

一、互助合作运动发展迅速

土地改革后，尽管福建农业生产有了一定的发展，农民生活有了改善，解放了生产力。但是仅仅土地问题的解决，并不能使农民彻底摆脱贫困。不少农民得到土地后，特别是底子薄、劳力缺乏，生产资金、耕畜、农具少，遇上天灾或家庭不幸的农户，土地改革后不久就面临不得不卖房卖地、借高利贷来维持生活的困难处境。当时农村的情况表明，“组织起来，发展生产”成为土地改革后进一步解放和发展生产力的需要，也是广大农民的迫切愿望。

根据福建农村的实际情况，中共福建省委在解放初期就号召农民组织起来，开展劳动互助、发展农业生产。在1950年2月《关于春耕生产和救灾备荒的指示》中，就提出：“在群众中要号召把所有的全劳动力、半劳动力和畜力，一起组织到生产或救灾的工作上，对因支前出工的户，在后方应组织生产互助予以帮助”“在自愿的原则下，提倡亲帮亲、邻帮邻的生产互助或社会互济”[①]。

在省委的倡导下，1950 年春天，全省各地农村就出现了第一批劳动互助组（或称“变工组”）。如建阳县徐市镇亭头村的葛老五互助组、厦门市禾山区禾山乡西郭社互助组、龙岩县大池区西洋村的吴学耕互助组等。这些临时互助组在成立之初，虽然只是为了解决季节性生产困难或为了换工互助共度灾荒，但毕竟在生产、救灾、度荒中发挥了很大的作用，生产获得发展，收入有了增加，初步显现出组织起来的优越性。

1951 年初，春耕在即。全国农业工作会议发出了关于领导农民组织起来，开展大生产运动的号召。中共福建省委当即响应这一号召，并提出奖励和优待劳动互助的具体措施。要求各地选择一批生产基点村，试办互助组，从中培养出一批具有全省性影响的先进典型，用以推动全省劳动互助合作的进一步发展。

根据党中央、政务院和中共福建省委的指示精神，1951 年全省各专区和城市郊区在当地农民群众原有的互助变工习惯的基础上，结合春耕、夏收夏种、秋收等生产活动，积极组织领导，依照“自愿结合、等价交换和民主管理”三大原则，发动广大农民群众开展劳动互助，试办了一批常年互助组，并涌现一些具有全省性影响的先进典型，建阳县的葛老五互助组就是其中的一个。该互助组在 1950 年获得丰收增产的基础上，1951 年积极响应党和政府的号召，进一步发挥组织起来的优势，利用剩余劳动力，兴修引水渠，开展副业生产。同时，向山西全国劳动模范李顺达的互助组“应战”，并向全省的互助组提出“挑战”。夏收时，葛老五互助组又获丰收。全组 119 亩早稻田共收获粮食 45600 斤，平均亩产 383 斤，每亩较前一年的 324 斤增加了 59 斤，约增产二成，出色地完成了“爱国增产计划”。葛老五被评为省劳动模范，葛老五互助组也成为全省农业生产和劳动互助的榜样。

另一个先进典型是闽侯县的苏则庆互助组。闽侯县荆溪乡传统上就有变工的习惯。1950 年该乡溪下村的 8 户贫农、1 户雇农在苏则庆的带领下自发组织了一个临时互助组。1951 年 3 月，在省农委工作组

① 中共福建省委：《关于春耕生产和救灾荒的指示》，1950 年 2 月 9 日。

的指导下，组建为常年互助组，同时，制订出了较前一年增产粮食一成半的生产计划。6月，苏则庆互助组在《福建日报》上发出《给全省劳模、农民的挑战信》，提出自己的增产计划，表示响应全国抗美援朝总会的三大爱国号召，“用增产粮食的百分之四十五捐献给祖国”，希望全省劳动模范、农民共同来完成省农民协会提出的捐献2架“福建农民号”飞机的光荣任务。《福建日报》为此专门发表了《向苏则庆互助组学习》的社论。夏收时，苏则庆互助组80亩稻田共收获干谷43750斤，完成了增产一成半的计划，同时，副业收入也有较大增加。

这些具有全省性影响的常年互助组在组织起来发展生产的过程中，创造了很好的经验，对于推动全省广大农民群众组织起来，走互助合作的道路，起到了很好的榜样作用。在各类典型互助组的影响下，全省各地互助组迅速发展，至1951年8月，已有互助组6万多个，参加互助组的农户占全省总农户的20%①。

1951年9月，中共中央召开第一次全国农业互助合作会议，讨论通过了《关于农业生产互助合作的决议（草案）》。指出发展互助合作运动要“根据可能的条件而稳步前进的方针”，要“采取典型示范而逐步推广的方法，一般地是由小到大，由少到多，由低级到高级”，要“贯彻自愿和互利的原则。”②

《决议（草案）》的颁发，给福建方兴未艾的农业互助合作运动指明了正确的方向。

中共福建省委在1951年12月召开的省第一次党代表会议上，就提出要把开展农业互助合作运动列为全省农村工作的重要任务。1952年3月27日，省委机关报《福建日报》发表了《大力开展农业生产互助合作运动》的社论。4月6日，福建省人民政府又在《福建日报》上发布了关于开展1952年农业爱国增产竞赛运动的指示和《福建省一九五二年农业爱国增产竞赛运动实施办法》，号召全省农民群众把爱国增产竞赛

① 何少川主编：《当代中国的福建》（上），当代中国出版社1991年8月版，第74页。

② 《中共中央关于农业生产互助合作的决议（草案）》（1951年12月15日），中共中央文献研究室编：《建国以来重要文献选编》第2册，中央文献出版社1992年6月版，第514、516、517页。

运动与互助合作运动结合起来，使之互相推动，同时发展[①]。

为进一步推动全省各地互助合作运动的发展，整顿和巩固各地已成立的常年互助组，1951年冬，福建省农民协会还举办了历时一个多月的互助组长训练班。全省各地有一定影响的常年互助组组长140人、农民积极分子23人，县、区农业生产干部165人参加了训练学习。此后，全省各专区和县也先后举办了互助组长训练班，或召开互助组长代表会议，广泛训练互助组骨干，对他们进行爱国主义政治教育和社会前途、集体主义教育[②]，进行互助组的组织原则、方针的学习，使大家既明确了互助合作的政策和前途，又学会了搞好互助组的方法[③]。全省各级党委对互助组骨干的培训，对1952年各地互助组的巩固发展起了很大的推动作用。

在发展互助合作运动中，各地还积极引导和组织劳动模范和典型互助组投入到爱国增产竞赛运动中去。4月间，福州郑依姆互助组、建阳葛老五互助组、永安林罗志互助组等11个互助组先后都向全华东和全省互助组提出爱国增产"挑战"；各专区、县、区、乡也层层组织"挑战"和"应战"。至1952年5月，全省已有1.6万多个互助组订出了"爱国增产计划"，参加了"连环竞赛"，使爱国增产竞赛活动在全省广大农村普遍开展起来。

由于各级党委加强了领导，以及互助组在爱国增产竞赛活动中表现出的优越性，从而推动了各地互助合作运动的发展。截至1952年5月下旬，全省共有互助组142210个，其中常年互助组28880个，临时性季节性的互助组113330个，比春耕前约增加了一倍，参加互助组的农民达279.8万人。在互助合作发展较好的地区，组织起来的人数已近40%，有的区乡甚至达70%以上。在各级领导机关直接掌握的生产基点乡，互助组发展得更为普遍。如南安县莲东村组织起来的农户数，已占

---

① 《开展爱国增产竞赛运动》，《福建日报》1952年4月6日。

② 侯国英：《南平专区十六个互助组的调查》，《福建日报》1952年6月10日。

③ 张禹生：《本省互助运动蓬勃发展》，《福建日报》1952年5月24日。

全村总户数的 86%[①]。夏收后，全省已有互助组 173382 个，其中常年互助组有 38982 个，占互助组总数的 22.5%。全省组织起来的农户数占全省农户总数的 40% 以上，参加了互助组的农业人口已达 400 万人[②]。

在全省互助组迅速发展的情况下，福建省委、省政府为了把互助合作运动提高一步，先后制订并下发了《若干有关互助合作运动的政策问题（草案）》《关于土地改革后农民雇工问题的处理意见（草稿）》《关于土地改革后农村中土地买卖和土地租佃问题的处理意见（草稿）》等政策性文件。同时在调查研究和总结各地先进经验的基础上，先后在《福建日报》上发表了《当前福建农业生产互助运动中等价交换问题的初步研究》《克服口粮不足的困难，合理使用互助组内剩余的劳动力》《常年互助组内农副业生产结合问题初步研究》等指导性文章，从而为巩固和提高互助组起到了指导作用。

1952 年下半年，福建各地的农业生产互助合作运动进一步得到发展。至年底，全省已有互助组 181581 个，参加的农户达 126.7 万户（占总农户的 48.73%），479 万人（占总农业人口的 47.4%），其中常年互助组达 56528 个。更重要的是，1952 年互助组的增产普遍超过了单干农民，绝大部分参加爱国增产竞赛运动的互助组完成了增产两成的计划[③]。

二、初级农业合作化的基本实现

1952 年下半年，福建全省的互助合作运动有了很大的发展。各地组织起来的常年互助组数量大大增加。其中，组织较好的典型常年互助组已达到了较大的规模，组织制度也逐渐完善，并且取得了粮食逐年增产、收入逐年增加的好成绩，大大改善了参加互助组农民的生活，激发了他们的生产积极性，培养了集体主义的思想，充分显示了“组织起

① 《福建日报》社论：《把农业劳动互助运动提高一步》，《福建日报》1952 年 5 月 24 日；张禺生：《本省互助运动蓬勃发展》，《福建日报》1952 年 5 月 24 日。

② 《本省农业生产互助合作运动三年来获得巨大发展》，《福建日报》1952 年 9 月 26 日。

③ 中共福建省委办公厅：《1952 年互助合作运动总结及 1953 年互助合作的方针任务（初稿）》，1952 年 12 月。

来”的优越性。而在互助组的不断完善和发展中，广大农民普遍觉得有许多生产上的问题不能得到妥善解决。福州市郊区后屿乡的郑依牳互助组概括的“八大矛盾”，即插秧先后；割稻先后；抗旱车水先后；组员技术好坏及耕作快慢；无法统筹施肥；无法统一使用土地，充分做到地尽其力与改良土壤；不能很好地结合副业生产；小农经济不能对农业生产有较大的投资等矛盾①，这在当时的全省广大农村是很有代表性的现象。于是，有许多组织较有基础的常年互助组及其组员，希望进一步组织起来，建立土地入股的农业生产合作社。

中共福建省委根据中共中央的指示及福建互助合作运动发展的实际，决定1952年由省、地两级试办以土地入股分红、实行统一经营为特点的农业生产合作社，取得经验后，逐步扩大试办范围。

1952年夏收后，在中共福建省委及各地委的直接领导下，全省共试办了18个初级社。其中有两种情况，一种是群众自发组织起来，经省委有关部门或地委派人员检查后，认为的确具备了一定办社条件可以办社的，有闽侯县白武村社、浦城县余呈福社、吴魁泉社、顺昌县邱寿齐社、武平县林三升社、永定县萧荣新社，共6个社；另一种是省、地两级有计划试办的，有福州市郊郑依姆社、建阳县葛老五社、周景尧社、古田县张学严社、龙溪县颜秀山社、颜金本社、闽侯县郑守金社、晋江县李增文社、永安县林罗志社、龙岩县吴学耕社、福安县陈连发社、陈利金社，共12个社②。以上初级社，一般都在统一思想认识的基础上，经过民主讨论，确定了土地入股、收益分红等的具体办法，并建立了组织机构，制订了一些规章制度。

这些刚刚试办的初级社，在1952年下半年的生产中，很快发挥出显著的优越性。不仅收成超过了一般农民及当地常年互助组，而且建社之后许多社员学习政治时事和学习文化的情绪高涨，爱国主义、集体主义思想日益增长起来。

1952年12月，在常年互助组迅速发展、初级农业生产合作社成功

① 叶聿芳等：《郑依牳农业生产合作社走过的路》，《福建日报》1953年1月21日。

② 中共福建省委农委：《福建省试办农业合作社情况报告》，1952年9月30日；《本省试办了十八个农业生产合作社》，《福建日报》1952年12月21日。

试办的基础上，中共福建省委、省政府决定把土地入股的初级农业生产合作社的试办范围扩大到县（市）一级。至 1953 年 6 月，全省有 62 个县（市）开展试办社工作，共试办了 138 个社，132 个社试办成功，其中有 6 个社试办失败①。

互助合作运动在这个时期基本上是健康的，但在 1953 年春也曾一度出现有些急躁的偏差。根据中共中央关于纠正急躁冒进倾向的指示精神，中共福建省委农村工作部召开了全省农业生产合作社工作会议，检查并研究了试办初级农业生产合作社工作存在的问题及其处理意见。会议认为，在试办工作中，由于经验不足，要求不高，在若干问题上存在有急躁冒进情绪，出现了一些错误和缺点。会后，全省各地明显转入了对试办社的整顿和巩固，放慢了试办新的农业生产合作社的进度。至 1953 年底，全省共有 160 个初级农业生产合作社，较之夏收时的全省初级社总数（150 个），仅增加十五分之一②。

随着急躁冒进偏向的纠正，农村紧张状况的缓和，毛泽东对农业互助合作运动有了新的考虑。1953 年 10 月 15 日，毛泽东开始否定邓子恢提出的并于 10 月 4 日得到中央同意的"当前农业生产互助合作运动应以发展和巩固互助组为中心环节"的主张；接着又对邓子恢在 1953 年春季以来协助党中央进行的纠正急躁冒进的工作提出了批评，认为纠正急躁冒进是"一股风"，说这股风"吹倒了一些不应当吹倒的农业生产合作社"。毛泽东的谈话在全国第三次互助合作会议上作了传达。从此，互助合作运动就由发展互助组为中心环节的阶段，转入以发展农民生产合作社为中心环节的阶段。在此期间，中共福建省第二次代表会议在福州召开。会议传达了中共中央提出的党在过渡时期的总路线和全国第三次农业互助合作会议精神。中共福建省第二次代表会议后，福建农村工作的重点开始转向全面发展初级农业生产合作社，并把初级社的试办范围扩大到区一级。

1954 年 6 月 18 日，中共福建省委召开全省农业生产互助合作会

① 中共福建省委农村工作部：《关于农业生产合作社试办情况及存在问题处理意见的请示报告》，1953 年 7 月 20 日。

② 中共福建省委：《关于生产合作会议的情况报告》，1954 年 7 月 13 日。

议，会议传达讨论了中共中央6月3日批转中共中央农村工作部关于第二次全国农村工作会议的报告，交流了办好合作社的经验，并具体讨论了全省农业增产和发展合作社的计划，以及秋后继续发展合作社的准备工作等问题。会后，全省各地各级党委积极贯彻全省农业生产互助合作会议的精神，在巩固、扩大已建成的初级农业生产合作社的同时，继续大力发展新的初级农业生产合作社。1954年下半年，全省共训练各级干部和办社骨干8万多人。至1955年2月，全省又新办了1.2万多个初级农业生产合作社，连同原有的2000多个社，共有近1.5万个社，入社农户共32万多户（平均每社21户），占全省总农户数的11.12%，全省近20%的乡都有初级农业生产合作社。同时，互助组也得到巩固与发展，加入常年互助组的农户已占组织起来的农户总数的40%左右；整个组织起来的农户已占全省总农户的62%左右①。

由于1954年全国各省在农业合作社大发展中，普遍出现了急躁冒进的现象，新社大量增加，并因此带来了许多不良的问题。为了妥善解决这些问题，中共中央和国务院于1955年1月10日发出了《中央关于整顿和巩固农业生产合作社的通知》。由邓子恢代中央起草的这一《通知》，宣布当前的农业合作化运动应基本上转入控制发展、着重巩固的阶段。并指出，不同地区应不同对待，有的应停止发展，全力转向巩固；有的应认真巩固已建立的社，有准备地在巩固中继续发展；有的要切实帮助整顿社的工作，允许已有的社数和社员户数作必要的合理的减少。这一方针后来被毛泽东概括为“停、缩、发”三字经。根据《通知》的精神，中共福建省委随即决定上半年停止建立新的初级农业生产合作社，集中力量进行整顿。至8月底，全省1.9万多个初级社中，已经整顿或正在整顿的社占98%②。经过整顿以后的初级社都得到了巩固和提高。

1955年4月下旬，毛泽东在南方各省考察后，开始用阶级斗争的观点来看待对农村形势的估量。7月31日，毛泽东在省委、市委和区党委书记会议上，作了《关于农业合作化问题》的报告。毛泽东在报告中

---

① 《中共福建省委关于1954年农业生产互助合作情况与1955年任务向中央的报告》，1955年2月11日。

② 《本省各地整社工作获得显著成绩》，《福建日报》1955年9月18日。

尖锐批评在农业合作化发展问题上某些同志的右倾保守“像一个小脚女人”。实际上是错误地批评了邓子恢。毛泽东的报告，直接推动福建很快出现了第一次农业合作化的高潮。8月11日，中共福建省委召开全体委员会议，传达毛泽东关于农业合作化问题的指示。接着向中央呈送了《关于贯彻毛主席关于农业合作化问题的指示对当前工作安排意见的报告》。省委提出了福建农业合作化运动的初步计划，即于1956年春耕前再发展1.5万个新社，加上老社的扩大，使参加农业社的农户由现有的39万户发展到90万户，占全省总农户的32%；为了搞好建社工作，计划建立一支7000人的工作队，于9月15日前下到乡开展工作。8月27日，省委再次召开全体委员会议。会议认为，福建农村已处于农业合作化高潮的前夜，计划到1956年春天，全省合作社应达到3.6万个，入社户数占总农户的34%—35%。8月29日至9月6日，福建省委召开扩大干部会议，参加会议的有全省区委书记以上干部900多人。会议提出了全省农业合作化分期实现的规划，即“在今年秋收前后到明年春前，农业生产合作社在原有19000多个的基础上，再发展一倍，参加合作社的农户要在原来占总农户的15%的基础上，增长到35%左右；1956年农业合作社预计将发展到58000个到60000个，户数将达到占总农户的50%左右；1957年再发展约1万个农业生产合作社，共约7万个合作社，户数要达到占总农户的65%左右。其余林、渔、盐、手工业、供销、信贷等合作社，亦逐年有相应的增长。”[①] 这一规划较之8月13日省委向中央呈送的初步计划和8月27日省委全会提出的计划，无论是建社的数目、入社农户的百分比、还是达到目标的时间，都有了提高和提前，这表明福建省委在当时的形势下，出现了未能坚持“稳步发展”原则的倾向，特别是对所谓“右倾思想”的检讨，使全省上下出现的不当“小脚女人”的“反右倾”思潮迅速扩展。就是在这种背景下，福建掀起了全省农业合作化的第一次高潮。

1955年秋开始的福建农村农业合作化高潮，以前所未有的势头向

① 《福建日报》社论：《认真贯彻中央指示，迎接全省农业合作化运动的高潮》，《福建日报》1955年9月29日。

前迅速发展。至10月中旬，福建全省8000个乡中，大约有20%左右的乡已经结束了全面规划的制定，进入了办新社的搭架子阶段；40%左右的乡已在进行全面规划；30%左右的乡正在向广大群众进行宣传教育；还有10%左右的乡正在加紧乡、村干部和积极分子的培训工作①。而至10月中旬已搭好架子的新社，仅据建阳、南平等5个专区的统计，已有8100多个，占全省原定今冬明春发展新社计划的42%，入社农户达148300多户。省委估计全省在秋收前可以搭好新社的架子1.5万个左右，占全省1955年冬1956年春发展新社计划的70%到80%之间②。但这个估计很快就被突破了。据《福建日报》报道，至11月上旬"新办的农业生产合作社达34000多个，其中14000多个社已经建成。连同老社吸收的新社员，新近入社的农户共达93万多户，与今年夏季以前比较，社数增加了170%，户数增加了20%。目前，全省新、老农业生产合作社共达52000多个，入社农户约占全省总农户的50%"③。而会后，在"反右倾"思潮的影响下，福建各地农业合作化运动继续迅猛发展，合作化运动中单纯比办社数量、比发展速度的现象越发突出了，这必然带来工作简单、粗糙，由过去典型示范、自愿入社变成硬性"动员"等错误的做法。不少农户带着"反正要入社，迟入不如早入"的思想勉强入了社。至1955年12月，全省农业生产合作社社员已发展到占全省总农户的56.43%，新、老农业生产合作社已达58400多个④。尽管在此前后，中共福建省委提出全省农业合作化运动要转入"全力巩固阶段"，并要求"发动一个空前规模的农林渔业增产运动，巩固农林渔业生产合作社"⑤，但这些都是在"反右倾"、不当"小脚女人"的前提下进行的，实

① 中共福建省委:《关于合作化运动贯彻情况的报告》，1955年10月15日。

② 中共福建省委党史研究室编:《福建农业合作化》，中共党史出版社1999年10月版，第43页。

③ 中共福建省委党史研究室编:《福建农业合作化》，中共党史出版社1999年10月版，第44页。

④ 中共福建省委党史研究室编:《福建农业合作化》，中共党史出版社1999年10月版，第45页。

⑤ 中共福建省委党史研究室编:《福建农业合作化》，中共党史出版社1999年10月版，第45页。

际上，在当时的形势下，省委已不可能制订出制约过快发展农业生产合作社的具体而有力的措施，全省农业生产合作社的发展仍然迅速扩大。至1956年二三月间，全省入社农户达2297757户，占总农户的82.68%；从合作化的程度看，除了建阳、福安、龙岩、永安4个专区入社农户占70%多以外，南平、闽侯、晋江、龙溪4个专区入社农户都在80%以上，福州、厦门两个市郊已经完全实现了社会主义农业合作化。于是，省委宣布"本省已基本实现了半社会主义的农业合作化"。

三、高级农业合作化的迅猛发展

早在1954年初，中共福建省委致力于广泛试办初级农业合作社之际，就决定开始有选择地重点试办几个高级农业生产合作社。据此，1954年，省、地两级共试办了4个取消土地分红、实行按劳分配的高级社，即南平县二区上明洋社、闽侯县荆溪乡溪下社、闽侯县一区潘墩乡连坂村和龙江乡石步村社。这4个村在开始试办高级社时，组织起来的农户都占总农户数的79%以上，其中，除上明洋社是1954年春在互助组的基础上直接试办外，其他3个社都是1954年夏收后在初级农业生产合作社的基础上吸收互助组和单干农户开始试办的。

1955年2月3日，省委召开全省地、市委书记座谈会，会议决定1955年上半年停止发展农业生产合作社，全力进行整社工作。至此，全省各地转入大规模巩固初级农业生产合作社工作，而试办高级农业合作社的工作也暂告一个段落。

1955年11月，省委在传达贯彻毛泽东《关于农业合作化问题》报告的扩大会议上，作出了《关于农业合作化运动的指示》。指出："高级社凡是条件具备的地方，均应以积极态度，进行试办，以取得领导经验。各地、县委根据当地情况，提出计划，加强领导"[①]。这样，试办高级社的工作由省地两级扩大到县以下都可以试办，成为全省第一次农业合作化高潮的重要组成部分，并且与初级农业合作社大量发展的情形一样，出现了工作简单、粗糙的冒进现象。至1956年1月下旬，全省各地已办

---

① 《中共福建省委关于农业合作化运动的指示》，《福建日报》1955年11月17日。

和正在办的高级社已达3682个；入社农户917100余户，占全省总农户的33.16%；每个高级社平均249户①。

1956年1月23日，中共中央政治局提出《一九五六年到一九六七年全国农业发展纲要（草案）》。其中强调："对于一切条件成熟了的初级社，应当分批分期地使它们转为高级社，不升级就将妨碍生产力的发展。"②《纲要》要求：合作化基础较好并且已经办了一批高级社的地区，在1957年基本上完成高级形式的农业合作化，其余地区，则要求在1956年每区办一个至几个大型（100户以上）的高级社，以作榜样，在1958年基本上完成高级形式的农业合作化。

根据全国农业发展纲要要求，省委当即召开地市委书记联席会议，提出当前全省农村工作应以生产、整社为主，从生产和整社中去办高级农业生产合作社；办高级农业生产合作社的控制数目，大体上是在春耕前办30%，年底办70%，1957年基本实现高级农业合作化。

根据省委的要求，厦门市郊165个初级农业生产合作社，从1956年1月28日开始，率先按一乡一社的规模全部合并转为13个高级农业生产合作社，入社农户已达总农户的99.37%，从而实现了完全社会主义性质的农业合作化。13个高级农业生产合作社组建就绪后，厦门郊区农民在市区举行庆祝游行，并向中共厦门市委、市政府报喜。1月29日，福州市郊后屿乡也隆重举行"鼓山高级农业生产合作社"成立大会。省、市领导及鼓山高级社社员共3000余人参加会议。叶飞代表省委、省人委，黄国璋代表市委在大会上发表了热情洋溢的讲话，使之成为全省农业合作化加速高级化的进军号角。此后，福州、漳州、泉州3个城市郊区的初级农业生产合作社，都纷纷进行了并社、扩社，在春节前不到一个月的时间内，全部宣布实现了高级农业合作化，参加高级农业生产合作社的农户都达到总农户的95%以上。在福州、厦门、泉州、漳州4个城市郊区提前实现高级化的推动下，全省各地的许多县、区纷纷提

① 中共福建省委农村工作部：《关于高级社工作座谈会的报告》，1956年2月24日。

② 《一九五六年到一九六七年全国农业发展纲要（草案）》（1956年1月23日中共中央政治局提出），中央档案馆、中共中央文献研究室编：《中共中央文件选集》（1949年10月—1966年5月），第22册，人民出版社2013年6月版，第109页。

出“快马加鞭进入社会主义”“赶先进，提前高级化”和“单干农民要一步登天”等口号，将初级社转为高级社，从而在全省范围内掀起了第二次农业合作化的高潮。

虽然省委农村工作部于1956年初在全省高级社工作座谈会上，就曾指出，由于准备不足而且春耕在即，时间仓促，关于高级社的工作不应当去发动一个大运动[①]，强调要贯彻勤俭办社、搞好生产的原则去办高级社。当时省委也同意并批转了省委农村工作部的意见，要求各地应依据执行[②]。但是，这个意见在方兴未艾的农业合作化高潮面前，显得软弱无力，全省各地农业合作社的高级化的工作仍然不断加快了步伐。

2月29日，省委批转了闽侯专区荆溪区委“关于领导初级社转入高级社的初步经验”的报告。省委认为，荆溪区不到一个月时间内，在全区基本上完成了初级社以及部分单干农民转向社会主义合作化的工作，全区参加高级社的农民达98.95%。这一工作从始到终都是贯穿在生产过程中进行的，因此进行的有条不紊，并促进了生产的新高潮。这一经验证明，在合作化基础较好的地区，只要有正确的领导，是可以比较迅速地、大量地举办高级社的，不要机械的硬搬“逐级办社”的做法。要求各地、市、县委学习荆溪区委的经验[③]。省委批转荆溪区委经验的原意，是希望各地在把初级社转为高级社的过程中，要注意促进生产不要出现影响生产的现象。但客观上，却鼓励了各地的基层干部群众在短时间内迅速地、大量地把初级社转为高级社。

从1956年1月下旬到3月上旬，在两个多月时间里，全省各地农村经过转社、并社、扩社和办新社，共建立了6214个高级农业合作社，入社农户1510449户，占全省农户的54.35%。至3月中旬，转入高级农业合作社的农户已占总农户的55.69%[④]。根据各地农业生产合作社的

---

① 中共福建省委农村工作部：《关于高级社工作座谈会的报告》，1956年2月24日。

② 《中共福建省批转省委农村工作部关于高级社工作座谈会的报告》，1956年2月25日。

③ 《中共福建省委批转闽侯荆溪区委“关于领导初级社转入高级社的初步经验”》，1956年2月29日。

④ 中共福建省委党史研究室编：《福建农业合作化》，中共党史出版社1999年10月版，第56页。

高级化状况和春耕即将开始的现实情况，省委在 3 月下旬召开的地、市委书记联席会议上，决定农业合作社的高级化暂停发展，以集中力量搞好生产和巩固合作社，待秋前再发展。

此后，根据省委的部署，各地对农业生产合作社进行了两次整顿。经过整顿，各地农业生产合作社大都得到了一定的巩固和提高。但高级农业合作社仍然有所发展，至 8 月底，全省各地的高级农业合作社已发展到 7311 个，入社农户已占全省总农户的 63.3%[①]。

1956 年 7 月 18 日，中共福建省委召开地、市委书记联席会议，讨论省委拟定的《关于 1956 年下半年几项工作任务的指示》。会议提出了“争取明春实现高级农业合作化”的口号。党的八大后，全省农业合作化运动的发展速度进一步加快。至 12 月中旬，全省加入高级社的农户已达总农户的 70%。至 1957 年 3 月 18 日，全省已办 12395 个高级社，入社农户共 2345008 户，占全省总农户的 84.23%。其中，福州、厦门、东山、光泽等 36 个市、县参加高级社的农户已占当地总农户的 90% 至 99%。至此，省委宣布福建省提前基本实现了农业高级合作化[②]。

四、农村供销合作社、信用合作社的普遍建立

中华人民共和国成立初期，福建广大农村乡镇商店极少，农村尤其是山区商品的交换主要在墟集进行；渔区只有少数行商从事渔业的购销活动。这种情况远远不能满足解放后尤其是土地改革后福建农村农业生产迅速发展的需要。在农村中，广大的农民需要及时销售自己的剩余粮食和副产品，换取日常必需的生活资料和生产资料；在政府方面，也正需要收购这部分粮食和副产品来保证城市与工业的需要，并且也准备以必要的生活资料与生产资料与农民交换，而新兴的国营商业还缺乏承担农村流通任务的能力。这就造成了两种不良的情况，一方面，国营经济与农村小生产者之间的物资交流因缺乏畅通的渠道而受到极大的

① 中共福建省委党史研究室编：《福建农业合作化》，中共党史出版社 1999 年 10 月版，第 57 页。

② 中共福建省委党史研究室编：《福建农业合作化》，中共党史出版社 1999 年 10 月版，第 57 页。

限制；另一方面，这种交流却不得不依赖私商来进行，因而使农村小生产者遭受私商的中间剥削，而这种中间剥削对于缺乏资金、缺乏生活资料和生产资料的贫困农民来说，更是雪上加霜。因此，解放后尤其是土改后的福建农村急需发动农民集资入股，由国家扶持，自下而上地组织供销合作社，尽快建立农村的合作商业网络，为广大农民的生产和生活服务。

1950年全国合作社工作者代表会议后，福建省委、省政府根据中央的指示，开始重点建社。首先在福州、厦门、长汀三个市、县建立了合作总社筹备处，并通过三个合作总社筹备处，在这三个地区组织、登记、整理了45个基层合作社，发展社员12935人，筹集股金约大米10万多斤。与此同时，随着剿匪反霸、减租、土改等群众运动的开展，一些群众基础较好的地区也开始自发地组织合作社，至1950年底，自发组织起来的合作社已有百余个①。

1951年3月，福建省政府发出《关于1951年开展全省合作工作的指示》，确定供销合作社发展的方针是："应该结合土改运动，并适应群众经济要求，有领导、有计划的遵照统一的方针政策，以及中央关于合作社走向正规化的原则，稳步前进。一面自上而下的推动，并筹建各级联社；一面结合各种群众运动，组织发动群众，由下而上的民主建社"②，并制定了1951年供销合作工作的主要步骤与计划。但是，由于农村中土地改革工作尚未完成，各级党组织和政府还不可能大力领导农民进行组织供销合作社。至1951年底，全省各地农村已建立的供销合作社基础很小，很不普遍，而且建社的方针和发展方向不明确，存在着单纯营利观点和贪污浪费与违法现象③，省政府确定的1951年供销合作工作的计划也未能完全实现。

1952年4月，省委、省政府召开全省合作社工作会议。会后，省委

---

① 中共福建省委报告员胡铁生：《关于开展合作社工作问题的广播词》，《福建日报》1951年4月15日。

② 蔡和睦主编：《福建省农业合作经济史料》，第2卷，福建科学技术出版社1988年12月版，第74页。

③ 《中共福建省委关于发展供销合作社工作的指示》，1952年4月10日。

发出《关于发展供销合作社工作的指示》，指出，土地改革完成以后，党在农村中的中心任务之一，就是积极地有计划地协助农民建立供销合作社，要求在4月底以前全部配齐县、专区以上供销社的主要干部，并立即着手建立领导机构，争取在年内全省发展300万供销社社员。当月，福建省供销合作总社成立；5月，各专区、各县供销合作社也相继成立；8月，训练干部、建立机构、典型试验等普遍建社的思想和组织准备工作，已按预定计划完成，并有18个县市召开基层社土产交流会，组织了短距离的小土产交流，开始了合作社内部有组织有计划的贸易，部分地解决了社员手中的滞销土产①。年底，全省已有2个市、8个专区，63个县建立起合作总社，同时建立起基层合作社800多个，入股农民达300多万人②。

1953年，全省广大农村供销合作社和农业生产互助组都有了很大的发展，但由于这两个方面没有能够很好地结合起来，供销合作社不能更有计划地进行经营，互助组安排生产和组员安排生活的计划性也受到限制。于是，在各级党委和政府的领导下，各地积极推广供销合作社和互助组订立“结合合同”，使之成为进一步巩固供销合作社和互助组的重要步骤之一，成为把国家的经济计划同农民的经济组织结合起来，加强城乡物资交流、加强工农联盟的有力形式。至1953年底，全省供销合作社发展了遍布山区、平原、沿海岛屿的2500多个门市部和分销处、624个货摊和流动供销组织③。

第一个五年计划期间，由供销社承担了对农村私营商业社会主义改造的任务，到1957年3月基本完成。全省农村私商74161人中，吸收为供销社职工的有13957人，占18.80%；通过合作商店、合作小组、代销经销等形式组织小商小贩走互助合作道路的有54529人，占73.55%；公私合营5675人，占7.65%。这些都由各级供销社归口管理。

---

① 福建省地方志编纂委员会编：《福建省志·供销合作社志》，中华书局1995年2月版，第3页。

② 福建省地方志编纂委员会编：《福建省志·供销合作社志》，中华书局1995年2月版，第3页。

③ 何少川主编：《当代中国的福建》（上），当代中国出版社1991年8月版，第81页。

供销社以农民群众集体所有的经济组织出现，在农民群众中威望很高，他们经常通过供销社向政府反映自己的要求。供销社被农民群众称为“自己的商店”。1957 年，全省各级供销社社员已发展至 380.8 万人，比 1952 年增加了 62.2 万人；经营网点发展至 15692 个，增加 12300 个；商品纯购销总值增加了 4 倍多，占农村零售额比重的 54.6%①。供销社已成为福建农村经济生活中的一个重要支柱。

中华人民共和国成立后，随着福建农村经济的发展，农村的金融信贷事业也开始活跃起来。福建农村从 1951 年 5 月起开始试办信用合作社。此后，在各级党委的统一领导和大力支持下，随着农民群众觉悟的提高，农村信用合作社结合着农业生产、整顿农业互助合作组织等中心工作，经过典型试办和重点组织，取得了很大的成绩。1953 年 1 月，全省信用合作座谈会在福州召开，各地农村信用互助合作组织的骨干和积极分子参加了座谈会，使他们进一步认识了组织信用互助组的意义和开展业务的方法。这次会议对福建农村新兴的信用互助合作事业起了很大的推动作用。此后，各级农村信用合作组织的工作得到改进提高，信用业务蓬勃发展。至 4 月底，全省大约有 900 个村庄组织了信用互助合作组织，已组织起来的信用互助组有 704 个，信用合作社 34 个，共有社员、组员 3.8 万多人，股金 9.27 万元。吸收存款 6 万元，放款 10 万元，约有 2800 多个农民得到信用互助合作组织的贷款帮助②。这些信用互助合作组织在调剂农村资金、帮助农民克服生产和生活上的困难等方面起了很大的作用，并且为农村信用活动开辟了一条正确的前进道路。同时，通过实际教育使农民群众进一步认识到农村生产、供销、信用三者结合的互助合作的好处，为此后信用互助合作工作的进一步发展提供了初步的组织基础。至 1955 年初，全省农村已建立信用合作社 6600 个，80% 以上的乡有了信用社的组织，信用社积聚的股金和存款已达 1060 多万元③。至同年底，全省农村的信用合作社已发展到 6900 多

① 《中共福建省委关于发展供销合作社工作的指示》，1952 年 4 月 10 日。

② 王有成：《密切结合群众的生产活动，稳步开展农村信用互助合作》，《福建日报》1953 年 6 月 26 日。

③ 《迅速巩固农村信用合作社》，《福建日报》1955 年 5 月 17 日。

个，基本上实现了乡乡都有信用合作社，参加信用合作社的农户达180多万户，占全省总农户的65%。这一年头8个月，全省信用合作社利用1400多万元资金，循环地贷给农民群众，总额达2500多万元，几乎等于国家银行在同期内所放农贷的总和，而这些贷款不少是由信用合作社与农业生产合作社通过合作形式，建立资金存贷关系后贷放的①。这样，既促进了福建农村的农业合作化的进程，也解决了许多农户的实际经济困难。

福建的农业合作化运动是福建农村社会发展的一个历史阶段。“在这个历史阶段中，党确定的指导方针和基本政策是正确的，取得的胜利是辉煌的。”②中共福建省委根据党中央的有关指导方针和基本政策，在农业合作化运动中（特别是在1955的夏季以前），基本上正确执行了“自愿互利、典型示范和国家帮助的原则”，并通过从临时互助组和常年互助组，发展到半社会主义性质的初级农业生产合作社，再发展到社会主义性质的高级农业生产合作社的过渡形式，使福建的农业合作化运动基本上得到了健康的发展，并取得了巨大的成就。

在福建农业合作化运动中，由于合作化改变了农村的生产关系，广大农民群众的思想观念大为改变，生产积极性空前高涨，劳动潜力得到了极大的发挥；同时，农业合作社实行生产的统一经营管理，使农民群众摆脱了小土地私有制的束缚，冲破了自然经济的封闭性和落后性，在党和政府的扶持下，积极进行农业生产技术的改革和农田水利基本建设，大大提高了福建农村的生产力水平，从而使福建的农业生产得到了很大发展；农民群众避免了“两极分化”，收入不断增加，得以摆脱了极端的贫困。农业合作化运动在中华人民共和国成立初期的福建农村显示了极大的优越性。

总的说来，福建农业合作化运动实现了将农民的个体私有制逐步转变为社会主义集体所有制，是一场深刻的社会变革，是一个历史性的伟

---

① 何少川主编：《当代中国的福建》（上），当代中国出版社1991年8月版，第81页。

② 《中共中央关于建国以来党的若干历史问题的决议》（1981年6月27日中国共产党第十一届中央委员会第六次全体会议一致通过），《中共中央文件选集》（1949年10月—1966年5月），第1册，人民出版社2013年6月版，第11页。

大胜利。在这场运动中，福建同全国各地一样避免了在生产关系变革情况下通常难以避免的生产力的破坏，并促进了生产力的发展。事实证明，当时对农业实行社会主义改造是不可避免的，也是完全正确的。但农业合作化的后期，存在要求过急、工作过粗、改变过快、形式也过于简单划一等缺点，尤其是“高潮”迭起，仓促过渡，违背了经济社会发展规律，使集体经济的优越性不能充分发挥出来，以致长时间遗留了一些问题。但不管是成功的经验，还是存在的问题，都为改革开放后福建农村的新变革提供有益的历史借鉴。

第二节　对手工业和私营工商业的社会主义改造

一、手工业的合作化运动

中华人民共和国成立初期，手工业在福建国民经济中占的比重较大。1951年，福建手工业总产值2.4亿元，占全省工业总产值的74.4%。1952年，全省手工业从业人员达16万人[①]。他们从事制造、加工、修理和创作特种工艺等门类繁多的手工业生产，产品与广大城乡人民生产、生活有密切的关系。占全省人口总数80%以上的农民的生产、生活资料，大都来自手工业产品。但当时的手工业大都是一家一户分散生产、经营，工具、设备陈旧、落后，人力、资金短缺，生产的改进和发展受到很大限制。

从中华人民共和国成立后恢复生产开始，福建各级党委和政府就重视对手工业的扶持。1951年，各级政府和有关部门开始引导手工业者组织起来，发展生产。主要措施是供应原料，收购产品，组织手工业合作小组。这些小组基本上没有改变原来个体所有制的生产关系。当时还试办了30多个手工业供销合作社，实行统一采购原料、推销产品，或

① 福建省统计局编：《光辉的历程——福建五十年》，中国统计出版社1999年8月版，第124页。

统一接受供销社和国营企业的加工订货。对与国计民生关系较大的铁木农具等行业，也重点试办了十几个手工业生产合作社，生产资料归全体社员集体所有，实行统一经营、按劳分配。为使历史悠久、世界闻名的福州兰记、德记脱胎漆器摆脱困境，福州市政府特别实行扶持、保护政策，帮助他们解决原材料供应上的困难，还组织他们参加各地的物资交流会，扩大经营规模，拓展销售市场，并于 1952 年实行公私合营，改名福州脱胎漆器公司，产品数量、质量和工艺水平显著提高，两年中产值增长了 4 倍。

1953 年 6 月，福建省手工业工作会议在福州召开。会议研究了加强对手工业工作的领导、进一步推动手工业合作化的问题。此后，省委、省政府先后两次发出指示，要求各级党委要切实加强对手工业工作的领导，采取措施保护、维持、扶植手工业生产，并强调在组织手工业生产合作社时，应采取“十分慎重、稳步前进、宁缓勿急”的方针[①]。与此同时，大力加强手工业合作社干部的培训工作，于 20 多个行业中重点试办了 36 个手工业生产合作社，连群众自发办起的 60 多个手工业生产合作社。年底，全省通过大规模地宣传党在过渡时期总路线，手工业合作化的进程有所加快。1954 年上半年，全省手工业合作社增至 208 个，生产小组也发展到 203 个。

1954 年 6 月，中共中央对手工业社会主义改造提出了积极领导、稳步前进的方针，并要求在组织形式上应当是从手工业生产合作小组、手工业供销合作社到手工业生产合作社，由小到大，由低级到高级，逐步发展。中共福建省委根据这一方针、步骤，决定在省政府下设立福建省手工业管理局。从秋季开始，各地、市、县和一些乡镇也都设立了手工业行政管理机构。当年，全省办起手工业合作社（组）985 个，参加社（组）的手工业者达 2 万多人，手工业总产值达 2.9 亿元[②]。

此后，福建根据中央的指示精神，按国家计划统一安排手工业生产

① 中共福建省委：《关于手工业生产的指示》，1953 年 10 月 15 日。

② 福建省统计局编：《光辉的历程——福建五十年》，中国统计出版社 1999 年 8 月版，第 124 页。

和加强手工业社会主义改造工作[①]。在生产方面，根据工农业生产建设、外贸出口和社会生活的需要，参照原材料供应、产品销路等实际情况，对手工业的各种行业进行分类指导、统筹兼顾和全面安排。在社会主义改造方面，1955 年 1 至 9 月，在加强领导的基础上，主要对手工业合作社（组）进行整顿、巩固，基本上没有发展新社。因此，这一阶段福建的手工业社会主义改造工作比较扎实，较好地贯彻了自愿互利、稳步前进的方针。具体政策也执行得当，对有少量雇工但自己参加劳动的手工业者，按劳动者处理；入社的生产资料估价实行自报公议，债务自行处理，有创造发明者给予奖励，丧失劳动能力者的生活也得到保障；对特种工艺品实行"保护、发展、提高"的方针，并积极安排老艺人归队，送年轻艺人到学校深造，组织特种工艺品到国内外展出。

1955 年 10 月后，在农业合作化猛烈发展的推动下，全省手工业社会主义改造的进度进一步加快。至年底，新办社（组）1000 多个，连同老社，参加人数共达 5 万多人，约占手工业者总人数的 1/4。1956 年初，省委发出《关于积极加强手工业合作化高潮领导的指示》，要求各地必须迅速做好手工业改造的准备工作，建立健全手工业联社组织机构，训练骨干，按行业做好初步改造和规划，迎接手工业合作化高潮的到来。接着，省委又发出《关于手工业改造中几个问题的指示》，指出：对手工业的改造形式可灵活多样，对城镇中行业人员少的手工业可组织行业相近、性质相同的综合性合作社；对流动性大或分散在农村的零星手工业者，可进行登记，按原样生产；不拆散生产名牌的手工业；雇工 4 人以上的小业主，一般以合营为主。1956 年春节后，全省手工业社会主义改造迅速进入高潮，福州、厦门等主要城市的手工业者在 1 个月内全部参加了生产合作社。至 4 月，全省基本实现初级形式的手工业生产合作化。据统计，全省"手工业总数 173514 人，已改造 134491 人，占总计数 77.51%。其中，公私合营 2764 人，占已改造数 2.05%；吸收为国营

---

① 中共福建省委：《关于贯彻〈中央第四次手工业工作会议决议〉的指示》，1955 年 2 月 20 日。

工业 771 人，占 0.53%；合作化 131016 人，占 97.42%。”[①] 至同年 7 月，全省“手工业已改造的占总人数的 80.21%”，而“改造工作仍在继续深入开展。”[②]1957 年初，参照办高级农业合作社的做法，福建各地把属于手工业部门管理的 4023 个手工业合作社都办成主要生产资料归集体所有、实行按劳分配的高级手工业合作社，基本完成手工业的社会主义改造[③]。

福建的手工业社会主义改造，对于当时在全省国民经济占重大比重的手工业生产来说，取得了巨大的成绩。手工业合作社建立后，提高了劳动生产率，生产操作的落后状况有所改观。部分手工业合作社还依靠公共积累，扩大再生产并发展成为以机器生产为主的工厂，后来成为福建重要工业部门之一的“第二轻工业”系统。合作化后，手工业产品的产量提高，品种增加，一些传统的名牌工艺也得到保护和发展。但由于对手工业的经营分散、小批量生产、产品多样化、同群众生活联系紧密等特点认识不足，在合作化高潮中片面强调合并大社、集中经营、统一核算，以致手工业生产合作社建立后产品品种减少，质量下降，社员收入减少。对有些适宜于零星分散经营甚至“送工上门”的个体手工业户，也强调全部入社，造成行业衰落，给群众生活带来不便。福建的手工业社会主义改造同农业合作化运动一样，存在着急于求成，形式单一的缺点，为福建手工业、轻工业的进一步发展留下了隐患。

二、对私营工商业改造的逐步推进

福建解放后，人民政府没收了官僚资本，建立了国营经济，但私营工商业在全省国民经济中仍然占据绝对优势。据统计，1950 年全省有 7267 家私营工厂，有 112037 家私营商业，其中批发商有 4551 家，在全

① 中共福建省委对资改造领导小组办公室：《关于对私营工商业、手工业、交通运输业改造工作情况报告》，1956 年 4 月 26 日。

② 林修德：《在全省工商界座谈会上关于本省私营工商业、手工业、交通运输业的社会主义改造情况及今后的意见的报告》，1956 年 7 月 26 日。

③ 福建省地方志编纂委员会编：《福建省志·共产党志》，中国社会科学出版社 1999 年 11 月版，第 155 页。

省商品零售总额中，私营经济占 96.4%；在商业批发总额中，私营经济占 81.6%；在进口、出口贸易中，私营经济分别占 83.84% 和 98.75%。到 1952 年，尽管国营经济有所增长，但私营工业产值仍占 74.1%，商品零售总额中，私营经济仍占 83.2%[①]。在恢复国民经济的三年内，根据中共七届二中全会决议和《共同纲领》的规定，各级人民政府对资本主义工商业执行“利用、限制、改造”和“公私兼顾、劳资两利”的政策。对有利国计民生的资本主义工商业，通过贷款、订货形式进行扶持，在经营范围、原料供应、销售市场、劳动条件等方面给以照顾，帮助他们度过难关。对于资本家违章犯法的行为，则加强监督，开展坚决斗争。经过统筹兼顾、合理调整，私营工商业得到了恢复，并有一定的发展。接着，通过加工订货、统购包销、经销代销等形式，限制他们对非法利润的追求，逐步把他们纳入国家计划轨道。而对于较大的私营工业企业，实行公私合营的工作则在解放初就已开始。

至 1953 年夏季，全省有公私合营企业 36 家。这些企业中，一部分是因接管官僚资本股份而合营的，一部分是因私营企业当时无法维持，为避免职工失业而合营的，一部分是因关系国计民生、支前需要而合营的。合营后，对企业管理、生产改革均较重视，大多数企业生产有所发展。这一时期，虽然对资本主义工商业的利用、限制、改造取得了一定成效，但并没有改变资本主义的生产关系，而且在公私关系、清产定股、利润分配以及对资方人员的安排使用等等方面，都存在一些问题。

1953 年秋，党在过渡时期总路线提出后，根据中央的部署，福建才开始有计划有步骤地对私营资本主义工商业进行社会主义改造。所谓“改造”，就是以和平的方式消灭剥削阶级和剥削制度。首先把资本主义工商业通过多种形式转变为国家资本主义企业，再把国家资本主义企业转变为社会主义企业，实现从资本主义生产关系到社会主义生产关系的变革。

省委、省政府一方面在广大工商界人士中大力宣传党的总路线，解决他们的思想认识问题，引导他们接受社会主义改造。另一方面，针对

---

① 福建省统计局：《福建省 1950—1957 年国民经济统计资料汇编》。

城乡资本主义势力利用自由市场进行投机、牟取暴利、加剧粮食等重要农产品供求矛盾的状况，为保障人民生活，稳定市场物价，对粮食、油脂、棉布等重要农产品实行统购统销政策，对现有粮、油、棉行业的私营工商业实行全行业初级形式的改造，采取国家经销代销形式，重新发给营业执照。对于不愿意经、代销的，允许其转业；并停止对粮、油、棉行业办理私营开业登记。此外，省政府还对若干重要农产品如猪、烟叶、蛋品等先后实行了派购。对粮食等重要农产品实行统购统销政策，在当时生产不足的历史条件下，不仅有利于取缔市场投机，保证国家建设与人民生活的需要，更重要的是割断了城乡资本主义的经济联系，为改造私营工商业打下了重要基础。

在广泛、深入地宣传党在过渡时期总路线和实行统购统销政策的基础上，省委首先有计划地扩展公私合营企业。1953 年 10 月 6 日，中共福建省委召开全省公私合营工作汇报会议，全面了解公私合营企业情况，对普遍存在的公私关系、清产定股、利润分配以及对资产阶级分子的安排使用问题提出解决意见，确定了“以搞好生产为中心，结合各个企业不同情况，缺什么，补什么”的整顿方针。12 月 12 日，福建省人民委员会举行第十一次扩大会议，号召全省在贯彻总路线的过程中，逐步实行对私营工商业的社会主义改造。1954 年 1 月 4 日，福建省委批准成立福建省人民政府财政经济委员会第六办公室，重点管理国家资本主义经济。

鉴于私营工商业中批发商资本较多，投机性较大，对市场稳定的影响较大，省委将对于私营批发商的社会主义改造作为最初阶段改造的重点。从 1953 年下半年实行粮食统购统销政策开始，省政府对私营批发商实行全面安排和改造。采取一面前进，一面安排，前进一行，安排一行的办法，分别不同行业、不同情况，有计划有步骤地进行，把改造与安排结合起来，引导它们转向有利于国计民生的事业。到 1954 年 9 月，私营批发商比较集中的福、厦、漳、泉 4 市已改造的主要批发商达 584 户，占 70%以上。1955 年底，全省社会主义批发比重已占 91%。对私营零售商的改造，则采取了与私营批发商不同的改造形式，实行“经销代销”。根据党中央对私营零售商业“统筹兼顾，全面安排，积极改造”的方针及“先安排，后改造”“改造与安排相结合”的精神，城市商业归由国营专业公司直接负责，农村集镇由供销社领导，对国营、合作社商业前进太快而私商维持困难的城市集镇，国营、合作社商业采取撤点、撤品种、增设批发机构、调整批零差价，对私商给予银行贷款及组织并店联营等措施，帮助私营商业维持经营。通过对私营零售商的安排改造，国家资本主义经济成份显著上升。1955 年 5 月份，福、厦、漳、泉 4 市的国家资本主义经济比重达到 33.25%，比 3 月份上升 7.62%。到年底，全省私营零售商以各种国家资本主义与合作社形式进行改造的达 10631 户，占总户数的 36.81%。在全省纯商业商品零售总额中，国营与合作社商业占 53.47%，各种国家资本主义、合作形式商业占 24.98%，纯私营商业只占 21.55%①。在大量私营零售商业得到安排改造后，对经、代销企业的改造和人的改造工作已成为国营专业公司一项迫切任务。省人民委员会对资本主义工商业改造办公室及时批转了龙溪县《石码花纱布支公司如何依靠职工对棉布合营处经销店进行双重改造的报告》，推广其成功的经验，为全省主要城镇大、中型经、代销店的双重改造提供了借鉴。

对于私营工业企业，根据中财委《有计划地把 10 个职工以上的资本主义工业纳入公私合营的轨道的意见》，福建省在调整、研究、排队的基础上，按照国家的需要、企业改造的可能和资本家自愿的原则，有重点地对在经济上于国计民生有较大作用的和华侨投资较大的 25 家私营工业企业，如福建造纸厂、福州民天食品厂、南平木材化工厂、厦门华侨康烟厂、厦门电话公司、晋江“源和堂”等实行公私合营，改变其生产关系，激发了工人当家作主的积极性。福建造纸厂合营后，仅两个月的盈余即等于合营前的 1952 年全年的盈余。私营企业在合营后，生产状况明显改善。1955 年 1 月，根据“统筹兼顾，全面安排，既要有所不同，又要一视同仁”的方针，全省有关部门把生产安排和扩展公私合营工作结合起来，并采取按地区、按行业统一考虑，公私合营与合作化分头并进，高级与初级国家资本主义形式统筹安排的方法，推进对私营工业企业的社会主义改造。到年底，全省公私合营工业企业达 230 户，占私营工业总户数的 5.36%；产值占私营工业总产值的 14.91%，接受加工订货业务

① 中共福建省委：《关于资本主义工商业改造工作的报告（草稿）》，1955 年 12 月 30 日。

的私营工业产值于1954年上半年已占全省私营工业总产值的78%①。经过这一阶段的社会主义改造，社会主义经济成分开始由企业外部进入到企业内部，从流通领域进入到生产领域，从而使企业的生产关系发生重大变化，大大提高了工人的生产积极性和企业的劳动生产率，促进了全省国民经济的发展。从整个福建对资本主义工商业社会主义改造的程度和效果来看，这一阶段的工作是积极而稳妥的。

三、全行业公私合营的胜利完成

1955年秋冬，随着全国农业合作化运动高潮的到来，对私营工商业社会主义改造的高潮也迅速兴起。

1955年10月，中共中央政治局召集各省、自治区、直辖市党委负责人参加资本主义工商业改造会议，进一步肯定了对资产阶级实行赎买的政策，提出加快资本主义工商业的社会主义改造的步伐，并讨论通过《中共中央关于资本主义工商业改造问题的决议（草案）》。会后，省委即成立了以省委常委林一心任组长、由7人组成的省委对资本主义工商业改造领导小组。同时将福建省人民委员会国家资本主义办公室也更名为对资本主义改造办公室。12月初，中共福建省委召开扩大干部会议，要求1956年在全省一切重要的行业中，采取全行业公私合营的形式全部或大部分分批实行公私合营。接着，省委又发出《关于对私人资本主义工商业改造问题的准备工作的通知》，要求各地、市委拟订对私营工商业改造的规划，着手进行思想教育、行业归口和典型试验等工作。与此同时，福州、厦门等市工商联也召开常委扩大会议，传达毛泽东邀请全国工商联第一届执委座谈资本主义工商业的社会主义改造问题时的谈话。广大私营工商业者，在党的政策鼓舞和全国形势的推动下，在积极分子的带动下，掀起了申请公私合营的热潮。1955年12月31日，福州市人民委员会率先批准了机器、印刷、棉布、百货、新药等九个行业实行全行业公私合营，批准粮食业全行业转为国营粮店。厦门也首先批准在纱布、百货两个行业实行全行业公私合营。

① 中共福建省委：《关于资本主义工商业改造工作的报告（草稿）》，1955年12月30日。

1956年1月15日北京市实现资本主义工商业全行业公私合营的消息传来，全省广大职工群众情绪空前高涨，积极要求迅速行动，资产阶级人士中的进步分子也积极配合，迫切要求公私合营。1月16日，中共福建省委第一书记、省长叶飞在省工商联合会首届二次会员代表大会上要求福州、厦门两市学习首都榜样，争取在春节前全面完成对私营工商业的社会主义改造，漳州、泉州尽可能争取在春节后全面完成，其他城镇也要加快改造速度，争取在上半年完成。1月17日，省委召开福州、厦门、漳州、泉州四市及南平、福清二个县对资改造工作座谈会，分析研究了省对私营工商业改造的形势，认为福建省改造高潮已经到来，不能采用过去的做法，可以先批准合营（生产、经营照旧，从业人员不动），后处理具体问题。会后，即以电报的形式向各地、市委发出《关于加速工商业改造工作的指示》，要求各地、市做到改造和生产经营两不误。随后，全省各地私营工商业的改造高潮不断高涨。

1月18日，福州市49个行业、6640户集体向市人民委员会申请全行业公私合营，福州市工商联主委刘永业和全体执委及同业公会副主委240人向福建省、福州市人民委员会呈递了申请书。厦门市62个行业的私营工商业代表也向市人民委员会递送了公私合营申请书。次日，两市的私营企业职工、工商业者及家属分别组织报喜队，报告全行业公私合营已胜利完成，并举行了盛大的庆祝游行。22日、26日，漳州、泉州两市也先后实现了全市资本主义工商业的全行业公私合营。接着，南平、福清及其他主要城市、集镇也掀起了全行业公私合营的社会主义改造高潮。到4月中旬止，全省65个城关、339个集镇全部实现了全行业公私合营。到1956年底，全省基本上完成了对资本主义工商业的全行业公私合营。据统计，全省私营工业户的94%、私营批发商的97%、私营零售商的87.8%和全部的私营汽车、轮船业分别纳入了公私合营、合作社经营轨道或直接转变为国营，从而在全省范围内基本消灭了生产资料的资本主义私有制，完成了对资本主义工商业的全面改造①。

---

① 中共福建省委统战部、中共福建省委党史研究室、福建省档案馆编：《中国资本主义工商业的社会主义改造（福建卷）》，中共党史出版社1992年11月版，第15—16页。

全行业公私合营后，各行业开展了清产核资工作。根据国务院“公平合理，实事求是”的原则和“从宽处理，尽量了结”的精神，福建省各行业在职工的监督和协助下，由资方自清、自估、自报，而后同业互评，最后由行业公私合营工作委员会（由公方、工人、资方三方面代表组成）审查核定；对于企业原来的债务和财产关系，能够在公私合营时了结的都尽量了结；同时做到生产和清产两不误，白天搞生产经营，晚上搞清产。经过清产核资，全省参加公私合营及过渡到国营、合作社经营的私营企业的工商业者共284699人，私股金额共6442.6739万元。其中，工商业资本家资金在10万元以上的只有17人，资金共287.4225万元，占私股金额的5.04%①。但在清产核资过程中，也出现了偏高或偏低的现象，或将生活资料误作清产核资范围。另外，省委、省政府根据党中央的指示，对公私合营企业开展了定股付息工作，对私人股金一律给予5厘定息（原定7年，后又延长3年）。6月中旬，福建省委在第四次资改工作会议上，要求各地在七八月间发放私股上半年定息，以后按季度发放股息。

针对全省私营工商业原来的规模不大，且分散、零杂的状况，同时为改变私营工商业生产经营的盲目性和落后性，逐步代之以先进的社会主义经营管理方法，省委、省政府对公私合营企业进行了经济改组，加强对公私合营企业的领导和管理，把企业计划纳入国家计划的轨道；按照专业化的原则，组织成立各行业的国营专业公司，由国营公司归口管理；按照以大带小、以先进带落后的原则，进行工业企业的合并、改组和商业网的调整。经过改组，企业的生产经营方式大大改进，生产规模逐步扩大。但是，由于不少地区在经济改组时缺乏深入慎重的调查研究，未能认真听取群众意见，加上有的干部思想急于求成，过分强调集中经营、统一标准，过早过多地并店，从而出现供销关系脱节、名牌货被拆散等情况；另外，因裁、并、改、合的规模过大，导致有些产品的特点、特色被打乱，也影响了生产和群众生活。

---

① 《1950—1957年福建省私营工商业社会主义改造统计资料汇编》，《中国资本主义工商业的社会主义改造（福建卷）》，中共党史出版社1992年11月版，第559、561页。

省委、省政府在对资本主义工商业的社会主义改造过程中，贯彻利用、限制、改造与和平赎买的政策，逐步引导资本主义工商业走上国家资本主义轨道，顺利完成了全行业的公私合营。由于有效地利用了资本主义这部分生产力，全省社会生产力和商品流通不仅没有遭致停滞和破坏，反而不断得到发展，对全省工农业和国民经济的恢复和发展起到了积极的作用。

福建是全国著名的侨乡，如何对待和处理华侨投资的工商企业以及服务侨胞的侨批业，是关系团结海外侨胞、激发他们爱国爱乡热情的大问题，也是福建省对资本主义工商业改造过程中面临的一个特殊问题。关于华侨投资的企业，省委、省政府明确规定，对中华人民共和国成立前华侨投资的企业，包括私营工商业者为增加企业经营活动借用的侨汇、侨资，基本上按国内私营工商业的办法处理，如晋江的源和堂果子蜜饯厂等；对中华人民共和国成立后华侨响应政府号召投资于工商业或文化娱乐场所的企业，如泉州华光戏院、福州新侨商店等，按中央规定，在全行业实行公私合营后股息年利可以略为提高；而对于中华人民共和国成立后华侨投资于福建华侨投资公司（建于1952年7月，是引导华侨、侨眷和港澳同胞投资于本省地方工业和其他生产建设事业的公私合营性公司）的资金，均按公司章程每年发给华侨投资者年息8厘，12年还本。侨批业是专营华侨信款的行业，是国外侨胞同祖国密切联系的纽带，也是社会主义建设所需外汇的重要来源之一。福建省人民银行明确提出对侨批业采取“团结与管理相结合”的政策，一方面团结、保护其合法经营，发挥其沟通侨汇、服务侨胞的积极性；另一方面，教育、打击其损害国家和侨胞、侨眷利益的投机倒把行为。1954年在对资本主义工商业采取各种形式的社会主义改造时，福建省根据“维持保护，长期利用”的政策，明确宣布侨批业无须急于在组织形式上加以改变，实际上它们已属国家资本主义性质的行业了。1956年初对资本主义工商业社会主义改造高潮时，各地都对侨批业的改造持慎重的态度，不改变其所有制。1956年下半年开始，福建省政府分别对侨批业头盘局（属海外局的直属分局或联号）、二盘局（属代理海外局业务，算收汇佣的信局）、三盘局（又称解付局，指专为头、二盘局分发信、款，收取回文的派送机构）进一步实行改造，对头、二盘局（合称承转局）仍维持私营名义，沿用原牌号，继续分散经营，独立核算，而着重加强对人的改造，推动其改善经营管理；对三盘局，则根据其自愿、便利侨汇解付、不影响密切联系侨眷的原则，组织三盘业务的联合派送。福建省对华侨投资企业和侨批业的社会主义改造，由于采取了一些特殊、灵活的政策，取得了一定的成果，对恢复全省国民经济，促进复工复业，发展生产，都起到了良好的作用。

然而，全省对私改造工作不可避免地也存在这样那样的缺点和失误。在改造的高潮中，由于要求过急，提出了一些脱离生产力实际状况而空谈生产关系先进性的要求；工作过粗、改变过快，形式也过于简单划一，过分强调集中生产和经营，导致了公私合营面过宽，使资本主义工商业有利于国计民生的方面未能继续得以利用，影响了社会生产力的继续发展。同时，全行业公私合营后，由于公私合作共事关系较差，对一些有技术专长和经营管理经验的资方人员重视不够，资方人员普遍感到有职无权，从而影响了他们的积极性。另外，在改造过程中，把属于独立劳动者的部分小商、小贩、小手工业者等都带进了公私合营企业，并长期按资本家一样对待，也严重挫伤了他们的积极性。但所有这些，都是这场社会变革中的支流，是次要的问题。

福建三大社会主义改造的胜利完成，使生产资料公有制（即全民所有制和集体所有制）在福建取代了长达数千年的生产资料私有制，基本上消灭了剥削制度和剥削阶级，开始全面实行“各尽所能、按劳取酬”的社会主义原则。福建的广大人民群众真正成为国家的主人，从而激发了他们建设社会主义的积极性，进而有力地促进了福建社会生产力的发展。从这时起，福建社会实现从新民主主义到社会主义的转变，建立起社会主义经济制度。福建社会主义改造的胜利完成，充分说明了党中央和毛泽东所作出的“三大改造”决策的伟大和正确，党指引的社会主义方向代表了福建广大人民群众的根本利益。这一胜利，进一步增强了党在福建人民心目中的崇高威望。

第六章
福建前线的军事斗争与海防建设

第一节　加强战备与巩固海防

一、进攻金门失利和东山岛的解放

解决台湾问题、实现祖国完全统一，是中国共产党矢志不渝的历史任务，是全体中华儿女的共同愿望，是实现中华民族伟大复兴的必然要求。三大战役结束后，毛泽东和党中央就把解放台湾、实现全国统一作为人民解放军的一项重大作战任务，并进行“一定要解放台湾”的战略部署。解放福建、建立前进基地，是解放台湾战略部署的关键一步。其中，解放金门是漳厦金战役的组成部分，是攻台作战准备的战略部署之一。1949 年 10 月 17 日，厦门解放后，中国人民解放军第三野战军第十兵团立即开始部署进攻与厦门岛相距仅 1.8 海里的大、小金门①。金门属于福建省的一个县，有大小岛屿 12 个，共 178 平方公里。

大金门东西大、中间小，形似哑铃，东半岛多山，西半岛多丘陵，金门城位于其西岸中部；小金门则隔着一条窄小水道与大金门西半岛成对

① 叶飞著：《征战纪实》，上海文艺出版社 1988 年 11 月版，第 318—326 页。

峙之势，火力可以相互支援。厦门国民党守军被歼后，国民党东南军政长官公署急忙从广东潮汕地区抽调兵力增防金门。其部署：以第五军率二〇〇师守备小金门；以第二十五军四十五师防守西半岛北部，青年军第二〇一师位于金门城附近担任机动；以四十师及刚抵金增防的第十二兵团十八军之十一师驻守东半岛；第十八军主力位于料罗湾附近地区，共有兵力达 4 万余人。

厦门刚解放，解放军第十兵团主要领导人即把精力主要用于城市接管，遂把攻打金门指挥责任交给了二十八军前线指挥部。鉴于第二十八军主力及第二十九军 1 个团早于 9 月下旬进抵石井、莲河地区进行攻金准备，并已搜集到可运载 3 个团的民船，十兵团首长预计，第一波运送 3 个主力团上岛，船只当夜返回，第二波再运送 2 个团上岛，乘敌十二兵团主力未到或到后立足未稳发起攻击，可完成预定任务。于是决定由第二十八军副军长肖锋统一指挥所属 4 个团及第二十九军 3 个团攻取金门岛，并定于 10 月 24 日夜发起战斗。肖锋根据兵团首长批示，决定以第八十二、八十四、八十五师各 1 个团又 1 个营为登陆第一梯队，由八十二师统一指挥，在古宁头、官澳地段登陆突破，首歼大金门西半岛之敌，尔后会同后续梯队歼灭东半岛之敌；以第八十二师主力和第二十九军八十五、八十七师各一团为第二梯队，由军前线指挥部指挥。命令下达后，立即将临时征集到的船只配给第一梯队团，进行战斗编组。因时间仓促，既未组织演练，又未组织协同，船工与部队互不熟悉。而且船只不足，各团均有 1 至 2 个连队无船，等待续运[①]。

10 月 24 日 20 时，解放军二四四、二五三团分别自莲河、澳头东北港湾起渡，先向大嶝岛方向航行，与在该岛起渡的二五一团在海面会合。24 时，3 个团的船队由大嶝岛海面向大金门开进后，队形即逐渐紊乱，通信联络也不畅通，八十二师指挥所又未随船跟进，各团即自行航渡。抵滩时适逢落潮，船只搁浅，又遭敌守军炮火猛烈拦阻，部队伤亡较大。25 日 2 时，各团开始登陆突破。左翼二四四团在大金门腰部北岸的琼林、兰厝间顺利上陆，二五一团先头营于湖尾乡地区顺利登陆，但其后续部队遭到守军

① 福建省地方志编纂委员会编：《福建省志・军事志》，新华出版社 1995 年 6 月版，第 249 页。

炮火袭击，伤亡三分之一；右翼二五三团在岛西北端的古宁头、林厝间登陆后，于拂晓前攻占古宁头。各团登陆后均未组织船只返航接运第二梯队。登陆部队除二五三团三营巩固了古宁头登陆场外，其余部队在既未巩固登陆场，又未恢复建制的情况下，即按既定的作战方向，各自分散作战，向纵深猛插，于拂晓前攻占了西山、观音亭山、湖尾、湖南高地、安岐、埔头一带，给国民党军以严重杀伤。

25 日晨，国民党军刚抵金门的十八军一一八师（欠 1 个团）及岛上原有的守军两个团在坦克、炮兵的配合下，对登陆部队实施全线反击。8 时许又出动空军反复轰击滩头的船只和厦门至围头沿岸的解放军炮兵阵地及船只。各登陆部队英勇抗击，战斗十分激烈。二四四团团长邢永生身负重伤，仍带领部队顽强抵抗。至 12 时弹药耗尽，该团指战员大部牺牲。二五一团主力激战至仅剩 10 余人冲出重围，在古宁头与二五三团会合。二五一团副团长冯绍堂率领 2 个班坚守林厝的几个碉堡，苦战 9 个小时，打垮国民党军 7 次冲击，随后也突围至古宁头。坚守在古宁头的二五三团与兄弟部队余部，连续多次击退国民党军的反扑。国民党军在埔头、林厝、古宁头一带均遭到解放军重大杀伤，其十九军十四师四十二团团长被击毙。黄昏后，国民党军撤至湖南高地一带休整。

由于解放军运送第一梯队的船只全部被毁，第二梯队无法航渡增援，登岛部队孤立无援。十兵团急令各部集中所有船只，运送后续部队前往增援。25 日夜，二四六团一营 6 个排和八十七师二五九团 2 个连同时起航赴援，因风浪太大，仅有 10 个排登陆成功。增援部队与坚守古宁头的部队会合后，即向国民党军实施反击，因兵少力薄，未能奏效。26 日拂晓，国民党军又在坦克、火炮和飞机配合下向古宁头进攻。解放军登陆部队与其激战终日，至 22 时，剩下的少数指战员利用夜幕向北突围，到海边寻找船只未获，遂转移到东南山区。27 日下午，他们在双乳山附近隐蔽时被国民党军发觉，又继续转移。28 日下午在沙头附近被国民党军包围，二四六团团长孙玉秀负伤后自尽，其余被俘。

金门之战的失利，致使两批登陆部队 3 个多团共 9086 人（内船工、民夫等350人)[①]大部牺牲,一部被俘。这次战斗失利,是解放战争中人民解放军的一次重大损失。叶飞认为"轻敌,是金门失利最根本的原因"[②]。登陆金门的解放军在兵少力薄、后援不继的情况下,临危不惧,顽强战斗三昼夜,共毙伤国民党军约9000人[③]。

1950年1月1日,《人民日报》发表元旦社论,将解放台湾作为新中国1950年的主要任务之一。解放台湾,分两步走:第一步是收复沿海岛屿,第二步是解放台湾。1950年3月,第十兵团根据第三野战军指示,开展备战练兵,准备再次进攻金门。4月,为积累渡海作战经验,孤立金门国民党军,造成再战金门的有利态势,兵团决定由第三十一军并指挥第三十二军第九十四师和炮兵第十四团三营,首先解放东山岛。该岛原仅驻有国民党福建省盐警总队第一大队,1949年6月开始,国民党陆续增派杂牌部队上岛,至年底兵力达4000余人,并将岛上各部整编为陆军独立第五十八师。12月12日,经东山县人民政府(暂驻云霄)工作队的策反争取,盐警大队长王勤政率所部起义来归。随后,工作队继续对第五十八师进行争取工作,谈判未成。1950年3月,国民党军唯恐东山有失,从金门抽调第十七军军部率第五十一师2700余人进岛增防,使驻岛兵力增至7000余人。其部署是:第五十八师主力驻守北半岛,第五十一师主力驻守南半岛,军部率二二四、一七七团驻东山城,控制东山港口。解放军第三十一军军长周志坚、政治委员陈华堂根据东山守军以北半岛为防御重点的态势,决定以第九十一师和第三十二军第九十四师主力,分别从岛的西北和北部登陆突破,夹击北半岛之敌;以第九十一师一部,从西南海岸突击上陆,首歼南半岛之敌,尔后向北发展,配合围歼守军主力;以1个炮兵团(2个山炮营、1个野炮营)火力掩护、支援部队登陆作战。4月下旬,各参战部队进抵云霄下曾和诏安林头、大梧村、田厝沿海一线待机,进行临战准备。在地方政府的全

① 登岛部队人数参见军事科学院军事历史研究部编著:《中国人民解放军战史》,第3卷,军事科学出版社1987年7月版,第340页。

② 《叶飞回忆录》,解放军出版社2007年3月版,第479页。

③ 毙伤国民党军人数参见黄保华总编:《当代中国军队的军事工作》(上),中国社会科学出版社1989年6月版,第237页。

力配合下，筹集船只，训练船工，进行海情、气象调查和地形、敌情侦察，制订渡海具体方案。

5 月初，国民党军发现解放军将进攻东山岛，决定从东山撤军，以保存实力，固守金门。其为掩盖撤军意图，继续向东山增派部分兵力，并扬言“要扩充部队，固守东山”，到处抓壮丁，仅东山城外铜钵村就被抓走青壮年 147 名，使该村成了远近闻名的“寡妇村”。中共东山县委从岛上地下工作人员处获悉守军撤逃征候，立即通报解放军，并请求提前解放东山岛。

经过第十兵团批准，第三十一军于 5 月 7 日开始调整起渡场，并以一部兵力在八尺门对岸佯动，以隐蔽主攻方向。各部于 11 日下午完成战斗准备，黄昏分五路开始航渡。第九十一师二七三团第一梯队 2 个营于 18 时 30 分从峰岐一带起渡，21 时 31 分在岛的蜂腰部南侧的山只、黄山母之间登陆，未遇到抵抗。该团随即以一部兵力向南进击，主力向北直指国民党军第五十一师师部驻地白埕。第二七二、二七一团各 2 个营，20 时许分别从港口和林头、大嵝岛起航，在炮兵团火力掩护下，21 时 15 分在北半岛西岸之长山尾、新厝和礁头、径口地段上陆，迅速歼灭在滩头抵抗的小部国民党军，夺占了登陆场。在北部的第九十四师二八〇、二八一团于 20 时 30 分分别从下曾澳、三礁一带起航，22 时 30 分在岛的北岸古港两侧至港西之间登陆成功。至此，登陆部队对北半岛构成了三面合击态势。

解放军发起攻击之前，东山国民党军已做好撤退准备，事先运走了大批物资和抓来的壮丁，除以第五十八师一部在近陆沿岸担任掩护外，大部队已集中于北半岛中部待撤，第十七军军部则率先登舰待运。战斗打响后，其前沿掩护部队在解放军猛烈炮火威慑下，纷纷弃阵而逃，已集结部队则涌向东部海湾，抢先登舰。前来接运的国民党海军舰艇在解放军炮火封锁下，有的尚未满载就起锚逃走。

解放军第二七三团主力向北挺进，11 日 22 时许抵达白埕、探石，均无敌踪，估计其已东逃海边，遂转向亲营、会东追击，以夺取澳口，断其退路。与此同时，二七二、二七一团除留部分兵力巩固登陆场外，主力向东推进，直扑西埔、梧龙。从北岸港西登陆的第九十四师二八〇团，攻占马鞍、樟塘后也逼近西埔。至23时30分，登陆部队占领了西部、北部全部丘陵，国民党军大部乘舰逃走，残部被压在东部濒海几个孤点上。解放军二七三团二营立即抢占村西北的高地，与刚赶到的三营八连，在炮兵火力支援下，从三路向村庄和滩头冲击，国民党军全部缴械投降。12日1时，二营又以一部兵力向会东追击，又歼国民党军200余人。

解放军二八一团从北岸古港登陆后插向东南，切断西埔与东山城之间的联系，于东沈与敌展开激战，国民党军不支，向东山城溃逃。该团于11日23时追至东山城下，以一部兵力夺占南港口，断其退路，尔后在中共地下组织和人民群众的配合下，转入巷战，迅速将残敌分割包围，各个歼灭。城内国民党军五十八师警卫团残部也被迫缴械投降。至12日4时，全岛解放。此次战斗，毙、伤、俘国民党军团长以下2000余人，缴获汽艇1艘、迫击炮2门和大量枪支弹药。解放军仅伤亡13人①。

至此，福建全省除金门县及连江县马祖等小岛外已全部解放。

二、加强海防建设

解放台湾，是毛泽东和党中央的既定战略部署。新中国成立后相当长的一个时期，地处海防前线的福建一直处于“解放台湾”的备战状态之中。

1950年6月25日，朝鲜内战爆发。6月27日，美国总统杜鲁门公然发表声明，宣布：“已下令第七舰队阻止对台湾的任何进攻”。他还提出所谓“台湾地位未定论”，宣称：台湾“未来地位的确定，必须等待太平洋安全的恢复、对日和约的签订或经由联合国的考虑。”②6月29日，美国第七舰队的9艘舰只，包括2艘巡洋舰、6艘驱逐舰和一艘运输舰开进台湾海峡。

在美国侵略政策的扶持下，国民党台湾当局开始加强了对福建沿海

① 福建省地方志编纂委员会编：《福建省志·军事志》，新华出版社1995年6月版，第252页。

② 陶文钊主编：《美国对华政策文件集（1949—1972）》第2卷上，世界知识出版社2004年5月版，第44—45页。

的军事窜犯，以图在福建建立“根据地”和“敌后游击区”。1951年初，台湾当局专门成立了“敌后工作委员会”和“大陆游击总指挥部”，蒋介石指示要“秘密策划向大陆东南沿海发展敌后武力，准备配合国际局势的演变”。随后，台湾当局又在金门岛设立了“福建反共救国军总指挥部”，归属“大陆游击总指挥部”指挥，加紧对福建沿海地区的渗透、袭扰。1952年，台湾国民党军又改“小股偷袭、稳扎稳打”为“以大吃小，速进速退”的战术，对福建沿海的军事窜犯更为频繁和猖獗[①]。

鉴于美国在武装干涉朝鲜内战的同时，还将朝鲜问题与中国的台湾问题联系在一起，公然武装入侵台湾海峡，直接支援蒋介石军队阻止人民解放军解放台湾，中共中央冷静分析国内国际形势、权衡各种利弊，作出“支援朝鲜人民，推迟解放台湾”的重大战略决策。面对紧张的海防前线形势，中共福建省委积极研究部署海防建设工作。1950年1月，《福建日报》发表《粉碎美帝阴谋，坚决解放台湾》的社论，揭露美帝国主义与台湾当局订立秘密协定，企图阻碍中国人民解放台湾，变台湾为侵略中国大陆与反对亚洲人民的战略基地的阴谋。号召福建人民动员起来，支援人民解放军解放台湾，粉碎美国及台湾当局的阴谋。3月，福州市各界人民群众5000余人举行反轰炸游行示威，声讨国民党飞机多次轰炸闽江沿岸地区的罪行。

在1950年3月以后，为加强福建前线的军力，中国人民解放军第三十二军、二十四军和二十五军相继入闽。后来，国际、国内形势有了新变化，中央决定暂缓解放金门。1950年11月，中央电令福建前线驻军解除再攻金门的任务，集中剿匪。完成肃清股匪任务之后，由于抗美援朝和军队建设需要，二十四军、二十五军和三十二军先后调离和整编，福建只留下原来的三个军，二十九军一个师改编为水兵师。面对台湾国民党军妄图进犯大陆的局势。1951年初，中央军委、毛泽东提出了东南沿海地区重点设防和诱敌深入相结合的方针，并连续发出“务必长期确保厦门”等重要指示。福建前线部队及时作出全面部署，以两个军担任沿海防御，以一个军作为纵深机动兵力，并在厦门增加防御兵

① 刘雄著：《海峡风云48年》，福建人民出版社1997年6月版，第69页。

力，加强防御工事，加强炮兵和高射炮火力，多方储备粮食弹药，并预筹由内陆向厦门等岛屿的增援计划，以达到粉碎台湾国民党军进犯、确保厦门之目的[①]。

中共福建省委、省人民政府坚决贯彻中央的部署，做好支援前线部队的各项工作，迅速集中大批人力、物力，夜以继日地抢修公路，以确保战备兵力、物资运输畅通，并加强海防组织机构，加强地方武装和民兵工作。1951 年 10 月，省委发出《关于进一步加强沿海地区工作和积极开展对敌斗争的指示》。11 月，省委召开紧急扩大会议，省委书记张鼎丞，省委常委、福建军区司令员叶飞分别讲话，指出，朝鲜战争尚未取得彻底胜利，还要准备打击台湾当局的袭扰，要求沿海 4 个专区应以备战为压倒一切的中心工作，其他地区则以备战为中心，结合安排好生产、镇反、支前和整顿民兵等工作。1953 年 1 月，省委作出《关于海防工作指示》，指出，沿海地区必须明确以发动群众，加强对敌斗争，巩固海防，整顿民兵组织，镇压反革命，捕捉特务，加强敌情侦察，保卫生产为中心任务，其他工作应结合这一中心进行。2 月 9 日，省委又发出关于海防工作的意见，要求把海防工作当成沿海县、区的中心任务，加强各级党委对海防工作的领导。3 月 16 日，中共中央批转了福建省委关于海防工作的报告，肯定了福建在沿海基点乡充分发动群众，“明确并抓紧解决了渔民生产、镇压反革命、整顿基层组织和开展对敌斗争四大要求”[②]，要求广东沿海渔民、船民和内地江河湖泊渔民、船民的工作可参考福建省委的工作方法。

中共福建省委、省政府、福建军区十分重视地方武装和民兵的建设。早在 1949 年 12 月，福建军区司令部就制定了地方武装建设计划，要求年底前每个军分区组建一个警卫团，每县组建一个县大队，每区组

---

① 叶飞著：《征战纪实》，上海文艺出版社 1988 年 11 月版，第 329 页、332—333 页。

② 《中共中央关于福建省委海防工作报告给中南局、华南分局的指示》（1953 年 3 月 16 日），中央档案馆、中共中央文献研究室编：《中共中央文件选集》（1949 年 10 月—1966 年 5 月），第 11 册，人民出版社 2013 年 6 月版，第 341 页。

建一个区中队，乡组织不脱产的民兵组织[①]。1950 年 11 月，省委扩大会议传达毛泽东对福建剿匪、土改工作的紧急指示，会议要求壮大地方武装，“在明年 5 月以前发展 3.3 万人，达到 6 万人，同时大力发展民兵组织”[②]。12 月，省委专门为此发出了《关于发展地方武装的指示》。同月，省委、福建军区又发出《关于建设人民武装工作的指示》，要求结合剿匪、土地改革中心任务，在现有民兵 15 万人的基础上，至明年 5 月前再发展 10 万人，达到占人口 2% 的比率。此后，在福建省委和福建军区的领导下，福建的地方武装和民兵组织不断壮大，在海防对敌斗争中发挥了越来越重要的作用。

福建地方武装是以中国共产党领导下坚持多年游击战争的游击队为基础，加上收编、改编的一些其他武装力量，统一组建而成的。为了适应形势的需要，从 1950 年上半年开始，遵循党的建军路线和建军原则，对全省地方武装进行整顿和有计划地发展。先从主力部队中抽调 800 多名干部到地方武装工作，又抽调 27 个连编入地方武装作骨干；经过普遍进行诉苦运动和阶级教育，分期分批轮训干部，并吸收群众斗争中涌现出来的有觉悟的农民加入地方武装队伍以后，全省地方武装的政治素质有了提高，并具有一定的战斗力。到 1951 年上半年，全省地方武装已发展到 6 万人，已能接替主力部队担负巩固后方、肃清散匪的任务。

福建民兵组织是在解放以后的剿匪、反霸、镇反、减租和土地改革中逐渐建立和壮大的。各地定期进行乡村民兵干部的训练教育，举行全乡全区以至全县的民兵检阅和民兵代表会议，表扬模范，肯定成绩，批评缺点，交流经验，通过群众教育群众。至 1951 年底，全省民兵已发展至 45 万人。1953 年，全省又组建了 8 个民兵基干团（每个军分区一个团），共 1.7 万人，主要任务是消灭小股来犯的台湾国民党军队和随时配合部队作战。他们“一手拿锄，一手拿枪”，“一边捕鱼、一边

① 中国人民解放军十兵团兼福建军区司令部:《地方武装建设规划方案》，1949 年 12 月 6 日。

② 《中共福建省委扩大会议关于加紧剿匪及开展土地改革运动的决议》，1950 年 12 月 30 日。

战斗”，坚持生产、执勤两不误。平时担负护桥、护路、护厂、护仓、反空袭等繁重任务，还积极配合解放军剿灭土匪、歼灭空降和登陆的武装敌人，协助解放军解放沿海敌占岛屿，参加海上护渔、护航和打击海匪的斗争。

在加强地方武装和民兵组织建设的基础上，福建海防实行军民联防，自上而下建立沿海地区工作部，配合海防专职干部，具体负责海防工作。在以部队守备为主的地区，民兵按建制编入战斗序列。在以民兵为主承担防务的地区，部队定期联系，具体帮助。全省建立了无数个民兵哨所，星罗棋布在千里海防线上。各地民兵日夜值勤，一发现台湾国民党军队前来袭扰，就坚决围歼；若单独作战不能取胜，就坚持到部队的到来。军民联防，使小股偷袭的台湾国民党军队无隙可乘。全省民兵常备不懈，与人民解放军并肩坚守海防，歼灭或击溃了数百起小股来犯的台湾国民党军队。对台湾当局在福建沿海渔民和民兵中加强“心战”，福建沿海地区的民兵也采取种种方法进行针锋相对的斗争，配合部队利用气球、木排等工具，向台湾国民党军队占据的岛屿飘放宣传品几百万份。军民联防成为福建海防斗争中的一大特色。

这个时期，省委对全省的建设布局，也注意围绕福建面对台、澎、金、马，是海防斗争最前线这样一个特点来安排。福建刚一解放，省委就着手抓国防公路建设。从1949年8月至1950年底，一年多的时间里，抢修了汾水关至南平、建瓯到福州、福州到厦门三大干线，修建经费达1700余万元，出动劳动力600万工，是当时全省最艰苦的工程之一。1950年，福建的国防公路建设列入全国国防公路建设的计划之中，中央军委决定修建福建国防公路9线，分为一、二两期施工。第一期为上饶至南平、江山至建阳，建瓯至福州、福州至厦门、漳州至汕头，水吉至建瓯等线，于1951年6月修建完工。第二期为南平至朋口、朋口至角尾、永安至泉州等线，也于1953年开始动工[①]。

① 《陈毅、谭震林、张鼎丞给中央军委彭德怀副总司令并毛主席的报告》，1953年2月10日。

第二节　东山岛保卫战和九三炮击金门

一、东山岛保卫战

国民党撤逃台湾后，在美国政府的怂恿和支持下，时时图谋“反攻大陆”，不断派遣正规部队、海匪和武装特务对大陆沿海，特别是闽、浙两省沿海进行窜犯、袭扰等破坏活动。1949年冬至1953年7月，台湾当局利用大陆军民致力于清剿土匪、进行土地改革和抗美援朝等中心任务，海防力量相对薄弱的时机，不断指使国民党军对大陆东南沿海地区进行中小规模的登陆窜犯。开始，以海匪武装入窜内地，妄图支援陆上土匪；尔后，又以海匪和正规军在局部地区形成绝对优势兵力，企图“以大吃小”，歼灭解放军一些守备部队，以扩大政治影响。

1953年初夏，正当朝鲜停战谈判处于僵持局面，国民党台湾当局为配合美帝国主义在朝鲜边谈边打的策略，妄图对中国沿海地区实施袭扰，对中国进行牵制，以策应和配合美帝国主义在朝鲜的行动。7月15日21时，国民党军金门防卫部上将司令官胡琏率领四十五师（欠一三三团两个营）、十八师五十三团和海匪“福建反共救国军”第一、第二突击大队等部共1.3万多人，分乘13艘舰艇，由金门驶向外海。人民解放军福建军区得悉敌情后，即于16日1时电令闽南、闽中各海防部队准备迎敌。三十一军即令九十一师二七二团立即赴漳浦旧镇集结待命；驻东山岛的公安八十团及时将团部从东山岛外的陈岱镇移驻东山岛内①，中共东山县委书记张治宏和县长谷文昌也命令各乡镇自卫队、支前担架队、救护队立即在执勤地区集合待命，机关干部、武工队、民兵立即进入岗位，担任战勤与作战任务，非战勤的机关干部家属、学校师生在天亮前撤出东山，并组织人力把一切重要财产转移。

① 叶飞：《征战纪实》，上海文艺出版社1988年11月版，第336页。

16 日清晨 4 点钟前，全县党政军民已坚守战斗岗位，剑拔弩张，准备痛击来犯之敌。

16 日拂晓，胡琏所率国民党军在舰炮和飞机支援下，悍然进犯东山岛。4 时 45 分，开始从亲营、大路口之间及湖尾登陆。主力分两路向牛犊山、公云山和王爹山方向实施重点进攻，另以部分兵力向陈城和东山城方向进攻。同时，由台湾新竹机场起飞的两个伞兵中队，于 4 时 47 分在东山岛西北部后林地区空降，企图阻止解放军增援部队进岛。公安八十团团长游梅耀根据敌情和地形作出正确的判断，果断地改变机动防御的作战预案，定下坚守待援的决心。三十一军令该团收拢部队，坚守核心阵地；并令九十一师二七二团向东山岛疾进。6 时，福建军区命令二十八军八十二师及军榴炮团、军区高炮营等部队立即南下增援。接着，中央军委命令驻广东黄岗（今饶平）的四十一军一二二师急速东援。

战斗打响后，公安八十团前沿分队在湖尾滩头杀伤部分国民党军后，按照作战预案主动后撤，步步阻击迟滞国民党军。在南埔，二营六连一排警戒班炸毁国民党军两辆水陆坦克后，撤至樟塘回归建制。一排连续打垮国民党军对樟塘的 5 次冲击后，转移到前、后马鞍。此时，掩护一排转移的重机枪班正副射手均负重伤，副班长黄飞龙头部也被炸伤，四周的国民党军蜂拥而上。黄飞龙在弹尽的情况下，扑向敌群，拉响最后一枚手榴弹，与敌同归于尽。在亲营，一营一连三排连续打退海匪 3 次冲击后，在转移途中伤亡严重。该连主力（欠一排）因接应三排而失去转移时机，被国民党军包围于石庙山。他们英勇作战，打退了十倍于己之敌人的轮番攻击，迟滞国民党军达两个多小时。在战斗中，子弹打光了，他们从敌人尸体上搜集子弹，继续射击。通讯员眼见敌军逼近，而子弹又打光了，就抱起一个炸药包，拉开导火线，冲向敌人，与敌人同归于尽。连长和几位战士与敌人展开肉搏。最后，一连指战员除少数突围外，大部壮烈牺牲。在港西，东山县人武部部长崔天恒率领的一支民兵队伍，坚守阵地 5 个小时，直至后援部队赶到。由于前沿分队和民兵的顽强阻击，至 16 日 8 时前后，国民党军才陆续抵达公云山、牛犊山和王爹山前沿一线。

守卫八尺门渡口的水兵师一团一连，在区委书记率领的后林村民兵积极配合下进行反空降作战，他们以机枪和步枪对敌伞兵猛烈射击，击毙击伤许多伞兵。着陆的伞兵抢占后林以西的高地，向渡口攻击，妄图切断岛上与大陆的联系通道。但敌人的阴谋没有得逞。水兵一连依托300多年前抗倭时构筑的寨子断垣，击退敌伞兵的多次攻击，守住了渡口。后来，他们又不顾疲劳，连续运送增援部队和物资进岛，为战斗胜利作出了贡献。10时30分，步兵二七二团三营登岛，一举攻下59.3高地。至13时30分，在随后进岛的一营三连的配合下，将敌伞兵大部歼灭。

在北面进行紧张反空降作战的同时，公安八十团集中主力在牛犊山、公云山和王爹山等核心阵地，同进逼阵地前沿的国民党军展开殊死战斗。位于岛西北部的这三个高地，成掎角之势，对全岛安危有决定性作用。公安八十团团长游梅耀决心坚守这几个高地，等待增援部队进岛反击歼敌。

7时30分，海匪第二突击大队1000余人，在猛烈炮火掩护下，轮番向公云山攻击。战斗一开始，公安八十团团长游梅耀、县委书记张治宏、县长谷文昌、公安局长张金川就一齐到了指挥所，部署作战方案，指示守卫公云山的公安八十团一营二连指战员要坚守阵地。二连指战员不畏十倍于己的敌人的三面围攻，凭借200多米长的堑壕、7个土木堡和不到百米的土坑道，顽强抗击，打退海匪18次冲击。18时后，又在赶来增援的二七二团十二连配合下，与更加猛烈进攻的海匪激战，子弹、手榴弹打光了，就用刺刀、枪托、石头和卸去保险的六〇毫米迫击炮弹，同突入阵地之敌搏斗。到国民党军开始溃退时，二连在公云山坚守了27个小时，击退国民党军冲击31次，歼敌413人。

8时许，进至霞湖、西港的国民党军四十五师主力向牛犊山连续发起攻击。虽一度夺取前沿部分表面阵地，迫使公安部队转入坑道战斗，却始终未能接近牛犊山核心阵地。扼守4号阵地前沿的公安八十团五连一班机枪组，从16日晨至翌日中午，以猛烈的火力支援本连和友邻六连的战斗，打垮国民党军1个营左右兵力的5次冲击，毙伤其200多人。向王爹山进攻的海匪第一突击大队，也始终未能突破这个核心阵地。

23时，国民党军将预备队第五十三团投入战斗。但在公安八十团和二七二团第一、第三营各一部的顽强抗击下，3个核心阵地始终牢牢地掌握在解放军手中。17日拂晓，二七二团全面接替公安八十团的防务。疾速赶到的四十一军一二二师和二十八军八十二师的先头团，分别于16日20时和17日4时开始渡海进岛。

17日5时，一二二师三六五团向王爹山方向出击。左翼八十二师二四四团也开始向国民党军反击。7时，国民党军开始动摇，匆忙收缩兵力。负责统一指挥作战的三十一军军长周志坚决定，不待增援部队全部到达，即发起全面反击，歼灭国民党军于湖尾以西地区。10时，国民党军主力向湖尾方向撤退。10时30分，解放军分3路开始全面反击。右路三六五团和一二一师三六一团三营夺回赤坑山，攻占石坛，强取虎山，尔后分两路向亲营和湖尾两个方向反击。中路二七二团兵分两支，分别经梧龙和南山，杀向湖尾。左路二四四团沿前后马鞍、南埔一线反击，与右路、中路会师湖尾。二四四团发现国民党军约两个连据守柯塘山，掩护主力撤退，遂决定拔除这个据点。在兄弟部队尚未赶到的情况下，该团二连二排毅然接受了这个攻坚任务。柯塘山又陡又滑，二排两次冲击均受挫，全排仅剩下9人能坚持战斗，却又被国民党军1个地堡的火力压制在一块大石头后面，难以动弹。在这紧要关头，五班长、共产党员张学栋挺身而出，端起机枪向国民党军火力点冲去。他胸部和腿部7处负伤，在距地堡10米处倒下了。他使尽最后一点力气爬到地堡射孔下方。这时，子弹、手榴弹都已打光了。张学栋从弹坑中猛地跃起，高喊“为了祖国，冲啊！”向地堡扑去，用自己的身体堵住枪眼。战友们迅速地冲了上去，后续部队也赶到，夺取了柯塘山。18时，解放军各路反击部队逼近湖尾沙滩。国民党军纷纷夺船逃命，舰艇不等装满即匆匆起航，丢下的国民党军只好缴枪投降。

17日19时，战斗胜利结束。人民解放军共歼灭国民党军3379人，击落飞机2架，击沉小型登陆艇3艘，炸毁坦克2辆，缴获步兵火炮及火箭筒46门（具）、轻重机枪109挺、长短枪512支，和大批弹药以及军用物资。人民解放军伤亡、失踪1250人。

在东山岛保卫战中，东山岛广大人民群众在县委、县人民政府的指挥下，立即行动起来，全力以赴，投入支前，踊跃奔赴火线。湖尾村农民冒着枪林弹雨，抬担架，往返于大岭山和八尺门渡口之间，抢救伤员、运弹药；城关、康美民兵配合部队坚守港西山，打退了敌人多次进攻；后林、大嶝船工队，不顾敌机的狂轰滥炸，划着小梭船往返渡口，运送援兵、伤员和物资；坑内村群众踊跃投入支前，抬伤员、运弹药、烧水、煮饭，支援部队。在这次战斗中，漳浦、云霄、诏安等兄弟县及广东潮汕地区也都给了东山军民及时有力的支援。

国民党军进攻东山岛，是其逃台后对大陆沿海发动的规模最大的一次登陆窜犯。东山战斗一结束，毛泽东就指出：东山战斗不光是东山的胜利，也不光是福建的胜利，而且是全国的胜利①。中央军委也在 7 月下旬打电报嘉奖参加东山岛战斗的部队。东山岛保卫战胜利后，台湾当局再也不敢以大股武装窜犯大陆，被迫转为小股武装的袭扰。

二、九三炮击金门

国民党军长期的骚扰破坏活动，给大陆人民造成了十分严重的恶果，大陆军民不能不给国民党军以严厉的惩罚。同时，中国人民对美国在台湾海峡地区的侵略活动，也不能不给予有力的回击。1950 年初，人民解放军曾积极准备再次攻击金门。同年 9 月，中共中央军委决定，为集中力量进行抗美援朝，推迟执行攻金任务。此后，解放军福建前线部队在积极准备解放金门、马祖的同时，采取“全面巩固、积极进攻”的海防方针，以各种手段同骚扰福建沿海地区的国民党军进行针锋相对的斗争。

解放军福建前线炮兵对国民党据守的岛屿施行炮击，始于 1953 年 1 月，但较大规模的炮击行动则在 1954 年 9 月之后。

1954 年 8 月 22 日，为了揭露美国政府和台湾国民党当局策划签订“共同防御条约”的阴谋，打击美国的侵略政策，中华人民共和国各民主党派和人民团体发表解放台湾的联合宣言，向全世界庄严宣告：台湾是

---

① 《解放前线》1953 年 7 月 21 日。

中国的领土，中国人民一定要解放台湾。8月25日，福建前线部队接到中央军委命令：为了打击美帝国主义政府的侵略政策和制止国民党军对东南沿海的侵袭，在美蒋预谋签订《共同安全双边条约》（即“共同防御条约”）期间，对金门国民党军实施惩罚炮击[①]。

炮击行动由福建军区司令员叶飞指挥，陆军第三十一军首长具体组织实施。参战地面炮兵有：炮兵第九师所辖3个团，步兵第八十二、第九十一师所属炮兵团各2个营，福建军区炮兵营，共14个炮兵营150门火炮。另有海军厦门水警区海岸炮兵约1个营。担任掩护任务的高射炮兵有：城防高炮五二一团，高炮六十四师六一一团，步兵第五十八、第五十九、第九十一师高炮营，共1个中口径高炮营、7个小口径高炮营。这次炮击金门，从9月3日至22日，地炮、高炮共作战93次。因系9月3日开始射击，故称九三炮击金门。

九三炮击金门有两次大规模的火力急袭。第一次以150门火炮和约1个营的海岸炮组成5个炮兵群，配置于厦门岛东、南沿海地区和大嶝岛，于9月3日14时10分开始射击，主要袭击金门港内之国民党军舰艇，并以部分火力压制大、小金门岛上的地面、海岸炮兵，以及袭击敌机动力量集结地域。第一次火力急袭持续1小时又50分钟，于16时暂停射击，共发射炮弹4945发。21时再以76.2毫米野炮对小金门进行射击，耗弹331发。第二次火力急袭以130门火炮组成4个炮兵群，配置于厦门岛、大嶝岛和同安莲河地区，于9月22日17时15分开始射击，主要袭击大、小金门岛上的国民党军师、团指挥机关、军事设施和压制国民党军炮兵，持续1小时又15分钟，于18时30分停止，发射各种炮弹3299发。两次炮击，命中率分别为90%和95%。9月3日炮击后，国民党军地面炮兵及海军舰艇火炮陆续对解放军进行报复射击。解放军地面炮兵亦多次进行反击。9月10日10时，驻厦门炮兵十四团九连以50发炮弹摧毁小金门1个105毫米榴弹炮连阵地，击毁火炮3门、击坏1门。16时30分，该连又将击坏的1门火炮摧毁。“九三”炮击金门，共击沉击伤国民党军舰艇7艘，摧毁炮阵地7处，毙伤国民党

① 叶飞：《征战纪实》，上海文艺出版社1988年11月版，第342页。

军 1000 余人[①]。战后，省委、省政府电贺前线全体指战员取得九三炮击金门胜利。

九三炮击金门后，美国政府不顾中国人民的强烈反对，于同年 12 月 2 日与蒋介石集团签订了所谓“共同防御条约”，把台湾及澎湖列岛置于美国的“保护伞”之下，阻挠中国的统一。对此，周恩来总理于 12 月 8 日发表声明，指出所谓“共同防御条约”“根本是非法的，无效的”，强调“一切关于所谓台湾‘独立国’、台湾‘中立化’和‘托管’台湾的主张实际上都是割裂中国领土、侵犯中国领土，侵犯中国主权和干涉中国内政，都是中国人民绝对不能同意的”，指出中国人民一定要解放台湾，完成自己祖国的完全统一。12 月，福建省暨福州市各界代表 1200 多人举行反对美国和台湾当局签订“共同防御条约”大会，会议一致通过《关于拥护周外长声明，坚决反对美蒋条约的决议》。20 日，省委发出《关于贯彻〈关于开展反对美蒋条约的宣传运动的指示〉的通知》。与此同时，福建前线军民在省委、福建军区领导下继续打击蒋介石集团对福建沿海地区的窜扰和破坏活动。1954 年 9 月 7 日，福建前线高炮部队一举击落、击伤空袭厦门地区的台湾国民党空军飞机 23 架，1955 年又击落、击伤 95 架。从此，台湾国民党空军飞机被迫停止了对福建的空袭。与此同时，驻福建的海军舰艇和海岸炮兵也进行了护航护渔的作战行动，配合陆军先后解放了台山等台湾国民党军队占据的岛屿，对维护海上运输和保卫渔业生产起了重要作用。

① 黄保华总编：《当代中国军队的军事工作》（下），中国社会科学出版社 1989 年 6 月版，第 495 页。

第七章
建立社会主义制度和加强党的建设

第一节　人民代表大会制度的建立

一、普选人民代表

1953年，就全国来说，由于国民经济的全面恢复，在大陆范围内军事行动的基本结束，土地改革已经基本完成，各界人民已经组织起来了。此外，通过中华人民共和国成立初期的各界人民代表会议的民主实践，各界人民群众的民主意识不断提高，参政议政的热情不断高涨，也为人民代表大会制度的建立奠定了坚实的群众基础。为此，召开全国人民代表大会及地方各级人民代表大会的条件已经成熟。为了适应社会主义改造和建设的新形势，进一步健全人民民主制度，保证人民群众行使管理国家大事的权力，发挥人民群众参加国家建设的积极性，中央人民政府委员会第二十次会议于1月13日一致通过了《关于召开全国人民代表大会及地方各级人民代表大会的决议》。2月11日，中央人民政府委员会又颁布了《中华人民共和国全国人民代表大会及地方各级人民代表大会选举法》。

根据中央的决定和《选举法》的规定，1953年5月，福建成立了福建省选举委员会，由陈辛仁任主席。随即，拟定了全省普选工作步骤和计划，对全省普选工作作了具体部署。全省抽调1.3万名干部负责指导工作，并培训了2.5万名工作人员。

为了保证选举工作胜利完成，省选举委员会又制定了组训、宣传工作计划和基层选举工作的汇报制度。要求各地有组织地利用各种宣传工具进行宣传。至6月中旬，全省已有65个县市成立了选举委员会，31个县市制定了基层选举工作计划，并有许多县、市召开了各界人民代表会议，讨论基层选举工作的具体问题，根据计划着手进行普选的准备工作。

为了取得结合生产进行普选的工作经验，许多县、市在准备工作期间，进行了基层选举的典型试点工作。龙岩地区漳平县在二区桂林乡典型试点工作中，从发动群众解决生产中的主要问题入手，按当地各个季节不同农事活动排定选举的具体工作步骤，要求在工作中取得以普选推动生产的经验，保证全县普选工作的顺利进行；南平地区建瓯县在徐墩乡试点工作中提出了“搞好生产，迎接普选”的口号，选举工作每一步骤和阶段的安排，都有明确的生产方面的要求和具体措施；普选工作组到乡后，也深入农业生产互助组从结合检查生产、发动积肥入手，展开普选宣传工作。

在普选准备工作中，福建省选举委员会还编印了《普选宣传提纲》和通俗宣传讲话3900份下发各地，省新华书店也向各县配发了1400多册《选举工作手册》；省文学艺术界联合会也组织人员创作了普选歌曲和短剧等文艺作品。入秋之后，在全省范围内展开了大规模普选宣传活动。

经过广泛深入的普选宣传活动，全省人民的政治觉悟大大提高，广大群众深刻认识到，只有人民民主制度的进一步完备和巩固，才能够更加有力地推进国家经济建设的各项事业，保证社会主义社会的实现，因此，以极大的热情投入到普选运动中去。经过选民登记，福州市区参加选举的选民，占选民总数的96%以上。仓山区工人选区的选民全部参加了选举。沿海地区渔民和盐民参加普选的热情很高。东山县91.5%的选民参加了选举。长乐、连江、福清、罗源、海澄、诏安、云霄等沿海城乡，参加选举的选民平均达到82%以上。在闽西、闽北的革命老根据地发动面更广。崇安、建瓯、光泽等县114个乡参加选举的选民达到83.3%；龙岩专区有193个乡91%以上的选民参加了选举，龙岩县后田村更达到99%；龙溪专区534个基层单位4万多人参加的普选宣传队，就有妇女1万多人。晋江县、福清县20多万归侨、侨眷以及全省各地的少数民族群众也积极参加了选举。广大山区人民，尤其是那些偏僻的山村，解放前盗匪横行，人民生命财产无时无刻不受到威胁，解放后建立了人民政权，开始了安居乐业生活。在选举的日子里，这些曾长期饱受灾难的群众，对选举极为热心，很多选民跑了二三十里路，翻越几座大山，赶到选举会场，投下他们自己神圣的一票。

在全省基层选举中，各阶层都有与其地位相当的代表。福州市6个城区和市人民代表大会的767名代表中，工人阶级成分占37%多，农民、船民、机关干部、归国华侨以及工商业者等也各有相适应的代表名额。在民族聚居或散居地区，少数民族也有自己的代表当选。各地普选中妇女当选代表的都占有一定的比重。充分显示了选举的普遍性、平等性及广泛的代表性。

各地在普选中选出来的人民代表，许多都是各阶层中的优秀人物和走社会主义道路的带头人。选民们对共产党员和青年团员表示充分的信任和热烈的拥护。长乐县2518名基层人民代表中，有322个共产党员和729个青年团员，占全县代表总数40.54%。各地工业农业劳动模范以及带头贯彻总路线的杰出人物也都受到广大群众的爱戴和信任。福州市的各区选举中，著名的华东电业劳动模范任良鸿、省农业劳动模范许章成、市农业劳动模范黄诗妹等都当选为人民代表。市郊凤湖乡全乡28名代表中，曾获得劳动模范称号和被评为筑堤功臣的就有19人。革命老根据地人民挑选了长期坚持革命斗争，对革命事业有很大贡献的人来当自己的代表。龙岩县革命老根据地洋潭乡选出的19名人民代表，大都是老共产党员、老红军战士和游击队员。上杭县才溪乡选出的27名代表中，就有13人在土地革命战争时期当过乡苏维埃政府干部和少年先锋队队长等职务。各地还有许多光荣的烈军属、革命残废军人和复员转业军人被选上代表。

1954年3月，为配合基层选举而进行的全省人口普查顺利结束。各地统计表明，解放后全省人口显著增加。仅福州、厦门、漳州3个市，这次登记的人口就比解放前夕平均增加7.5%。据龙溪专区的海澄、诏安、漳州的111个基层单位统计，在313526人中，解放后出生的小孩达57775人，其中11753人不满周岁，登记中还有101岁的长寿老人。这些都是解放后人民生活安定、生产发展和社会福利事业改善的结果，充分说明了新社会的兴旺繁荣的景象。

4月下旬，全省基层选举工作宣告胜利完成。全省6347个乡、223个镇、28个城镇区、9个市辖区和泉州、漳州2个不设区的市共6609个基层单位的选举工作已全部结束，普遍建立了人民代表大会制度的基层政权。6月底前，各地又先后完成了县、市人民代表的选举工作，为全省第一届人民代表大会的召开准备了条件。

二、福建省第一届人民代表大会的召开

全省基层选举工作胜利完成后，中共福建省委立即开始了召开福建省第一届人民代表大会的筹备工作。1954年5月10日，福建省人民政府委员会召开第十二次会议，根据中央关于召开全国人民代表大会及地方各级人民代表大会的决议与《选举法》的规定，结合福建省的实际情况，决定成立福建省第一届人民代表大会第一次会议筹备委员会及其办公机构。6月4日，省委又发出通知，要求各地结合宣传党在过渡时期总路线，开展《宪法〈草案〉》的宣传讨论活动，为福建省第一届人民代表大会的召开进一步创造条件。

6月12日，福建省首届人民代表大会筹备委员会正式成立，由叶飞任筹备委员会主任。同日，福建省宪法草案讨论委员会成立，由曾镜冰任主任委员①。福建省第一届人民代表大会筹委会成立后，做了大量的筹备工作：一是根据选举法的规定，拟定出席省第一届人民代表大会代表283名，代表人选由中共福建省委及各民主党派福建地方组织、本

① 《省首届人民代表大会筹委会成立》，《福建日报》1954年6月13日；《省宪法草案讨论委会成立》，《福建日报》1954年6月13日。

省各人民团体充分酝酿协商后，以联合提名为主要产生方式，并经各选举单位充分讨论后选举出来。此外还邀请了省人民政府委员会委员、省协商委员会委员及省人民政府所属单位和省各人民团体负责人共59人，列席省第一届人民代表大会第一次会议。二是筹委会将先后收到代表或县人民代表大会提出的提案428件，县人民代表或县常务委员会等机关转来的建议案47件，合并为188件，准备提请大会提案审查委员会审查。三是与各方面协商研究提出福建省第一届人民代表大会第一次会议主席团及提案审查委员会等组成人员的初步名单，提请大会审议通过。四是搜集本省5年来各项主要工作成就的材料，绘制了140张统计图表，包括工业、农业、商业、政法、文教等21类，向大会展出。

1954年8月2日至11日，福建省第一届人民代表大会第一次会议在福州隆重召开。这次代表大会的主要议程有三项：一是听取并审查省人民政府5年来的施政工作报告，确定1954年的工作任务。这是大会代表和全省人民行使地方国家权力的一项重大任务；二是讨论通过中华人民共和国宪法草案，宪法是国家的根本大法，由人民群众和代表来讨论和制定宪法，是人民的权利和光荣责任；三是选举出席全国人民代表大会的代表。根据中央选举委员会发布的《对召开省、市、县人民代表大会的几个问题的决定》，省级人大不在本届首次会议上选举本级人民政府，只选举出席全国人民代表大会的代表。大会在广泛发扬民主的基础上，经过充分的酝酿和隆重的民主选举，产生了全国人民代表大会福建省代表：张鼎丞、王亚南、侯振亚、刘永生、谢冰心、田富达、李质忠、何遂、林一心、吴传玉、庄长恭、陈绍宽、覃修典、刘崇乐、虞宏正、郑依栂、谢雪红、苏华。

中华人民共和国成立后，人民翻身做了主人，国家的一切权力属于人民。由人民选举出来的代表，在人民监督下集体地掌握着国家的权力。人民代表大会制度是中华人民共和国的根本政治制度，保证了人民群众在国家生活中真正当家作主的权利。福建各级人民代表大会的召开，标志着福建省以工人阶级为领导、工农联盟为基础的人民民主政权建设更加巩固和完备。

第二节　政治协商制度的发展和少数民族工作的开展

一、福建省各届人民代表会议协商委员会的成立

根据《中国人民政治协商会议共同纲领》的规定，在普选的地方人民代表大会召开以前，由地方各界人民代表会议逐步代行人民代表大会的职权。各界人民代表会议的常设机构是它的协商委员会。1950 年 6 月，政协全国委员会通过《关于地方委员会的决定》，规定由省、市各界人民代表会议协商委员会代行政协地方委员会的职权。1951 年 10 月 17 日，政协全国委员会发出《关于省、市协商委员会代行本地方委员会职权的通知》，规定凡已成立各界人民代表会议协商委员会的地方，代行本会地方委员会的职权。

1951 年 12 月 15 日至 25 日，福建省首届各界人民代表会议在福州举行。会议代表共 519 人，包括各区域、省人民政府、民主党派、人民解放军、人民团体及职业、特邀等 6 个部分共 41 个方面，即：建阳专区、南平专区、福安专区、闽侯专区、晋江专区、龙溪专区、福州市、厦门市、老革命地区、待解放区、省人民政府、中共福建省委、中国国民党革命委员会（简称民革）福建分部筹备会、中国民主同盟（简称民盟）福建支部临时工作委员会、中国农工民主党（简称农工党）福建省工作委员会、中国民主建国会（简称民建）福州分会筹备委员会、中国新民主主义青年团（简称青年团）福建省工作委员会、中国人民解放军福建军区、福建省总工会、福建省农民协会、福建省民主妇女联合会（简称省妇联）、福建省青年联合会（简称省青联）、福建省学生联合会（简称省学联）、工商界、福建省合作社、教育界、文学艺术界、新闻出版界、科学技术界、医药卫生界、福建省中苏友好协会、中国人民保卫世界和平反对美国侵略委员会福建分会、少数民族、华侨、宗教民主人士、烈军属、残废及退伍军人、战斗英雄、民兵英雄模范、劳动模范、特邀代表等。12 月 24 日，

出席会议的代表根据《福建省各界人民代表会议组织条例》第十条“本会议休会期间设协商委员会”和《福建省各界人民代表会议协商委员会组织条例》第二条“协商委员会由福建省各界人民代表会议选举主席 1 人、副主席 2 至 4 人及委员 50 至 60 人组成之”的规定及《福建省各界人民代表会议协商委员会选举办法》,以无记名投票方式,选出委员 53 名,选举张鼎丞为省协商委员会主席,曾镜冰、王亚南、林植夫、黄长水为副主席。

12 月 26 日,省协商委员会举行第一次会议,根据《福建省各界人民代表会议协商委员会组织条例》第二条“本会设常务委员会主持会务,由全体委员中互选委员 20 至 26 人组成之,并以本会主席、副主席为常务委员会主席、副主席”的规定,推选出常务委员 27 人,张鼎丞为常务委员会主席,曾镜冰、王亚南、林植夫、黄长水为常务委员会副主席,推选彭冲为秘书长,倪松茂为副秘书长,推选出常务委员 27 人。

省协商委员会是福建省各界人民代表会议休会期间的常设机构,同时,根据全国政协《关于地方委员会的决定》,在普选的省人民代表大会召开以前,由省协商委员会代行政协地方委员会职权,参与协商和决定全省政治、经济生活中的重大事项。《中央政务院关于各省、市各界人民代表会议协商委员会工作的意见》规定,省协商委员会是各民主党派、人民团体和民主人士的政治协商机关,又是经过各民主党派、人民团体和民主人士去团结各民主阶层人士的统一战线组织。根据《福建省各界人民代表会议协商委员会组织条例》的规定,省协商委员会主要职权为:协助省人民政府实行省各界人民代表会议的决议,并了解其执行情况;协助省人民政府联系人民,征求并反映人民意见;审查省人民政府交议的文件和议案;进行调查研究,提出意见,供省人民政府采择;召集各界人士座谈会,协助省人民政府解释政策法令并征求对政策法令的意见;接受人民的建议、询问、要求、申述、批评;协助并推动各民主党派、人民团体、民主人士参加各种人民革命运动及建设工作等。

福建省各届人民代表会议协商委员会的成立,标志着福建省人民民主统一战线组织正式建立。在中共福建省委的直接领导下和政协全国委员会的指导下，福建省协商委员会在保卫祖国、保卫和平的斗争中，以及在组织各界人士贯彻过渡时期总路线、协助政府动员人民参加政治、经济、文化各方面建设和动员各界人士进行学习与协调统一战线内部关系等方面，做了大量工作，取得了积极的成效。

二、福建省第一届政治协商会议的召开

1954年8月2日，福建省第一届人民代表大会第一次会议召开，福建省各届人民代表会议协商委员会不再具有人民代表会议常设机构的职能。根据全国政协、政务院《关于地方各级人大召开后各级协商机构暂时保留的通知》，福建省各届人民代表会议协商委员会作为人民民主统一战线的地方机构，继续进行统一战线工作。

1955年1月14日至17日，中国人民政治协商会议福建省第一届委员会第一次会议在福州举行。参加会议的有各民主党派、各人民团体等21个单位代表和特别邀请人士共170名。省委书记叶飞作《政治报告》，福建省各届人民代表会议协商委员会副主席王亚南作《福建省各届人民代表会议协商委员会三年来工作报告》①。叶飞在报告中首先概述当前的形势，着重说明关于解放台湾的问题，提出省政协当前的工作任务，希望省政协加强和人民群众的联系，广泛深入地反映各阶层人民群众的意见，协助政府做好各项工作，在解放台湾，保卫和平和完成国家过渡时期总任务的斗争中，贡献出更大的力量。常委会工作报告总结了省协商委员会三年来的工作：(1)动员和团结全省人民开展了波澜壮阔的抗美援朝、保卫和平运动；发动全省人民订立爱国公约，进行爱国捐献；协助组织志愿军归国代表的传达，组织赴朝慰问2次，组织各界人民给志愿军和朝鲜人民军撰写慰问信9万多封；对取得1953年7月东山战役胜利的前线人民解放军进行慰问，巩固海、边防；1954年8月，联合省各民主党派、人民团体发出拥护《中华人民共和国各民主党派、人民团体为解放台湾联合宣言》通电；会同福州市协商委员会召开

① 《政协第一届福建省委员会首次全体会议昨日在福州隆重开幕》，《福建日报》1955年1月15日。

省、福州市各界反对美国与台湾当局订立“共同防御条约”大会，作出决议，表达了坚决解放台湾的决心。(2)参与讨论省人民政府每年的工作任务，协助人民政府开展“三反”“五反”运动和司法改革、调整商业、普选、贯彻婚姻法、搞好城乡物资交流、私营工商业的社会主义改造等项中心工作。(3)建立学习委员会和学习制度，组织各界人士学习共同纲领、选举法、过渡时期总任务、宪法草案及时事政策等，通过学习，扫除思想顾虑，加强对国家政策法令的认识，激发爱国主义和国际主义精神，推动各界人士的思想改造。(4)通过委员和代表联系人民，反映群众意见；向政府提供具体建议，同时对人民进行宣传教育，提高他们的政策认识；认真处理人民来信和省首届各界人民代表会议的提案，对人民来信做到事事有着落、件件有交待。(5)召开全省协商工作会议，讨论各地协商机关的具体工作问题，对各市、县协商机关的工作经常进行研究，提供建议，并定期作出总结，以指导市、县协商机关工作的开展。

王亚南宣布：中国人民政治协商会议福建省第一届委员会正式成立，福建省各界人民代表会议协商委员会已经光荣地完成自己的历史任务。建议一届省政协从以下七个方面加强工作：(1)为保证宪法的完全实施、把中国建设成为一个伟大的社会主义国家而奋斗；(2)联系人民，了解并向有关国家机关反映他们的意见，协助宣传、推行国家政策法令，进行各种统战活动；(3)动员和帮助各界人士学习马列主义理论，积极参加社会主义建设和改造事业，不断提高觉悟水平；(4)为解放台湾、反对美帝侵略、保卫祖国安全而斗争；(5)加强保卫世界和平、巩固和发展与苏联及全世界爱好和平人民的友谊；(6)加强对市、县政协工作的指导、检查；(7)协商处理统战组织内部共同性的活动和问题。刘通等30位委员在大会上发言，就如何进一步扩大和加强统一战线、知识分子思想改造、资本主义工商业的社会主义改造、加强青少年共产主义道德品质教育等问题，提出意见和建议。

与会委员一致同意叶飞和王亚南的报告，审议通过本次会议议案审查和处理意见的报告和《关于省协商委员会三年来工作报告的决议》，通过《进一步巩固人民民主统一战线，动员全省人民实现中国过渡时期总任务，为解放金门、台湾而努力》的决议，一致拥护全国政协二届一次全会通过的《中国人民政治协商会议章程》和《会议宣言》;对美国政府公然干涉中国内政,霸占台湾,侵犯中国主权的侵略行径,表示愤慨。

会议选举曾镜冰为中国人民政协协商会议福建省第一届委员会主席,蓝荣玉、王亚南、林植夫、刘通为副主席,张兆汉为秘书长[①]。省政协第一届委员会由中共福建省委、民革福建省分部委员会、民盟福建省支部委员会、农工党福建省委员会、民建福州市分会、青年团福建省委员会、福建省工会联合会、福建省农民协会、福建省妇联、福建省青联、福建省合作社、福建省工商业联合会(简称省工商联)、文学艺术界、科学技术界、教育界、医药卫生界、体育协会、对外和平团体、回族、华侨、宗教界、特别邀请人士共 22 个界别组成,委员 174 人。在 174 名委员中,中共党员 33 名,占 18.96%;妇女 18 名,占 10.34%;有中高级职称的 40 名,占 22.99%[②]。此后,省政协作为中共领导的人民民主统一战线组织,由中共和各民主党派、人民团体及各界推选代表组成。原省协商委员会组成单位中的省人民政府、区域代表和人民解放军不再作为政协的组成单位,更加突出了人民政协的性质和特点。

三、少数民族工作的开展

福建是散杂居民族地区。民国时期,福建省国民政府没有专门的处理民族问题的机构。当时,少数民族被称为"苗夷"和"边疆民族及内地生活习惯特殊国民",处理民族问题由民政厅承办。中华人民共和国成立以后,省政府专设了民族事务工作机构。1952 年 8 月,福建省民政厅民族事务科(县、团级单位)设立,配科员 4 人,其中汉族干部 3 人、畲族干部 2 人。

20 世纪 50 年代初,由于对民族状况认识不清,民族认同混乱,不利于落实党的民族政策。在福建,世居的畲、回、满、蒙等民族中,有人没有被认定为相应的民族。在畲族中有自报苗族、瑶族的,还有为数不少的人自报为汉族。在回、满、蒙等民族中有些人不承认自己是少数

① 《政协第一届福建省委员会首次全体会议昨闭幕》,《福建日报》1955 年 1 月 18 日。

② 福建省地方志编纂委员会编:《福建省志・政协志》,方志出版社 2002 年 12 月版,第 8 页。

民族。1953 年全国第一次人口普查资料统计，全省除汉族外，有 11 个民族成分，人口共 129931 人，其中畲族 96375 人、回族 5094 人、苗族 1409 人、满族 749 人、壮族 161 人、瑶族 163 人、蒙古族 48 人、侗族 51 人、京族 53 人、布依族 38 人、高山族 35 人（含自报阿美、排湾、鲁凯、卑南等人），其他自报为少数民族而没有正式确定民族名称的 13856 人，外国人加入中国籍的 945 人①。

为改变旧中国民族成分和族称混乱的状况，有力地贯彻党的民族政策，搞好民族团结，稳定社会政局，保障少数民族的合法权益，1953 年 8 月，中央民族事务委员会（以下简称民委）及华东民委派出畲民识别调查小组，深入罗源县八井村、上杭县庐丰村、漳平县山羊隔村进行畲民识别调查。调查组从民族特征的调查入手，并追溯历史渊源，得出畲民是有着自身特点和单一的少数民族，即他们既不是汉族，也不是“瑶族的一支”。1956 年 12 月，根据福建省畲族干部群众的普遍意愿与畲民识别调查小组的调查报告，国务院正式宣布畲族是一个具有自己民族特点的单一的少数民族。

结合少数民族地区的具体情况和民族特点，福建省因地制宜地发展民族经济、民族文化、民族教育和卫生等各项事业。对于散居在农村的少数民族，福建省各级党政部门组织开展互助合作，采取拨专款、定期发放无息贷款、廉价出售农具和生产资料，建立农业技术指导站等措施，扶持少数民族改进和提高生产技术水平。同时，还对特困少数民族农户无偿发放种子、农具等。据 1957 年统计，全省少数民族中贫农 11843 户、雇农 5981 户，都得到政府无偿扶持。同时，对农村少数民族实行特殊政策。在 1953 年农村实行粮食统购统销中，对闽东各县特困畲村的粮食实行免征、免购或只销不购政策。对漳平县山羊隔、小芹菜等畲村不实行土地改革，不评阶级成分，直接实行农业合作化。在一些特困的畲村兴办公益事业、兴修水利等，实行“以工代赈”政策，发给少数民族村民衣被、钱粮等实物。

对于散居在城市的回、满、蒙等少数民族也进行全面摸底调查，解

① 福建省地方志编纂委员会编：《福建省志·民族志》，鹭江出版社 2013 年 9 月版，第 315 页。

决他们的生活困难。据1952年12月统计，福州、厦门、泉州、邵武等县（市）有回族197户、868人，满族239户、621人。他们人均每月收入在8元以下的有112户，每月人均收入在8元以上，基本能维持生活的243户，生活中等水平以上的有81户[①]。因此，对城市的少数民族采取一是帮助寻找就业门路；二是协助经营小食品、小摊贩，宰牛、羊业者转行转业，有的进入国营企业，有的帮助实行经济合作；三是给部分无职业户定期或临时救济的措施，帮助他们解决实际困难。

据统计，从1952年至1959年，福建省民族工作部门共向农村或城市少数民族发放救济专款343200元，包括1957年中央民委的拨款10万元。对缺乏生产农具和种子的农村少数民族发放低息贷款，帮助发展生产。共发放低息贷款3241000元。此外，农村信用合作社给少数民族贷款共1045200元[②]。

中华人民共和国成立之前，福建的少数民族乡村几乎没有现代意义的学校。据1949年统计资料显示，福建畲族地区仅有初小4所，小学生415人，中学生50人，畲族中的文盲率达98%。福建省根据畲族山区居住分散、交通不便、学生上学难的特点，从1952年至1953年，福安、闽侯、南平、建阳等4个专区共在畲族乡村设立民族小学98所，调派汉族教师到民族小学任教，派畲族乡小学教师到县教师文化进修轮训班学习，对畲族学生实行减免学杂费等措施。为帮助和扶持少数民族发展教育，省委、省政府于1952年下拨74000元，1953年下拨6000元少数民族教育补助专款，1954—1959年每年拨24000元[③]。此外，针对少数民族在校生的特殊困难，由民政部门救济其衣服、棉被和书籍费，以及往返学校的路费和生活补贴费等。

少数民族乡村群众的健康状况同样引起省委、省政府的高度关注。为提高少数民族地区医疗卫生水平，省、地、县各级民族工作部门配合卫生部门组织医疗力量深入少数民族地区开展防病和治病工作，增强人民体质。1952年11月，省民政厅、省卫生厅联合组织省少数

---

① 福建省地方志编纂委员会编：《福建省志·民族志》，鹭江出版社2013年9月版，第318页。
② 福建省地方志编纂委员会编：《福建省志·民族志》，鹭江出版社2013年9月版，第318页。
③ 福建省地方志编纂委员会编：《福建省志·民族志》，鹭江出版社2013年9月版，第327页。

民族卫生医疗工作队，对福安专区各县畲族农民的各种疾病进行普查、普治，对生活困难的少数民族村民病患者实行减免费治疗。1953 年 3 月，省民政厅、省卫生厅联合组织福建省少数民族卫生工作队，以省妇幼卫生工作队为基础，抽调省立医院、协和医院、工人疗养院、福州皮肤病防治院等医疗单位的医生、护士、助产士等 38 名，进驻福安县穆阳、溪潭两个畲族聚居区开展近 7 个月的工作。这一期间，各地对畲族地区妇幼卫生全面开展普查、普治。在普查中发现 8359 个病例，治愈 7351 例，并在 1953 年 5 月在霞浦县盐田区、福安县甘棠区分别设立少数民族妇幼保健站，配备国家卫生医务人员（盐田 3 名，甘棠 5 名）作为常设的妇幼卫生组织机构，专为少数民族妇幼卫生工作服务。此外，各级党委政府也积极保护少数文化。闽东共征集畲族历史文物 1400 余件，其中一部分由厦门大学人类博物馆收藏，一部分送北京在民族文化宫参展。1955 年，福安县结合畲族村扫盲，活跃畲民文化生活，在凤洋畲族村建立了民族文化站。1956 年，福安专区畲族演员表演的歌舞《畲族婚礼舞》晋京参加全国农村文艺会演，并由长春电影制片厂拍成舞台艺术片。

1957 年 4 月，福建省重新设立民族事务处，配专职干部 5 人，其中汉族 3 人、畲族 2 人，行政隶属于省民政厅，政治指导归省委统战部。同时，省委要求，少数民族为数最多的福安专区，应设立民族事务科，编制 5 人。少数民族人口聚居万人以上的福安、福鼎、霞浦、宁德、罗源 5 个县也应设立民族事务科，省里拨给编制 13 人（暂定福安、福鼎、霞浦等县各配 3 名干部，宁德、罗源等县各配干部 2 名），不足之数，由县根据需要调整扩大。其他县、市由该县、市民政局（科）兼管民族工作。任务较繁重的地、市、县应在民政科（局）内配备民族专职干部。

1957 年 4 月至 10 月，遵照《国务院关于建立民族乡若干问题》的指示精神，福建省先后在畲族聚居的福安、霞浦、宁德、福鼎、罗源、连江等县建立了 45 个畲族乡。以当时的行政区域，共管辖 150 个行政村，651 个自然村，总面积 1231 平方公里，人口 50561 人，其中畲族 38686 人，占民族乡总人口 76.6%，建立畲族乡的畲族人口，占全省畲族总人口的32%①。民族乡政权依据民主集中制和人民代表大会制度的基本原则建立。在县人民委员会统一领导下，根据地区特点，使用畲族语言行使职权，自主地发展当地经济、文化事业。为尊重在民族乡内汉族居民的政治权利，乡人大代表和乡人民委员会组成人员按其人口比例选举产生。据45个畲族乡统计，在乡人民代表812人中有汉族代表177人，占乡人民代表总数21.3%；乡人民委员会委员466人中，有汉族委员96人，占乡委员总数20.5%②。

在保证少数民族群众行使政治权利的同时，省委也积极培养少数民族的干部。据1957年省民政厅统计，全省有少数民族中共党员1153人，共青团员3247人，国家全脱产干部210人。其中畲族干部170人，占该民族人口总数117831人的0.143%；回族干部30人，占该民族人口总数5167人的0.53%；满族干部10人，占该民族人口总数780人的1.27%。这时，有少数民族区、乡一级的半脱产干部240人③。

第三节　整党建党和中共福建省第一次代表大会的召开

一、"新三反"运动和整党建党工作

1953年，福建如同全国一样开始进入大规模有计划的经济建设。在这历史转折时期，进一步加强党的建设，将成为党和人民事业成败的关键。1953年1月5日，中共中央发出《关于反对官僚主义、反对命令主义、反对违法乱纪的指示》。中央指出，官僚主义和命令主义在我们的党和政府中是一个大问题，各级领导机关要在1953年结合整党建党及其他工作，从处理人民来信入手，检查一次官僚主义、命令主义和违

① 福建省地方志编纂委员会编：《福建省志·民族志》，鹭江出版社2013年9月版，第311页。
② 福建省地方志编纂委员会编：《福建省志·民族志》，鹭江出版社2013年9月版，第312页。
③ 福建省地方志编纂委员会编：《福建省志·民族志》，鹭江出版社2013年9月版，第335页。

法乱纪分子的情况，并向他们展开坚决的斗争。在反对坏人坏事的斗争到了一个适当阶段时，又要将好人好事加以表扬，使全党都向这些好的典型看齐，发扬正气，压制邪气①。根据中央指示，全省各地当即开展了“新三反”运动。省委在贯彻中央指示的通知中，强调“新三反”既是一项长期的斗争任务，又必须在短期内做出成绩，要求全省各级党组织应结合当前工作，认真学习中央的指示，并选择突出的坏人坏事加以处理，适当地表扬好人好事，开展党内的批评与自我批评，改善党和群众的关系②。与此同时，省委还召开了第三次全省党纪工作会议进行具体部署。

在以反对官僚主义为重点的“新三反”运动中，各级党委和纪律检查委员会首先集中力量查处打击报复等恶劣行为，检查处理了 380 起案件。1953 年 2 月 28 日，《福建日报》报道了平和县由于县、区干部官僚主义严重，致使一名革命战士被错杀的事件。4 月 4 日，《福建日报》又刊登了省委纪律检查委员会对造成该错杀事件的有关人员的处分决定和省人民政府监察委员会对有关失职人员的处分决定。同日，《福建日报》还报道了闽清县坂茶乡个别干部捏造“反共血军”案，陷害好人，加上区干部偏听偏信、县领导官僚主义，致使 18 人坐了冤狱，一个农民群众死亡的事件，并刊发了题为《接受平和、闽清事件的教训，切实纠正官僚主义作风》的社论，在全省干部、群众中引起强烈反响，推动了全省反对官僚主义的斗争。1953 年在“新三反”中，全省（缺厦门市）揭发出犯错误党员 585 人，其中地厅级 14 人，县处级 159 人，区科级 332 人，一般干部 80 人。其错误类型，属于违反政策法令者 296 人，渎职者 153 人，无组织无纪律者 41 人，贪污者 20 人，丧失立场者 17 人，蜕化变质者 16 人，自首变节者 2 人，其他错误 40 人。接着，省委纪委及各有关部门对揭发出的县处级以上干部的问题，分别进行了查处。典型

① 《中共中央关于反对官僚主义、反对命令主义、反对违法乱纪的指示》（1953 年 1 月 5 日），中共中央文献研究室编：《建国以来重要文献选编》第 4 册，中央文献出版社 1993 年 7 月版，第 10 页。

② 中共福建省委：《关于贯彻中央和华东局〈关于反对官僚主义、反对命令主义、反对违法乱纪的指示〉的指示》，1953 年 2 月 4 日。

的有建宁县主要领导干部因官僚主义严重，对县里多种疫病流行时应对措施不力，造成群众死亡 1267 人，占全县当时人口的 2%，于是该县县委书记和县长均受到了纪律处分。

为了加强对“新三反”运动的巡视检查，省委根据中共中央的规定，还成立了巡视检查委员会，由曾镜冰任主任，林一心、李继成任副主任[①]。1954 年 6 月后，根据纪律检查工作要为党的过渡时期总路线服务的精神，各级纪委又重点查处了在工农业生产和社会主义改造中的违法乱纪案件。全省共检查 209 个互助合作组织，处理了 140 名犯有各种违纪行为的农村党员。从 1954 年底开始，在党内又开展了反腐化堕落斗争。由于把腐化堕落问题提高到政治原则高度来认识，并集中力量进行查处，仅 1955 年第一季度就有 354 个党员干部受到党纪处分，占当年全省受纪律处分党员总数的 21%，其中包括少数高级干部。1956 年 1 月，省委召开第一次全省党的监察工作会议，会后集中力量检查处理乡村党员干部中违反的民主办社和自愿互利政策、强迫命令及乱伐果树林木、乱宰耕畜和分散生产基金等违纪案件 3029 件，各地监委重点检查了 353 个农业社，查处了一批党员贪污挪用集体财物及集体隐瞒产量等案件。

正是在过渡时期总路线提出的时候，党内发生了高岗、饶漱石进行分裂党的活动、破坏党的团结的严重事件。为此，1954 年 2 月，中共七届四中全会集中揭发批判高岗、饶漱石，一致通过了《关于增强党的团结的决议》。会后，省委召开了一系列会议，进行传达、学习与贯彻。在 4 月 29 日至 5 月 13 日召开的省委扩大会议上，叶飞代表省委作了检查报告。报告肯定了在中共中央、毛泽东主席的正确领导下，几年来福建省委的领导是正确的，坚决贯彻了中共中央的方针政策，党内是团结的，对上级、友邻地区和下级的关系基本上也是正常的，同时检查了存在的若干错误和缺点，指出在个别问题上曾受饶漱石错误的影响，必须引起福建全党同志的足够重视，继续深入贯彻党的七届四中全会精神，增强党的团结。会后，省委发出《关于进一步贯彻中共七届四中全会决

① 《中共福建省委会议决定》，1954 年 4 月 19 日。

议的指示》等，要求省直机关党员领导干部以“高、饶问题”为背景，联系实际，进行自我检查，以达到增强党的团结、加强集体领导的目的。7月19日至22日，省委又召开扩大会议，检查、研究了贯彻党的七届四中全会决议的情况和今后工作的意见。省委强调必须深入检查、彻底肃清高、饶的思想影响，继续贯彻好中共七届四中全会的决议。在中共福建省委的领导下，经过近半年的努力，全省各级党组织通过检查在执行中央的路线、方针、政策方面的问题，肃清了高、饶的影响；通过开展批评与自我批评，增强了党内团结，加强了集体领导。

在贯彻党的七届四中全会精神，开展反对高、饶斗争的同时，1954年6月，中共福建省委根据中共中央《关于审查干部的决定》，在全省部署了审干工作。首先成立了以伍洪祥为主任的省委审干工作委员会[①]。接着，又抽调20余名受过训练的县级以上干部，组成3个工作组，在省级机关进行典型试验，各地、市也分别选择1至2个单位进行典型试验，以便取得经验后，在全省铺开。1955年后，根据中央指示的精神，审干工作还和肃反斗争结合起来。这期间，全省列入第一期审干的干部达12万人，其中确定为审查对象的有33085人。通过审查干部，各级党组织多方面了解、熟悉了干部的思想品质、工作才能，弄清了干部的政治面目，清除了混入党政机关内的一些反革命分子、阶级异己分子、蜕化堕落分子，保持了干部队伍和党的队伍的纯洁。

此外，1955年省委还结合肃反斗争和农业合作化运动，部署进行了党的基层组织的整顿。主要解决农村党支部和党员对党在农村中的政治路线与发展农村经济的方向的认识问题，批判了部分党员的富农思想与自发资本主义倾向，并清洗了少数混入党内的阶级异己分子及反革命分子等。

在开展反对官僚主义斗争、审查干部和农村基层党组织的整顿的基础上，中共福建省委认真贯彻华东局关于“发展一批、巩固一批”的原

① 《华东局组织部给福建省委组织部电》，1954年7月2日。

则[①]，采取发展与巩固并重的方针[②]，积极开展建党工作。1954 年，侧重在工厂企业中建立党的基层组织。全省地方国营工厂 211 个，建立党支部 84 个；公私合营工厂 34 个，建立党支部 13 个；私营工厂 340 个，建立党支部 9 个；建筑系统 25 个单位，建立党支部 17 个；交通系统 91 个单位，建立党支部 40 个。到年底，全省共有党支部 7844 个，党员总数达 78112 名。1955 年，在农业合作化运动中，各级党组织又结合中心工作发展党员，建立党支部 10369 个，使 37% 的乡有了党的组织。这一年，全省接收新党员 55264 人，党员总数增至 130541 人，比 1951 年增加 7 倍多。1956 年，根据中共中央关于"重视知识分子问题"的指示，省委总结检查了前几年建党工作中的薄弱环节，注重在知识分子特别是高级知识分子中发展党员，到年底，全省知识分子党员增加到 29107 人，占全省 17 万多名知识分子的 16.9%，其中高级知识分子党员占 18%，使全省党的队伍进一步发展壮大，素质进一步提高。

二、平反"城工部"冤案

1948 年春，闽浙赣基本地区连续发生了省委常委、军事部长阮英平失踪、闽北游击纵队遭伏击、闽（清）永（泰）尤（溪）中心县委遭破坏等几起重大事件。中共闽浙赣省委在未作充分调查的情况下，误认为是属下的城工部人员所为，依此错误认定城工部是"红旗特务组织"，先后错杀了一批城工部骨干人员，同时解散城工部组织，停止城工部党员党籍，并要求省委所属各级党组织都要与城工部组织和党员割断联系[③]，从而造成了城工部冤案。

在这种情况下，被割断联系后分散在福州、厦门和闽中、闽东、闽北、闽西北地区以及浙江、江西省的城工部基层组织及党员干部，虽然得不到上级的领导和指示，但始终坚信党的正确领导，在险恶环境里仍

① 中共福建省委：《关于执行中共中央华东局〈关于对今后建党工作的意见的指示〉》，1953 年 7 月 31 日。

② 中共福建省委批转省委组织部：《关于目前党的组织状况和今后发展党与巩固党组织的工作计划》，1956 年 6 月 19 日。

③ 《关于审查城工部组织问题总结报告》，1955 年 1 月。

坚强地同国民党反动派作斗争。当全国解放战争取得决定性胜利的消息传到福建后，断联后的城工部基层组织及其领导的游击队，一方面积极开展舆论宣传、统战策反、护厂护校工作，一方面配合解放大军攻城夺地，并搞好支前工作，为福建的解放作出了积极的贡献。

新的中共福建省委成立后，由于工作繁忙，未能对城工部事件作全面的研究和及时的处理。全省广大干部群众反映强烈，纷纷要求对该事件进行重新审查。经过剿匪、土地改革、镇压反革命等各大运动后，省委于1952年7月23日向华东局并中共中央请示《关于城工部党员重新入党问题》。请示报告提出：原闽浙赣省委领导下城工部的党员，经过三年来各种运动的考验，据各地党委反映，绝大多数表现很好。省委经过一再研究，认为城工部组织问题必须组织专门委员会研究处理。在未弄清整个组织之前，对城工部党员具备作为一个党员条件，本人积极要求入党者，可以重新接受入党。8月2日，中共中央经华东局复示福建省委"同意省委关于前城工部党员重新入党问题的意见"。因而此后有大批原城工部党员重新入了党。

随着省委对城工部组织情况获得较全面了解，同时为了完成全省整党审干任务，省委决定迅速审查清楚城工部问题。因此，在"三反"、整理"中内层"与整党运动完成后，省委即着手进行对城工部案件的审查工作。1954年2月省委报请中共中央批准，成立了审查城工部问题委员会，由林一心、伍洪祥、蓝荣玉、刘永生、叶松、李源、曾鸣7人组成。并抽调一批有审干经验的干部组成专门机构一审查城工部问题办公室，负责进行调查研究和审查工作。在审查过程中，有关人员调查的范围、对象极为广泛，先后向有关的党员、干部、民主党派人士及有关案犯等共计276人进行了调查，并委托16个机关单位配合审查办公室共同进行调查，共收集到1367件约1050余万字的材料及证据，其中原始资料400余件，调查材料500余件，个人档案材料400余件。① 经过审查委员会一年多时间的调查核实，在占有充分材料和人证物证的基础上，再经过反复对照、分析、研究后，终于查清了整个事件的真实情况。

---

① 《关于审查城工部组织问题的总结报告》，1955年1月。

中共福建省委对城工部问题与审查报告，进行反复研究，并作出结论。省委认为："原闽浙赣区党委认为城工部组织为国民党特务所控制的组织是捕风捉影、缺乏事实根据的"。"虽然城工部事件的发生存在着客观原因（如国民党白色恐怖统治，环境困难等），但是，城工部事件的错误不是不可避免的，而是完全可以避免的。所以发生这一事件完全是由于当时闽浙赣省委主观错误所造成的，领导思想上存在右倾情绪，他们过分地夸大了敌人特务的力量，过低地估计了我们党的力量，或是说过分地相信敌特的厉害，而不相信自己的党组织""城工部事件是我们福建党的历史上的一次血的教训"①。省委认定：城工部是党的组织。"城工部"冤案应予彻底平反昭雪。

1955年1月22日，中共福建省委向中共中央作了审查结论及处理意见的报告，并派审查委员会办公室主任曾鸣、李源专程赴北京，向中央领导同志作口头汇报。邓小平、杨尚昆、谭震林、安子文等中央领导同志听取了汇报并作重要指示。随后省委根据中央指示，对案件作了进一步审查。5月，省委决定由伍洪祥带队再次赴京向中央汇报，"中央五人领导小组"听取了汇报。中共中央肯定了福建省委对城工部问题的审查工作，同意福建省委对城工部组织性质问题的审查结论。至此，推倒了多年来认定的城工部组织为"红旗特务组织"和城工部人员是"特务、反革命分子"的结论，使受冤屈和被错杀的同志得到彻底平反。

审查工作进入最后阶段后，省委把审查结果向全党公布，随之对城工部组织和人员进行平反昭雪，并对城工部党员的党籍和干部问题提出六条处理意见：城工部组织是我党组织，过去对城工部组织系反革命组织的结论应予平反；对因城工部问题而错杀的同志，予以昭雪，恢复革命荣誉，其家属应受到安抚，原系党员者并应追认其党籍；凡证明确系城工部党员者，分别情况恢复其党籍；对恢复党籍后的城工部党员，应根据整党审干的原则与政策，首先进行教育，提高其觉悟，经教育后，发现有不够党员条件者再劝其退党，但应做到不伤感情，发现是坏分子的应清洗；对城工部人员目前在使用、提拔、待遇等方面，若有不合理现象

① 《中共福建省委关于审查城工部的结论及组织处理意见》，1955年1月。

须加改变，并根据德才表现，分配适当工作；对于因城工部问题的牵连而受到错误处理的同志，均应根据实际情况，撤销这种处分或其错误部分，对于因城工部问题而被歧视或开除致流散社会上或失业在家者，经过调查证明，确无其他问题的，视其开除后的表现，可考虑分别给予恢复工作，或重新参加工作。

6月27日，在中共福建省第一次代表大会上，由省委常委、组织部长侯振亚代表省委向大会作《关于闽浙赣区党委错误处理城工部案件的审查报告》，将城工部案件发生的起因，案情的详细情况，重新审查经过，对问题的审查结论和责任问题，以及组织处理意见，较为全面、系统地向与会党员代表报告。《报告》还重申了省委对城工部党员的党籍和干部问题的处理意见，并责成省委组织部抓好落实工作①。

会后，省委组织部召开专门会议，部署全省上下全面展开对城工部党员的党籍问题和干部问题的调查处理工作。

经过9个多月的调查摸底和细致工作，到1957年4月，对城工部党员党籍问题的处理基本结束。经过严格审查处理，恢复党籍的有1276人，占申请总数的64.5%；因各种原因不予恢复的537人，占27.1%；待查清后才能恢复的167人，占8.4%。对被错杀的城工部党员，经过核实材料后，承认其党籍的有107人②。

在处理好党员党籍的同时，省委认真做好城工部干部问题的处理工作。1956年10月，省委组织部根据中央的精神，提出《对原城工部干部提拔、使用、调整的意见》，规定凡参加城工部工作视为革命历史；如因城工部问题而遭清洗、开除的干部，经调查证明确无其他问题者，分别给予恢复工作或重新吸收参加工作；对已参加工作的干部，确因城工部问题而造成多年来未能给予合理使用、提拔的，在审查清楚确无其他问题后，贯彻大胆提拔使用的精神和掌握德才兼备的标准，合理使用他们，发挥他们的积极性；对现有工作安排不当的，作个别适当调整。据福州市统计，恢复党籍的119人，得到合理安排和提升职务的55人，占

① 侯振亚：《关于原闽浙赣省委错误处理城工部案件的审查报告（草案）》，1956年6月。

② 中共福建省委组织部：《关于处理原闽浙赣区党委城工部党员党籍问题的报告》，1957年9月。

总数的 46.2%；调高工资级别的 96 人，占 80.6%。

此外，因城工部问题被视为“反革命家属”的，本人被戴上“反革命”帽子的，在镇反中被镇压经审查予以平反的，均通过政法部门摘去“反革命”帽子，并在群众中公开平反，彻底改变对他们的不公正态度；被错杀的城工部人员，给以平反昭雪，恢复名誉，追认为烈士。据统计，全省城工部人员有 2000 余人，其中革命烈士 136 人（因城工部问题被错杀的 117 人，在同国民党军队作战中牺牲的 19 人）①。各级人民政府还对城工部的烈属进行了抚恤。

对城工部错案的平反，是福建党的政治生活中一个重大事件。省委将城工部组织的审查结论向全党公布，并对城工部党员的党籍问题和干部问题做出妥善处理，这对教育全党端正思想路线和组织路线，统一思想，提高认识，改善关系，加强团结，起了极大的作用。城工部冤案平反处理后，城工部人员及其家属消除了同党之间的思想隔阂，安定了情绪。他们高兴地说：“八年不白之冤，今日得以洗清，感谢共产党，感谢组织上的关心。”但由于种种历史原因，当时这项工作仍遗留一些问题。

1955 年 1 月，中共中央在批准福建省委对城工部组织性质问题的审查结论时，在肯定审查工作所取得的成绩的同时，也指出审查工作中的缺点，主要是对错误处理城工部案件的责任问题，还缺乏认真追查和作出结论②。根据中共中央的指示精神，省委从 3 月开始，转入对城工部案件责任问题的追查。首先调整、充实了原审查委员会及其办公室，并设立四个专案小组。从 3 月 15 日开始，召集原闽浙赣省委在福建的全体委员及闽浙赣省委机关人员共 34 人，连续召开 33 天的座谈会，发动与会人员提供材料，揭发问题。会上，谈到了大量有关曾镜冰的问题。省委将追查闽浙赣省委书记曾镜冰错误处理城工部的责任和检查闽浙赣省委方针、路线的结果向中共中央汇报后，中央决定采取隔离和离职方式，将曾镜冰及有关人员调北京审查。

---

① 中共福建省委组织部组织史办公室编：《中共闽浙赣区委城市工作部组织史概要》，福建人民出版社 1997 年 2 月版，第 132 页。

② 《关于原闽浙赣省委错误处理城工部案件的审查报告》，1956 年 6 月。

从1955年5月开始，审查工作由北京和福建两方面分头进行。中共中央成立了五人小组，成员有邓小平、谭震林、陈毅、罗瑞卿、张鼎丞，具体工作由罗瑞卿负责，并决定留曾鸣在北京协助中央审查，以保持与福建的经常联系。福建方面在省委直接领导下，由审查委员会具体负责。1955年6月22日，中共福建省第三次代表会议作出决议："建议中央撤销曾镜冰在福建党内外的一切职务，并开除其党籍。"[①] 在这期间，先后逮捕了有关人员12人，因有重大嫌疑被隔离审查5人。1957年3月5日，中央五人小组审查后认定"曾镜冰内奸嫌疑很重"，决定把他"留在党内继续审查"[②]，派到辽宁省农科院工作。"文化大革命"中曾镜冰惨遭迫害致死。这一案件，直接影响到对原闽浙赣省委工作的评价，株连了一批干部群众。党的十一届三中全会后，中共福建省委对曾镜冰的历史作了全面复查。1983年6月22日，中共中央批复福建省委《关于为曾镜冰同志平反的请求报告》，同意福建省委的报告，为其平反昭雪，恢复名誉。

三、中共福建省第一次代表大会的召开

20世纪50年代中期，国内外形势均发生了重大变化。在国内，对农业、手工业和资本主义工商业的社会主义改造取得伟大胜利，社会主义基本制度在中国已初步建立，中国已进入社会主义初期阶段，客观形势要求党这时从理论认识和实践行动上把工作重心进一步转移到经济建设上来；在国际上，国际关系中缓和趋向的出现以及世界经济与科学技术的迅速发展，为中国刚刚起步的大规模社会主义经济建设提供了难得的机遇。同时，国际共产主义运动也发生了一系列重大事件，特别是斯大林在领导苏联社会主义建设中的严重错误的揭露，促使中国共产党破除对苏联经验的迷信，努力寻求适合中国国情的社会主义建设道路。1956年4月25日，毛泽东在中央政治局扩大会议

---

① 《中国共产党福建省第三次代表会议关于曾镜冰错误及城工部案件审查处理的决议》（1955年6月22日通过）。

② 《省委关于曾镜冰案件的审查工作情况综合报告》，1955年10月。

上作了《论十大关系》的讲话。5月2日，又在最高国务会议上作了进一步阐述。毛泽东关于正确处理十大关系的思想为社会主义时期中国共产党对社会主义建设事业的领导和新的历史条件下党的建设提出了正确的指导方针。

在积极探索寻找一条适合中国情况的社会主义建设道路的形势下，中共福建省委于1956年6月27日至7月13日，在福州召开中共福建省第一次代表大会。出席会议的正式代表600名、候补代表57名，代表全省100771名党员。会议中心任务是：研究如何根据农业合作化后出现的新情况、新问题，认真贯彻毛泽东《论十大关系》的重要讲话精神，调动各方面的积极性，加速福建社会主义建设。

会议首先由省委第二书记江一真代表省委作工作报告，省委第二副书记魏金水作党的监察工作报告，省委常委、组织部长侯振亚作《关于原闽浙赣省委（区党委）错误处理城工部事件的审查报告》。许彧青、刘培善、叶松、侯振亚、毕际昌等数十名代表还分别就党的思想工作、军事工作、镇反肃反工作、组织工作及工业生产等方面作了大会发言或书面发言。省委第一书记叶飞代表大会主席团作了会议总结。

这次大会充分肯定并正确总结了解放六年多来福建党的工作。与会代表一致认为，六年多来，在党中央的正确领导和全党同志的共同努力下，全省人民完成了以土地改革为中心的一系列的社会改革；进行了抗美援朝和镇压反革命运动；开展了恢复和发展国民经济的工作，特别是1955年贯彻执行毛泽东主席"关于农业合作化问题"的指示以来，全省社会主义建设和社会主义改造事业获得了全面迅速的发展，农业、手工业基本上实现了合作化，资本主义工商业已完成了全行业公私合营，小商小贩也初步完成了合作化。同时经过了整风、"三反"、整党、审干、肃反以及各种政治运动和实际工作的锻炼，党的队伍更加纯洁，更加团结，更加发展壮大和巩固①。

第一，反映在社会主义建设和社会主义改造事业上。通过对生产资料私有制的社会主义改造，农民、手工业者劳动群众个体所有的私有

① 《中共福建省委关于召开第一次党代表大会情况向中央的报告》，1956年8月9日。

制，基本上转变成为劳动群众集体所有的公有制，资本家所有的资本主义私有制基本上转变成为国家所有即全民所有的公有制。加上原有的国营经济的迅速发展，从而在全省国民经济中，全民所有制和劳动群众集体所有制这两种形式的社会主义公有制经济，已经居于绝对优势地位。反映在国民收入的结构上，1956 年同 1952 年相比，全省国营经济、合作经济及公私合营经济的比重已达 92%。在工业总产值中，1956 年同 1952 年相比，国营工业由 12.1% 上升到 64.5%，集体工业由 0.4% 上升到 19.9%，其他成分工业由 87.9% 下降到 15.5%①。生产资料所有制的深刻变革，社会主义经济制度在福建的基本建立，大大促进了全省社会生产力的发展。1956 年，全省工农业总产值达到 22.26 亿元，比 1952 年增长 42.8%，人均国内生产总值 150 元，比 1952 年增长 47%②。农业和工业总产值的比重，由 1952 年的 72.5 ∶ 27.5 转变为 66.5 ∶ 33.5；重工业在工业总产值中所占比重由 1952 年的 11% 上升到 17%。1956 年全社会从业人员达到 520.64 万人，比 1952 年增加 86.98 万人。随着国民经济有计划按比例的增长，全省人民收入普遍增加，农民人均收入和职工平均工资，在原来低水平的基础上分别增长 51.4% 和 38.4%，基本上达到了全国平均水平。

第二，反映在文化建设上。教育事业也提前或超额完成第一个五年计划的指标。高等师范超额完成第一个五年计划指标的 42.4%，高中超额完成 11.4%，初中超额完成 17.4%，小学超额完成 7.6%。全省学龄儿童入学率达 60.9%。卫生、体育、文化事业也有较大发展。

第三，反映在执政党本身的建设和整顿上。全省党的组织有所扩大。到 1956 年 5 月底，全省正式党员和候补党员达 15 万多人，较 1951 年底的 14301 名，增加了 10 倍多，党的基层组织——党支部 1 万多个，较 1951 年底的 1182 个支部增加了 8 倍多，其中农村党支部有 7000 多个，建立支部的乡已达总数的 95% 以上；工厂、企业、机关、学

① 福建省统计局编：《光辉的历程——福建五十年》，中国统计出版社 1999 年 8 月版，第 270 页。

② 福建省统计局编：《光辉的历程——福建五十年》，中国统计出版社 1999 年 8 月版，第 248 页。

校共有党支部3000多个，党员6万多人；全省的干部队伍已由解放初期的不足1万人，发展到17.49万人，其中党员干部4万人，占干部总数的22.9%。正如省委常委、组织部长侯振亚在大会发言中所肯定的："这支庞大的干部队伍，基本是纯洁的，他们在各个战线上保证了党的各项政治任务的完成。经过了三反整党及清理中内层运动，审查了原闽西南、安南永中心县工委的组织及陈华案件，审查原闽浙赣省委错误处理城工部的案件，这对团结全党以及放手使用干部，发挥干部在社会主义建设中积极作用有极其重要的意义。"①

第四，反映在民主政治建设上。在毛泽东和党中央提出的有关中国社会主义民主政治建设的若干新方针指引下，中共福建省委、省人民政府结合福建省情，励精图治，认真开展民主建政和司法、检察制度的初步改革；积极推进社会主义民主和法制建设；不断扩大人民民主统一战线，从而使全省各地党风政风和社会道德风尚呈现清正向上的景象。

与会代表在肯定几年来工作成绩的同时，对省委的工作也提出了尖锐而又中肯的批评。首先认为省委在工作指导上，缺乏从下情出发，对下面情况缺乏系统的深入调查研究，工作缺乏预见性。其次认为省委在领导思想上存在片面性，长期以来，对农村工作的领导是重视的，而对城市工作的领导较薄弱，只注意了农业生产的领导，忽视了对工业、手工业生产的有力指导；在农业生产方面，只注意粮食生产，忽视农村副业和多种经济作物的生产。再次，对党的思想教育工作和组织建设工作也提出了不少批评。许多代表提出省委对党员的政治思想教育抓得还不够紧，对干部思想情况了解不够，民主空气较薄弱，党政不分，党委包揽政府工作的现象严重，越到下面这种情况越严重。第四，对党的基层组织建设问题也提出了不少意见。批评省委对基层组织建设，特别是如何发挥党支部的战斗堡垒作用，研究得不够，尤其是对并区并乡后出现的新问题没有及时研究解决。叶飞在会上代表省委"诚恳接受

① 《侯振亚在中国共产党福建省第一次代表大会上的发言——关于党的组织工作》，1956年6月。

大会的批评”，并指出“这对推动今后福建全党的工作，改善和提高今后党的领导，将会起积极的作用”，“使我们头脑清醒起来”[①]。

鉴于这次大会前，叶飞已出席4月25日至28日中共中央政治局扩大会议，聆听了毛泽东在会上所作的《论十大关系》的重要讲话，因此，在这次省党代会的工作报告中，特别是在叶飞的总结发言中，结合了福建的实际，认真贯彻毛泽东这一重要讲话精神，具体体现了党中央提出的调动一切积极因素为社会主义建设的基本方针。毛泽东《论十大关系》的重要思路后来基本进入了省委的决策。归纳起来，主要表现以下六个方面[②]：

一是正确处理工业和农业的关系，以农业发展为重点。对党中央提出的工农业并举的方针，与会代表联系福建的实际争论得最为热烈。福建当时究竟应以工业发展为重点，还是以农业发展为重点，尽管有些同志认为，提出以农业发展为重点不符合党的过渡时期总路线的精神，但省委集思广益，最后还是确定以农业发展为重点。

二是正确处理农业生产和多种经济的关系，在抓好粮食生产的同时要大力发展多种经济。会议提出，对农业生产要全面规划、全面领导，一个农业社、一个乡、一个县应该全面地计划和安排粮食作物、经济作物和副业生产，对劳动力、土地、肥料等的调配使用和生产措施的制订，都应该是既注意粮食同时又注意到发展副业和其他经济作物的生产，不可偏废；任何时候都要注意抓好粮食生产，但粮食增产指标要建立在可靠的基础上，凡是不符合实际情况的过高的增产指标和要求，都必须实事求是地加以修正；不仅应该允许，而且应该鼓励每个农业社在国家的统一要求下，根据他们的实际情况去制订生产计划和安排生产；在主要经济作物地区，应掌握以经营经济作物生产为中心的方针，要突出地有效地把山林特产、亚热带作物和副业生产抓起来。为了全面发展生产，会议决定将省委原先制订的《关于执行全国农业发展纲要草案的规划（草案）》中确定的12年内全省粮食生产计划，由原来的180亿斤，降至

---

① 《叶飞在中国共产党福建省第一次代表大会上的总结发言》，1956年7月13日。

② 《江一真在中国共产党福建省第一次代表大会上的工作报告》，1956年6月27日；《叶飞在中国共产党福建省第一次代表大会上的总结发言》，1956年7月13日。

160 亿斤,“这样既能保证国家和人民有足够的粮食,同时又能更好地发展经济作物、亚热带作物和副业生产”,并强调“各地的计划如确实过高,亦应实事求是加以修正”。

三是正确处理重工业和轻工业的关系,大力发展地方工业。会议认为,福建工业十分落后,1955 年全省现代工业产值才占工农业总产值的 11.32%。实践证明,工业生产没有相应的发展就不能改变福建的落后的面貌,就不能满足农业生产的需要,就不能充分合理地利用福建丰富的资源,以增加生产、增加国家和人民的收入,就不能更好地支援大规模的国防建设与对敌斗争的胜利。对于今后福建工业的发展重点,根据本省的实际情况,会议认为应该以轻工业为主,应该多发展一些轻工业,即在国家统一计划下,积极发展为农业生产服务并与农村经济密切相结合的中、小型企业。会议要求全省各级领导必须同发展农业生产一样,大力发展地方工业,集中人力、物力和财力来发展地方工业,逐步增加地方工业建设投资,吸收华侨投资,扩建原有工厂企业和建设新的工厂企业,培养技术力量和干部,积累资金,以地方工业培养发展地方工业,“滚雪球”式地发展,争取在第三个五年计划内,使全省现代化工业能够达到工农业总产值的 50% 以上。

四是正确处理国家、集体和个人的关系,争取 90% 的社员能够增加收入。会议认为,应该兼顾国家、集体、个人三个方面,不能只顾一头。根据当时福建农村的实际情况,会议要求全省各地农业合作化应该允许和鼓励男女社员在做好社内的集体劳动之外,去作些自己的零星农业劳动、副业劳动、家庭劳动,而不要把一切生产和男女社员的劳动管得太多、太死。会议特别强调:鼓励和支持社员个人生产劳动,是不会妨碍集体生产的,也不是什么“资本主义思想”,而完全是一种社会主义的积极性,这对国家、集体和个人都是有好处的。总之,既要照顾集体的利益,又要兼顾个人的利益,要争取 90% 的社员能够增加收入,10% 的社员不减少收入。此间,中共中央还批准并转发了福建省委《关于争取 90% 的社员增加收入的建议》,指出这是进一步巩固合作化的关键,也是发展农业生产的关键。

五是及时纠正商业战线两大偏差,坚持商业工作为生产服务、为群众服务的方向。会议在肯定福建商业工作在过去几年所取得的重大成绩的同时，明确指出所存在的两大偏差：首先是在经营中存在单纯营利观点，常常发生购价从低、销价从高现象，或者采取压级压价，掺杂做假等办法，扩大了利润，但使生产者受损失，消费者吃了亏；其次是对农民贸易和城乡市场管得太多、太死，造成不正常的封锁禁运，阻碍了城乡之间和农民之间的物资交流。为此，会议要求各地要切实加强对商业工作的领导，深入了解群众的生产和消费的情况，正确掌握购销计划和价格政策，尽力减少商业的流转环节和剪刀差价，科学地组织商业机构，改善经营管理，允许自产自销和产销直接见面，对农民贸易不能干涉过多，以活跃农村经济，推动生产发展。

六是进一步加强科学研究工作和知识分子工作。会议认为，社会主义建设事业的任何一方面，如果没有先进的科学技术和广大知识分子的参加是不行的。为此，要求全党必须加强对科学文化工作的领导，加强对现有的各种科学技术人员的团结和教育工作，充分发挥他们在社会主义建设中的积极作用；应迅速制订本省科学研究规划，建立工业、农业、卫生等科学研究机构，并加强大专学校的领导，大量培养为社会主义建设服务的人才。在文化艺术和学术研究工作上，必须贯彻执行“百花齐放，百家争鸣”的方针，提倡在学术研究中自由辩论、自由批评；对知识分子特别是科技人员使用不当的情况，必须认真进行检查和调整，给予合理安排。

大会经过反复的酝酿和讨论，在充分发扬民主的基础上，选举叶飞等 17 人为福建省出席党的第八次全国代表大会的代表、叶松等 2 人为候补代表；选举产生了中共福建省第一届委员会，由委员 37 人、候补委员 11 人组成。

7 月 14 日，中共福建省委举行第一届第一次全体委员会议，选出叶飞、江一真、魏金水、伍洪祥、林一心、贾久民、刘培善、侯振亚、叶松、蓝荣玉、林修德等 11 人为省委常委，由叶飞、江一真、魏金水、伍洪祥、林一心、贾久民等 6 人组成省委书记处，叶飞任第一书记。并选出以林一心等 17 人组成的省委监察委员会，林一心任书记。

中共福建省第一次代表大会在福建党的历史上是一次十分成功的

会议，也是集思广益对福建今后经济建设方略进行初步探索的一次重要会议。会议认真贯彻毛泽东《论十大关系》的重要讲话精神，结合福建实际，提出了富有创造精神的新的方针和构想，对福建社会主义建设事业的发展有重要指导意义。

第 二 编

社会主义建设在探索中曲折前进

（1956 年 9 月—1966 年 5 月）

第八章
福建社会主义建设的良好开端与探索失误

第一节　社会主义建设的良好开端

一、学习贯彻党的八大精神

1956年9月15日至27日，中国共产党第八次全国代表大会在北京召开。大会根据中国社会主义改造基本完成后的形势，提出国内主要矛盾已经不再是工人阶级和资产阶级的矛盾，而是人民对于经济文化迅速发展的需要同当前经济文化不能满足人民需要的状况之间的矛盾，全国人民的主要任务是集中力量发展社会生产力，实现国家工业化，逐步满足人民日益增长的物质和文化需要。大会强调在生产资料私有制的社会主义改造已经基本完成的情况下，国家的主要任务是在新的生产关系下保护和发展生产力，全党要集中力量去发展生产力。

福建省出席党的八大的代表有邓子恢、张鼎丞、叶飞、江一真、魏金水、伍洪祥、贾久民、张昭娣、许亚、刘继光、程少康、张桂如、洪椰子、罗炳钦、张维兹、郑依㑟、张传栋共17人。叶飞在回忆八大盛况时说："党的八大开得庄严、隆重，小组讨论的气氛也十分活跃。当时党内的民主空气是比较好，大家发言不是照本宣科，讲些套话漂亮话。”[①]当时叶飞在大会上的发言，充满着探索精神和求实精神，怀着对改变福建落后面貌的强烈责任感，从福建实际出发，开门见山地着重讲了两个问题：一是指出在福建农村工作中产生的一种片面性，即重视农业、轻视副业，抓了粮食，丢了多种经济作物，结果影响了社员的收入，造成副食品供应紧张，价格上涨，也影响了城市人民的生活。叶飞在分析产生这种倾向的原因时，指出忽视多种经济和副业生产的偏向，在农业合作化以后表现得更加突出，这主要是“原来农民在个体经营时，他们一般是按照市场的需要和生产的习惯来进行生产的；合作化以后，生产关系改变了，合作社已成为一个领导和计划生产单位，农民已成为合作社里的一个劳动成员，生产计划和领导就起了决定的作用。因此，生产指导上的片面性就更大了。”[②]二是发展福建地方工业问题。福建具有丰富资源，有发展工业的有利条件，但中央有关部门对地方工业发展关心不够，“对地方工业的基本建设计划和财务预算控制得太严太死，只偏重于消极的限制，缺乏积极的指导和支持，这就束缚并推迟了本省地方工业的建设。如南平造纸厂由于设计文件的反复审核，建厂规模作了八次大变更，厂址三迁，前后为时六年，直到去年第四季度才正式施工。”[③]

叶飞所讲的发展地方工业的问题，正是毛泽东在《论十大关系》中提出的中央和地方的关系问题，即如何发挥中央和地方两个积极性的问题。这些问题，“实际是反映了当时党内对于如何在中国的特定条件下建设社会主义探索，这也是当时毛泽东同志和其他中央领导同志所倡导和身体力行的实事求是，不盲从本本条条，不盲从苏联模式的思想作风”[④]。

党的八大会议结束后，福建省委一面继续抓救灾工作，把人民利益放在第一位，一面抓紧传达贯彻党的八大精神。人们普遍感受到，中国历史上一个新的和平建设时期已经到来。

---

① 叶飞：《关于八大的一些回顾》，《中共党史研究》1996 年第 5 期。

② 叶飞：《关于八大的一些回顾》，《中共党史研究》1996 年第 5 期。

③ 《叶飞同志的发言》，《人民日报》1956 年 10 月 1 日。

④ 《叶飞同志的发言》，《人民日报》1956 年 10 月 1 日。

10 月 8 日，省委召开一届四次全会，听取本省出席中共八大的代表江一真、魏金水、伍洪祥、贾久民等传达党的八大精神，着重是转变认识，使大家明确社会主义改造基本完成以后，国内主要矛盾已是人民对于经济文化迅速发展的需要同当前经济文化不能满足人民需要的矛盾，党和政府的重要任务是要集中力量发展生产力，逐步满足人民的物质文化需要。会后，省委即向全省各级党组织发出《关于学习“八大”文件的通知》，开始在全省各地传达八大精神。

10 月 18 日至 23 日，省委在福州召开地、市委书记联席会议，进一步学习讨论党的八大文件，结合本省实际，研究具体贯彻意见，并以八大精神为指导，讨论和部署了全省秋、冬季各项工作。

为了使党的八大精神家喻户晓，深入人心，成为全省人民的行动指南，省委又于 10 月 20 日至 21 日在福州召开规模空前的八大精神传达报告大会，参加会议的有省市机关和军区党员干部以及各地、市委与部分县委的党员干部，共 5200 多人。会上，叶飞传达八大情况和“政治报告”的精神，伍洪祥、许亚分别传达“修改党章的报告”和“关于第二个五年计划建设的报告”。

通过学习贯彻八大精神，福建全省上下思想活跃，积极探索福建经济建设的具体道路和发展战略，并对“二五”计划提出有建设性的设想。省委认为，从福建的实际情况来看，国民经济还是要按农、轻、重的顺序来安排，中华人民共和国成立后这几年福建虽然着重抓了增产粮食这个主要环节，1955 年粮食产量已超过历史最高水平，但农业是基础不能放松；发展轻工业是福建的优势，在福建地处海防前线、地方财力紧缺、国家又无大投资的情况下，“以轻为重，以轻养重”的思想还是对的，要继续执行，并吸引华侨来闽投资办厂。会后，省委正式形成了“农轻重”的方针，把全面发展农业放在发展国民经济的首位，把山区建设作为“二五”计划的重点，特别强调要整顿巩固农业合作社，解决农业社规模过大、林木果树处理不当以及经营管理中存在的问题，允许、鼓励、支持男女社员从事家庭或个人生产劳动①。

---

① 《叶飞同志传达“八大”精神》（记录稿），1956 年 10 月 20 日。

鉴于叶飞在党的八大会议上发言时列举了南平造纸厂因扯皮难以上马之事，由此引起了国家轻工部的高度重视和过问。1956年10月，南平造纸厂终于破土动工，轻工部贾拓夫部长和叶飞共同主持了开工典礼。19个月后，南平造纸厂正式建成投产，这是第一座由中国自行设计、自行制造、自行安装的大型新闻纸厂，标志着福建现代工业技术的提高和造纸工业的重大发展。

此后，省委还根据党的八大精神，联系当时福建省突出问题，就今后工农业生产规划、山区建设、城市工作、地方财政、粮食问题、市场问题、水产工作及肃反工作等，分别召开专门会议专题研讨部署。比如在省委城市工作会议上，根据党的八大精神，专门检查、总结几年来福建省的城市工作，着重讨论城镇工作的领导问题及城乡关系、工商关系、阶级关系等问题，确定今后城市工作的方针、任务是：全心全意依靠工人阶级，团结其他劳动人民和一切可以团结的力量，充分利用一切有利条件，开展增产节约运动；以发展工业、手工业生产为主，相应发展商业、交通运输业和文化教育事业，继续彻底完成各项社会主义改造任务。又如在省委计划工作会议上，确定按照中共中央指示精神，坚决紧缩1957年预算，砍掉不妥当项目；行政编制压缩10%—15%；以省、地两级为重点，整编各级机构；提倡艰苦朴素作风，机关汽车实行集中统一管理，取消领导干部专用汽车。

为了检查、督促各地贯彻落实党的八大精神的情况，及时加强指导，省委于1956年12月17日发出《关于各地应立即进行农村经济典型调查的通知》，要求各级领导深入基层，调查研究，了解农村实现合作化后各种生产的发展，农民收入的增减，以及主要经济政策的执行情况。

在此前后，中央及中直有关部门领导也陆续到福建调查研究，指导工作。国务院副总理、祖籍龙岩县东肖镇的邓子恢于1956年秋冬赴南方进行了为期4个多月的调查研究，其中在福建省的长汀、龙岩、漳州等地进行了近两个月的调研，先后接待群众约700人次，处理来信1400多封，给省委并中央呈送了8份调查报告，分别就农民收入、办社规模、生产计划、农村贷款、山区交通、华侨投资、发展老区教育以及培养提拔地方干部等问题，如实地反映了基层真实的情况，并向中央提出了许多建议性意见。比如反映龙岩老区人民生活虽然比过去有“根本改善”，但与“城市工人、机关职工比还相差很大”，“据龙岩后田农业社的年终预分方案，每个社员全年收入平均只54元”，“后田社是龙岩最好的社，社员收入尚且如此，其他地方则更差”。他认为农民收入如此低下主要原因是“农产品价格太低，特别是粮价不合理”，其次是“统购工作统的太死”。为此，他提出，除了加紧恢复副业生产，坚持少扣多分原则以外，要适当提高粮食以及其他农产品的收购价格，适当减少统购任务，减轻农民负担，以保护农民的生产积极性①。

1956年冬，毛泽东主席秘书、中共中央政治局候补委员、中央政治研究室主任、祖籍惠安县的陈伯达也到福建搞乡村调查，在南安县莲塘乡住了一个半月后，于1957年1月7日就农业合作化问题给福建省委并中共中央、毛泽东主席写了报告。1957年1月13日，中央统战部秘书长（后任周恩来总理办公室主任）、祖籍长汀县童坊乡的童小鹏，也回到阔别27年的家乡搞调查，于1957年2月14日给毛泽东主席并福建省委写了报告，主要反映当地农业合作社的内部矛盾及干部作风等方面存在的问题，报告最后认为“这次回去，见一路农村都欣欣向荣，闽西山区也开始脱离过去长期的贫困状况，农民生产情绪高涨，合作社事业日益巩固和发展，令人兴奋。只要不断地加强领导，提高生产，总结经验，克服缺点，困难是可以逐渐克服的，社会主义在农村的彻底胜利是无疑的。”②此间，中央有关部门负责同志赖祖烈、贾拓夫等也来福建调查研究，分别就福建农业、林业、手工业及铁路交通等问题向中央领导及省委作了报告。

以上调查研究工作，对于党的八大精神在福建各地的进一步贯彻落实，特别是为下一步调整若干方面的经济关系和解决农业合作社的人民内部矛盾，起了很好的推动作用，而且对八大以后全党对社会主义建设道路的进一步探索，提供了有益的思考。

---

① 《邓子恢致福建省委并中央的信》，1956年11月9日；《邓子恢致福建省委、中央并转农村工作部的信》，1956年11月27日。

② 《童小鹏致毛主席并报福建省委的报告》，1957年2月14日。

中共福建省委、省人委按照党的八大确定的路线和在综合平衡中稳步前进的经济工作方针，相继提出一系列全面开展经济建设的构想，总的说来是比较切合实际的。这一系列构想在1957年实际工作中得到初步贯彻，因而使1957年全省工农业生产和各项建设事业发展比较顺利，虽然从夏季开始的反右派斗争犯了严重扩大化的错误，但当年的经济建设仍然取得显著成就。1957年全省工农业总产值达到25.62亿元，比上年增长14.9%，其中农业总产值为17.05亿元，比上年增长13.5%，工业总产值为8.57亿元，比上年增长17.2%。主要农产品中，除粮食总产量保持1956年丰收水平外，水产、甘蔗、花生、茶叶都比上年显著增产；主要工业品中，食糖、机制纸、罐头、原盐、原煤均大幅度增长。国民经济的主要指标都超过了第一个五年计划规定的指标①。

1956年前后中国共产党是从本国国情出发来构想社会主义建设方略的。毛泽东总结这段历史时曾指出："从一九五六年提出十大关系起，开始找到自己的一条适合中国的路线。"②从历史发展的进程来看，虽然不能说在1956年已找到了一条我们现在理解的适合中国情况的建设路线，但是1956年的探索在许多方面贯彻了实事求是的思想路线，获得了许多好的思路、思想观点和实践经验。

二、"一五"计划提前完成及其主要成就

福建"一五"计划确定，福建经济建设以发展农林生产为主，增产粮食是农业生产战线的首要任务。增产粮食的主要措施是一水（水利建设）、二肥（增施肥料）、三改制（改革耕作制度，扩大复种面积）；同时，大力改良品种，改良土壤，改进耕作技术，推广科学种田。

据此，"一五"期间，福建在当时财力不足的情况下，仍把兴修水利列为政府投资的重点，决定兴建闽江和晋江下游的两个防洪工程和晋

① 福建省统计局编：《光辉的历程——福建五十年》，中国统计出版社1999年8月版，第265、270页。

② 毛泽东：《十年总结》（1960年6月18日），中共中央文献研究室编：《建国以来重要文献选编》第13册，中央文献出版社1996年5月版，第418页。

江金鸡渠、龙溪江东渠等引水灌溉工程，还计划建一批水库和抽水机站。同时，按照“小型为主、蓄水为主、社办为主”的方针，大力开展群众性兴修小型水利运动，以减少水旱灾害的威胁。1953 年 1 月，闽江防洪堤工程开始施工，3 万民工艰苦奋战近 100 天，在洪水季节前完成全长 40 公里的大堤土建工程，使闽江下游两岸农田提高了抗御洪涝灾害的能力，福州市区也不再年年遭受洪水威胁。晋江和敖江下游防洪工程也于 1957 年先后完工。还重点建设了厦门集美杏林海堤、晋江金鸡渠、同安策糟渠、龙岩汤侯渠、南靖三下渠、龙海江东渠等引水灌溉工程，开始了围垦工程建设，前后建成万亩片的工程有长乐文武砂、莆田红屿等。随着全省中、小型水库的建设陆续完成，其中受益万亩以上的有南安的石壁水库、惠安的菱溪水库、同安的汀溪水库等。连同广泛发动群众建成的小型农田水利工程，1953 年至 1957 年，5 年中全省共投 9543 万个工日，完成土石方 9244 万立方米。“一五”期间兴修的水利，使全省增加灌溉面积 430.4 万亩、改善灌溉面积 593.5 万亩、防洪治涝面积 165.16 万亩。到 1957 年，全省有效灌溉面积达到 1161 万亩，超过原定受益面积 753 万亩的计划，不仅使全省几大河流冲积平原开始涌现大面积亩产千斤的丰产田，也使许多山区和沿海的低产田减少了灾害，稳定或提高了粮食产量。此外，这期间，还抓技术基础工作，开展了闽江、晋江、汀江、金溪、富屯溪、木兰溪等河流资源普查和流域规划；整编了国民党遗留下来的多年的水文资料；组织了闽东、晋江流域的地形测量；测设了全省精密水准高程网点，等等。这些都为以后大规模开展水利建设奠定了基础。

耕作制度的改革是粮食增产的关键措施。长期以来，福建沿海平原地区多是早晚稻间作，内地山区一些适于种双季稻的地方，也多是种单季稻，耕地复种指数很低，增产潜力没有发挥。随着农业合作化的逐步实现，许多农业生产合作社带头“单季改双季”“间作改连作”以及扩大冬种、利用冬闲地等列为重要增产措施。1956 年全省单季改双季 184 万亩，粮食播种面积比 1955 年扩大 301 万亩，复种指数提高 12.3%。1957 年全省粮食播种面积达 214.87 万公顷，比 1952 年扩大

20 多万公顷；粮食总产达 444 万吨，增加 72 万吨，年递增 3.6%①，促进了粮食增产。

“一五”期间，全省进行中华人民共和国成立后第一次农作物品种大规模更新。早稻种子以推广种植“南特号”“陆财号”为主。“南特号”是从江西省引进的早稻良种，早熟、耐肥、耐旱，在沿海平原种植，一般亩产可增产 10%—15%，在闽西北山区亩产可增加 10%—30%。“陆财号”是仙游县山尾乡农民陆财于 1952 年从“南特号”中选出变异的单穗培育成功的，早熟、耐肥、不易倒伏，抗寒力比“南特号”强，一般每亩可产 500—600 斤，最高达 800 斤以上。晚稻大力推广乌壳尖等地方良种。全省水稻中杆、早熟、耐肥的新良种逐步替代了高杆、迟熟、易倒伏的老品种，使水稻单产、总产都得到提高。在番薯方面，安溪县湖头乡农民采用自然杂交的番薯种子育成番薯新品种“新种花”，被列为福建省主要粮食作物优良品种，推广种植后，收到明显的增产效果。“一五”期间，各地依靠互助合作的力量，开展群众性积肥，使农家肥施用量比 1952 年增加数倍。同时，化肥供应量也大幅增加。

在农业生产热潮中，农民增补、更新生产工具的要求十分迫切。1952—1957 年，国家发放农具专项贷款 1600 多万元，全省农民增补农具 3099 万件，推广步犁、双铧犁、深耕犁、中耕器、脱谷机、番薯切丝和切片机等新式农具 13 万多件。“一五”时期成为全省粮食生产技术前进步伐较大、增产效果较明显的时期之一。

完成土地改革、山林改革之后，全省在保护现有森林的同时，大力开展群众性造林。1953 年省人民政府发布《关于开展春季造林育林工作的指示》，1954 年进一步提出有领导、有步骤地大力营造用材林，有计划地营造工业原料林和油料林，并在水土冲刷严重及薪炭林缺乏地区营造水土保持和薪炭林，实行“谁种谁有，伙种伙有，村种村有”，根据可能条件，也可进行全乡全村的大型合作造林。1955 年 2 月，全省开展以互助合作为中心的集体“造林周”“造林旬”活动，开始从分散、小片造林转向有组织、有一定规模的成片集体造林。在群众性互助合作造林活

① 《中国农业全书·福建卷》，中国农业出版社 1997 年 10 月版，第 137 页。

动中，涌现了首批林业劳动模范，出现了开发山区的第一批耕山队。南平樟湖坂农业合作社全体女社员带头冲破妇女不能上山造林的封建陋习，营造了全省第一片“三八妇女林”。1955年，广大青年纷纷上山造林，命名为“青年林”的达30万亩。“一五”期间全省造林707万亩、种果20多万亩、种植和垦复茶园18万亩，超过了原定造林计划。林业总产值平均每年增长23.2%。

福建渔业生产在“一五”期间也得到相当发展。当时福建沿海渔民出海捕鱼经常遭受台湾国民党军队的炮袭和抓捕，生产、生活十分困难。各级政府组织渔民劳武结合，“一手拿枪，一手撒网”，坚持海上渔业生产。驻闽人民解放军出动舰艇护渔，国家发放渔业贷款，扶持渔民增船增网。为了打开海洋捕捞的新出路，从1953年起，每年有渔民上万名、渔船上千艘，有组织地转向浙江舟山渔场、江苏吕泗洋渔场捕鱼。到1957年，全省渔船发展到23874艘、10.39万吨，比1949年增加2倍以上，水产品总产量达到28.34万吨，比1952年增长77.9%，比1949年增长3.2倍[①]。

总的来看，“一五”时期的农业生产计划是比较切合实际的，农民的生产积极性也比较高，因此，农村经济有了较大的发展。1957年与1952年比，农林牧渔业总产值增长43.8%，平均年递增7.5%；其中林、牧、渔业总产值年平均递增分别达23.3%、10.5%和13.6%；粮食产量增加72万吨，增长19.4%，年平均递增3.6%；甘蔗总产量年均递增11.6%；茶叶总产量年均递增7.4%；水果总产量年均递增14.4%；猪存栏数年均递增9.8%；牛存栏数年均递增2.6%；水产品产量年均递增12.2%[②]。

“一五”期间，福建工业总产值年均递增16%，工业总产值发展速度达到107.0%；1957年工业总产值达到8.57亿元，比1952年翻了一番；轻重工业比例调整为83∶17，初步形成了轻型结构的工业体系。而

---

① 福建省渔业区划办公室编：《福建渔业资源》，福建科学技术出版社1988年5月版，第66—67页。

② 福建省统计局编：《光辉的历程——福建五十年》，中国统计出版社1999年8月版，第77页。

就工农业占国民生产总值的比重来说，农业比重下降、工业比重上升。1957年工农业比重为37.6∶62.4，较1952年的29.7∶70.3，有了显著的变化①。

交通方面，福建水陆交通部门在鹰厦铁路两侧修建了1000多公里的公路和简易公路；整治和开辟了600多公里内河航道。连同过去几年修建的公路和航道，至1957年3月，全省已有可通汽车的公路5000多公里，通汽轮和木帆船的河道4000多公里。全省67个县市有62个可通汽车，另外5个县也有帆船可通达。福建新的水陆交通网初步形成，历史上交通落后的情况已有根本改变②。

"一五"期间福建的教育事业也有较大发展。1956年与1952年相比，在校大学生由0.47万人增至0.65万人，中学生由9.64万多人增至15.67万人，小学生由102.59万人增至132.14万人③。各级各类学校的办学条件和教学质量都有明显的改善和提高。全省普通教育事业费实际支出年均增长22.58%，1957年达到3703万元，比1952年翻一番多。普通中学教学质量的提高更为明显。1954年全省高考各科平均成绩在60分以上的考生占当年考生总数的5.6%，居华东各省、市的末位；1957年所占比例上长到51.9%，首次名列华东地区的前茅。

科学技术事业开始起步。当时主要围绕农业、水产、林业等方面展开科学研究和技术推广工作。1952年省人民政府将接管的福建省农事试验总场改为福建省农业试验场，并在各专区、县建立示范农场，在闽南建立果树试验场，在闽东建立福安茶叶试验场，在闽中建立仙游甘蔗试验场，初步形成了遍及全省的农业科学研究、试验、示范网络。1953年，省农业试验场进一步改建为福建省农业科学研究所，设农艺、园艺、土壤肥料、植物四个系和一个农具试验厂，这是中华人民共和国建立后福建第一个农业科学研究机构。全省改建、新建一批农业科研机构，先

① 福建省统计局编：《光辉的历程——福建五十年》，中国统计出版社1999年8月版，第96页；福建省统计局：《福建省国民经济统计提要（1950—1961）》，1962年5月，第10、11页。

② 《本省新的水陆交通网初步形成》，《福建日报》1957年3月29日。

③ 福建省统计局编：《光辉的历程——福建五十年》，中国统计出版社1999年8月版，第291页。

后建立了省属农业、林业、水产等研究所和省畜牧兽医总站。组建了龙溪、晋江、南平、福安、龙岩、闽侯等行署农科所。建立了厦门、平潭、连江、霞浦海水养殖试验场，并在沿海地、县建立14个水产实验所。全省有7个地区和57个县设立林业科学研究所或研究室。长乐、福州、莆田、晋江、同安、仙游、尤溪、龙岩、福安、建阳等地专门建立灌溉试验站，还建立了亚热带作物试验场、福州蚕桑试验站；此外，全省各县和80%的乡镇建立了农科所；成立了省农业气象研究所，在各专区、县设立了90多个农业气象试验台（站），为农业生产服务①。农业部门和有关科学技术人员在改革水稻耕作制度、单季稻改双季稻，间作稻改连作稻的研究试验方面取得很大成效。水产部门和有关科学技术人员于1956年从大连、青岛引进海带，在连江小埕试养获得成功，为亚寒带的海带南移福建创造了重要条件。高等院校的许多学者、教授，积极从事科学研究，以创新的成就对社会经济发展做出了可贵的贡献，并为福建和全国培养了科学技术人才，其中有早年与郭大力合作翻译《资本论》，从20世纪50年代初开始发表有关《资本论》研究的系列论文的经济学家、厦门大学校长王亚南；从事黄麻和水稻良种研究、推广的专家卢浩然教授；从事亚热带果树引种驯化和“果树上山”研究的李来荣教授；从事物质结构研究、1955年受聘为中国科学院学部委员、1956年受聘为中国首批一级教授的卢嘉锡；1956年由美国回国，主持厦门大学催化教研室工作、为中国建立了最早开展催化科学研究基地的结构化学专家蔡启瑞教授；创建中国科学院福建分院天然高分子研究所，并于1954年被国家授予中国科普教育积极分子称号的甘景镐教授；还有1953年开始筛选抗生素的研究，找到了对癌症有一定疗效的放线菌素“23—21”的产生菌，并提取结晶、投入生产，被称为中国抗生素事业创始人之一的王岳教授等。科学普及工作也得到广泛开展，据省科普协会统计，到1956年，全省已建立57个地方科普组织，参加科普协会的科技工作者达6000多人。

“一五”时期，福建医疗卫生事业也有发展。五年中投资1400多

① 《中国农业全书·福建卷》，中国农业出版社1997年10月版，第232页。

万元，新建一批城市专科医院，扩建了县卫生院，还建立300多个区卫生所和大量的联合诊所，许多农业生产合作社也成立了保健室。福建省第一所中医院——省人民医院于1956年12月成立。1956年与1952年相比，全省医疗机构由633个增加到1713个；卫生技术人员由1.73万人增加到2.57万人。每千人拥有的医生数由0.90人增加到1.02人[①]。由于大力开展爱国卫生运动，在持之以恒地切实加强防病治病的基础上，继续认真加强群众性的卫生预防措施工作，消灭了天花、鼠疫、霍乱，有效地预防、控制了传染病流行，并推行各种医疗保健工作，使人民健康水平日益提高。

新闻、出版、文化、广播、体育事业，在“一五”期间也有较大发展。特别是为广大农民群众服务的农村俱乐部、电影放映队和有线广播的发展更为突出。到1956年，全省乡文化站发展到337个，农村流动电影放映队发展到403个，农村电影放映点发展到14489个，平均933人一个放映点，电影放映单位在“一五”期间增加3倍。为了贯彻普及农村广播网，全省培训了3000多个技术员，他们同各地群众一起，克服种种困难，把一条条广播线引向山村、海岛、侨乡和少数民族地区，对活跃农村文化生活、引导农民关心国家大事起了重要作用。“一五”期间体育事业有了很大发展。各级体育机构建立健全，大力开展群众体育活动。1955年7月举办了福建省首届职工体育运动会，会后组织代表团参加全国第一届工人运动会。从1956年开始，陆续创建了各类体育学校、优秀运动队、国际体育俱乐部，把培育各项专业体育人才的工作纳入正常轨道。到1957年，全部刷新了解放前福建省各项运动纪录，标志着福建体育运动水平步入一个新起点。尤其值得引以为荣的是，1953年8月，福建籍归侨运动员吴传玉在罗马尼亚举行的首届国际青年友谊运动会上，获男子100米仰泳冠军，这是中国在国际体育比赛中首次夺得金牌，五星红旗在国际体坛上第一次冉冉升起。

---

① 福建省统计局编：《光辉的历程——福建五十年》，中国统计出版社1999年8月版，第295—296页。

"一五"期间，随着国民经济有计划按比例的增长，人民收入普遍增加，农民人均收入和职工平均工资，在原来低水平的基础上分别增长51.4%和38.4%，基本上达到了全国的平均水平。社会消费品零售总额达10.65亿元，供求基本平衡，市场繁荣稳定。

在中共福建省委的领导下，经过全省人民的艰苦奋斗，福建第一个五年计划各项主要指标于1956年提前一年基本实现，至1957年超额完成了第一个五年计划，为福建省顺利进入全面建设社会主义时期创造极为有利的条件。

三、修建鹰厦铁路和厦门海堤

福建省西北部多山，东南部滨海，受自然屏障的阻隔与内地的交通十分不便，因而，"筹造铁路，以图自强"是福建人民和闽籍华侨多年来的愿望。孙中山在《建国方略》中也规划了福建铁路的建设。1905年，商办福建全省铁路有限公司向华侨募集资金，于1907年动工修建从嵩屿到漳州江东桥的漳厦铁路，这条12公里的铁路只修了一段便半途而废。就是这样一段铁路，在抗战期间也被国民党当局将路轨全部拆毁，车辆、器材被洗劫一空。直到20世纪50年代初期，福建还是没有一寸铁路的省份之一。这种落后的交通状况，对巩固海防和发展经济极为不利。福建人民和闽籍华侨"修筑闽路"的迫切心愿，在中华人民共和国成立初期受到中共福建省委、省人民政府的重视。1949年9月，陈嘉庚在北京出席全国政治协商会议第一届全体会议，就向大会提出了修建福建铁路的提案，并获得通过。毛泽东对此非常重视。在美国发动侵朝战争以后，毛泽东又批示："此事目前虽一时不能兼顾，但福建筑路的正确意见，当为彻底支持。"①

1951年10月3日，中共福建省委书记张鼎丞向中央、华东局作报告，建议建筑鹰潭至南平的铁路。报告中说："关于鹰潭至南平之铁路，中央曾拟建筑，后因朝鲜战争爆发，计划中止，现拟请争取时间，提前建筑，正式列入1952年计划，并即进行筹备"。12月，党中央、毛泽东批

① 《艰苦创业的岁月——梁灵光回忆录》，福建人民出版社1999年2月版，第149页。

准修建福建铁路。12 月 23 日，毛泽东在《对薄一波关于修建福建铁路问题的报告的批语》中说，“周（恩来）、薄（一波）：照昨晚所议先修南厦路（编者注：江西南昌至福建厦门的铁路）为宜，但时间应提早，请考虑能否于三年内修好，以利军事运输。”①1952 年初，周恩来邀请傅作义、陈嘉庚等 20 多位全国政协委员座谈，通报“一五”计划主要建设项目的设想，并谈到要先修一条从南昌到厦门的铁路。陈嘉庚回闽后立即向福建省委、省政府报告了这一喜讯，并亲赴闽西、闽北实地考察。当年 6 月 22 日，陈嘉庚又打电报给毛泽东，对国家重视福建铁路修建表示感奋之情，并建议“昌厦铁路”由龙岩经过，以利闽西矿产资源的开发。毛泽东批示请周恩来研究答复。

福建省委、福建军区对修建鹰厦铁路非常重视，省委副书记兼军区司令员叶飞亲自主持会议进行讨论。省委决定，省和铁路沿线各地（市）、县均设立支前委员会，协助解决部队设防、土地征购、副食供应、物资材料等方面的问题，以支援铁路修建任务的顺利进行；同时，动员 10 万民工直接参加施工，以补施工力量之不足。福建省还组织铁路沿线机关、部队和学校的人员进行义务劳动。

1955 年 2 月 21 日，鹰厦铁路正式动工。广大军民以“叫高山低头、河水让路”的英雄气概，披荆斩棘，移山填海，经过 1 年 10 个月的艰苦奋战，鹰厦铁路于 1956 年 12 月 9 日铺轨至厦门，1958 年 1 月 1 日开始正式运营，比原计划提前 1 年完成。此外，鹰厦线连通福州的外福线（外洋—福州）于 1956 年 3 月开始修建，1959 年 1 月建成通车，福建破天荒地有了两条铁路，创造了中国铁路建筑史上罕有的奇迹。

鹰厦铁路这条横贯福建的交通大动脉的建成，为福建的经济发展注入了巨大活力，提高了战时军事调动的机动能力，坦克、大炮等重型武器可用火车迅速运抵海防前线，使当时深受美帝国主义、台湾国民党当局威胁的东南沿海的战备力量显著加强。工业设备和民用物资的运输能力也进一步提高，那时上海部分工厂向福建转移搬迁，调整上海工业

① 毛泽东：《对薄一波关于修建福建铁路问题的报告的批语》（1952 年 12 月 23 日），《建国以来毛泽东文稿》，第 3 册，中央文献出版社 1989 年 11 月版，第 664 页。

结构，支援福建经济建设，就主要靠这条铁路运输。

厦门岛是中国东南沿海门户，它与中国台湾、香港以及南洋群岛相邻，是中国对外贸易和海外华侨、港台同胞和国际人士出入境的重要口岸之一。但厦门交通十分不便，人员、物资进出厦门全部靠船运，一旦遇上台风船运便成了问题。这给厦门的生产建设和国防战备带来了极大的困扰。因此，厦门人民和海外侨胞热切盼望能在海峡间修建大道，筑起长桥，解决人们的渡海难问题。

在考虑铁路线如何进入厦门的方案时，陈嘉庚对原设计方案提出不同意见。他认为，铁路线如果由角美经灌口向东，通过修一条从杏林到集美的海堤进入厦门，不仅可节省向东北绕大弯的运营费用，还可围垦4万亩良田，比原来的绕海线的方案有更大更长远的经济效益。为此首任厦门市长梁灵光多次渡海拜访陈嘉庚，商讨建堤事宜。

为慎重起见，梁灵光会同副市长张维兹，组织厦门市有关专家和工程技术人员，深入基层访问熟悉当地情况的居民、渔民，多方搜集有关资料，多次实地考察测量，对建堤可行性进行认真研究探讨。一致认为陈嘉庚的建议很有价值，也切实可行，海堤建成后，对便利闽南交通、繁荣福建经济、加强沿海战备和支援解放台湾均有重大意义。事后，梁灵光将上述意见向时任福建省委副书记、省人民政府副主席叶飞作了汇报，叶飞对兴建厦门海堤表示完全同意。

1951年3月，华东军区司令员陈毅在叶飞陪同下，来厦门前线视察。梁灵光向陈毅汇报全市工作时，特地提到修建厦门海堤的必要性和可能性，并说明厦门和闽南是福建的重点侨乡，修建厦门海堤将对海内外产生重大影响。陈毅对修建厦门海堤十分支持，表示回去后一定要向党中央和毛主席报告。1952年底，经省、市领导多次反映，陈毅到北京再次向毛泽东建议："从各方面考虑，厦门海堤早修早好"。在此期间，陈嘉庚也在北京多次建议中央加大对福建的投资，早日修建福建铁路和厦门海堤。毛泽东最后决定一定要修厦门海提，并由陈毅负责。时任国务院副总理兼中财委主任的陈云根据中央意见，将厦门海堤列为国家特殊工程项目，从国库中拨出1323万元专款，解决建堤急需，从财力上表示了对修建厦门海堤的关心和支持。

为修筑厦门海堤，福建省委迅速决定成立省修建厦门海堤委员会，主要抓海堤的规划和协调。由梁灵光（时任省工业厅长兼省财委副主任）任主任，张维兹（时任厦门市市长）等8人任委员，具体负责海堤的修建事宜。

1953年3月，中央人民政府政务院下发《关于修建厦门市高集海堤工程的决定》。6月17日，厦门高集海提工程指挥部正式成立，同日，高集海堤正式动工。

跨海筑堤是一项世界性的难题，然而广大筑堤军民树雄心，立壮志，以愚公移山的精神开山劈石，进行过去未曾实践过的投石填海劳动。经过海堤建设者的不懈努力，1954年10月15日，高集海堤完成第一期工程。1955年10月1日，高集海堤全面竣工。

高集海堤建成后，为战备需要并确保鹰厦铁路早日全线通车，1955年10月，集美—杏林海堤动工兴建。经过14个月的奋战，全长2820米的杏集海堤于1956年12月5日胜利完工。两条海堤总长5032米，统称“厦门海堤”。从此，厦门岛变成与内陆连接的半岛，火车可以直接开进厦门岛，鹰厦铁路成为当时中国唯一的跨海铁路。

第二节　整风运动和反右派斗争

一、人民内部矛盾问题的凸显

1956年，国际国内均出现了一些不安定的情况，毛泽东称之为“多事之秋”[①]。这一年，在国际上，苏共二十大后，东欧一些社会主义国家弥漫着动荡不安的气氛，相继发生波兰和匈牙利事件。帝国主义乘机掀起反苏反共反社会主义的浪潮。在国内，社会主义改造基本完成后，社会的主要矛盾、党和人民的主要任务，都发生了根本性的变化。剥削

① 《毛泽东在省、市、自治区党委书记会议上的讲话》，1957年1月18日。

制度和剥削阶级已基本消灭，阶级斗争依然在局部范围内存在，但已不是中国社会的主要矛盾。人民内部矛盾突出起来，成为国家政治生活的主题。党的主要任务的转变，许多党员和干部缺乏思想准备。对两类不同性质的矛盾不甚了解，不知道如何处理人民内部的矛盾，有的甚至用处理敌我矛盾的方法来处理人民内部的问题，压制、打击群众，使矛盾加剧，导致 1956 年秋冬，在农村、工厂、学校都出现一些闹事的情况。从福建各地来看，当时主要有以下几种情况：

由于少数基层干部强迫命令、违法乱纪、打击报复和严重侵犯人权，而引起群众请愿、闹事。如莆田县笏石区濑塘乡 100 多人的请愿事件，就是因为少数干部欺压群众而造成的；永泰县白珩乡高级社第一生产队，也因会计为首贪污稻谷、地瓜，结果引起社员罢耕，并聚集百余人闹事。

对部分农村中出现的“迎神”等迷信活动，区乡干部不是采取耐心说服的办法，而是粗暴地予以干涉禁止，引起群众反对、闹事。如龙溪县科坑乡农民在农忙过后酝酿招神、赛神，乡干部获悉，不是采取说服教育，而是将为首者强行抓到乡政府关押，结果引起 150 多位农民拥到乡政府抗议。福安、霞浦、连城、宁德等地也发生类似事件多起。

有些国营企事业单位强行占用祠堂，不让群众祭祖，致使群众起来闹事。如诏安县陈龙乡就因为祠堂被国营茶叶收购站占用，平时紧闭大门，不让群众进去，遮住神牌，妨碍祭祖，引起群众公愤，连续三天聚集数百人在祠堂前闹事，直到区委答应将收购站搬走，群众才罢休。

由于领导上官僚主义作风，对于群众提出的要求和实际困难，能解决的未能及时认真帮助解决，一时不可能解决的和某些不合理的，又没有耐心地讲清道理和说服教育，因而发生闹事。最突出的是复员军人安置就业问题，中小学毕业生升学问题及农村粮食供应问题，因处理不好，而请愿闹事的达 52 起。农村中闹粮荒事件也很普遍。仅福鼎县就有 46 个乡发生群众闹粮荒事件，其中有 17 个乡群众因粮食问题罢耕，有 28 条渔船罢工不出海①。

由于对人民群众相互之间的矛盾处理不当，而转化为政府与群众之间的矛盾，使政府与群众的关系紧张，导致群众闹事。如平潭东庠岛渔民和苏沃区渔民历史上就互相有意见，1956 年 12 月以来又连续发生纠纷并斗殴，这本来是群众纠纷，应通过调解解决，但区委要求惩办“凶手”，县检察院不分析事件性质，就批准逮捕两个参与殴打的群众，民众不服，在执行逮捕时，50 多名群众将公安人员包围起来，公开拒捕、闹事。又如宁化县石寮村农业社社员在社员大会上向乡、社干部提意见，特别是对乡长意见更大，一次就提了 28 条，这本是人民群众行使民主权利，而乡里却向上汇报说是坏分子故意煽动斗乡长，县委和县政法部门不加调查研究，就认定是有组织的反革命现行破坏，批捕了农业社社长和两个积极提意见的社员，甚至把开会时的记录员也逮捕起来，结果全乡人民代表、干部、群众 79 人前后两次联名向上控告，直到龙岩检察分院责令县检察院道歉释放，事件才平息下来②。

此外，在福建广大农村，群众闹退社事件也此起彼伏。根据当时一部分地区社员情况分析：约 60% 多的社员是较坚定地办社的，约 20% 的社员是动摇不定的，约 10% 左右的社员是极为动摇的，其中闹退社的约占 3%—5%③。从退社户来看，除一部分社主要是因社办得很不好以外，一般退社的主要是上中农。他们留恋自己过去土地多，生产资料多，资金多，劳力又强，自己也还有一些技术，习惯于原来的个体经营，因为合作社的生产水平一时还赶不上他们，因此要求退出单干，希望能够多一些收成。另外一些社员虽然不是富裕中农，却也人云亦云跟着叫，跟着闹。有些地方对单干户放松了管理，使单干户少统购或不统购，少交或不交公粮，从而使一部分社员认为单干“占便宜”，也要求退社单干。对待这种闹退社问题，有些基层干部既不作具体分析，又不进行有效的思想政治工作，

① 《中共福建省委批转省人民检察院党组关于人民请愿、闹事情况的综合报告》，1957 年 6 月 14 日。

② 《中共福建省委批转省人民检察院党组关于人民请愿、闹事情况的综合报告》，1957 年 6 月 14 日。

③ 中共福建省委农村工作部：《关于去冬今春整社工作报告》，1957 年 7 月 6 日。

只简单地认定：退社就是落后，闹退社就是对抗性矛盾，试图采用一些行政命令或经济强制办法（例如不给原耕土地、好地换成坏地等）来阻止退社，结果使矛盾更加尖锐。据 1957 年 7 月中旬统计，全省高级社已垮掉 372 个，垮社和退社的农户达 5.7 万户，占入社总农户的 2.2%。另有 10 多万户在动摇犹豫，酝酿退社，扬言“试试看，八月半，好了干，不好散”①。闹退社较严重的闽东，至 1957 年 4 月，8 个县退社 11431 户，占高级社原有总户数的 3.9%，其中福鼎已退 12.9%，福安已退 8.3%，闹退社风最盛时，福鼎要求退社的达到 30%—40%，福安、霞浦、周宁、宁德都达 16%—20%②。该地区闹退社的原因很多，主要是工作中的主观主义、强迫命令造成脱离实际、脱离群众。发现退社问题后，有的干部工作方法不对头，不是检查工作解决问题，而是采取给退社农民坏土地，不让拉耕牛等办法加以限制，使矛盾更为加剧，局面更加混乱③。

1957 年 1 月，陈伯达在《关于福建莲塘乡农业合作社的一些问题向中央和主席的报告》中，也从一个侧面反映了农村中干群关系存在的问题：农村干部不但握有很大的政治权力，而且握有很大的经济权力，诸如产品分配权、财权、贷款、预购款的管理、支配权等。一些干部不能正确地运用这些权力，严重脱离群众，为了自私自利的企图而滥用权力。违反党的政策，生活、思想蜕化，引起群众的反感④。

对时局最为敏感的知识分子，在“百花齐放，百家争鸣”方针提出后，思想日趋活跃，最明显的一个变化就是敢说话了，对于党和政府工作中的缺点敢于公开提出批评与建议，当然，也有一些偏激、不满言论。面对这些新出现的矛盾，许多党员和干部思想上缺乏准备，陷于被动状态。

从福建暴露出来的上述情况表明，如何正确分析群众闹事的原因，

---

① 中共福建省委向中央并抄各地（市）、县委《关于当前工作情况报告》，1957 年 8 月 2 日。

② 《中共福建省委批转福安地委关于县委书记联席会议情况向省委的报告》，1957 年 4 月 22 日。

③ 中共福建省委《关于“正确处理人民内部矛盾问题”执行情况的报告》，1957 年 5 月 11 日。

④ 《陈伯达同志关于福建莲塘乡农业合作社的一些问题向中央和主席的报告》（1957 年 1 月 7 日），中央档案馆、中共中央文献研究室编：《中共中央文件选集》（1949 年 10 月—1966 年 5 月），第 25 册，人民出版社 2013 年 6 月版，第 30 页。

如何正确处理日益突出的各种各样的人民内部矛盾，已成为当时政治生活中的主题和党中央着重思考的重大课题。

1957 年 2 月 27 日，毛泽东在最高国务会议上以《如何正确处理人民内部的矛盾》[①] 为题发表讲话。他指出：社会主义社会存在着敌我之间和人民内部两类性质根本不同的矛盾，前者需要用强制的、专政的方法去解决，后者只能用民主的、说服教育的方法，即“团结——批评——团结”的方法去解决，决不能用解决敌我矛盾的方法解决人民内部的矛盾。毛泽东的这篇讲话，总结了社会主义事业发展中的历史经验，研究回答了中国社会主义改造基本完成后出现的新问题，提出了严格区分两类不同性质矛盾，正确处理人民内部矛盾的理论，具有很强的针对性和指导性。毛泽东这篇讲话及随后他在全国宣传工作会议上的讲话在福建党内和广大干部知识分子中传达后，震动很大，反响强烈，党内外思想都十分活跃。

福建传达贯彻毛泽东讲话后，党内干部“有思想上通的，半通半不通的和不通的三种人，多数人还是半通半不通的，地（市）、县以上干部中就有不少这类人，这些人的习惯是不大相信大道理，要看看经验，往往只整人不整己”“所谓思想上通的，如有的说，听了主席报告后，看到工作中存在问题的本质所在，思想上感到开朗了，认识到过去由于用旧观点旧方法处理新时期的人民内部矛盾问题，造成干群关系紧张，今后必须从根本上转变过来”“所谓思想上不通的，认为中央对知识分子作用估计过高了，对群众觉悟也估计过高了，对群众如果不用压服的办法要完成任务是没有保证的。”

其间，毛泽东还于 4 月 4 日至 6 日在杭州召集包括福建在内的四省一市党委书记思想工作座谈会。会上，叶飞汇报说：“大家对主席的报告反映很好，都觉得启发很大，但许多问题一接触实际就又不通了，如对人民闹事让他闹够，很多人就想不通。”省委宣传部长许彧青也反映说：“报纸工作，群众的要求与党委的要求有矛盾。”[②]

---

① 毛泽东的这篇讲话后来经过整理并作了若干修改与补充，以《关于正确处理人民内部矛盾的问题》为题，于 1957 年 6 月 19 日公开发表。

② 中共中央文献研究室编：《毛泽东传（1949—1976）》（上卷），中央文献出版社 2003 年 12 月版，第 661、660 页。

针对上述情况，省委于 1957 年 4 月 26 日召开各部委负责人和各厅局党组书记会议进行再动员，翌日又在厦门召开部分地（市）、县委第一书记会议，进一步学习毛泽东讲话，搞通思想，认识正确处理人民内部矛盾问题是党的中心任务，强调对正确处理人民内部矛盾问题必须由第一书记亲自负责贯彻执行，借以改进党员和干部的思想作风，推动一切工作。其间，省委领导还分头向省级机关干部、大专院校师生及福州市企事业单位职工宣传毛泽东的讲话，引导大家正确解决矛盾。毛泽东这篇重要讲话的传达、学习和讨论，实际上为全党整风作了积极准备。

二、整风运动的初步展开

为了提高全党的马克思主义思想水平，改进党的作风，中共中央决定在全党开展以正确处理人民内部矛盾为主题，以反对官僚主义、宗派主义、主观主义为内容的整风运动。1957 年 4 月 27 日，中共中央发出《关于整风运动的指示》。《指示》阐述了整风运动的方针、任务和目的，要求各级党委运用“和风细雨”的方法，采取“团结——批评——团结”的方针，通过严肃认真的批评和自我批评，认真检查执行党的方针政策的情况，克服官僚主义、宗派主义、主观主义，总结经验，改进工作，改进党的作风，以利于社会主义革命和建设事业，使党和国家较为巩固，能够经受风险。

4 月 27 日至 5 月 2 日，省委在厦门召开厦门、晋江、龙溪、龙岩等地的地（市）、县委书记会议，集中学习和讨论毛泽东《关于正确处理人民内部矛盾的问题》的讲话，决定在县以上机关党组织中立即开展整风运动，反对官僚主义、宗派主义和主观主义。会议一结束，叶飞就同厦门市有关领导驱车来到厦门大学，同厦门大学 12 名教授举行座谈，征求他们对党和领导部门的意见。此后，省委其他领导也分头深入到福建师范学院、农学院、医学院作“正确处理人民内部矛盾”的报告，动员教职员工向党提意见，帮助党整风。各校都先后停课三天，集中学习毛泽东《关于正确处理人民内部矛盾的问题》的讲话和向党提意见。各院校党组织还召开了各种类型的座谈会89次，共提出意见10301条[①]。这些意见绝大部分是正确的、有益的，有利于改进党的领导。

5月5日至11日，省委召开闽东、闽北各地（市）、县委书记会议，决定采取“边学、边整、边改”的做法，在各地深入开展整风运动。为了改善干群关系，切实体现边整边改，9日，省委、省政府领导还一同前往福州市鼓山农业社参加劳动，并倾听群众意见。

5月13日，在省一届人大第四次会议上，叶飞还代表省委作了长达8小时的讲话，阐述正确处理人民内部矛盾问题，吁请各民主党派、社会人士以及广大人民群众，大胆对党和政府各部门工作实行检查监督，提出批评，帮助党开展整风。为了加强对整风运动的领导，5月14日，省委常委会讨论决定成立省委整风指导小组，由叶飞任组长，下设办公室[②]。

5月15日，省委发出《关于在全省党内开展整风运动的计划》。省委认为，从本省情况看，近几年来，尤其是土地改革以后，党的密切联系群众、联系实际、批评与自我批评的传统作风有减弱现象，许多经过党长期培养锻炼的老干部，包括经过1942年整风的干部（这些干部在省级机关县以上干部中占46%，占地委机关中县以上干部的25%），这几年也多是住机关、下命令，对实际情况不大了解，对群众疾苦不太关心。他们已经看不到实际工作中的问题，听不到群众的呼声。极少数的是饱食终日，无所用心，甚至有严重的腐化堕落行为。大批新的党员干部，他们的本质一般都是好的，很多还是劳动人民出身，原与群众有密切联系，但由于脱离生产日久，加上党对他们的教育不够，滋长了强迫命令、独断独行的作风。他们中有些人还有特权思想，作威作福，欺压群众。另外还有部分知识分子出身的党员干部还未经过生产劳动锻炼，缺乏群众观点。不少党员干部，对待劳动人民有“老爷架子”、官僚主义；对待党外民主人士、知识分子，有严重的宗派主义情绪。为了克服上述种种不良倾向，把全党的马克思主义思想水平提高一步，进一步加强党与人民群众的团结，进一步推动社会主义事业的发展，省委决定

① 《福建省高等学校反右派斗争情况和本学期的工作部署》，1957年8月。

② 《省委成立整风指导小组》，《福建日报》1957年5月17日。

立即在省、地、县级机关和大专学校进行整风，要求“这次整风应从团结全省1400万人民、14万知识分子出发，以正确处理人民内部矛盾为中心任务。”

整风的步骤分为三个阶段。第一段学习文件，提高认识；第二段联系实际，检查工作，检查思想作风，揭发工作中的矛盾，研究解决矛盾的办法；第三段，提出改进工作的方案或意见，并加以贯彻。

整风的方法，按照中央的指示，“应该是既严肃认真又和风细雨的思想运动”“应该是恰如其分的批评与自我批评运动”。省委在《计划》中特别强调：“在进行检查时不要开批评大会或斗争大会，不要出‘大字报’，不要强迫被批评者接受他们不同意的批评，要允许被批评者申辩，要强调耐心说服，从思想上解决问题。”同时规定“在整风结束时，除严重违法乱纪者外，不论错误大小，一概不予组织上的处分”。这些意见和规定，无疑十分正确，真正体现了党的“惩前毖后，治病救人”的方针，可惜后来运动的发展完全背离了整风的初衷。

为了了解情况，听取各方面的批评和意见，在这期间，省委领导先后召集各种座谈会，会上反映了许多过去所不了解或了解得很不深刻的问题，听到了不少平时听不到的意见，对于帮助党整风，改正缺点错误，大有益处。《福建日报》从5月17日至26日，对97位代表或列席代表在人大会上的发言或书面发言进行大量报道；从5月18日至6月3日，对党外知名人士座谈会上的35人的发言作了详尽报道。①这些鸣放意见，后来都被当成“右派”言论进行了批判。

5月27日，省委发出《关于继续发动党外人士对党批评和贯彻执行中央整风指示的指示》。指出，当前整风应根据中央整风指示中“五检查”（检查处理人民内部矛盾问题的情况，检查对“百花齐放、百家争鸣、长期共存、互相监督”方针和“勤俭建国”方针的执行情况，检查官僚主义现象、宗派主义现象、主观主义现象）的原则，确定自己的检查重点。同日，《福建日报》配发了《继续发动党外人士帮助党整风》的社论。

① 《福建日报社史》编辑委员会编著：《福建日报社史》，第一卷（1949年8月—1978年12月），福建人民出版社2002年5月版，第67—68页。

第二天，省委就邀请各民主党派、无党派人士 40 余人，举行座谈会帮助党整风。省委书记处书记江一真、魏金水、伍洪祥、林一心、贾久民先后到会听取意见。会议连续开了三天，各民主党派、无党派人士都先后发了言，对党政领导、党与非党关系、人事制度、干部政策等方面提了许多意见。6 月 3 日又复会座谈一天，叶飞、魏金水到会表示感谢，并吁请党外人士继续帮助党整风。

在全国各地开门整风，请党外群众向党组织和党员提意见的过程中，有些人对整风采取和风细雨的批评与自我批评方式不满意，提出要采用“大鸣大放”大民主的方法，把整风运动开展得更轰轰烈烈一些。这个意见很快得到了中共中央的赞成。这样一来，一些机关，尤其是一些大专院校，贴出了许多大字报，一时出现了比较浓厚的政治气氛。本来“开门整风”是中国共产党人旨在执政条件下拓宽“民主新路”的一次有益尝试。但当“大鸣、大放、大字报”的方法运用开来后，开门整风就走上了一条所谓“大民主”的歧路。

根据中央的指示，省委也改变了原先整风计划中关于“不要出大字报”等规定，号召各机关、大学开展大鸣、大放。

随着运动的深入，各种批评意见急剧升温，情况愈趋复杂。极少数人别有用心地公开鼓吹“大民主”，肆意攻击党和新生的社会主义制度，诬蔑共产党在国家政治生活中的领导地位为“党天下”，要求“轮流坐庄”，妄图取代共产党的领导。5 月中旬，毛泽东写出《事情正在起变化》一文，发给党内高级干部阅读，标志着中共中央的指导思想开始由党内整风向反击右派变化。

5 月 31 日，省委在福州召开省委扩大会议，参加会议的有省委委员，各地、市委和省直各厅、局党组书记。省委第一书记叶飞传达了毛泽东主席关于《事情正在起变化》等指示，讨论研究了全省整风运动的情况，认为“我省虽已‘放’了，但不广、不深，目前是继续烧火的问题”，因此，会议决定，“省直机关、大专学校应发动一次‘十二级台风’，各市中等学校教职员也可以放，不要怕乱；各地、市再点一把火”[①]，掀起整风

① 省委整风指导小组办公室：《反右派斗争大事记》，1957 年 8 月。

高潮。

此后，省委领导分赴各地指导运动。在省委的领导下，中共晋江地委首先召开科以上党员干部会议，动员地直机关大鸣、大放，接着，地委和泉州市委联合邀请100多位党外人士举行座谈会，地委、市委书记、部长，专署和市府党员领导干部均到会听取意见；中共龙溪地委邀请全专区各民主党派和无党派人士举行座谈，会议历时七天，发动大家鸣、放，帮助共产党整风；福州市召开政协第一届委员会第四次会议，中心议题是帮助共产党整风，市委书记到会号召大家大胆放、大胆鸣、放得越多越尖锐越好；广大人民群众和党外民主人士也积极响应党的号召，提出了大量的批评和建议。这些批评和建议，大部分是中肯的、正确的，对于改进党的工作和干部作风，加强党同群众的联系，有着积极的意义。对此，当时省委也给予了积极的肯定。

全省整风运动初期的情况表明，省委和各地（市）委都在认真贯彻执行正确处理人民内部矛盾的方针，发扬社会主义民主，努力改进工作中缺点错误，同时根据边整边改的方针，一边学习文件和倾听群众的批评意见，一边着手解决问题。总之，福建的整风运动同全党一样初衷是好的。

三、从整风到反右派斗争的转变

既然自上而下都起劲地鼓励大家对党提意见，帮助整风，于是各地、各大专院校、各民主党派鸣、放的气氛就越来越热烈。许多人的心理屏障完全拆除了，在一些敏感的政治问题上袒露了心迹；有些人本来不想发言，在反复的号召和要求下，也发表了意见；那些怀着偏激情绪的人，见这么多人都放了炮，于是言辞更加激烈了。这时，全省各地以正确处理人民内部矛盾为主题的整风运动，虽然仅5个多星期的时间，但在此期间兴起的自由批判浪潮，对执政的共产党组织却是一次极其严峻的锻炼和考验。

此后，形势变得复杂起来。偏激和混乱从文化教育单位迅速向全社会扩散，几乎全省各大大小小城市都出现了种种不安定的迹象：有些部门或单位，个别政治背景复杂、思想动机不纯的人，利用党群之间的种种矛盾，在背后挑唆一些群众向党的领导机关发起攻击；有的捏造污蔑，把一大批党的干部说得一无是处，把党组织说得一团漆黑，甚至攻击党的领导是“党天下”，提出要轮流坐庄；还有的诽谤人民民主专政制度是官僚主义、宗派主义存在的根源，公然提出根本的办法是改变社会主义制度；少数思想偏激、缺乏政治经验的年轻人还嫌不够，又成立民间组织，又开起声讨会，揭发、控诉党委书记、支部书记的“罪行”；还有一些人酝酿着罢工、罢课，准备搞游行示威，甚至打电报给周恩来总理和中国红十字会会长李德全，呼吁支援他们的行动[①]。一时间，各地鸣放气氛十分火爆。

1957 年 6 月 8 日，《人民日报》在头版显著位置发表了《这是为什么？》的社论。社论在对匿名信（指民革中央委员、国务院秘书长助理卢郁文收到的一封匿名恐吓信）的蛮横无理作了驳斥后，指出：“所以认为这封恐吓信是当前政治生活中的一个重大事件，因为这封信的确是对于广大人民的一个警告，是某些人利用党的整风运动进行尖锐的阶级斗争的信号。这封信告诉我们：国内大规模的阶级斗争虽然已经过去了，但是阶级斗争并没有熄灭，在思想战线上尤其是如此。”同一天，中共中央发出毛泽东起草的《关于组织力量准备反击右派分子进攻的指示》，强调“这是一个伟大的政治斗争和思想斗争”“是一场大战（战场既在党内，又在党外），不打胜这一仗，社会主义是建不成的，并且有出匈牙利事件的某些危险。”[②]

社论发表的当天，省委召开常委会议，党员副省长、各口负责人及省委整风指导小组成员也应邀到会。会议集中学习讨论《人民日报》社论《这是为什么？》，决定对右派分子进行战略反攻，同时责成福州市委立即组织力量进行部署，要求斗争中依靠积极分子，团结中间分子，争取中右分子，孤立右派分子。

根据中央和省委的指示和部署，反右派斗争陆续在全省各地展开，以正确处理人民内部矛盾为主题的整风运动也就转入了反击右派分子

① 省委整风指导小组办公室：《反右派斗争大事记》，1957 年 8 月。

② 《中共中央关于组织力量准备反击右派分子进攻的指示》（1957 年 6 月 8 日），中共中央文献研究室编：《建国以来重要文献选编》第 10 册，中央文献出版社 1994 年 9 月版，第 285 页。

的斗争。在反击右派的头半个月时间里，省委接连举行三场动员会、座谈会。第一场是6月22日省和福州市机关分别召开的共8000多人参加的党员积极分子大会，叶飞、江一真在会上分别作《准备力量，向右派分子反击》的动员报告；第二场是6月23日省委召开的各民主党派及高级知识分子座谈会，叶飞在会上吁请大家站稳立场，与右派划清界限；第三场是6月24日省委分别召开福建师范学院、福建医学院、福建农学院全体师生大会。叶飞、江一真分别参加大会并作“发起向右派反攻”的动员报告。

此间，《福建日报》先后发表题为《揭穿右派分子真面目》《盾牌与烟幕》《武装起来，参加斗争》《把斗争进行到底》等社论，号召全省人民武装起来，投入反击右派分子的斗争中去，揭穿右派分子的阴谋，不要放虎归山，要将反击右派斗争进行到底。

受中央对右派分子人数估计不断扩大的影响，7月2日，省委举行省委整风指导小组会议，估计全省右派分子大体150—200人之间。7月9日，扩大到300人，实际上，后来划了7100多人①，比原先设想多了三四十倍。

对这场反右派斗争，中央本来只估计用一个月时间来开展，然后再转入和风细雨的整风运动。而此时福建旱情十分严重，省委便决定暂停县以下机关的反右派斗争，集中力量开展抗旱斗争，争取秋季丰收。但7月17日至21日，中共中央在青岛召开省市委书记会议，不仅没有鸣金收兵，还进一步部署了这场斗争，而且毛泽东专此写了《一九五七年夏季的形势》，以严重的措辞论述了反右派斗争的性质，视之为“敌我矛盾”，“对抗性的、不可调和的、你死我活的矛盾”；“批判资产阶级右派是一次在政治战线和思想战线上的伟大的社会主义革命”②。会后，中央又接连下发文件，要求把反右斗争推向科学界和中小学教职员，推向各个领域，深入挖掘，决不可以草率收兵。

于是，福建反右派斗争同全国一样迅速升温。截至8月16日，仅在

---

① 中共福建省委统战部：《关于右派分子工作的几点意见的报告》，1960年12月20日。

② 毛泽东：《一九五七年夏季的形势》（1957年7月），《建国以来毛泽东文稿》，第6册，中央文献出版社1992年1月版，第543页。

省、市（福州）民主党派中就有 33 人被打成右派分子，占参加运动的 403 人的 8.19%，各民主党派专职省委委员以上参加运动 19 人，有 6 人被打成右派分子，占 31.6%①。到了 1957 年底，仅本省民革、民盟、农工、民建四个民主党派的 250 个省、市委员中，就有 83 人被打成右派分子，占委员总数的 33.2%，在 3352 个成员中，有 359 个被打成右派分子，占成员总数的 10.7%②。民盟与农工民主党就成了此次反右派斗争的重灾区。当时福建省委在向中央电话汇报中也声称，民盟福建省委着重在大、中学校放火，农工党着重在机关兴风作浪；民革和民建虽不若民盟、农工党之甚，但也揭露出不少右派分子；致公党、台盟创立不久，问题不大。

这段时间，福建 4 所高等院校（厦门大学、福建师范学院、福建医学院、福建农学院）有 89 名教职员被打成右派分子，占参加运动的教职员工总数 1370 人的 6.5%，还有 162 名大学生被打成右派分子，占参加运动的大学生总数 6810 人的 2.38%。

党外反右进入高潮后，党内的反右也开始了。截至 9 月 10 日，省直机关、各大专院校、民主党派、福州、厦门、漳州、泉州、南平五市（包括机关内部和外部）及南平、福安、晋江、龙溪、龙岩五个地委、专署直属机关参加运动人数共 53543 人（其中党员 14537 人），被打成右派分子的有 1990 人（其中党员 200 人，占参加运动党员数的 1.38%）。在《福建日报》上已被点名批判的有 151 人（其中党员 17 人）③。

在社会主义条件下，仍然存在意识形态方面长期而复杂的斗争。这种斗争，在一定条件下，发展到一定程度，可能演变成为政治斗争，这是事实。但是，如何正确地领导这种斗争，毛泽东和全党都缺乏经验。而毛泽东本人对极少数右派分子向共产党和社会主义制度进攻的形势作了过分严重的估计，对整个阶级斗争的形势作了过分严重的估计。反右派斗争的严重扩大化，就是在这样的情况下发展起来的。

从当时福建情况看，在整风运动中，真正蓄意向党进攻的右派分子

---

① 省委整风指导小组办公室整理：《反右派斗争排队情况》，1957 年 8 月 16 日。

② 省委整风指导小组办公室：《各民主党派反右派斗争和整风情况简报》，1958 年 1 月 10 日。

③ 省委整风指导小组办公室整理：《反右派斗争进展和排队情况》，1957 年 9 月 14 日。

毕竟是极少数。绝大多数知识分子和广大干部是响应党中央的号召而投入运动的，虽然在复杂的背景下难免有种种言差语失，但其愿望是善良的，所反映的问题也并非完全子虚乌有的。可是由于当时过分地强调了阶级斗争，严重混淆了两类不同性质的矛盾，结果导致了反右派斗争的扩大化。许多真诚的民主人士、有才华的知识分子、年幼无知的学生，甚至包括一些正派的共产党员都被戴上了“右派”的帽子，遭到了严厉的批判和惩罚，许多家庭因此受到牵连，教训极其深刻。

首先是划定右派分子的标准上出了问题。毛泽东在 1957 年 6 月 19 日公开发表的《关于正确处理人民内部矛盾的问题》一文中，最先提出了六条区分香花和毒草的政治标准，并指出最重要的是社会主义道路和党的领导两条。但这只是香花与毒草的标准，并非划分右派的具体界限。7 月 11 日，中共中央在批转中央统战部《关于划分左、中、右的标准的建议》中，虽在上述六条标准的基础上略加解释，使之具体了些，但仍较空泛，不便掌握。于是，省委领导叶飞、江一真、伍洪祥等便商议提出要像朝鲜战争那样划一条“三八线”，立两三个典型，有错误言论可以进行批判、但不划为右派的，今后其他有类似错误的都不要随便打成右派。并试图在晋江地区率先实施。但在当时的政治气候下，这一划界限办法，难以被人们所接受与实行[①]。到党的八届三中全会，中央才下发《关于划分右派分子的标准的通知》。10 月 25 日，福建省委批转省委整风领导小组办公室《关于执行 < 中央关于划分右派分子标准的通知 > 的意见》。其中有一条规定：“在根本立场上并不反对社会主义和党的领导，而只是对于局部性的工作制度，局部性的不属于根本原则的政策，工作中的问题，学术性的问题，共产党的个别组织、个别工作人员表示不满，提出批评的人，即使意见错误，措词尖锐，也不应划为右派分子；同样，在根本立场上并不反对社会主义和党的领导，而只是在思想意识上有某些错误的人，也不应划为右派分子。”可惜在当时“宁‘左’勿右”的空气之下，许多本“不应划为右派分子”的人却被划成了右派分子，而且标准不是愈来愈紧，而是越来越宽，以至“也将一些人有过类

① 《伍洪祥回忆录》，中共党史出版社 2004 年 8 月版，第 547 页。

似右派思想过去并未发表散布过，只是在批判右倾思想中，主动检查批判出来的，也划成为右派分子。”[①] 加上对于右派标准特别是中右和一般右派的界限不明确，有的对政治上反动和政治上摇摆区别不清，有的把反革命嫌疑的以及材料未经分析鉴别的都划为右派。特别是反右派的名额层层下达，有些地方为了实现右派指标，已经是没有什么标准了。据龙岩地委整风办公室8月7日简报，工交口右派分子占参加运动人数的16%，财贸口占13%，其中石油公司占26%，交通建设银行竟达32%。当时连省委整风指导小组办公室都意识到，“这样的比例就肯定右派分子划得太多了”，“可能是划得过宽了”[②]。

其次，采用具有极大主观随意性的策略方针对待批判对象，以至于打击面过宽。7月中旬后，“钓鱼”战术及“引蛇出洞”战术，就在全省各地得到进一步的发挥。运用这种极大主观随意性的策略来深入挖掘右派分子，战果自然十分显著，被揭露的右派人数呈直线上升。全省被划为右派分子的人数：截至1957年8月10日止，为1786人，占参加运动人数的3.44%[③]；省委认为“反右派斗争已取得基本胜利，8月份可告一段落”。可是到了9月10日，又升到1990人，占参加运动人数的3.72%[④]。而到了1958年4月20日，全省定案右派分子总数却大幅度增加到6140人[⑤]。这显然与此间本省各地在反右派斗争中先后开展的反地方主义与清理“不纯干部”运动有关，三者交错在一起，使反右更加复杂化、扩大化。

1958年4月起，本省又在知识界、民主党派、工商界（包括小商小贩、归侨）以及宗教界中广泛开展交心运动，并采取了所谓的“交心汇报、求医会诊、典型示范、贺喜送礼、退回次品、大字报展览”以及“插

---

① 《中共福建省委批转省委整风领导小组办公室关于执行〈中央关于划分右派分子的标准的通知〉的意见》，1957年10月25日。

② 《中共福建省委批转省委整风指导小组办公室“关于划分右派分子标准和对右派分子进行复查鉴定的建议”》，1957年8月30日。

③ 省委整风指导小组办公室整理：《反右派斗争排队情况》，1957年8月16日。

④ 省委整风指导小组办公室：《反右派斗争进展和排队情况》，1957年9月14日。

⑤ 省委整风指导小组办公室：《关于处理右派分子工作的报告》，1958年4月。

红旗、拔白旗”等做法，把在“交心运动”中暴露出来的一些涉及比较敏感、严重政治思想问题的人，有些还是通过讲“内心话”“私房话”主动讲出错误思想认识，也划为了“漏网右派分子”。最终全省被划为右派分子的达到 7100 多人。

对被揭露出来的右派分子，处理也过严过重。全省 7100 多名被划为右派分子中，半数以上失去了公职，相当多数被送劳动教养或监督劳动，有些人流离失所，家破人亡。全省大专院校的学生中，被划为右派分子的有 336 人，除了 32 人“免于处分，以观后效”外，其余的处理情况是：开除学籍 4 人，开除学籍、劳动教养 16 人，保留学籍、劳动察看 92 人，保留学籍、留校察看 126 人，勒令退学 4 人，分配工作、在工作中考查的 62 人。许多单位存在偏严现象，而且是越到基层处理越严。如省工业厅 16 个技术人员中的右派分子，按敌我矛盾处理的就有 8 人，占 50%。少数单位对一些只有一般政治历史问题或一般违法乱纪行为，或平时表现不好的人，不适当地按反革命分子或坏分子处理。个别单位对某些虽然认罪态度不好，情节严重，但并未构成反革命活动的人，也按现行反革命分子给予刑事处分。对右派分子的生活出路安排亦考虑不够，有些按“五类分子”处理的，一下子就降了 10 级或 10 级以上工资。此外，本省有些单位对右派分子处理工作进行得过早并过于草率。如省农林系统在中央处理原则尚未下达时即进行了处理，开除面达 22%，省计委开除的高达 44%。全省各地除了错划了大批右派分子外，还错划了中右分子和有“右派言论”的 4584 人。划为“中右”本来是内部掌握的，可不少的人被处理出干部队伍①。某些基层单位在执行审批手续上也不够严格。如建阳师范学校未经地委批准，也没有经过县委研究，就把一个右派教员开除了。各地经处理后，少数在单位留用的，也大多用非所长，而且普遍遭歧视。多数群众也不愿意或不敢同这些人接近，常常避而远之。因而，使他们长期蒙受委屈，其家庭、子女也受到株连，不能为国家的社会主义建设事业发挥聪明和才智，这不仅

① 中共福建省委落实政策办公室：《关于全省复查、改正错划“中右”、“不纯”干部工作情况的总结》，1982 年 4 月 27 日。

是他们的不幸，也是国家、民族的不幸。

中华人民共和国成立以来，全国各地实现了深刻的社会变革，这不能不引起社会各阶级、各阶层的不同反应。反对和敌视社会主义的势力在一定范围内还存在，中国要不要走社会主义道路和坚持中国共产党领导的问题，实际上没有完全解决。因此，对反对党的领导、反对社会主义道路的思潮和右派分子的进攻进行批判和反击是必要的，也是正确的。但是，敌视社会主义的人在国内毕竟只是极少数。由于当时党对阶级斗争的形势作了过于严重的估计和判断，导致了反右派斗争严重扩大化，把一批知识分子、爱国人士和党内干部错划为右派分子，造成了不幸的后果。同时，改变了党的八届一中全会关于社会主义主要矛盾的论断和社会阶级关系状况的分析，使党的指导思想出现“左”的偏差，使党探索中国社会主义建设道路的良好开端受到挫折。这是党的历史上的一大教训。

四、以社会主义教育为主要内容的农村整风

早在1957年2月，省委根据八大决议和八届二中全会精神，就决定在全省开展民主整风运动。到1957年5月，省委认为，在农村基层整风已经初步开展，领导机关学习正确处理人民内部矛盾问题已经逐步深入的情况下，应该按照中央关于整风运动的指示，除了在全省县级以上机关党组织中立即开展外，“同时把农村基层党组织的整风运动进一步贯彻下去。”①

在农村开展的整风运动中，省委认为，鉴于许多农村干部“在宣传正确处理人民内部矛盾以后，混淆了两种不同性质的矛盾，把什么事情都当作人民内部矛盾来处理，党员、干部中存在着右倾思想”“特别是五六月份时，一方面，地主、富农、反革命分子和坏分子利用宣传正确处理人民内部矛盾和城市大鸣大放的机会，公开谩骂党和政府，肆意咒骂、污蔑、威胁、殴打乡、社干部和积极分子，扩大他们的缺点，以挑拨干群关系。他们并利用各种机会，进行挑拨活动，煽动群众闹粮、闹社，

① 《中共福建省委关于在全省党内开展整风运动的计划》，1957年5月15日。

以瓦解合作化，破坏农业生产和粮食统购统销工作。他们有的带头进行群众性的迷信活动，扰乱社会秩序。有的投机倒把，破坏市场管理。有的反攻倒算，阴谋复辟。另一方面，一些有严重资产阶级思想行为的富裕中农，也起来闹粮闹社，反对合作化和粮食统购统销政策，并进行黑市交易，投机倒把，发展资本主义。上述地、富反攻、富裕中农的资本主义行为，造成农村的混乱”[①]。针对这种情况，省委决定于七八月份，在全省农村进行一次以反右派运动为中心内容的阶级教育。在这一运动中，全省共斗争了地主、富农、反革命分子、坏分子 8200 多人，逮捕 4100 多人，管制生产 120 多人[②]。

在农村开展整风运动，虽然收到一定效果，但“只解决了前一时期表现得非常尖锐的敌我矛盾，对农村中的一些人民内部矛盾，特别是富裕中农的资本主义、个人主义和社会主义的矛盾，并未得到解决”。因此，在 8 月中旬召开的省委扩大会议上，决定在广大农村进行一次大规模的社会主义思想教育，采取的方法是大鸣大放大争（后改为大鸣大放大辩论）。鉴于各地开始时“放鸣不透”，省委在 9 月中旬召开的地、市委书记会上，又特别强调“要坚决的放、大胆的放、彻底的放”“干部要硬着头皮听，有意见和群众一起放”“凡鸣放不透或未鸣即辩的地方，应用适当方式进行补课”。[③] 在省委的反复动员、强调下，运动迅速发展起来。到 9 月底，全省有 4000 多个乡投入运动，到年底，全省 4497 个乡（包括少数农业街）中，已有 3955 个乡辩完了粮食问题，有 1539 个乡辩完了合作化问题，有 85 个乡辩完了法制问题，有少数乡进行了整党整社，有 3434 个乡辩论或宣传农业发展纲要（修正草案）。在沿海地区的一些乡和渔民中，还辩论了有关敌我界线的一些问题[④]。

首先应当肯定，在当时那种错综复杂的国内外形势下，在农村进行社会主义思想教育收到了一定成效。农民的社会主义觉悟有了明显的提高，党的各项政策得到有力的贯彻，党的领导作用得到进一步加强，

① 《两个多月来农村大辩论情况的综合报告》，1957 年 12 月。
② 《两个多月来农村大辩论情况的综合报告》，1957 年 12 月。
③ 《两个多月来农村大辩论情况的综合报告》，1957 年 12 月。
④ 《两个多月来农村大辩论情况的综合报告》，1957 年 12 月。

突出地表现在粮食统购统销和农业合作化两个问题上。在粮食方面，广大农民比较自觉地接受了粮食统购统销政策和“增产增购，以收补歉，节约用粮”等原则，1957年入春以来出现的农村闹粮闹退社基本平息，粮食投机、黑市交易等现象基本上被制止。到11月25日止，全省收购粮食比上年同期增加14.77%，上交公粮比上年同期增加51.45%。由于节约粮食逐渐形成社会风气，在保证正常收入的同时，粮食销量也有很大的压缩。与上年同期比较，1957年8月份多销3.7%，9月份少销12.4%，10月少销20%，11月份少销14%。在合作化方面，“听共产党的话，走社会主义道路”，成了广大农民的实际行动。广大贫下中农更坚定了办好合作社的决心和信心，中农由动摇而趋于坚定，那些要求退社的，多数也表示不退了，单干户纷纷要求批准入社。据1957年10月中旬统计，全省高级社中，巩固的已由原来的20%增加到36%，一般的已由60%减到49%，差的合作社，数量虽与前相同，但面貌却有所改变。总之，广大农民的生产积极性进一步提高，全省农业生产高潮逐步掀起。

但是，在这场农村社会主义思想教育中，由于采取“大鸣大放大辩论”这种所谓“大民主”的形式，加上受城市中反右派斗争扩大化的影响，也产生了许多负面效果和严重的后遗症。尽管在《关于搞好农村放鸣问题的紧急通知》中就规定“在农村不划右派，不搞反右派斗争”①，但是运动一开始，有些乡村就布置和开展反右派斗争，并出现了严重违法乱纪行为。如莆田县笏石区西林乡工作组在县扩干会后，于7月初召开全乡群众大会进行传达贯彻，错误地认为县委布置的在农村中开展反右派斗争中的“点名批评”就是等于“开会斗争”，所以在7月4日晚上组织民兵12人，把支委会上确定的3名所谓“右派分子”和8名陪斗对象，绑到西徐小学召开“反右派斗争大会”，迫其下跪、低头，并当场宣布其“右派罪行”，迫其供认。8日晚上又召开斗争大会，批斗5人。在被斗争和陪斗的14人中，贫农2人，中农11人，债务生活者1人，基本都是农民，真正是地主、富农、反革命分子的破坏者都没有。此事引起了

① 中共福建省委特急电：《关于搞好农村放鸣问题的紧急通知》，1957年9月18日。

各级党委的关注，中共中央和福建省委先后通报了这起严重违法乱纪行为，要求“各地应及早注意，随时发生随时纠正，以免蔓延。”[①]

城市中反右派斗争的大风浪也冲击着某些侨乡。晋江县重点侨乡金井区，在大鸣大放大辩论时也开展了反右派斗争，批斗了19个侨眷、归侨，他们大部属于一般的错误言论而被错斗，而且斗争时出现了捆绑、下跪等粗暴的做法。有的地方还把刚回国新归侨有迷信行为也进行斗争，因而引起部分侨眷惶惑不安，有的甚至逃跑[②]。

在进行大鸣大放大辩论时，省委有些政策规定不明确，也产生了误导作用。如省委批转闽侯县委关于在大辩论中应划清的几个政策界限问题的请示中，提出“在大辩论中，必须分清善意的批评意见和恶意的诬蔑；人民内部矛盾问题和敌我矛盾问题；农民中落后言论和反社会主义的谬论；个人主义、本位主义和资本主义的界限；资本主义的思想言论和资本主义行为的界限；资本主义行为中，又要分清一般的资本主义自发倾向，和严重的资本主义违法行为”，使基层产生错觉，认为农村大鸣大放大辩论中，不是注重于正面思想教育，而是要分清上述的两种界限，对前者采取教育，对后者就要开展斗争、处理。于是，在辩论告一段落，转入农村整党与组织处理时，有些地方在掌握政策界限上就出现偏严偏重和草率从事的现象，致使有些不该处理的也予以处理。据宁德县几个支部的调查，在已经决定开除和清洗出党的34个党员中，不应该开除而开除的就有6人，占17.6%，其中有4人是属于一般历史问题，有的还没有把事实核对清楚，支部就决定开除其党籍[③]。

此外，在农村大鸣大放大辩论中，有些地方采取“以力压服”的简单化做法，出现罚跪、打人、戴高帽示众及搜仓等现象。

---

① 《中共中央转发福建省委批转莆田县监委关于笏石区西林乡在反右派斗争中发生严重违法乱纪行为通报的批示》（1957年8月26日）。中央档案馆、中共中央文献研究室编：《中共中央文件选集（1949年10月—1966年5月）》，第26册。人民出版社2013年6月版，第125页。

② 省侨委党组：《关于当前侨区大辩论需要注意八个问题的意见》，1957年10月。

③ 中共福建省委组织部：《关于农村结合整社进行整党情况的报告》，1958年3月5日。

第三节　反“地方主义”与处理“不纯干部”

一、反“地方主义”

“地方主义”一词，在党的历史上于20世纪20年代初就已经出现。1928年11月，毛泽东在《井冈山的斗争》一文中，就把“地方主义”作为湘赣边区党组织一个问题提出来。1956年4月，毛泽东在《论十大关系》的讲话中再次提及地方主义问题，意指将地方局部利益置于全国整体利益之上的一种思想倾向，主要体现在中央与地方关系上，片面强调地方特殊性，与中央指示背道而驰。而在反右派斗争中引发的反“地方主义”，其内涵却大大超出于此。

1957年4月下旬，省委召开闽北、闽中老区工作座谈会，参加会议的有原闽浙赣省委（区党委）系统的老同志共20多人。会议由省委书记处书记江一真主持，魏金水、林一心等先后也参加了会议。正当会议开始时，接到中共中央《关于整风运动的指示》，于是会议采取“总结经验，解决问题，提高认识，加强团结”的方针，并号召大家向党提意见。与会的原地下党干部发言热烈。会期原定三天，后延续至一个多月。会议在肯定过去几年老区基本完成了民主革命和社会主义革命成绩的基础上，着重指出了闽北、闽中等老区工作中存在的缺点和错误，主要是恢复地下党员党籍和建党工作问题，培养提拔地方干部问题，错案问题，基层组织不纯与干部违法乱纪问题，生产合作问题，优抚救济问题及老区工作领导问题①。在座谈会上，与会人员根据1957年2月22日中共中央对福建省委、省人委《关于四年来革命老根据地工作概况与今后意见的报告》的批复精神，对恢复地下党员党籍、纠正错案、培养提拔地方干部、优抚救济等问题的处理原则与方法，还提出了很多很好的建

① 福建省老区办公室：《省委老区工作座谈会情况综合》，1957年5月1日。

议意见，供省委解决老区有关问题参考。

5月24日，省委召开常委会，在听取参加座谈会的林汝楠“关于闽北、闽中老区工作座谈会情况”和左丰美“关于解决当前老区人民内部矛盾问题的方案”的汇报后，叶飞当即讲了话，肯定解放以来福建老区工作的成绩，认为省委对老区工作是重视的，特别是1952年张鼎丞将调离福建时，就提出要大力解决老区问题，抓好老区工作。会后，省委根据座谈会的意见作出决定，把省、地机关中一些地下党县级干部下放到县里担任领导职务①，同时决定“全省老区除现有党员外，再吸收老革命同志1万人入党（包括恢复党籍、重新入党和新发展的老革命同志）”②。

这次座谈会本来是一次广开言路、富有成效的会议，尽管会上有些言词偏激，也还是出于善意，意在帮助党整风，促进老区问题的解决。不料，全党从整风转为反右派斗争后，此次座谈会却被省委认为是“利用老区会议向省委发动进攻”，属“地方主义反党活动错误”③。

而直接引发福建反“地方主义”斗争，是晋江的所谓“公开的全区性的反南下干部的风潮”，正如当时地委主要领导在省一届二次党代会发言中所讲的“这一风潮的本身，就可以完全证明地方主义不但是存在的，而且是严重的”。

这股“风潮”缘由于1957年6月上旬，当整风运动由党内扩展到党外，由机关扩展到学校及农村时，晋江地区广大党内外人士以各种方式向各级党组织提出大量的批评意见，正如当时晋江地委给省委的报告中所讲的“应该说，提意见的同志绝大部分都是善意的，是从帮助党整风的愿望出发的；所揭发的问题大部分都是事实，所提的意见大部分是正确的，对改善领导、改进工作、改进党员和干部的思想作风都有极大的帮助”。但在鸣放中也出现一些偏激情绪及方法欠当等问题。

---

① 《智世昌回忆录》，福建人民出版社2000年11月版，第149页。

② 中共福建省委办公厅整理：《叶飞在省委常委会上的指示》，1957年5月24日。

③ 《关于黄国璋、许集美、林汝楠、王一平等为首的地方主义反党活动错误的决议》，1957年12月。

特别是仙游县，在鸣放中揭露的问题最多，也很尖锐。部分地下党干部和老区人员，有的要求恢复党籍，有的要求平反，有的要求解决职务、待遇和生活等问题，有的强烈要求严肃处理个别南下领导干部的生活作风问题。事有巧合，正当鸣放高潮时，该县城关地区120名人力车工人因路权问题集体到县委上访，要求县委帮助解决，结果使机关鸣放的气氛更加紧张。县委错误地认为，这是机关、学校中的右派分子和社会上的资产阶级右派分子以及农村中的阶级敌人汇成一股反革命逆流，企图制造小“匈牙利”事件，阴谋反革命暴动。

对晋江等地出现这些问题，晋江地委乃至省委看得过于严重，认为是一股“反南下干部为主的反党反社会主义风潮”“一时闹得天昏地暗，日月无光”①。省委于1957年9月15日批转了《晋江地委关于晋江地区在大放大鸣中发生反南下干部风潮的情况和解决意见的报告》，并上报中央。但这时省委还是把这一问题视为“党内思想不纯的一种严重情况”②，强调“在处理这一风潮中，对反右派的政治斗争与党内思想斗争要注意严格区别，应该十分谨慎的划清两类不同的矛盾。对右派分子斗争要狠之外，对党内犯错误的同志也要弄清是非，有些人犯有地方主义错误的，必须批评教育并把道理说透，借以教育大家，孤立右派分子”③。

1957年9月20日至10月9日，党的八届三中全会在北京召开。会议着重讨论了整风运动和反右派斗争的方针政策和具体部署等问题。会议背离党的八大的正确路线，作出“当前我国社会的主要矛盾是无产阶级和资产阶级、社会主义道路和资本主义道路的矛盾”的错误论断，并决定结合整风纠正地方主义错误。此后随着反右派斗争的不断升级，反“地方主义”也就逐渐加温。

① 《中共福建省委批转〈晋江地委关于晋江地区在大放大鸣中发生反南下干部风潮的情况和解决意见的报告〉》，1957年9月15日。

② 《中共福建省委批转〈晋江地委关于晋江地区在大放大鸣中发生反南下干部风潮的情况和解决意见的报告〉》，1957年9月15日。

③ 《中共福建省委批转〈晋江地委关于晋江地区在大放大鸣中发生反南下干部风潮的情况和解决意见的报告〉》，1957年9月15日。

到了 1957 年 12 月至翌年 1 月底省委召开第一届代表大会第二次会议时，对地方主义的定性就起了变化。会议本来是以整风的精神，从总结 1957 年的工作入手，检查和批判在农业生产方面不敢“大跃进”的“右倾保守思想”，同时研究划右派工作。1958 年 1 月初，省委第一书记叶飞从杭州开会回来，在传达中央会议时，谈到毛泽东曾提出浙江出一个沙文汉（省长、省委书记处书记）、广东省出了一个冯白驹（海南区党委书记），他们都有地方主义错误，福建是不是也有这个问题[①]。叶飞传达后，省委领导觉得问题严重，于是决定改变这次会议的主题，提出批判“地方主义的反党活动”。晋江地委和福州市委主要领导分别就“晋江地区反南下干部的风潮”和“地方主义反党活动”问题作了大会发言，着重批判时任中共福州市委书记处书记的黄国璋、时任省教育厅厅长的林汝楠、时任晋江专署专员的许集美、时任中共福州市委书记处书记的王一平等人的所谓“地方主义反党活动”。在 1 月 30 日结束的中共福建省一届二次会议决议中作了这样的决定：“地方主义是封建主义与资本主义思想在党内的反映，它与共产主义是不相容的。会议责成省委对进行地方主义反党活动的黄国璋、林汝楠、许集美、王一平等同志，继续进行审查，作出结论。全省党组织应在整风运动中对地方主义进行一次认真的检查批判，以巩固党的团结，提高党的战斗力。”[②]2 月 1 日，省委向中共中央报告了这次会议的情况。2 月 7 日，中共中央转发了福建省委的上述报告。

会后，省委为了继续揭发批判省党代会上所揭露的所谓“地方主义反党集团”及其活动，并对黄国璋等人作出处理，于 1958 年 2 月 10 日至 6 月 30 日在省委党校举办“整风学习班”，参加人员 229 人，被认为有“地方主义”问题的占 177 人，其中地处级干部 16 人、县科级干部 109 人、一般干部 52 人。学习班采取大鸣、大放、大争、大辩、大字报等方法，分三阶段进行。第一阶段，继续鸣放，开展辩论；第二阶段个人

① 《智世昌回忆录》，福建人民出版社 2000 年 11 月版，第 149 页；省委党史研究室抢救老同志活资料小组整理：《林一心、智世昌、李宗时同志座谈建国后福建党史几个问题》，1995 年 3 月；李宗时：《福建落实地下党政策的工作》，1999 年 6 月 8 日。

② 《中国共产党福建省第一届代表大会第二次会议决议》，1958 年 1 月 30 日。

检查，揭发批判；第三阶段定性结论，组织处理。经过长达四个月的揭、批、斗，以致逼、供、信，有 56 人被认定为“犯有严重反党反社会主义活动和地方主义反党活动错误”，其中有 20 人被划为“右派分子”，有 36 人受到党纪处分（开除党籍 12 人，留党察看 15 人，撤销党内职务 1 人，严重警告 4 人，警告 4 人）。对这一错误处理，有 4 人当场就不服，“表示保留意见”①。

4 月 7 日，当叶飞在武汉会议上向毛泽东汇报，谈到福建反地方主义问题时，毛泽东插话说：“说全省地方主义都干净了吗？我就不信。地方主义是一种资产阶级思想。浙江的仙居，福建的仙游，都是诚心夺取政权，他们没有群众而未成功。”

成都、武汉会议之后，福建反“地方主义”的调子越来越高，对“地方主义”的定性也愈来愈重，大大超出了原先的内涵。在 1958 年 6 月 21 日召开的省委一届八次全会上，错误地通过了《关于黄国璋、许集美、林汝楠、王一平等为首的地方主义反党活动错误的决议》，把 1957 年在老区工作座谈会上对当时老区工作中存在的问题而提出的批评意见，当作“否定老区工作成绩，攻击党的领导”；把批评某些外来干部在工作作风、生活作风上确实存在的某些缺点错误，认定是“反党活动”；把地方干部之间和地方干部与老区群众之间的正常往来，当作是“地方主义活动”。特别是把晋江的那一场“风潮”，定性为“党内外右派分子结合起来，发动了以反南下干部为主要内容的反党、反社会主义的反革命风潮”，完全混淆了敌我界限。9 月 12 日，省委向中央上报了“开除右派分子和地方主义反党分子黄国璋、林汝楠、许集美、王一平的党籍，并撤销他们党内外的一切职务，在报纸上公布”的意见。9 月 20 日中央同意福建省委的意见②。之后，在省委机关刊物《红与专》创刊号上公开发表《彻底清除地方主义，为维护党的团结统一而斗争》的署名文章，将所谓的“红旗不倒论”“忘本论”“还债论”“团结论”及“宗派论”强加于地

① 省委整风学习班办公室：《整风学习班总结报告》，1958 年 7 月 2 日。

② 《中央同意福建省委对地方主义分子黄国璋等四人开除党籍的意见》，1958 年 9 月 20 日电。

下党干部，大造“反地方主义”舆论。

此间，全省各地还按照省委一届八次全会关于“在整风运动的第三阶段、第四阶段，要认真进行一次反地方主义”的部署，开展了反“地方主义”运动，重点在晋江地区、福州市及省直有关单位进行。主要是针对一部分地方干部向中央和省委写信，反映福建老区工作有路线错误、南下干部有宗派主义、排挤地方干部，以及有的地方出现的一些复杂性情况等。1959 年，在“反右倾”运动中，又进行了“反地方主义补课”。全省各地在“反地方主义”和“反地方主义补课”中，被打成“地方主义反党分子”或“犯地方主义错误”而受到错误处理的，根据省监委统计，“约有五、六百人”。实际的数字，远不止这些。仅仙游县当时以“反革命罪”“地方主义反党分子”等名义就处理了 119 人，其中被判刑 21 人，管制 1 人，开除党籍 36 人，开除公职 20 人，其他党政纪处分 20 人，批判 21 人。原仙游县地下党县、区工委主要负责人当时在仙游县工作的有 11 人，被判刑 9 人，管制 1 人，开除党籍 1 人[①]。在反“地方主义”斗争中受错误处理的干部，许多人不服，此后不断申诉。

在整风反右派运动的整改阶段发生的反“地方主义”斗争，是反右派斗争扩大化的继续，严重影响了党的团结和党同老区群众的关系，严重挫伤了一大批地下党干部和老区群众的积极性，严重激化了地方干部和外来干部的矛盾，严重损害了福建地下党的光辉形象，使党的事业和人民的利益受到了不应有的损失。

二、处理“不纯干部”

中华人民共和国成立初期，福建各地特别是地处偏僻的福安专区干部严重不足，地、县、区任职的干部中南下干部居多。当时来自山西、山东、上海等地的南下干部对福建各地的情况不熟悉，又不懂本地话，因此在发动群众、开展工作时出现不少困难。为了便于开展工作，各地区都不同程度地吸收了一批原国民党旧政权人员以及当地会讲普通话的人参加工作，当翻译，以解决语言不通和缓解干部不足等问题。由于

---

① 李宗时：《福建落实地下党政策的工作》，1999 年 6 月 8 日。

这些人大都出身非工人、农民家庭或者本人政治历史上有不同程度的问题，在新中国成立初期阶级斗争意识比较强烈的历史背景下，加上受血统论的影响，一些基层干部、群众对吸收这些人参加新政权工作很有意见。特别是在新民主主义革命时期斗争比较尖锐、复杂的闽东地区，长期在那里坚持斗争的干部、群众有更强烈的不满情绪。在 1956 年春福安专区召开第三次老区代表会时，许多代表就尖锐地提出了这个问题，强烈要求解决“基层组织不纯”问题，把“不纯分子”从干部队伍中清理出去。

正在这时，曾在闽东长期领导过革命斗争的国家邮电部党组书记、副部长范式人，由省委第一书记叶飞陪同，于 1957 年二三月间回闽东进行社会调查。他们访问了寿宁、福安两县许多地方，接待了众多老区干部、群众来访，并接收上千封群众来信，反映干部不纯问题“在福安专区相当严重”①。

3 月 25 日，范式人应邀在福州由省委委员、省委各部门负责人和地（市）委书记参加的省委会议上作了一次长篇报告。报告除了介绍他在闽东调查中了解到的农业合作社生产情况、干部作风、老区等问题外，着重谈了处理干部队伍不纯问题，建议首先要把要害部门先纯洁起来，把公安局先搞纯洁，有些人应该先处理的就先处理，有些人要先调到次要岗位上去。因为福建地处海防前线，如有风吹草动，县委保险不保险？不能不想到最坏的一着②。

会后，省委就处理干部队伍不纯问题进行了专题研究，决定先派工作组前往福安专区进行试点。5 月 16 日，中共福安地委制定了处理区以下干部不纯的方案。首先在寿宁、福鼎两县开始处理，7 月后迅即在全区展开。7 月 6 日福安地委又发出通知，就时间要求、处理方法、处理目的、审批权限和手续作了规定。10 月 10 日，福安地委就处理“不纯”干部问题的一系列情况向省委作了专题报告。该报告对福安

---

① 中共福安地委：《叶飞、范式人对我区工作指示及地委对当前工作的讨论》，1957 年 3 月 18—19 日。

② 《范式人在中共福建省委会议上的报告》，1957 年 3 月 25 日。

地区“不纯”干部人数作了统计，认为全区6个县（福安、寿宁、宁德、霞浦、福鼎、周宁）和地直单位的14703人中，历史、成分、政治上有问题的有1271人，占8.63%，而且分布很广，有的还窃取要害部门①。报告还以个别反革命分子在中华人民共和国成立初期的土地改革、镇压反革命等运动中搞破坏活动为依据，把这些运动中的失误归结为“不纯”分子破坏所致。地委把全区“不纯”分子分为四类，规定了不同的处理办法。第一类，本人系反革命分子、敌对阶级分子者，一律清洗出干部队伍，如系党、团员一律开除党、团籍，有民愤的，依法惩办；第二类，本人系国民党乡长、保长、乡丁等，如曾欺压群众，为群众所痛恨者，应清洗，令其回乡生产，向群众低头认罪，是党、团员开除党、团籍，罪恶大、民愤大的应管制生产或依法惩办；第三类，家庭系反革命、恶霸地主，有血债，民愤很大，本人虽无罪，但有杀父之仇，或虽无杀父之仇，但群众极为不满，本人在阶级斗争中又无显著功绩足以证明其背叛地主阶级者，均应分别清洗或动员回乡生产，交群众监督，以观后效，如系党、团员应开除党、团籍，向群众承认家庭罪恶，参加生产，进行改造；第四类，家庭系一般地主，本人表现一般，群众没有意见者，一般不予处理，但应调离要害部门，如本人工作表现很不好，群众反对，按整编办法处理。

10月26日，省委向各地（市）、县委批转了福安地委的报告，并上报中共中央。省委在批转这一报告中肯定福安地委处理“这些阶级异己不纯分子”是正确的，并进一步强调：“凡是在民主革命时期有杀父之仇而未经过严格斗争考验或劳动、思想改造的后代以及地、富、反、坏分子被混入党内、团内及干部队伍（从各级干部到基层）者应坚决开除其党籍、团籍及清洗出干部队伍，以保持党（团）和干部队伍的纯洁，令其回乡交群众监督参加生产，在劳动中教育和改造。”②

11月27日，中共中央对福建处理“不纯”问题作了批示，基本

① 《福安地委关于处理不纯干部问题向省委的报告》，1957年10月10日。

② 《中共福建省委转发福安地委关于处理不纯干部问题向省委的报告》，1957年10月26日。

同意福建省委的报告，但指出其中有的提法界限不够明确，应加以修改。中央认为对出身于恶霸地主、反革命家庭不纯分子的处理，不能以有无杀父之仇为标准，而应当从这些人是否对社会主义心怀不满的角度考虑，强调重在现实政治表现。因此，中央认为省委批示中“凡是在民主革命时期有杀父之仇而又未经过严格斗争考验或劳动、思想改造的后代……”这句话应改为“凡是混入党团组织、干部队伍中的地、富、反、坏分子和未经过严格的阶级斗争考验和思想改造的出身于恶霸地主、反革命家庭（不管有无杀父之仇）、对党、对社会主义心怀不满的分子，都应该坚决开除其党籍或团籍，并清洗出干部队伍，令其回乡由群众监督参加生产，以便在劳动中教育和改造。”① 中央批示下达时已是 11 月底，在这之前，福安地区实际上已经按原先确定的方案实施了。

11 月后，根据中央的批示及省委的指示精神，全省各地参照福安的“经验”，结合整编下放工作，在各级党政机关、群众团体、国营企业、事业单位中全面开始了清理“不纯”干部工作。此项工作原由省委整风办公室负责，为适应当时全省清理“不纯”干部工作的需要，1958 年 2 月下旬后在省委组织部内设一专门机构——“处理不纯分子办公室”，1958 年 8 月此机构正式撤销②。各地（市）、县也先后成立“处理不纯分子办公室或小组”，抽调专职工作具体负责清理“不纯”工作。

全省在 1957 年至 1958 年间共清理“不纯”人员（包括干部、职工、大中专学生）1.2 万余人，其中被清洗出革命队伍的约 1 万名③。1960 年部分地（市）、县，结合精简下放工作，又进行了处理“不纯”补课。

在清理“不纯”过程中，确实查出一些有严重历史问题的异己分子混入革命队伍，有的是国民党特务头子，有的是反革命武装头子，这些人历史上作恶多端，血债累累，后来隐瞒历史混进革命队伍，逃避了镇

---

① 中共中央对《中共福建省委转发〈福安地委关于处理不纯干部问题向省委的报告〉》的批示，1957 年 11 月 27 日。

② 省委组织部清理不纯干部办公室有关事项说明。

③ 中共福建省委组织部、中共福建省落实政策办公室：《关于处理不纯案件复查处理意见的请示报告》，1980 年 2 月 21 日。

反、肃反运动。清理这部分人是完全必要的。据 1982 年 4 月省委落实政策办公室关于复查“不纯”干部工作情况总结称,“全省以‘不纯’处理的干部、职工、大中专学生共 12170 人,经过这次复查,已改正 11377 人,维持原处理的 764 人。”① 但是,由于清理“不纯”与反右派斗争同时展开,不可避免地受到“左”的思想的严重影响,仅根据群众来信反映的不满情绪,把凡是地主、富农、反革命家庭出身的子女和有一般政治历史问题的人,不管其表现好坏,统统清理出去,混淆了两类不同性质的矛盾,违背了党的“重在政治表现”的政策,严重扩大了处理面。如原福安县中百公司干部缪兰邦,家庭出身中农,本人成分学生,其父缪长泰 1934 年任反动民团团总、保长,枪杀过红军战士,确是罪大恶极,1943 年病死时,缪兰邦才 14 岁。他 1951 年入伍,同年入团,1953 年入党,工作表现一直很好,就因他父亲的罪恶,群众对他当干部表示不满,当时福安地区处理“不纯”干部就是从他开始的②。晋江县有一个干部原是解放军领导于 1950 年个别发展的情报员,而在清理“不纯”时却被作为国民党的情报员开除回家③。福建著名的少年英雄集体——在 1953 年东山保卫战中,秘密组织起来与敌人斗争,荣获“东山八少年”光荣称号的 8 个小英雄,就有 6 个被作为“不纯”处理,在社会上造成很坏影响。1949 年随军入闽的福建籍南下服务团人员中,也有 200 多人被作为“不纯”干部处理④。

清理“不纯”留下很多后遗症,其教训是极其深刻的。正如后来省委在复查总结中所指出的:当时被当“不纯”清理出干部队伍的 70% 以上是纯属地富子女和有一般历史问题的人,他们参加革命工作后,绝大部分表现是好的,有些是中共党员,不少是共青团员、劳动模范、先进工

① 中共福建省委落实政策办公室:《关于全省复查、改正错划“中右”、“不纯”干部工作情况的总结》,1982 年 4 月 27 日。

② 中共福建省委落实政策办公室:《关于全省复查、改正错划“中右”、“不纯”干部工作情况的总结》,1982 年 4 月 27 日。

③ 中共晋江地委下放干部领导小组:《晋江专区清理不纯分子工作的初步总结》,1958 年 6 月 24 日。

④ 伍洪祥:《谈建国后福建地方党史》,1995 年 8 月。

作者、人大代表等，许多人有一定专长，正在年富力强之时，虽然家庭出身不好或本人历史上有一般问题，但审干、肃反时已做过结论，也在处理“不纯”时被清洗出干部队伍。这些问题一直拖了20年，直到党的十一届三中全会后才得以复查改正。

第九章
“大跃进”和人民公社化运动

第一节　“大跃进”运动的全面展开

一、农业的“大跃进”

反右派斗争之后，中共中央认为，经济战线和思想战线上的社会主义革命已取得伟大胜利，人民群众的热情高涨，经济建设可以搞得更快一些。1957年九十月间召开的党的八届三中全会在批评1956年反冒进的同时，改变了八大一次会议确认的在经济建设上既反保守又反冒进的方针。全会决定在农村开展关于农业生产建设的大辩论，以推动农业的迅速发展。

为贯彻党的八届三中全会精神，从1957年冬开始，福建在全省范围内批判“右倾保守思想”。1957年12月4日至1958年1月30日，中共福建省第一届代表大会第二次会议召开，会议着重检查和批判“不能跃进、不必跃进、不敢跃进”的所谓“右倾保守思想”①。在省一届二次

① 《中共中央转发福建省委“关于省第一届党代表大会第二次会议情况的报告”》，1958年2月7日。

党代会召开期间，省委接到中央南宁会议的指示，于是会议在反“右倾保守思想”的基础上，以“跃进的思想”重新修订了福建省第二个五年计划的指标。

在农业生产方面，粮食生产，1958 年总产量要达到 100 亿斤以上，比 1957 年增产 14% 以上，平均亩产达到 500 斤以上；1962 年总产 160 亿斤以上，平均亩产达到 800 斤以上，并争取成为千斤省。林业生产，1958 年造林 400 万亩、封山育林 800 万亩，伐木 300 万立方米，砍竹 1400 万株，在五年内造林、封山育林 600 万亩，绿化全省；生猪，1958 年达到 568 万头，平均每户 2 头以上；1962 年达到 1200 万头①。

在工业生产方面，在第二个五年计划期间，全省地方工业的总产值要从 6 亿多元增长到 30 亿多元，赶上全省农业总产值，其中现代工业总产值占全省工农业总产值的 35%—40%，根本改变福建工业的落后面貌。

在交通事业及文教、科学、卫生事业等方面也都提出了全面“大跃进”的规划②。

1958 年 1 月 2 日，省委在新年广播大会上，号召全省人民“在十年内使福建成为‘千斤’省、‘四无’省”③。2 月 4 日，省委在福建省 1957 年农、林、渔业劳动模范代表大会上提出“可能跃进、必须跃进、敢于跃进”的口号，要求全省农村彻底反掉“右倾”保守思想，掀起“大跃进”④。不几天，省委在南平召开为期五天的省委书记处全体书记和部分常委、省委委员会议。会上，根据“跃进再跃进”的精神，又重新修订了福建省第二个五年规划指标：农业方面，到 1962 年，即第二个五年计划最后一年，农副业总产值要求达到 34.2 亿元（原定 30 亿元），粮食亩产量保证达到 900 斤以上，争取突破千斤（原定达到 800 斤，争取实现千斤）。

---

① 《英勇奋战改变福建经济面貌》，《福建日报》1958 年 2 月 15 日。

② 《中央转发福建省委“关于省第一届党代表大会第二次会议情况的报告”》，1958 年 2 月 7 日。

③ 《本省举行新年广播大会》，《福建日报》1958 年 1 月 3 日。“千斤”指粮食作物平均亩产达到一千斤；“四无”当时指消灭苍蝇、蚊子、老鼠、麻雀。

④ 《提前五年实现农业发展纲要》，《福建日报》1958 年 2 月 5 日。

3月底，省委召开全民大跃进广播大会，号召“大胆地跃进，迅速地跃进，坚决地跃进，全面地跃进”[①]。

在省委号召“全面大跃进”的浪潮下，福建各地也纷纷提出了过高的生产指标。如晋江专区提出1958年生产粮食35.7亿斤，比1957年增产36.5%，一年做到粮食自给自足[②]。龙溪专区决定提前9年即在1958年就实现农业发展纲要规定的粮食指标，1958年实现800斤专区。龙岩专区也提出“三年实现全国农业发展纲要”的战斗号召，要求1958年全专区粮食总产量达到16亿斤，比1957年增长35%，三年内达到亩产800斤[③]。

为了实现这些难以完成的高指标和任务，从1958年夏季，各地开始竞相虚报农业产量，大放高产“卫星”。1958年五六月间，龙溪率先放出早稻高额丰产“卫星”。接着，在一片“丰收”声中，海澄县黎明社也于7月2日发出了“早稻亩产2960斤11两和2733斤14两的两颗‘大卫星’”，超过了当时“江西贵溪县黄坑乡亩产2340斤的全国早稻最高纪录。”[④]人们刚为黎明社的“丰产”纪录欢呼喝彩未息，《福建日报》7月7日又报道：“闽侯连坂社赶过海澄黎明社，早稻闯过三千大关”，省委当即派代表前往祝贺。此后在“统计工作必须为政治服务”方针指导下，浮夸风亦发厉害，农业高产“卫星”越放越离奇：7月7日，闽侯县“城门乡一颗更大的‘卫星’上了天，林浦社早稻亩产3275斤”[⑤]；7月13日，“城门乡第三颗卫星发射得更高，鳌峰社赶过林浦社创3282斤新纪录”[⑥]；7月14日，“福州黎明社跨过林浦、越过鳌峰，早稻逼迫

① 《大胆跃进、迅速跃进、坚决跃进、全面跃进》，《福建日报》1958年3月30日。

② 《晋江专区农业规划跃进再跃进》，《福建日报》1958年1月28日。

③ 《闽西三年就要实现四十条，龙岩地委贯彻省党代会决议后重订跃进规划》，《福建日报》1958年2月23日。

④ 《亩产近三千斤，跃居全国第一》，《福建日报》1958年7月4日。

⑤ 《城门乡一颗更大的“卫星”上了天，林浦社早稻亩产3257斤》，《福建日报》1958年7月11日。

⑥ 《城门乡第三颗卫星发射得更高，鳌峰社赶过林浦社创3282斤新纪录》《福建日报》1958年7月14日。

五千大关”[①]；7月15日，闽侯城门乡连坂农业社又升起一颗空前巨大的早稻大卫星，“直播早稻亩产逼六千”，夺全国第一[②]；7月19日，“莆田望江乡哆后社发射出一颗巨型的早稻‘大卫星’，一丘试验田亩产高达七千六百五十一斤六两四钱，一举越过了河南省和平社小麦亩产七千三百二十斤最高记录，为水稻恢复了高产荣誉，攀上了世界丰产高峰”[③]。

在水稻丰产“卫星”竞放的同时，其他农作物也相继发射高产“卫星”。如7月11日，萍洲社发射茶叶卫星，一亩菜园两季产茶703斤，破全国记录[④]；莆田县山亭乡乌社升起了亩产大豆936斤11两的全国最大的大豆“卫星”[⑤]。龙溪九湖先锋社果园丰产，一株荔枝产3577斤[⑥]；崇安黄柏乡茶叶亩产1046斤[⑦]，等等。

在虚报浮夸的气氛之下，一时间，从省里到许多地方产生了“粮食多了怎么办”的忧虑。省委在《关于一九五九年和第二个五年计划期间农业生产发展规划轮廓（草稿）》中，专门列出了一条“产品剩余途径怎么办？”提出了以下处理办法：一是每年的陈粮应用于饲料；二是粮食生产提倡多样化；三是薯类过于集中的地区，适当减少种植面积；四是发展粮食加工（如粉干、线面、酿酒等），适当扩大出口[⑧]。正好9月中旬传来了河北徐水县的消息：实行全县一个公社，政社合一，实行供给制，吃饭不要钱，人民一切需求由公社统包。这一下福建又落后了，加上这时层层产量越报越多，于是在1958年11月初，省委领导也提出“放开

---

① 《福州黎明社跨过林浦，超过鳌峰，早稻逼近五千大关》，《福建日报》1958年7月15日。

② 《直播早稻亩产近六千》，《福建日报》1958年7月17日。

③ 《直播早稻直指八千斤》，《福建日报》1958年7月21日。

④ 《萍洲社发射茶叶卫星，一亩菜园两季产茶703斤，破全国纪录》，《福建日报》1958年7月11日。

⑤ 《大豆丰产纪录一浪高过一浪，莆田又创九三六斤新纪录》，《福建日报》1958年7月11日。

⑥ 《果园丰产的奇迹，一株荔枝产三五七七斤》，《福建日报》1958年7月11日。

⑦ 《茶叶——崇安黄柏乡亩产1046斤》，《福建日报》1958年8月19日。

⑧ 《谭震林同志批转江一真同志关于福建省一九五九年和第二个五年计划期间的农业生产发展规划》，1958年9月9日。

肚皮吃饭”[①]的口号，实行吃饭不要钱。

由于省委对1958年粮食产量作盲目乐观的夸大估计，于是，对1959年和第二个五年计划期间农林牧业生产也就提出了高得出奇的指标。以粮食生产为例，1959年计划种植面积为1600万亩（比1958年减少360万亩），平均亩产2000斤（争取2500斤），总产320亿斤，比1958年增长60%，全省每人平均有粮食2100斤。计划1960年以后逐步把粮食面积缩小到600万亩。1962年计划平均亩产达到8000斤，总产量达到480亿斤，每人平均有粮食2800斤。据后来核实，实际上1958年福建全省粮食实际产量仅达到445.5万吨，只比1957年增产0.3%左右[②]。

二、农田水利建设的发展

“大跃进”运动在福建的真正发动，是从农业开始。而农业“大跃进”，又是从农田水利建设揭开序幕的。

1957年九十月间召开的中共八届三中全会基本通过了《一九五六年至一九六七年全国农业发展纲要（修正草案）》，提出要大力提高粮食产量和其他农作物的产量，并提出十二项增产措施，其中前两项就是兴修水利和增施肥料。于是，在八届三中全会召开期间，即9月24日，中共中央、国务院发出了《关于今冬明春大规模开展兴修农田水利和积肥运动的决定》，要求全国在1957年冬季集中力量开展大规模的农田水利建设运动和积肥运动。该决定公布后，为了夺取1958年农业大丰收，福建省委、省人委于1957年10月5日就发出《关于迅速开展大规模群众性的兴修水利运动的指示》，号召在全省范围内开展一个规模巨大的群众性的兴修农田水利运动。在此之前，全省水利工作会议于9月22日至27日召开。会上，省委确定了全省兴修农田水利的任务：增加灌溉面积100万亩，改善灌溉面积80.3万亩等[③]。11月20日，省委又发出

---

① 《福建日报》社论：《鼓足干劲生产，放开肚皮吃饭》，1958年11月2日。

② 《中国农业全书·福建卷》，中国农业出版社1997年10月版，第117页。

③ 《全省水利工作会议决定今冬明春大兴农田水利》，《福建日报》1957年10月7日。

《关于立即掀起一个空前规模的兴修水利运动的紧急指示》，要求全党动员，书记动手，加强对兴修水利的领导，用革命的精神确保1958年消灭旱灾200万亩的任务，争取在二三年内基本消灭全省旱灾，并逐步做到减轻或消灭水灾。并要求农田水利修建工作做到又多、又快、又好、又省、又安全。

各专区党委贯彻中央和省委的指示，加强对兴修水利的领导，从10月上旬开始先后召开水利会议制订水利规划，对本地兴修水利运动进行了具体的部署。到11月底，全省已有10万农民开赴工地，成千处水利工程已在修建。随着大修水利的初步开展，为加强对运动的具体领导，省委于11月19日成立了由一位副省长任指挥的省兴修水利指挥部，并要求各地相应成立专、县、区、乡各级兴修水利指挥部。11月28日，省兴修水利指挥部召开电话会议，号召各地行动起来，迅速把兴修水利运动推向高潮。

1957年12月全省各地结束了秋收、冬种以后，便掀起了群众性兴修水利运动，于1958年1月进入高潮。这时，正值省一届二次党代会期间，会议要求全省各地"以更大的劲头开展千军万马的群众性兴修水利运动"，并重新修订了兴修水利的规划，从原先确定的1958年消灭旱灾200万亩提高到300万亩，并要求两年内基本消灭旱灾[①]。会上，省兴修水利指挥部还提出"千军万马，以雷霆万钧之势，掀起运动，推向高潮""开工、开工、再开工，向水利兴修发起总进攻"的口号，并建议各地代表马上打电话回去贯彻，立即在全省各地"展开大放大鸣大争，把广大群众兴修水利的积极性充分调动起来，同时有计划地组织参观先进乡、社的水利工程，交流推广经验，鼓舞信心，发动挑应战（比多、比快、比好、比省），向水利兴修展开大进军"[②]。

会后，全省兴修水利运动走向高潮，投入水利建设的劳动力也迅速增加。自运动进入高潮后，每天投入修水利的劳力均在170万人左右，比1956年最高潮时70万人扩大一倍半。至1958年3月上旬，全省

① 《中央转发福建省"关于省第一届党代表大会第二次会议精神的报告"》，1958年2月7日。

② 福建省兴修水利指挥部：《当前兴修水利运动中亟待解决的问题》，1958年12月16日。

已完工的水利工程有87634处，增灌面积达221.21万亩，比1956年同期多了三倍多。连同正在施工的大小工程，共达111067处。此外，还完成了改灌面积146.64万亩，防洪排涝面积12.39万亩，形成了乡乡修水利、队队掀高潮的局面。全省任务最重的晋江县已完成消灭旱灾21.7万亩任务，为再完成消灭旱灾8万亩的任务，到春耕大忙前上场民工仍然将近17万人，占总劳动力79%以上。

在兴修水利过程中，各地普遍贯彻小型为主、蓄水为主、社办为主的方针，努力改变以往单纯依赖国家投资偏于兴修重点工程的做法。过去，闽北一带比较重视引水工程，也修得较多，而对蓄水工程则顾虑重重，几年来很难推广。1958年春，贯彻蓄水为主的方针后，南平专署采取了组织各县实地参观观摩与开展竞赛评比的办法，充分发挥了群众的主动性和积极性，因此，蓄水工程迅速地遍地开花。该专区的崇安县开展一社二塘运动，浦城县也提出了社社修建10至20个山塘的要求。闽南的东山县是一个海岛，原来认为引水蓄水都无条件，打井挖地下泉水也没信心，农田水利建设搞得不好，通过宣传发动，增强了对蓄水和打井的信心，县委提出“把天上水蓄起来，地下水挖出来，自流泉水引起来”的口号，全县兴修水利运动蓬勃地开展起来。

在兴修水利运动中，许多地方还出现了群众性的献计、献力、献物、献钱的热潮。闽南侨区有不少华侨、侨属还投资或捐献资金兴修水利，不少地方运输工人捐款购买工具，手工业工人包修工具，打石工人无偿捐献技术工，部队官兵、机关干部、工人、居民、教师、学生等自带工具支援修水利，真正做到了全民动员、人人动手。

更为可贵的是广大群众为了打粮食“翻身仗”，尽快改变贫穷落后面貌，焕发出了极大的社会主义建设热情。“出门鸡拍胸，入门手提灯，黑夜点汽灯，利用月光明”，已成为当时群众干劲的真实写照。全省广大群众热烈响应省兴修水利指挥部提出的“打破常规过春节”的号召，一般水利工程都在大年初二或初三正式上工，不少地区甚至春节期间不停工。不少县委书记、县长带慰问团下工地慰问民工，有的即与群众一起住在工地过春节，对群众鼓舞很大。

从福建当时的情况看，旱灾对农业生产的发展确实威胁很大，因此，大抓以消灭旱灾为主要目的的农田水利建设是必要的，而且取得一定成绩。1958年，全省共出动1.4亿工日，完成了大小新扩建水利工程18万多处，土石方2亿多立方米，引灌水量6.8亿立方米[①]。福清东张水库就是在这一时期动工修建的，建成后，受益面积占福清全县耕地面积的一半，从根本上改变了“十年九旱不收粮”的历史。然而，尽管成绩不小，但由于在“苦干一冬春，消灭百日旱”等脱离实际的口号鼓动下，兴修水利运动在全省各地一哄而上，到处破土清基，工程未经设计就匆忙开工，缺乏全面规划，特别是流域规划没有很好地搞起来，大、中型工程关于灌溉、防洪、发电三者综合利用又统一考虑不够，小型蓄水工程往往着眼于对某一块土地解决灌溉问题，没有很好去研究如何充分利用水源、互相支援、统筹兼顾，更主要是在“跃进再跃进”思想指导下，规划指标一跃再跃，缺乏实事求是的态度，致使有些工程质量较差。据当时“龙溪县31个乡的238处蓄水工程和漳浦县8个区的94处工程的检查，质量好符合标准的占60%，质量一般的占25%左右，约有15%左右质量较差。这些质量不符标准的蓄水工程一部分是土坝夯得不实以及清基不彻底，一部分是没有开溢洪道”[②]。究其原因，就是“大搞人海战术”，缺乏科学的组织管理。当时这还被视为“经验”，由福建省委领导在中央人民广播电台向全国广播介绍。其结果是造成很大的浪费。

省一届二次党代会认为，要实现“大跃进”规划，必须有“大跃进”的措施。因此，为了实现1958年农业大丰收、粮食千斤省的计划，除了开展千军万马的群众性兴修水利运动外，要求以同样的干劲开展制造推广土农业机具、土化肥、土农药的“三土”运动，从省到地、县都将农具改革办公室改为“三土”办公室；乡社也将原有农具改革委员会改为“三土”委员会，统一领导“三土”运动。省委要求各地达到“农具改良化，提水动力化，加工机电化，运输车船化”，以及完成“20万吨土化肥、8万吨土农药的任务”，并要求“每5天层层向上汇报一次运动开展情况”[③]。

---

① 《中国农业全书·福建卷》，中国农业出版社1997年10月版，第76页。

② 《中共福建省委关于兴修水利高潮情况向中央的报告》，1958年3月6日。

③ 《中共福建省委批转农具改革办公室1958年下半年制造推广新式农具、土化肥和土农药的报告》，1958年7月16日。

从新式农具制造推广来看，省一届二次党代会后，全省各地以农具改革为中心的技术革新运动迅速发展，据当时各地汇报，“创造发明、改良了3700多种，推广的农具已达255万件，并新创造出快速收割机、木质插秧机、高效率的自动脱谷机、各种深翻犁、开沟用畦犁等，还改进了插秧机的自动分秧装置”①，后来实践证明，这些所谓新式农具，除个别有实用价值外，绝大部分是有名无实，只是作为“参观陈列”而已。当时省委要求各地“在秋收和冬种中大部分使用改良农具，冬季兴修水利时消灭肩挑人抬，明年排灌时提水工具基本上作到半机械化和机械化”②，显然这是脱离客观条件、不切实际的要求。正如当时省农具改革办公室报告中所披露的“各地较普遍地存在重创造、轻推广”，“只是一般号召没有具体计划”，“有的地方农具改革办公室有名无实，有事无人等。”③

农村冬季生产运动的另一个中心就是积肥。省人委于1957年10月20日发布《关于开展大规模的群众性积肥运动的指示》，要求各地贯彻“以农家积肥为主”的方针，在1958年春耕前积肥8.5亿担到9亿担，比1957年增加30%—40%。11月11日，省委召开地县委第一书记会议，提出用革命精神发动群众养猪积肥的任务④。会后，全省农村开始大修猪圈圈猪积肥，特别是闽北山区的南平，一个星期里，就为90%的猪修建了猪圈。一个月时间里就增积肥8.4万担；尤溪县在几天时间里修建猪圈达1500多个⑤。从1958年6月底到7月8日，声称“全省在十一天中积肥1234700多万担”“比过去8年积肥的总和还要大过几

① 《中共福建省委批转农具改革办公室1958年下半年制造推广新式农具、土化肥和土农药的报告》，1958年7月16日。

② 《中共福建省委批转农具改革办公室1958年下半年制造推广新式农具、土化肥和土农药的报告》，1958年7月16日。

③ 福建省农具改革办公室：《关于1958年下半年制造推广新式农具、土化肥和土农药的报告》，1958年7月12日。

④ 《省委召开地县委第一书记会议决定，用革命精神开展兴修水利养猪积肥运动》，《福建日报》1957年11月13日。

⑤ 《用革命精神解决肥料问题，本省圈猪积肥形成高潮》，《福建日报》1957年12月1日。

倍”①。

为了多积肥，人们想尽方法从各方面搜集肥源。从制造土化肥、土农药来看，当时认为比较成功的土化肥有沿海县份利用盐场副产品苦卤提炼钾镁混合肥、氯化钾肥；利用泥炭土提炼氨；利用海肥、鱼骨、鱼鳞等提炼氮磷钾混合肥；利用硫磺渣提炼硫酸铵；利用磷硫粉造磷肥；利用明矾、柴碱等混合肥以及大量制造和普遍推广细菌肥料等。甚至后来还提出社社队队都办小型土化肥厂，发动家家户户沤制人造尿（即用污水加野生绿肥及家禽家畜的毛沤制）、烟中取氮。所谓制造土农药，情况大致也是如此。据当时各地汇报，1958 年上半年“各地群众已创造各种土农药达数百种之多”，仅福安专区，“在短短十天中，全区即办起土农药厂 3038 个，正在动工和筹建的 10072 个”。“莆田、安溪、仙游 3 县，上半年利用各种土农药防治旱秋病虫害面积达 40 多万亩，占这三个县防治总面积 60—80%”②。实际情况，与此相差甚远。

三、大办地方工业和大炼钢铁

继农业战线上“跃进”后，工业战线也开始了全面“跃进”。从当时福建地方工业状况来看，虽然经过中华人民共和国成立后几年的努力，获得了很大发展，但因原有基础太差，当时地方工业水平与全国及沿海诸省比较还显得十分落后。1957 年全省地方工业总产值在全国地方工业中所占的比重从 1952 年的 1.20% 降为 0.87%，在全国 27 个省、市中所占的位置亦从第 21 位下降为第 23 位，是沿海各省中地方工业最落后的一个省份。即使从全省发展较快的电力工业来看，1957 年底设备容量也只有 27713 瓦，在全国各省、市中仅略高于青海和新疆两省。全省现代工业的比重为 17.2%，相当于全国 1949 年的水平，约落后 10 年左右③。因此，尽快改变福建地方工业极其落后状况，确是当时全省广大干

① 《省委号召全党全民乘胜前进扩大战果，抢收抢运肥，抢犁抢插秧》，《福建日报》1958 年 7 月 12 日。

② 福建省农具改革办公室：《关于 1958 年下半年制造推广新式农具、土化肥和土农药的报告》，1958 年 7 月 12 日。

③ 《梁灵光在省一届二次党代表上的发言》，1958 年 1 月 24 日。

部、群众的普遍愿望。但是随着"大跃进"运动兴起，福建省的工业建设逐渐偏离了原本正确的轨道，开始了盲目追求速度的"大跃进"。

从1958年2月开始，在对反冒进进行了严厉的批判之后，毛泽东和中共中央又在全国范围内开展一场"反浪费、反保守、比先进、比多快好省地建设社会主义的运动"，强调要采用大鸣、大放、大辩论，开现场会议和展览会等形式，"揭露和批判浪费、保守的现象和它们的危害性"，并说这是一个"社会主义的生产大跃进和文化大跃进的运动"①。

为了贯彻中共中央关于开展"双反双比"运动的指示，1958年2月下旬、3月初，省委先后召开紧急会议和工业会议，具体研究工业建设速度，讨论地方工业"大跃进"规划，决定在全省开展"反浪费、反保守，比先进，比多快好省地建设社会主义"的"双反双比"运动。对于工业的具体要求是在城市以促进工业、手工业生产的"大跃进"和各方面工作的"大跃进"为重点，力争完成增产40%—50%的计划。

3月25日至26日，省委在汕头召开紧急会议，传达中央成都会议精神，决定立即在全省范围内掀起几个"全民"运动：全民积肥、全民造林、全民办学、全民除"四害"、全民"大跃进"。4月26日至27日，省委在永春召开有各地市县第一书记参加的现场会议，推广永春县大搞水利、水电站，大办农业的经验，要求全省工业遍地开花。5月8日，省委召开全省电话会议，号召"苦战60天，使地方工业遍地开花"。具体要求：1. 苦战60天，每县建成一个较大的农具机械厂，推广改良农具5000至10000件；凡有条件的县都要建立小煤矿和小冶炼厂生产50万吨煤和5万吨生铁；县县办小型天然熟料水泥厂，年内生产低标准水泥8万吨；沿海县县办锯木厂，山区县县办小纸厂。2. 苦战60天，乡乡建立农机修配站；乡乡建立联合加工厂；乡乡建立水力站（或水电站、沼气站、风力站）；产甘薯的乡，乡乡建立甘薯加工厂；乡乡建立肥料加工厂。3. 苦战30天，人人献售1斤废铜烂铁，全省要收购废铜烂铁1万吨；动员群众人人找矿报矿，人人找野生油料和野生纤维。4. 鼓足干劲，保证今年现有工业产值

① 《中共中央关于开展反浪费反保守运动的指示》（1958年3月3日），中共中央文献研究室编：《建国以来重要文献选编》第11册，中央文献出版社1995年1月版，第202、201页。

比去年翻一番；6 月底要完成全年跃进计划的 50% 以上 ①。

在省委提出地方工业遍地开花的号召后，各地全民办厂一哄而起。据《福建日报》报道，从 4 月中旬到 5 月 20 日止，仅一个月就已建成小型厂矿 8041 个，平均每天有 200 多个厂矿建成投入生产 ②。截止到 6 月 5 日，仅半个月中全省就建起 43187 个厂矿，平均每天约有 2878 个新建厂矿投入生产。其中，福安专区在 8 天内办起 992 个工厂；龙溪专区半月内建成投入生产的厂矿达 4600 多个；华安县到 5 月 20 日才办起 2 个工厂，但很快就办起了 1631 个工厂 ③。龙岩地区提出苦战 100 天办厂 10 万个，平均一天办厂 1000 个。全区乡乡都办水泥厂，"永定县高陂乡两天建成一座水泥厂，投资仅 80 元" ④。全省各地人造棉厂"如满天星斗飞快建立"，"仅晋江专区各农业社举办的就有 1130 个" ⑤。各地上报建起的这些厂矿绝大多数是有名无实，即使是建成投入生产的厂矿也因技术条件、原料、设备等严重不足的问题，普遍存在产品质量低、资源耗费大、经济效益差等问题，造成很大浪费。

客观地看，在"大跃进"浪潮中，福建的机械工业确实得到了较大发展。1958 年 8 月下旬，全省机械工业会议号召发扬"小厂干大活，蚂蚁啃骨头"的精神，确保冶金设备，大搞工作母机，大力发展机床生产。决定在 1958、1959 两年新建和扩建 171 个机械工厂，投资总和等于第一个五年计划期间本省工业投资总和的 130%⑥。特别是此间新建的一批大型工厂，如三明通用机器厂、三明铸造中心厂、南平水轮发电机厂、沙县电缆厂、漳平炼油化工机械厂、永安起重运输机械厂等投入生产后，一年的产值，就等于 1957 年全省机械工业总产值的 29 倍，而且制造了本省过去所不能制造的重型、中型矿山冶金设备、水轮发电设备、承受

① 《江一真同志在全省电话会议上的讲话》，1958 年 5 月 8 日。

② 《全民办厂势如万马奔腾，本省平均每天有二百个厂矿投入生产》，《福建日报》1958 年 5 月 29 日。

③ 《全省新办工厂五万多个》，《福建日报》1958 年 6 月 8 日。

④ 《永定高陂乡 80 元建成水泥厂》，《福建日报》1958 年 7 月 13 日。

⑤ 《本省各地大兴人造棉工业》，《福建日报》1958 年 7 月 8 日。

⑥ 《全省机械工业网在形成》，《福建日报》1958 年 8 月 31 日。

高压的化学燃料厂的设备、炼油设备、起重机械、运输机械及数以万吨计的输电导体等，对全省冶金、燃料、电力、化学工业及交通运输业的发展壮大起了一定作用。

工业"大跃进"的另一突出表现就是"以钢为纲"，全民大炼钢铁。1958 年 5 月，党的八大二次会议正式通过了中共中央根据毛泽东的倡议而提出的"鼓足干劲、力争上游、多快好省地建设社会主义"的总路线。6 月 10 日至 20 日，省委在福州召开全省县、团级以上各级党政军负责同志参加的扩大会议，主要讨论了贯彻总路线和工农业生产问题，决定在 1958 年实现粮食亩产 800 斤，铁 20 万吨；1959 年实现粮食千斤省，钢 100 万吨。为了保证实现 800 斤、超过千斤关，必须广泛开展拔白旗、插红旗的斗争。要求全省"动员组织十万劳动大军上山挖铁挖煤""在七、八月份内，凡有铁矿的地方都开始开采"，并要求"开展一个大规模的群众找矿、报矿运动"①。

会后，在机关、部队、工厂、学校、农村"拔白旗""插红旗"，开展大辩论，把许多比较实事求是，对高指标、"大跃进"持怀疑观望态度的人视为"观潮派"和"秋后算账派"，而对不顾实际可能、敢于提高指标、说大话的人，则予以表扬，称之为"促进派"。根据福安、龙溪、龙岩三个地区和闽侯 21 个县的不完全统计，仅一个多月时间，就"已经拔掉白旗 115 人，均已开除党籍，检查处理了阻碍总路线贯彻执行的各种违纪案件 647 件，其中留党察看 119 人，撤销党内职务 61 人，严重警告 64 人，警告 102 人，经教育免于处分的 301 人。"②据统计，当时由于对"大跃进"有所怀疑作为"白旗"拔掉而受到处分的党员干部达 8300 多人③。"拔白旗、插红旗"斗争压制了正确意见，使急于求成的"左"的思想进一步膨胀起来。

① 《中共福建省委关于在 1959 年建设一百万吨钢和在 1958 年内必须保证完成生产二十万吨铁的任务的决定》，《福建日报》1958 年 7 月 3 日。

② 《中共福建省监察委员会关于各地在贯彻总路线中拔白旗插红旗及处理其他危害总路线的案件的情况报告》，1958 年 8 月 11 日。

③ 中共福建省委组织史资料编纂领导小组：《中共福建省组织发展史概要》，福建人民出版社 1994 年 12 月版，第 116 页。

为完成生产20万吨铁的任务，福建人民发挥了高度的积极性，上山找铁矿、开铁矿、洗铁矿、挖煤。到7月底，全省发现各种矿点5964处，其中铁矿2326处，煤矿148处，铜矿107处，已开采的铁矿石和铁砂47449吨，煤81678吨。

在大力发动群众找矿、采矿的同时，全省各地开始加快修建炼铁炉。7月初，全省新建炼铁炉283座，产铁1178吨①。8月12日至14日，省委在连江县召开全省炼铁现场会，贯彻“依靠群众，自力更生，以小型为主，土洋结合，遍地开花”的方针，要求各地“必须迅速行动，抢建高炉，抢出铁，为保证完成年产三十五万到四十万吨生铁而奋斗。”②会后，全省修炼铁炉的速度突飞猛进，到8月25日，全省建成的炼铁炉猛增到2688座，累计产铁9000余吨。其中，已投入生产炼铁炉占已建成的炼铁炉数的38%③。尽管各地大炼钢铁的热情很高，但由于七八月间福建沿海连续三次遭受台风袭击，加上金门炮战，地、县忙于抢收、抢种和支前，领导力量顾不过来，因而生铁生产进度不快，全省日产铁只有86吨。因此省委认为，本省全民大炼钢铁运动，“开始的时间比人家迟一些”④。

8月，中共中央在北戴河召开政治局扩大会议（简称北戴河会议）提出，粮食问题已经基本解决，党的工作重心应该转到工业建设，特别是钢铁生产上来，并发出1958年全国钢产量要达到1070万吨的号召。会后，在全国范围掀起了全民大炼钢铁的高潮。

为保证1958年钢铁生产指标的完成，在福建全省范围内很快形成了一个声势浩大的全党全民大办钢铁工业的高潮。各级党委第一书记都亲自挂帅，夜以继日地在钢铁前线上督战指挥，上山的钢铁大军由9月初的20万人增加到220万人，出现了工农商学兵、男女老幼一齐炼铁的局面。到9月底共建各种炼铁炉17215个，已投入生产的7988个，占46.4%；正在施工的尚有9263个。共建炼钢转炉0.3吨以下的

① 《本省十万大军采铁砂炼土铁》，《福建日报》1958年7月7日。

② 《全省炼铁会议确定当前大搞土高炉》，《福建日报》1958年7月17日。

③ 《福建日报》社论：《快出铁，多出铁》，《福建日报》1958年8月26日。

④ 《叶飞同志1961年7月3日下午在省委工作会议的讲话》（记录稿）。

90 个，0.5 吨的 22 个，0.5 吨以上的 8 个。9 月份累计产铁 9495 吨，钢 435 吨，平均日产铁 316 吨，比 8 月份平均日产 86 吨增长 367%。特别是国庆前夕奋战告捷，30 日这一天，全省日产铁 1533 吨，比 9 月中旬跃增 6 倍多，作为向国庆的献礼。

1958 年全国产钢的任务，公布的数字是 1070 万吨，即比 1957 年产量 535 万吨增加一倍，而中央实际下达的数字是 1150 万吨。华东协作区分配给福建的任务是铁 20 万吨，钢 5 万吨。福建省自行确定的任务是铁 35 万吨，钢 7 万吨。可是到 9 月底，钢只完成中央分配数的 1.3%，铁只完成 11.3%，与任务要求相差甚远。为此，10 月 6 日至 11 日，省委召开一届十次全会，着重讨论钢铁生产、农业生产和人民公社等问题，决定：继续贯彻小、土、群方针，在炼铁上，推广沙县红旗公社家家建炉、人人炼铁的经验，在炼钢上，推广龙溪县石码镇群众性的坩埚土法炼钢经验和周宁县土高炉直接用铁砂炼钢的经验；贯彻全民性炼钢铁运动和重点建设钢铁基地相结合的方针，在遍地开花的同时，根据煤铁资源等条件，确定大田、安溪、龙岩、漳平、永安、古田、浦城、建瓯、福安、周宁、连江等县为重点县，建立基地，建设炉群；组织 100 万人的钢铁专业队和 2 万人的技术队伍①。

于是，全省各地各部门纷纷为钢铁元帅升帐让路开道，从四面八方支援钢铁生产，并先后开展了四次大炼钢铁的“高产战役”。在大炼钢铁运动中，“高产卫星”也竞相上天。10 月 21 日，闽东地区放出日产铁 2318 吨的“卫星”，闽中地区也报道这一天产铁 2177 吨，成为全省第一批日产二千吨区。人口众多的莆田县刚放了日产千吨铁的“卫星”，地僻人少的周宁县也放出了日产铁 521 吨的“卫星”，这两个县均受到省委专电祝贺表扬。在钢的生产上，也是“卫星”风涌而起。10 月 21 日，“福州市一跃超过 400 吨，成为本省全民炼钢的一面红旗；处在海防前线的厦门市日产钢突破百吨关，泉州市在 21 日也跃到 100 吨”。上述数字，明显带有相当大的虚报浮夸成份。

在各地争先恐后发射“高产卫星”的情况下，据当时统计，到 11 月

---

① 《叶飞同志在省委一届十次全委会上的报告》，1958 年 10 月 6 日、10 月 11 日。

底，全省共产铁 20.2 多万吨，产钢 1.46 万吨，提前一个月超额完成了中央分配的全年钢铁生产任务。客观地说，尽管各地有关钢铁生产带有相当大的虚报浮夸成分，但还是取得了一定的成绩，主要是福建的钢铁工业和煤炭工业是在这一时期逐渐建立起来的，尤其是三明钢铁厂和其他冶金企业的建成投产，结束了福建“手无寸钢”的历史。另外，通过开展大炼钢铁运动，全省发现和查明了许多铁矿、煤矿和其他矿藏资源，为以后扩大工业基本建设提供了条件。但是，大炼钢铁运动给福建造成的损失是十分严重的，可谓是得不偿失。在炼出的这些钢和铁中，有相当一部分质量低劣，不能使用，有些则完全是废钢、废铁。本来，用小高炉和土高炉炼铁、炼钢，成本费用就高得惊人，而用木炭当燃料来炼铁，“等于用 600 元钱的木材炼出 40 至 50 元的铁”[①]，更是极大浪费，特别是因此造成大面积的乱砍滥伐、毁林烧炭的严重后果，使福建山林大为遭殃。同时，由于过多地抽调了农村劳动力投入大炼钢铁，使 1958 年秋季的农业生产特别是秋收工作受到了严重的影响，出现了农作物丰产不能丰收的局面，导致了 1959 年粮食供应紧张局面的出现，严重影响了人民群众的生活。

四、三明工业城的崛起

中华人民共和国成立后福建地方工业发展的一个重要标志就是三明工业城的崛起。这一工业基地建设，筹划于 1957 年，大规模的建设则是 1958 年“大跃进”期间。

20 世纪 50 年代，福建是中国沿海省份中工业最落后的一个省份。鉴于福建工业落后的状况，福建省委、省人委多次向中央和毛主席写信反映福建工业状况，希望中央支持福建建立基础工业，包括化学、机械、钢铁、轻工等工业体系。1957 年 8 月、10 月，国务院冶金工业部和化工部先后批准福建钢铁厂、福建化肥厂等建设项目。犹如久渴逢甘露，福建省委、省人委领导精神振奋，当即加速度筹划建厂事宜。

建厂首先是选址。从 1957 年 8 月开始，省委组织由各方权威人士

① 《艰苦创业的岁月——梁灵光回忆录》，福建人民出版社 1999 年 2 月版，第 190 页。

组成的选址小组进行两次实地勘察，及国家有关部门实地复查，历经半年，最后选中三明梅列为联合建厂厂址。究其原因，首先从国防建设要求出发，福建地处对台前线，三明属福建中部山区，符合战备的要求。其次，从交通与动力资源看，鹰厦铁路已通车，古田水电站正在兴建，为三明提供了交通上的便利和电力资源的保证。第三，从自然条件看，三明梅列地域开阔，建国初曾拟建飞机场；水源充足，沙溪河流量平均为每秒 320 立方米，最早期为每秒 26 立方米；同时，距石灰石、铁矿、无烟煤等矿产地较近（石灰石产地在永安大湖，无烟煤产于龙岩苏邦，铁矿产于漳平、洛阳、潘田，盐产地在厦门），均可直接由铁路运输。但在此建厂也有其不利因素，如缺乏城市依托，且土方很大等，但综合利弊，终究利多弊少。

为了形成配套的工业体系，省委决定把重型机器厂、水轮机厂、电线电缆厂等也摆上，从而铺开了重工业基地建设的摊子，并着手于交通、邮电、金融、卫生、教育、商品市场的配套。为了统一指挥大规模的三明工业基地建设，1958 年 4 月，省委决定以各厂筹备处和三明县委为基础，成立党政合一的三明重工业建设委员会，任命张维兹为建委书记兼主任，范元辉、侯林舟、孟健为副书记、副主任。

三明建委成立后，立即着手组织建设大军。首先调来的是由贺敏学带领的西北第三工程公司的一支 3000 多人的施工队伍。这支队伍原是解放军工程兵第六师第十八团，曾参加宁波机场和西安、宝鸡兵工厂建设，是一支“拉得动、打得响、信得过”的建筑队伍。接着，从东北调来沈阳第八冶金安装公司，后扩编成立福建冶金机电安装公司，职工近千人。驻在闽南的九一二三部队也奉调而来，省里还从各专区招收数万名民工支持三明工业基地建设。厦门大学中文系 200 多名学生也来三明工地半工半读，到 1958 年底，汇集三明的建设大军达 10 万人之多，使这个原来仅 6000 余人的沉寂的山区小镇，一下子成为机声隆隆、人声鼎沸的建设工地。

起步阶段生活条件十分艰苦，建设者们面对现实，白手起家。没有住房，就自己动手上山砍毛竹割茅草搭草棚，有的就在周围民房村舍的大厅、过道、房檐下暂时栖身；没有水，就上山找水源，用竹管把水引下山来；没有电，就点起松明火把来照明；没有礼堂，就在露天看电影，听报告。物资供应也十分紧张，几乎全靠外调。粮食从闽北、江西调运，蔬菜由闽南调进，海产由闽东沿海和浙江提供。后来，三明县委抽出6000多人成立各种生产专业队，才逐步解决了蔬菜、副食品的供应问题。

作为三明工业基地的龙头工程，三明钢铁厂在三明工业城的崛起中具有举足轻重的地位。三钢工程于1958年6月破土动工，同年8月进入全面施工高潮。原先国务院批准该厂的建设规模为年产14万吨生铁、10万吨钢锭、8万吨钢材，后来随着“大跃进”形势的发展，省委不但要求三钢建设速度加快，而且设计规模不断扩大，从原年产20万吨提高到60万吨，最后提高到100万吨。于是便集中3万多建设者打“三钢大会战”，其他方面的建设便一度停缓，都为“钢铁元帅”让路。

“三钢大会战”是一场艰苦的战役。仅破土时的土方量就十分可观。从1958年8月至12月，就完成土方量120万立方米，若把土方按宽1米、高1米堆成土堤，其长度相当于从厦门到福州距离的两倍。其中挖掉丘陵小山达75.7万立方米，填方平均深度为5米。在几乎没有机械施工的条件下，建设者们靠原始的镐头、土箕、木轮车搬掉一座座小山，填平一条条沟壑，在不到一年的时间里，完成了2.5万平方米的主体结构建筑任务。最艰苦的工程要数由九一二八部队承担的一、二号高炉的基础修建任务。整个工程要挖土方1.4万立方米，从山坡坡顶要挖下7米深。8月初部队官兵刚到工地时，天天下雨，战士们整天泡在没膝的泥水中抡镐头、推车子，每天劳动十几个小时，这期间，又值感冒、痢疾流行，许多人都患了病，但出工的人数始终没有减少，大家硬是带病坚持劳动。接着，工程难度越来越大。开始挖时土质还松，越往下越硬，再下就是卵石，镐头下去火星直冒，许多人的手都被震出血泡，加上老天不作美，大雨连连，影响施工进度，全体官兵都急红了眼。大家硬是发扬战争年代那股硬骨头精神，奇迹般地克服了一个又一个困难，终于在8月底完成了一、二号高炉的基础土方任务。年底完成了一期工程的土建部分，并开始安装调试。1959年1月2日，三钢一号转炉炼出了第一炉钢，至此，结束了福建“手无寸钢”的历史，它标志着福建现代钢铁工业的发展进入了一个新的阶段。

三明钢铁厂从全面动工到年产20万吨铁、12万吨钢和8万吨钢材的钢铁联合企业的第一期工程全面投产，仅花了一年半时间。为钢铁厂提供水电能源、机械修配、制造以及铁路、桥梁等的配套工程也在同步进行。不久，热电厂、水厂、机器厂、焦化厂等陆续建成投产；列东大桥建设和鹰厦铁路三明段改线作为重点先行工程也顺利完成。不仅如此，三明重型机器厂、机制砖瓦厂、水泥厂等机械工业和以三明化肥厂为龙头的化工企业的建设也拉开序幕，陆续建成。与此同时，交通事业相应发展，民用建筑、大专学校、医院、邮电等社会公益事业陆续兴建。至此，经过广大建设者们三年多的苦战，使这个原先仅6000多城镇人口、200多万元工业产值的山区小县，成为一个拥有13家大中型企业、49家小型企业和12万人口、1.07亿工业产值的新型的工业城市[①]。这是福建工业建设史上的一个奇迹。三明工业城的建设，“最为可贵的是自力更生、艰苦奋斗的创业精神，顾全大局、真诚无私的革命协作，领导干部、共产党员吃苦在前、勇于拼搏的工作作风和广大建设者不计得失的冲天干劲。没有这些崇高的精神品质，‘大会战’就很难发动得起来，也不会有如此辉煌的三明工业城。”[②]

三明工业城的崛起，有成功的经验，但因受“左”的思想影响，也出现过失误。首先在于片面追求高速度，特别是北戴河会议之后，不顾客观条件，不断扩大建设规模，以致浪费大量人力、物力；其次是不顾生产成本，不讲经济效益，以致投入资金很大，而经济效益却很低。三钢投产后第一年就亏损113万元，以后连年亏损。据统计20年累计亏损金额达9000多万元，到1978年才开始扭亏为盈[③]。

五、文化教育等战线的“跃进”

在工农业生产“大跃进”的形势下，福建教育、文艺、体育等各界也

---

① 《艰苦创业的岁月——梁灵光回忆录》，福建人民出版社1999年2月版，第183页。

② 《艰苦创业的岁月——梁灵光回忆录》，福建人民出版社1999年2月版，第183页。

③ 《艰苦创业的岁月——梁灵光回忆录》，福建人民出版社1999年2月版，第183—184页。

不甘落后，纷纷开展了“大跃进”运动。

在教育界，“大跃进”主要集中体现在“大力开展扫盲”和“全民办学运动”上。

1956年3月29日，中共中央、国务院联合颁布《中共中央、国务院关于扫除文盲的决定》，指出：“在全国范围内积极地有计划有步骤地扫除文盲，使广大劳动人民摆脱文盲状态，具有现代的文化，这是我国文化上的一个大革命，也是国家进行社会主义建设的一项极为重大的政治任务。”要求各地按照当地的情况，“大张旗鼓地开展扫除文盲运动，以求在五年或者七年内基本上扫除全国文盲”[①]。1957年3月，教育部发出《关于扫除文盲的通知》，要求各地根据中共八大决议和1956年中共中央、国务院的扫盲决定做出具体的部署。福建省根据上述决定和通知精神，积极开展扫盲工作，并取得了一定的成绩。但是，1958年1月南宁会议之后，教育界的“大跃进”之声不绝于耳。1月23日至25日，福建省教育厅召开农村扫盲工作座谈会，要求各地鼓起革命干劲，迅速掀起扫盲高潮，将1958年全省组织入学的任务由原来的160万提高到200万，力争240万；扫盲任务由原来的20万提高到40万人，并消灭扫盲空白乡、空白社[②]。2月14日，《福建日报》发表社论，要求大力批判扫盲工作的右倾保守思想和错误认识，在扫盲工作中也必须来个“大跃进”。2月28日，全省扫盲广播大会号召全省人民拿出革命干劲，提前5年在全省范围内扫除青壮年中的文盲。

在全民扫盲的热潮下，扫盲“大跃进”便轰轰烈烈地开展起来。4月下旬，古田县委向全县青年发出要在“六一”实现无青年文盲县的目标。至5月24日止，全县33882个青年，脱离文盲的已达29710人，占全县青年总数的87.6%，基本实现了青年无文盲县。其中，巴斗、牛锋、秀峰、罗峰等29个乡，识字青年已达90%以上，提前一周完成了县委的

① 《中共中央、国务院关于扫除文盲的决定》，1956年3月29日。中央档案馆、中共中央文献研究室编：《中共中央文件选集》（1949年10月—1966年5月），第22册，人民出版社2013年6月版，第379页。

② 《批判右倾思想，促进扫盲运动大跃进，本省将组织两百万农民入学》，《福建日报》1958年1月28日。

要求，成为全省第一个无青年文盲县[①]。在示范效应下，全省各地立即掀起了更大的扫盲热潮。据《福建日报》1958年9月27日报道：基本无文盲的红旗已在全省67个县市高高升起。至9月5日，全省非文盲的青壮年已达到465700余人，占全省青壮年总数的80.4%，实现了基本无文盲省[②]。

大力开展扫盲，使许多目不识丁的工农群众认识了一些常用字，但由于扫盲工作是在突击的方式下进行的，学习进度快，复习巩固时间少，因此，很多刚摆脱文盲状态的人发生了回生复盲的现象。

教育事业的“大跃进”又一重要体现就是全民办学运动。1958年初召开的全省教育工作会议，刚刚确定了全省教育事业的发展指标，即“5年内扫除全省青壮年文盲，4年内普及小学教育，5年内基本上普及初中教育”，才过一个月，就被认为这一“指标是十分地落后”“存在着严重的右倾保守思想”[③]，有人提出“反掉右倾保守思想，促进教育事业的大跃进”的口号。随着这一“跃进”口号的传开，福建各地纷纷开始提出新的“跃进”目标。龙溪、龙岩专区提出要在2年内普及小学教育。永定、闽侯、永春等县提出一年内普及小学教育。福州市实验小学还向全省小学提出“苦战一年赶上全国的先进水平”的挑战。本省16所师范学校也向全国师范学校和全省中等学校提出挑战。

正当全省教育战线争先“跃进”时刻，远在西南的遵义市全体教师也向福建教育界发来挑战书，提出要在1958年内普及小学教育。“遵义教师跨上马，要与福建比高低”的消息传开，使得人们本已发热的头脑，又添上一把火。省委当即研究，向全省提出了更加“跃进”的全民办学的号召：“苦战30天，普及初中教育，普及小学教育，社社有幼儿班和幼儿园，组织340万青壮年文盲全部入学；苦战3个月，保证中小学毕业班质量”[④]。

3月底，省委关于全党全民办学的指示贯彻之后，全省教育战线竞

---

① 《扫盲战线传来喜讯，古田成为第一个无青年文盲县》，《福建日报》1958年6月4日。

② 《本省基本实现无文盲》，《福建日报》1958年9月27日。

③ 王于畊：《全民办学校》，1958年3月29日。

④ 王于畊：《全民办学校》，1958年3月29日。

相“跃进”，大放“卫星”，虚报浮夸，轮番升级。

一是反映在以普及小学和大量举办农业中学为中心的群众办学运动上。3月20日，莆田县率先宣布在5天内办了108所农业初中，平均每小时多一点创办一所中学，于4月1日宣布已普及了小学初中教育。这一“卫星”的上天，立即在全省教育界引起了强烈的震动。省委宣传部抓住这一典型，当即召开现场会推广。会后，各地办学“卫星”便接二连三地发射。福州市宣布6天做到100%学龄儿童入学，4月底普及初中小学教育，做到区区乡乡有业余中学和农业中学。平潭县原规划8年普及小学初中教育，后改为5年，1月份改为4年，2月份改为3年，3月份改为2年，最后索性改为一个月内实现。永安县放出“只花4元6角8分钱就办起26所农业中学”的“卫星”，长乐县营前镇和下洋乡则宣布不花一文钱办起了农业中学。在此情况下，福建省教育厅就宣布，“五一”节前，全省已普及小学教育，学龄儿童的入学率从普及前的63.0%飞跃到92.4%，新设民办小学13329所，组织525133名学龄儿童入学。到7月底，宣布幼儿园（班）也有很大发展，新设幼儿园（班）19746所，入园（班）幼儿233051名，比原先增加3倍以上。同时民办农业中学、民办普通中学和其他职业学校也飞速发展，新建民办农业中学及各种职业中学2310所，学生85287名，基本做到乡乡有中学。此外，工农业余大学也应运而生。据17个市县不完全的统计，共办了507所、1295班，学生5.4万余人。南安县还提出“在普及业余高小的基础上，在‘八一’前普及红专学校，达到乡乡有业余大学，社社有大学的分班，力争在今明两年内培养出1.5万个工农专家、2.5万个工、农、林、水、电中等技术人材”①。在“大跃进”浪潮中一哄而上的这些学校，大多有名无实，甚至根本无教室、无学生、无教师；原有的学校由于片面强调服务中心，忽视课堂教学与系统的书本知识学习，导致教育质量的下降及学校管理体制的严重混乱。

二是反映在工厂企业办教育上。1958年春以来，全省工厂企业已办业余小学485所、初中141所、高中10所、大学133所、研究所144

① 《中共福建省委关于工厂、企业办学校的指示》，1958年10月15日。

所①。上述学校因师资等问题，多数不甚巩固，有些因教学时间未加妥善安排，经常停课，流于形式。在工农业“大跃进”形势推动下，省委于1958年10月15日又专门发出“关于工厂、企业办学校的指示”，要求全省工厂企业普遍办半工半读学校，以及普通中小学或其他形式的学校，“以二个月时间进行突击办学，已办者大力进行巩固提高，未办者大力办起来，坚决完成80%的现有青壮年职工进入各类各级学校学习”②。

三是反映在勤工俭学活动上。根据中央、省委关于勤工俭学的指示，从1958年3月间开始，全省各中学、师范普遍开展勤工俭学活动，“基本上做到校校有工厂、农场、作坊等生产、实习场所；平均每校开荒或种地150亩以上；学校师生普遍参加义务生产劳动，半年来，平均劳动时间35—55天，加上假期劳动，每个学生每年劳动时间达2—3个月，即做到一、二、九或一、三、八（即一年有一个月休息、二个月劳动、九个月学习或一个月休息、三个月劳动、八个月学习）”③。1958年10月15日，省委根据中共中央、国务院关于教育工作的指示，决定：“今后新建的中等以上学校，不论是国家办的或是人民公社举办的都必须无例外地实行半工半读。新建的学校，同时就是新建的厂矿，新招收的学生，同时又是工人。原有的第一类的普通中学、中等师范、各类中等专业学校和大专学校也应该立即普遍地、但又是有计划地有步骤地推行半工半读制度，努力地和有计划的大办工厂、农场”④。由于过分强调“教育为无产阶级政治服务，教育与生产劳动相结合”及“半工半读”，使师生过多地参加生产劳动，否定课堂教学的必要性，忽视书本知识和系统的基本理论的学习，严重影响教育质量。特别是在大炼钢铁的热潮中，大多数学校已听不见朗朗的读书声，却只见炼钢铁的烟火。

在各行各业的“大跃进”浪潮中，文艺战线自然也不甘落后。1958年8月和10月，文化部先后召开了省、市、自治区文化局长会议和全

---

① 《中共福建省委关于工厂、企业办学校的指示》，1958年10月15日。

② 《中共福建省委关于工厂、企业办学校的指示》，1958年10月15日。

③ 《福建省教育工作1958年以来基本情况简报》，1958年8月2日。

④ 《中共福建省委贯彻执行中共中央国务院关于教育工作的指示》，1958年10月15日。

国文化行政会议，部署文化工作的“大跃进”。会议要求群众文化活动要做到：人人能读书，人人能写会算，人人看电影，人人能唱歌，人人能绘画，人人能舞蹈，人人能表演，人人能创作，还要求文艺创作要行行放卫星，处处放卫星，层层放卫星。据此要求，中共福建省委批转了省文化局、省文联党组关于迎接国庆十周年大放文艺卫星的报告，省委宣传部还专门下发了《关于大放文艺卫星的几点意见》，要求“在全省掀起一个竞放卫星上北京的热潮，每个基层单位都要争取搞出好节目，到天安门，见毛主席”“应造成工农商学兵行行放卫星、层层放卫星、文化艺术范畴内各部门都放卫星的形势”①。许多文艺作家在“写中心”“唱中心”“画中心”的要求下，制定自己的“跃进计划”，大放“创作卫星”，创作出了一大批反映“大跃进”的公式化、概念化、标语口号式的作品。特别是当时被推崇为“革命浪漫主义的典范”的新歌，一味堆砌豪言壮语，严重脱离客观实际，如“稻粒赶黄豆，黄豆象地瓜，芝麻赛玉米，玉米有人大，花生象山芋，山芋赶冬瓜，一幅丰收图，跃进农民画”，此时的文艺创作，对“大跃进”的浮夸风错误起了推波助澜的作用。

体育界也在“跃进”。1958 年 10 月间，省委批转了省体委党组关于力争第一大放卫星的报告，要求体育战线“必须去掉老的一套办法，打破一切陈规，大闹技术革命”，“老的四所大学 1958 年能放出 50—100 颗技术革新大卫星，新办的大学能放出 10—20 颗技术革新大卫星，和全省放世界纪录卫星结合起来，和全省教练员运动员中将掀起的破世界纪录运动结合起来”②。显然这些要求与措施，均无助于群众性体育活动的正常开展及体育事业的发展。

面对生产“跃进”、文化“跃进”的形势，福建省新闻出版局也制定出了《1958 年—1962 年工作规划》，提出“今后五年必须大跃进，更好地为政治服务、为生产服务、为多快好省地建设社会主义和共产主义服务”，“奋斗目标是：建立从省到县的包括出版社、印刷厂、书店的出版体系；乡、社也要编书、办印刷厂、办公社书店”③。具体要求：“各地（市）

---

① 《中共福建省委宣传部关于大放文艺卫星的几点意见》，1958 年 11 月 8 日。

② 《福建省体委李威副主任在省高等学校体育工作会上的总结报告》，1958 年 10 月 14 日。

③ 福建省新闻出版局：《1958—1962 年工作规划（草稿）》，1958 年 9 月 23 日。

在今明二年内，都建立出版社，共10个，每个配7人，共70人；各县在1962年前都建立出版社，共63个，每县配备三至五人，共约300人左右；全省乡、社在5年内也都可以根据自己的需要编书出版"，"加快出书速度，既要普遍加快，又要分别轻重缓急，达到'一、一、一'的要求，就是分别情况在一天、一旬、一月内把书印出来"①。显然这是不切实际的规划，也是出奇的浮夸。

此外，理论、科技、卫生等各界，也都提出了各自的"跃进"目标，制定了自己的"跃进"计划，纷纷投身于"大跃进"的浪潮，使各项事业的发展受到了严重的损害。

第二节　农村人民公社化的迅猛发展

一、合作社向人民公社的急速转变

1958年下半年，紧跟"大跃进"高潮，福建农村又出现了由农业生产合作社向人民公社大规模转变的热潮。

在中国农村建立人民公社的思想，早在农业合作化运动的高潮中已初显萌芽。1955年夏，毛泽东在《中国农村的社会主义高潮》一书的《大社的优越性》一文的按语中，就提出办大社的设想。他说："小社人少地少资金少，不能进行大规模的经营，不能使用机器。这种小社仍然束缚生产力的发展，不能停留太久，应当逐步合并。有些地方可以一乡为一社，少数地方可以几乡为一个社，当然也会有很多地方一乡有几个社的。"②在此前后，福建各地曾试办过一些大社，但是效果一般都不好。

1956年冬，陈伯达到福建惠安县莲塘乡搞乡村调查，并于1957年1月7日提交《关于福建莲塘乡农业合作社的一些问题向中央和主席的

① 福建省新闻出版局：《1958—1962年工作规划（草稿）》，1958年9月23日。

② 毛泽东：《大社的优越性》，《建国以来毛泽东文稿》，第5册，中央文献出版社1991年2月版，第515页。

报告》，认为“在现在的条件下，社的组织一般也不适宜太大”，并对农村基层经济政权组织提出建议：“可以把乡（或村）和社合在一起，使合作社成为真正的基层；乡（或）村中的行政工作，可以由一个合作社的副社长兼任，他不必脱离生产，也不用拿专薪，或者只由政府给些小补贴”及“可以考虑把供销合作社和信贷合作社并到农业生产合作社，作为农业社的供销部和信贷部”。1月17日，中共中央批转了陈伯达的报告，对于把合作社作为乡村基层组织，并将基层供销社、信用社并入农业生产合作社这两个问题“因牵涉较广必须慎重考虑”①，但并没有否定陈伯达乡社合一的建议。

有鉴于有些高级农业合作社由于规模过大，难于管理，吃“大锅饭”严重，以致出现了闹退社、分社的风潮的情况，中共中央于1957年9月14日发出《关于做好农业合作社生产管理工作的指示》，特别强调合作社的规模不宜过大，一般应以百户以上的自然村为单位，一村一社或一村数社，并且宣布在今后十年内不予变动。但是，随着1957年冬至1958年春兴起的大搞农田水利建设高潮的到来，往往需要协调各村、乡，甚至是区、县之间的关系，解决统一规划和集中劳力、物资、资金等方面的问题，在这种情况下，大社就显示出相对小社的优越性。因此，许多地方开始突破已有的农业合作社的规模，试图通过并社，增强集体协作的力量。

1958年1月召开的南宁会议上，毛泽东提出了办联社的设想，又进而提出办大社的主张。3月20日，中共中央政治局成都会议通过了《关于把小型的农业合作社适当地合并为大社的意见》，认为把小型的农业合作社有计划地适当合并为大型的合作社是必要的。成都会议还通过了《关于发展地方工业问题的意见》，第一次提出了农业生产合作社办工业的问题。此外，由于大搞农田水利建设，地方工业遍地开花，农业生产合作社无论是在规模上、经营范围上和集体化程度上，都已不能适应大规模的农田基本建设的需要。在这一形势下，一种打破社与社的

① 《中共中央批转陈伯达关于福建莲塘乡农业合作社一些问题的报告》（1957年1月17日），中央档案馆、中共中央文献研究室编：《中共中央文件选集》（1949年10月—1966年5月），第25册，人民出版社2013年6月版，第35、36、37、23页。

界限和工农业分工的大社便开始不断出现。

4月12日,《人民日报》头版头条以《联乡并社发展生产力》为题,报道了福建闽侯县在3个月的时间内,把城门、下洋、龙江3个乡合并为一个乡,把23个农业生产合作社合并为一个社的消息,赞扬闽侯县“大联合、大协作进行生产建设的道路”的做法,并以“编辑的话”的形式将成都会议通过的《关于把小型的农业合作社适当地合并为大社的意见》的主要观点公开发表。此后,各地迅速地开始了小社并大社的工作。

4月中旬,中共福建省委在传达贯彻中央成都、武汉会议精神的地市县委书记会上,提出苦战100天,在农村中实现农业社、供销社、信用社、手工业社、运输社“五社合一”的指示,并成立了省委“五社合一”指导小组,会后在全省范围内进行了并乡联社和五社合一。

各地并起来的大社,初期叫法多种多样。“六月间,党中央和毛泽东同志才选定了‘人民公社’这样一个比较最能表现这一组织的内容和最能受到群众欢迎的名称”①。8月上旬,毛泽东视察了率先办起人民公社的河南、山东等地后,特别是8月13日报纸上发表了毛泽东称赞人民公社好的消息后,引起福建全省人民的极大关注,各地群起仿效,纷纷试办人民公社。

在福建,率先试办人民公社的是福州市郊鼓山乡。于6月4日开始筹备,8月10日召开第一次社员代表大会,正式宣布鼓山人民公社成立,公推全国人民代表、全国农业劳动模范郑依牳为公社主席。“这一天,全乡一万多人象办大喜庆一样穿最好的衣服,敲锣打鼓欢庆人民公社的诞生”②。该社是由原鼓山乡19个高级农业社、22个略具规模的工厂、12个手工业场、51个商店、一个拥有390条船的运输队和其他生产及非生产单位合并组成的,包括9个行业、148个单位,共有耕地13572亩,人口4178户、18178人。当时报纸宣传称之为“工农商学兵五位一

① 《人民日报》社论:《人民公社万岁》,《人民日报》1959年8月29日。

② 《人民公社光芒万丈,鼓山乡建社不久显示出十大优越性》,《福建日报》1958年8月24日。

体、政治经济文化军事全面结合的社会大变革”[①]。

8月22日，闽侯县也成立了该县第一个人民公社——城门人民公社。这个公社由原来的城门、螺洲40个农业社和县农场、省农科所合并组成，共9189户、41008人，拥有南台岛东南端27457亩肥沃的土地并有自己的农具、机械、肥料、粮食加工工厂，造船厂，农业大学，农业科学研究所，电影队，幸福院等单位。大会在午夜12时才尽欢而散，但人们没有回家，立即以田间为战场，开展“夜战”[②]。

接着，本省林区第一个人民公社——“绿色金库”人民公社也于8月27日宣告成立。这个公社是由南平溪后乡和附近王台镇等17个农业社合并而成的，报名入社的户数占两个乡镇总户数的95%以上。永泰县葛岭乡群众在报纸上看到河南信阳专区总结的人民公社十大优越性后，3000多名群众敲锣打鼓向乡党委申请建立人民公社。长乐县城关镇卫星联社的社员们，听到宣传人民公社十大优越性后，一天一夜就写了4000多张申请书，要求将联社变为人民公社。在沿海的晋江县祥芝乡渔民也争先参加人民公社，该乡原7个渔农社，于8月20日也合并成立了“红旗”人民公社。

在“大跃进”的声浪一阵高过一阵，“大跃进”的脚步步步进逼，“大跃进”的幻觉使人眼花缭乱的情况下，福建各地的合作社向人民公社的急速转变，势在必至。加上在此期间，福建广大农村在批判所谓“以富裕中农为代表的资本主义思想”之后，纷纷将成片的森林、果树等生产资料全部入社，认为这是“进一步砍掉了资本主义的尾巴”；在大兴农田水利和其他各项建设中，为解决劳力不足问题，不仅打破了小乡小社的界限，而且打破了行业、部门界限，发动全党全民大协作；随着“大跃进”浪潮的不断掀起，各地合作社还普遍兴办了小型工业、各种民办学校和农忙食堂、托儿所；当时还提出“全民皆兵”方针，要求无论城乡何单位，凡属于一定年龄的公民，都要受到必要的军事训练。随着“大跃进”

① 《人民公社光芒万丈，鼓山乡建社不久显示出十大优越性》，《福建日报》1958年8月24日。

② 《城门乡人民公社成立》，《福建日报》1958年8月24日。

浪潮的不断高涨，合作社不仅包揽了农村中许多事务，而且也包括相当一部分是政府管理的事务。这一切，为各地合作社向人民公社的转变创造了条件。于是，政社合一、工农商学兵五位一体的人民公社便呼之欲出。

1958年8月17日至30日，中共中央政治局在北戴河举行扩大会议。会议作出《关于在农村建立人民公社问题的决议》，决议指出：“人民公社将是建成社会主义和逐步向共产主义过渡的最好的组织形式”，并说，“共产主义在我国的实现，已经不是什么遥远将来的事情了”①。9月初北戴河会议精神在福建传达贯彻后，农村人民公社便在全省各地一哄而起，像雨后春笋般地涌现出来。经过一个多月的时间，全省农村于国庆节前夕就实现了人民公社化②。原来有2500多个乡，1.7万个规模较小的农业合作社，经过并大社转公社工作，变为630多个人民公社。参加公社的农户为305万多户，占全省农村总户数的99.9%③。至此，全省农村多数在1956年上半年建立起来的高级农业生产合作社，才过两年，就被政社合一的人民公社所代替。这场农村人民公社化运动来势之猛，速度之快，规模之大，远远超过了1955年下半年的农业合作化运动的高潮。

二、人民公社弊病的逐渐显现

人民公社与过去的农业生产合作社相比，在规模、所有制形式、组织管理、分配制度以及劳动组织和生活方式等方面，都有着根本的不同，主要特点是“一大二公”，实行政社合一，农工商学兵统于一体，这就使得公社有权无偿调拨各种生产要素，从而将大量劳动力和生产资料投入到农业基础设施和工业“大跃进”中去。1957年全省农用拖拉机

① 《中共中央关于在农村建立人民公社问题的决议》（1958年8月29日），中央档案馆、中共中央文献研究室编：《中共中央文件选集》（1949年10月—1966年5月），第28册，人民出版社2013年6月版，第410页。

② 《国庆声中喜上加喜，全省农村实现人民公社化》，《福建日报》1958年10月1日。

③ 《中国农业全书·福建卷》，中国农业出版社1997年10月版，第116页。

数仅为44台，1958年猛增至151台，1959年达到321台。1957年的机耕面积为1020万亩，1958年增长至5.93万亩，1959年升至14.30万亩[①]。1957年全省粮食播种面积达3095万亩，1958年粮食播种面积受“大跃进”的影响减少为2902万亩，但是，1958年的粮食的单产量比1957年增加了10公斤，总产量也增加了240万公斤[②]。这固然提高了农村的生产力水平，但人民公社无偿调拨人力物力，把社会主义与共产主义等同起来，导致“共产风”、浮夸风、瞎指挥风、强迫命令风、干部特殊化风盛行，市场调节几乎被取消，也严重干扰破坏了农业生产。

人民公社不仅是劳动农民集体所有制的经济组织，而且是国家政权在农村中的基层单位。原先福建各地高级社共1.4万多个，每社平均约200户，个别大社达2000户，部分小社只几十户，基本上是一村一社、一乡数社。建立人民公社后，则一乡一社甚至数乡一社，规模扩大了10倍至几十倍。据1958年10月前建立的631个人民公社统计，平均每个公社有社员4290多户，平原地区每社为6000多户左右，其中最大的莆田县涵江人民公社，计34972户、17万多人口；山区每社为2000户左右。福州市郊、漳州市郊、东山、顺昌、平潭等5个县（市），甚至以县（市）为单位建立了人民公社。作为一个基本的生产单位，这种人民公社的规模已经大大超出了当时干部的管理能力。

人民公社成立初期，实行单一的公社所有制，把原来几十个贫富不同、条件各异的合作社并在一起，财产全部上交公社，由公社统一核算、统一分配，并认为这是所有制上的“大集体小全民”。有的公社甚至在全县范围内实行统收统支，统一核算，共负盈亏，这在很大程度上已是全民所有制。这种形式，名为扩大和提高公有制，实际是贫富拉平，让穷队共富队的产。同时，在“彻底消灭生产资料私有制的残余”的口号下，将社员的自留地、自养牲畜、自营的成片果树以及一些较大的生产工具等都收归集体所有。家庭副业、小商小贩以及集市贸易等也都被取缔。在实行“生活集体化”过程中，农民的部分生活资料，如房屋、

① 福建省统计局：《福建省国民经济统计提要（1950—1961）》，1962年5月，第46页。

② 福建省统计局：《福建省国民经济统计提要（1950—1961）》，1962年5月，第29页。

衣被、家具等也被无偿调用，实际是对农民的无偿剥夺。

福建各地在建立农业生产合作社时，实行乡社分立的管理体制，乡是基层政权，社是农业经济组织。而人民公社建立后，则实行政社合一、分级管理体制，人民公社既是一级政权，又是一种经济组织，两者合二为一。而且实行三级管理，由公社统管全社的生产安排、劳力调配、物资调拨和产品分配，生产大队仅负责生产管理和部分经济核算，生产小队则只是具体组织生产的基本单位。这样，就使公社领导往往用行政手段直接管理经济，违反经济规律，侵犯生产单位应有的自主权，造成生产经营方面的瞎指挥。同时，人民公社还把供销、信贷、手工业合作社同农业生产合作社都合并起来。1958 年 11 月 2 日，省委还决定对县和县以下财政、贸易、粮食部门实行“两放、三统、一包”的办法，即“凡设在农村的商业、粮食、财政、银行等部门基层机构人员和资产（包括流动资金）一律下放给公社，由公社负责经营管理。”① 这样就集工农商学兵、农林牧副渔于一体，即把政治、经济、文教、军事等方面的工作统统集中到公社，致使党政不分，政企不分，权力过分集中等现象更加严重。

在分配上，原先农业合作社实行的是按劳动日分配的“一年两次预支，年终决算”的按劳分配制度。合作社根据劳动力的具体情况逐日记载工分，年终按工分总数进行决算分配。在合作社转为人民公社后，由于公社不但规模大，而且经营范围广，工种复杂，部门众多。如果按原来的分配方式，各部门、各工种间如何记工评分就成了一个大问题。正因为如此，形势的变化使得原有的按劳动日分红的分配方法与公社化一大二公的要求不相适应，于是，一种新的分配方式，即供给制与工资制相结合的分配方式便适时而生。当时在福建，主要形式有三种：一种是供给加补贴制，另一种是粮食（或伙食）供给加工资制，再一种是基本工资加奖励制。省委是积极主张与推广供给加补贴制这一分配形式，省委认为“它保证了大家的必要生活水平”，“吃饭不要钱，还有其他方面，也部分或全部地供给，这样就便于更好地发挥群众集体主义思

① 《中共福建省委关于进一步办好人民公社的指示》，《福建日报》1958 年 11 月 2 日。

想和忘我的生产干劲”[①]。在这方面，闽侯县城门公社又在全省率先带了头，宣布“全面实行供给制”，即从1958年9月1日起全社实行基本生活资料供给制，其中分为五大部分：一是全社所有社员吃饭吃菜一律不要钱，菜金每人每月一角半，平均每人每月伙食费8元；二是穿的衣服由公社供给，不分男女老少，每人每年发一套新衣服，一双新鞋，半斤棉花；三是免费分娩、入托、医疗、理发、洗澡、看戏看电影，社员婚嫁由公社主持礼仪，老人年过65岁（女的60岁）并丧失劳动力，可以免费长住公社幸福院，养老终生，死后由公社负责安葬；四是社员子女教育全部费用由公社供给，平均小学生每人每年90元，中学生130元，大学生168元，只要能考进学校，可由公社免费供给到大学毕业；五是实行劳动补贴，凡是参加公社工作或生产的成员，均按技术高低、劳动强弱分为四级，分别按月发给一些零用钱[②]。不可否认，实行供给制当时具有一定的群众基础。多少年来，广大农民一直为吃饭问题所累，实行粮食供给制，吃饭不要钱，连读书也不要钱，这是多少农民梦寐以求的愿望。人民公社后看好供给制，更重要的在于它的政治意义。当时人们认为，供给制的分配方式，为人们共产主义觉悟的养成，为实现按劳分配到按需分配的转变，为社会主义向共产主义过渡创造了条件。因此，具有“共产主义因素”，必须坚持下去。其结果，不但未使“共产主义因素”进一步扩大，未使农民的积极性进一步提高。相反，它严重地挫伤了农民的积极性，加剧了农村经济的困难。“吃饭如‘三战吕布’（喻积极冲锋），干活如‘桃花搭渡’（喻磨洋工）”“出工自由化，吃饭战斗化，收工集体化”就是当时情景的写照。实际上，好景不长，仅几个月就“供给”不下去了。

更加脱离实际的是，在农村人民公社中普遍推行“组织军事化、行动战斗化、生活集体化”。即把公社劳力按军事编制，建立以民兵为主体，组成班排连营的建制，在公社统一指挥调动下，采取大兵团作战的方法，投入各种“大办”，这就为县、社无偿地调用农村的劳动力提供了

① 《中共福建省委关于进一步办好人民公社的指示》，《福建日报》1958年11月2日。

② 《城门公社全面实行供给制》，《福建日报》1958年9月20日。

可能性。与此同时，社、队普遍建立公共食堂、托儿所、敬老院、缝纫组等，以为这样就解放了妇女，节约了劳力，可以使家务劳动社会化，还可以培养集体主义、共产主义精神。实际上，在贫乏的物质条件、原始的技术设备和落后的管理水平下，这种社会化只能造成人力物力的更大浪费，给群众生活带来更多的不便，因而遭到了群众的普遍反对。

不可否认，人民公社有助于克服分散主义，在农田水利建设和提高农业机械化程度方面具有积极的作用。但是，人民公社盲目追求大规模的做法，忽视了农业生产水平落后的现状以及农村干部管理能力低下的客观现实，必然会带来管理等方面的许多问题。其次，人民公社不切实际地追求公有化程度越高越好，混淆了集体所有制和全民所有制的界限，犯了平均主义的错误，导致了"共产风"在农村的泛滥。再次，政社合一的体制，致使党政不分，政企不分，使公社领导往往用行政手段直接管理经济，在生产经营等方面进行瞎指挥，也容易产生"一平二调"错误，从而妨碍生产力的发展。1958 年全省农业总产值（按 1957 年不变价格计算）为 136232 万元，1959 年减少为 129053 万元，1960 年为 106420 万元，1961 年则仅有 88554 万元①。

人民公社化运动的兴起，一方面是受到苏联急于向共产主义过渡错误实践的影响，更主要的是当时各条战线特别是工农业"大跃进"的所谓巨大成就，使领导者误以为具备了向共产主义过渡的条件，过分地强调了人的主观能动性和变革生产关系的作用，对在贫穷落后的国度建设社会主义的艰巨性、长期性认识不足，缺乏耐心，急于求成。这是党在探索中国建设社会主义道路过程中的一次严重挫折。

---

① 福建省统计局:《福建省国民经济统计提要（1950—1961）》，1962 年 5 月，第 26 页。

第十章
纠正“左”的错误及其曲折

第一节　初步纠“左”的努力

一、整顿人民公社

“大跃进”和人民公社化运动中，以高指标、瞎指挥、浮夸风和“共产风”为主要标志的“左”的错误所造成的严重后果，日益暴露出来，引起了中共中央和毛泽东的高度重视。从1958年11月初开始，到1959年夏季，党中央相继召开了第一次郑州会议、武昌会议、第二次郑州会议以及八届七中全会等重要会议，相继制订了《关于人民公社若干问题的决议》《关于人民公社管理体制的若干规定（草案）》及《关于人民公社的十八个问题》等文件，以纠正1958年“大跃进”和人民公社化运动中的“左”的错误。

为了从理论上武装党的干部，毛泽东在第一次郑州会议期间还写了《关于读书的建议》。1959年3月，毛泽东又四次写信给各省、市、自治区党委第一书记，反复强调“要按照群众意见办事”“要每日每时关心群众利益，时刻想到自己的政策措施一定要适合当前群众的觉悟水平和当前群众的迫切要求。”① 特别是4月29日，毛泽东写给省、地、县、社、队、小队六级干部的一封《党风通信》，针对“大跃进”以来在农业生产方面存在的一些错误做法，提出了六个当时影响农业生产的关键问题、要害问题。这封信贯穿一个中心思想，就是要实事求是。

中共福建省委认真贯彻党中央这一系列重要会议精神和毛泽东的重要指示，结合福建省的实际情况，检查总结了1958年的工作，首先从整顿人民公社入手。1958年12月20日，中共八届六中全会刚结束不到10天，省委就发出《关于组织干部认真学习中共八届六中全会通过的〈关于人民公社若干问题的决议〉的通知》，要求在全体干部和广大群众中进行宣传并组织学习，以澄清目前对人民公社问题的某些混乱思想，并根据“决议”精神，处理好人民公社中存在的问题。1959年新年伊始，省委就召开第一届代表大会第三次会议，传达贯彻中共八届六中全会精神，讨论人民公社问题和1959年的工农业生产规划。会议把整顿人民公社作为当前党在农村中的中心任务来抓。要求“各级党委必须从现在起，拿出四个月时间，集中力量来整顿人民公社。首先，要根据中央《关于人民公社若干问题的决议》进行宣传教育，澄清存在着的模糊思想，统一认识，然后派出一定数量的党委委员和大批干部，深入公社检查生产规划、分配制度、生活福利、财务管理、干部思想作风等，并结合整社切实整顿一次党的组织。”②

1959年3月10日至21日，省委召开六级干部会议，传达贯彻第二次郑州会议精神，着重讨论公社体制问题。叶飞在会上作了《整顿人民公社的管理体制和若干政策问题》的报告，并代表省委作了自我批评。他说，我们在去年9月以后，只有一两个月时间，就在全省搭起了公社的架子，一搭起架子就立即投入紧张的全民炼钢炼铁运动和秋收运动，根本没有时间多去考虑公社的整套办法。一下子跑得太快了，我们忘记了过去我们花了四、五年甚至五、六年的时间才引导农民由个体所有

---

① 毛泽东：《党内通讯》（1959年3月15日、17日），《建国以来毛泽东文稿》，第8册，中央文献出版社1993年1月版，第112、124页。

② 《叶飞在中国共产党福建省第一届代表大会第三次会议上的工作报告》，1959年1月5日。

制走上集体所有制。这一次我们糊涂了，把社会主义误认为共产主义，把按劳分配当成按需分配，把集体所有制当成全民所有制，所以我们犯了错误[①]。当然，这是在肯定“公社化运动基本上是健康的，成绩是很大的”[②]前提下所作的检查。尽管如此，省委根据中央指示精神，对“大跃进”和人民公社化运动出的乱子还是下了决心进行纠正，并在这次各级干部会上讨论了关于农村人民公社管理体制、收益、劳力分配、征购任务等问题，并结合福建的具体情况，制定了《省委关于人民公社的管理体制和若干政策问题的规定（修正稿）》[③]。会议期间，还直接通过有线广播向全省的生产小队长以上干部作了传达，每个县又抽一个县委书记或常委先赶回县里，把会议精神和省委关于公社管理体制的几条原则规定，迅速传达到群众，立即在农村中贯彻执行。

对人民公社的整顿工作首先从体制下放、分级管理开始。人民公社的生产大队约 1/3 左右是相当于原来的高级社，大部分的大队是由几个高级社组成的。而生产队约 1/3 相当于原来高级社下属的生产队。根据这种情况，省委研究确定人民公社的管理体制以相当于原来高级社的生产大队或生产队为基本核算单位和分配单位。规定：现有的大队相当于原来的一个高级社的即不再变动；现有大队是几个原高级社组成的，只要经济条件相近，社员又不同意分开的即不再分开，反之，如果社员坚决要求分开的，也可以分开；现有的生产队较大，又相当于原来高级社的，可作为基本核算单位和分配单位，但规模较小的，只要经济条件相近，社员又愿意合并者，即应合并组成一个基本单位；原来的高级社，系联社性质，尚未统一分配者，可以按原单位实行统一分配，也可以按高级社下属生产队，分别组成基本单位；现有规模过小的公社（如 300 户以下）可以仍然以公社为统一核算和分配单位，不再分开[④]。通过整顿后，到 1959 年 7 月，全省 569 个公社、12642 个基本核算单位

---

① 《叶飞在全省六级干部大会上的总结报告》，1959 年 3 月 21 日。

② 《叶飞在全省六级干部大会上的总结报告》，1959 年 3 月 21 日。

③ 福建省地方志编纂委员会编：《福建省志 · 共产党志》，中国社会科学出版社 1999 年 11 月版，第 465 页。

④ 《中共福建省委向中央并毛主席的报告》，1959 年 3 月 19 日。

中，以原高级社作为基本核算单位的 8426 个，以 2 个以上高级社合并作为基本核算单位的 3155 个，以原高级社下面的生产队作为核算单位的 1056 个，以公社作为基本核算单位仅剩 5 个[①]。

同时，在全省所有农村人民公社普遍实行“一定”“六下放”“六不动”及“两个重要政策”。

“一定”，即人民公社的管理体制确定为：三级管理、三级核算、三级所有、队为基础。所谓队为基础，即以原来的高级社（现有的大队——有的是生产队）为基础。公社管理全社性的企业、事业和全社的公共积累之外，其余均下放归大队管理，大队所有，各计盈亏。生产队的权力，则和高级社时基本相同。

“六下放”“六不动”，即把生产队的劳动力固定下来，保证 80% 以上用于农业生产，不准随便调动；把农业生产的土地、耕牛、农具等生产资料下放给大队或生产队所有，归其管理使用，不要随便调整、调动；把原为高级社所有，现由生产队分散管理的牲畜、果树、茶园、渔塘，均下放归大队或生产队所有，不要调整调动；下放原有的肥料厂和农具厂，不要调整调动；下放粮食，凡粮食征购任务已经完成的地区，即向群众宣布征购任务已完成，未完成的地区，亦应先安排队的生活，有余的应继续向国家交售，无力完成征购任务的，应实事求是地予以减免，减免任务后自己安排仍有困难的，应本着多生产多吃、少生产少吃的精神，合理进行统销，受灾区和经济作物区粮食不足的，应按需要量予以统销。完成征购任务而有余粮的，粮食不予调动，售出的粮款，队归队有，社员的归社员所有；下放食堂、托儿所、幼儿园、敬老院，一律归大队或生产队管理，粮食等费用和所需教养员等劳力，亦由各队自行安排，公社不进行统一调整。

“两个重要政策”，即实行等价交换的政策，队与队、社与社之间，产品必须实行等价交换，不能无偿调动，必需的劳力相互交换，应经过协商，付给报酬，不得无偿抽调劳力；队的收入向社员分配的部分，实行按

① 《中共福建省委农村工作部向中央农村工作部关于农村整社情况报告》，1959 年 7 月 31 日。

劳付酬、多劳多得的政策①。

此外，还确定给予生产小队以部分所有权。生产小队的部分所有权，在高级社时就已经存在，有些地方把它叫作“大集体中的小家务”，如超产奖励，节约成本归队，完成社的生产计划之外，组织其他收入等，不过那时并不怎么明确。公社化以后，实行了统一分配，把小集体都一齐搞掉了。因此，省委在调整人民公社管理体制时，把生产小队部分所有权当作公社管理体制的一部分来统一解决，在调查研究的基础上，重新明确生产小队有四个方面所有权，即对于本队所属的劳力、土地、耕畜、农具，有固定使用之权，由本单位添置的农具和繁殖的牲畜，归本单位所有；生产大队的包产任务完成后，超额部分全部归小队所有，或者与生产大队按比例分成，节约的生产费用，全部归小队支配；在安排作物种植面积的时候，3% 左右的土地可以根据本小队的具体情况机动使用，其余的土地则必须按照生产大队布置的计划安排；在不影响包产任务完成的条件下，生产小队可以尽量利用一切可以利用的零星土地开垦扩种，和经营各种小型副业，收入完全归小队所有。省委还确定，生产小队所有部分的比重，一般占集体（包括大队和小队二个部分）的 20% 左右。生产小队收入除掉生产费用和应交纳的税收外，都应将不少于 90% 的部分给社员，其余部分可以作为小队积累，用于集体生活福利事业，或添置生产资料②。

人民公社化以后，全省各地普遍实行工资制和供给制相结合的分配制度。由于片面地认为供给部分越大越好，把供给部分搞得过多过宽，一般都占到社员消费部分的 50%—60%，有的甚至高达 70%—80%，工资部分太少，因而影响了广大社员的劳动积极性。在整顿人民公社时，省委强调要贯彻按劳分配的原则，规定：工资部分应该占到社员消费部分的 70% 左右，供给部分占 30% 左右。在这 30% 左右的范围内，能供给到什么程度就供给到什么程度③。各地的供给形式，大体有伙食供给制、全部口粮供给制、部分口粮供给制和“一包两照顾”（对五保户包基本生活，对受

① 《中共福建省委向中央并毛主席的报告》，1959 年 3 月 15 日。

② 《中共福建省委农村工作部向中央农村工作部关于农村整社情况报告》，1959 年 7 月 31 日。

③ 《中共福建省委农村工作部向中央农村工作部关于农村整社情况报告》，1959 年 7 月 31 日。

灾户、困难户的口粮困难加以照顾）等四种。在实行伙食供给制或全部口粮供给制的地区，一般都规定了“定工吃饭，旷工交钱”的制度。

工资部分的分配，公社化后曾一度以“按劳定级，按级发工资”的办法代替了“记工评分，按劳动日分配”，这种办法不尽合理，通过整顿后，一般都恢复了原来高级社按劳动日分配的办法，即有的实行定额管理评工记分办法，有的实行“死级活评”的办法，从而提高了社员劳动积极性，问题是劳动管理工作没有跟上去，劳动定额、包工管理、农副业结合等问题，都有待进一步解决。

人民公社总收入的分配比例，省委决定按中央所规定的比例作了调整，即从总收入中提取15%左右作为公共积累。在这方面原来做得还比较好，一般只达10%—12%，随着生产的发展，1959年拟提高到15%（公社10%，相当高级社基础的基本核算单位5%，生产小队由其小型副业收入中另外积累百分之几）。条件较好、收入较多的可达18%；收入少、条件较差的可低于15%。农业税7%；生产成本有高有低，一般定为20%—23%①。

关于劳力的分配问题。当时全省1500万人口，农业人口占1200—1300万人。为了确保有80%的农村劳动力用于农业（包括农林牧副渔五业）方面，省委强调，凡外流的劳力应动员回乡，今后城市、工矿企业不得乱招收工人；公社脱离生产的专业文工团、体育队应当解散回原队参加生产，文工团、体育队则变成业余性质；民兵、基干队训练的时间要按规定的一年10至15天，不得在农忙时进行；红专学校应是业余的，不能脱离生产、防碍生产②。省委领导在深入农村调查研究时还发现在调配使用劳动力方面存在的不合理现象，即一般公社用于服务业的劳动力占劳动力总数的20%—30%左右，身强力壮的人在搞食堂，而妇女却背着娃娃去犁田、砍柴。因此，要求各地农村中搞服务业的劳动力，要压缩控制在10%左右，除留下一些必要的强劳动力作骨干外，大多数应由妇女来担任这些服务性的工作，使一些身强力壮的全劳力，从服务性

① 《叶飞在全省六级干部会上的总结报告》，1959年3月21日。

② 《叶飞在全省六级干部会上的总结报告》，1959年3月21日。

的工作中解放出来，回到田野劳动中去[①]。

公共食堂是“大跃进”和人民公社化的产物。至1958年秋，全省农村共办6.7万个食堂，实现了全省农村食堂化，公社近90%的人在食堂就餐。经过半年多的实践，各地出现了不少问题。省委一方面肯定“食堂化是我们的奋斗方向，也是人民公社优越性之一”，另一方面也意识到“实现食堂化，把食堂办好，要有一个过程，要有一定的物质基础”，“在目前生产水平还不高，办食堂还没有经验的情况下，想一下子实现全民食堂化，显然是急了一点。因为养猪及其他家庭副业生产，在集体经济还不能完全代替的情况下，给生产带来了许多不利”[②]。因此，省委把整顿公共食堂作为整顿人民公社的一项重要任务，要求全省各地，必须从有利生产、便利群众出发，坚持积极办好、自愿参加的原则。对现有的食堂，要加以整顿。食堂的形式应当灵活多样，主要是办农忙的和一部分社员（劳动力）参加的食堂，至于半天的或代煮的食堂也应当允许。不论办哪种形式的食堂，都要坚持自愿原则。口粮必须分配到户。在食堂用膳的，由社员把粮食交到食堂，兑换粮票，凭票吃饭，节约的粮食归社员个人。食堂的规模一般不宜过大，以小队组织为宜，居住分散的地区，以自然村为单位。食堂的管理费用（包括食堂管理人员的工资），由队的公益金项下统筹解决，也可以采取管理人员的工分由队与用膳者双方分摊办法。省委还强调食堂应当建立必要的管理制度。账目应当定期向群众公布，食堂的工作人员要有党团员作骨干，要由群众选举政治可靠、作风正的人来担任，领导要加强对食堂工作人员的政治思想教育，勤俭办好食堂[③]。通过整顿后，到1959年7月，全省公共食堂从原有的67664个，减少到40745个，参加的户数从原来的97.97%减少到80.9%，其中全体社员参加的食堂28351个，部分社员参加的食堂

① 《江一真同志视察晋江、龙溪、龙岩、连城、长汀、南平等地讲话（记录稿）》，1959年3月。

② 《中共福建省委农村工作部向中央农村工作部关于农村整社情况报告》，1959年7月1日。

③ 《中共福建省委农村工作部向中央农村工作部关于农村整社情况报告》，1959年7月1日。

5459个，农忙食堂5669个，只代蒸饭的食堂1266个[①]。

全省还通过开展算账整风，对人民公社进行整顿。中央政治局上海会议制定的《关于人民公社十八个问题》，除了进一步明确了人民公社的管理体制外，还决定“对人民公社建立以来的各种帐目作一次认真的清理，结清旧帐，建立新帐”“原则上，过去的帐都要结算，有些不易算清或者无法处理的，算一算也有好处，对群众有个交代。”[②]

根据中央的指示精神，1959年4月7日，省人委拨款1000万元，用于补助因1958年炼钢炼铁运动中各专、市出现的亏损，补偿把成材铁器作为废铁收用、建土炉而毁坏坟墓等所造成的损失[③]。4月中下旬，省委又分别召开了常委扩大会议和地、市、县委第一书记会议，具体部署人民公社的算账整风运动。会后，以整风算账为中心的全民整社运动在全省各地普遍展开。首先，以县为单位召开五级干部会议，主要算清县和公社、公社和大队间的旧账，彻底纠正“一平二调三收款”[④]的错误，检查解决公社体制遗留问题；然后，分批召开公社算账整风会议，彻底算清集体的账目，进行基层干部整风。在算账整风的基础上，再分别召开公社党的代表大会和社员代表大会，选举公社党组织和社的领导机构，制订各种规章制度，发动大生产运动。据本省53个县统计，通过算账，县应退给公社3485万元，平均每个县要退66万元，到1959年6月，已兑现2856万元，占应退金额的82%。另据41个县统计，公社应退还给基本核算单位3286万元，平均每个县要退80万元，1959年6月已兑现1848万元，占应退金额的56%。这些应退款的项目，主要有：炼铁亏损的补偿，收回未到期的贷款和无主的贷款，大办工业中的投资和捐献，伐木的山本费，无偿上调物资的补偿，生产资料和生活资料无偿

---

① 《中共福建省委农村工作部向中央农村工作部关于农村整社情况报告》，1959年7月1日。

② 《关于人民公社的十八个问题》，中共中央文献研究室编：《建国以来重要文献选编》，第12册，中央文献出版社1996年5月版，第166页。

③ 福建省地方志编纂委员会编：《福建省志・大事记》，方志出版社2000年7月版，第331页。

④ 一平二调，指在公社范围内实行贫富拉平，平均分配；县、社两级无偿调走生产队（包括社员个人）的某些财物。三收款，指银行将过去发放给农村的贷款统统收回。

归公的补偿，以及劳力大协作的适当补偿①。各地还检查、纠正了“大跃进”运动中存在的严重不正之风，教育挽救犯错误干部，一定程度上改善了干群关系。

中共福建省委根据中共中央的指示，结合本省的实际情况，采取上述一系列措施整顿人民公社，使“共产风”、浮夸风、高指标和瞎指挥等“左”的错误得到初步遏制，这对于提高社员的生产积极性，恢复发展农村生产力，无疑具有积极的意义。但是上述纠正“共产风”等“左”的错误的各种努力，仍然是在充分肯定大办人民公社功绩的前提下进行的，对于公社化在生产关系上急于过渡的根本错误，从中央到地方仍然缺乏深刻和清醒的认识，因此，纠“左”的努力还是局限在坚持“大跃进”和人民公社的“左”的指导思想的大框架内，就使纠正“左”倾错误的工作很难深入下去，很难保证不发生大的反复。例如：虽然批评了平均主义的“共产风”，但仍然保留公共食堂、供给制等损害农民利益的措施；虽然调整了人民公社管理体制，放慢了生产资料所有制向全民所有制过渡的速度，但仍强调用十年时间完成这个过渡，作为建成社会主义头条的重要标准。这样，自然不可能从根本上彻底解决问题，彻底纠正“左”的错误，形势也无法根本好转。不过，无论如何，从中央到福建各级党委还是开始觉察到了错误并开始设法纠正了。

二、调整“大跃进”的指标和生产安排

在纠正以“共产风”为主要标志的公社化错误的同时，毛泽东和党中央对以高指标为主要特征的“大跃进”错误也有所察觉。从1958年11月的武昌会议开始，逐步压低了原定的1959年国民经济计划的高指标。党的八届六中全会作出了《1959年国民经济计划的决议》，虽然还是充分肯定经济建设的“大跃进”运动，但也承认在某些方面存在着某种程度的比例失调问题，因此全会在审查、修改北戴河会议拟定的国民经济计划的初步方案时，各项指标大都有了较大幅度的降低。1959年4月召开的党的八届七中全会，更明确地指出“经济建设不能每天高潮，

① 中共福建省委办公室：《关于算账整风运动情况的综合》，1959年6月26日。

要波浪式前进”，全会通过的1959年国民经济计划草案，除粮、棉外的各项主要指标，又有了较大幅度的降低，与此同时，毛泽东针对农业战线上高指标和浮夸风错误，在给省、地、县、社、队和小队六级干部的一封党内通信中指出，包产一定要落实，要只管现实可能性，而不管上级规定的那一套指标。干劲一定要有，假话一定不可讲。中共中央的上述会议和毛泽东的这封党内通信，对于福建各级党委纠正“大跃进”的高指标和浮夸风等错误，起到了一定的积极作用。

在纠正“大跃进”的高指标和浮夸风错误时，福建省委认识到“党的八届六中全会所指出的某些浮夸作风和强迫命令作风，在我省也有这种现象”“这种不良作风虽然在1957年春的农村民主整风中有所整顿，但在1958年中有些人又故态复萌”①，尤其是意识到“在人民公社化以后，也就是在九、十月间，在某些人的工作中，又发生了超越现实可能性的现象”②。更主要是在省委领导的思想上开始认识到实事求是、尊重客观规律的极端重要性，从实践中体会到“既要有冲天的革命干劲，又要有科学分析的态度；既要轰轰烈烈又要踏踏实实，既要有火热的心，又要有冷静的头脑”③。但这种认识有个不断深化的过程。在1959年1月召开的中共福建省第一届代表大会第三次会议上，对1959年全省工农业生产的主要指标还是订得过高，要求粮食产量达到300亿斤，比1958年增产70%；钢产量从1958年的1.5万吨提高到10万吨，铁的产量达到30万吨，钢材达到5万吨，全年工业总产值和工业基本建设投资要求比1958年翻一番。

由于省委一届三次全会确定的指标仍然脱离实际，仍然无法实现。这一点，在指标确定之后不久就显现了出来。最突出的是农业生产计划包不下去，尤其是在基层，许多生产小队与生产大队发生交锋、顶牛。

① 《叶飞同志代表中共福建省委向第一届人民代表大会第三次会议的工作报告》，1959年1月5日。

② 《叶飞同志代表中共福建省委向第一届人民代表大会第三次会议的工作报告》，1959年1月5日。

③ 《叶飞同志代表中共福建省委向第一届人民代表大会第三次会议的工作报告》，1959年1月5日。

现实教育并提醒了领导者。因此，到1959年3月全省六级干部大会时，就将年初确定的1959年粮食产量300亿调整为260亿斤，作了一些“让步”。正如叶飞在大会总结报告时所说的：“我看这种让步没有什么不好”，“如果照过去的办法，硬挤硬压，他们一点好处也没有，多劳不能多得，增产也拿不到，怎能调动积极性呢？你要他包三千斤也行，包四千斤也会答应，但结果可能二千斤也拿不到，因为并不是那么拼命干”[①]。同时，接受1958年下半年的经验教训，在生产措施问题上，叶飞强调：“推广一种生产措施，一定要经过试验，取得成功经验，群众能够接受之后，再加以推广。当然，即使是某种成功的增产措施也是需要向群众做工作，我们不能强迫群众去做他们所不愿意做的事情。”“苏联只有二个卫星，我们是什么都放卫星，结果是什么都没有。因此，今年应该注意啊！”可见当时省委主要领导的认识比年初又前进了一步。但本省较大幅度地调整“大跃进”的指标，却是在党的八届七中全会之后。

参照党的八届七中全会较大幅度地降低原定的过高指标，结合本省1至7月份在工农业生产上出现了一系列新问题：部分基建项目进度推迟或取消；新增生产能力不能按原计划建成；部分产品的原材料和燃料供应不足；有些产品的生产受交通运输不相适应的影响；上半年雨水过分集中，部分地区遭受水灾，致使近300万亩早稻受到不同程度的减产等，福建省人民委员会于1959年9月对全省1959年国民经济计划主要指标作出了以下调整：

工业：总产值由原定的23.7亿元调整为17.6亿元。生铁由原定的20万吨调整为10万吨；钢由原定8万吨调整为1万吨；煤由原定300万吨调整为78万吨。

农业：总产值由原事实上的34.16亿元调整为17.68亿元。粮食产量由原定的260亿斤调整为125亿斤；生猪年终存栏数由1000万头调整为400万头。

基本建设：投资总额由原定的7.1亿元调整为4亿元，工业项目由

① 《叶飞在全省六级干部大会上的总结报告》，1959年3月21日。

337个调整为186个[①]。

尽管在党的指导思想上仍然存在着急于求成的情绪，调整后的本省工农业生产主要指标仍然偏高，如工业总产值比上年增长22%，超过本省第一个五年计划期间平均每年增长17.1%，粮食产量将比上年还增长15.7%，而本省第一个五年计划期间平均每年仅增长3.1%，基本建设投资总额也比去年增长较多，超过第一个五年计划投资总和。但在计划安排上毕竟开始注意到国民经济的综合平衡，而且在钢、铁等影响全局的主要工业产品方面确定了比较接近实际的生产指标，这对解决国民经济各部门的比例失调问题，缓解“大跃进”造成的困难局面，无疑具有重大的积极意义。

三、缓解市场供应的紧张状况

由于“共产风”、浮夸风、高指标和瞎指挥等“左”的错误的影响，1959年春之后，福建同全国各地一样，国民经济开始出现了十分困难的局面，主要表现在粮、油、副食品以及其他生活用品的供应方面，而最先出现和最主要的困难，则是全省范围的缺粮。1959年2月3日，中共福建省财政厅党组给省委的报告中就称：“目前，我省粮食购少销多，形势十分不好”“全省一月底库存仅有16亿斤，比去年同期减少3.5亿斤；按照购销计划和出口数字，到6月底仅有8亿斤库存，仅够最低的铺底需要”[②]，此后，粮食紧张情况仍在继续发展，尤其是农村。到了4月上旬，全省粮食库存已达解放以来从未有过的最低水平，“有的地方每人每天只吃五、六两粮食，群众思想很紧张，国家库存薄弱，调粮计划完不成，城市和工厂区的存粮只有几天粮食，几乎是吃一天筹一天粮食”“紧张情况已发展到最严重的程度，稍有疏忽，就有脱销和饿死人的危险”[③]。全省有500万人口每人每月粮食不超过30斤原粮。粮食紧张的情况主要集中在交通方便、人口稠密的沿海地区，晋江地区缺粮人口

---

① 福建省人民委员会：《关于1959年国民经济计划主要指标的调整和执行情况的报告》，1959年9月。

② 闽财党组：《关于当前粮食工作情况和意见的报告》，1959年2月3日。

③ 中共福建省委：《关于当前粮食工作的指示》，1959年4月22日。

就达324万。晋江县4月25日至27日的三天中，就发生群众擅自打开国家或公社粮仓事件4起，被抢去粮食1万斤。南安县黑市大米每百斤达50至70元，甘薯干30至50元。

4月18日，周恩来总理根据毛泽东的指示，就“十五省二千五百一十七万人无饭吃大问题”给叶飞来信，要求迅即核实情况，采取措施，解除春荒缺粮的紧急危机。发生春荒的15个省就包括福建在内①。

由于粮食供应不足，与粮食有关的粮食复制品和副食品也就大大减少；由于“共产风”和饲料不足，使猪、鸡、鸭等生产也大为下降。1959年上半年生猪存栏数为270万头，比上年同期的480万头下降了43.7%，猪的上市量比上年同期减少52.72%；家禽减少55%；蛋品减少50%，不少城市除了医院、特种兵和一些应该照顾的人以外，猪肉、蛋类几乎停止了供应；豆腐、豆浆、油条、糕点及其他粮食复制品的供应，时断时续，断多续少，金针、木耳、粉丝等，早已长期脱销。

与广大群众日常生产、生活十分密切的小商品的严重不足，也加剧了市场供应的紧张状况。1959年上半年，全省小商品60%—70%减了产，有20%—30%停了产。福州市群众日常生产、生活所需的镰刀、锄头、铁钉、厨具、剪刀、理发剪、小刀、铜锁、菜篮、草席、木梳、镜箱、玻璃灯、水桶等上千个品种，有的大量减产，有的基本停止了生产。有些日用工业品，虽然生产有所增长，但由于社会购买力迅速增长，加以副食品供应不足，一部分用于在吃的方面的购买力又转向工业品方面来，更加大了这部分商品的供应压力②。

粮、油、副食品以及其他生活用品的供应紧张，严重影响了人民群众的生活，因此，各阶层民众意见纷纷。不少干部和群众的思想相当混乱，党和群众的关系日趋紧张。

造成市场供应紧张的最主要原因是1958年夏秋粮食征购太多。由于全民大炼钢铁和其他各种“大办”过多地抽调了农村的劳动力，到1958年秋收大忙时，全省各地因组织大炼钢铁的最后一个战役，致使大

---

① 《周恩来致叶飞的信》，1959年4月18日；中央救灾委员会办公室：《十五省春荒情况统计表》，1959年4月9日。

② 中共福建省委：《关于贯彻中央“六一”指示的情况报告》，1959年7月15日。

量成熟的稻子因不及时收割而烂在田里，造成了极大的损失，普遍出现秋粮丰产不丰收。而因浮夸风盛行，各地普遍虚报大丰收，全省粮食竟估产130亿斤（实际仅80亿斤）。秋收后全省农村便放开肚皮吃了两个月，不光吃了，而且浪费严重，加上沿海地区又遭受灾害，结果多销了3亿斤，又出口3亿斤，必然使农民手中留粮很少。在这种情况下，征购任务非但没有减少，提出30亿斤的征购任务，反而比上年增加1000万斤。结果到1959年4月15日止，才勉强完成27亿斤①。为此，省委在5月26日至28日泉州会议上对粮食征购问题作出了三点强硬决定：一是坚决执行多购多销方针，征购30亿斤，一千斤也不能少，这是三八线；二是省委只管差额（即上调数）的落实，各地发生的问题，各地自己负责；三是先下手为强，后下手遭殃②。这样一来，也就更加剧了农村粮食供应的紧张状况，一定程度造成了“粮荒”。

加上曾一度刮“共产风”，在集体所有制中犯了过分集中的错误，忽视社队分级管理和社员群众的一部分小私有、小自由，而且在分配上，违背了社会主义按劳分配、等价交换的原则，“一平二调三收款”，损害了群众积极性。因此，许多家庭副业和适宜分散生产的山林土特产被挤掉了，或者群众自动不干了。特别是手工业生产，由于不适当地强调向工厂化发展，过多过急地集中，实行大转、大并、大调（全省原16万手工业工人，只剩下1.3万人），使深受群众欢迎，具有小型分散、自产自销、以新换旧、制新补旧、既造又修、既固定又流动、因地制宜、因料制宜特点的手工业，被撤掉和并掉了。原有合理的分工协作关系被破坏了，使很大一部分值钱不多用处不小的小产品因没有很好安排而减产，或被迫停产，造成市场供应紧张。

还有一点不容忽视的原因是由于基建铺得过宽，职工人数增加过多。1957年底全省职工人数为51.4万人，到1958年底就增加到122.9万人，其中工业和基建两项就增加了55万人。1959年的第一季度全省职工又增加了约8万人，一年多的时间职工数增加了一倍半以

① 中共福建省委：《关于当前粮食工作的指示》，1959年4月22日。

② 《叶飞同志在省委泉州会议上的讲话》，1959年5月26—28日。

上。从而使社会购买力增加过快，造成了货币投放和商品供应上的不平衡。本省1958年货币投差为6000万元左右，超过了此前任何一年的投差水平，而投放又大部分集中在第四季度，这就给1959年上半年市场紧张预伏了一个重大因素。1959年的投差据匡算也将在1亿元左右。按历年规律，1至5月是货币回笼较大的季节，但1959年却一反常规，投差达3700万元左右。财政方面，1959年上半年也是入不敷出，逆差4000万元，社会购买力比1958年增加14%左右，大部分集中在城市、工矿区，而商品供应安排却又没有注意到这个新的情况，这就加重了这些地区市场供应的紧张状况①。

为了缓解市场供应的紧张状况，中共福建省委根据中央“关于大力紧缩购买力和在群众中解释当前经济情况的紧急指示”精神，采取了强有力的措施，并在若干方面初见成效。

一是以极大的力量保证1959年农业的大丰收。鉴于1959年春夏季作物种植面积减少100万亩，估计麦粮总产量会比上年同期减少10亿斤，因此，省委要求一方面要集中全力搞好夏收工作，保证收好、收细，做到颗粒还家，颗粒不掉，并贯彻“四边”“四快”②精神，保证夏季粮油征购任务按时完成；另一方面发动群众扩大秋季粮食作物播种面积，并采取间种、套种和每户多收一担至二担粮食（多收粮食不征购）的办法，力争晚季粮食产量达到120亿斤，确保全年粮食总产150亿斤。同时在群众中加强计划用粮和节约用粮的教育，防止铺张浪费和吃过头粮的现象发生。在副食品生产方面，坚决贯彻家禽家畜集体饲养与社员饲养并举的方针，大力发展国营畜牧场，积极鼓励机关、部队、学校、企事业单位养猪；城市的蔬菜和副食品供应明确提出以自给为主、农村支援为辅的方针。正确执行价格政策，明确规定了养猪户按比例留用的办法，以及农村恢复自留地政策，使社员发展家禽家畜的积极性很快地调动了起来。到1959年7月，全省家禽生产已有半数以上的县恢复和超过了上年同期水平，生猪生产已开始回升，城市的蔬菜供应，大部分

---

① 《中共福建省委1959年6月29日给各地、市、县委并报中央的报告》；中共福建省委：《关于贯彻中央“六一”指示的情况报告》，1959年7月15日。

② “四边”是指边收、边打、边购、边运。“四快”是指快收、快打、快征购、快运送。

已基本得到解决。

二是加强日用品生产的领导，恢复城镇手工业生产。主要从解决原材料供应和调整生产组织、人员归队两方面入手。对原材料实行合理分配，并立即着手清理仓库，除保证三钢和古田水电站的配套材料外，优先保证小商品生产的需要。同时将中央调给本省的一批小型钢材用于小商品生产。县社工业中的罐头、肥皂、皮革、香料等工厂，原则上一律停止生产，其他尚不具备和非急需的工厂也不准盲目发展。对不适应转为国营工厂或不宜将小厂过分集中为大厂的手工业，恢复其原来的合作社组织形式，并保持某些原有的小型、分散、固定和流动，边生产边销售，边生产边修理等优点，做到灵活多样，以便利群众；名牌产品进行专业生产；从手工业调出的人员，特别是专业技工重新归队。为加强手工业的业务领导，省委还决定各地、市和手工业较多的县都单独成立手工业管理局。通过采取上述措施，使全省小商品生产和供应开始好转。

三是着手解决财贸金融体制问题。省委、省政府决定将商业的批发业务全部收回省里，零售也基本收归到省。粮食实行一竿子到底的办法，公社队与队的粮食余缺平衡亦由国家负责。银行实行指标控制，国家信贷全部由银行办理；恢复和初步健全建设银行和税务机构，并恢复了原有的税收制度。公社不再实行财政包干，过去下放给市县的劳力调配数、财政信贷权、物资商品调度权和工业基建审批权，也全部收回。地委也不再是一级总预算，已合并的财政、银行、粮食三个厅又重新分设。为了加强财贸工作的领导，省委要求各级党委都要有一名书记专管财贸工作，凡过去抽调的财贸工作人员，原则上都要归队，迅速充实和健全财贸的各级机构，以迎接市场旺季。通过各方面努力，在城市和农村中，适合群众需要和有利生产的各种购销活动形式，如初级市场已逐渐恢复。

四是认真紧缩和调整社会购买力。省委决定对多余和可能减少的职工人员，在保证完成生产计划和不增加新的失业人员的前提下，认真进行调整，在县以上企业单位减少职工 28 万人；严格控制集团购买力，节约非生产性的财政开支；认真执行基本建设和各项事业的计划安排，不得随意增加计划和投资；严格执行非流动资金管理的决定，非经批准不得进行商品赊销和预购，信贷指标不得突破，根据实际情况，按期收回到期贷款；在认真做好宣传教育的基础上，贯彻存款自愿、取款自由的原则，大力开展城乡储蓄工作和保证完成公债推销任务。

五是在干部和群众中展开以夏征夏购为中心的社会主义教育运动和对当前经济生活问题的宣传教育工作。许多地方的事实证明，只要结合当地的实际情况，把党的政策和真实情况老老实实地向群众讲清楚，分析原因，说清道理，是则是，非则非，不夸大、不缩小，干部与群众的关系就会迅速改善，国家、集体与个人关系中的一些问题，也会得到妥善处理。只要思想政治工作做到家，加上其他各方面工作迅速改善，市场情况就会逐渐发生变化。事实上，全省市场供应的紧张状况从1959年夏秋开始已有所好转①。

第二节　“反右倾”斗争与继续“大跃进”

一、开展“反右倾”斗争

1959年七八月间，中共中央在江西庐山连续举行了政治局扩大会议和党的八届八中全会，错误地发动了对彭德怀等人“右倾机会主义”的批判，并错误地决定在全党范围内展开大规模的“反右倾”斗争，使党内民主生活遭到严重损害，打断了纠正“左”的积极进程，使得已被指出的、有待纠正的错误又重新发展起来。

“反右倾”斗争的部署和发动在八届八中全会尚在进行时即已开始。8月7日，中共中央向全党发出《关于反对右倾思想的指示》，指出，“现在右倾思想，已经成为工作中的主要危险”，它“动摇军心，瓦解士气，妨碍人民公社的巩固和顺利发展，妨碍建设事业的跃进，妨碍总路

① 中共福建省委：《关于贯彻中央“六一”指示的情况报告》，1959年7月15日。

线的贯彻执行”，要求“立即在干部中，在各级党的组织中，对右倾思想和右倾情绪，加以检查和克服”[①]。

中共福建省委及时贯彻庐山会议精神。据省委向毛泽东主席并中央的报告称：“自7月下旬至8月上旬，叶飞同志从庐山先后打回几次电话传达了中央反右倾、鼓干劲的批示后，我们立即向全省各级党组织作了贯彻。”[②] 8月7日中央《关于反对右倾思想的指示》下达后，翌日省委就转发了中央的指示，并要求“各地、市、县委结合自己的思想和工作情况，立即进行认真的研究和讨论”。8月20日，叶飞从庐山回到福州，当晚就召开有公社、基层厂矿企业和中等学校以上党委参加的电话会议，传达中共八届八中全会公报和开展增产节约运动的决议，部署当前工作。

8月24日，叶飞主持一届十六次全体（扩大）会议，进一步传达、学习贯彻中共八届八中全会精神。会议听取了毛泽东、刘少奇在庐山会议上的讲话录音，解决对所谓“反党集团”的思想认识问题，并联系本省揭批所谓“右倾机会主义”思想、言论和活动。叶飞在会上作了《站稳立场，以实际行动保卫党的总路线》的动员报告。

会议期间，一场40年未遇的12级台风在龙溪地区的海澄县登陆，由于暴雨的袭击，给闽南地区带来了惨重的损失。于是，省委决定8月28日开始暂时休会，各级领导深入第一线检查指导抗风抗洪斗争。

抗灾告一段落后，9月10日，省委扩大会继续进行。这时，出现了节外生枝的事。一位省直某机关党委书记，揭发省委第二书记、新任省长江一真和省委书记处书记、省委监委书记魏金水对“大跃进”、人民公社与彭德怀有相似的看法，会上，有些领导干部也跟着附和。于是，随着“反右倾”揭批的深入，会议的斗争矛头就对准了江一真、魏金水，省委委员、省委宣传部副部长、省委党校副校长卢叨等人也被连带出来。

---

① 《中共中央关于反对右倾思想的指示》（1959年8月7日）。中央档案馆、中共中央文献研究室编：《中共中央文件选集》（1949年10月—1966年5月），第32册，人民出版社2013年6月版，第19、20页。

② 《中共福建省委关于反右倾后工农业生产进展的报告》，1959年9月23日。

像往常的政治运动一样，在那个特定情势下，在不断升温的斗争中，与会者的头脑越来越不冷静，上挂下联，便把江一真、魏金水、卢叨深入基层调查“大跃进”、大炼钢铁中出现的问题，说成是“散布对毛主席的不满意情绪”，并把他们在龙溪、晋江地区领导干部会议上针对当时“左”的做法提出的一些中肯的正确批评意见，说成是“右倾言论”，是“有目的、有纲领、有准备、有计划、有组织的反党阴谋活动”，“是配合国内外敌对势力，向党发动猖狂进攻”，“这种来自党内特别是来自省委内部的进攻，比来自党外的进攻更加危险”。经过一阵面对面批斗之后，会议错误地通过了《关于以江一真同志为首的右倾机会主义反党集团的错误的决定》，省委要求全省党员“站稳立场，划清界线，彻底肃清以彭德怀为首的反党集团和以江一真为首的反党集团的影响”。会议期间，省委即向中共中央作了请示报告，拟给江、魏、卢以下处分：“撤销江一真同志省委书记处书记、常委和省长职务，保留省委委员；撤销魏金水同志省委书记处书记和监委书记的职务，保留省委常委和副省长职务；撤销卢叨同志省委宣传部副部长、省委党校副校长的职务，保留省委委员[①]。10 月 16 日中央批复同意。江一真不服，先后于 1959 年 12 月 19 日和 1960 年 2 月 18 日上书中共中央、中央监委提出申诉，并将申诉书抄送省委常委，一再表明“省委全会通过的决议对我定的结论我不同意，决议中所定我的具体问题有一部分是无事实根据的，其余的几乎都与原材料上的意思有重大的出入”，“请求组织上进行复查”。

省委一届十六次全会结束后，各地、市、县委均迅速召开党委常委会、党委扩大会议，传达省委会议精神和决议，采取交心揭发和重点批判相结合的方法，在全省范围内普遍开展了“反右倾”运动。当时全省共有党员干部 84246 人，运动中被批判的党员干部约有万人左右，被正式划为重点分子的有 4799 人，占全省党员干部总数 5.7%。其中，被划为“右倾机会主义反党分子”481 人，“右倾机会主义分子”425 人，“严重右倾思想”1381 人，“严重个人主义”2037 人，“蜕化变质分子”78 人，“阶级敌对分子”79 人，“坏分子”83 人，“反革命分子”20 人，“地方主义

① 《中共福建省委给中共中央的请示报告》，1959 年 10 月 8 日。

分子”69人,“漏划右派分子”78人,其他68人[①]。在被作为重点分子批判的人员中,中央管理的干部有24人,占同级党员干部总数的10.21%;省管干部有312人,占同级党员干部总数的15.32%;地(厅)级管理的干部有1056人,占同级党员干部总数的13.72%;一般干部有3407人,占同级党员干部总数的4.59%[②]。运动中,全省受处分的1854人其中被开除党籍的200人,占受处分人数的10.79%;留党察看351人,占受处分人数的18.94%;撤销工作502人,占受处分人数的27.09%;严重警告429人,占受处分人数的23.15%;警告292人,占受处分人数的15.75%[③]。

与此同时,省委根据中央批转湖南省湘潭地委关于整社运动中掌握重点批判对象面的问题的意见和中央转发广东省委关于在农村开展社会主义教育运动的两个报告,于1959年12月17日发出《关于在农村中切实做好以社会主义教育和两条道路斗争为中心的整社运动的指示》,要求以两三个月的时间,在全省范围内,把这一运动搞深搞透。

在全党“反右倾”斗争的大气候中开展的这场以社会主义、两条道路斗争为中心的农村整社运动,一是错误地强调了社会主义教育、两条道路斗争是农村一切工作的纲,错误地批判了相当一部分敢于讲真话,坚持实事求是的基层干部与群众,严重挫伤了广大群众的积极性,极大地影响和破坏了社会生产力。据统计,在这场运动中,全省农村有95759名干部、群众受到批判,占农村人口的0.76%;受处分的基层党员5936名,占党员总数的3.97%;其中开除党籍712人,取消预备党员资格927人,留党察看814人,延长预备期1370人,撤销党内职务890人,严重警告和警告1223人[④]。不但思想上批判,组织上处分,有些地方甚至动手打人。如崇安县“反右倾”时,县委开会打,因此公社开会打,

① 《全省重点分子问题性质站队统计表(截止日期:1960年2月27日)》。

② 《中央、省、地(市)管理中重点分子比例统计表(截止日期:1960年2月27日)》。

③ 《中共福建省委关于反右倾整风运动的总结(初稿)》,1960年8月5日。

④ 《中共福建省委关于以社会主义教育、两条道路斗争为中心的整社运动的总结报告》,1960年6月。

大队开会也打，一直打到群众[①]；二是错误地把办不办公共食堂视为两个阶级两条道路斗争的焦点，强调坚持办食堂，对贯彻不力、任务完成不好的基层干部展开批判斗争，因而使全省参加食堂的户数由运动前的51.2%又上升到89.2%[②]；三是错误地批判“部分生产单位把地瓜、蔬菜等农作物‘包产到户’的做法”，强调“应由包产单位统一收获，由基本核算单位统一分配，对集体所有的果树、茶园、山林和耕牛等分散到户的，也应收归集体所有”；四是虽然规定“社员‘自留地’过多的，应经过教育适当归回一部分，但为了办好食堂，强调要建立蔬菜基地，一人一分地，结果就大收自留地”，因此各地实际上“自留地都没收了，剩下只一点点”[③]。群众称之为“三擒三纵”，“春放秋收”。据云霄县11个大队调查，高级社时社员自留地共796.88万亩，公社化前全部收回，1959年春放下439.32万亩，1959年底至1960年春又大部收回，只剩下197.5万亩。在收回自留地时，甚至连农作物也都没收了。有的虽然没有收回，但却多方刁难，如不准种植粮食，限制施肥量，刮走表土作为集体积肥等等[④]；五是扩大核算单位规模，不断扩大公共积累。仅三明公社，第一批开展整社的102个核算单位就调整为87个核算单位，369个包产队调整为296个包产队。同时在整社中，有26个核算单位的公共积累由原计划的11%，提高为18%，而且普遍提高分配中供给部分的比例，据163个核算单位统计，供给部分平均占分配比例的22.56%[⑤]，使刚刚开始恢复元气的农村经济再度受到创伤。

历时半年多的“反右倾”斗争，不仅在政治上使阶级斗争扩大化的错误在理论和实践上进一步升级，并且引伸到各级党组织和群众中去，

---

① 《中共福建省委关于以社会主义教育、两条道路斗争为中心的整社运动的总结报告》，1960年6月。

② 《叶飞同志在省委扩大会议上的报告》，1960年12月6日。

③ 中共福建省委办公厅：《关于各地贯彻中央关于农村人民公社当前政策问题的紧急指示信情况综合》，1960年11月16日。

④ 中共三明公社委员会：《关于以社会主义、两条道路斗争为中心的整社情况报告》，1960年1月7日。

⑤ 中共三明公社委员会：《关于以社会主义、两条道路斗争为中心的整社情况报告》，1960年1月7日。

致使大批敢于实事求是地向党反映实际情况、提出批评意见的同志遭受打击，助长了不敢坚持原则，不敢讲真话，明哲保身，但求无祸的不正之风，而且在经济上打断了纠“左”的积极进程，使“大跃进”和人民公社化运动中许多已被指出、有待纠正的错误重新发展起来。

二、“更大跃进”的铺开

1960年1月中共中央政治局在上海召开的政治局扩大会议，继续“反右倾”，并决定继续“大跃进”，而且估计1960年将是一个“更大跃进”。在这种“左”的情绪支配下，1960年上半年的“更大跃进”便在福建城乡铺开了。其范围之广，危害之大，持续时间之久，都超过了1958年。

为了表明“大跃进”的正确和“反右倾”对经济建设的促进作用，全省从上到下，从党委、政府到各部门又对生产建设的各项指标不断加码。

在工业生产方面，省委确定“1960年工业生产战线上应继续贯彻以钢为纲全面跃进的方针”①，全省工业总产值，中央安排为21.7亿元，本省安排为30亿元、34亿元两个方案，分别比1959年增长54%、74%，这是福建省历年最高的速度。主要产品中央安排为铁20万吨、钢5万吨、钢材3万吨、煤110万吨；省计划为：铁30万—35万吨；钢8万—10万吨；煤160万—180万吨②。到1960年4月，省委又将钢铁生产计划调高为铁50万吨、钢15万吨，钢材10万吨，并将此计划层层下达。

在基本建设投资方面，省委仍然坚持“高速度向前跃进的方针”，第一步安排6.59亿元，其中中央投资5.19亿元，地方自筹资金1.4亿元，比1959年增长32.8%。1960年工业部门共上基建项目398个，其中续建246个，新建152个，主要是森工综合利用、化学肥料，小洋铁路等项目。1960年项目安排中，大型的为58个，中型的22个，小型的

① 福建省计委党组：《关于1960年工业生产和基本建设（草案）的报告》，1959年12月6日。

② 福建省计委党组：《关于1960年工业生产和基本建设（草案）的报告》，1959年12月6日。

136个。

在农业方面，1959年10月15日，中共中央在批转农业部党组关于庐山会议以来农村形势报告的批示中提出，要“力争在原定的农副业总产值比1958年增加10%左右的计划之外，再增加33.5亿元以上的产值，使1959年农副业总产值比1958年增加15%，使农业在特大旱涝虫害的侵袭之下，仍能实现大跃进。”[①] 为了完成农业方面的高指标，全省各地普遍开展了超产运动，提出“从现在起，必须集中像去年大炼钢铁一样，大搞秋冬两季的农业生产，保证农业更大丰收，保证总产值比去年增加20%以上”。但是，实际上，1959年的农业生产不但没能增产，没能跃进，反而大幅度减产，没能完成原计划指标，比1958年后退了一大步。1959年粮食实际产量只有80亿斤，比上年减产9.1亿斤；农林牧渔总产值15.29亿元，比上年减少0.18亿元；人均纯收入104.85元，也比上年减少8.32元。而1960年仍然提出粮食产量计划指标130亿斤，达到每人2000斤，收入每人200元的水平。生猪生产1959年7月份全省才307万头，而却提出“为1960年全省实现养猪1000万头的计划，力争一人一头猪而奋斗”。

既然认为充分发展社有经济、使社有经济在人民公社的工农业总产值中占到绝对的优势是实现由基本队有制过渡到基本社有制的基本条件，因此，迅速发展社有经济的工作就被放到了重要地位，全省各地普遍掀起了大办社有工业、大办养猪场、大办文教事业以及推广诏安县大平公社经验，大开“万宝山”的热潮。

太平，位于诏安县中北部。1959年太平公社党委提出“靠山养山吃山”、向“万宝山”进军的口号，在没有国家投资，没有向政府要一分钱的情况下，发动和组织社员开发山地，大搞“四个万”（万亩果、万亩竹、万亩林、万亩油茶），一年造林种果6.38万亩，创造了“一年治山超百年”的奇迹。叶飞发现这一典型后，当即向全省各地推广，太平公社一下名噪八闽。大兴“太平之风”，使福建省在1960年春天掀起了一场

① 《中共中央转发农业部党组关于庐山会议以来农村形势报告的批示》（1959年10月15日），中央档案馆、中共中央文献研究室编：《中共中央文件选集》（1949年10月—1966年5月），第32册，人民出版社2013年6月版，第225页。

向山发展、造林种果的热潮。

“万宝山”开发后，原先有的是由生产大队来经营的，后“为了发展社有经济而将‘万宝山’交由县社办”。在1960年12月的省委扩大会议上，叶飞认为这是“做了蠢事”①。在翌年4月3日的省委工作会议上，叶飞又说：“刮共产风是60年最严重，搞了几个万②，几个大办，跟1958年的几个‘全民’一样，仅仅提法不同，自留地也收回了，这是公社搞的，但养猪场、万宝山是省里来的，是我叫报道的。人民日报也把我们排在第一版上。万宝山是应该开的，但方法不对，不应该搞大兵团作战，而应该由生产队去搞。”③在同年7月6日省委工作会议的报告中，叶飞再次声明：“现在看来，大开万宝山是有错误的，我们这次到下面调查研究，许多生产队劳动工分值降低，平调劳力，就是由于大开万宝山造成的。万宝山在福建是可以搞的，如果由生产队去搞就对了。后来大办社办企业，大办养猪场，公共积累过多，这与急于过渡有很大关系，这些错误都是60年犯的。”④

到1960年3月21日，全省社办企业一下子发展到6528个，职工达23万之多。全省开发“万宝山”600多万亩，其中351万亩种上各种作物。公社一级积累（包括企业利润和大队上缴积累）达15218万元，占公社总积累的68%。1959年全省555个人民公社的总收入为20.02亿元，其中公社一级的收入占12.07%，生产大队一级的收入占65.85%，生产队一级的收入占10.99%，社有小私有收入为22202万元，占11.09%。据436个公社的统计，社有经济占全社经济31%以上的有19个公社（占4.35%）⑤。

各地发展社有经济的主要有五种形式：第一种是由公社投资，统一抽调劳力，建立新的新办企业。全省各地共兴办了这类企业6100多个，职工约30万人。1959年一般多兴办工厂，1960年各地大办畜牧

---

① 《叶飞同志在省委扩大会议上的讲话》（记录稿），1960年12月2日。

② 指万宝山、万猪场等。

③ 《叶飞同志传达中央工作会议精神》（记录稿），1961年4月3日。

④ 《叶飞同志在省委工作会议上的报告》，1961年7月6日。

⑤ 中共福建省委办公厅办公室：《关于发展社有经济情况综合》，1960年3月21日。

场和林果场，社办畜牧场达 740 个，职工 20.7 万人。第二种是将生产大队或生产队转为公社的直属单位，或并上几个队建成社办企业。据南平地区 13 个县的统计，到 1960 年 2 月底止有 83 个社办企业就是由 257 个生产大队单独或合并后建成的，其中富队有 120 个，占 47%；穷队有 101 个，占 39 个。其中有一部分仅仅为了提高公社一级经济的比重，或者为了解决穷、富队的问题而建成的，结果经营范围并未扩大，只是把一部分队有经济转为公社经济而已。全省公社直属队达 329 个、120153 户，占总户数的 4.09%。第三种是把队办企业转为社办企业。有的是将一个生产大队单独经营的企业收归社有社营；有的是将分散在几个生产大队内的同业专业队合并而成。第四种是社队合营。全省共办了 731 个农场、林场、水产养殖场等，约有职工 12 万人。其中有一部分只是在原队办的较大企业中，公社增加投资或扩大设备实行社队合营，叫做“插一条腿进去”。第五种是国社合营。有的是因为国家、公社连片的资源或在公社境内的国有资源需要开发，开发后又需公社抽调劳力参加经营而采用的，有的是因为国家需要取得公社的协助建成某些商品基地而采用的。在这一时期中，全省由公社的基本核算单位或生产队并入国营农场或其他国营企业、学校，有 246 个队，66215 户，约占公社总农户的 2.26%。

此外，全省有 8 个人民公社过渡为基本公社所有制。其中新过渡的有两个社，一是古田湖滨公社，另一个是连江潘渡公社（1959 年体制下放时保留基本社有制的公社，1960 年又吸收附近两个三级所有制的公社合并为一个公社）。其余六个社（闽侯闽江公社、连江长龙公社、连城北团公社、赖源公社、南安大嶝岛公社、建阳黄坑公社）都是 1959 年体制下放时保留基本社所有制的。1960 年初全省各地上报计划过渡为公社基本所有制的公社还有 34 个，共 100649 户，占总户数 3.38%。

全省各地人民公社大办社有经济的过程，实际上也就是再度大刮“共产风”的过程。许多公社不顾基层的生产需要，无偿地或过量地抽调大队、生产队的劳动力。如龙海县莲花公社罗坑农场共有劳力 1350 人，外调的有 272 人，占 20.8%，被公社安排到社办企业和专业队生产的 345 人，占 26.44%，留在生产队搞农业生产的仅有 688 人，占 52.76%；

该社在 1960 年紧张的春耕大忙时还从各队抽调一半的劳力共 4000 余人，为公社开发“万宝山”。又如南平市王台公社 21 个生产大队中，被公社调走该队 15% 以上劳力的有 4 个大队，调走 10%—15% 的有 11 个大队。安溪县官桥公社从 1959 年冬至 1960 年春从各大队调用参加基建的共 698320 工，每个劳力平均 30.5 工，该社赤岭大队仅开春的两个月时间，就被公社调用突击工 2 万工，占该队全年包工数的 7.4%，每个劳力平均有 1/4 的时间未在队里参加生产。许多公社还无偿占用或随意收回生产大队、生产队的生产资料或队办企业。如云霄县下河公社将全社范围内由大队经营的林果 20 万亩全部收回归社经营，实为平调；南平市五台公社为了建厂房、苗圃，便无偿占用大队的土地 30 多亩。有的公社还发生折价收回生产队经营的小家畜、社员的自留地和生猪的现象。许多公社甚至硬性规定生产大队的经营范围，将“超过”规定范围的经营项目全部收归社有社营。如云霄县莱埔公社规定大队只能经营粮、油、猪三项，将大队所有的果树 8500 亩收回，又宣布队办工业全部为社有社营。

总之，1960 年上半年大办社有经济，严重地损害了生产大队、生产队和广大社员群众的利益。而且，因追求数量，盲目办厂（场），加上不善管理经营，许多地方的社办厂（场）也没能取得应有的效益，有些厂（场）不久就被迫解散。同时由于各种“大办”一齐上，“共产主义大协作”扩大到了资金、劳力、生产资料等一切方面，“共产风”、浮夸风、强迫命令风便再度盛行，其“风力”之大，较 1958 年有过之而无不及，尤其是“一平二调”。据不完全统计，全省县、社、大队各级上调下级的企业达 1169 个，其中县调公社的企业 395 个，主要集中在闽侯地区有 358 个；公社调大队的企业有 563 个，为数最多；大队调小队的企业 211 个。上调的这些企业，有的有折价付款，有的没有折价，实际上全部是无偿上调的。其次是无偿调用劳动日。从 1959 年算账整风到 1960 年 4 月，全省上调劳动日共 1209 万多个。其中县向公社调用的劳动日有 484 万多个，公社向大队调用的劳动日有 725 万多个，这些大部分是无偿调用。此外，还无偿调猪、牛等牲畜和机具、资金等。其中以大队上调小队的生猪为数最多，共 3 万多头；县调公社的资金 8 万余元，社调大队的资金5万多元。其他上调物资，很多既未作价，又未付款[①]。正如叶飞于1961年7月6日在省委工作会议上总结这方面经验教训时说的："1960年是问题很多的一年，在这一年中，主要是几个大办""吃苦头最大就是大办养猪场，以公养为主，片面追求集体养猪的比例，因此来一个大平调，全省现有猪存栏数只有90多万头，不到100万头，降到历史上水平最低的一年"。

1960年继续"大跃进"还表现在开展煤铁战役上。当时的实际情况是，"福建不是全国的重点，煤计划内的拿不到，自己生产又上不去，因此想寻求一条出路，即怎样来自己解决自己的问题"[②]。于是，1960年5月6日至10日，省委在连城县庙前铁厂召开煤铁战役现场会议。参加会议的有省地县三级党委的第一书记，省直各部门、大专学校的负责人和部队师以上的干部共200余人。省委第一书记叶飞亲自主持会议。鉴于前一段"各地煤铁运动声势不大，劳力上得不多"，因此，会议决定：必须拿出1958年大炼钢铁的劲头，在五、六月开展一个全党、全民大炼煤铁的群众运动，确保1960年全省产煤180万吨、铁32万吨的跃进计划的实现。会议要求省、地、县都要建立各级所有的煤铁基地，有煤铁资源的社、队也要大搞小土群；全省要求1960年出现一批万吨县、千吨社。各行各业都要根据自己的条件，积极参加这一运动。各机关都应尽力抽调干部、劳力，拿出资金、设备，到有煤铁资源的地区，采取自办或与当地县、社合办的方式，建立煤铁生产基地。部队也应根据自己的条件，积极投入煤铁运动，建立自己的煤铁基地。会议还要求自力更生，大搞小土群、小洋群。会议确定：各县到6月底应该至少建设一个像庙前那样规模的煤铁基地，以煤铁为主实行综合利用，迅速发展成为"五小"（小煤窑、小铁矿、小高炉、小水泥厂、小铁路）成群的联合企业。会议还规划在1962年前，在邵武、顺昌宝山、南平葫芦山、永春天湖山、大田、龙岩等地分期分批建立20万吨铁、10万吨钢的钢铁联合

---

① 中共福建省委：《关于六级干部会议的情况报告》，1960年4月2日。

② 《叶飞在省委工作会议上的报告》（记录稿），1961年7月6日。

企业[①]。

庙前现场会议之后，省委首先发动了“大战三山”的战役，即开采葫芦山、红炭山铁矿，天湖山煤矿。率先展开的是大战葫芦山战役。省委之所以决定在这里开矿，只不过根据群众在山上发现了两处古代遗留下的采矿坑，几片残碎的矿石，随后地质队上了一台钻机，打了三个60多米的钻孔，发现了一些断断续续的薄矿层。就凭这一点点资料，就上场民工7346人，开山采矿。以军令限两个月内日运出铁矿石2000吨，年底日运出4000吨。当时几乎全省力量作了后勤支援，各种物资、机械、材料、设备运往矿区。山上炮声隆隆，震天动地。这样不分白天黑夜，整整闹了四个月。开始还炸出几吨矿石，到后来炸出来的几乎都是石头，不得不停下来[②]。

在全省钢铁生产最大基地的三明，在“全力保钢”“一切为三钢”的口号下，一场轰轰烈烈的保钢运动在全市范围内迅速展开。各行各业、各条战线都把保钢列为首要任务，从劳力、材料、设备等方面集中力量，采取措施，千方百计保证钢的生产。至1960年底，完成铁67366吨，钢36236吨，钢材1991吨，焦炭145041吨[③]。当然，这是在付出了巨大的代价下才取得的。

在大搞煤铁战役中，虽然煤、铁生产，靠着拼体力、拼设备、拼资源，取得一定战果，但这种“单兵突进”，进一步加剧了国民经济的比例失调，轻工业急剧下降，而遭到最大破坏的是农业，其代价是十分惨重的。

省委在总结三年“大跃进”的教训时认为，主要有两条：一是违背了社会主义按劳分配原则，“一平二调”，刮“共产风”；二是农轻重比例不适当，违背了国民经济有计划、按比例发展的法则。

三、城市人民公社的建立与公共食堂的恢复

早在1959年大办农村人民公社的浪潮中，城市人民公社就已在

① 《中共福建省委为大搞煤铁生产运动召开庙前铁厂现场会议的报告》，1960年5月23日。

② 《张遗札记》，1992年11月。

③ 中共三明市人民委员会：《一九六〇年工作总结》，1961年4月15日。

个别省市开始出现，并得到了党的八届六中全会的肯定，被认为是“改造旧城市和建设社会主义新城市的工具”，是“生产、交换、分配和人民生活福利的统一组织者”，是“工农商学兵相结合和政社合一的社会组织”①。1960年3月9日，中共中央发出《关于城市人民公社问题的批示》，要求各地放手发动群众，组织试验各种形式的城市人民公社，可以以大型厂矿和机关学校为中心，也可以以街道居民加一部分农村居民组成。全国城市要在上半年普遍试点，下半年全面推广，除北京、上海、天津、武汉、广州外，其他城市应一律挂出人民公社的牌子，以大造声势。

在中央指示下达前，全省已在6个城市试办城市人民公社。截至1960年3月11日，全省已有福州、厦门、南平三市试办城市人民公社13个，社员209168人，其中福州市有公社4个，社员57399人，占市区总人口10%左右；厦门市有公社8个，社员83769人，占市区总人口42%；南平市有公社1个，社员6.8万人，占市区总人口48.5%②。城市居民经济生活组织工作也有很大进展，截至1960年3月上旬，福、厦、漳、泉和三明、南平6个市共已建立食堂602个，搭伙人数达142784人，托儿所（包括幼儿园）979个，受托儿童41732人，服务站（部）1918个，服务员5788人。福州、厦门两市还办敬老院8个，进院老人82人。上述6个城市还兴办街道和社办工厂1630个。南平市1959年底才有社办工厂16个，1960年春新办了157个街办和社办工厂，合计已有173个厂；厦门市1959年社办工厂也仅54个，1960年春增加到445个，两个月中增加了391个③。

中共中央指示下达后，特别是1960年3月下旬，毛泽东在天津召

① 《关于人民公社若干问题的决议》（1958年12月10日），中央档案馆、中共中央文献研究室编：《中共中央文件选集》（1949年10月—1966年5月），第29册，人民出版社2013年6月版，第299页。

② 新华社福建分社整理，福建省委办公厅办公室印发：《关于全省六个城市试办城市公社情况》，1960年3月17日。

③ 新华社福建分社整理，福建省委办公厅办公室印发：《关于全省六个城市试办城市公社情况》，1960年3月17日。

开的三北区会议上提出“城市人民公社要普遍化”的指示传达后，中共福建省委加大了建立城市人民公社的步伐。在1960年3月28日召开的全省六级干部会上，省委书记叶飞对建立城市人民公社问题作了具体部署，要求福、厦、漳、泉、南平、三明6个城市在1960年上半年首先普遍公社化。5月21日，省委向全省各地下发了《关于城市人民公社普遍化若干问题的意见》，强调“实现城市人民公社化，是彻底改造旧城市、建设社会主义新城市并逐步向共产主义过渡的最好组织形式”，甚至把城市人民公社普遍化运动，看作是“一场保卫总路线、保卫社会主义，彻底消灭资本主义残余的两条道路的斗争”，因此要求“各级党委必须切实加强对这一运动领导，保证运动的胜利发展”“上半年要求在福州、厦门、漳州、泉州、南平、三明6个城市基本上实现人民公社普遍化，即参加公社的人数达到入社总人数80%左右；把要求组织的儿童尽可能地组织到托儿所、幼儿园里来，进一步组织生活服务事业，相应地调整商品供应网点，基本上实现生产、生活集体化，家务劳动社会化，然后从思想上、物质上、组织上进行整顿巩固后，今年再发展一批，使入社人数达到总人数的90%以上到95%左右。”

当时城市公社的形式有几种，一是以街道居民为主体办公社，如福州市的南街公社。二是以工厂为中心办公社，如福州马尾造船厂办的公社。三是机关办公社，如省商业厅、公安厅机关虽没有挂公社的牌子，但也创造了一些经验；城市公社的规模，根据全国如哈尔滨、河北、河南等地和本省的经验，以几万人到十几万人为宜；入社的形式有两种，一是个人社员，二是团体社员，如省委机关就叫做团体社员，又如福州化工厂，大、中学校，都是全民所有制，参加公社叫作入而不归；城市办公社最基本的问题，是要把生产组织起来，办好街道工业。福州的口号是：一组一个厂，南街100多个居民小组，办208个厂。在城市大办人民公社，既不是生产发展的客观需要，又无助于城市生产和各项事业的发展，相反的却招致瞎指挥风、强迫命令风和“共产风”再一次抬头，因此，办起来不久，城市人民公社就变成徒有其名的空架子。

在兴办城市人民公社的同时，农村人民公社运动中公共食堂也重新发展起来。

1959年上半年，因本省粮食供应紧张，被当作生活集体化重要内容的农村公共食堂，被迫解散了不少。庐山会议后，解散公共食堂等做法被认为是“猖狂的反对社会主义道路的逆流”而受到了批判，各地又开始恢复和推广公共食堂。1960年3月6日，中共中央批转贵州省委《关于目前农村公共食堂情况报告》，要求“一律仿照执行，不应有例外”①。因此，1960年上半年，全省各地又掀起了大办食堂的热潮。省委在1960年3月25日至4月5日召开的全省六级干部会议上，也把“城乡公共食堂普遍化问题”作为一项重要政治任务进行动员部署，认为“公共食堂确实是社会主义的重要阵地，两条道路的斗争，由过去三个万岁（即总路线、“大跃进”、人民公社）的斗争，转到公共食堂方面来了，已经成为目前农村中两条道路斗争的焦点”②。因此会上提出“一个目标，就是今年（指1960）一年内（上半年能实现更好）城、乡百分之八十的人口在食堂吃饭，叫作城、乡食堂普遍化”，并强调“粮食由大队保管，由大队分到食堂”“应该提倡全民食堂，提倡生活集体化，不应该强调多样化”“粮食愈紧张，愈要把公共食堂办好”“一定要有一个书记专门管生活，管生活的书记，专门管食堂”③等等。1960年4月21日，中共福建省委又专门作出了《关于办好农村公共食堂的规定》，再次强调“办好食堂是巩固人民公社的一个极其重要的阵地，也是保证生产大跃进和加深集体观念的一个重要方面”，并对办食堂的方针、口粮管理制度及技术革新等问题作出了具体的规定。

在各级组织行政命令、继续“大跃进”的狂热中，全省各地又办起了农村公共食堂79700多个，参加户数265万多户，占入社总户数的89.28%④。其中，南平地区办了11818个，参加食堂户数达410120户，占总农户98.06%，用膳人口1560777人，占农村人口93.75%。90%以上

① 《中共中央批转贵州省委〈关于目前农村公共食堂情况报告〉》（1960年3月6日），中共中央文献研究室编：《建国以来重要文献选编》第13册，中央文献出版社1996年5月版，第43页。

② 《叶飞同志在全省六级干部会议上的报告》，1960年3月28日。

③ 《中共福建省委关于办好农村公共食堂的规定》，1960年4月21日。

④ 《中共福建省委关于办好农村公共食堂的规定》，1960年4月21日。

为公共食堂,10%为劳力食堂。

为了大办公共食堂,许多地方还收回了1959年上半年恢复的社员自留地,并改变了口粮分到户的做法。这样,农村公共食堂的大办,不但浪费了粮食,造成了社员生活的不便,而且还因断绝了自留地这一社员群众粮食和蔬菜的重要来源而严重影响了他们的生活。

总之,1960年上半年的继续“大跃进”,致使高指标、“共产风”在全省范围内再度泛滥起来,使广大群众的生产积极性又一次遭受严重打击,生产力继续受到巨大破坏,给社会生活和国民经济带来了严重的困难。

四、国民经济困难局面的出现

1958年发动的、1960年又继而复起的“大跃进”运动,最大的教训是急于求成,违背了经济发展的客观规律,结果事与愿违,使社会生产力遭到很大破坏,群众的积极性受到严重挫伤,造成工农业生产和整个国民经济的大滑坡,加上频繁的自然灾害,致使全省的经济到了1960年陷入了极度困难的境地。

农业生产遭受空前大破坏。三年“大跃进”,“共产风”越刮越厉害,瞎指挥也越来越盛行,对农业生产的破坏也就越来越严重。1960年全省农业总产值只完成9.21亿元,比1957年下降了18.7%;粮食生产从1959年开始,连续三年减产。1960年全省粮食产量75.9亿斤,比1957年下降了14.5%,降到了1951年的水平;油料产量13.2亿斤,比1957年下降了29.3%,甚至比1949年还低;甘蔗产量下降得更厉害,1960年仅13.266亿斤,比1957年减少近一半;水果产量1960年仅1.4亿斤,比1957年减少68.3%。林业、畜牧业也都大幅度下降。1960年全省林业总产值1.59亿元,比1957年下降了3倍多。1960年底全省生猪存栏数仅190.60万头,比1957年减少了一半多。这是建国十多年来从未有过的现象。造成农作物产量急剧下降,原因是多方面的。而耕地大量减少也是一个重要原因。1961年底全省粮食耕地面积为1923.89万亩,比1957年2218.89万亩净减少295万亩,比1951

年减少 262.61 万亩[1]。

市场供应极度紧张。1958 年至 1961 年中央安排投资 12.21 亿元，省计划安排为 20.38 亿元（其中计划内项目为 14.5 亿元，计划外 5.82 亿元），增加 8.17 亿元，超过计划 66.9%[2]。1959 年中央下达停建项目 5 个，省只停 3 个；1960 年中央下达停建项目 11 个，省只停 8 个[3]。由于基本建设规模膨胀，战线太长，1960 年全社会从业人员高达 619.03 万人，等于 1957 年近 10 倍，其中全民所有制职工人数达 129.02 万人，城镇集体所有制职工为 16.57 万人。全民和集体所有制职工的工资总额也由 1957 年的 30629.1 万元增加到 61073.1 万元。1960 年全省地方财政总收入仅 7.31 亿元，而地方财政支出却高达 11.05 亿元（其中基本建设支出为 6.03 亿元），出现了巨额赤字。1960 年市场货币投放增加了 2.5 亿元。这样，在农业、轻工业生产大幅度下降的情况下，1960 年全省市场供应也就出现了比 1959 年上半年更为紧张的状况。1960 年全省居民的消费水平为 111 元，比 1957 年下降了 4.5%。1960 年的大部分时间内，市场上几乎没有禽、蛋食品的供应，就连一些日常生活用品，也很难买到。

全省性饥荒出现。1957 年全省粮食产量 87 亿斤，1960 年降到 70 亿斤，3 年减产 17 亿斤，“等于 4 个福州没有饭吃，等于 300 万人没有饭吃”[4]。对此问题，作为省委第一书记的叶飞，在 1962 年扩大的中央工作会议福建省大组讨论时，作了如下检查认识：“1958 年粮食估产，报得最高时达 170 亿斤，1959 年上半年还在省人代会上作了报告。1958 年 11 月龙岩会议是头脑最热的时候，曾提过搞（粮食亩产）万斤县、万斤省，造成的许多错误我是要负责任的。后来主席和中央发觉有浮夸风，估产过高，几次提出要我们不要相信高指标、高估产，头脑不要发热，要压缩空气，而我们总是改不过来。对 1958 年粮食产量，第一次由 170 亿斤降为 130 亿斤，第二次又从 130 亿斤降到 105 亿斤，还提出‘三八

① 《关于恢复农业经济的设想》，1962 年。
② 《梁灵光同志关于省计划工作方面分散主义表现的发言》，1962 年 1 月 24 日。
③ 《梁灵光同志关于省计划工作方面分散主义表现的发言》，1962 年 1 月 24 日。
④ 《叶飞同志在省委工作会议上的报告》，1961 年 7 月 6 日。

线’，不能再缩了，到后来究竟多少也搞不清”“有了高估产，才有高征购，高征购最严重的1959年，一年征购30亿斤，这是历史上最高的一次”①。

由于浮夸风盛行，根据虚报的高估产来确定农村粮食征购任务，高估产带来高征购。1959年全省粮食总产比1957年下降12.2%，而从农村净征购（征购扣减返销）的粮食却比上年增长40.9%，1960年比1957年粮食总产量减少22.90亿斤，而粮食净征购量却比1957年增加2.8亿斤。粮食净征购占全省粮食总产量的比例，1957年为16.8%，1959年、1960年分别上升到31.9%、27.2%。全省人均口粮水平从1957年的原粮588斤，下降到1959年的480斤，1960年只430斤。再加上当时限制甚至不准农村公社社员个人经营农副业生产，使全省出现了严重的粮食危机，城乡人民生活面临严重困难。城市基本口粮供应严重不足，农民的口粮被一挖再挖，职工月粮食定量一降再降，饥饿难忍的群众只能到山里去挖野芭蕉根，采集“野猪肝”等各种野菜、野果，在池塘泥潭中捞浮藻充饥。宁德六都从1959年11月到1960年3月，四个月断粮吃草。稻子达不到100斤，地瓜只能够收几百斤，夏粮早就没有了，如果把秋粮全部收下来，中晚稻包括地瓜在内，口粮安排18斤都不到，只有15斤，而且吃不到麦收②。类似情况不是个别的，反映了当时全省特别是农村的饥荒情景。

福建粮食出现危机，国库存粮也告急。1960年4月11日，国务院副总理李先念急电叶飞，要求福建在上一段调运5亿斤粮食的基础上，再增调1亿斤粮食支援国家。福建省委在极端困难的情况，仍然以大局为重，千方百计完成了中央下达的这一紧急任务而且还多运了100万斤。5月18日，国务院复电称：“经过你们的努力，已经提前超额完成增加调出的1亿斤粮食，这是对灾区及大城市需要的有力支援”③。

非正常死亡率上升。最严重的是龙岩地区，1960年1—11月，全

① 《叶飞同志在扩大的中央工作会议福建省大组会议上的发言》，1962年2月3日。
② 《叶飞同志在省委扩大会议上的报告》，1960年12月6日于漳州。
③ 国务院：《关于福建超额完成外调任务的复电》，1960年5月18日。

区9个县185万人口中，扣除正常死亡率1%以后，非正常死亡数达38644人，占全区总人口2.08%，其中最严重的武平县，非正常死亡占全县总人口的5.96%①。闽东的宁德县也相当严重，1960年全县因患浮肿病死亡7706人，死亡率高达3.95%②。

三年“大跃进”期间，全省非正常死亡究竟多少，没有统计数字。1961年2月4日，叶飞在省委扩大会议上只讲到水肿病人全省大约有20万人以上，全省患妇女病的大约50万人左右，仅闭经和子宫脱垂的就达30万人。根据福建省公安厅与福建省统计局资料统计，全省死亡率1957年为7.85‰，到1960年就上升到15.34‰，虽然1961年下降为11.87‰，但是仍然高于正常年景的水平。1960年一年全省人口减少了23.9万人，“大跃进”前后几年，平均每年全省正常死亡人数为11万人，为此这三年扣除正常死亡的，非正常死亡约为22万人，经济损失约为80亿元，耽误时间约七八年，这就是福建三年“大跃进”所付出的巨大代价。这种惩罚是严重的，教训也是惨痛的。

但是，在彻底否定作为指导方针的“大跃进”运动的前提下，对福建在“大跃进”期间所取得的成绩也应当给予肯定。特别是为改变福建经济落后面貌，当年全省广大干部、群众，积极响应党中央、毛泽东主席的号召，焕发出的冲天的革命干劲、满腔的生产热情和大无畏的英雄气概，这是十分可贵的。尤其是面对严重自然灾害，军民团结一致，不屈不挠，顽强奋战的精神，令人感动，值得赞扬。如1960年6月，福建省遭受了特大风洪灾害，造成山洪爆发，堤坝溃决，库渠被毁，河水泛滥，有24个县城、823个村庄被淹，水大的地方，屋只露顶，树只见梢，加上各江河下游大潮托顶，洪水持续时间尤长，一般都在50小时以上，九龙江下游的漳州市整整四昼夜浸没在洪水之中，许多地方交通运输、电讯联络中断，河海船只被迫停航，灾情遍及全省。受灾最重的龙溪地区，漳州平原方圆百十公里一片汪洋，全区20多个村庄完全被水冲毁，灾

---

① 《关于龙岩地区人口非正常死亡的情况》，1960年12月。

② 宁德市委党史研究室编：《中国共产党宁德历史大事记》，中央文献出版社1997年3月版，第59页。

情之重，百年罕见。全省因灾死亡638人，下落不明205人，受伤531人，房屋倒塌86883间，工农业生产受到严重破坏和损失。面对严重灾情，省委领导带领省直机关200多名干部立即赶赴受灾最重的龙溪，协同地县干部动员和组织群众展开了惊天动地的抗灾斗争。全省党政军民直接投入抗灾斗争的达270多万人。广大党员、干部在斗争中与群众同甘苦、共患难，到处出现奋不顾身、舍己救人的英雄事迹。漳州市委一位副书记和十几名干部，在风雨交加的黑夜中，跳在齐胸的洪流中，挨家救出被困群众80多人。许多党员、干部无暇顾及自己的父母妻儿，先去抢救群众；许多党员、干部，忍饥挨饿，夜以继日地去救死扶伤。龙溪县紫泥公社的干部接到空投的干粮后，自己一口不吃，冲出洪水包围，全部送给被困的群众；步文公社有些干部已经饿了一天一夜，但他们仍把自己分到的一份口粮，让给老弱幼儿吃。为了抢救群众，有数十名共产党员，英勇献出了自己的生命。

还应当特别指出的是，三年“大跃进”期间，全省各地地方工业迅速崛起，为福建工业化打下了初步基础。全省建成了32万吨洋铁生产能力，同时开始了洋法炼钢、轧钢，开辟了福建省钢铁生产的新纪元。三明工业城的崛起，是福建地方工业发展的重大成就。1957年还是一个仅有6000多人城镇人口、200多万元工业产值的山区小县，经过三年艰苦创业，建设成为一个拥13家大中型企业、49家小型企业和12万人口、1.07亿多元工业产值的新型工业城市，这是了不起的业绩。随着钢铁工业的发展，也就带动了机械、电力、化工、燃料、轻工业和交通运输业的发展。福建省许多至今仍在发挥作用的重点基础设施便是在那时期建设起来的。如古田水电站、鹰厦铁路、福州第二化工厂和第一化工厂、福州抗菌素厂、福州硫酸厂、漳州糖厂等等。

三年“大跃进”期间，全省农田水利建设也有很大发展。1949年，福建省仅有库容110万立方米的厦门上里水库和库容70万立方米的龙海西山冰厂水库等两座小型水库，全省有效灌溉面积不及耕地面积的14%，农业生产抵抗自然灾害的能力十分低下。1958年起全省兴修水利进入高潮。1958年全省共出工1.33亿工日，水利工程共完成土石方2.2亿方；1959年全省水利电力建设共完成土石方6000万立方米（包括防汛),蓄水2.25亿立方米,增加灌溉面积80万亩,改善灌溉面积227万亩[①]。1959年全省在新建扩建水利工程1万多处的同时,还完成上千万立方米水库2座,总蓄水4.4亿立方米[②]。到1960年,全省建成蓄水10万立方米以上的水库400多座,全部建成的有蓄水量1.8亿立方米的福清东张水库,部分建成蓄水量2.827亿立方米的莆田东圳水库和9962万立方米的惠安惠女水库等大型水利工程。这一时期,还修建了南安石壁、云霄杜塘、长乐三溪、漳浦石过陂、惠安泗洲等11座中型水库和晋江金鸡、龙溪江东桥、诏安三姑娘、宁德五里洋、同安策槽、连江潘渡、漳州宝新、宁德马坂、福安赛安、海澄的浮宫等渠道工程,以及一批防洪和围垦工程,至于群众自办的小型塘、库,则更是遍布乡乡社社,多达95000多座。许多大中型水利工程,对福建农业的发展和旱涝灾害的防治起了重大作用,它的效益至今还在继续发挥。

在这期间,福建农村水电建设走在全国前列。1956年2月,水利部在永春县桃场村举办南方12省区小水电技术训练班。福建以此为契机,于9月召开了第一次全省小水电会议,提出积极稳步、群众自办、加工为主、结合照明的小水电建设方针,开始在全省范围内布置、组织和指导农民群众试办小型水电站。会后,各专区均选择一两个县试办小水电[③]。此后,小型水电站先在永春、同安、建阳、闽清、平和等县逐步建立起来。1958年4月24日,省委在永春县召开全省各专区、市、县委书记参加的全民办电现场会,推广永春县发动群众、因地制宜、自力更生兴建小水电的经验。在先进典型和试点经验的引导下,全省群众性兴办小水电迅速铺开,进入高潮。到1959年,全省农村水电建设已初具规模,共兴建小水电站527座,装机容量1.13万千瓦,平均每座水电站21.4千瓦[④]。这些农村小水电站白天提供生产用电,晚上提供照明用

① 福建省地方志编纂委员会编:《福建省志・水利志》,方志出版社1999年12月版,第329页。

② 《中国农业全书・福建卷》,中国农业出版社1997年10月版,第76页。

③ 福建省地方志编纂委员会编:《福建省志・电力工业志》,方志出版社1998年6月版,第32页。

④ 《中国农业全书・福建卷》,中国农业出版社1997年10月版,第89页。

电，被誉为农村的“夜明珠”。

此外，福建的公路、铁路建设取得进展，交通落后面貌开始改变。在贯彻“全党全民办交通”“依靠地方、依靠群众，普及为主”的方针指引下，充分发挥地方政府和群众的积极性，县、乡公路快速发展，1958年底便实现了县县通公路。至1960年，全省通车里程已发展到13268.6公里，使80%的人民公社（乡镇）和55%的生产队（村）通了公路①。铁路方面，1958年元旦福建第一条铁路干线——鹰厦铁路正式开始通车运营；从1956年3月开始修建的福建第二条铁路干线——外福铁路，从鹰厦线的外洋站往东延伸，经南平、闽清，直达福州，全长193公里，于1959年元旦建成通车。这些铁路和公路的修建，沟通了福建与周边省份、福建沿海与闽西山区的联系，成为福建交通运输的动脉。

福建省在“大跃进”运动中取得了某些成绩，是广大干部、群众、科技人员埋头苦干、艰苦奋斗，在克服“左”的思想干扰下取得的，并不是“大跃进”运动直接或者必然的产物。相反，由于指导思想上的失误和急于求成的做法，“大跃进”运动给福建省国民经济的发展造成了巨大的损失，给人民生活带来了严重的灾难。因此，历史地评价这个时期，应该将“大跃进”的破坏与“大跃进”期间所取得的成就区别开来。

五、应急措施的出台

为了缓解由于“大跃进”和人民公社化运动的错误所造成的严重困难，1960年秋冬，中共福建省委根据党中央的部署，结合本省的实际，出台了一系列应急措施，取得了一定成效。

粮食极度缺乏的严酷现实，使全省各级党委深刻认识到了发展农业生产的极端重要性。1960年9月22日，省委召开工作会议，就贯彻执行中央关于全党动手，大办农业，大办粮食的指示作出具体部署。首先要求各地在秋收大忙之前，雷厉风行地压缩一切可以压缩的劳力，集中使用到农业生产，特别是粮食生产第一线上来，重点是县、社、队办企事业，生活服务、财贸、文教等方面。要求县、社、队办的工厂、企业，根据

① 《中国农业全书·福建卷》，中国农业出版社1997年10月版，第99页。

为农业生产服务的方针，加以调整、整顿，该留则留，该停则停，该缓则缓，该减则减，该换则换（以弱代强，以女代男），可以结合农时季节的，农忙搞农，农闲搞工，全省计划压缩县、社企业50万人加强农业生产战线。生活服务人员也应大量紧缩，基层财贸机构可合并减少者，应尽量合并减少；县以下（包括县）专业球队一律取消；公社一律不搞专业剧团，县的专业剧团，已有的保留一个，并加以精简；16岁以上的小学超龄学生应回到农村从事农业生产，参加业余学习，但对应届毕业生应予照顾；农村学校一律放农忙假；农业中学应实行半工半读的制度，并规定生产任务。鉴于全省各地农业基本建设（如兴修水利、修路、开荒等）占用劳力太多，使农业生产受到影响，因此要求今后必须根据基建服从生产的原则，有计划、有步骤地逐步进行农业基本建设，严格控制所占用的劳力。并规定1960年冬、1961年春全省用于水利建设的劳力不超过20万人。其次，要求尽最大努力搞好一切农作物的田间管理，力争秋季多收一些粮食，同时，迅速做好秋收、秋种、秋季征购、生活安排和全年分配的准备工作。为了保证社员必要的收入，强调1960年年终分配，除生产费用必须留足外，公共积累应该适当加以压缩，一般不超过5%，受灾严重的队还可更少一些，或不扣公共积累，必要时还可以从队办企业盈余中提取一部分（譬如20%—30%）分给社员，这对于稳定农业劳力，更好地安排社员生活，提高生产积极性，有重大作用①。闽侯县城门公社采取各种措施，从城镇工厂、企业压缩2000多人到农业第一线的经验，还得到了毛泽东的肯定和赞扬②。

精简机构、下放干部加强农业生产第一线工作。1960年9月省委工作会议之后，省委、省人委在广大干部中大力倡导以农业为基础和以农为荣的思想，掀起群众性的申请下放基层的报名热潮，在充分发动群众的基础上，大刀阔斧地紧缩机构、精简人员、下放干部加强基层、加强农业第一线。省直机关原430个局、处科，砍并了69个，占16.4%；省

① 《中共福建省委批转郭良同志关于贯彻执行中央关于全党动手，大办农业，大办粮食的指示和意见》，1960年10月11日。

② 毛泽东：《关于转发湖北和福建省委两个文件的批语》（1960年10月10日、12日），《建国以来毛泽东文稿》，第9册，中央文献出版社1996年1月版，第306页。

直机关附属企、事业单位由原来的320个并为268个，撤并了16.2%。在紧缩机构的同时，还大大地精简人员、下放干部。国家机关精简20%左右，事业单位管理的干部、辅助人员和服务人员按50%左右进行精简，企业非生产人员一般也都压缩在13%以下。据统计，全省共下放干部492275人，其中省直机关2057人，地、市、县机关47216人。这些下放人员中，下放加强公社一级1748人，加强大队一级7248人，下放大、小队担任各种职务的3113人，下放劳动锻炼9991人，下放本系统基层工作或劳动的3674人。与此同时，全省还动员了大批干部家属返乡参加农业生产。通过大批干部下放基层和压缩劳力回到农村之后，农业生产第一线的领导有了很大的加强，使原来由于领导核心过弱而处于落后状态的社、队，面貌有所改变，农村缺乏劳动力的严重情况也有了一定转变，并在广大干部和群众中产生深刻的影响，起了很大的鼓舞作用①。

组织工业支援农业。1960年6月下旬，省委召开一届十八次扩大会议，传达中央政治局扩大会议精神，初步总结两年来“大跃进”的经验教训，着重讨论了以农业为基础的思想认识问题和解决农业被动问题，要求全省各级领导“必须动员和组织各方面、特别是工业方面的力量大力支持农业”，提出“积极而有计划地帮助农业进行技术改造，是工业支援农业的主要任务”。强调各个工厂、学校和军队都应立即派人与公社联系，制订挂钩计划，实行厂社挂钩，校社挂钩，在7月份都挂起钩来，并把支援农业成为制度化、经常化、普遍化。农忙时，各厂矿、各部门、各单位在不停工、学校在不停课的原则下，组织一切能够下乡的力量支援农业。县、社办的工厂企业，除农具厂、化肥厂外，在农事大忙时，都要暂时停工下田帮助抢收抢种。凡有修配制造能力的单位都要有计划地组织农具巡回修配组，深入田间，及时修配，并把技术传授给农民。并特别指出，工业部门支援农业的重点是大抓“三机”（插秧机、收割机、脱谷机）为主的新式农具的生产，同时，大力创造、推广田间耕作的各种农械农具、农村水利水电设备、排灌机械、农村产品加工工具、运输工具

① 福建省人民委员会:《1960年人事工作总结报告》，1961年3月10日。

和农药生产，大力发展化肥生产等等。工业除了直接为农业提供所需要的生产资料外，还应当在三、四季度间，开展一个武装社办农械厂的运动，为社办农械厂制造和供给设备，培养技术力量[①]。为了加强这一工作领导，7月22日，省委专门成立了工业支援农业委员会，随后又决定：各级都应立即成立工业支援农业委员会，由书记挂帅，各有关领导干部组成。此后，在全省各地迅速掀起了工业支援农业的热潮。三明市自7月份以来，全市工业部门就为农业生产化肥1732.94吨，插秧机578台，播种机29台，脱谷机164台，收割机2372台，小农具13.9万件[②]。

实行财政冻结，调整农村政策。资金分散，计划外资金过多，是"大跃进"期间财政信贷工作的一大问题。1960年全省各地各部门可支配的资金达2亿以上，未列入省计划的基本建设投资达3.1亿元，加上部分地区还不断把本来属于预算内的企业收入向预算外转移；有的地区甚至动用银行信贷资金和企业流动资金，这就使得基建投资数额更加膨胀起来，严重影响了国家统一计划的完成。为了改变这种状况，福建省委除了采取措施，整顿财政、信贷制度，严格财政纪律之外，还在1960年9月下旬召开的省委工作会议上作出以下五项决定：一是立即实行全面的财政冻结；二是国家预算收入不得转到预算外，已转者如数转回。县、市预算外收入，超收分成和上年结余、各部门经费结余，都必须纳入财政计划；三是适当调低企业留成比例，各地区各部门不得自行改变，企业提成使用的批准权统一于同级党委，用于基建，须经省批准；四是国家金库必须统一，各级各部门不得挪借银行资金用于财政开支，不得以任何名义向国营企业摊派经营；五是加强信贷管理，严格监督制度[③]。

全民大种蔬菜，节约粮食，实行低标准、"瓜菜代"。为缓解粮食及粮食制品供应紧张，省委、省人委于1960年8月18日联合发出通知，要求各级党委和人委会立即抓紧时间，发动群众，把秋菜种足、种好，以保证城乡人民生活的需要。于是，各工厂、企业、机关广泛发动干部、职工、家属，或利用业余时间，或抽出半劳力、家属组成专业队，在全省

① 《中共福建省委关于第一届第十八次扩大会议的情况报告》，1960年7月9日。

② 三明市人民委员会：《一九六〇年工作总结》，1961年4月5日。

③ 《杨文蔚同志在省委工作会议上的发言》，1960年9月24日。

范围内掀起全民大种蔬菜运动。龙溪地委在遭受“六·九”洪灾之后，把蔬菜生产作为一项严重的政治任务，采取“四固定（即领导、土地、劳力、肥料固定）三结合（即临时突击与常年专业队、大队种与食堂种、集体种与个人种结合）”的办法，并实行“四保五定”的超产奖励的生产责任制，使全民大种蔬菜运动成效显著。仅一个多月时间，就实现全区每人近一分蔬菜地①。全省工交系统仅一个多月时间就种菜40835亩，有403个厂矿基本做到蔬菜自给②。各地在大种蔬菜的同时，还广泛开展节约粮食活动，降低粮油定量标准，以减轻农村粮食供应负担。粮食和副食品的极度缺乏，还迫使人们千方百计寻找其他东西替代。当时，在农村，不仅食用野菜、野果，就连农作物的秸杆和一些树叶，也被加工制作成了代用食品。在城市，也普遍开展了采集和制造代用食品的运动。到1960年5月底，全省就建立了野生植物原料加工厂2705个，其中社办的占2327个。全民实行低标准，“瓜菜代”，并组织力量，核实人口，堵塞漏洞，反对商品“走后门”。这一运动的开展，对于度过困难和灾荒，起了重要作用。

上述应急措施，虽然没有马上改变因“大跃进”和人民公社化运动带来的本省农业生产连续下降的状况，也不可能立即摆脱全省经济的严重困境，但却成了调整和恢复国民经济，促进农村生产力发展的良好开端。

第三节　贯彻《紧急指示信》以解决群众困难

一、坚决纠正“共产风”

面对农村工作中存在的严峻问题，特别是一平二调的“共产风”酿

① 中共龙溪地委:《关于我区当前农村食堂情况及今后意见的报告》，1960年8月20日。

② 《中共福建省委关于全省工交系统开展以保粮、保钢为中心的增产节约运动的情况报告》，1960年9月28日。

成的严重危机，中共中央和毛泽东都感到非采取紧急措施加以纠正不可了。为此，1960 年 11 月 3 日，中共中央向全国各地发出了由周恩来主持制定的《关于农村人民公社当前政策问题的紧急指示信》。《紧急指示信》的核心，是要求全党用最大的努力来纠正“共产风”。《紧急指示信》规定了十二条政策，重申“三级所有，队为基础，是现阶段人民公社的根本制度”①；强调彻底清理一平二调，坚决退赔；要求加强生产队的基本所有制，实行生产小队的部分所有制，允许社员经营少量自留地和小规模家庭副业等等。

尽管十二条政策，在过去基本上都作过规定。但是，由于它具有极强的现实针对性，已经过了一年多的“反右倾”运动，此时突然以紧急指示信的形式，如此集中而系统地强调必须坚决贯彻这些政策，在各级党委和广大党员中引起了强烈的反响。中共福建省委接到中央指示信后，于 11 月 5 日转发，并召开一系列会议进行传达贯彻。最重要的是于 11 月 27 日至 12 月 17 日先后在漳州和福州召开的省委三级干部会议。会议在传达学习中央的《紧急指示信》的基础上，重点检查了“大跃进”以来省委的领导工作，着重批判了“共产风”、浮夸风、强迫命令风、生产瞎指挥风和干部特殊化风。会议认为，造成福建严重困难，除了天灾外，主要是工作上的问题。表现在对粮食的估产偏高，对农业过关的艰巨性、复杂性认识不足，对农业与整个国民经济的关系及农业内部的关系，缺乏明确的认识和妥善的安排；占用农业的劳力和土地太多，大大削弱了农业生产力；对“三级所有，队为基础”的制度坚持得不好，急于过渡，整风算账不彻底，使“共产风”一刮再刮，破坏了社会主义生产力和生产关系的协调；在执行按劳分配的政策方面不够妥善，供给制部分过大，多劳不能多得，挫伤了群众生产积极性；各项工作计划偏大、任务过重、要求过急，致使基层干部为了完成任务而不择手段，强迫命令、违法乱纪的现象经常发生，严重损害了党群关系。

针对上述存在的问题，会议根据中央的指示精神，省委常委会议通

---

① 《中共中央关于农村人民公社当前政策问题的紧急指示信》(1960 年 11 月 3 日)，中共中央文献研究室编:《建国以来重要文献选编》，第 13 册，中央文献出版社 1996 年 5 月版，第 661 页。

过了《省委关于执行中央〈关于农村人民公社当前政策问题的紧急指示信〉的补充规定》,将中央的指示精神具体化。

在纠正“共产风”方面,省委的补充规定指出:公社和县以上机关或企业、事业等单位及部队,凡因基本建设需要,征用生产队的耕地,必须按规定进行清理,征用过多或目前暂不需要的土地,必须退还或交由原单位继续耕种。土地征用费应按80%—90%给生产大队,10%—20%给公社的比例进行清理。县以上单位不得动用征用费,已经动用的应该退还。凡上调社有、队有的林木,必须退还原单位;凡因炼铁烧炭或各种公益事业无偿砍伐社、队林木的,都应按照规定,由使用单位进行清理补偿给地方,有的地方如因国有、社有、队有界线划不清的,可以统一砍伐,按国家、社、队比例分成。凡上调了社队的企事业,一般应退还原社、队,并应付给合理的折旧费或修理费;但有的如由县、社经营确实有利于生产,或者已由上调单位进行扩建的,在征得社、队同意,并经上级党委审批批准后,可以采取合营的方法,盈利按比例分成。在大炼钢铁、大办水利、公路、小铁路、“大协作”中无偿调用的劳力,由县委根据当地正常年景一般的农业工分值水平彻底清理;账目确实无法弄清的,应由有关单位和生产队进行协商,予以适当补偿,并向群众解释清楚。对于国营、社营的企事业单位,凡部队、机关、学校因基建等无偿调用的劳动力,均应由调用单位按当地同等工种的工资标准,向生产队彻底清理,补偿工资。

在所有制问题上,省委的补充规定指出:全省保留下来的7个基本社有制的公社,应由省、地委负责检查。凡是办得不好,群众要求改变的,应即恢复基本队所有制。凡是把部分生产大队、生产小队并入国营或社营农场、林场、畜牧场等单位的,应由地、县委负责检查;办得不好,群众要求改变的,即应归还原来的公社或生产大队。凡是把部分生产大队、生产小队划归机关、团体、学校、厂矿、企业等单位作为副食品基地的,应一律归还原单位。在实行生产小队的小部分所有制方面,省委强调生产大队对生产小队的包产必须落实,一般应以上年实际产量为包产基础,如果上年减产应按照常年产量为包产基础;超产的奖励,平产的不赔不奖,减产的除天灾外一般要赔。生产小队的超产部分,应上交生产大队20%或30%，由大队统一分配。超产奖励主要是奖现金，在保证完成国家粮食征购任务的前提下，可以奖给包产单位30%左右的粮食。生产小队在保证完成包产任务以外的经营收入，全部归小队所有。

在自留地和家庭副业问题上，省委补充规定指出：在保证完成集体劳动生产任务的原则下，应允许和鼓励社员利用工余、假日的时间，种植自留地，开垦荒地，饲养猪、羊和家禽，培育零星果木，经营家庭副业，其产品和收入归社员个人所有，由社员自由支配。社员自留地一般每户2—3分，最多不超过4分，最少不少于1分；自留地种植何种作物，完全由社员自定，其产品和收入归个人所有。

鉴于当时中央《紧急指示信》还是强调要坚持部分供给制、坚持办好食堂，所以，省委在补充规定中，也要求供给部分按照中央规定不超过30%，但也不要少于20%。能实行伙食供给制的，就实行伙食供给制；不能实行粮食供给制的，就实行粮食部分供给制。同时要求办好食堂。食堂规模大小以便利生产、便利管理为原则。一般以一个生产小队办一个食堂为宜。一个生产小队分为几个自然村的，可以自然村为单位办食堂，也可以办分堂。已经办的大食堂，办得好的，群众没有意见的，应继续办下去；办得不好的，群众要求分开的，可以分开。

《紧急指示信》及“省委补充规定”发出后，省委动员和组织各级领导和广大干部深入农村，向基层干部和农民宣读、解释，同他们一道为纠正错误、落实政策，扭转农村形势而努力奋斗。

二、努力解决群众生产生活问题

福建粮食困难的局面，虽然经过1960年夏秋以来采取若干应急措施后，情况略有好转，没有继续加剧，但还不能从根本上解决问题。为了帮助群众从生产入手度荒解困，中共福建省委根据中央《紧急指示信》精神，于1960年12月18日作出了《关于今年粮食安排和冬种等有关政策问题的规定》《关于生产小队利用“十边”土地①和社员在自留地

① “十边”土地。指农田以外可以种植的空地，一般指田边、场地、路边、沟边、塘边、圩边、岩边、屋边、坟边、篱边。

上种植油料等作物允许自吃自用的规定》。首先，在粮食征购任务和口粮安排方面，规定1960年秋收加上1961年春收的粮食，以大队为单位扣除必要的种子和饲料后，每人每月平均口粮不足原粮20斤，应免除粮食征购任务；每人每月平均口粮达到原粮20斤以上者，应当完成征购任务，如完成征购任务后，每人每月平均口粮不能保证有20斤原粮者，应调整征购任务；完成征购任务后，每人每月平均口粮达26斤以上尚有余粮者，应教育干部群众，在自愿的原则下，多出售给国家一部分，但最多不得超过余粮的40%。其次，要求各级党委“将粮食家底告诉群众，说明今年受灾严重，国家粮食也有困难，不能依赖国家统销。应动员群众开展生产自救运动，多搞冬种，多找代食品来渡过困难。”① 并在政策上鼓励多产多吃。规定粮食作物以大队为单位，把计划产量和征购任务定下来。春收以后，超过计划产量部分，全部归大队所有，多增产的多吃，少增产的少吃。大队对小队仍实行“三包一奖”的办法，超产部分可采取三、七或二、八分成的办法。即二、三成归大队分配，七、八成归小队所有。在完成包产任务的条件下，允许小队利用冬闲田种蔬菜或在冬种田套种作物，其收入全部归小队所有。生产小队在完成包产和征购任务的条件下，多产多收的油料作物全部归小队所有；没有油料征购任务的大队、小队和机关、部队、学校、工矿企业等单位利用“十边”土地、冬闲地和开荒地种植的油料作物，全部归食堂自用，不予征购，如有多余可以储备，也可以卖给国家。社员自留地种何种作物，由社员自己决定，生产大队、小队不得干涉；其产品如愿出售时，属于国家统购物资，应售给国家，非国家统购物资，允许到国家领导下的农村集市出售。生产小队在保证完成包产任务的前提下，可开垦荒地种植地瓜、杂粮、土豆、蕉芋、木薯等作物，一律不计产、不计购、不顶口粮，其收入全部归小队所有。同时，省委强调指出：大力采集代食品是解决口粮困难，保证群众吃饭、吃好和解决饲料困难的重要措施。各地可采取小队集体采集和社员利用公休、公余时间个人采集两种办法进行。小队集体采集的代食品，全部归小队所有；社员个人采集的全部归社员个人所有。

① 《中共福建省委关于今年粮食安排和冬种等有关政策问题的规定》，1960年12月18日。

1960 年 11 月，中共中央政治局委员会、国家副主席、中央监察委员会书记董必武到龙溪考察，详细了解人民的生产生活情况，指示应稳定农民生产情绪，大力发展农村多种经济，增加生产，提高生活水平。1961 年 2 月，时任中共中央总书记的邓小平到福建考察，对于群众普遍存在的生活困难予以深切的关注。他走访了福州石雕工艺厂，详细询问了工人的生活情况，又到福州市郊区的黎明人民公社了解蔬菜生活和郊区群众生活情况，鼓励干部群众要团结一心、共度难关。对福建为解决群众生产生活问题所采取的各种措施予以肯定。

根据省委的精神，全省各地迅速行动起来，“以十二条政策为动力，把安排群众生活作为一切工作的基础，带动全面，促进生产”①。南平地区共动员 35925 万人，组成专业队上山采集各种代食品 3527 万斤，顺昌、建瓯等县已有 94% 的食堂实行了粮代混吃，全区已有不少食堂基本做到 20 斤口粮过 30 斤生活。同时，全区还加工储存了 1667 万斤代食品，以保证农忙时多吃一些粮食，多吃一些代食品。由于各地发动群众大搞代食品生产度荒，使“社员看到了粮代可以基本保证，人心安定，生产情绪很高，有力地促进了生产”②。

鉴于有些地方存在伸手向国家要粮的思想，没有积极去发动群众生产自救的现象，省委于 1961 年 2 月 13 日又发出《关于立即在农村展开生产自救运动的紧急通知》。号召全党动员、全民动手，把抓好、办好食堂，管好粮食和大力开展生产自救，列入全党的中心任务来抓。鉴于南瓜是一种高产的早熟作物，具有营养价值高，既可做菜食，顶口粮，又是很好的饲料，且生长结实时间短，房前屋后、田边地角都可以种植，不与粮食争地的特点。省委在作充分调查研究的基础上，要求各地发动群众大种南瓜，可以集体种，也可以个人种；可以利用田边、地角、房前、屋后零散土地种植，也可以在土地肥沃的山上种或开荒种植。城市有条件地方也应种植，开展一个家家、户户、队队、城镇、机关、部队、企业、学校、居民大种南瓜的群众运动。并坚决执行谁种、谁收、谁吃用

① 《省委粮食办公室给省委的报告》，1961 年 1 月 28 日。

② 《省委粮食办公室给省委的报告》，1961 年 1 月 28 日。

的政策。不论集体或个人种植南瓜，国家一律不规定收购任务。除了种植南瓜以外，“木茹、蕉芋、木豆的种植季节也将到来，各级党委也要注意及早安排，力争多种、广种。”①

在省委的进一步部署下，各地的生产自救工作取得了新的进展，由原来主要靠集体统一安排，向发动群众、自己动手进行生产自救方面转变。南平地区在劳力使用上，采取春秋大忙前三七开的办法，即七天集体劳动，三天让群众搞代食品。厦门地区则在春节前，把20%—30%的劳动力用于大搞代食品，把70%—80%的劳动力用于积肥备料②。晋江地区对早熟作物进行排队，列出60日早稻、60日早地瓜、荞麦、马铃薯、小米、春大豆、春玉米、早高粱等8种早熟粮食作物，和早南瓜、春包菜、茄子、菜豆、空心菜等早熟瓜菜，供群众自由选择种植，还解除了江河池不准群众捕鱼的禁令，大抓渔猎，改善生活。福安地区在沿海发动群众向海进军，捕捞各种贝类，打捞青苔。在山区则发动群众向山进军，采挖橡子、山粉等。

三明市为了解决原来工人骤增而带来的生活物资紧张的问题，采取了一手抓生产，一手抓生活的措施。特别是针对市内粮食奇缺，粮库无粮，而在百里以外的明溪境内胡坊、盖洋等一些闭塞的山村，却因为交通不便，中华人民共和国成立以来国库里囤积着大量粮食无法运出来的情况，市委决定在各厂组织挑粮队进山挑粮。经过一个月的艰辛努力，运出了470万斤粮食，对解决当时的市区粮荒、稳定人心起了积极的作用。随后，全市广大职工又掀起开荒种地的热潮，在山上、河滩开垦荒地，种上瓜菜，一些工厂还成立了专业生产队，实行大集体、小集体与个人相结合的办法开荒种植，有的还建立了蔬菜、肥料基地。一些有条件的工厂还组织人力挖渔塘、盖猪棚，建立副食品生产基地，饲养鱼及猪、鸡、鸭等家畜家禽。据统计，全市各厂在一个月内共开荒种菜1146.4亩、杂粮79.35亩、油菜89.1亩，养猪1623头、家禽243只、鱼34万尾。大规模的生产自救，使全市职工的生活得到了改善，稳定了职工的

① 《中共福建省委关于发动群众大种南瓜的通知》，1961年3月6日。

② 《省委工作会议小组讨论情况简报》，1961年2月5日。

情绪。

由于政策得当明了，迅速发挥了作用，大大地提高了广大群众生产自救的积极性，有效地改变了广大农村的萧条现象，出现了新的面貌。搞得较好的晋江地区，经过生产自救运动，广大农村的生产生活面貌发生了四大变化：一是集体和小自由的粮食收入增多。南安丰州公社 8000 多户、4 万多人，小自由和计划外超产部分可收 320 万斤，每人平均 70 多斤，可顶 3 个月的口粮。当动员支援灾区时，社员就自报要多卖粮食 13 万多斤。二是土地面积扩大。由于贯彻小自由政策，允许社员小量开荒，使生荒、熟荒、“十边地”都开垦起来。永春县共开了 1.3 万亩的荒地，并都种上了作物，获得较好收成。三是家禽家畜有所发展。全区大部分乡村鸡鸭已接近或超过 1958 年上半年的水平，安溪感德有 1/3 的大队达到每户一头猪。四是病人减少，体质增强。德化县水肿病人从原来的 8000 人左右，下降到 2600 多人。大田县犯四大疾病的人员从原来的 3 万多人，下降为 8700 多人。五是农民积极修建房子、仓库、厕所，添置农具、家具，社会秩序安定，小偷小摸减少①。

三、大力压缩减少城镇人口

造成全省粮食严重短缺，不仅是因为农业的连年减产，也由于城镇人口的猛增，粮食销量直线上升。从 1958 年起，全省城镇的粮食销量不仅挖了农民的口粮，而且也挖了国家的库存。1958 年 6 月底，全省国家库存的粮食有 10.57 亿斤，至年底仅半年时间就锐减为 5.58 亿斤，1959 年减少为 4.62 亿斤，1960 年则减少到 3.67 亿斤，已远远超过最低限度的 6 亿—8 亿斤。所以，解决农村粮食严重短缺的问题，必须努力减少城镇人口，压缩粮食销量。

为此，中共福建省委在发动农村群众进行生产自救的同时，于 1960 年 12 月 3 日发出了《关于压低城镇非农业人口口粮定量，安排好生活的指示》。指出为了克服粮食所面临的问题，全省城镇、工矿企事业口

① 《省委三级干部会议情况简报》，1961 年 11 月 6 日。

粮定量在20斤至25斤原粮的标准水平再降低2斤贸易粮，以减轻农村的征购压力。尽管如此，1961年全省的粮食形势仍然十分严峻。全年粮食产量仅为66亿斤左右，为此省委决定全年征购粮食21.5亿斤，约占产量的32%，比1959年减少2亿斤左右。省委也“曾经考虑过按照当前农村生活情况和过去的经验教训，还应该再少征购一些，才能更好地使农民得到休养生息恢复生产”。但是由于三年来基本建设上马过快，城镇的人口增长过猛，虽然对城镇人口的口粮进行了压缩，但必不可少的统销量，还依然要比1957年多，仍无法进一步减少粮食的征购量①。

不仅如此，随着城镇人口口粮标准的压低，城镇的问题也随之出现，各部门开始纷纷向省委告急。省教育厅反映全省各地有相当一部分中学生口粮标准过低，每月仅有原粮20斤左右。龙岩地区学生每天吃米在9两以下的约占50%。由于生活困难，严重影响了学生的健康和学习。省委得知这一情况，为了保证学生的口粮，不得不于1961年3月6日发出了《关于解决学生口粮问题的通知》。要求“各地重视上述情况，对初中以上学生的口粮标准，每月按23—28斤大米的幅度进行调整。今后所有全日制中学以上学校的教职员工和学生的口粮，均应列入城镇供应计划”②。福州铁路局党委也反映在压低铁路职工吃粮标准后，铁路系统职工由于粮食不够吃，水肿病逐月增加，仅有3.2万多职工的铁路系统，出现了5737个水肿病人。为解决铁路系统出现的问题，省委也决定给铁路职工增加口粮标准。省运输厅也反映，从事搬运装卸的重体力劳动职工，每月一般口粮都被压低了5—7斤，有的压了10斤。龙岩、福安有的最低的每月只有26斤，临时工仅有15斤。由于劳动繁重，粮食定量降低以后，严重影响了工作效率。有些地区只能工作半天，夜间不作业。结果造成物资大量积压，交通阻塞，影响生产。为了解决这一问题，省委决定从1961年4月份开始，每月向运输行业多投入7.5万斤的粮食。

① 《杨文蔚同志关于粮食问题的发言》，1961年7月12日。

② 《中共福建省委关于解决学生口粮问题的通知》，1961年3月6日。

在城乡的粮食均在告急，拆东墙补西墙的办法无法解决问题的情况下，省委下决心“力争将发证供应人口加以压缩”“首先将三年来从农村转到城镇和工矿企业的劳动力动员20万—30万人回农村和参加农业生产建设。这不仅可以解决粮食供应问题，而且对于大办农业和全面地发展农村经济，以及长远地解决本省粮食问题，也有很大的好处”[①]。

1961年4月10日，省委成立了省委压缩劳力工作领导小组，专门领导城镇人口的压缩工作。5月中旬，省委在福州召开压缩城市、工矿企业劳力会议，8月17日，正式发出《关于减少城镇人口和压缩粮食销量的方案》，在今后两年内，全省压缩城镇人口40万人，压缩统销人口64万人，使农业人口与统销人口的比例，从1961年的3.1∶1，逐步达到4∶1。精简的重点放在工矿企业，高等和中等学校，国家行政机关和事业单位，以及小城镇由农村转入的人口等四个主要方面。

《方案》要求工矿企业应首先精减停建和缓建单位的职工。原材料、燃料不足的单位进行合并，或分别采取减班次、并车间、停部分设备等办法精减职工。社队企业一般要求亦工亦农，农忙务农，农闲做工。城镇中一些手工业或季节性生产的工厂，凡是有条件亦工亦农的，也应采取工农业相结合的经营方式。对于木材、煤炭、铁路、重点矿山以及少数必保的骨干企业，必须按照先进的定员定额，认真精简。

文教部门遵循适当缩短战线、集中力量、提高质量的原则，把精简重点放在高等和中等学校在校学生，撤并一部分学校。农村学生尽量安排在农村就学，城镇学校尽量少招农村学生。凡要求回乡参加劳动的在校学生都应准许回乡，已经自动回乡的学生不再动员回校。不能继续升学的农村高、初中毕业生，一律动员回农村劳动或工作，任何部门和企业、事业单位不经批准均不得招收。

国家机关和所属事业单位根据精简上层、补充下层，加强生产第一线，裁减重迭组织，合并业务相近的机构，合理调整各种事业机构的原则进行精减。省、地、县三级以1960年9月底人数为基数，精减20%—50%。人民公社的编制按原区乡编制不增不减，由各地区包干使用。凡可能

① 《杨文蔚同志关于粮食问题的发言》，1961年7月12日。

回到农村的工作人员都应积极动员回到农村去。必须新建和适当充实的机构，所需增加的人员，应在现有职工中调整，不准在社会上招收。1958 年以来从农村抽调出来的社队干部，应尽量动员回到农村去，干部和职工的家属，凡家住农村，本身有一定劳动条件的，应动员其回农村，年老体弱但家中有人赡养的，应在完全自愿的原则下动员回农村。

省委在下发《关于减少城镇人口和压缩粮食销量的方案》的同时，要求各级党委把减少城镇人口和压缩粮食销量，提高到保证经济建设和其他各方面事业继续前进的一项十分重要的政治任务的高度来看，痛下决心，抓紧时间，切实加强领导，放手发动群众，在八、九两个月内做出显著成绩。根据省委的要求，各地各部门迅速行动起来，采取有效措施，大刀阔斧地精简城镇人口和压缩粮食销量。省委组织部和省编制委员会制订了《关于继续贯彻执行精简县以上各级行政、事业单位机构编制方案》，要求严格核定编制，省级行政机关核定编制为 4464 人，实有 7031 人，超编 2567 人[①]。

工交系统是精简的大头，省委要求从工交系统精减职工 20 万人。为此，省委工交部从机关干部做起，决定从 15 个厅局机关、28 个事业管理机构和 96 个省属企事业生产单位的各类干部中，精简 11245 人，占原有干部数的 33.04%[②]。省计经委党委也很快制订了《关于工交系统企业调整和精减职工方案》，仅冶金部门就精减 70.2%[③]。

城市人口最为集中的省会城市福州市的精简工作，采取领导和群众相结合的方法，充分发动群众，揭发劳力浪费现象，用撤、并、缩、合的办法，大刀阔斧地紧缩机构，挤出一切能够挤出的劳力，加强基层，加强农业第一线。到 12 月底，全市行政机关共缩减科室 70 个，精简下放干部 1993 人。同时开展城市支援农村、工业支援农业、大办农业、大办粮食的群众运动。至 1961 年底，全市人口 725182 人，比 1960 年减少

① 福建省委组织部、省编制委员会：《关于继续贯彻精减县以上各级行政、事业单位机构编制方案的报告》，1961 年 10 月 14 日。

② 福建省委工交部：《关于省属行政、企事业干部精减和调整的意见》，1961 年 9 月 30 日。

③ 《中共福建省委批转省计经委党组关于工交系统企业调整和精减职工方案》，1961 年 9 月 6 日。

21278人。其中城镇人口584064人，占80.5%，比重下降了2.9%。全市全民所有制企、事业及机关单位职工164655人，比1960年末减少44116人，精简22.2%，全年工资总额8928万元，比1960年减少1254万元，下降12.49%①。厦门市委在全市党政机关行政编制2590人中精简10%；在全市工厂、企业中，要求非生产人员精减2000—2250人，占总数的21%—24%，精简后非生产人员占工厂、企业职工总数的比重减到9.5%—10%；文教卫生系统的财政人员、辅助人员和服务人员也精减170—256人，占员工总数的10%—15%。经调整后，1960年，全市（不包括同安）党政群机关行政部门和企事业单位精简2500—2800人。其中干部精简大约1880人，服务人员大约精简920人。另外，随住机关的干部家属，也动员返乡参加生产。

1961年全省各地各部门减少城镇人口的工作，是以压缩粮食销量，缓解粮食困难为目的的，即省委所要求的“减少城镇人口和压缩粮食销量必须结合进行”，“减少城镇人口必须表现在压缩粮食销量上”②。由于目的明确，措施坚决，收到了明显的效果。既减少了城镇人口，压缩了城镇统销人口，也清理了在城镇的农业和半农业人口，有效地压缩了粮食销量。这对于缓解全省粮食供应紧张状况，解决群众生活困难，起到了积极作用。

① 福州市委压缩城镇人口与粮食销售销量工作领导小组：《关于福州市精减职工减少城镇人口情况和企业调整意见的报告》，1961年9月27日。

② 《中共福建省委关于减少城镇人口和压缩粮食销量的方案》，1961年8月17日。

第十一章 对国民经济实行“调整、巩固、充实、提高”

第一节 从农业入手调整国民经济

一、开展整风整社

面对三年“大跃进”造成的严重后果和困难局面，1961 年 1 月，党的八届九中全会正式通过了“调整、巩固、充实、提高”的八字方针，并决定从 1961 年起，在两三年内对整个国民经济实行调整。调整的中心内容是国民经济各方面的比例关系，主要是调整农业、轻工业、重工业的比例关系，调整积累和消费的比例关系，使国家建设和人民生活得到统筹发展；巩固国民经济发展中的成果，使其向纵深发展；以少量的投资来充实一些部门的生产能力，使其成龙配套，发挥更大的经济效益；提高产品质量，增加产品品种，提高管理水平和劳动生产率。由此，“大跃进”运动实际上已被停止，国民经济进入了调整阶段。

农业是国民经济的基础，国民经济的调整也自然从农业抓起。1961 年 1 月 13 日结束的中共中央工作会议通过了《关于农村整风整社和若干政策问题的讨论纪要》，决定从整风整社入手对农业进行调整。根据中央精神，中共福建省委迅速做出部署，在全省范围内开展整风整社运动，方法上采取“在普遍召开县委扩大会议和四级干部会议解决了县委领导上的问题之后，采取了集中兵力打歼灭战和点面结合的方针，组织了 2 万多人的工作队，重点抓住三类社队的问题，同时以退赔为中心，开展‘面’的工作”。很快在全省 5300 多个大队开展了整风整社运动，并取得了初步成效。以当时经济情况最为严峻的龙岩江山公社为例，该社的 9 个大队均被定为三类队。3 年以来抛荒土地 4977 亩，占耕地面积的 27.1%，1960 年粮食比 1959 年减产达 51%，全社 1960 年死亡人数为 354 人，占总人口的 5.6%。开展整风整社后，工作队连续开了 19 次群众大会进行宣传，初步贯彻了政策，情况迅速改变。铜钵大队当天下午开了群众大会，晚上社员就主动排工，第二天一早即出工 269 人，除病人外几乎全部出动，一天就整好秧地 102 亩，小麦施肥一次。南交村的 5 个小队正月初二决定分自留地，初三就出工整好秧地，初五浸种。并将劳力分成两部分，一部分人上山搞食品解决吃的问题，一部分人下田大搞备耕，开展生产自救运动。通过整风整社，广大农村沉闷萧条的状况为之改变。但是，在整风整社中也存在一些过“左”的行为。即一些干部认为有些公社和大队的领导权，绝大部分被地富反坏分子和蜕化变质分子所篡夺，所以采取了撇开当地组织整顿三类社队的不恰当做法，并在实施过程中出现了混淆两类不同性质矛盾打击面过宽的现象①。

1961 年 3 月 8 日，省委下发了《中共福建省委工作会议及常委会议关于农村整风整社和当前工作问题的纪要》，进一步强调指出：“整风整社运动是巩固发展农村人民公社具有历史意义的运动，是关系到农业过关的重大问题，任务十分艰巨，必须把运动坚持进行到底，把问题彻底加以解决。”对整风整社中必须注意解决的问题做了明确的规定。

4 月 1 日至 8 日，省委在福州召开工作会议，传达贯彻《农村人民公社工作条例（草案）》（即“六十条”）和《中央关于讨论农村人民公社工作条例草案给全党同志的信》，以及毛泽东关于调查研究工作的指示

① 《中共福建省委工作会议及常委会议关于农村整风整社和当前工作问题纪要》，1961 年 3 月 8 日。

精神，并联系实际，检查总结了三年来的经验和教训。省委认为三年来农村工作中出现的种种问题，其主要的原因：一是调查研究少了，不能按实际情况办事。因此就出现了“人有多大胆，地有多大产”，“指标越高，干劲越大”，“高指标、高计划、高包产”的三高要求，并主观地采取“倒种春”“越密越好”等，造成了严重的后果。二是领导机关存在官僚主义和只愿听好的，不愿听坏的作风，而且工作一般化，事事都是一律的要求，没有因地制宜，导致基层明知不对，只好硬着头皮蛮干，将错就错。三是各级领导存在怕犯“右倾”错误的倾向，认为“左”比右好，“左”了退一下就行，右了则要受处分。因而，决定一个问题，干一件工作，要上胆子很大，要退则顾虑重重。往往胡吹蛮干的人成了“先进分子”，坚持实事求是的人被扣上“右倾”的帽子。不少基层干部就因“右倾”而被处分。四是认为社队规模越大越好，供给部分越多越先进，一味追高级、求形式，并采取大兵团作战，拉平分配，“三奖一包”没有了，评工记分吹掉了，多劳不能多得，多劳不能多吃，弄得社员劳动效率不高，人心不定[①]。

省委在认真总结经验教训的基础上，要求全省各地深入宣传贯彻《中共中央关于农村人民公社当前政策问题的紧急指示信》(即“十二条”)和《农村人民公社工作条例(草案)》，对照检查前一段的整风整社工作，继续解决未了的问题。至1961年5月，全省有93.15%的生产队已将“十二条”“六十条”同群众见面，在广大群众中产生了积极的反响。不少群众反映，是“双喜临门”，“十二条”定了心，“六十条”有了劲，社员增干劲，干部增信心，土地增粮食，国家增财富。许多社队开始出现人心定、干劲足、生产好、百业兴的好势头。各级干部特别是基层干部学习后，更是心情舒畅，解除了包袱。“过去群众有意见不敢往上谈，群众不愿办的事硬着头皮往下贯，谈了怕‘右倾’，不谈怕挨整，夹在中间两头为难。现在可以反映真实情况，按照实际情况办事了”；“过去公社包办，大队独揽，小队无权，千斤担子一人挑，事情没办好，现在有

① 《中共福建省委给中央、华东局的报告》，1961年4月19日。

了章程，千斤担万人挑，今后工作好办了”[①]。正因为如此，各地在宣传贯彻“十二条”“六十条”过程中，普遍都解决了一些群众迫切要求解决的问题。

社队的规模，是广大群众最关心和最迫切要求解决的问题。由于规模过大所导致的“五难一拉平”，即安排生产、生活、劳动力难，评工记分难、验收难，穷富队一拉平的状况，给农业生产带来了严重的后果。为此，各地在整风整社中普遍对原有的公社规模进行调整。全省的公社数由原来的526个，调整为1602个，每社平均户数由原来的5679户，减少为1865户。所属大队从原来的每社平均15.6个，减少为每社9.5个。全省的大队数从原来的8276个，调整为15281个，所属的户数由原来的每个大队平均340户，减少为195户[②]。与此同时，各地还对生产队的规模进行了调整，使生产队的规模大大缩小。

在公共食堂方面，各地积极贯彻“积极办好，自愿参加，形式多样”的原则，先是多数地方保持了农忙劳力食堂的代炖饭，群众在家做菜等形式，也有的地方因为口粮过低和居住分散、燃料困难，已分散做饭不办食堂。1961年夏季，省委正式通知各地停办农村公共食堂，全省农村的公共食堂也随之先后停办。

在分配方面，各地积极贯彻多劳多得的原则，努力减少供给的份额。福安地委在广泛征求社员意见后，提出了几条分配原则：（1）超产粮按劳动工分分配，拿出部分按交肥数量分配，还可以拿部分奖给工分、肥料超定额的。（2）基本口粮25斤中，可以拿2到5斤按劳动工分分配等，但口粮不能低于20斤。（3）超产小队中个别不好好劳动的人，按其未完成底分的比例照扣，但口粮不要少于20斤；减产的小队中有的人劳动很好，如因赔产口粮达不到25斤的，可多于一般人，但也不应超过25斤。（4）不搞集体生产只搞个人副业的人，不能拿钱买工分，要少吃（搞手工业或大队包给的副业定额除外），但也不要少于20斤[③]。

退赔是整风整社中的一项重要任务，是纠正“一平二调”的重要措

① 中共福建省委：《关于宣传贯彻六十条情况的简报》，1961年5月4日。

② 《龙岩、福安等地要求批准恢复部分县的建制和调整社的规模》，1961年。

③ 中共福安地委整风整社办公室：《关于地县书记蹲点情况汇报》，1961年5月6日。

施。省委根据中共中央《关于坚决纠正平调错误，彻底退赔的决定》，于1961年8月制订了《1961年退赔计划》，要求退赔工作必须先集中解决国家、集体向群众直接平调的问题，先解决当前群众生产、生活上迫切要求解决的问题，解决最困难的贫农、下中农、侨眷、侨属和困难队的问题。退赔必须以实物为主，也可以退一部分现金，先实物后现金。退赔工作必须充分走群众路线，一切有关退赔的事情，都要交给群众讨论和评议，退赔工作中的重大问题，都要经过生产大队和生产队的社员代表大会或者社员大会充分讨论，民主决定。省委还对退赔工作的进度做了具体的安排，要求年内全部退还，不能全部退清的，经过协商分期退还。无偿调用劳动力的工资，除大炼钢铁经过群众同意可以不再清算之外，年内也应先退还一部分，其余部分发给凭证，分期分批退清①。

为确保退赔工作的进行，中央向福建下拨了6000万元，省财政也拨款5000万元，专（区）、县、市财政和专（区）、县、市企业退4000万元②，社队退9500万元，共计退赔款达28000万元。省计委调拨了钢材3171.65吨，其中用于制造小农具2332.82吨，炊事用具788.83吨，修建房屋50吨；生铁4860.07吨，其中用于制造农具1660.07吨，铸锅3200吨；煤炭4860吨；木材91135立方米，用于内修缮和重建房屋51000立方米，用于制造小农具、日用炊具40135立方米。为了保证退赔实物的制造，省手工业管理局采取措施，组织了专行专业制造，恢复传统产区、产品。将已升级并厂的原合作社（组）单位划出，转业的技术工人归队，建立专业生产。并要求生产必须切实保证产品的质量，不合质量的产品不准出厂。产品要张牌标价，做到包退包换包修。退赔物资一律实行由退赔单位及基层供销社或受退赔社员以现款自由选购，不得派售③。

由于省委采取有力措施部署退赔工作，并在十分困难的条件下，为退赔工作提供了财物的条件，从而使退赔工作取得了迅速的进展。不少地方下了“倾家荡产退赔”“破产还债”的决心，向群众退赔了大量的

① 《中共福建省委1961年退赔计划》，1961年8月。
② 福建省商业厅党组：《关于省拨退赔经费分配的意见》，1961年7月。
③ 福建省手工业管理局：《1961年下半年退赔实物的生产安排意见》，1961年7月。

实物和款项。有的把招待所、办公室的窗帘、台布、被褥、桌椅板凳和其他生活用具都用来退赔。这些退赔行动，对于贯彻执行党的政策，取信于民起到了积极的作用。同时，对于解决群众的生活问题，恢复农业生产也起到了一定的作用。但由于公社化以来平调的量很大，涉及面广，且情况又错综复杂，导致各地、各部门的退赔工作进展的不平衡，有的地方退赔工作拖得过长，有的地方甚至出现新的平调。但总的来说，整风整社运动特别是退赔工作，一定程度上改变了农村面貌，为农业生产的恢复和发展打下了良好的基础。

二、大兴调查研究之风

正当全省上下开展整风整社、纠正“一平二调”之时，毛泽东于1961年1月13日向全党提出了大兴调查研究之风，使1961年成为实事求是年的倡议。同年3月23日，中共中央发出《关于认真进行调查工作问题给各中央局，各省、市、区党委的一封信》。信中提出：“县级以上党委的领导人员，首先是第一书记，认真学习毛泽东同志的思想方法和工作方法，把深入基层（包括农村和城市），蹲下来，亲自进行系统的典型调查，每年一定要有几次，当成领导工作的首要任务，并且定出制度，造成风气。”[①] 根据中央的要求，从中央到地方，各级领导人纷纷走出机关，深入基层进行比较扎实的典型调查。

福建省委积极贯彻中央指示，4月12日，省委第一书记叶飞率领省委调查组赴惠安县小岞大队进行调查研究，了解群众的要求和生产管理上存在的问题。发现小岞群众对干部意见较多，干部中存在“五风”问题，当时县委和入驻的工作组在该队的归类问题上存在分歧。叶飞通过召开座谈会，深入到一线干部和社员中了解情况，作出小岞大队属于一类队的结论。随后叶飞把宣传贯彻“农业六十条”与整风整社结合，对群众最关心的社队规模、粮食分配等问题展开调查研究，并带头参加

---

① 《关于认真进行调查工作问题给各中央局，各省、市、区党委的一封信》（1961年3月23日），中共中央文献研究室编：《建国以来重要文献选编》第14册，中央文献出版社1997年1月版，第226页。

生产劳动。通过调研，叶飞为当地制订了社队规模调查方案，还就粮食分配、包产、自留地和生猪、耕牛、家禽等问题，提出了一些适合当时实际的具体解决办法，调动了群众的劳动生产积极性。随后叶飞赴闽南、闽北，对食堂问题进行调研，发现为了大办公共食堂，许多地方收回了分给社员的自留地，并改变了口粮分到户的做法，不仅造成粮食的浪费，而且社员生活大受影响。于是叶飞提出要把群众自愿参加放在第一位，真正按照群众的意见去办事。

5 月 17 日至 18 日，省委召开常委扩大会议，叶飞就一个多月进行调查研究中接触到的食堂、供给制、粮食、恢复供销社和手工业社、农村劳力、社队规模、渔业、山林和整风整社等问题作了报告。随后，在庆祝中国共产党成立 40 周年大会上，叶飞又发表了《发扬实事求是、调查研究的优良作风》的报告，号召党员干部加强学习马列主义、毛泽东思想的基本原理，自觉地改进思想方法和工作方法，掌握社会主义经济建设的规律。7 月底，省委又召开高砂调查研究座谈会，主要研究农村工作、粮食问题、山林所有制、经营管理和农村财贸工作等问题。

在省委主要领导带动下，调查研究的风气在全省兴盛起来。省委、省政府负责同志以及地、县负责人都带头深入基层调研，省、地、县及省直各部门都专门成立了调查组，对农村的各类问题展开了深入的调查研究，并分别向省委上报了调查材料。在短短的几个月内，省、地(市)、县形成了数百份的调查材料。这些材料涉及大队的组织规模、队与队、社员与社员之间的平均主义、“四包一奖”、劳动工分值、劳动管理、公共食堂、整风整社、压缩劳动力的安排使用、所有制问题、分配问题、自留地、基本核算单位等问题。其中对于分配、自留地和基本核算单位等问题，反映的最为强烈。种种调查材料表明，这些问题解决得好，“是农村大好形势的一个重要因素。”[①] 副省长刘永生也率队到闽西等地调研，在调查报告中反映道：在永定跑了几个地方，所到之处，不论田头、屋角、路边、溪旁，到处都种了瓜、菜、豆、茹等作物，有些二三十年的荒地荒坝也开垦了。田园里瓜大豆肥，菜绿蔓青，家禽也有发展，鸡多鸭多，

---

① 《叶飞给书记处、闽侯地委及范式人、赵毅的信》，1961 年 10 月 21 日。

病人减少，社员体质有了恢复和增强。群众都说今年不怕了，社员分了自留地，又开荒扩种，每家每户多的可以收几百斤，最少也有几十斤[①]。尽管如此，但调研中还是发现存在不少问题，一些农村基层干部主观主义、官僚主义较为严重，自私自利，多吃多占，受“左”的思想影响，对待群众态度野蛮，调查研究不够，有些工作不切合实际，瞎指挥，对生产造成影响，引起群众不满。

与此同时，国务院副总理邓子恢和最高人民检察院检察长张鼎丞，相继回故乡福建进行调查研究。邓子恢、张鼎丞是闽西革命根据地创始人，对闽西老区人民有着深厚的感情。由于“大跃进”和人民公社运动的错误给闽西造成了极其严重的后果，不少闽西群众写信给张鼎丞和邓子恢，反映农村所出现的种种问题和困难。特别是永定金砂还有几个社员赴京去找张鼎丞，向他反映群众的口粮太少，吃不饱饭和饿死人的情况。为此，张鼎丞带领调查组回到福建，深入到闽西各地进行细致的调查。他一方面亲自到龙岩、永定、上杭、武平等县，深入到公社、大队和生产队，找干部群众进行座谈，广泛地了解情况；另一方面，将工作组人员分成两组，选择两个点进行重点的调查研究。因为福建省委在给中央和华东局关于龙岩地区发生人口非正常死亡的相关报告中，把粮食大量减产造成龙岩地区人口死亡的主要原因，归结于“民主革命不彻底，阶级敌人复辟，坏人掌握了领导权，疯狂地进行阶级报复”。为此，张鼎丞决定对当时被认为民主革命彻底的永定县西溪公社，和当时被认为民主革命不彻底的龙岩县江山公社，进行典型的调查研究。经过认真的调查研究，张鼎丞得出了实事求是的结论：“闽西地区民主革命基本上是彻底的，虽然不彻底的地点和方面也有，但是极少数。不然前八年粮食产量之所以能够直线上升，就难于得到正确的回答。”正如在他给华东局和中央的报告中所指出的，“过去曾经认为是民主革命不彻底，这次据我的调查，主要原因还是刮‘五风’”。

当邓子恢得知龙岩老区群众的疾苦时，饱含深情地对家人说：“我

① 《刘永生给省委的报告》，1961 年 8 月 18 日。

们过去革命靠谁？还不是靠老百姓。没有他们送米送饭，你喝西北风去！现在他们有困难，我们就要去看他们。”于是，他在参加广州会议后即抱病赶回福建。在漳州地区他把龙溪地委和一些县委的领导同志请来，向他们讲解了《农村人民公社工作条例（草案）》精神，听取他们的情况汇报。随后带工作组赴九湖公社林下大队调查。林下大队是芦柑盛产区，芦柑的年收入占总收入的40%。公社化后，由于果树“大拉平”，果树逐年减少，果品出售量大幅度下降。由于以生产大队为基本核算单位，队与队之间的平均主义现象，不仅表现在果树的平调上，同时也表现在分配上。1960年各生产队上交大队的纯收入高低悬殊，而分配回生产队的工资、奖励和粮食等，各队之间却没有多大差别，穷队吃富队的问题十分突出。工作组根据在这里调查的情况，写出了《九湖公社林下大队的调查报告》。《报告》指出：林下大队许多生产队提出独立核算的要求是正当的。因为，队与队之间的占有和收入悬殊较大，分配上的平均主义较严重。如果大体上以现在的生产队为基本核算单位，以现在的生产大队为公社，上下都不必作较大变动，既有利于发展这种特种经济作物的生产，又有利于劳动人民之间的团结，可以更好地调动干部和农民的积极性，这无疑对生产力将真是一个大解放。《报告》还指出：由各生产队调出的果树，都应该归还原队；商业部门收购柑桔，最好采用定购合同制。5月23日，邓子恢将这一调查报告上报中央，引起了中央的高度重视，中央于28日批转了这一《报告》。

张鼎丞得知邓子恢也来到福建，便赶往漳州会合。这两位曾一同出生入死的老战友，怀着沉重的心情交换了调查情况，即于4月15日一同驱车赶往龙岩，开始新的调查研究。并将调查研究的结果上报中央，供中央决策参考。邓子恢于5月13日给中央写了《关于闽西农村调查的报告》，有针对地提出了一系列建议：一是食堂应该全部停办，办食堂害多利少，甚至有害无利；二是实行“一包两照顾”是适宜的，大部分群众都不满供给制，而对“一包两照顾”拍手称快；三是耕牛、农具应为生产队所有；四是应允许社员开荒，谁开谁种谁收，但开荒也应加限制，限制到相当于现有自留地的数量；五是粮食包死产利多害少，以后增产不增购，减产不减购。这可以高度发挥农民生产积极性，对农业增产将起到极大作用；六是口粮上应该保证多劳多吃；七是要迅速固定林权[①]。

邓子恢的这些建议，再次得到了中央的高度重视。5、6月间，中共中央在北京举行的工作会议制定的《农村人民公社工作条例（修正草案）》，吸收了邓子恢所提出的大部分意见，对中央纠正“大跃进”以来在农村实行的“左”的政策，起到了重要的作用。同时，邓子恢在福建作调查研究期间，经常与福建省委领导交换意见，并在各种场合发表的重要讲话，都直接了当地提出自己的观点。比如他在龙岩地委机关党员干部大会和县委书记会议上的讲话时，就尖锐地指出：“从1958年下半年开始，就刮‘共产风’，一平二调，收回自留地，乱并社队，又破坏了所有制，破坏了农业生产力，因而招致减产”“大兵团作战是最愚蠢的办法，是发疯，完全破坏了责任制，浪费劳力”。邓子恢的这些正确观点，对于福建省纠正“左”的错误起到了重要的指导作用。

张鼎丞在进行充分调查研究的基础上，也向中央和华东局及福建省委提交了《关于闽西工作情况和意见的报告》。《报告》不仅反映了闽西农村存在的各种问题，分析了造成这些问题的原因，而且对干部的政策问题也提出了自己的见解。他指出：目前许多干部特别是广大基层干部，思想情绪很不稳定。突出表现在对整风有顾虑，怕犯错误，怕挨斗争，怕受处分。因此有些干部明哲保身，缩手缩脚，不求有功，但求无过，不敢领导，办事总靠“左”边走。有些干部打报告要求回家生产，不当干部。据几个地方的典型调查，不愿意当干部的占10%—20%，有的达半数以上。造成这种现象的原因主要是惩办主义的风气严重，不是从思想上政治上去说服教育，动不动就搞组织处罚。对此，他提出：在整风运动中，必须坚持爱护、团结、教育、改造的方针，发扬最广泛的民主，采取和风细雨、摆事实、讲道理的方法，进行耐心细致的说服教育，分清是非，提高水平，团结我们的队伍。对于犯了错误的干部，一定要以与人为善、治病救人的精神，满腔热情地耐心细致地帮助他们认识和纠正错误。必须做组织处理的，只能是极少数，而且必须根据批判从

① 《邓子恢传》编辑委员会著：《邓子恢传》，人民出版社1996年7月版，第539—540页。

严、处理从宽的原则，在分清是非后，实事求是地处理。“对于过去不应处分而被处分的干部，不论是内部处分或者法律处分，都应当结合整风运动，有领导、有步骤、有条不紊地予以平反”①。

中央收到张鼎丞《关于闽西工作情况和意见的报告》后，十分重视，于7月9日将《报告》批转给福建省委，中央在批示中指出：“张鼎丞同志6月3日关于闽西工作情况和意见的报告，中央认为是正确的，可作省委的参考。”刘少奇写了批语：“必须充分估计农村形势的严重性，以及转变农村形势和整个国民经济形势的艰巨性”②。福建省委对此十分重视，当即开会研究了贯彻落实意见，并在给中央和华东局的报告中表示：“同意张鼎丞同志6月3日关于闽西工作情况和意见的报告。”并将张鼎丞的报告印发给地、市、县委，“以提高干部思想认识，认真总结整风整社工作经验。”③全省各地在认真传达张鼎丞给中央的报告的基础上，有针对性地解决一些实际问题。

三、农村政策的逐步调整

由于在“大跃进”运动中对农村劳动力调得过多，粮食收成减低，加上还要对城镇和参加“会战”的人员给予口粮补贴，造成粮食进一步紧张。为此中共中央发出指示，提出“吃饭第一”的精神。通过整风整社运动，特别是经过深入调查研究后，福建省委逐步认识到农村所出现的种种困难，与现行的所有制和分配制度有着直接的关系。于是，省委根据中央指示精神，下决心努力解决农村生产关系问题，除了强调巩固以生产大队为基本核算单位的人民公社三级所有制，生产大队对生产队实行“三包一奖”（包工、包产、包成本和超产奖励），保护生产队的小部分所有制外，在扩大生产队的自主权，进一步发挥社员的积极性方面，也采取了一些有力的措施。如在完成包产任务的条件下，允许小队利用冬闲田种植蔬菜，在冬种田套种作物，收入全部归小队所有；鼓励开

① 张鼎丞：《关于闽西工作情况和意见的报告》，1961年6月3日。

② 中央文献研究室编：《刘少奇年谱》下卷，中央文献出版社1996年9月版，第359-360页。

③ 《福建省委给华东局、中央并主席的报告》，1961年7月。

荒种植作物，所得全部归小队所有，不计产、不计购；恢复社员的自留地，鼓励社员发展养猪等家庭副业生产；允许少数民族搞些小量的贩卖等①。这些措施突破了原来“一大二公”的束缚，有效地调动了农民的积极性，对于广大农村恢复生产、度过难关起到了积极的作用。

自留地问题是农村政策中的一个重大问题。据调查材料表明，自1958年以后，广大农村的自留地一直呈下降趋势。在1957年底，全省社员的自留地593700亩，占总耕地面积的2.67%，至1960年底自留地剩下431300亩，占耕地面积的2.17%。而在一段时间内，有不少地方甚至取消了农民的自留地。在中央下达“十二条”后，省委把恢复农民的自留地作为生产自救的重要措施来抓。全省的自留地面积增加到610100亩，占总耕地面积的3.07%。1961年5月22日，省委作出了《关于社员自留地的规定》，规定社员自留地的标准可按每人平均土地占有的5%分配，一般每户应有2—4分，最多不超过5分，最低不少于1分5厘地。根据这一规定，各地纷纷增加社员的自留地，自留地的比例有较明显的增加。至1961年6月，全省自留地增加到864109亩，占耕地面积的4.7%②。

但是，各地的情况不尽平衡，特别是在沿海人多地少的地方，人均耕地面积仅有5分地，甚至只有2—3分。若按5%—7%的比例划自留地，每人只有2.5—3.5厘，五口之家的农户也只有1.25—1.75分的自留地。“这显然是太少了，不能解决什么问题”“口粮标准低，社员的家庭更需要从自留地上取得口粮的补充”③。而且，不少地方还存在自留地数量没有留足的现象，有的地方社员的自留地只照规定标准给一半，另一半是冬田，社员只能种一季。有不少地方食堂散了，但2%的菜地没有分还给社员。有的地方还以社员自己的开荒地、十边地去顶凑自留地。而且，社员所分的自留地普遍质量较差，有的地方把离家很远的山地分给社员作自留地，有的生产队为了三包超产，把生产队的远地坏地

① 《中共福建省委关于鼓干劲大抓备耕生产的指示》，1961年3月1日。

② 《关于自留地的情况综合》，见《福建工作情况》，1961年9月1日。

③ 《叶飞给书记处、闽侯地委及范式人、赵毅的信》，1961年10月21日。

去换社员自留地的近田好田。由于社员的自留地离家太远，致使社员工余时间无法利用，辅助劳力不能发挥。针对这一情况，省委于1961年8月26日发出了《关于在人多地少地区社员自留地可达10%的通知》。规定在人多地少地区的社员自留地一般应占耕地的10%，土地特少的地区还可多于10%。沿海地区每人自留地可达1分左右，山区每人可达2分左右。并明确规定社员自己开垦的土地和十边土地不包括在自留地之内。

1961年秋季，华东各省发生严重的自然灾害，福建灾情更为严峻。莆田县在二十天内多次受到海水、洪水、台风的侵袭，眼看马上要收成的稻子，被洗劫一空，有的只收一二成，口粮问题是雪上加霜，全县平均每人每月只有12斤原粮，每天只能吃四五两，甚至二三两，有的地方已经断炊。在此情况下，省委第一书记叶飞参加华东局召开的生产救灾会议回福州途中，直接在南平下车，到建瓯、水吉、建阳农村调研考察。随后在南平召开会议，决定鼓励社员抗灾保产，进行生产自救。会后，叶飞又带队赴宁德霍童调研，了解群众生活状况，看到当地群众因为高征购而生活困难。

鉴于这些情况，叶飞又深入莆田进行调查研究，在广泛听取社员的要求和意见的基础上，大胆提出了采取“一人一分自留地，冬季自由种一季”的办法进行生产救灾。所谓“一人一分自留地”就是进一步放宽自留地的政策。原来莆田县因为人多地少，每人自留地只有五厘（有的地方更少，只有二厘左右），一户五口之家只有二分半的自留地，解决不了口粮的问题，只能解决吃菜的问题。为此，省委决定增加农民的自留地，每人增加到一分。这样五口之家就有五分，可以将三分地用于种粮食，二分地用于种菜。一家的自留地就可以收粮食500斤左右，按五口人计算，一人平均就有一百斤，可以解决3个月的口粮。所谓“冬季自由种一季”，就是冬种让社员自由种一季，不顶口粮，不计征购。社员一家一户除了自留地外，再从冬闲地中分给他们自由种一季，每户按五口之家计算分给一亩，一亩可以收200斤，每人可得40斤，这样也可以解决1—2个月的口粮。为此，叶飞在莆田县生产大队支书以上干部会议上的讲话中明确指出：“总之，两个办法三句话：一人一分自留地，冬季自由种一季，解决2—3个月口粮。这次都不顶基本口粮来计算，不计征购。这是最好的救济办法，这样才不会饿死人。其实质也是当前情况促生产的最好办法之一。”①

这一措施得到省委的同意，在全省各地实施后很快发生效果。三明地区在人多地少的地方，实行一人留一分自留地，特别是在粮食产区，每户留给一亩左右的好地，并允许开垦同等数量的荒地。有些地方还每户供应3斤杂粮种子用于自由一季的种植②。晋江地区要求在不影响明春种植计划面积，不影响生产队的扩种面积，不能不下肥料抽瘦田底的条件下，广泛地推行自由一季。并在借田给社员时，适当照顾人口多劳力少的家庭，疾病困难户，平常多干集体活而开荒不多的家庭，并适当照顾刚回乡的复员军人和民工③。闽侯地区的福清县实行自由一季后，冬种粮食作物面积由13万亩扩大到25万亩，加上自留地5万亩，占耕地面积50%多，超过以往任何一年④。总之，“一人一分自留地，冬季自由种一季”的政策，是中共福建省委当时农村政策的重大调整，群众称之为“救命政策”。这个政策，对于充分发挥农民的生产积极性，恢复和发挥农业生产起到了重要的作用。

分配制度是与群众利益密切相关的一项重大农村政策。1961年8月，省委为了实现在完成粮食包产60亿斤的基础上超产6亿斤的目标，决定在原有“三包一奖”的基础上，推行分配大包干。即大队对生产队实行征购粮（包括机动粮）包干上缴，公积金、公益金、管理费包干上缴，生产队经营的全部产品和收入，除完成包干上缴任务之外，完全由生产队自行分配，自负盈亏，多产多分多吃。在实行大包干中，采取土地归大队所有，各生产队占有土地以“基本不动，个别调整”为原则。耕畜有的地方折价归生产队所有，也可仍归大队所有，保本保值固定给生产队使用，繁殖、添购由生产队负责，归生产队所有。农具除机械化和半机械化农具仍归大队所有，其余原折价入社的农具都折价转归生产

① 《叶飞同志在莆田县生产大队支书以上干部会议上的讲话》，1961年10月13日。

② 《中共福建省委三级干部会议情况简报》第11期，1961年11月7日。

③ 《中共福建省委三级干部会议情况简报》第11期，1961年11月7日。

④ 《中共福建省委三级干部会议情况简报》第17期，1961年11月8日。

队所有。生产队分摊粮食包干上交任务的基数,有的按当年三包产量作为包干上交基数,有的则以1959—1961年平均产量作为基数,有的以原来的三定产量作为基数。机动粮食按全年征购任务的3%—5%提取,公积金一般占定产的3%—5%,公益金按1%—3%提取。

根据省委的指示,各地的分配大包干由点到面迅速展开。三明市从1960年10月开始了基本核算单位下放推进分配大包干的试点。生产大队对生产队实行“一定”“六包”,即定基础产量(值),包上交国家征购粮食,包上交国家派购经济作物和农副产品,包上交大队机动粮,包上交公积金,包上交公益金,包上交管理费。南平地区采取生产大队对生产队实行包产、包工、包成本和超额奖励的“三包一奖制”。可以一年一包,有条件的地方也可以两三年一包。包产指标经社员充分讨论,真正留有余地,使生产队经过努力有产可超,并且将超产的大部或全部奖给生产队。生产队为了便于组织生产,允许划分固定的或者临时的作业小组,划分地段,实行小段的季节的或者常年的包工,建立严格的生产责任制。林业、畜牧业、渔业和其他副业生产,耕畜、农具和其他公共财物的管理,也都实行责任制,允许责任到组和个人。

分配大包干的实施,进一步扩大了生产队的自主权,一定程度上体现了责权利的统一,在广大农村产生了立竿见影的效果。首先,表现在社员的出勤率的提高,秋收进度加快,冬种生产面积扩大。为了抢时间,社员起早摸黑抢收,并全面复打稻草、颗粒归仓。其次,表现在产量落实,征购任务完成快。原来有不少生产队为多吃粮存在着瞒产现象,大包干后这种现象得到了扭转。再次,表现在社员当家作主,责任心增强,主动性提高。在秋收前,社员们每天晚上组织轮流护秋;在秋收中则边秋收边积肥;秋收后积极修水利、积肥、选种、添置耕牛农具,并制订因地制宜的种植计划。广大社员的生产积极性空前高涨,广大农村呈现出一派繁忙的景象。

在分配大包干的基础上,全省各地又陆续出现了包干到户的生产形式。起初,由于受自然条件的限制,仅在一些单村独户中实行,后由于该形式更有利于社员劳动积极性和主动性的发挥,于是在各地逐渐推广开来,但形式各不相同。有的以田定产、包产到户、按户奖赔;有的常年包工到户。有的地方是大队工作组发动社员进行包产到户；有的地方则是社员自发搞的，并约法三章，“不准外传”；有的地方干部、社员甚至表示“即使去劳改，也要包下去。”[①]据福安、龙岩、晋江、闽侯、南平、三明、厦门等七个地（市）的不完全统计，包产到户的有2688个生产队，占这些地区总队数的3.53%。其中龙岩地区包产到户有705个生产队，占全区总队数的5.49%；福安地区包产到户的有766个生产队，占全区总队数的4.58%[②]。全省各地包干到户的户数虽然仅占较小的比例，但在广大社员中产生很大的影响，各地相互仿效，范围不断扩大。

从经济核算单位下放发展到“大包干”、包产到组、包产到户乃至“自由一季”的做法，是全省各级党委特别是基层党组织和广大农民群众，根据中央的指示精神，结合农业生产的具体实践，探索创造的结果，对发挥广大农民的生产积极性，度过农村最困难的时期，起到了至关重要的作用。尽管这些做法与当时中央的政策有矛盾之处，甚至有一些同志认为，这“是不少人在纠正‘五风’中迷失方向，自发资本主义思想抬头；也有些人是思想糊涂，头脑不清醒，执行政策中左右摇摆；再就是经营管理跟不上的结果”。但基层的干部乐于接受，广大农民群众又热烈拥护，在广大农村推广得十分迅速，并发挥越来越大的作用。因此省委没有采取简单的办法予以取缔，而是及时召开工作会议，研究农村有关政策，通过了《关于农村人民公社基本核算单位下放和大包干工作中若干问题的处理意见》，对于农民自发实行的“包产到组”“包产到户”的做法，省委一方面指示：“那种认为‘生产队越小越好’，甚至要求包产到户的思想，是错误的。对于已经包产到户的，应在基本核算单位下放工作中，经过社会主义教育，重新组织起来。”另一方面，也要求“各级党委应切实掌握实际情况，认真贯彻执行中央关于度过春荒克服当前粮食困难的紧急指示，大力开展生产度荒。各地应认真总结推广群众中的生产渡荒经验，广辟门路”。[③]并要求指导社员搞好“小自由”的生产，

① 《中共南平地委批转地委农工部关于处理包产到户的情况综合报告》，1961年7月8日。

② 中共福建省委整风整社办公室，《关于包产到户的情况》，1961年。

③ 《中共福建省委关于当前工作安排意见的报告》，1962年4月13日。

“不要追查粮食的产量，更不得强迫或者变相强迫群众报告‘小自由’的家底”。正由于省委对于“包产到户”等一些社员自发采取的做法，存在着矛盾的心理，而且在措施上强调采取“使情况逐步改变过来，但不能操之过急和重犯强迫命令的错误”。所以，广大农村以包产到户为特点的农业生产责任制，虽名不正但却广泛地存在着。同时在沿海市县也实行了渔区基本核算单位下放和大包干试点工作，收到成效。

通过对中央“十二条”等的贯彻，调整了农村的生产关系，特别是经济政策，有效地纠正了农村中存在的问题，调动了广大农民的生产积极性，有力地促进了农业生产的恢复和发展。对此省委认为，“本省总的形势是好的，农业上确实已经好转，农村中最困难的时候已属过去，农业生产上的形势已经形成。”①

第二节　工业调整方针的提出和初步贯彻

一、实施工业支援农业的方针

中央提出调整国民经济的八字方针后，在将近一年的时间里，从中央到地方都把主要精力放在对农业的调整，而对于工业的调整尚未有足够的重视。一方面，由于农村的问题已到迫在眉睫，非解决不可的程度；另一方面，对于国民经济的调整尚未有全局的认识，存在着工业本身并没有问题，是农业拖了后腿，只要农业有个丰收，工业还可以继续跃进的思想。正是在这种思想的指导下，对工业的调整起步迟、步子也慢。实际上在钢铁和其他重要工业产品产量“超英赶美”思想的指导下，“大跃进”运动中一哄而起全民办厂，特别是大炼钢铁，造成了国民经济比例关系严重失调。为了缓解农业日益严重的困难，同时，为了加强福建的特产行业林业，省委在调整之初，就强调工业要支援农业和林

① 《各地贯彻省委三级干部会议情况》，1961 年 12 月 30 日。

业，但并没有从经济结构的高度调整比例关系，因此“开头，大家对工厂下马停建，都感到可惜，舍不得放弃”①。1959年中央下给福建的停建项目5个，省里只停3个，三明钢铁厂、漳平煤矿未停。1960年中央下达停建11个项目，省里只停8个，三明重机厂、厦门电厂、厦门糖厂未停。

1961年3月27日，省委在批转省委工业支援农业办公室《关于1960年工业支援农业工作情况和今后工作的意见》中强调指出：“大搞工业支援农业的群众运动，争取今年农业生产获取一个较好的收成，这是全党全民的重大任务。”并要求1960年工业支援农业的重点放在增加小农具为中心的农机具生产与化肥农药的生产，并做好推广使用工作。

为了贯彻省委这一精神，省委工业支援农业办公室要求全省工交系统每一个部门、企业，都必须认真地从上而下，从下而上地检查总结工业支援农业的工作，并制订今后支援农业的规划与具体措施，切实贯彻执行。同时还必须逐步做到熟悉农业生产，了解农业的需要。为了充实和加强农机具的修造力量，加快了“五匠”的归队工作，建立起小农具修理组、站、网，将县及县以下的机器厂划归农械系统并指定一定的专（市）属机械厂承担农机具的修、造任务。对小农具生产实行“三定”（定厂、定人、定任务）。对于生产小农具所需的物资，如钢材、生铁、煤炭、木材、毛竹、棕、麻等，纳入计划，保证供应，优先调拨，优先运输，做到随需随运，快装快运，材料到厂，专材专用。并从农械、机械、交通三个部门，抽调2000名技工带薪支援农村。

在加快小农具的生产支援农业的同时，省委采取了有力措施，增加了化肥的生产。首先，加强对企业的管理，对化肥厂实行“六定”（定任务、定设备、定干部、定工人、定原材料供应、定消耗定额），并在企业中大搞技术革新，提高技术水平。其次，对于生产化肥的企业实行原材料与维修、配套设备保证供应，特别是所需的燃料按质量专门调拨，实行专煤专用。第三，加快化肥厂的建设，要求新建的5个小合成氨厂力争早日投入生产，并为其他化肥厂新增设备。

① 《梁灵光回忆录》，中共党史出版社1996年11月版，第385页。

由于福建是全国重要的木材生产省，福建的木材生产，不仅关系本省需要，而且关系到华东和全国的需要。1961 年国家下达给福建省 360 万立方米的建材任务，但从第一季度的生产情况看，形势十分严峻。全省到材量为 13.4 万立方米，仅完成季度计划的 21.9%，外调木材 11.6 万立方米，仅完成一季度外调的 26%。针对这种情况，省委一方面发出了《关于大抓木材生产的紧急指示》，采取紧急措施加快木材生产。另一方面，则要求工业部门大力支援林业的生产。首先，组织工交部门加快伐木工具、运输加工机械的生产和供应，以保证木材砍伐和运输的需要。其次，组织交通运输、机械等部门，突击抢修林业部门及交通运输部门损坏的汽车，以增加运输能力①。第三，从全省县管以上工业及基建系统现有职工中，抽调劳力支援国营林业、装卸部门。从建筑系统抽调 3 万人，轻工系统抽调 9000 人，冶金系统抽调 1.5 万人，机械系统抽调 7000 人，化工系统抽调 3000 人，水电系统抽调 1000 人，闽江工程局抽调 1 万人，共计 7 万人。除一部分投入煤炭生产外，其余均投入林业生产②。

随着省委支援农业、支援林业等措施的出台，全省工业企业的状况有了一定程度的改观，初步调整了工业企业内部的生产结构，精减了一部分职工，生产效率也得到一定的提高。但是，工业的被动局面远未摆脱。

由于农业连续遭受两年严重的自然灾害，影响了工业原材料的供应，1961 年轻工业的原料比上年同时期有较大幅度的下降。而粮食定量压低之后，职工的生活安排一时跟不上，在一定程度上影响了职工的体力。工交系统发生水肿病的曾一度达到 4.5 万人，特别是森工、煤炭、冶金、搬运等重体力劳动的生产受到了较大的影响。同时，工业内部的一些薄弱环节日益显露出来，特别是燃料不足的问题更加明显。1961 年第一季度由于全国煤炭减产，国家为了保重点，把调进福建的指标从 20 万吨调整为 10 万吨，而实际调进 9.46 万吨，比上年同期减少

① 《中共福建省委关于大抓木材生产的紧急指示》，1961 年 3 月 3 日。

② 福建省计划委员会党组：《关于今年一季度工业生产情况和二季度工业生产安排意见的报告》，1961 年 4 月 9 日。

30%。省内煤炭的调运因优先保证粮食运输，只完成 16.7 万吨，为计划的 74%，比上年同期下降 26%。而为了保证生活用煤，又压缩了工业用煤供应数量。煤炭供应不足严重地影响了工业的生产。工业企业内部的工人情绪也不稳定，仅工交系统春节前后私自离岗或请假不归的就达 2 万余人。[①] 正因为如此，1961 年上半年全省工业总产值仅完成 7 亿元，为全年计划的 30.5%，相当于 1960 年上半年的 1/2；煤、铁、钢产量及木材到材量都比 1960 年同期大幅度下降，形势十分严峻。

导致这样的被动局面，除了“大跃进”留下的后遗症外，在主观上，各级党委对于工业企业的调整认识不足，对于八字方针在各行业各厂矿中的具体贯彻措施不力。一些部门在安排和组织生产时，注意本部门本企业的充实，忽视全面的调整。所以，进一步加强对八字方针的认识，对工业企业进行全面的调整已是势在必行。

二、调整工业内部结构

针对福建工业的严峻形势，省委就工业问题接连举行了几次会议，总结工业发展的经验和教训，研究对工业进行调整的措施。

省委在 1961 年 4 月制定的《关于工业若干问题》中，对于工业的调整作出了明确的规定。指出要把工业支援农业放在首要的地位，今后工业生产建设的规模和发展速度，要考虑农业可能提供的劳力、粮食和原料等问题，应该和农业的发展相适应，超越这个可能不仅会妨碍农业生产，而且也妨碍工业的发展。除此以外，工业要大力支援农业，主要是从技术上装备农业，加强农业的技术改造，提高农业劳动生产率，逐步实现农业现代化。工业部门应该根据农业的实际需要，不违农时地生产更多、更好的农械、农具、化肥和农药等生产资料支援农业，并尽可能生产农民所需的生活资料产品，供应农村。要保证产品的质量，降低产品价格。工业各部门要注意节约劳动力和土地，不能过多地占用农业劳动力和土地，更不能用平调的办法来发展工业。目前各个厂矿企

---

① 福建省计划委员会党组：《关于今年一季度工业生产的情况和二季度工业生产安排意见的报告》，1961 年 4 月 9 日。

业应继续压缩劳动力，加强农业生产第一线；今后在实行定员定额后，工业支援农业的劳动力，应该在不影响工业正常生产的前提下，根据农业生产的某些特需，抽调适当数量的职工进行短期支援。要加强厂社挂钩，并做到固定化、经常化、制度化。

在工业计划问题上，省委指出：过去在计划工作上，对高速度注意得多，对按比例注意得不够，以致基础工业重点过重，挤掉了一些轻工业和手工业；基建规模过大，影响了生产；加工工业发展过快，原材料工业跟不上；抓了工业生产，厂矿内外交通运输仍是薄弱环节。所以，在计划安排上要贯彻农、轻、重按比例发展的方针，全面安排、保证重点、综合平衡、留有余地。在生产和基建的关系上，要先生产后基建，坚决缩小基建规模，集中力量首先解决当前生产上急需解决的配套工程；在轻重工业的关系上，要千方百计把轻工业安排好，特别是在农业未过关、轻工业减产、市场供应紧张的情况下，增加轻工业的生产尤为重要；在加工工业和原材料工业、工业生产和交通运输的关系上，要大力加强煤、矿等采掘工业和木材等原材料的生产，努力改变交通运输落后于工农业生产的情况。

在基本建设问题上，省委指出：工业的建设应根据国家需要和国防需要，在国家和协作区统一计划和安排下，进行合理布局，那种要在一个省内建立自己的工业体系的设想是不切实际的。在布局中一方面要注意利用原有的工业基础，适当地进行扩建和新建，使它发展壮大；另一方面应根据各地经济特点，在原料、燃料、交通运输条件较好的地方建立起一批新工业基地。应树立全面观点，严格控制建设计划，认真执行基建进度。而基本建设必须贯彻大中小结合，以中为主，土洋结合，从土到洋的方针，企业建设规模的大小，必须根据资源的条件，结合企业生产的经济合理性，实事求是地加以确定。资源分散的只适宜发展中小企业，资源集中有条件发展大中企业的，一般也应从小到大，逐步扩大。大企业虽是社会主义工业的骨干，但不能为数太多。而中小企业则有投资少、材料设备省、建设快、便于大家动手的优点。必须土洋结合，从土到洋，逐步提高。建成后要注意整顿提高，加速技术改造，提高工效，节约劳力，提高质量，减少消耗，降低成本[①]。

省委通过对“大跃进”以来的工业发展的经验教训的总结，及对实施八字方针近一年工业情况的分析研究，对于工业发展的规律有了进一步的认识。对于如何结合本省的实际情况，发展工业也有更切实际的思路。这就为实施对工业的调整，乃至于整个国民经济的调整明确了指导思想。

1961年8月下旬至9月下旬，中央在庐山召开工作会议，会议通过的《关于当前工业问题的指示》尖锐指出：调整工作已经丧失了一年多的时间，现在再不能犹豫了，必须当机立断，该退的就坚决退下来，而且必须退够，切实地进行调整的工作。如果不下这个决心，仍然坚持那些不切实际的指标，既不能上，又不能下，那么我们的工业以至整个国民经济会陷入更被动更严重的局面。根据中央的精神，省委进一步检查了本省工业的发展情况，认识到工业生产的实际情况与原定的计划指标相差很远，在短时间内也不可能有较大幅度的增长，必须对工业生产计划指标进行全面的调整，并进一步确定了计划调整的原则：(1)必须坚决贯彻以农业为基础的方针，有计划有组织地缩短工业战线，压缩劳力，加强农业战线，对支援农业的产品，千方百计地争取多产。(2)调整轻重关系，缩短重工业和基本建设战线，加强轻工业的生产，对城乡人民生活必需的轻工业产品，应千方百计地争取多产，以缓和市场的紧张情况。(3)对全国和省内全局有影响的原材料的生产，在不影响农业生产的前提下，力争多产；对加工工业应根据原材料、燃料供应的实际可能情况，进行平衡、安排生产，并应尽可能把生产指标集中安排于消耗低、质量好的企业。(4)认真注意克服计划高指标的缺点，调整计划应考虑企业的劳力、技术、原材料及其他客观条件，力求指标落实，留有余地，使各部门、各地区、各企业经过努力后，有产可超。(5)指标落实下来后，应争取主动，调动广大职工的积极性，认真抓企业调整，解决工业生产中的薄弱环节，把生产搞上去，特别是把支援农业的产品和工业材料的生产搞上去。

---

① 中共福建省委：《关于工业若干问题》，1961年4月19日。

根据上述调整原则，工业的调整围绕着支援农业、调整工业内部结构、增强薄弱环节而展开。在人力方面，工业部门各行业的职工从1960年底的77.9万人，压缩为55.9万人，共压缩22万人，其中少数用于工业内部调整，大部分用于支援农业；在物力分配方面，优先保证农业的需要，煤炭原按206万吨（省外调进106万吨，省内运出100万吨）进行分配，直接和间接用于农业的为16.5万吨；而在煤计划减少为138.1万吨时，仍保证直接和间接用于农业的为15万吨。优先安排支援农业的产品，铁质小农具由原来生产800万件，分配钢材6000吨，调整为1450万件，钢材增加为7245吨。并安排生产手推车轮25万轮，农业排灌和渔用动力机7.5万马力，动力机、拖拉机配件290万元，化肥的生产比1960年增长160%。

在轻工业生产方面，对于不是以农副产品为原材料的产品，如盐、机制纸、搪瓷、日用陶瓷、火柴、胶鞋、力车轮、保温瓶等力争多生产；对于以农产品为主要原料的产品，如糖、罐头、卷烟、肥皂等，则根据原料供应的条件，尽可能地集中安排于技术水平较高、产品质量较好、原料消耗较少、成本较低的重点企业生产，使有限的原料资源，得到合理的使用，充分发挥其经济价值。而对于那些对农业生产有影响的产品，如土纸、松香、毛竹等，则根据备料的实际情况和劳力的可能条件落实调低。从总体上看，轻工产品比原计划调低20%—30%，但用煤分配量只调低4%，用煤所占比例由9.5%上升为13.6%。

重工业特别是钢铁生产的调整，则根据煤炭和矿石等的资源条件和农业生产、轻工业生产、市场需要等情况来安排。由于煤炭的分配首先安排市场生活、轻工业生产和支援农业用煤，其次安排必要的发电和交通运输用煤，然后再安排钢铁工业用煤。这样，钢铁工业用煤就由60万吨减少为23.5万吨，分配量调低了64.5%，所占比重由29%下降为17%。钢铁工业在煤炭供应不足的情况下，考虑到农业、轻工业和人民生活对生铁的需要比钢更迫切，则采取先保炼铁的需要，用余力再安排炼钢的方针。1961年生铁生产5.7万吨，比原计划14万吨调低59%；生产钢1.5万吨，比原计划4万吨调低62.5%。钢铁生产任务调低后，为了提高质量，降低成本，把生产任务集中安排于三明钢铁厂、福州八一钢铁厂和厦门铁厂 3 个点生产。

对于煤炭生产和调运，虽然根据主要矿井的生产能力和工作面的情况，以及交通运输条件中变化的情况，年产量安排为 90 万吨，比原计划 160 万吨调低 44%，调运量安排 76.6 万吨。但由于煤炭的生产是福建经济发展的一个薄弱环节，是制约经济正常运行的重要因素，为此，在调低生产指标的同时，又强调在生产措施上，要切实贯彻煤炭生产中的各项政策，使现有生产矿井的掘进与回采的比例关系逐步走上正常。对于新投产的矿井严格按规定办事，对基建矿井采取集中力量打歼灭战的方法，分批分期突击，做到建好一个再建一个，建完一个，正常投产一个。并要求所有煤矿都必须进一步做好职工政治思想工作，安排职工生活，调动广大职工的生产积极性，提高工效，保证任务的完成和超额完成[①]。

通过对工业各部门指标的调整，初步改变了工业内部结构的不合理现象。1961 年全年工业总产值为 15.6 亿元，比原计划 23 亿元调低了 32%，相当于 1960 年的 62.5%。缩短了重工业的战线，重工业的产品钢铁、机械的指标下降幅度较大，而支援农业的生产资料的几个主要品种的产量一般都比 1960 年增长 50% 以上。轻工业日用品的生产下降幅度较小，恢复较快，个别品种还有所增长。全省工交系统企业，在 1960 年底的 2543 个的基础上，减少 748 个。从企业规模看，压缩的主要是县属小土群和布点不合理的小型厂矿，调整后使保留的企业提高了开工率。并调剂了部分企业和劳力，加强手工业生产，全省从事手工业生产的劳力从 1960 年底的 4 万人，增加到 15 万人。全省职工精减 29.3 万人，超额完成全年精减 27 万人的计划，其中回农村的约占 80%，大量增加了农业战线的劳力。与此相应的减少了工资总额和粮食统销量，缓和了农村对城市供应的压力，减轻了国家财政支出。与此同时，精干了企业职工队伍，提高了劳动生产率，1961 年 9 月份比 1—8 月份平均提

① 福建省计划经济委员会党组：《关于 1961 年工业再生产计划调整意见的说明》，1961 年 7 月 7 日。

高了 8.4%[①]。工业的调整取得了初步的成果，但这些成果主要是体现在工业内部结构上，而对于企业生产和管理工作的问题仍未得到解决。

三、强化工业企业的整顿和管理

由于福建工业企业在“大跃进”中一个战役接着一个战役，忙于完成建设任务，完成工业指标，而思想工作、组织工作和管理工作却被忽视，结果积压下许多问题有待于解决。在干部的思想作风方面，浮夸风、瞎指挥风、强迫命令风、生活特殊风，以及本位主义、分散主义普遍存在，畏难松劲情绪、空谈不实的作风也相当普遍地存在。在企业领导和管理制度方面，党委集体领导下的厂长负责制不健全。党委包揽行政事务过多，放松了思想政治工作，削弱了组织工作；各种责任制没有很好的建立起来，老企业有章不循，新企业无章可循，生产秩序混乱；不少企业不讲经济核算，劳力、设备、资金、原材料、燃料管理混乱，家底不清；不少产品质量差、成本高、工效低，原材料、燃料消耗定额高、事故多。在职工队伍方面，由于新工人多、青年工人多，农村新参加的工人多，不同社会阶层的思想习惯都带进工人队伍中来，导致职工思想混乱，劳动纪律松懈，向往农村“小自由”和“自由市场”，不安心在企业工作，甚至自动离职回乡[②]。

针对这些状况，省委工交部在对工业比较集中的福州、厦门、三明进行试点的基础上，在全省工业企业开展了整风运动。通过反对脱离实际、脱离群众的浮夸风、命令风、瞎指挥风、生活特殊风，树立一切从实际出发，深入实际、深入群众，与工人“四共同”的思想作风；反对资本主义经营思想和经营作风，反对本位主义、分散主义和“共产风”，树立为人民服务的思想，全局观点，一盘棋思想；反对党不管党，一揽子领导方法，树立党委领导的厂长负责制，加强思想政治工作；反对企业管理无人负责的混乱现象，克服“供给制”思想、大少爷作风，建立

① 福建省计划委员会党组：《1961 年调整情况和 1962 年继续调整的意见》，1961 年 11 月 19 日。

② 中共福建省委工交部：《关于我省工业交通企业如何开展整风运动的初步意见》，1961 年 4 月 8 日。

计划、财务、技术管理制度，树立勤俭办企业的思想作风，以求达到总结经验、转变作风、端正态度、健全制度、整顿队伍、鼓足干劲搞好生产的目的。

随着整风运动的开展，全省工业企业的面貌有了较大改观。(1)工人的出勤率高、工时干足、工效提高、产量上升。南平大风伐木场开展整风运动后，出勤率从82%提高到93%；劳动工时从每天4—5个小时到干足8小时。建瓯县溪东伐木场吴垱工区69个工人由原来一天集材80立方米，提高到179立方米；运材也由130立方米，提高到200立方米。闽侯地区永泰县柯坪洋伐木场的水运，由过去的25人一次流放100立方米，提高到20人一次流放230立方米。(2)产品质量有了较显著的提高。福建机器厂在整风运动中用解剖“麻雀”的办法，解剖了一台120匹煤气机，检查了104个零件，发现95%的零件有毛病。工人们由此深切感受到了质量问题的严重性，从而提高了工人的质量意识，提高了产品的质量。据福州市统计，整风运动后38种主要产品质量，基本达到国家标准或质量明显提高的有20种，质量稳定的有9种。三明钢铁厂生铁的合格率达到了100%。(3)加强了经济核算，降低了成本，企业的亏损情况有了一定的好转。许多企业从加强财务管理、节约原材料、燃料消耗等方面入手，加强企业的经济核算，努力降低成本。据全省火力发电厂的综合统计，平均每度电耗煤炭从1.096公斤下降到0.876公斤。煤矿坑木消耗由30.59立方米/千吨下降到25.94立方米/千吨。部分原材料不足、任务吃不饱的企业，积极利用边材、下脚料，开辟原材料来源，不仅维持了企业生产，而且也解决了部分亏损企业的财政困难。据统计，省、专属亏损企业由79个，亏损1333.8万元，下降到56个，亏损220.5万元。有些企业还从亏损转为盈余。(4)加强了清理物资工作，取得了初步成效。晋江县在8个厂中清理出生铁182吨，废钢25吨；永春县清理出煤粉5000多吨；福州电线厂清理出普通钢材160吨，生铁50吨，硝化棉10吨；福州二化清理出厂内库存的物资900万元；漳州市清理出来的积压物资有200万元，占全年物资总库存1162万元的17%，占定额流动资金763万元的26%。经过清仓工作既防止了浪费，又缓解了企业的物资困难，同时也使企业从“向上伸手”转为“眼睛向下”。

1961年9月16日，中央颁发了《国营工业企业工作条例（草案）》（简称“工业七十条”）。“这是当时用于克乱求治、整顿工业企业的一个重要文件，也是我国第一部关于企业管理方面的章程。”①“工业七十条”公布后，全省掀起了学习的热潮。各地根据中央的指示和省委《关于讨论和试行国营企业工作条例（草案）的指示》，先后召开了专门会议，层层作了研究部署，全面展开了对条例的学习。各地在普遍开展学习的同时，选择不同类型的企业，组织工作组进行试行。全省工交系统试行单位共42个，在取得试点经验后，全省各企业采取由干部到工人，由骨干到群众，先全文宣读，然后进行重点讲解，漫谈讨论，再组织专题研究。在学习讨论提高思想认识的基础上，从定、保、奖入手，制订各种定额和奖励制度，逐步建立与健全各级责任制度，首先是党委领导下的厂长负责制。

“工业七十条”的学习和试行，在广大职工中产生了强烈的反响。工人们普遍反映：“工业七十条”是八字方针的具体化，对于改变企业的不利局面将起到十分重要的作用。

首先，提高了干部职工的思想认识，稳定了情绪、稳定了队伍，出现干部努力抓好管理，积极安排好生产，工人关心生产、关心质量、关心技术进步、爱护机器设备的新气象。福建机器厂冷作工场原来60%青工不安心，向往农村的“小自由”，通过学习后，认清了形势，提高了认识，都表示要安心岗位工作，搞好生产。其次，根据不同行业和不同类型企业的实际情况，普遍制订了“五定”“五保”②，明确了企业的责权利，增强了职工的主人翁意识，有利于企业实际问题的解决。南平通用机器厂在查固定资产、查工具、刀具的消耗定额、查各项费用支出、查工时利

---

① 薄一波著：《若干重大决策与事件的回顾》下册，中共党史出版社2008年1月版，第951页。

② 五定：定产品方案和生产规模，定人员和机构，定主要原料、材料、燃料、动力、工具的消耗定额和供应来源，定固定资产和流动资金，定协作关系。五保：保证产品的品种、质量、数量，保证不超过工资总额，保证完成成本计划，并且力争降低成本，保证完成上缴利润，保证主要设备的使用期限。

用情况的基础上制定“五定”“五保”方案，提出了合理的定额。原来每月提取折旧4400元，经过精打细算，定为每月提取1535元，比原来降低55.1%。漳州麻纺厂的原料国家只能保证供应5%，在“五定”中定原料成为最大的难题。为此，工人发挥主人翁的精神，克服埋怨依赖情绪，提出以提高野什纤维混纺比例，来料卖成品、来料奖成品、巩固和发展现有协作关系，争取多购野什纤维等措施，来解决原料的问题。第三，推进了制度的建立、改进和实施，改善了企业的管理。闽东电机厂确定了以厂长为首的各科、室、车间、小组的生产指挥责任范围，并结合原有规章制度订出了具体细则和职工岗位责任制。交通厅航管局上游船舶修造厂改进了发料工作，主动送料到组，并对生活困难户和学徒考工升级对象作全面的调查摸底，主动关心职工的生活和工作。

“工业七十条”的学习讨论和试行，使工业企业的调整由工业发展指标和速度的调整，发展到对工业企业内部管理的改进和完善。企业管理的改进和完善，促进生产的稳步增长，产品质量的大幅提高、产品品种的显著增加，大大改善了工业企业的困难局面。

第三节　统一思想认识加大调整力度

一、七千人大会精神的贯彻

1962年1月11日至2月7日，党中央在北京召开扩大的中央工作会议，共有代表7000多人，因此又称七千人大会。召开这次空前规模的大会的目的，是进一步总结经验，统一认识，增强团结，动员全党更坚决地执行调整方针，为战胜困难而奋斗。福建的省、地（市）、县委，重要厂矿企业负责人共166人参加了大会。听取了毛泽东、刘少奇、朱德、邓小平等在大会上所作的报告和讲话。与会的福建代表普遍感到听了中央领导的报告和讲话，深受感动和鼓舞。认为中央指出了党内民主生活的问题，确实抓住了根本问题，抓住了要害。

大会讨论期间，周恩来总理参加了福建组的讨论，表示“中央和毛主席派我来福建组的，要解决问题，不然不好向毛主席汇报。大家都认真准备一下，一定要把问题讲出来”①，并连续三天听取了福建组的讨论发言。在发言中，与会的福建代表畅所欲言，反映了福建存在的不少强迫命令、浮夸和讲假话，以及党群关系紧张等情况。周恩来听后充分肯定这些发言“都是很健康的”。他说：“你们已经说了很多，主要是对省委说的，但也说了许多是中央的事情，这一点我是心中有数的。”②讨论期间，周恩来问及福建省的县委书记有多少是福建人，是福建人的举手。结果举手的只有闽清县委书记叶明根。对此，周恩来颇有感触地说：反地方主义又来个补课涉及面太大，这样搞法不对头、不正常，要平反。

2 月 3 日，周恩来在福建小组会上发表重要讲话，共讲了大会形势、检讨原则、检讨方针、检讨目的、错误的责任、“山头”问题、干部关系、批评的原则、斗争的规律、前途的信心等十个问题，并着重强调要“说实话，鼓真劲，做实事，收实效”。他说：“这几年来，党风不纯，产生了浮夸和说假话的现象。我们要提倡说真话。怎样才能做到这一点呢？要大家讲真话，首先要领导上喜欢听真话，反对说假话。如果你乱压任务，结果像同志们所说的，他就会准备两本帐，揣摩一下才讲，看你喜欢听什么再讲什么。这的确是一个党风问题。”“从现在起，不要乱压任务、乱戴帽子。要提倡讲真话，即使是讲过了火的也要听。”周恩来特别强调要“说真话，鼓真劲，做实事，收实效。这四句话归纳起来就是：实事求是。”“如何做到实事求是？首先要通过认真的调查研究。要调查研究得好确是不容易的，因为现在已经有四年浮夸风气，不易一下子改变起来。”“现在造成的这种形势，一定要改变，下决心改变。要搞好调查研究，就要真正联系群众。”③

周恩来的讲话切中时弊，感人肺腑，使与会的福建代表深受教育。

---

① 张维兹：《七千人大会周总理在福建组》（2001 年 9 月），张次愚主编：《上善若水——张维兹纪念文集》，第 37 页。

② 《周恩来在中央工作会议上的讲话记录》，1962 年 2 月 3 日。

③ 《周恩来在中央工作会议上的讲话记录》，1962 年 2 月 3 日。

当天下午，省委第一书记叶飞也在全省大组会议上诚恳地作了自我批评。他主要对1958年头脑发热、刮“共产风”、农业生产上的瞎指挥，1959年的“反右倾”斗争面扩大、工业方面办得过多、基本建设战线铺得太长，以及处理军队和地方的关系上存在的问题，作了初步的检查。特别对“高征购”问题作了较深刻反省。他说“有了高估产，才有高征购，高征购最严重的1959年，一年征购30亿斤，这是历史上最高的一次。当时决定任务的时候，有些同志不同意，我还采取了举手表决的方法，这是不对的，这个责任我要负”①。

七千人大会的民主气氛相当浓厚。福建组不论是讨论中央领导的报告，还是对省委、对叶飞提意见，都能做到畅所欲言，有什么说什么。会上，大家批评叶飞主要是不民主、老虎屁股摸不得。

会议结束回到福州后，福建省委很快就召开地（市）委书记会议，对扩大的中央工作会议进行传达贯彻，从福建省的角度总结经验教训，加强党的民主集中制，恢复实事求是、群众路线的优良作风，切实贯彻执行“八字”方针，促进国民经济的恢复和发展。会议期间，省委抱着中央让各省的同志出气，省委也应让各地同志出气的态度，由省委主要领导带头做了批评与自我批评，叶飞对自己在民主作风方面存在的问题做了检讨，并鼓励各地同志对省委的工作提出批评。为此，各地代表在讨论中对省委及省委领导几年来的工作，提出了较为尖锐的批评。

在民主作风方面，领导爱听好话，不愿听“坏话”，导致“坏材料”不敢说，问题不敢大胆提出来，怕碰钉子，也确实有些同志因此碰了钉子。对干部的团结、爱护、教育、提高的政策强调不够，惩办多，批评多，谈心少，出现问题不检查上面的问题，先批评下面。省委的主要领导许多人都怕他，有些事情还没有汇报完就受到批评，使得大家不敢接近他。省委领导掌握下情不够，因而对一些重大问题的决策上欠慎重，变化很多，往往个人代替组织。这几年工作中出了问题，上面不承担责任，瞎整下面，使很多人不敢说真心话，心情很不舒畅。

在这几年屡犯错误的原因方面，与会代表认为，省委对社会主义革

① 《叶飞同志在扩大的中央工作会议福建省大组上的发言》，1962年2月3日下午。

命的理论和经济法则研究不够，如把 1958 年公社化误认为是共产主义，搞了“15 包”、供给制，强调劳动不计报酬等，把所有制问题混淆。由于理论上的错误，就产生用共产主义按需分配来代替社会主义的按劳分配的原则错误。在方针方面，口头上讲是以农业为基础，实际上是重工轻农，全省的基本建设战线拉得太长，长了就分散了。此外，省委盲目乐观、估计过高，提出一些不适当的口号，如“放开肚皮吃饱饭”“吃饭不要钱”等。

对于闽西民主革命不彻底的问题，与会代表提出对闽西形势的分析和对整风方针的确定是不符合实际情况的，是主观主义的分析问题方法，才得出一个闽西民主革命不彻底，内部有坏人，有阶级复辟的结论，把内部问题分析成敌我矛盾，因而来了一个向自己的人夺取领导权的整风运动，方法上是上压下挤，上级要求“限期发动”，下边“交给群众和干部”。这在当时一度引起了混乱，如果不是纠正得快，后果是不堪设想的。

关于“江魏反党集团”的性质问题，与会代表认为 1959 年“反右倾”是从批判以江一真、魏金水为首的“右倾机会主义反党集团”开始的，当时界限不清是可以理解的，现在界限应该是清楚的，不应戴上“右倾机会主义反党”的帽子。“江魏”的案件对全省的一些类似案件有直接的影响，下边有些“右倾机会主义反党”案件的甄别定不下来，与此案件有直接的关系。另外，与会代表认为在组织工作方面也有不少的经验教训，特别是福建省的干部来自各方，各有特点。先是搞干部地方化，要求要有比例；后反地方主义，又开除了许多干部。这方面的教训要引以为鉴。

3 月 3 日省委发出《关于各地区传达扩大的中共中央工作会议的通知》。要求在指定的党员干部范围内，分批组织传达刘少奇的报告及大会决议。3 月 7 日、4 月 18 日，省委又发出继续组织宣读毛泽东、邓小平的讲话等文件。要求通过对上述文件的宣读和讨论，贯彻正面教育，让听传达的干部初步领会文件精神，提高思想，统一认识，坚决贯彻执行中央指示，以鼓足干劲，改进作风，做好工作。

随后，省委又进一步强调要在宣读文件、初步领会文件精神的基础上，进一步联系实际，认真总结几年来的工作，肯定和发扬成绩，检查和纠正缺点错误,吸取经验教训。同时,在传达贯彻中,应继续抓紧甄别错案工作,积极改进领导作风和领导方法,加强党的思想工作和组织工作,发扬党内民主,发扬实事求是和群众路线的作风,加强民主集中制,加强集中统一,做到"鼓真劲,讲真话,办实事,收实效"。①

二、调整经济发展指标

总结"大跃进"以来的经验教训,其主要的一个方面就是反映在计划上的估产高、指标高、变动多、缺口大,基本战线过长,过多过早过急的大办、大搞。于是为了实现国民经济的全面调整,福建省计划经济委员会早在七千人大会之前就根据"在国民经济中全面贯彻以调整为中心的方针",制订1962年福建经济发展计划草案。

由于在制订1962年的计划草案时,对于困难估计不足,对于形势的估计过于乐观,致使1962年计划草案的各种经济指标仍居高不下,调整的幅度不大。七千人大会,特别是2月中央政治局扩大会议和5月中央工作会议,中央对国民经济的调整提出了新的要求,要求对重工业、基本建设的指标"伤筋动骨",要求充分估计困难,

对照中央的有关精神,福建省计划部门对1962年国民经济计划草案进行了检查,很快就发现原计划还有一些重大问题没有很好解决。

针对原计划草案对农业恢复的艰巨性理解不深,对粮食困难情况及其影响认识不够;对工业内部各部门和各个环节之间的严重不平衡还摸不透,因而导致基建、生产战线仍然较长;对于通货膨胀及其对国民经济的影响认识不深刻、不一致,也缺乏有效的解决措施;以及原材料、燃料的安排落实不够的情况,省计划经济委员会对原有的国民经济计划草案进行全面的大幅度的调整。

农业方面,对于粮食和主要经济作物的产量进行了不同程度的调低。粮食由68亿斤调整为66亿斤(加上自留地为70亿斤),其中稻谷50.6亿斤,茹类12.8亿斤。油料作物产量由132.5万担调整为95.5万担。生猪存栏数由160万头调整为150万头。水产品由22.5万吨

① 《中共福建省委关于当前工作安排意见的报告》,1962年4月13日。

调整为 17.5 万吨。在轻工业方面，产量指标有增有减，市场需要而又可能增产的产品有所增加。比原计划增产的有皮鞋、肥皂、电灯泡、卷烟、糖、力车胎、钟表等 12 种；减少的有原盐、纸、搪瓷面盆、口杯、日用玻璃、日用陶瓷、干电池、罐头、酒、棉纱、棉布等 15 种，其余未变动。在重工业方面，多数重工业产品的产量，比原计划调低 15% 左右，少数产品分别减少 40%—70%。其中煤炭由 60 万吨调为 50 万吨，生铁由 4.5 万吨调整为 1.2 万吨，在市场方面，商品可供量从 12.49 亿元增加到 14.34 亿元，购买力由 13 亿元增加为 14.75 亿元，力争做到当年平衡，略有回笼。而商品供应量除了价格上升因素约 7500 万元外，落实原来不落实的地方工业品 6000 万元，增产小商品 400 万元，清仓增加商品供应 4000 万元。在基本建设方面，计划内投资由 9979 万元调整为 7014 万元。凡设备材料不落实的、建成后没有条件正常生产的，以及今年勉强上去，明年又无力续建的项目，一律不予安排，正在建设的也坚决停下来。削减的 2965 万元中，有 65.5% 属于重工业和交通部门扩大再生产的投资，厦门氧化铝、漳州热压焦、潘洛铁矿、苏邦东针井、黄砂林业局等工程分别停建。在文教事业方面，高等学校招生数由 4500 人调整为 1720 人，普通高中招生由 1.8 万人调整为 1.15 万人，中师原计划招生 3000 人，调整为不招，中专原计划招生 7000 人，调整为除卫生学校招收 400 人外，其余均不招生；初中原计划招生 7.5 万人，调整为 5.9 万人；小学原计划招 45 万人，调整为 20 万人。

1962 年 9 月 18 日，省委批示转发了省计委党组《关于 1962 年国民经济调整计划的汇报提纲》，正是由于及时地调整了全省的计划，使 1962 年的调整沿着健康的轨道继续运行。

三、对农业生产责任制的初步探索

1962 年 7 月 11 日，中央向各省、市、自治区党委及中央各部委、国务院各部委党组发出通知，要求对农村工作中的一些问题进行调查。其中一个问题就是“你们认为，采取包产到户或分田到户的办法，是否可更快地恢复和发展农业生产？如果我们采取这种办法，在经济上和政治上将引起何种后果？”[1] 为此，省委发出《关于转发中央“一批问题”的讨论调查提纲的通知》，要求“各地、市委除组织有关负责同志进行讨论以外，地委第一书记最好能到一个公社（或有二三个书记和常委并会同所在地的县委主要领导同志一起）分别找公社、大队、生产队的干部和社员进行座谈，征求他们的意见。省直有关部委、厅局党组应就有关重点问题，进行讨论，提出意见。”[2] 根据这一精神，省、地（市）、县对中央所提出的“一批问题”，特别是包产到户的问题，展开了认真的调查讨论，并提交了一大批的调查报告。调查报告表明：“很多群众、干部以及一部分党员认为这个办法好，能够超产。”[3] 有的农民认为“最好是包产到户，第二好是包产到组，3—4 人一组，第三是 6—8 人一组，现在大呼隆的做法就是不好”。[4] 主张包产到户的认为：第一，许多社员有这一要求，搞下去能够顺人心；第二，包产后社员责任心会强；第三，粮食保管好，不会浪费损失；第四，农具会管理好[5]。调查报告也表明在包产到户中也出现一些新的问题：第一，两极分化，出现投机倒把、高利贷、雇短工、五保户困难户无人管；第二，水利无人管，耕牛死亡；第三，国家计划没有保证；第四，出现赌博、迷信的歪风。尽管在包产到户中出现一些新的问题，但包产到户的做法在农业生产中所发挥的作用，却为各级调查组所一致看好。

在党的八届十中全会召开前，省委收到中央关于讨论《巩固人民公社集体经济，发展农业生产的决定》（草案）的通知后，即于 1962 年 7 月 13 日至 16 日在漳州召开龙溪、龙岩、晋江 3 个地委书记和龙海、漳浦、诏安、平和、长泰 5 个县委书记的座谈会，省委领导叶飞、伍洪祥、杨文蔚等也参加了会议，再次对包产到户等问题展开讨论。在讨论中也产生了三种不同的意见。

第一种意见认为包产到户既不是方向，也不是恢复生产的有效途

---

① 《中央关于召开中央工作会议的通知》，1962 年 7 月 11 日。

② 中共福建省委：《关于转发中央“一批问题”的讨论调查提纲的通知》。

③ 指包产到户。

④ 《省委高砂调查研究座谈情况简报》第三期，1961 年 7 月 22 日。

⑤ 中共福建省委调查组：《关于农村方面若干问题的初步调查研究》，1962 年 7 月。

径。理由是:(1)目前农村既没有这样做,又没有这个要求,如果省委主动提出来,又要以什么理由去说服农民呢?(2)在广大地区特别是平原地区,恢复生产根本途径不在于所有制问题,一般反映现在的规模是适合的,群众对恢复生产的要求,主要是肥田粉能多供应些,征购任务能适当减轻些;在平原地区连片耕作,同一条江、一条水渠灌溉,如果包产到户,光水利纠纷就是个大问题。

第二种意见认为多数地区不应该包产到户,少数地方可以研究,所谓少数地方主要是山区。在平原地区由于征购任务重,加上这些地区人多地少,生产门路不多,粮食生产主要是依靠肥料,如果包产到户,搞不好连口粮都没有办法。集体办法多、门路也多,力量大,生产比较有保证。而在山区的生产队可以实行包产到户,理由是山区生产队的互助合作基础差,经营管理水平低,有的连评工记分都没有搞好;山区生产门路多,工头工尾、农闲可以搞些副业以增加收入;耕作分散集中不便,生产条件也比较简单,单丁独户都可以耕种,自流灌溉水利矛盾不大。

第三种意见认为包产到户虽不是方向,但作为克服困难恢复生产有好处。理由有四方面:(1)几年来生产破坏较大,农民感到集体靠不住;(2)合作化基础薄弱,对集体经营没有经验;(3)山区田地分散,个体耕种方便;(4)生产门路多,集体难兼顾,往往是抓了农业丢了副业;(5)可以调动农民的生产积极性,实行包产到户的地方,农民起早摸黑,生产积极性很高,副业也搞得好,增产增收,对全面恢复生产很有利。①

根据深入调查和认真讨论的情况,对于包产到户的问题,省委在给中央和华东局的报告中指出:坚持集体化,巩固人民公社集体经济,是迅速恢复和发展农业生产的根本方向。集体经济的优越性,已为历史经验所证明。在自然灾害和“五风”破坏严重的地方,虽然发生了一些包产到户、分田到户和单干,但毕竟是少数,各地区都有一些。“对已发生包产到户和单干,大家意见要避免强迫命令的办法去‘强扭’。但是

① 《省委调查组漳州、石码座谈会记录》,1962 年 7 月 13 日—16 日。

应当对农民进行长期的耐心的教育说服。为了巩固集体经济恢复和发展农业生产，应当从减轻负担和采取有效办法支援农业着手。目前的问题是管得死、统得多。这种状况应当迅速给予改变。”“主要应当用经济的办法，而不是主要用行政的办法”，“给集体经济和农民必要的活动余地。同时国家还要从财政上、生产资料供应上以及农田水利基本建设上给予支援，使农民感到有奔头，生产积极性自然会进一步调动起来，集体经济也将随之进一步地得到巩固和发展”。

省委在党的八届十中全会召开之前，对于包产到户所发挥的作用是予以肯定的，对于由于包产到户所出现的问题也予以充分的重视，并认为管理过死、统得过多，不利于农业的发展，主张要巩固集体经济，但应采取经济的办法，而不是用行政命令的办法。这些认识体现了省委对发展农业经济、开展农村工作、改善农民生活水平方面的一种探索。省委基于这些认识采取的措施，为福建农业经济的调整和解决农村的困难局面发挥了积极的作用。

四、弘扬谷文昌精神与龙江风格

在实施国民经济调整的头几年中，恰是非涝即旱天灾频繁的时期，无疑使本已困难的国民经济雪上加霜。

1960年，福建省遭受了百年罕见的特大洪水和全省性的严重春旱。据统计，1960年先后遭受各种自然灾害30多起，全省受灾面积1281万多亩，其中旱灾553万多亩，洪灾553.2万多亩，台风灾155万多亩，受灾群众达560多万人。因灾粮食减产10亿多斤。因台风洪灾倒塌民房11.2万多间，损坏民房24.4万多间，沉毁和破损船只6855艘，死亡群众728人。1961年福建省自然灾害之频繁更为历史上所少见，台风、洪涝、干旱、低温、冰雹接踵而至，几乎是灾接灾、害连害。从5月中旬至10月上旬，前后6个月，台风登陆福建3次，影响8次，次数之多，时间之长，为历史之最。其中有6次席卷面积在20个县市以上，特别是“22号”台风波及范围达40个县市以上。“22号”台风袭来之时，全省500多万亩中晚稻正值扬花灌浆之际，风刮、雨打、水淹，损失惨重。仅晚季粮食作物就减产9亿斤。除了台风造成的洪涝，5月至6两月的连绵梅雨造成闽江下游两次洪涝灾害，受淹农作物 126.3 万亩，倒塌损坏民房 2.1 万间。与此同时，干旱、低温、雹害也交错发生。先后出现三次旱情，6 月至 7 月的夏旱波及沿海各县市，受旱面积达 400 多万亩。冰雹之多也是历史上少见，先后下了 21 次冰雹，4 月 5 日的冰雹波及到上杭、龙岩、古田等 15 个县，受灾群众 2 万户，9.6 万多人，民房瓦片被砸坏 6 万多间，砸死 2 人，伤 659 人。1961 年的低温也破历史记录，就连全省气温最高的龙溪地区，低温冰害也很严重。越冬地瓜受冰面积占总面积 49%，其中绝收有 5.5 万亩。冻死耕牛 30 头，猪 1081 头。自然灾害的种种肆虐达到了空前的程度。

从 1962 年 11 月起，冬、春、夏旱连续 7 个多月，使 1963 年成为福建历史上罕见的特旱年①。许多地区池塘干竭，河流枯涸，水源断绝。如东山县全县 15078 个大小池塘、水库全干涸，有一口百年不干的古井也见底，35 个大队有 5.8 万多人发生水荒，不少村庄采取以人口定量供水，有的还以每担水 5 角钱出售，群众说：“水贵如油。”② 全省四大河流水位猛降。5 月底，九龙江北溪流量仅 24.7 秒立方，比上一年同期下降 2 倍；晋江流量仅 5.9 秒立方，比上一年同期下降 3 倍；19 处大中型水库蓄水量仅 0.7 万立方，占计划蓄水量的 8% 左右，623 座小型水库有 425 个干涸。全省发生水荒达 42 万多人，受旱夏季作物面积 608 万亩，占夏季总播种面积 60%。其中有 55 万多亩播不上苗或播上又枯死基本绝收，有 120 万亩龟裂失收。夏季水稻因旱减产 5 亿多斤。春季大小麦也因旱减产 1.3 亿多斤。受害群众 600 多万人，占农业人口 44%，其中重灾民 386 万人，占受害人口 50% 以上。旱情严重的“晋江地区出现水肿病 4566 人，还发现出卖子女 902 起。”③ “个别地区还出现抢粮、闹事，甚至殴打干部等事件”④。

为此，省委发出了《关于立即把农村工作转到以抗旱生产为中心的紧急通知》，要求立即把抗旱斗争作为农村工作的重点，在全省各地开

① 《福建省气象局 1963 年灾害性天气年鉴》，1963 年。

② 福建省防汛抗旱办公室汇编：《防汛抗旱参考资料》，1963 年。

③ 《晋江专署民政局春荒情况报告》，1963 年。

④ 《关于我省旱灾情况和请拨救济款报告》，1963 年。

展空前的抗旱抢种、抗旱保苗、抗旱保收斗争，并发出了“抗旱如抗敌，保苗如保命”的口号。于是，全省性的抗旱斗争迅速掀起。灾情特别严重的龙溪、晋江两个地区每天平均出动抗旱人数200万人以上。由于抗旱斗争开展的及时有效，使损失被减到最小的程度。群众深有感触地说：“旧社会遭灾，反动政府乘人之危，发灾难财，给灾区雪上加霜；新社会受灾，人民政府救人助难，发款发粮，为民雪中送炭。”

在刚经历过“大跃进”的折腾，元气尚未恢复之时，又要面对如此铺天盖地的自然灾害，应该靠什么精神来鼓舞全省人民战天斗地的斗志呢？时代呼唤精神。正是在此历史条件下，谷文昌精神在全省如火如荼的抗灾救灾斗争中，被呼唤出来。

谷文昌是原来风沙灾害最为严重的东山县县委书记。1953年的东山保卫战后，叶飞曾踏上这片没有绿色、贫穷落后的荒岛。那时的东山岛西北413座山，童山濯濯，赤地一片；东南部绵亘30多公里、3.5万亩，茫茫一片，尘沙蔽日，43个流动沙丘顺着风势向村舍近逼。正当全省面临百年罕见的春旱时，叶飞再次来到了这里。当叶飞一行车过八尺门海堤，只见林木葱翠，秧苗青青，全县400多座山头披上绿装，在43个流动沙丘上，傲然挺立着已长至二三米高的木麻黄。长达30多公里的海岸线上，筑起了绿色长城，千年肆虐的风沙，已被抵御在海岛之外。叶飞为这沧海桑田般的变化深深地感叹着。于是在1963年度全省农业先进单位和先进生产者代表会议上，叶飞亲自点名要谷文昌介绍东山典型经验。为此，带领东山人民植树造林、战胜风沙的县委书记谷文昌在会上做了题为《实施造林，根治风沙，建设海岛》的典型报告。叶飞在万人参加的闭幕大会上发出了“学习谷文昌革命精神”的号召，《福建日报》随之发表了题为《学东山要学习东山革命精神》的文章。东山的革命精神集中地体现在共产党员、县委书记谷文昌的身上。面对风沙肆虐的恶劣环境，谷文昌提出“共产党人不能做自然的奴隶，不能听天由命，不能在困难面前退缩”！为了寻找战胜风沙的有效方法，谷文昌在飞沙走石的日子里，走遍了东山的大小山头，把一个个风口的风力、一座座沙丘的位置详细记录下来。他走村串户，和村干部、老农促膝长谈，制订了“筑堤拦沙、种草固沙、造林防沙”的方案。他带领干部群众种下了十多种树种，几十万株苗木，一次又一次地试验。功夫不负有心人，终于摸索出木麻黄适应风沙的习性和种植的技术。从此，每逢雨天，东山的有线广播即播送造林的紧急通知，谷文昌便带领干部群众战斗在百里海滩上。几年下来，全县形成每条宽 50 至 100 米、总长达 194 公里的 177 条林带，覆盖了东山大地。排排木麻黄四季常青，昂首挺立，构成第一道防线。用材林、经济林次第展开，纵横交错，宛如一条条绿色长龙，顶狂风、镇飞沙、抗怒涛，环护着田园村舍。“林成片，地成方，大路两旁树成行”，不仅美景如画，而且扩大耕地 1 万多亩，改良农田 7 万多亩，提高了复种指数，出现了林茂粮丰、百业兴旺的景象。群众高兴地说：“人种了树，树保了地，地增了粮，粮养了人”“林带就是粮带、钱带、生命带”。

人需要精神的支柱，与天斗更需要精神的支撑。正是谷文昌这位普普通通的党员干部，靠着扎扎实实、不屈不挠的精神，让一棵棵幼小的木麻黄在风沙中扎根成长，最终肆虐的风沙被成林的木麻黄扼住了。谷文昌扎根东山岛造林治风沙，默默无闻奉献，带领当地群众通过十几年的努力，建成一道道惠及子孙后代的防护林，在老百姓心中树起了一座不朽的丰碑。从此，谷文昌精神在八闽大地到处传颂、弘扬。

在那激情燃烧的年月，曾被广为称颂的小利服从大局，小我服从全体，丢卒保车的龙江风格，也是在如火如荼的抗灾斗争中产生的。

龙海县是干旱的重灾区之一。至 1963 年春，已有 11 万多亩水田缺水溶田，占总面积的 38.2%，还有占 16% 的秧田无水播种育秧。2 月 4 日，龙海县委分析了旱情，向全县人民发出“九龙江有水不算旱”的口号，决定先截堵九龙江西溪，引水浇灌九龙江下游的澄码平原水稻高产区的 10 万亩良田，并决定选择在榜山公社洋西村后的江面上筑一道拦江大坝，引九龙江水过洋西村入九九湾渠道，解救石码、莲花、东园、东泗等公社的高产田。但堵江引水必然引起水位上涨，造成人为的涝灾，使处于进水口低洼处的洋西村的 300 多亩良田淹没。为了保证堵江引水顺利进行，受淹区的干部群众表现出高度的集体主义精神，纷纷表示：要小局服从大局，小利服从大利，要把困难留给自己，把方便让给别人，宁肯淹掉一小部分田也要换来几万亩的好收成，要丢卒保车，发扬团结协作，舍己为人的风格。

2月15日，堵江正式开始。全县万名劳力上场，榜山公社也挑选3000名强劳力，近百艘船只参加堵江。即将受淹的洋西大队社员不计较个人得失，腾出20多间破瓦窑和自家住房让外来民工住宿、办伙食，借出200多件生活用品供兄弟队使用。当大坝合拢急需大量的茅草时，洋西的社员又将烧砖瓦用的茅草5万多斤全部献出，迅速运往工地。在堵江的全体干部、群众的共同努力下，工程进展很快，7天之后大坝建成，九龙江水沿着人们开掘的渠道流去。堵江截流成功之后，为确保下游的农田用水需要，水位一再提高。因此，洋西及邻近榜山公社的6个大队的1300亩良田也被淹了，其中不少是正抽穗灌浆的小麦，和刚刚播种出苗的早秧。

榜山人民在抗旱斗争中所体现出的团体协作、无私奉献、舍己为人、顾全大局的精神，受到了中共龙海县委的充分肯定和表彰，称之为"榜山风格"，并很快加以推广。在"榜山风格"之后又出现了"玉枕人风格"。莲花公社玉枕大队是个地处九龙江下游、四面环水的洲岛，在面临洋西堵江，将使他们2000亩水田不能灌溉的情况下，玉枕人没有半句怨言，而是喊出了"先保十万，后顾两千，舍卒保车，全盘棋便赢"的豪言壮语。他们在堵江战斗中挑选40名体力强、技术好的技工，承担最艰巨、最危险的截流江坝合龙口的打桩任务，为堵江立下一大战功，并派人支援架设南溪渡槽，胜利地引水入渠，而玉枕大队却蒙受了损失，2000多亩的稻子只收成400亩。他们的义举给"榜山风格"增添了一层耀眼的光彩。

随后，"榜山风格"伴随着热火朝天的抗旱斗争，走出了榜山，在整个九龙江流域广为推广，形成了"龙江风格"。在封堵南溪时，西冷大队"放小顾大"，借路淹田；白水、浮宫公社互相让水给下游；封堵北溪时，沙州大队"损失八百亩，救活六万亩"。平和县安厚公社东寨和南门两个大队，50年前因旱灾抢水械斗，双方死了40多人，就此结下冤仇，互不往来，互不通婚。在240天的抗旱斗争中，他们学习了"龙江风格"，在公社帮助下，双方和解，东寨让水给南门，保证了800亩受旱的水田插上秧苗，群众深有感触地说：冤家变亲家，抗旱一家亲。云霄茶埔、下河公社也三让“救急水”，保证下游莆美公社 1.2 万多亩高产田大面积丰收。共产主义大协作的事迹在龙溪各县层出不穷。据统计在抗旱斗争中，仅“龙溪地区受到地、市、县一级机关表扬的先人后己、助人为乐的抗旱先进集体和个人就有 2700 个社队，12000 名干部和 29000 名社员。”①

龙江风格一诞生，就得到新闻媒体的充分肯定，并加以大力宣传。1963 年 4 月 7 日，《漳州报》用通栏标题报道《榜山公社牺牲自己部分庄稼，保证广大地区不受旱灾》的消息，还配了《“丢卒保车”，顾全大局》的评论，喊出“让这种全局精神更普遍地发扬起来吧”的时代强音。23 日，《福建日报》在第一版突出报道《榜山公社助人抗旱贡献大》的消息，并撰写了《高尚的风格》的社论，号召人们学习榜山人这种顾全大局的崇高思想和风格。6 月 21 日，《人民日报》第一版发表著名诗人郭小川到龙海采访所写的长篇通讯《旱天不旱地》，热情地讴歌闽南人民发扬“龙江风格”，和战胜百年不遇旱灾的伟大胜利。《人民日报》还专门配发了短评《榜山风格的光辉》，褒扬“榜山风格所代表的集体主义、共产主义精神显得特别光辉灿烂”。由于新闻媒体对“龙江风格”的高度评价和据实报道，使“龙江风格”在全国各地引发了广泛的反响和深刻的影响。从 1963 年至 1965 年，以“龙江风格”为题材编成的戏剧有《榜山风格赞》《碧水赞》以及话剧和京剧《龙江颂》。后来，京剧《龙江颂》还被拍成电影在全国各地放映了十几年，几乎家喻户晓，流传甚广。随着时间推移，“龙江风格”越来越显示出不可替代的力量与作用。

① 福建省民政厅：《当前旱灾情况报告》，1963 年。

第十二章
国民经济调整向各领域拓展

第一节　城市政策的调整

一、精兵简政提高生产效率

经济调整涉及国民经济的方方面面，随着调整的全面展开，不仅经济发展中的体制、结构、比例需要调整，而且，诸如国家机关和企、事业机构过于庞大，非生产人员过多，给经济带来的压力，和因管理问题造成的物资大量积压、浪费，以及商业渠道不畅、物资供应困难等，都成为全省经济发展特别是城市经济中的瓶颈问题，亟待解决。

1962 年 1 月，扩大的中央工作会议明确提出："精兵简政"是 1962 年全党的一项重大工作任务，是当前调整工作中的首要问题。刘少奇在扩大的中央工作会议上的报告中尖锐指出："国家机构和企业、事业机构过于庞大，非生产人员过多，是阻碍国民经济的发展的"，"这对当前国民经济的全面调整是很不利的，对于发展生产是很不利的，而且助长了官僚主义和分散主义。我们必须十分重视这个问题，痛下决心，切实地改进工作方法，大大地裁并机构，精减机关人员，减少不必要的职工。”[①]

为了贯彻中央关于精兵简政的精神，中共福建省委于 4 月 16 日—5 月 5 日，专门召开了精简工作会议，对精简工作进行了全面的部署。省委认为：几年来工业、基建、文教及其他各项建设事业摊子多、架子大，职工队伍过多，城镇人口增长过猛。这种状况不但超过了农业提供粮食、原料和劳动力的可能性，也超过了工业提供原材料、燃料和电力的可能性。如果不迅速改变这种状况，撑着架子，继续打消耗战，困难将越来越大，包袱将越背越重。其结果不仅不能巩固已得的成果，而且将会严重地影响今后建设事业的发展。改变这种状况的关键是严格执行“精兵简政”“增产节约”的方针，争取尽快地恢复农业生产。坚决缩短工业生产建设的战线，大力进行企、事业调整，减少城镇人口和精简职工的工作，这是调整国民经济、加强农业战线、争取财政经济状况好转的最为急迫的措施。为此，省委要求各级党委、各部门的领导干部，必须从全局出发，下最大的决心，坚决放下架子，抓紧时机，迅速行动，能多减的一定要多减，能早减的一定要早减，必须做到狠、准、快、稳，不要犹豫徘徊，不要舍不得，如果现在还犹豫观望，拖泥带水，束手束脚，让人浮于事、浪费人力物力财力的情况继续拖延下去，将会造成严重的后果，铸成新的错误。接着，省委又转发了省委精简工作领导小组《1962 年减少城镇人口精简职工方案》，并规定了精简工作的若干原则，强调必须根据缩短战线，保证重点的原则，树立全局观念。

根据省委统一部署，1962 年的精简工作结合企业、事业的调整和国家机关的整编而全面展开。工交系统是这次精简的重点。对那些行业发展过快、企业发展过快，由于没有生产任务或生产任务很少，长期处于停工半停工状态的企业，进行部分或全部停产。对于布局不合理，亏损严重且今后又无发展前途的企业，一律关闭。对于虽有少量任务，但可由同行业中生产能力过剩的企业代替的，一律停产或关闭。对于同一行业中，摊子过多，生产任务不足的企业和车间，在同一地区或邻近

① 刘少奇：《在扩大的中央工作会议上的报告》（1962 年 1 月 27 日），中共中央党史和文献研究院、中央档案馆：《建国以来刘少奇文稿》，第 11 册，中央文献出版社 2018 年 11 月版，第 23、29 页。

地区统一调整，合并落后企业，保留先进单位。属于设备不配套，技术未过关，短期内又无法解决的，进行调整合并，集中设备和技术力量，限期过好技术关。对于原材料、燃料供应困难，生产任务不足，短期内也很难解决的，采取减少班次，裁并车间等办法，缩小生产规模，而对于产品质量低、成本高、销路不好的企业，压缩其生产任务，限期改进，集中力量提高质量，增加品种，降低成本。经过精简，整个工交系统共精简了企事业单位741个，职工154944人。

在对企业进行调整精简的同时，省委还下大决心对全省行政、事业单位进行了大刀阔斧的精简。这次精兵简政采取了两个步骤。第一步审查现有机构编制情况，拟订新编制方案；审查好应减人员的情况，熟悉对有关人员处理的各项政策，规定好编余人员去向和出路，并订出具体安置计划。第二步即有领导地发动群众，讲清当前国家经济建设事业的形势和当前财政经济上存在的暂时困难，以及精简职工和减少城镇人口的必要性，开展支援农业，加强农业第一线的宣传教育活动，在解决了思想问题后进行安置和处理。

为了大量精简人员、紧缩编制，新编制的制订遵循以下原则：省级3000—5000人，专级300—500人，市一级编制以不超过市的固定人口的4.5%，县和公社编制不超过农村（包括城镇）人口的2%，并结合现有编制情况和各地人口多少、面积大小，政治、经济、文化等条件拟定新的编制；机构设置只求工作任务归口不强调上下对口，因地制宜，不强求组织形式一致，对水产、林业、统战、政协、侨联等机构，根据工作需要予以设置。

根据上述定编的原则，全省行政、事业的精简工作全面展开。全省原有机构3028个，保留2211个，撤并了827个，占27.8%。其中省级部门由67个减为57个，地专一级部门由299个减为198个，县一级部门由2361个减为1740个。全省干部职工由80134人，减为47234人，精减32900人，占原有人数的41.05%。其中省一级由5853人减为4000人，市一级由11077人减为8061人，地专一级由3894人减为2590人，县和公社由59310人减为32115人。

1962年进行的精简工作，是中华人民共和国成立后规模最大的一次精简，并取得了明显的效果，主要体现在压缩了过于膨胀的工业企业，使原材料的使用更加集中合理；实现了减人又增产，使劳动生产率有了明显提高。既支援了农业生产，又充实了工业生产第一线。同时也减少了国家商品粮和工资支出，对于克服财政困难起到了重要的作用。

二、清仓核资挖掘物资潜力

由于“大跃进”以来，盲目地上项目，战线拉得很长，进行经济调整后，停办了一批工厂，停建和缓建了一批基建项目，裁并了一批机关，导致各地区、各部门积压的物资十分严重。据1961年底的统计，全省工业部门库存物资达6.06亿元，其中积压待处理的约有2亿元，生产企业积压的滞销产品、半成品也有6000多万元，占生产企业流动资金的13%。全省商业部门库存商品3.2亿元，其中积压、滞销、霉烂变质的商品有1.3亿元，占40.6%，内报核算损失有6360万元。这种一方面物资供应不足，另一方面又有大量物资积压的情况，使清仓核资成为一项十分紧迫的任务。为了充分发挥物资潜力，保证生产建设和人民生活的需要，省委决定将清仓核资工作作为国民经济调整的关键措施之一来抓①。

为此，省委要求凡是县及县以上全民所有制的生产企业、建设单位（包括停建、缓建）、机关事业单位、团体、部队、学校的生产资料和消费资料，以及车站、港口、码头积存的无法交付的物资和在途物资，都必须进行彻底清查。同时，要彻底清理资金，凡生产企业、建设单位的固定资金与流动资金，财政资金与自有资金，债权、债务等都必须进行清理，各机关、事业单位的事业费、节余经费、小集体的积存物资及预算外资金等，也应认真进行一次清理。总的要求做到货、账、粮、钱都查清楚。

清仓核资工作共分清查、处理、总结三个阶段，工交、财贸系统为重点。工业以厅（局）直属单位和市（专）属比较大型的企业为重点；基

① 中共福建省委、福建省人委：《关于贯彻中共中央和国务院“关于清仓核资充分发挥物资潜力的指示”的指示》，1962年3月20日。

建单位以几年来投资总额在100万元以上的单位为重点；商业以省各专业公司和二级站为重点；地区以福州、厦门、三明、漳州、泉州、南平6个市和邵武、永安、龙岩三个县为重点。到1962年7月，全省应清查的单位18311个，已经清查17596个，占应清查单位的96%。全省已清查出库存物资14亿元。各地上报的积压物资数量为5.2亿元。以全省1600万人计算，每人平均32.5元。[①]

1962年7月，省清仓核资领导小组召开会议，进一步研究积压物资收购处理办法，清仓核资工作复查验收办法，收购资金解决办法，停建缓建和关闭停产单位物资清查处理规定和核定资金办法等。

至1962年底，全省的清仓核资工作基本完成。清仓核资是在经济调整过程中有的放矢采取的一项重要措施，在半年中，清查出大量积压、闲置的物资，这些物资经统一处理分配，重新投放到经济建设中去，在当时物资异常困难的情况下，无疑起到了雪中送炭的作用。

三、疏通商业渠道保障市场供给

由于产业结构的严重失调，农业的歉收和轻工业的萎缩，给城乡商品供应带来严重的困难。尽管随着加强农业、轻工业等措施的出台，状况有所扭转。但是由于体制和管理的问题，一方面造成商业和供销方面流通阻塞不畅，另一方面，国营商业和供销合作社商业经营亏损严重，从而影响到商业在保障市场供给上的作用。造成亏损原因主要有：第一，流动资金占用过多，积压浪费严重，库存了大量质次价高、残损变质的呆滞商品，加上赊销、预付、亏短、损失等，占压了大量的流动资金，仅1961年全省商业供销系统就积压资金达23765万元，每月利息负担达149万元。第二，经营管理不善，没有严格地实行经济核算，商品经营中盲目进货、迂回运输、超额损耗、霉烂变质、物资丢失、铺张浪费等现象非常严重。第三，价格不合理，高进低出，仅菜、肥、柴、猪、禽、蛋等六大类商品统计，每年亏损金额达2126万元。

为了扭转不利的局面，省商业厅和省供销合作社采取了一系列措施

① 《梁灵光同志在省清仓核资会议上的总结报告》，1962年7月26日。

加以整顿。整顿清仓核资，贯彻既坚决又慎重的方针，处理有问题的商品和资金，消除虚假，落实资金，推行严格的资金管理、经济核算和责任制度。对于商业厅和县以上供销社系统有问题商品资金以及待核销财产损失部分，经过清理核实报省审查批准后，与正常流动资金分开，由各地人民银行划转特种贷款。

推行经济核算，改进经营管理。对各级商业企业和供销合作社，实行严格的经济核算制，纠正不计盈亏、不讲核算的情况。对各级企业的固定资金和流动资金进行严格划清，不允许相互挪用。对于批准核定的资金定额，其使用必须接受财政、银行的监督。建立健全规章制度，实行责任制，从采购、运输、验收、保管、批发、零售等各个环节实行专人负责，做到责任明、手续清，同时贯彻精兵简政，充实骨干，提高质量，精干队伍的原则，推行定员定额制，提高工作效率。

对商品价格进行合理的调整。主要生产资料分别采取计划亏损或适当提高零售价的办法。对于列入计划亏损部分，主要实行由财政按计划拨补的办法。

与此同时，根据中央和省委关于恢复商品流通国营商业、供销社和集市贸易三条渠道的决定，也对各级商业部门的组织机构作了相应的调整。国营商业实行了行政部门和企业的适当分工，恢复了省和县市两级的专业公司，撤销了专区一级商业企业，收回主要商品的管理权限和计划、资金的管理权限。建立健全了各级供销合作社，开放了农村集市贸易，试办了货栈贸易和农民贸易服务部，并从国营商业和供销合作社队伍中退回小商小贩 1.6 万多人，恢复了一部分合作商店、合作小组。

随着商业部门这一系列措施的出台落实，逐步改善了市场供应的状况，福州市先后恢复了第一、第二商业局，恢复和建立了 28 个公司、站、厂；对商业网点进行了合理调整，恢复了合作商店和合作小组。随着集市的恢复和发展，恢复了信托货栈业务，使之在商品流通中起辅助渠道的作用。还恢复和开办了 22 个以国营零售企业为主体，公私合营商店、合作商店、合作小组和农民等参与贸易的综合性中心菜市场。

为了搞好地方产品收购，增加市场有效供应，福州商业部门采取各种形式加强与生产部门的协作，通过订立产销合同，做好计划衔接。把提高产品产量和质量，增加花色品种，坚持合理价格，适应市场需求等作为合同主要内容，明确双方责任，使商品供应量逐年提高。仅东街口和台江两家百货大楼经营的品种就从1961年的8000种增加至1.2万种。1963年，全市地方产品收购总额6184万元，超过年计划6.07%；品种达4207种，比1962年增加406种。由于收购的超计划完成，为市场供应提供了可靠的货源保证。

福州商业部门除抓紧本地产品收购外，为使市场更加丰富，1961年派出代表团和采购员150多人次，加强与浙江、上海、广东等地区的传统经济联系，还建立了东北地区的新关系。

为安排好人民生活，福州市人民政府决定除一部分商品实行平价供应外，其余凭证、凭票、凭卡、凭卷以及平价、议价、高价相结合的供应办法。品种包括吃、穿、用、烧各方面，先后涉及品种147种，还对占职工生活开支60%左右的18类生活必需品，规定在原有价格上稳定下来等办法，全面安排好市场。对特殊需要和临时需要的，也采取各种特殊的和临时的照顾供应。

厦门市在继续加强国营商业的同时，恢复农村供销合作社，发展农村集市贸易，恢复城市合作商店和合作小组。变单一流通渠道为三条渠道，以繁荣城乡经济，促进城乡物资交流。市、县（郊）均成立供销合作社联社；基层供销社一般按人民公社范围成立，作为农村人民公社的一个组成部分，实行独立核算，自负盈亏。

1961年下半年，根据中央政策，厦门市开始分期分批地对过去按行业集中合并过大或者不适当地转为国营商业的合作商店、合作小组进行调整、恢复。至年底，共调整408人，占全市国营、公私合营中小商贩3585人的11.38%。恢复以后，服务态度有了明显改善，每天营业网点增加了40个，营业时间比过去延长3个小时。全市营业额比调整前上升40%—100%，费用降低12%—23%，企业的经济效益和经营管理水平有了显著改善。

在农村集市贸易方面，由于采取“放”的措施，使全省各地农村的初级市场得到了一定的恢复和发展。特别是执行“等价交换，现金交易，按劳付酬，谁卖谁得”的分配原则，有力地提高了广大社员群众上市的积极性，上市数量、品种和交易额迅速增加，“许多地方农村初级市场越开越大，集市贸易越开越热，出现了空前的繁荣活跃景况”①。上杭县的赶墟人数原来只有三五百人，增加到二三千至六七千人。永春蓬壶市场，赶集人数原来只有二三百人，增加到五六千人，上市品种也由原来的100多种，增加到270多种，成交金额达到1.5万多元，比原来增加7倍。随着市场的活跃，商品价格也出现下降的趋势。泉州市蔬菜下降30%—50%，家禽下降20%—30%，蛋品下降20%—30%，菜苗下降60%—90%，柴草下降10%。原来价格较高的福州市场，也有16种商品下降了20%—50%，市场供应明显好转。

第二节　侨务政策的调整

一、归国华侨的接待与安置

20世纪60年代初，东南亚的个别国家当局，掀起了一股反华、排华的逆流，大批华侨无端遭迫害，流离失所，无法谋生。为了保护华侨的正当权益，中国政府在进行各种外交斗争的同时，国务院于1960年2月2日发出了接待和安置归国华侨的指示，要求“对于那些流离失所，无法谋生或者不愿意继续在海外居留的华侨，将根据他们的志愿，安置他们在国内生活和参加建设”。为此，中央决定有计划地从印尼撤回约80万华侨，并将安置华侨的任务分别下达给广东、福建、广西、云南等省，其中福建占30%。1960年全国安置华侨的任务为10万—15万人，按分配的比例，福建负责接待安置了3万—4.5万人。同时，中央要求根据“集中为主，分散为辅”的安置方针，除一部分安置在学校、工矿企业和回乡者外，其余全部安置在单一性的国营华侨农场②。

---

① 中共福建省委财贸部：《当前农村集市贸易发展概况》，1961年3月14日。

② 《中共福建省委批转省接待和安置归国华侨委员会关于我省今年归国华侨安置任务的分配意见》，1960年3月22日。

为了切实做好归国华侨的接待和安置工作，福建省委成立“省归国华侨接待委员会”。委员会下以省侨委为主成立办公室，进行具体接待安置工作。此外在晋江、龙溪、闽侯和厦门等专、市成立“专区归国华侨接待委员会”，由地、市委书记任主任，吸收专区（市）有关部门参加。在云霄、龙溪、晋江、福清、永春等成立归国华侨接待小组和办公室，由县委书记挂帅。华侨较多的专、县（市）侨务机构也相应适当加强和扩大，以适应接待安置大批华侨回乡的需要。同时，省委要求“省直各有关部门，必须把接待安置归国华侨的工作，作为一项重要的政治任务，属于所属业务范围内的工作，应列入本部门的工作计划，并积极努力解决好有关问题，特别是扩建和新建农场的勘察设计等工作，应迅即着手进行”。①

根据省委关于“把大多数的归侨安置在新建和扩建的国营华侨农场。在这些农场以发展热带、亚热带经济作物为主，以发挥他们的技术专长，并适应国家建设的需要。对那些有条件和愿意参加工矿企业的技术人员和工人，则应尽可能安置在省内各地的厂、矿和企业。对少数适合做财贸工作的，可安置在各地财贸部门。一部分愿意回原籍的，送原籍妥善安置。对那些丧失劳动力又没有依靠的年老的归侨，可安置在敬老院。对归国华侨学生，应尽量分送华侨学生补习学校和华侨工、农业技术学校学习”的指示精神，省接待和安置归国华侨委员会很快对全省的接待和安置工作进行了具体的安排。计划农场安置1.9万—2.8万人，其中晋江专区1.1万人，分别安置在国营永春北硿华侨茶果场、国营晋江双阳华侨农场、国营莆田赤港华侨农场、国营南安雪峰华侨农场；龙溪专区安置1.4万人，分别安置于国营云霄常山农场、国营龙溪双第华侨农场、国营诏安华侨农场；厦门安置2000人，安置在国营茅山华侨农场。学校安置4500—6500人，分别安置在集美侨校、厦门杏林工业技术补习学校、漳州林下农业技术补习学校。另外，有1000—2000人安置于工矿，5000—8000人回乡，5000人安置于常山养老院和北硿养老院。

① 《中共福建省委关于接待归侨工作的指示》，1960年1月14日。

1960年2月下旬，第一批撤侨到达广东口岸。为了将华侨迅速安全运送到各安置点，省委立即在省接待归侨办公室下面成立一个接运归侨小组，专门负责全省接运归侨任务的安排和检查。并要求龙溪、晋江两专区和厦门、福州市也相应成立这一机构，各有关专、市交通部门加强车辆调度，集中力量组织接送。国务院为加强福建的运力，从国家当年准备项内增拨福建省客、货车各50辆并将年内计划确定分配给福建省的客、货汽车提前在一、二季度内拨给。浙江省也抽调20辆客车支援福建省。在此基础上，为了确保准时接运，各专区、市也加强了运力上的相互协作支援。凡是龙溪专区在一天内接运任务在40辆，晋江专区25辆客车时，均由本专区自行解决；如果超过上述辆数，则由福州总站和龙岩专署交通局抽调车辆支援。为了保证行李的及时运送，要求各有关负责接运的专署交通局在安排人员运输的同时，也要安排行李的运输，原则上要求人到行李到；如因货车运力一时不足或赶运不及，最迟也不得超出人到后的2天时间之内。但对于被、帐一类的行李，要尽可能随车运到，以便归侨当天住宿需要①。

基建工作是做好接侨工作的重要一环。为了安置好归国华侨，在经济困难且正值抗旱、春耕大忙之时，各地克服困难，普遍集中基建力量，土法上马，采取边测量、边设计、边备料、边施工和就地取材、就地生产、就地供应的办法，仅两个多月时间，共完成基建任务29406平方米，其中龙溪专区完成16580平方米，晋江专区完成12826平方米。新建了大批的侨乡、华侨新村及学校、工厂等②。对于归侨的住房，一般按原地区并照顾与亲友共住一起的原则进行安置，每家的住房都配有床、桌、椅等基本设备。一些因基建一时跟不上，归侨住房困难的，则由农场的老场员和农场附近的群众把好的房子和家具腾出来，供归侨居住和使用。归侨到场后，都参加食堂并吸收他们参加食堂管理工作。商业部门大力组织蔬菜和副食品供应，使新归侨住好、吃好、生活好。对于

---

① 《中共福建省委批转省交通厅、省侨委党组关于“福建省1960年接运归侨方案”》，1960年3月3日。

② 《中共福建省委批转省接待和安置归国华侨委员会一至五月份接待安置归侨工作情况报告》，1960年7月26日。

归侨子女的就学，也及时予以妥善安排，常山农场归侨到场后三天内就使适龄儿童基本入学编班上课。对于"归国华侨学生因国外排华而引起侨汇中断者，由国家银行采取小额低利贷款或学校发给助学金的办法解决，使他们能安心继续学习。"① 对于归侨、侨眷因排华而引起侨汇中断或侨汇减少致生活受到影响的，一方面鼓励他们积极参加生产，勤俭持家力求自力更生；另一方面对那些确实需要帮助和救济的，有关单位和部门也给予适当照顾，根据他们的实际情况，给予短期或长期的补助，并随着劳动效率的提高和生产收入的增加逐步减少或取消。

在安排生产方面，各地本着"华侨农场以发展亚热带作物为主，结合多种经营，粮食和油料作物也应积极生产，在若干年内逐步达到粮食自给。同时注意到发展畜牧、渔、林、加工业等"的方针，并根据各农场的具体情况，进行因地制宜的安排，使归国华侨在生产中发挥自己的所长，经济得到稳步的发展。在国民经济调整的几年中，全省陆续建起了一批华侨农场，安置了大批的归国华侨。仅晋江地区在1960年至1961年之间，就先后接待安置新归侨一万多人，新建、扩建华侨农场4个，砖瓦厂1座，基建面积达5.6万多平方米，安置归侨学生1260人，并向困难归侨发放补贴款20多万元。

二、侨务工作中"左"的偏向及纠正

福建省是一个华侨人数众多的省份，据1962年的统计，全省有300多万华侨、100多万侨眷、归侨。广大华侨、侨眷、归侨、归国华侨学生，以强烈的爱国主义热情参加家乡的建设，对社会主义建设事业起到了积极的作用。然而，自"大跃进"以后，由于忽视华侨的特殊情况，对华侨的某些特殊情况缺乏具体研究和分析。因而，在侨务工作中提出了一些不切实际的要求和高指标，"如在对资产阶级侨眷、归侨的改造方面，提出'通过交心运动一定要把资产阶级思想挖深挖透，拔掉白旗，插上红旗'"，提出要"使侨联委员中属于资产阶级分子这部分人中的左派和中左达到40%左右"。在安排侨眷、归侨劳动生产方面，提出"争取

① 《中共福建省委关于接待归侨工作的指示》，1961年1月15日。

在今年内消灭少数侨眷、归侨有劳动力但完全不参加劳动的现象，实现家家无闲人，要求原有劳动习惯的侨眷、归侨要向农民中劳动力最强的看齐；要求原来没有劳动习惯的要达到当地中等劳动力水平”。在调动华侨、侨眷的财力方面，提出了“动员侨眷、归侨把侨汇的60%—70%投入生产，把黄金、钻石、外币及废钢、废铁售予国家，把死钱变活钱，投入全民办工厂运动和其他生产事业，要求把全省侨眷、归侨所有黄金的60%—70%动员出来”①。正由于侨务工作中的这种“片面性的思想方法和宁左勿右的情绪在作怪”，在归侨、侨眷中产生不少的负面影响。

随着国民经济调整的展开，党在侨务工作中的一些“左”的偏向，得到了一定的纠正。省委明确提出各级党组织必须进一步教育干部认识侨务工作的意义，必须明确“凡是有利于团结华侨、争取侨汇的事情都应该做；凡是不利于团结华侨、争取侨汇的事情都不应该做”②。必须切实纠正那些认为侨务工作麻烦，多争取侨汇要多供应物资、多增加负担的错误思想。必须认识，侨眷、归侨、归国华侨学生和国外华侨的关系绝大多数是一种好关系，他们积极争取侨汇是支援祖国社会主义建设的一种进步表现。不但不能因为他们有国外关系和侨汇收入而对他们有所限制或歧视，而且，还要鼓励和指导他们加强和国外亲人联系，从政治上团结教育国外亲人，并尽可能争取更多侨汇。必须认识到增加侨眷、归侨和归侨学生的消费，就是意味着增加国家外汇的积累。要做好凭侨汇证增加物资供应的工作，“大部分有侨汇收入的侨眷、归侨，他们生活水平原来就比较高，允许他们吃好一点、用好一点，是中央的政策”③。要保证做到每百元人民币的侨汇供应40元以上的物资，1963年后要求能供应到80元以上。为了做好侨汇供应，省委要求对中央和省下拨的凭侨汇证供应的物资，任何部门、个人都不得挪用，挪用这些物资要当做挪用国家外汇论处；各地还应该尽可能拨出一部分土特产品凭侨证供应。省计委要把凭侨汇证供应的各种物资纳入计划专项安排，

① 《王汉杰同志在省委侨务工作会议上的发言》，1962年1月4日。

② 《中共福建省委关于当前侨务工作的指示》，1962年1月。

③ 中共福建省委：《进一步地全面贯彻执行党的侨务政策——统一思想认识，贯彻侨务政策，团结华侨侨眷，积极争取侨汇，为社会主义服务》，1962年1月。

各地凭侨汇证供应的物资可抵上调任务，商业厅华侨特殊供应综合公司应迅速在侨区各专（市）、县设立分支机构，在侨眷、归侨和归国华侨学生比较集中的城镇、农场、工厂、学校设立华侨商店、专柜和餐厅，便利他们使用侨汇证。

在农业生产方面，要根据“侨农一起发动，适当安排劳动”的原则，积极地安排侨眷、归侨参加劳动生产。一方面，要一视同仁，适当排工，纠正当前某些侨乡因地少人多而排斥侨眷、归侨参加集体劳动的做法，特别是对回乡的新归侨和侨属知识青年子弟，应该热情欢迎他们参加劳动，帮助他们提高劳动积极性和学习生产技术，使他们成为侨乡生产建设的一支力量。根据沿海侨乡地少人多的特点，应该因地制宜地开辟生产门路，发展多种经营，更好地安排他们参加生产劳动。对他们要贯彻同工同酬、多劳多得的分配原则，不能因为他们有侨汇收入而评低他们的工分。另一方面，对一部分还不习惯于参加生产劳动的侨眷、归侨，主要是中上层侨眷、归侨，应该允许他们依靠侨汇收入，过寓公生活，不安排他们参加生产劳动。

对于归侨、侨眷的粮食、农副产品和国家供应的商品的分配，要一视同仁，不能因为他们有亲人从国外寄回农副产品等而压低对他们的供应量。针对侨乡有一部分侨眷、归侨劳力较弱或有劳力但不参加农业劳动的特点，要妥善安排基本口粮、工分粮和超产粮的分配比例，不能把基本口粮压得太低，而使一部分缺乏劳力或较少参加劳动的侨眷、归侨口粮发生困难；对一部分一贯依靠侨汇为生，不参加农业劳动的侨眷、归侨，应该按农村中非农业人口的口粮供应办法，订出他们的口粮标准给予供应，使他们安心于乡居。要一视同仁地分给侨眷、归侨一份自留地，帮助他们发展家庭副业生产。对平调侨眷、归侨房屋、家具，侵犯侨汇的问题，要严肃地分期分批予以处理。特别是华侨房屋和“大跃进”几个大办中发动的投资问题，凡是能够马上处理的，应该马上处理，拆了华侨房屋致使他们居住发生困难的，应该调整房子给他们居住；社队和企业、学校等单位占用华侨房屋的，应该退还，一时退还确有困难的，报有关部门批准，经过协商同意后订立租约，付给租金，定期退还。“大跃进”几个大办中发动投资的账目应该清理，分别不同情况分期分批偿还。

在减少城镇人口和精简职工中，针对近几年来在工矿企业、文教卫生部门安置的5000—6000归侨职工，大多是1960年后因国外排华举家回国的归侨，有印尼归侨、新马难贫侨，其中有不少原来是马共及其领导的各种组织的成员；有的是由日本撤回的侨民，包括相当数量的台湾省籍旅日华侨和他们的日籍妻子；还有的是历年来毕业分配工作的归侨学生。“他们大都工作表现积极，但由于多数人劳力少，子女多，技术较差，收入少，安置后还经常需要救济。而且大都是几代侨生，在国内无家可归，要由国家包下来”，上述人员在减少城镇人口、精简职工中，如果和一般职工同样处理，相当多数人将是精简对象，如果不加以照顾，必将有一部分人在被精简后流离失所的具体情况。省委根据省侨委的报告，做出了“在精简职工中，归侨职工不精简和下放”“在减少城镇人口中，居住在城镇的归侨、侨眷不动员下乡居住”的决定①。即工厂、企业、学校、医院没有停办的，原安置的归侨职工应予以保留；工厂、企业、学校、医院已停办的，原安置的归侨职工由其主管部门负责在本系统内给予调整工作，并保留其原来的工资待遇；如内部调整确有困难的，可由原安置单位或其主管部门和省侨委联系，共同负责，给予妥善处理。1960年以后回国安置在国家机关的归侨干部一般不予精简。1960年以前回国的归侨干部中，凡在国外参加过革命工作或在侨团工作中有过较好表现，或确实不可能到农村参加农业生产的应该予以照顾。安排在工矿企业、学校、医院中的华侨界代表性人物或其子女，省华侨投资公司贯彻优待投资人办法所录用的人员，不予精简；必须调整工作的，应切实给他们安排相当于原来的职务，并保留其原工资。同时规定，华侨在城镇盖了房屋或买了房屋的，应允许其眷属迁来城镇居住；国内没有眷属必须委托亲友代管，或家中只有老弱必须由亲友代为照料的，也应允许其代管人或代为照料家庭的亲友搬来城镇居住。回国养老的中、上层归侨和港、澳同胞，应允许其在城镇中居住。

① 《中共福建省委批转省侨委党组关于减少城镇人口和精简职工中妥善处理有关归侨、侨眷问题的请示报告》，1962年5月23日。

福建作为全国著名的侨乡，侨汇的收入历来在经济建设中占有重要的地位，外汇收入通常是数倍于外贸收入。1962 年福建省的侨汇任务是 2000 万美元，约等于全省全年外贸收入的 5 倍。而且，“完成出口任务要花很大力量，付出很大的代价，出口价值六、七元人民币的物资才能换回一元美金的外汇，国家要亏损百分之六十到百分之七十”。从经济效益的角度看，“完成侨汇任务要比完成出口任务在经济上更加有利。而且侨汇都是自由外汇，在国际市场上可以自由调度”①。为此，在调整侨务政策时，省委努力采取各种措施，并尽可能争取更多侨汇。首先进一步加强凭侨汇证增加侨眷、归侨的物资供应工作。省商业厅成立了“福建省华侨特殊供应公司”，并在各专（市）、县设立分支机构，在重点侨乡和归侨、侨眷、归侨学生比较集中的农场、工厂、学校设立了华侨特殊供应商店或专柜、餐厅，负责侨汇专门物资的供应。同时，积极组织粮食、布、糖、高级糕点等生活物资，供应给侨眷、归侨②。

侨汇建筑是争取侨汇的一项重要来源。“侨汇建筑任务完成的好坏关系到侨汇任务的能否完成，是具有重要的经济意义和政治意义”③。中共中央于 1961 年 10 月 17 日发出的《关于争取侨汇问题的紧急指示》中，明确要求必须大力协助华侨兴建房屋，争取建筑侨汇。而且规定从 1962 年起，华侨汇款回来建屋的，应全部纳入各级计委的计划，所需建筑材料，都必须在确保的项目内，配备成套安排供应，并安排承建单位，负责建成交付华侨使用。建屋所需临时性的人民币周转资金，可由银行贷款。国营华侨投资公司可以投资建筑房屋，凭侨汇证出售给华侨。根据中央的指示，福建省在资金、物资和人力等方面都处于困难的情况下，克服种种困难，特别是克服木材、钢材、玻璃、桐油、五金等物资困难，优先安排侨汇建筑，力争更多地完成侨汇建筑任务，以增加国家的外汇收入。1962 年 1 月，全省安排侨汇建筑任务 820 万元，对于这些施工任务，各地侨务、银行、建筑等有关部门迅速进行逐个核对落实，并

① 中共福建省委：《进一步地全面贯彻执行党的侨务政策——统一思想认识，贯彻侨务政策，团结华侨侨眷，积极争取侨汇，为社会主义建设服务》，1962 年 1 月。

② 《中共福建省委关于当前侨务工作的指示》，1962 年 1 月 4 日。

③ 福建省建设厅党组：《为争取全面完成侨汇建筑任务而努力》，1962 年 1 月 12 日。

作了具体安排。在各类物资普遍困难和因城镇人口压缩造成建筑劳力不足的情况下，对侨汇建筑所需的物资和劳力进行特事特办，予以统一安排确保供应。随着一系列侨汇建筑措施的实施，大大提高了华侨回乡建房的积极性，仅 1962 年就争取 500 万美元的建筑侨汇。这样不仅加强了侨乡和市镇的建设，增加了国家的外汇收入，而且“华侨建起房子后，会加深他们对祖国的联系和感情，有利于团结他们”①。

在大办农业、大办粮食的形势下，化肥的短缺是最为主要的困难之一。为了鼓励华侨进口化肥，省人民银行、省侨委出台了具体的优惠政策。比如凡作为人民币存款或投资的，国家给予凭侨汇证供应物资的优待，存款的利息比侨汇存款高一厘；对作为外币存款的，利息也比普通外币存款高一厘。为了调动华侨、侨眷和侨乡干部的积极性，争取更多进口化肥，所进口的化肥原则上按照华侨投资人的意愿，分配给指定的县、社、队使用，而华侨投资人的眷属确实需要少量化肥自用的，也可以适当照顾。由于政策明确，措施得当，福建省华侨及港澳同胞游资进口化肥工作，取得了十分明显的效果。仅 1961 年 3 月中旬到 9 月止，在香港缴款总计达 1504 万港元，折合化肥 50136 吨，其中人民币存款占 34.3%。至 10 月上旬，运抵省里并分配各地使用的达 28741 吨，对支持侨乡粮食生产起到积极的作用。

第三节　政治经济关系的调整

一、对党员干部的甄别平反

由于党的八届三中全会改变了八大关于我国社会主义主要矛盾的判断，提出当前我国社会的主要矛盾仍然是无产阶级和资产阶级、社会主义道路和资本主义道路的矛盾。受此影响，自 1957 年反右斗争扩大

① 《进一步地全面贯彻执行党的侨务政策——统一思想认识，贯彻侨务政策，团结华侨侨眷，积极争取侨汇，为社会主义建设服务》，1962 年 1 月。

化后，接连不断地开展了一系列的政治运动。在这一系列的政治运动中，福建同全国一样，大批敢于坚持实事求是和讲真话的党员、干部受到不同程度的打击，遭到错误的批判和处分。

由于对干部的处理，“是非界限和政策界限不清，材料不实，处理过急，简单粗糙，控制不严，手续混乱”[①]的现象十分严重，为了缓和人民内部矛盾，调动广大干部群众的积极性，以利于齐心协力地度过经济困难，福建省委根据党中央“有错必纠，无错不纠，错了多少，纠正多少，全部错了全部纠正，部分错了部分纠正”的精神，在对国民经济进行调整的同时，着手对在历次政治运动中被错误批判和处分的党员、干部进行甄别平反。1961年5月，省委召开组织、监察工作会议，专门研究错案甄别平反的问题。会议认为，为了发扬党的优良民主作风，改善党内民主生活，加强团结，调动广大干部的积极性，对过去处理错了的干部，应严肃认真实事求是地进行平反。根据这次会议的精神，省委组织部、监委会发出了《关于甄别纠正错案的意见》。《意见》要求在开展这项工作时，认真学习贯彻中央、省委有关政策指示精神，严格区别各种政策界限和是非界限，对于处理错了的干部，在弄清情况后，应坚决予以纠正，结论有重要出入的，要加以修正。必须确立认真负责实事求是的态度，深入细致地进行调查研究。在甄别案件时，对原有材料必须逐条加以分析研究，决不能简单粗糙，或以感情代替政策。应克服那些对自己亲手处理过的案件抱有成见的错误思想，克服干部中怕麻烦、怕负责的错误思想。严格按照规定的组织手续办事，原处分是哪一级批准的，纠正处分也要由哪一级批准。在哪里处理的，原则上由哪里的组织负责甄别。

中共中央对福建工作非常重视，为了充实、加强福建省委的领导核心，协调各方面的关系，甄别平反涉及省级领导干部的冤假错案，团结大家共同战胜困难，把经济工作搞上去，7月18日，决定调范式人到福建任省委第二书记，协助叶飞工作。

---

① 《中共福建省委批转省委组织部、省委监委关于甄别纠正错案和农村整风整社运动中组织处理工作的意见》，1961年11月8日。

为了加强对甄别工作的领导，省委要求各级党委由一个书记负责，成立甄别工作领导小组，省整风整社组织处理办公室具体负责日常工作。在做法上采取走群众路线的办法，对大队以下的基层干部结合整风整社运动，交给群众审查甄别；对公社以上机关干部，先做好调查摸底，弄清情况，然后先易后难逐个纠正。根据省委的精神，各地为了摸索如何搞好错案平反工作的经验，以便更好地指导和推动这项工作的开展，普遍进行了试点工作。

如此大规模地甄别纠正错案，在福建党的历史上还是第一次，特别是由于甄别工作涉及面广、情况复杂，范围和界线不明确，给甄别工作带来很大的困难。为此，在干部中也存在着种种的顾虑。“有些领导干部迷信过去运动中处理的案件基本正确，不敢大胆地正视错误，对甄别工作表现不积极，在负责甄别工作的专职干部中，主要对甄别工作政策界线不明确，工作不大胆，怕负责任，优柔寡断，有些本该否定的问题也不敢否定，总想留个‘尾巴’；还有的思想上怕‘乱’，怕甄别对象‘翘尾巴’，给原来积极分子泼冷水等。因而，有的本来很明显的问题也拖拉不解决，有的结论早就作了，迟迟不宣布，还有的不重视对甄别对象的调查核实，作出正确结论，并在适当范围宣布，恢复名誉，只想以简单的给其安排个工作来敷衍了事”①。正因为如此，甄别工作进展缓慢。

针对这一情况，中共福建省委于1961年11月8日批转了省委组织部、省委监委《关于甄别纠正错案和农村整风整社运动中组织处理工作的意见》。《意见》对甄别的对象和界限作了如下明确的规定：1. 对过去高指标、供给制、食堂、自留地和社员家庭副业等方面存在的问题，在组织内提出批评意见，或把对三面红旗有过激言论，当作是系统地攻击三面红旗而受到处分的；2. 由于对领导上刮“五风”提出意见或拒不执行，被当作不执行党委书记决议，反党反领导的；3. 由于如实反映群众生活方面存在的问题，被当作否定工作成绩，否定“大跃进”的；4. 由于领导上布置的任务太大，经过努力无法完成，而自己又不愿意虚报浮夸，对党忠实，采取实事求是态度，被当作“右倾”“白旗”等受到批判处

① 中共福安地委六办：《当前甄别工作情况》，1961年10月5日。

理的；5. 把在党的会议上讨论问题或向党向领导交心时说了些内心话或发表了一些错误意见，当作“右倾”反党批判处理的；6. 把对领导上存在的缺点错误和工作中存在的问题提出的批评和建议，当作对党对领导进行攻击被批判处理的；7. 把有些自由主义的错误，背后议论过领导干部或偶尔说过些不利团结的错误言论，当作非组织活动，反党反领导的；8. 由于对暂时困难形势认识不清，而在党内或讨论会上讲了一些牢骚怪话，被当作否定“大跃进”而批判处理的；9. 把属于学术探讨性的意见，当作政治问题而批判处理的；10. 把正确的维护党委领导下的分工负责制而对集体领导、职责范围等方面提出意见和建议，当作反对党的领导和坚持“一长制”批判处理的；11. 对于少数干部、党员本人没有什么错误，只因为家庭出身不好，社会关系复杂，或本人是富裕中农而受到处分的①。这些规定对平反甄别工作的开展，起到了重要的作用。

在此之后，省委加大了甄别纠正错案的力度，省委主要领导多次在省委会议上带头检查了在处理干部问题上所犯的错误，并广泛听取了地县同志的批评意见，加紧对一些重大案件进行复查甄别。1962 年 4 月，省委向中共中央报告建议撤销 1959 年“反右倾”时上报的《以江一真同志为首的右倾机会主义反党集团的报告》，要求对他们进行平反。同时省委对此做了检讨，认为“当时我们具有严重的‘左’的情绪，对党的八届八中全会的精神讨论不够，领会不深，没有划清右倾机会主义反党问题和在党的路线和组织原则范围对于具体工作、具体措施抱着不同意见的原则界限；思想上主观、片面、不实事求是、没有冷静分析问题；采取了简单化的斗争方法，对被批判的同志没有给予申辩的机会，具有逼供的错误。这和几年来我们贯彻执行党的民主集中制不够，党内民主生活不正常有密切关系。这些都是我们应该引以为训的”②。后经中央批复同意，宣布对江一真、魏金水等的甄别平反，取消原来的结论和对他们的处分，并恢复他们的名誉和职务。省委还对在 1958 年被定为“地

① 《中共福建省委批转省委组织部、省委监委关于甄别纠正错案和农村整风整社运动中组织处理工作的意见》，1961 年 11 月 8 日。

② 《中共福建省委关于平反“江一真同志为首的右倾机会主义反党集团”报告》，1962 年 4 月。

方主义分子”的黄国璋、林汝楠、许集美、王一平4位原中共福建地下党和游击队负责人宣布平反，撤销原来的处分决定，恢复他们的党籍、职务和名誉，并补发工资。接着为受牵连的干部甄别平反，从而增强了党内团结，改善了党群关系。

1962年4月27日，中央发出了《关于加速进行党员、干部甄别工作的通知》。指出自1961年6月，中央批示对最近几年来受过批判和处分的党员、干部实事求是地进行甄别工作以来，目前还有一些地区或部门贯彻中央指示不力，进度很慢。要求各地加强对甄别平反工作的领导，加快进行。根据中央的指示，各地纷纷发出相应的通知，加快了甄别平反工作的进程，采取更为简便的办法，对处理明显错了的迅速加以甄别平反。对于基层党员、干部对密植、单改双、并丘、并村、多播种、大炼钢铁、高征购、高指标、虚报产量、集体养猪、试验田、办食堂等问题，提过批评与意见并有过不满言论，被当作“白旗”“右倾”、否定“大跃进”成绩、攻击人民公社、反对党的领导，而受过批判处分的，一律予以宣布平反；对于1958年以来，群众因对乱指挥生产、大炼钢铁、集体养猪、大办食堂、密植、并丘不满，或搞小自由、劳动态度不好、外跑、家庭不和、说怪话等，被当做“白旗”“右倾”“懒汉”、破坏人民公社等，而受到批判斗争和集训的，一律摘掉帽子；对于在整风整社中受过批判斗争、处分、集训的党员、干部，凡是批判、处理错了的或基本错了的，也予以一律平反，恢复名誉，恢复职务。

至1962年8月，全省已甄别结束的达167030人，占几年中受批判、处分的党员、干部、群众总数的89.12%。在已甄别的件数中，属于原批判、处理正确的有40772件，占23.99%；属于全错和部分错的有126958件，占76.01%。

9月上旬，省监委为了进一步研究甄别平反工作，召开了各地（市）委监委书记座谈会。会议除肯定了甄别平反工作所取得的成绩外，也指出了存在的一些问题：有的没有按中央规定的甄别范围办事，自行缩小甄别范围，致使应该甄别的没有甄别；有的缺乏认真贯彻“坚持真理，修正错误”的政策原则，对于完全错和基本错的案件，硬要抓住尾巴当作部分错的案件，不予全部平反。也有的把原来处理正确或基本正确的，也当作错案平反。有的错案虽然平反了，但对恢复职务，恢复工资级别，未能及时妥善解决；有的对平反后的一些应该解决的问题，也未予及时认真解决。而且在一些地方出现松动情绪，认为“差不多了”，“可以收摊子了”，将专职干部撤走，削弱了办事机构。会议指出这些问题不解决，“势必影响甄别工作善始善终地完成”[①]。

为此，针对存在的上述问题，省监委决定采取有力措施，以使甄别平反工作善始善终地完成。首先，要求必须坚决执行中央和省委有关甄别工作的方针、政策和指示。甄别范围必须遵照中央关于“对最近几年来受过批判和处分的干部和党员、群众，实事求是地加以甄别”的原则，既不得自行缩小，也不得任意扩大。严格按照政策办事，既要克服“硬抓尾巴”，也要防止“一风吹掉”的两种偏向。对于一些贪污盗窃、腐化堕落以及犯有其他严重违法乱纪的人，也企图乘甄别之机进行翻案，要求重新审议，从轻处理的，应该坚持原则，不予改变。其次，要切实做好团结工作，将团结与否作为检验甄别工作成效的主要标志。要求在甄别工作中必须充分发扬民主，使受委屈的同志能够倾吐意见，不隐讳真实思想。在敞开思想的基础上，实事求是地分清是非，该领导者承担责任的领导承担，该本人汲取教训的本人汲取，应以党和国家的利益为重，共同总结，共同提高，不计较个人得失，消除隔阂，加强团结。第三，要求认真处理平反后的遗留问题。对于平反后的工作安排，工资补发，因过火斗争致死、致伤的补偿，错没收的财产退赔等遗留问题，应及早研究处理，否则将影响党的政策，影响团结，影响工作和生产的积极性。要本着对党、对同志、对群众负责的原则，务必做到办理一件，清楚一件，结束一件，防止有始无终，不了了之。同时，要求各地根据各自的不同情况，采取总结检查，检查验收，复查补课等不同方法，做好甄别平反结束阶段的工作。各级党委必须继续加强领导，一抓到底，“对于重大案件和疑难问题，必要时，请党委负责同志亲自动手，以解决工作中的障碍，使党的任务既快又好地顺利完成”。

1963 年 12 月 21 日至 31 日，晋江地委召开扩大会议，参加会议的

---

① 《省委监委关于地（市）委监委书记座谈会的情况报告》，1962 年 10 月 13 日。

有地委全体委员，各县（市）委常委及地直机关县级以上党员干部。会议专门就1957年以后地委在“反地方主义”问题上犯的错误作了检查，并作出《关于反地方主义平反的决定》[①]。《决定》认为：1957年11月以后，晋江地区所进行的反对地方主义的斗争（包括1957年12月省党代会上晋江地区代表所进行的斗争，1958年2月至6月省委党校晋江支部所进行的斗争，以及以后在各县和某些老区支部所进行的斗争），都是错误的，应予平反。由于这一严重错误，使党的正常生活，党的民主、党的团结遭到严重破坏，党和老区群众的联系受到严重影响，教训极为沉痛，主要责任在地委，地委诚恳地公开检讨，并向所有原来被错误批判为地方主义的同志道歉。会后，地委即组织力量，进行甄别平反。1964年，地委为73名被错误定性的干部恢复名誉、恢复原工资级别、恢复原工作职级，重新分配工作。同年10月5日，地委又发出通知，对在“反地方主义”中受牵连的干部进行甄别，并组织专门工作组，逐个落实材料，按干部管理权限报批平反。

由于各级党委的重视，措施得当，许多错案得到了甄别平反。从而加强了党内的团结，密切了干群关系，对国民经济的恢复和发展起了有力的推动作用。但是，由于种种历史原因，甄别平反工作还是在肯定“大跃进”的前提下进行的，致使有些重大冤假错案尚未得到平反纠正，有一部分的甄别工作也还留有尾巴，使广大干部群众的积极性不能得到充分的调动。

二、调整各类社会关系

在开展对党员干部甄别平反的同时，为了进一步缓解社会各类矛盾，调动各界人士的积极性，创造一个较为宽松的政治环境，以便更好地调整经济，度过难关。福建省委根据中央的有关指示，结合经济调整的各种措施，就调整各类社会关系做了大量的工作，取得了较好的成效。

在国民经济调整初期，福建省委就针对资产阶级分子、小商小贩等

① 《中共晋江地委全会关于反地方主义平反的决定》，1963年12月。

存在的具体情况，及时发现问题，采取了区别对待的措施。在精简下放支援农业生产第一线中，初期福建省也精简下放了一批资产阶级分子和小商小贩，同时，对在国营、公私合营企业，城市人民公社工作有定息的私方人员和资方代理人，也根据生产需要和他们的身体条件定期（如半年、一年）参加本行业本企业或城市其他企业基层、国营农场经营的副食品基地生产劳动。目的是“对他们进行正面教育，使他们认识到支援农业第一线的重要意义，促使他们积极参加劳动，为社会主义服务”①。但在实际的操作中却出现了许多问题。如下放私方人员的面过广。据漳州、晋江、福安、长乐等14个市县的统计，私方下放人员一般都占私方总人数的20%—40%，个别地区如长乐县高达60%。部分地区把一部分不应该下放到农村安家落户的资产阶级分子和定息户，也下放到农村去安家落户。安溪、福安、永定等县部分单位对下放农村安家落户的只发给一个月至三个月工资，到生产队后则采取按劳取酬评工记分的办法。少数单位为了“甩包袱”，将一部分年老体弱的私方人员，也精简下放到农村安家落户，或动员退职退休，发给几个月工资就把他们推出企业。永安县商业部门下放的53个私方人员中，50岁以上的有25人，占47%，最高年龄为74岁。

对于上述情况，省委明确指出这些作法是与党的政策相违背的，而且将造成严重的后果。一些下放的私方人员为了生计，在暗中做生意，搞投机倒把等违反市场管理的活动，少数人因取消原工资后收入降低，以卖旧家产来维持生活。“大部分私方人员对精简下放存在不同程度的抵触和不满，反映说我们政策多变，说话不算数”。对此，省委尖锐地指出：这样将会增加农村阶级斗争和社会改造中的更多不利因素。要求各县应由组织部、财贸部、统战部等有关部门联合组成工作组，对在私方人员精简下放工作中存在的问题进行一次深入的全面检查。凡不符合中央政策精神的，应及时予以妥善处理。同时，对下放后少发或停发薪金的应即恢复和补发。

---

① 《省委关于贯彻“中央批转中央统战部关于精简下放支援农业生产第一线，对资产阶级分子、小商小贩区别对待问题的几点意见”的意见》，1960年12月22日。

随后，在精简职工压缩城市人口中，省委考虑到“由于台湾尚未解放，台湾籍人士本非来自大陆农村，他们绝大多数居住在城市，在农村无亲无靠，对他们的工作给以妥善安置，尤其对开展对台工作，促进台胞向往祖国都会有一定影响”。因此决定对于台湾同胞一般不作精简对象，一般不下放农村。对于已有作为精简压缩处理的干部、工人，生活又确实困难的，应通知原工作单位收回安排工作，原单位已撤销的由主管部门负责安排；对居住城市的台湾籍居民非本人自愿不要压缩到农村①。

1962年3月，周恩来在全国科学技术工作会议和文艺工作会议上所作的《论知识分子》的讲话，充分肯定了知识分子绝大多数已属于劳动人民。陈毅也在会上宣布要给广大知识分子“脱帽”“加冕”。对此，省委专门开会进行认真贯彻。指出近几年来，有不少同志在对待知识、对待知识分子的问题上，有片面的认识，简单粗暴的现象也有所滋长，必须引起严重的注意，以端正方向，正确地贯彻执行党的政策。必须强调对知识分子的团结和使用问题，以争取一切可以争取的知识分子，使用一切有用的力量，为社会主义事业服务。同时，要改进对知识分子进行教育改造的工作方法，坚持团结——批评——团结的原则，运用民主的、和风细雨的、自我教育的方法，决不允许用处理敌我矛盾的方法来处理人民内部矛盾。并要求对1958年以来，在“双反双比”“向党交心”“拔白旗、插红旗”“教育革命”等政治运动中，以及审干、肃反、下放农场劳动等工作中，由于政策不清而受批判、戴帽处理的知识分子，都要进行认真甄别。

根据中央和省委的指示精神，各地迅速行动起来，加快落实知识分子政策。1962年7月，知识分子较为集中的福州市，提出了关于加速知识分子甄别平反工作的意见，要求在1958年以来历次运动中受批判、斗争、处分或戴帽子的，凡批判错的或基本错的都应该平反。凡平反的应取消帽子，恢复原来的工作或安排其他相当职务。随后，福州市教育

① 中共福建省委精简工作领导小组办公室：《关于对台湾籍人士一般不作为精简对象和下放农村的通知》，1963年11月14日。

党委又提出了关于知识分子甄别工作的具体意见，对甄别对象、政策界线、工作步骤和组织机构等进行明确的规定。在对教师的甄别平反中，福州市教育局党委对市属中学102位甄别对象，先由学校党支部领导分别进行个别访问、谈心，消除思想疙瘩，公开赔礼道歉。随后，福州市委宣传部召开了全市文教系统甄别平反大会。在此基础上，各校党支部向全体教职工作了传达，又一次向受过错误批判和处理的教工赔礼道歉，宣布撤销在历次运动中的错误决定。

随着《中共中央关于自然科学工作中若干政策问题的指示》和《自然科学工作十四条意见》精神的传达贯彻，各地进一步检查了以往在知识分子工作中存在的三方面突出问题：一是对知识分子政治上的进步和他们在社会主义建设中的作用估计不足，执行党的知识分子政策和科学工作政策不够全面，有些政策界线划得不够清楚，影响了一部分人的积极性、主动性；二是不少研究工作中有浮夸风，工作做得不够严格，不够踏实，加上研究时间没有得到切实保证，研究任务变动过多，使研究人员的成长受到一定影响；三是有些研究机构中的党组织，对行政工作和业务工作包得太多，发扬民主不够，有些工作没有适应科学研究的特点来进行，有瞎指挥的现象。

全省各级党委在明确认识的基础上，迅速采取措施进行贯彻落实。中共福州市委于1962年1月10日批转了市科委党组的《请示报告》，提出“希望有关部门和单位的党组织根据中央关于自然科学工作中若干政策问题的批示和自然科学工作十四条意见（草案）精神，对科学技术工作的方针政策和进一步调动科技人员的积极性问题，结合本单位具体情况，认真进行一次讨论。对于科技人员提出的问题要按政策规定办事，能解决的迅速解决，如因条件限制，也要耐心说服和解决。同时，还应本着团结——批评——团结的原则，经常鼓励与教育他们，认真学习党的方针政策，努力钻研科学技术，全心全意地为社会主义建设事业服务”。这些措施对于调整党和知识分子的关系，端正科学技术工作方向，恢复科学技术工作秩序，调动科技人员积极性，发挥了重要作用。此后市委又批转了福州市科学研究所关于保证科研人员至少有6/10时间用于业务工作的报告，并决定也在医药卫生、教育系统付诸实施。

1962 年 12 月，福州市召开市科协第一届第二次代表大会暨 1962 年科技知识分子表彰大会，表彰了 100 名在科研、改革、推广等方面工作成绩显著的积极分子，以鼓励知识分子、科技人员努力为社会主义建设多作贡献。

为适应国民经济调整的需要，全省各地科教文卫部门也相应调整了工作思路，并取得可喜的成果。特别是在教育方面，针对“大跃进”期间发展过快，数量过大，导致师资不足、校舍不足、设备不足、教育质量下降的问题，省教育厅采取了几项有效的调整措施。首先，针对中学教育过分强调入学率从而占用过多劳力的问题，对于办学条件差的学校进行合并；对于一些不适合进一步升学的学生，鼓励他们回乡参加劳动，以缓解农业生产的劳力问题；对于因经济困难不能升学的学生，通过助学金予以扶助，以确保生源的质量。同时，对初等教育、中学教育、技术教育的比例结构进行相应的调整，以适应经济发展的需求。其次，组织教师学习和钻研教材，认真执行教学计划，特别是狠抓语文、数学、外语三学科的质量，从而使教育质量有了大幅度的提高，为福建省在全国高考中多年取得高考红旗打下坚实的基础。

正由于在国民经济调整过程中的头几年，福建省委较好地处理了经济与政治的关系，既重视对经济的调整，也顾及政治、文化、教育等方面的调整，使各方面的关系协调发展，从而在一定程度上起到了互为促进的作用。

三、反对商品“走后门”

由于国民经济的困难，商品严重匮乏，供需关系失调，人们从市场上买不到所需的商品，只能凭票从供销社买一些少得可怜的日常所需品。粮票、肉票、糖票、肥皂票、烟票、布票等各种各样的票证成为人们消费的必要凭证，而且票证可购买的东西也十分有限，远远满足不了人们对商品的需求。在当时计划经济体制下，物资往往掌握在一小部分的部门和个人手中，于是，就产生了通过熟人、关系乃至权力，从掌有物资的部门和个人手里购买所需物资。这种现象并非仅局限于个人行为。1961 年初，不少单位职工发生水肿病，一些单位为了搞好职工生活，消灭水肿病，千方百计到处找关系，购买主副食品。这种并非凭票证，而是通过各种非正当渠道和手段购买物资的现象，当时被称为“走后门”，并逐渐成为一种社会风气。

“走后门”既是商品紧张的直接后果，又对商品供应更加紧张起到推波助澜的作用，导致分配上的严重不公。特别是“走后门”的主体大多为拥有物资分配权的党和政府的机关和干部，“走后门”现象的蔓延，对于党群、干群关系产生不良影响，败坏了社会风气。

对此，党中央高度重视，严肃指出：如果“听任某些干部在规定之外利用职权或‘走后门’来取得额外供应，不作严肃的处理，其后果就很严重。干部生活特殊，脱离群众，从眼前来说，会损害党群关系，妨碍我们带领群众来战胜困难，度过灾荒；从长远影响上看，这势必对干部的思想发生腐蚀作用”“修正主义思想正是从这里找到自己滋生、蔓延的土壤的。‘殷鉴不远’，我们对此必须充分保持警惕，防患于未然”[①]。

就福建而言，商品“走后门”的情况也严重存在。主要表现在许多财贸工作人员和投资管理人员利用职务便利，营私舞弊，多买商品，私分多占；厂矿企业、机关、学校乱搞协作，拿国家资财去换取本单位需要的生产资料和生活资料，或者把应该卖给国营商业的商品拿到自由市场去卖高价、换物资等，这些情况在各个地区、各个部门普遍存在。特别严重的是已出现了一批严重的违法乱纪分子和蜕化变质分子，他们和外部的投机倒把分子勾结起来，贪污盗窃，转卖国家财产，进行投机倒把活动。在这些人当中不仅有采购员、售货员、仓库保管员、验收员以及其他业务人员，而且还有少数干部。隐藏在我们内部的违法乱纪分子，蜕化变质分子，比外部的投机倒把分子，具有更大的危险性。他们利用合法的身份和合法的手段，把成百吨的钢材、成套的机器设备、成批的化肥、煤炭、木材等重要物资盗卖给投机商人，有的已经和外部的投机分子结成集团。在内外勾结的情况下，国家财产的损失十分惊人。仅福州市当时初步暴露出来的使国家损失 5000 元以上的案子就有 49 起，

① 《中共中央转发齐燕铭关于对在京高级干部和高级知识分子特需供应的报告的指示》，1960 年 11 月 9 日。

1万以上的有38起。商品“走后门”的问题，已经严重地影响了商品的正常分配，实际上为投机盗窃分子和内部的蜕化变质分子敞开了方便之门，增加了物资供应困难，严重地脱离群众，腐蚀了一些干部，影响了农产品收购计划的完成。

为此，福建省委于1961年12月向各地、市、县委、省直各单位党组发出了《关于开展反对商品“走后门”运动的指示》。要求“各级党委必须坚决贯彻执行中央的指示，有领导、有计划、有步骤地、大张旗鼓地开展一个反对商品‘走后门’的群众运动，彻底制止商品‘走后门’的现象，狠狠打击投机倒把、贪污盗窃活动，提高干部、职工社会主义觉悟，纯洁干部、职工队伍，健全商品分配制度，进一步加强财贸部门和其他部门的思想建设、组织建设和制度建设，保卫社会主义商业阵地”。并确定反对商品“走后门”运动，以财贸部门（包括商业、供销合作社、粮食、外贸、轻工业、银行、财政等部门）为重点，同时在其他机关、国营企业和事业部门中普遍进行。

根据省委的部署，省直机关和各地市的反对“商品走后门”运动迅速展开。为了搞好机关的反商品“走后门”运动，省直党委监委会对于省直机关“走后门”的情况进行了一次全面的检查。检查中发现商品‘走后门’的现象发展很快、面很广，已形成一种普遍性的问题。个别的发展到严重的违法乱纪，徇私舞弊，内外勾结，贪污盗窃国家资财等。① 据对省直机关27个单位的调查，走后门的有21个，占80%。这些单位动用了钢材、机器、化肥、玻璃等23种国家物资，换回72种主副食品。省直机关“走后门”主要有三个特点：一是工交、财贸系统多，据统计21个“走后门”的单位中，工交、财贸系统的15个，占67%左右。这些部门绝大部分掌握着物资和技术力量，在客观上具备“走后门”的条件。二是管什么的就靠什么、吃什么，“近水楼台先得月”。比如粮食厅所属单位“走后门”买到饲料11140斤，粉干2620斤，糯米660斤，糖85斤；轻工厅供销局多吃各种罐头样品，轻工厅多订牛皮鞋穿。三是有汽车的单位搞得多。据调查，省直机关有汽车的单位绝大部分

① 福建省直机关委员会监委会：《关于检查走后门的情况反映》，1961年12月7日。

都有“走后门”。

从各地市的情况，不仅财贸部门和一些管理物资的部门“走后门”，而且连一些没有掌管物资的部门，也都存在“走后门”的现象。据福州市调查，财贸部门和一些交通运输单位有“走后门”的职工人数约占职工总数的百分之七八十，有的甚至达到百分之百。“走后门”的物资十分广泛，有吃、穿、用的粮、油、副食品和日用品，也有许多重要的生产资料，如大批机械设备、钢材、汽油、肥田粉等。“走后门”的方式也是五花八门，多种多样。有的以统购统销物资私自换取副食品、日用品；有的克扣市场的特需供应商品，私分多占；有的走漏商品出卖消息；有的乱开条子，送“人情”，多吃多占，挥霍浪费；有的互开“方便”之门，进行物物交换；有的利用业务便利条件，要挟商品部门“开后门”。“走后门”已经成为一种给社会造成严重危害的不良风气。主要表现在以下几个方面：第一，造成了物资分散，影响了农产品收购和商品的分配，增加了市场供应的困难；第二，给贪污盗窃和投机倒把等不法分子，打开了“方便”之门，使国家财产受到了严重损失；第三，影响了生产，影响了社会道德风尚，影响了党和群众的关系。为此，福州市委下定决心在全市范围内，以财贸部门为重点，同时在其他机关、国营企业和事业部门中，立即开展一次反对商品“走后门”的群众运动。中共龙溪地委要求各县市委把“反对商品‘走后门’运动在春耕前做为全党一项重大政治任务，把运动搞透搞彻底，并以此为动力，推动当前备耕的中心冬季生产运动”。中共晋江地委要求反商品“走后门”运动以财贸部门为重点，同时在其他国营企业和事业单位及机关团体中普遍进行。

随着反对商品“走后门”运动在各地区各部门的普遍展开，1962 年 2 月，省委反对商品“走后门”运动领导小组及时总结经验，进一步向各地市县、各口反对商品“走后门”运动领导小组并各部委、各厅局党组，提出了“必须查清各单位企业存在的各种漏洞”。要求既要全面查，又要抓住重点；从大处着眼，从小处着手；从近到远，从易到难。要边调查、边研究、内查外对，互相结合，要一查到底，把问题弄个“水落石出”。于是反商品“走后门”运动转入重点查漏洞阶段。

随着查漏洞工作的展开，全省迅速查出了一批违法乱纪的案件。

全省共计揭发案件 2587 起，其中属于投机倒把性质的 936 起，贪污盗窃性质的 1351 起，严重挥霍浪费的 68 起，其他方面的 232 起。非法所得金额在 1000 元以上的有 476 起，1 万元以上的有 24 起。个人非法所得金额初步查实共达 1757762 元。全省涉案人数共有 3631 人，其中属于国家机关、国营企业、事业单位内部工作人员 3139 人，占运动人数的 86.4%，单位外人员 492 人。同时暴露出商品流通、企业管理中的许多重大漏洞。由于制度不健全，管理不严，存在大量的漏洞，致使国家物资财产损失十分惊人。据 1961 年统计，全省地方企业各项损失达 1.4 亿元，约占全省预算收入 5 亿元的 1/3。其中福州市损失 2982 万元，该市工业系统报损百万元以上的有 7 个单位，如福州香料厂三年来报损达 740.6 万元，等于这个工厂全部投资的 3 倍。反商品“走后门”运动不仅查出了许多新的漏洞和问题，而且对过去已经报损的许多积案，也作了重新检查，追回了一部分资财损失。福州茶厂经过查漏洞，不仅查出了 8 个贪污盗窃分子，而且追回了少调进的茶叶 1874 担，加上追还利息和收回茶袋押金等，查到价值 29 万元物资的下落，追回 21 万的损失。福州五金交电批发站，对 1961 年报损的物资进行复查，追回 29.3 万元的损失。省物资厅几年来“在途商品”共有 1890 多万元，经过清查已找到下落的有 1560 多万元①。

反商品“走后门”运动经过几个月的开展，取得了较为明显的成效，扭转了曾泛滥一时的“走后门”之风，对党的优良传统的恢复和发扬产生了良好的影响。同时通过查漏洞，为国家经济挽回了巨大的损失。在运动中也初步健全了一些规章制度，对商品的流通和供应，对缓解国民经济的困难，度过经济难关，起到了积极的作用。

当然反商品“走后门”运动作为一场群众性的运动，具有一定“左”的色彩。从运动之初，反商品“走后门”问题就被定位为“是社会主义与资本主义两条道路斗争的问题，是阶级斗争在经济战线上的反映”“运动开展的时间较急，发动的面一开始大了一些，涉及问题又复

① 中共福建省委反对商品“走后门”运动领导小组：《反对商品“走后门”运动情况与今后意见向省委的报告》，1962 年 3 月 13 日。

杂，材料的调查核实和分析研究做得不够，对重点分子开展批判斗争中，仍有不执行政策和简单急躁的现象（如福州、厦门两地曾发现四起打人、推人和罚跪的情况，全省在运动中自杀的有6人）”“各项制度建设工作跟不上，‘后门’堵住了。‘前门’没有开好，有些必要的正当的协作关系也被打断了”。但从总体而言，反商品“走后门”运动由于开展的时间较短，在运动中也比较正确处理好各种关系，所以，运动的负面影响相对较小。

第十三章
东南沿海前线的海防与战备支前

第一节　震惊中外的八二三炮战

一、应对台海局势的决策部署

1954年日内瓦会议和平解决朝鲜和印度支那问题后，中国共产党和中国政府本着缓和世界紧张局势的愿望，希望通过谈判，和平解决台湾问题。在中国政府的努力和全世界爱好和平人民的压力下，美国政府迫于形势，于1956年7月13日，通过外交途径向中国正式表示，愿与中国在日内瓦举行大使级会谈。8月1日，中美双方的会谈正式举行。但是，朝鲜停战以后，美国采取“遏制中国”的政策，美国出席会议的目的，除了要回在华被扣押的美国战时人员外，根本无意解决任何实质问题，相反，却一再无理地坚持中共必须先放弃“武力犯台”，中国政府对此无理要求自然不能接受。于是，美国便于1957年12月单方面宣布中止中美大使级会谈。

在此期间，美国为了以武力威胁中国，迫使中国就范，同时安抚台湾当局，在台湾部署了可携带核弹头且可打击中国大陆腹地目标的“斗牛士”导弹。台湾也迅速修建了可供美国B-52战略轰炸机使用的机场，并接受了美国 B-52 轰炸机的进驻。此前，美国第七舰队竟明目张胆地在台湾南部海域举行大规模的军事演习，美国第十三、第十七航空队也随即进驻台湾。美国还不断增加对台湾当局的经济援助，从 1956 年到 1958 年，美国给予台湾当局的援助高达 281.1 亿美元。从而，进一步加剧了台湾海峡的紧张局势。

在美国的支持下，国民党台湾当局的反共气焰更加嚣张。1957 年 11 月 28 日，蒋介石下令出动 11 万国民党军，在台湾全岛范围内进行军事大演习。随后，又将三分之一的地面作战部队重新部署到金门、马祖等岛。至 1958 年初，国民党军在金门共部署 6 个步兵师和特种兵部队，计 8.5 万余人。国民党海军也同时奉命收缩集结于金、马地区。此间，金门国民党炮兵还经常对厦门岛及福建前沿阵地、广播站、雷达、船只等目标，实施射击，平均每日50—60 发炮弹，使厦门前沿及大、小嶝岛群众生产生活受到严重影响。

1957 年 6 月 24 日，解放军驻厦门炮兵部队奉命对驻小金门岛国民党军第八十一师师部和经常活动的炮兵阵地，实施突然火力急袭，炮击从 17 时 16 分开始，至 18 时 20 分结束，发射炮弹近 3000 发，杀伤国民党军 50 余人，并配合进行政治攻势，再一次打击了国民党的嚣张气焰。

此时，由于中东地区反对帝国主义压迫的民族解放斗争风起云涌，美国为维护其在这个地区的殖民统治，不顾世界舆论的谴责，于 1958 年 7 月 15 日出兵黎巴嫩，公然干涉他国内政，并向伊拉克施加压力，企图扼杀中东人民掀起的反殖反帝的革命活动。对此，苏联马上采取了大规模的军事演习，作出强硬的反应，国际局势骤然紧张。在远东，美国拒绝了中国政府于 6 月 30 日提出的在 15 天内派代表恢复中美大使级会谈的建议，美国国务院反而于 8 月 11 日发表长篇“备忘录”，重申不承认中华人民共和国，并对中国进行大肆攻击和谩骂。国民党台湾当局见国际局势紧张，美国对中国态度转向强硬，便又高喊要“反攻复国”，7 月 17 日宣布所属部队处于“特别戒备状态”。8 月 14 日，蒋介石在台北阳明山召开党政联席会议，专门讨论金、马作战问题。次日，台“国防部长”俞大维向美国提出三项要求，即就外岛立场发表声明，美在台海进行武力示威，向台湾运交响尾蛇导弹。同日，美国援台的第一批

F-100型战斗机运抵台湾。此前，美国已向台湾提供“自由女神”导弹等，美国第七舰队开始进行武力示威。随之台“国防部”命令部队进入紧急状态。两天后，美国海军参谋长伯克也公然扬言：美国海军随时准备像在黎巴嫩那样，在中国沿海登陆。于是台湾海峡上空战云翻滚，紧张局势不断升级。

1957年底，中美谈判中断后，党中央一直在寻找机会使台湾问题重新引起国内外关注，以期获得解决的契机。面临国际形势的骤然变化，综合国际国内诸多因素，党中央决定利用这个时机重新提出台湾问题，把台湾问题同支持中东人民反美斗争的国际战略意图紧密结合起来，使两个地区的斗争互相支持、互相配合、互为后盾。为此，决定迅速对台湾的国民党当局采取军事行动，并选择靠近大陆的金门作为攻击目标。

党中央把金门作为攻击目标，是出于国际战略的周密考虑。在金门岛上，虽有国民党驻军6个步兵师、2个战车营共8.5万人，配备火炮308门、高射炮146门、轻型战车和自行火炮共106辆。但没有美国驻军，也不受美台“共同防御条约”的制约，攻击金门可以不和美国直接交锋。如果美国出面干涉，只能在全世界面前暴露其侵略立场，使其政治上陷于被动。

基于上述的战略出发，党中央和中央军委加紧了福建前线的军事部署。1958年7月18日晚，毛泽东紧急召集中央军委副主席和空军、海军领导人等开会，对攻击金门作了部署。毛泽东指出，支援阿拉伯人民的反侵略斗争，要有实际行动。他同时指出，金门、马祖是中国领土，打金门、马祖，惩罚国民党军，是中国的内政，敌人找不到借口，而对美帝国主义则有牵制作用。会上决定，以地面炮兵实施主要打击，准备打两三个月。

当夜，中央军委召开会议，军委副主席彭德怀传达了中央和毛泽东的指示，并对空军转场、海军入闽和炮击金门作出具体部署。他特别强调，解放军地面部队的行动将主要使用炮兵，而斗争的焦点还是在空中。因此，除非复杂气候限制，空军一定要在7月27日进入福建、粤东的作战机场。

接着，空军司令员刘亚楼又连夜开会贯彻落实，作出以下重要决定：立即组建福州军区空军指挥机构；使用有实战经验、战斗力较强的部队，力争打好第一仗；首批入闽的歼击航空兵团应于7月24日空转至待机位置，并于7月27日隐蔽进驻连城、汕头基地，另调部分高射炮和雷达部队入闽；健全各机场的保障机构，从东北、华北和南京地区各抽调一个场站，紧急调运必要的车辆装备和作战物资到前线机场，保证能按时使用；要求空军广大指战员紧急动员起来，积极做好参战准备，沉重打击国民党军的军事挑衅，保卫社会主义建设。

当天午夜23时，福建省委第一书记兼福州军区政治委员叶飞接到中央关于决定于7月25日向金门实施炮击的电话指示后，立即召集军区领导人及有关人员开会，决定从本军区当时所有的陆、海军炮兵中集中33个营，准备分别打击大、小金门岛和马祖岛的国民党军，同时组织福建所有高炮部队掩护地面炮兵和交通枢纽等的对空安全。第二天一早，叶飞就同福州军区副司令员张翼翔等驱车赶到厦门，迅速展开多项准备工作。

7月19日，总参谋长粟裕召集海军、空军、炮兵和总参有关部门负责人开会，具体研究炮击金门及海、空军入闽部署问题。会议议定：驻华北的3个加农炮团做好入闽作战准备，由空军司令员刘亚楼签发空军入闽作战命令，由福州军区空军司令员聂凤智负责组建福州军区空军指挥所；由东海舰队副司令员彭德清负责组建舰队前方指挥所，指挥战区除海军航空兵外所有海军部队。会上，总参作战部部长王尚荣还提出了具体要求，作了具体部署。

此前，福建驻军大多分布在本省内地，金门当面的人民解放军炮兵对敌还不占优势。为集中优势兵力和火力，正在福建各地帮助农民抢收水稻的各炮兵部队迅速集中，并兼程向厦门、南安莲河（今属同安区）开进。为加强福建前线的炮兵力量，南京军区、沈阳军区也抽调了少量炮兵入闽参战。

各炮兵部队向前线开进的时节正值台风期，福建沿海遭受暴风雨袭击，山洪暴发，公路铁路塌方严重，主要桥梁被冲毁43座。为了隐蔽作战企图，部队多在夜间行进，又系摩托化行军，因而困难重重。军区部队会同当地政府组织的群众，冒雨在泥泞中奋力抢修和加固道路桥梁，终于保障了部队如期行进。7 月 22 日，各部队基本到达指令位置，马上又投入炮兵阵地的抢修。至 8 月 23 日完成了一切作战部署。

为确保空战胜利，人民解放军空军集中了优势兵力，由在抗美援朝战争中经过实战锻炼的歼击航空兵第一、第三、第九、第十六、第十八师及海军航空兵第四师所属 6 个歼击机团进入一线机场，另 17 个歼击机团进入二线机场，总计投入 23 个歼击机团共 520 架歼击机。并调原志愿军空军司令员聂凤智任福州军区空军司令员。

与此同时，中央调彭德清任厦门海军基地司令员，海军从上海的东海舰队调一个鱼雷快艇大队通过铁路输送隐蔽南下厦门地区。在鱼雷快艇由陆地入闽后，解放军海军原已进驻福建三都澳基地的高速快艇大队也于 8 月 5 日向南转场，进入平潭、泉州和厦门港湾待命。8 月中旬以后，由南海舰队、东海舰队调来的 3 个鱼雷快艇大队、2 个猎潜艇大队和 1 个高速炮艇中队也分别从海上驶入三都澳、后渚和东山岛。

随着福建几个机场的抢修完毕，7 月 27 日，首批执行转场任务的空军歼击航空兵第一师第一团和第十八师第五十四团，在当时恶劣气候条件下，采取后一大队掩护前一个大队着陆的方法，以中队为单位，在云上空高速飞行，秘密而迅速地转至福建连城和广东汕头机场，并立即升空在福建和海峡地区巡航。毛泽东、彭德怀获悉，当即电告福建前线指挥部："我空军到达福建后，如敌机对福州、厦门及其机场进行轰炸时，我空军则对金门、马祖进行轰炸；如敌对我杭州、上海进行轰炸时，我空军则对台北进行轰炸。"①

紧接着，空军歼击航空兵第九师第二十七团于 8 月 4 日进驻福建漳州，第一师第三团于 8 月 6 日进驻福建连城，第十六师第四十六团和海军航空兵第四师第十团于 8 月 13 日分别进驻福建龙田和福州机场。随后，轰炸航空兵和侦察航空兵等三个团又两大队、一个中队，亦先后从全国各地分别转场至福州、漳州和江西漳树等一、二线机场。

由于解放军空军偃旗息鼓地隐蔽转场，台湾国民空军并无觉察，仍

① 王尚荣：《持续二十一年的炮战——炮击金门的决策经过》，《新华文摘》1999 年第 12 期。

不断出动飞机窜入大陆进行侦察袭扰，结果遭到人民空军的迎头痛击。7月29日国民党空军以4架F-84战斗机飞入闽粤边界的南澳岛地区，遭到解放军空军4架米格-17歼击机的拦截，国民党空军飞机立即被击落2架，击伤1架，解放军无一损伤，以“三比零”的战绩，取得了隐蔽转场后的首次胜利。随后，台湾当局仍每天派100余架飞机在台湾海峡上空巡逻，并不断侵入福建上空侦察。从7月29日至8月22日，解放军空军共出动飞机255批1077架次，同飞入大陆上空的国民党飞机进行较大规模空战4次。这场争取制空权的空战持续了近一个月，在激战中，国民党空军损失50多架，解放军空军损失20多架。从此，福建上空的制空权被解放军空军所掌握，使大批解放军炮兵部队安全顺利地开进厦门一带。调进福建的炮兵有三个师，炮兵阵地从角尾到厦门、大嶝、小嶝，到泉州湾的围头，呈半圆形，长达30多公里。大金门、小金门及其所有港口、海面都在炮火的射程之内，炮战一触即发。

二、八二三炮战的爆发

1958年8月17日，中共中央在北戴河召开政治局扩大会议，毛泽东认为炮击可以在近期进行，并于8月20日指示，立即集中力量，对金门国民党军予以突然猛烈的打击（不打马祖），把它封锁起来。经过一段时间后，视国民党军队的反映，再考虑是否登岛作战，根据情况而定，走一步，看一步。根据毛泽东的指示，8月21日，中央军委决定，从8月23日开始，对大、小金门，大担、二担岛实施大规模炮击，着重打击敌指挥机关、炮兵阵地、雷达阵地、料罗湾码头的敌舰。先打三天，走出第一步，然后视台湾当局态度和国际反应，再走第二步。我国政府之所以选择这一天作为炮击的日子，是因为前一天，联合国召开了紧急会议，讨论阿拉伯各国要求美国从中东撤军的提案，中共中央认为，一旦提案通过，中东局势将缓和下来，国际社会关注的热点就会转向台海地区，这将有助于中国人民的斗争。对此，毛泽东曾形象地说：“老实说是我们为了支援阿拉伯人民而采取的行动，就是要整美国人一下。美国欺负我们多年，有机会为什么不整它一下。”“美国在中东烧了一把火，我们也在远东烧一把火，看他怎么办。我们谴责美国在台湾海峡制造紧张局势。”①

8月21日晚，解放军三师、二十八师、三十一军所属各炮兵团和福建省军区、二十军所属炮兵部队各一部，共36个地面炮兵营及海军的6个海岸炮兵连，计459门大炮，极其隐蔽地进入发射阵地。鱼雷快艇部队和航空兵部队亦于深夜秘密进入待机位置。

8月23日拂晓前，炮兵完成一切射击准备，459门大炮从各个方向指向金门诸岛。由高炮六十三、六十四师，空军高炮一〇三师和二十八军、三十一军、六十四军一九二师的高炮部队，共6个团另5个营组成的两个高炮群，警惕地掩护着厦门、同安莲河地面炮兵和海岸炮兵的对空安全。80余艘舰艇、200多架飞机，亦作好出击准备。

8月23日17时30分，随着叶飞一声令下，福建前线数百门大炮从东、西、北三面向大小金门、大担和二担等岛屿猛烈轰击，20分钟内共发射2600余发炮弹，金门岛顿时陷入烟雾火海之中。这时，金门防卫部官兵在大武山下的翠谷湖心亭中举行的周末会餐刚刚结束。当炮弹倾泻而来时，金门空军副司令章杰、海军副司令赵家骧当场毙命；金门防卫副司令吉星文伤重殒命；参谋长刘明奎也受重伤。金门国民党军被打得慌乱地四处逃窜，连连在无线电台上呼唤台湾速派飞机支援。20分钟后，金门岛上炮兵开始还击，发射炮弹2000余发，但很快就被解放军的炮火压制。炮战持续两个多小时，解放军发射炮弹2.92万发，毙国民党军中将以下官兵600余人，破坏了金门有线通讯联络系统和部分火炮阵地，摧毁了金门全部雷达。八二三炮战，成为人民解放军炮兵历史上的一次十分成功的模范战例。

在这场炮战中，人民解放军炮兵部队中涌现了许多英雄人物，海岸炮兵安业民就是其中之一。安业民所在的海军海岸炮兵第一五〇连位于围头，正对金门的出海方向，对岛上国民党军构成严重威胁。因此23日下午国民党军曾以5个连的重炮向围头的第一五〇连还击。战斗中安业民所在的一号炮的火药包被弹片击中起火，可是安业民在烈火中坚持战斗40分钟，周身70%的皮肤烧伤，后因伤势过重牺牲。安业民

① 吴冷西：《回忆领袖和战友》，新华出版社2006年8月版，第74—75页。

的这种顽强精神，一时为全国军民传颂。朱德题写了“共产主义战士安业民永垂不朽”；林伯渠题写了“春华永茂浩气长存”八个大字纪念他。中共海军委员会追认他为中共正式党员。

为迅速扩大战果，福建前线部队于8月24日，又组织36个炮兵营、6个海岸炮兵连和1个快艇大队、2个护卫艇中队，一方面继续炮击金门岛上的国民党军，一方面打击海上目标。当天下午，金门炮兵为掩护麇集料罗湾内活动的17艘国民党军舰，向厦门、同安莲河地区猛烈射击。福建前线炮兵当即以近9000发炮弹还击。17时40分，料罗湾内的舰艇被迫向外逃窜。解放军隐蔽待机的6艘鱼雷快艇，在海岸炮兵的大力支持下，迅速进入海域，猛烈出击国民党军的两艘大型运输舰，在距离攻击目标2链时施放鱼雷，国民党运输舰“中海”号被击中一雷负伤，4000吨的“台生”号中两雷沉没。战斗中，解放军的鱼雷艇也有一艘中弹沉没，艇上的几名艇员弃艇后经30多个小时的拼力游水，最后有5人在渔船的救援下回到大陆，其余的人因体力不支在海上牺牲。他们的英勇精神，受到海军领导机关的嘉奖。

金门国民党军遭到两次打击后，为图谋报复，于8月25日下午，出动F-86型飞机48架，飞临金门以东海域上空，其中8架窜至漳州地区，企图引诱解放军航空兵到公海上空作战。驻漳州歼击航空兵第九师二十七团一个大队当即起飞迎击。长机飞行员刘维敏在丢失僚机的情况下，单机与4架国民党军飞机激战，从1万米高空打到1800米，一连击落国民党飞机2架。正当刘维敏继续追击逃窜的另一架敌机时，不幸被地面高炮部队误击牺牲。这次空战虽然取得了胜利，但也暴露了空炮协同不好的问题，引起空军和炮兵领导机关的高度重视。随后，空军和炮兵指战员通过总结教训，制定了空炮协同作战的原则，密切了空炮协同。

为配合福建前线炮击金门，中国人民解放军于1958年8月组建了福建前线广播电台①，8月24日正式对金门广播。

8月26日，彭德怀根据中共中央领导人的意见，电话指示福州军区

① 1980年代初改称海峡之声广播电台。

副司令员张翼翔：严密封锁大、小金门和大担、二担等岛屿，以火力割断诸岛之间的联系，使其不能互相支援；以炮兵打击在金门机场起降的运输机；海陆空军要加强对国民党中、小型舰艇的打击；航空兵要坚决打击进入大陆上空的国民党军飞机。

据此，福建前线部队将奉调入闽参战的解放军炮兵第二师二十八团、第六师第七团，分别加强厦门、莲河两个炮兵群，同时在泉州湾的石井、围头建立一个远射程炮兵群。为了在夜间准确打击驶入料罗湾的国民党军舰艇，解放军空军调来了一个探照灯排，进入厦门前沿，海军也相应安排了打击国民党军运输艇的计划。从而，进一步从地面、海上和空中加强了对金门的封锁。

到 9 月 2 日止，解放军又击沉击伤国民党军舰艇 2 艘，击伤运输机 4 架，歼灭炮兵连 2 个，摧毁各种火炮 10 余门，毙伤人员数百名。国民党军的海上运输补给被迫停顿，空投到岛上的物资数量，只能达到正常条件下运输量的 5%。大金门守军处境艰难，而周围几个小岛上的守军几乎得不到空投，只能躲在地下靠储备度日。至此，解放军封锁金门的目的已初步达到。

三、贯彻“打而不登，封而不死”的斗争策略

从 8 月 23 日至 9 月 4 日将近两周的时间，前线部队执行中共中央炮击金门的决策，取得预想的成效：第一，警告并严惩了蒋介石集团；第二，减轻了中东人民的压力；第三，调动了国内人民的积极性；第四，试探了美国对台湾地区的态度。最重要的是第四点，正如周恩来所说：“打炮就是试验他，这回试验出来了，杜勒斯这张牌出来了。”

八二三炮击金门致使国民党军的海上运输补给被迫停顿，台湾当局告急，美国急忙从地中海、旧金山、日本、菲律宾等地调舰队和飞机侵入台湾海峡，为国民党军运输船队护航。随后的几天内，美国在台湾海峡集中了 6 艘航空母舰、3 艘重巡洋舰，40 余艘驱逐舰、4 艘潜艇和其他数十艘辅助船只。美军的几个 F-100、F-104 战斗机中队和近 400 名海军陆战队也随之进驻台湾。解放军炮击金门的第四天，美国总统艾森豪威尔发表谈话，重申美国将不放弃它已经承担的以武力阻止解放台湾的

责任，并授权国务卿杜勒斯于9月4日发表声明，公开威胁要把美国在台湾海峡地区的侵略范围扩大到金门、马祖等沿海岛屿。

针对复杂的国际局势，毛泽东于9月3日决定自9月4日起停止炮击三天，以观各方动态。9月4日，中华人民共和国政府发表关于领海问题的声明，宣布领海宽度为12海里，一切外国飞机和军用船舶，未经中国政府许可不得进入中国领空领海。同日，中央军委发出《对台湾和沿海蒋占岛屿军事斗争的指示》，指出：台湾仍被美帝武力侵占，蒋介石集团在美国庇护支持下盘踞这些岛屿，解放台湾和沿海蒋占岛屿虽属中国内政问题，但实际已变成一种复杂、严重的国际斗争，因此不能简单化，要把它看作是包括军事、政治、外交、经济、宣传上的错综复杂的斗争。台湾沿海岛屿全部解放是一场持久的斗争，必须有长期打算，从各方面进行充分准备，并根据情况发展采取一切适当有效的办法。具体办法是：一、继续炮击，不宜进行登陆作战；二、炮击必须打打看看，看看打打，保持完全主动；三、不得进入公海作战，蒋不轰大陆，我不轰金门、马祖；蒋轰大陆，我即轰金、马，但不轰台湾；四、不主动攻击美军，若其入我领海领空，我坚决打击之。

然而，为解金门守军因海上补给线被截断陷入弹尽粮绝的困境，美国竟不顾中国政府的再三警告和世界公正舆论的谴责，悍然决定派军舰为国民党军护航。9月7日，国民党海军副司令黎玉玺及美国顾问，率领由国民党军2艘运输舰、5艘作战舰和美国第七舰队的2艘巡洋舰、5艘驱逐舰组成的编队，驰进金门海域。两艘运输舰在料罗湾靠岸卸下军火。14时45分至19时，有4艘美国军舰侵入中国领海内活动。中华人民共和国外交部发言人当即奉命发表声明，向美国政府提出严重警告。并于9月8日命令福建前线炮兵：恢复炮击，但只许打蒋舰，不许打美舰①。

也就在这一天上午，美蒋船只混合编队再次侵入金门、厦门地区的中国领海。11时，中国政府向美国再次提出严重警告。从12时43分

① 叶飞：《毛主席指挥炮击金门》，《人民日报》1993年12月24日。

起，解放军福建前线部队以42个地面炮兵营又6个海岸炮兵连，对停泊在料罗湾的国民党军舰艇和金门岛上的重要军事目标，实施第三次大规模炮击。国民党海军的“美乐”号中弹起火，继而爆炸沉没。“美珍”号中弹后外逃。美国军舰丢下国民党军舰，仓皇撤至料罗湾以南5至12海里处徘徊观望。

11日，4艘美国军舰再次掩护国民党军的4艘运输舰、7艘作战舰，向金门进发。14时57分，福建前线部队以40个炮兵营另6个连的火力，开始第四次大规模炮击，再次严惩国民党军。18时，停止炮击，共发射炮弹2.5万发，摧毁国民党军各种军事设施10处，击伤运输机一架。

台湾国民党当局依靠美国军舰护航、用中型运输舰的运输计划破产后，9月13日凌晨，改以“美”字号运输舰进行偷运；又采取拖船拖带小型登陆艇航渡、再由小型登陆艇抢滩卸载的方式，向金门运送物资。14日又改在海上用“中”字号大型运输舰装载水陆输送车，于解放军火炮射程外泛水，直接抢滩上陆卸装。同时，以运输机在夜间进行空投。

针对国民党军补给方式的变化，9月15日深夜，中央军委决定，炮兵要努力改进射击技术，重点打击驶进料罗湾的运输舰及卸载点，切实避免误击美舰，并加强对空投场的炮击；空军除坚决打击进入大陆上空的国民党军战斗机外，要掩护炮兵打击空投的国民党军运输机；海军在不误击美舰和不吃亏的原则下，夜间可予进入料罗湾的国民党舰艇以打击。并决定再抽调部分炮兵入闽，增强对海、空目标的打击力量。第四次大规模炮击之后，炮兵第六师四十一团和陆军第四一、四二军炮团各一部，陆续入闽参加大规模炮击行动，从而使先后参战的地面炮兵达14个团另7个营又14个连，还有海岸炮兵8个连。从9月16日起，福建前线陆海空三军根据中央军委的决定，以新的攻势对国民党军进行连续打击。至9月20日止，福建前线炮兵击伤国民党军运输舰艇7艘，击沉水陆输送车10余辆，击毁、击伤运输机各1架；歼击航空兵部队击落、击伤国民党军F-86型飞机各1架；海军舰艇部队亦击伤国民党军“江”字号猎潜艇1艘。

福建前线炮兵为了有效地打击国民党军的水陆输送车，便将部分远射程的火炮和海岸炮前推，增大火力控制范围，迫使国民军的运输舰在更远的海面停泊。水陆输送车因增大航程更易遭受打击，而且迫其在距岸更远的海中下水，在海浪中也容易发生沉没事故。同时，福建前线炮兵在料罗湾各主要航道及便于水陆输送车上陆的滩头，计划移动拦阻射击弹幕和不动拦阻射击火墙，一旦发现艇、车，立即呼唤火力，准确实施射击。

在金门遭到封锁的情况下，国民党军企图利用空军摆脱被动局面。9 月 24 日，国民党空军出动 24 架 F-86 型战斗机飞入东南沿海上空。解放军空军飞机快速接敌，当场击落国民党军飞机 2 架。

从 10 月 1 日起，台湾当局调集空军第六联队，每天出动运输机 120 架次，以换人不换机的办法，昼夜不停地空投。厦门前线指挥部立即组织歼击航空兵，利用美机掩护的间隙，游猎国民党军的运输机。10 月 3 日下午 15 时，国民党空军出动 12 架运输机，在 2 批 16 架 F-86 型战斗机的掩护下，开始向金门空投物资。美国飞机则在海峡的公海上空巡行。解放军出动米格 -17 型歼击机 24 架，牵制国民党军战斗机。同时，歼击航空兵第十六师四十八团出动 4 架米格 -17 型歼击机，从晋江机场低空隐蔽出航，偷袭国民党军运输机，他们采取低空中速，一次进入，抵近攻击，即打即离的战法，一举击落国民党 C-46 型运输机 2 架，自己无一损伤地返回了基地。金门岛上的国民党军高射炮兵也未来得及开火，解放军的歼击机就已经结束了战斗。此举使台湾当局大为震惊。蒋介石马上下令停止昼间空投活动，原定的空中补给计划刚一实行即告破产。

为了粉碎美国逼迫台湾国民党当局放弃金门、马祖，制造“两个中国”的阴谋，毛泽东和中央军委及时制订了灵活的斗争策略，命令福建前线部队采取打打停停的方式炮击金门，从而稳住了金门国民党军，拖住了金门，牢牢掌握着斗争的主动权。10 月 5 日上午 8 时，毛泽东指示彭德怀、黄克诚，并转发福州军区政治委员叶飞和司令员韩先楚：“十月六、七两日，我军一炮不发；敌方向我炮击，我也一炮不还。偃旗息鼓，观察两天，再作道理。”[①] 接着中央军委也确定了“打而不登、封而不死”

---

① 中共中央文献研究室编：《毛泽东军事文集》，第 6 卷，军事科学出版社、中央文献出版社 1993 年 12 月版，第 382 页。

的新决策。同日，中共中央向党内发出了《关于金门、马祖等沿海岛屿军事斗争的指示》，指出："把解放金马和解放台湾统一来解决的长远利益比较起来，则不如把金马暂缓解放仍由蒋军占领似乎较为有利。"①

10月6日凌晨1时，中华人民共和国国防部长彭德怀发布《告台湾同胞书》，声明以7天为期，停止炮击，并建议国共两党举行和平谈判。这份文告震动了世界，它标志着金门炮击已远远超出了军事斗争的意义，而进入包含政治、外交斗争的新阶段。这份文告首先得到台、澎、金、马军民的欢迎。金门岛上的国民党士兵有的从坑道里走出来高声叫好。而美蒋则不然。美国一方面宣布暂停护航，另一方面却要求"永久停火"，实际上要求中国方面承认台湾海峡两岸分离的事实。蒋介石则强调"宁愿冒继续炮击封锁危险，亦不愿美国盟邦退出护航"。

10月10日，国民党空军又出动44批182架次作战飞机，对东南沿海进行挑衅。上午7时，6架F-86型飞机侵入龙田上空。解放军歼击航空兵第十四师四十二团1个大队当即起飞迎击。僚机飞行员杜凤瑞为了援救长机，与4倍于己的国民党军飞机格斗，击落其中2架。杜凤瑞在座机被对方击伤后跳伞时不幸牺牲。国民党空军遭到这次沉重打击后，活动范围基本上退到大陆海岸线以外。

10月13日，中华人民共和国国防部发布命令，宣布"金门炮击，从本日起，再停两星期"，命令明确指出："这是民族大义，必须把中美界限分得清清楚楚"，"呆在台湾和台湾海峡的美国人，必须滚回去"，命令还指出"台湾海峡，美国人不得护航。如有护航，立即开炮。"②

但是，台湾当局拒不接受和谈。他们在邀请美国国务卿杜勒斯到台湾进一步实施美蒋"条约"的前夕，竟然把美国军舰引来护航达5小时之久。中央军委决定提前于10月20日16时恢复炮击。福建前线部队迅速组织32个炮兵营又5个海岸炮兵连，对金门实施第五次大规模炮击。8600余发炮弹直袭金门，击中国民党军运输舰3艘、大型货

① 中共中央党校、中共中央台湾工作办公室编：《台湾问题读本（试用本）》，九州出版社2001年9月版，第46页。

② 中共中央文献研究室、中国人民解放军军事科学院编：《建国以来毛泽东军事文稿》，中卷，军事科学出版社、中央文献出版社2010年1月版，第440—441页。

船1艘、C-46型运输机1架、阵地及观察所10余处。

10月25日，国防部长彭德怀发表《再告台湾同胞书》。重申“中国人民的事只能由中国人自己解决，不许美国插手”的严正立场，宣布：“逢双日不打金门的飞机场、料罗湾的码头、海滩和船只，使大金门、小金门、大担、二担大小岛上的军民同胞都得到充分的供应，以利长期固守。如有不足，只要你们开口，我们可以供应”，“但仍以没有美军护航为条件”①。文告不仅提出了单日打、双日不打的炮击金门的方针，而且阐明了“化敌为友”“一致对外”，反对美帝国主义“制造两个中国的伎俩”的政策。10月31日，中央军委又决定：“应将逢双日不打的地方加以推广，就是说，逢双日一律不打炮，使蒋军可以出来活动，晒晒太阳，以利持久。只在单日略为打一点炮。”②

1959年1月3日，大金门岛上的国民党炮兵突然向大嶝岛滥施轰击，造成山头村托儿所31人死亡、17人受伤。为了惩罚国民党军杀害儿童的罪恶行为，中央军委决定于1月7日向金门实施第七次大规模炮击。此次炮击目标只限于炮兵阵地。7日14时，福建前线炮兵28个营又8个连的炮手们，向大金门岛西半部的炮兵阵地猛烈开炮，炮击持续至夜间，共耗弹2.6万余发，击中12处阵地、15个观察所，打死打伤国民党军官兵100余人。

从1958年8月23日至1959年1月7日的4个半月中，福建前线部队奉命对金门进行的大规模炮击、空战和海战，共击落击伤国民党军飞机36架、击沉击伤舰船27艘、摧毁各种工事320余个，各种火炮30余门，毙伤国民党军中将以下官兵7000余人。解放军也伤亡官兵460余人，被国民党军击落击伤飞机11架，损失鱼雷快艇3艘，毁坏火炮32门③。

此后炮击的方式日趋缓和，炮击由双日不打发展到节日不打。后

① 《中华人民共和国国防部再告台湾同胞书》（1958年10月25日），中共中央文献研究室编：《建国以来重要文献选编》第11册，中央文献出版社1995年1月版，第514—515页。

② 《对金门逢双日一律不打炮》（1958年10月31日），中共中央文献研究室、中国人民解放军军事科学院编：《建国以来毛泽东军事文稿》中卷，军事科学出版社、中央文献出版社2010年1月版，第450页。

③ 福建省地方志编纂委员会编：《福建省志·军事志》，新华出版社1995年6月版，第290页。

中央军委又要求打炮时尽量不打死人。国民党虽然摆出一副顽固拒绝和谈的态度，事实上也接受了这种象征性战争的安排，在单日偶尔发炮还击。从1959年年初起，在金门、厦门一带国共双方军队的炮击都打到海边的无人地带，国民党拦截大陆商船和派战斗机进入大陆的行动也都停止，只是派遣侦察机的活动仍在进行。

1960年6月中旬，美国总统艾森豪威尔访问台湾时，福建前线部队奉命组织了一次大规模的炮击。当时，福州军区组织炮兵第三师，炮兵第六师2个团，第二十八军、三十一军、福建省军区所属炮兵部队和第四十一、六十军炮兵团各一部，共35个炮兵营420门火炮，在6月17日和19日这两个单日向金门实施猛烈的炮击，共发射了6.8万发炮弹。这次炮击是为了反对美国对新中国的挑衅和制造“两个中国”的阴谋，主要出于政治示威和宣传目的。因此炮击前中央军委通知福建前线部队，炮击目标是大、小金门面对大陆的滩头、空旷无人地带和无工事的山头，尽量不打死人。根据这一指示，解放军前线部队广播站事先通知金门岛上的军民，“务必躲在安全地带，千万不要出来，以免误伤”，同时又警告“倘若有人不遵我们的劝告，甘心为虎作伥，胆敢扰乱伟大的反美武装示威，必遭严惩”。

尽管炮击金门未能也不可能从根本上解决台湾问题和中美关系问题，但对于蒋介石反攻大陆的嚣张气焰，特别是对于美国搞“两个中国”的企图是一个沉重的打击。历史事实证明，这场斗争对确保国家主权和国家安全，具有重要意义。

第二节　全面备战构筑海防钢铁长城

一、积极应对台海紧张局势

20世纪60年代初期，国际上出现了一股反共、反华的逆流，中苏关系也日趋恶化，而国内则由于“大跃进”错误以及自然灾害出现了严重的经济困难。对此，蒋介石认为“反攻大陆”的最好时机已经来临，于1961年11月23日，在接受美国记者冈孝的采访时就说：“我相信光复大陆的任务远在5年，近则3年必可达成。”叫嚣1962年将是“反攻大陆决定年”。1962年元旦，蒋介石在《告全国军民同胞书》中声称，“我们国军对反攻作战，已经有了充分准备，随时可以行动”。“国民革命反攻复国的总决战即将来临”。与此同时，台湾国民党当局还进行了一系列的战争动员和军事部署，专门成立了以蒋介石、陈诚为首的“反攻行动委员会”，以作为“反攻大陆”的决策机构。

为了反攻大陆，1962年3月，台湾当局下达“征兵动员令”，提前开始1963年度的现役征集，并宣布无限期延长退伍军人的服役时间。要求士兵一律不准离开营房，随时待命。一些士兵的鞋子和皮带上也印上了“光复大陆”的字样。紧接着于4月27日公布了征收“国防特别捐”，规定征收额为各类货物税的30%，娱乐税的50%，筵席税的50%，地价税的40%，铁路公路票价的30%，电报、电话价的30%。规定从5月1日起，在14个月内征收相当于6000多万美元的“特别捐税”。同时，台湾当局还通过了“国防特别预算”，大量增加军事开支。还特别下令，将台湾地区的各种轮船、渔船和车辆，全部纳入“船舶、车辆动员编组”，以备战时之需。并向各方订购了大量武器装备，从日本购买了大量血浆。蒋军空军还改进了战斗机的储油设备，以延长续航时间等。此外，台湾当局甚至成立了“战时政务局”，准备“国军”在沿海登陆后建立政权。

与此同时，台湾国民党军队频繁地进行各种军事演习。1962年2月，美蒋海空军进行了“攻防演习”；3月，美蒋海空军进行了“联合侦潜演习”和布雷、扫雷的“混合演习”。4、5月间，进行了商民船舶紧急装载兵员演习；6月初，又在台湾南部进行了海陆空军联合登陆作战演习。一时间，“台湾沿海一带和澎湖、金门等岛屿，部队的调动和军事物资的运输非常忙碌。种种情况表明，蒋匪帮已经从各方面积极准备对大陆沿海地区进行突然的军事冒险”①。

---

① 《中共中央关于准备粉碎蒋匪帮进犯东南沿海地区的指示》（1962年6月10日），中共中央文献研究室编：《建国以来重要文献选编》第15册，中央文献出版社1997年1月版，第481页。

针对海峡对岸蠢蠢欲动的国民党军队，中共中央于 1962 年 6 月 10 日，发出《关于准备粉碎蒋匪帮进犯东南沿海地区的指示》，指出国民党军“积极地进行种种作战准备和军事部署。据判断，他们很可能在最近期间，即台风季节前后，对福建省和闽粤、闽浙接合部地区发动一次二三十万人的登陆作战，妄图在大陆上建立一块反革命根据地，作为它实行反革命复辟的立足点。美帝国主义也想利用蒋匪帮这次军事冒险，对我进行试探”。为此，中共中央要求全党和全国人民必须提高警惕，从各方面作好准备，随时准备打击来犯之敌。如果国民党军敢于来犯，就坚决、全部、彻底、干净地消灭它。要求解放军要立即动员起来，完成一切战斗准备。已经指定的部队应当迅速开赴前线。其余部队也应当作好参战准备，随时听候调动。各参战部队应当根据中央军委的命令，迅速制订作战方案，加强沿海地区和岛屿的防御工事，抓紧进行战备训练，积极做好后方勤务工作，保证粮弹的运输和供应。要大力加强部队的政治思想工作，鼓舞战斗意志，发扬英勇顽强、艰苦奋斗的传统战斗作风，紧紧地和人民群众团结在一起，保证坚决而迅速地完成歼灭敌人的战斗任务。

同时，中央要求各级党委应当立即在群众中讲清这次作战的意义、目的和有利条件，彻底揭露蒋介石的历史和这次进犯的阴谋，提高群众的政治觉悟和战备观念，坚定必胜信心，克服麻痹松懈情绪。要教育群众识破和制止敌人的谣言，防止少数坏分子煽动闹事，并且注意保守军事秘密。要通过这次战备宣传教育，鼓励群众努力生产，厉行节约，精兵简政，团结一致，克服困难，更好地完成调整国民经济的各项任务。各地党委和政府有关部门要通过这次粉碎国民党军进犯的斗争，进一步加强国防建设，做好新兵征集工作，大力加强军工生产，满足前线需要。

中央还要求东南沿海准备作战的地区要立即做好战备动员工作，大力支援军队作战。这些地区要在党委统一领导下，成立支援前线委员会，统一领导当地的战备和支前工作，保证军队作战需要的粮食和军火供应；动员医院、交通、邮电等部门为前线服务；组织短途运输，组织担架队，做好战地救护；组织沿海民兵准备支援和配合军队作战，帮助军队送情报，搜捕空投特务，消灭空降国民党军，保护工矿企业、仓库、交通要道和重要桥梁；进行防空教育，组织群众防空。在岛屿和前沿地区，要加强对地主、富农、反革命分子和坏分子的监督和控制。对于制造谣言、煽惑人心、进行破坏活动的现行反革命分子，应当依法惩办。于是，海峡两岸剑拔弩张，局势再度紧张起来。

二、战备支前工作全面展开

根据中央的指示精神，中共福建省委根据前线的特点，确定了“支前第一，生产第一”的方针，在以战备支前为中心的前提下，从全局出发，发动全省人民搞好生产。

首先，深入发动群众，开展群众性的拥军支前运动。随着部队源源不断地开赴福建前线，福建省迅速成立了各级支前委员会，发动群众对部队进行热烈欢迎和慰问。部队所到之处，地方党政机关和人民团体，主动联系，热情接待，介绍情况，安排住地，组织粮、草、副食品等供应，切实帮助部队解决困难。并按照战备支前的要求，如期完成各项物资的调运、储备任务，加强保管，严防损失。切实加强了交通邮电工作，如期完成国防工程修建任务，不断提高铁路、公路、航道的运输能力和电讯部门的工作效率，千方百计确保效能运输和电讯的畅通。地方各部门积极做好车辆的保养、维修，提高车辆和各种交通工具的利用率，并根据生产、支前的需要，归省支前委员会统一掌握、统一调度；同时大力挖掘交通运输潜力，把民间运力切实组织起来，发挥它们在短途运输中的作用。卫生医疗力量也根据战时需要进行调整和组织，在作战地区组织了担架队、救护队，随时准备配合部队，做好战地救护、医疗工作。

第二，坚持工农业生产，做好市场供应工作。省委要求把动员战备支前，准备粉碎蒋匪帮进犯，作为推动生产的动力，在任何情况下，都要坚持生产，努力完成生产任务。在农村要积极搞好农业生产，抗御各种灾害，力争种好、管好，多产多收。及早进行夏收准备，务求把夏粮收细、收好，切实安排好群众生活，并及时完成夏粮征购任务，以保障军需民食的需要。在战争情况下，组织群众实行劳武结合，抢收抢种，不违农时，保证按时种植，争取生产、战争双胜利。渔区要加强对渔民的组织领导和政治教育、阶级教育，能出海的要坚持出海，不能出海时，也要进行近海、内海或转移搞生产。工业部门也适应战争需要，进行了必要的调整，部分机械行业转入战时生产，完成军工任务。各个厂、矿、企业单位也根据支前和市场需要，统筹安排生产计划，保证完成生产任务，努力生产市场所需要的生产资料和日用必需品。

第三，切实做好民兵、治安保卫工作，巩固后方。为了搞好支前工作，各级党委加强了对民兵工作的领导，整顿和健全民兵组织，特别是武装基干民兵组织。在沿海地区，基干民兵负责协助解放军做好战勤工作，带领群众做好防空、防炮准备，并加强值班、巡逻制度，严防匪特潜入；在后方，积极维持社会治安，保护交通、桥梁、仓库，防止反坏分子进行破坏；在山区做好反空降斗争的准备，建立防空监视哨，加强民兵联防制度，发现敌情立即互相通报情报，尽快地组织民兵配合解放军及时予以围歼。在城市做好防空、防火、防特等组织准备和物资准备，保卫机关、工厂、企业、学校的安全。地处东南海防前哨的闽东，组建起 143 个武装基干民兵连，对 7000 多名基干民兵进行了强化训练，并组织了担架队、运输队、抢修队和海上救护队等战勤队伍 2000 多人。全区 26 个沿海岛屿，出现村村设岗、处处放哨的全民皆兵的态势①。

在省委的统一部署下，全省的战备工作随之全面展开。特别是配合解放军入闽进行军需的供应、交通运输、民工的动员及部队接待、家属安置等工作。至 6 月底，战备粮库存达 4943 万斤，沿海岛屿达到 3 个月的储备，一线达到 1 至 2 个月的储备，柴火调运 48.7 万担，南安县在几天内就供应 3.4 万担柴火，干咸菜储备 9 万担。福州市发动群众，购进了 6000 担的马草。为了确保交通的畅通，组织大量的人力、物力、财力抢修水毁工程，抢修了铁路塌方 85 处计 12 万方，公路塌方 18 万方，桥涵 83 座，全省共完成了 50 万吨的运量。龙溪、晋江、闽侯、福州、厦门等地迅速动员了 38.5 万民工，投入抢修铁路、公路、桥梁以及挖工事、送弹药等。全省各地都组织了民兵，担负站岗放哨、看护桥梁。

① 《福建省关于战备所需资金的划分规定》，1962 年 6 月 28 日。

在部队所经之处，各地组织设立了供应站、茶水站，南平专区成立3000多个茶水站。在全省迅速掀起战备支前的高潮。

与金门仅一水之隔的厦门市，更是把战备工作作为一项重大任务来抓。全市民兵组织由战备前的13万人扩大到14万人。其中基干民兵增加6000多人，比战备前增加1倍以上。分别制定了作战方案和战时动员计划，在前沿组织23个连26个排实行军民联防。组织邻区部队联防的有8个连608人。执行防骚乱、防破坏任务的有33个连3427人。执行反空降任务的有22个连3074人。将战时参战的400名动员任务落实到基层单位和个人。用15天的时间保质保量地完成了600名新兵的征集任务。加强了战备训练，参加民兵训练的共达42367人，抢修武器713支，新发了一批武器。并整顿和健全各级救护组织和力量，全市分为机动和后勤二个救护队。机动救护人员240人，后勤救护人员779人，健全各区医疗组织，设立抢救站56个，包扎排1个，配备救护人员592人。市属救护队以收容治疗为主，区属救护队以现场抢救为主。还组织了随军支前民力和专业抢修队246人，担架队配备担架924副，组织挑运民力4180人，组织海堤、桥梁、水电通讯突击抢修力量1511人，防空民兵8274人，动员3300人突击抢修支前公路、桥梁。厦门市还将全市专业性和社会服务性的各类运输力量组织起来，编成陆上和水上两个运输团。陆上运输团有机动车辆187部，488.5吨位，1221客位；非机动车辆有2450辆，1087吨位，610客位，编成了3个运输营和11个汽车连。配备驾驶员180人，装卸搬运人员1817人。水上运输团有机动船舶96艘，5570吨位，2333客位，731匹马力；非机动船266艘，4690吨位；编成一个运输营，6个运输连，配备船员2934人，其中机轮船司机以上船员340人，以备战时运输的需要。

随着战备支前工作的全面展开，调动了全省相当数量的人力、物力和财力，在一定程度上冲击了国民经济调整的正常运行。同时为了使生产支前都能正常进行，各地采取了一些战时措施，如冻结物资、运输工具，动用森工的人力、物力、运力和农场的拖拉机，在一定程度上影响了正常的生产；由于大量征用支前民工，增加了农业生产劳动力紧张的困难；为保证部队的供给，征用了大量的粮食蔬菜等物品，使市场供应更趋紧张；同时大量军需物资的调运也加剧了运输的紧张。针对这一情况，福建省委于 7 月 14 日及时指出："在贯彻'两个第一'方针上，前段突击备战，这是必要的，目前夏收夏种大忙已经到来，如何以支前备战为动力，大抓生产，搞好夏收夏种，以搞好生产的实际行动，更有力地支援前线，还是个迫切需要解决的问题。"① 要求各地无论是前线还是后方，今后应以备战为动力，以生产为中心，以搞好生产的实际行动来更有效地支援前线，做到支前、生产两不误。

由于省委在组织战备的同时，注意一手抓支前，一手抓生产，特别是在战备支前已打下基础的情况下，及时提出以生产为中心，通过生产更有效地搞好支前，不仅发动全省人民严阵以待，支援前线，使国民党军大规模进犯的预谋无法实施，确保了国民经济调整的成果，而且，也使战备支前对国民经济调整的冲击降低到最小的程度。由于全国军民严阵以待和新华社的公开揭露，台湾国民党当局未敢冒险进犯。从 8 月开始，福建前线逐步调整部署，恢复到经常战备状态。此后，台湾国民党当局转而积极策划对大陆实施小股武装渗透和海上袭扰活动。

三、粉碎国民党军的窜扰

福建面对金门、马祖，与台湾仅一水之隔，是国民党军进犯的主要目标。福建军民根据中共中央关于"敢于来犯，就坚决、全部、彻底、干净地消灭它"的指示精神，保持高度的警惕，严阵以待。

1962 年秋，台湾国民党当局经过精心策划和准备，搜罗挑选一批特务、军官等，编成"反共救国军"，经过专门训练后，开始执行窜扰计划，企图在内陆山区建立所谓的"游击根据地"。

针对台湾当局组织的袭扰活动，毛泽东确定"放上陆来打，断其退路，包围歼灭，同时在海上把其输送船打掉"的军事对策。福建省委、省军区坚决贯彻中央指示，进一步发挥海上、海岸、陆地和隐蔽斗争四道防线的军民联防机制作用。第一道海上防线：以渔民为基础，配合海军艇队、海上武工队和护航炮营开展海上斗争，打击海上的国民党特务

① 《梁灵光同志在省支前工作会议上的总结报告》，1962 年 7 月 14 日。

输送船；第二道海岸防线：以守备部队为骨干，民兵为主体，群众为基础，严守海防一线乡村和岛屿；第三道陆地防线：由民兵监视反革命分子和坏分子，加强以护桥、护路、护电线、护仓库和防特、防炮、防毒、防火、防盗为内容的安全保卫工作；第四道隐蔽斗争防线：以公安机关为主，专门机关和群众相结合，加强民兵侦察情报工作，及时打击敌特破坏活动。正由于沿海各地的解放军守备部队、公安部队、民兵和广大群众齐动员，密切配合，建立起从前沿到纵深，从公开到隐蔽的天罗地网，使来犯的国民党武装特务陷入了人民战争的汪洋大海之中。

1963 年 6 月 21 日，台湾“国防部”特种军事情报室派遣的“反共挺进军”第七十一支队武装特务 7 人，在漳浦将军澳登陆，企图潜入南靖山区“集合地下武力，接应反攻”。解放军和民警、民兵布下 3 道封锁线进行围捕，迫使特务们交出电台、密码投诚。同日，台湾“反共挺进军”第六十一支队武装特务 10 人，在诏安寮雅偷渡登陆，企图窜入平和山区“建立游击根据地”。诏安县立即组织民兵和公安队追歼和围堵，第二天即全歼这股特务①。

同年 10 月 20 日，台湾国民党“反共挺进军”第一四一支队武装特务，在福清后屿村附近旗山登陆，企图窜入德化山区建立“根据地”。特务登陆后，在广大军民的围击之下，2 名特务将船驶进黄瓜屿向当地民兵投诚，另 7 名在旗山顶以无线电台向台湾联络未成，便翻过旗山向岭边方向逃窜，21 日 3 时越过福厦公路，进入大岭东南无名高地向西南流窜。福清公安局与当地驻军联系，以驻军二二四团 3 个连兵力配合莆田、福清县民兵对逃敌进行围捕，抓捕敌特务参谋长兼电台副台长，另有 2 名特务钻进古墓内自杀。敌队长、副队长与电台台长 3 人，沿东官庄向南逃窜，民兵跟踪追击，在鲤山西侧被凤迹大队民兵捕获，另一名特务潜到莆田黄石，被公安部门侦捕。1963 年 10 月 24 日，“福建省反共救国军”独立第九纵队武装匪特 5 名，在莆田平海湾的东张、胡厝之间登陆，企图窜到德化山区。面对军民的强大攻势，25 日，1 名特务向

① 福建省地方志编纂委员会编：《福建省志・军事志》，新华出版社 1995 年 6 月版，第 274—275 页。

铁灶公社民兵投诚，并举报另 4 名敌特动向。铁灶公社民兵在社长带领下，配合当地驻军，分兵两路向敌特逃窜的鹭峰山追击，4 名特务在武装包围和政治攻势下，缴械投降。

从 1962 年 10 月至 1965 年 1 月，东南沿海的解放军、公安部队和民兵共歼灭国民党武装特务 40 股，使台湾当局派遣武装特务的窜扰活动连遭惨败。

从 1965 年夏开始，台湾国民党当局改变了原有利用小型船艇运送小股武装特务登陆的方式，转而运用海军战斗舰艇直接担负输送任务，以便可以迅速接近大陆海岸，掩护其武装特务登陆和撤逃。8 月 5 日，台湾国民党海军出动其第二巡防舰队的大型猎潜舰“剑门”号和小型猎潜舰“章江”号，装载着执行“海啸计划”，准备向福建南部渗透的一股武装特务，由台湾左营隐蔽出航，驶向闽粤交界处沿海。人民解放军海军发现“剑门”号编队出航后，立即制订了将其放至近岸、协同突出、一一击破的方案。当日晚 21 时左右，当国民党海军“剑门”号编队驶至福建东山岛东南沿海时，人民解放军海军即以 4 艘护卫舰、6 艘鱼雷艇驶向南澳岛附近待机，准备拦击。国民党舰队发现人民解放军海军的快艇后，惊恐万分，即转向准备逃窜。人民解放军海军当机立断，放弃原定的协同作战方案，改为以护卫艇全速追击敌舰队。

8 月 6 日 3 时左右，人民解放军海军护卫艇逼近“章江”号仅 500 米后，即以密集的小口径速射炮进行猛烈攻击，一直打到相距仅 100 米，将其甲板上的火炮全部摧毁失去抵抗能力。随后，又逼近“章江”号仅 30 至 50 米，并以穿甲弹向其水线以下的要害部位连续射击。“章江”号随之大量进水，舰内发生爆炸，很快沉入东山岛东南 24.7 公里处的海底。

8 月 6 日凌晨 5 时，人民解放军海军护卫艇队追至距离“剑门”号 6 海里处，“剑门”号集中所有火炮向我艇队猛烈射击。人民解放军各护卫艇沉着机智地进行反炮火曲折机动，并利用天色未明敌炮射击尚不准确的有利条件，一直冲到距离敌舰仅 7.5 链（1 公里）左右处，然后一齐猛烈开火，经 4 分钟激战，“剑门”号起火。这时，高速赶来参战的鱼雷艇队到达，向“剑门”号发射了 10 枚鱼雷，将其击中。5 时 22 分，“剑门”

号在东山岛东南38海里处沉没，海战胜利结束。八六海战是新中国成立后最大的一次海上歼灭战，一举击沉国民党2艘军舰，击毙其少将司令以下共170余人，俘虏“剑门”号中校舰长以下共33人。

同年11月13日中午，国民党海军海防第二舰队的大型猎潜舰“永泰”号、护航炮舰“永昌”号由澎湖列岛的马公出航，向福建崇武以东的乌丘驶来，企图进行袭扰活动。周恩来指示：集中兵力先打一艘，一定要打好，发挥我军近战、夜战、英勇顽强的作风[①]。人民解放军东海舰队由6艘护卫艇和6艘鱼雷快艇，组成海上突击编队迎击。13日晚23时左右，人民解放军海军突击编队发现目标，即以4艘护卫艇攻击“永泰”舰，另以2艘护卫艇攻击“永昌”号，以6艘鱼雷艇编成3个冲击组，伺机攻击。由于天黑，双方舰艇接近到距离900米左右时才开火，双方经过激战，敌“永泰”号带着累累弹痕急忙逃窜。随之，人民解放军海军编队的鱼雷艇队对敌“永昌”进行围攻，鱼雷艇迅速冲破“永昌”舰的火力网，利用夜色接近攻击，冲至离敌舰约300米时，发射鱼雷击中“永昌”舰。护卫艇群又抵近约100米处，向其水线部位猛烈射击，“永昌”号于14日1时06分沉没。

八六海战和崇武以东的海战结束后，受到沉重打击的国民党不得不停止了运送武装特务袭扰大陆沿海的行动。

① 中共中央文献研究室编：《周恩来年谱（1949—1976）》（中），中央文献出版社2007年9月版，第764页。

第十四章
经济调整基本完成与“左”的错误的发展

第一节 “小三线”建设与经济调整基本完成

一、加强战备与经济发展规划的调整

随着国际形势的日益紧张，中共中央在进行国民经济调整的同时，也日益关注战争因素对经济建设的影响。1964年4月25日，中央军委总参谋部作战部向中央提交一份经济建设如何防备敌人突然袭击问题的分析报告。这一报告引起毛泽东和党中央的高度重视。在6月6日召开的中央工作会议上，毛泽东指出：只要帝国主义存在，就有战争的危险。我们不是帝国主义的参谋长，不晓得它什么时候要打仗。决定战争最后胜利的不是原子弹，而是常规武器，要搞三线工业基地的建设，一、二线也要搞点军事工业。各省都要有军事工业，要自己造步枪、冲锋枪、轻重机枪、迫击炮、子弹、炸药。有了这些东西就放心了。于是，“三线”建设被提到了国民经济发展的重要议事日程。

所谓一、二、三线，就是按全国地理区域划分的，沿海地区为一线，中部地区为二线，后方地区为三线。中央关于三线建设的原则是，一切新的建设项目应摆在三线，并按照分散、靠山、隐蔽的方针布点，不要集

中在某几个城市；一线的重要工厂和重点高等院校、科研机构，要有计划地全部或部分搬迁到三线。福建虽属于一线的省份，但从全省的角度，也存在一、二、三线如何合理布局的问题。1964年10月22日，毛泽东在广东省委《关于国防工业和三线备战工作的请示报告》上批示："是否可以将此报告转发第一线和第二线各省，叫他们也讨论一下自己的第三线问题，并向中央提出一个合乎他们具体情况的报告。无非是增加一批建设费，全国大约15亿元左右，分两三年支付，可以解决一个长远的战略性的大问题。现在不为，后悔不及。"

福建省委于1964年8月26日召开扩大会议，会议检查了已往存在的对"小三线"建设的伟大战略意义认识不足，对打大战缺乏思想准备等问题，认识到"小三线"建设不能仅仅局限于建设几个军工厂、修几条公路、盖几个仓库，应该按照建设"大三线"就是建设大边区，建设"小三线"就是建设小边区的要求，建设一个政治上、军事上、经济上、文化上能独立自主的巩固后方。于是，省委要求各级党委今后必须把抓军事问题列入议事日程。除了搞好福建现有的军事工业外，应当有计划地进行地方小型军工建设，有些县还应准备在农械厂中设置修械车间，加强二、三线战略要地的建设，加强革命老区和山区的建设工作。

接着，省委又召开常委会议，对"小三线"建设和战备支前作了全面的部署，并确定了以下几条原则：

——划分一、二、三线地区范围：第一线为福、厦、漳、泉沿海地区；第二线为鹰厦线南段，由建瓯、南平至漳平、龙岩地区；第三线为闽赣边区，武夷山以南，鹰厦线以西，包括长汀、连城、清流、宁化、建宁、泰宁、光泽、邵武、顺昌、建阳、松溪、政和一带。

——确定二、三线工业基地建设的原则和具体要求：即必须适应战时需要，力求完备，本着平时和战时相结合、军工生产和民用生产相结合；远期和近期相结合的原则，充分利用我省闽西、闽北的有利地形，采取靠山、分散、隐蔽、打洞等措施，一方面把福、厦、漳、泉沿海地区的重要企事业单位，分期分批迁往二、三线，另一方面加强二、三线建设，在三至五年内实现这一战略任务。

——确定第一批迁移项目：地方军工除将龙岩风动工具厂、永安机械厂、永安车辆修配厂迅速扩建，使其能生产自动步枪、冲锋枪、炮弹、修理坦克外，南安化工厂和漳州化工厂迁往二、三线，投入生产炸药。同时在闽北新建一个生产能力为 2300 万发的子弹厂和 5000 吨的硝氨厂。民用机械工业如福州机器厂、厦门工程机械厂、福州电线厂、漳州内燃机厂等 9 个，轻化工业如福州制药厂、厦门皮革厂、福州搪瓷厂、泉州麻纺厂等，也计划迁往内地。

——为保证三线建设的交通、通信，提前修建三明至明溪的铁路，加强对现有的森林铁路整修管理，发挥其山区运输作用。立即着手修建闽西北至闽东南沿海的国防公路 700 公里，并对干线上的逾龄桥梁进行改建。加强邮电线路养护工作，保证邮电畅通。

——加强现有水、火电管理，保证正常运行，并根据新的工业布点分期在二、三线新建 7 个小型发电站。

——为保证战时前线各种物资供应和后方工农业生产原料的供应，立即在二、三线修建可贮存各类物资 10 万吨的仓库。

——文教、卫生、出版、广播方面：计划将厦门大学迁往长汀；福州大学迁往清流、宁化；福建师范学院迁往建瓯、建阳；福建农学院、福建医学院及部分中专、科研单位均迁往闽北山区。在三明、邵武等鹰厦铁路沿线建立稍具规模的医院、防疫站。福建日报社在南平建立后方基地。在闽北地区新建一个发射台等。

“小三线”建设作为压倒一切的政治、军事、经济任务一经确定，一场涉及面广、影响深远的经济布局大调整随之展开。

作为国民经济建设总调度的计划部门率先对原定的发展计划进行检讨和调整。据 1964 年底的统计，沿海地区工厂 1168 个，占全省的 72%，职工 18.8 万人，占全省的 65%，各系统机床 6415 台，其中沿海 4828 台，占全省的 75%。而对于后方的重要性考虑不够，过多地削弱了后方资金，特别是“对山区的农田水利、文教卫生、仓库储备、商业供销等重视不够”。为了扭转这一状况，切实抓好山区后方基地的建设，计划部门提出了“调整沿海，支援山区，建设山区”的方针。要求在建设山区方面，必须首先建设与国防有关的项目，相应地解决山区的水、电、交通等问题，并有计划、有步骤地在山区新建一批中小型企业，其他服务性行业、商业、物资、仓库、文教卫生等都要跟上去。要从沿海逐步抽调力量加强山区，沿海地区要发扬风格，抽调好干部、好设备、好技术支援山区建设。沿海企业要利用现有的设备和力量，积极开展技术革新，不建新厂，不增人，但生产要增长。今后沿海地区除某些利用原料（如甘蔗）所必需的项目以外，一般不再进行新建和扩建。

在计划部门对国民经济发展计划进行大刀阔斧调整的同时，为了加强对“小三线”建设的领导，10 月 16 日，省委决定成立省委军工及三线建设领导小组，并成立了国防科技工业办公室，专门负责“小三线”建设的规划和实施工作。根据对一、二线“停”（停建一切新开的项目）、“缩”（压缩正在建设的项目）、“搬”（将部分企事业单位全部搬迁到三线）、“分”（将部分企事业单位一分为二或一分为三，将分出的部分迁往内地）、“帮”（从技术力量、设备等方面对三线企业对口帮助建设）的精神，从 1964 年底至 1965 年初，省委组织省计委、经委和省军区的主要负责人到后方山区进行实地踏勘选点，先后四次实地勘察了 202 个点，对军工厂选址，根据分散、靠山、隐蔽的原则，结合运力、交通等条件，又复查了 71 个点，提出了比较方案，两次上报福州军区、总参谋部审批。同时，还制订沿海工厂、企事业单位的内迁及内地建设的具体方案，并很快向省委提交了《关于加强我省二、三线建设的初步意见》和《关于后方建设和战略工作的请示报告》。

在处理战备与经济建设的关系时，省委军工及三线建设领导小组明确要求，“必须抓住在战争时期打不垮、炸不烂，能坚持生产，坚持工作这个主要要求，在突出隐蔽的基础上力求经济合理，方便生产、生活。现在方便了，战时就不方便。方便与不便，应该辩证地看。因此必须明确隐蔽第一，战时能坚持生产就是最大的合理。在目前的国际形势下，离开了战争观点进行经济建设，是一个错误的观点”。

正是在这种思想的指导下，“小三线”建设的规划贯彻了靠山、分散、隐蔽的方针。以隐蔽为主，三者结合。隐蔽的方法主要有三种：一是进洞；二是充分利用地形，实行村落化、民房化，不易暴露目标；三是人工伪装和绿化。对于已经建成的工厂、仓库，如果防护隐蔽不够的，要求从最坏情况着想，立即采取补救措施，坚决把主要设备、主要生产线，选择好地形进行打洞，或适当调整车间，以及发动本厂职工种树绿化，伪装墙身、屋面，用竹帘盖玻璃窗，注意夜间灯火管制。建设时期被破坏的地形地貌要尽快恢复。要求设计、施工部门都学会打洞和以村落化、民房化进行设计、施工的本领。除组织专业打洞队伍外，更重要的是开办训练班，培养一批技术骨干，发动各单位职工自己动手打洞。并要求在“小三线”建设中，要提倡穷干、苦干、实干、巧干，精打细算，发扬“一厘钱”的精神，真正少花钱，多办事。提倡小而专，反对大、洋、全。并特别强调因地制宜，尽量不占农田，确实需要占用农田的，要贯彻占一亩、开两亩的要求。新建单位除不搞高标准建筑外，办公用具和生活家具，都一律从简，不得购买高档用品。迁建、新建企业都要充分利用现有停建、下马厂房和附近社、队的祠堂、庙宇。

二、加强基础设施建设和调整区域经济布局

为了具体实施“小三线”建设规划，省委决定成立“小三线”建设指挥部，全权负责动员、组织、实施省委决定的“小三线”建设方案，统一指挥勘察、设计、施工、人力、资金、物资和设备的调整等。

1965 年 6 月，随着中国人民解放军总参谋部正式批复福建省地方军工厂的建设项目，福建的“小三线”建设便从地方军工建设开始正式展开。根据总参同意在清流、宁化、长汀建厂，生产两枪（自动步枪、冲锋枪）、两弹（子弹、炮弹）及炸药等的批复，福建的地方军工建设迅速启动，并很快取得了突破性进展。仅用一年的时间，初步建成了九七二厂、九四四厂、九九四厂、三八六厂 4 个军工厂，及配套厂七一六厂，并在产品试制方面，充分发挥原有军工企业的潜力，一年内试制打响了两枪——冲锋枪和半自动步枪。为此，华东局国防工办专门发来贺电，对福建省地方军工建设所取得的突破性进展，表示热烈的祝贺。

随着军工建设的启动，“小三线”地区的能源交通等基础设备的薄弱更加明显地突出出来，以“小三线”地区的交通、能源为中心的基础设施建设显得尤为紧迫。被划为“小三线”的闽西北山区，在革命战争年代，因崇山峻岭、地形复杂使之成为革命战争最为活跃的地区之一。新中国成立后，随着工作重点由战争向建设的转移，这些地区的优势顿时

又转化为弱势，经济建设很快就滞后于沿海平原地区。而当战争的因素悄然增长之时，历史的机遇又落到了闽西北山区。要在经济落后、电不足、路不平的地区搞建设，基础设施的建设是前提。于是，昔日沉睡的群山一时间被机器的轰鸣声所唤醒，闽西北地区的基础设施建设全面展开。

在公路方面，按计划第一步先修建战时首脑机关通至各主要干线的公路。先后修建漠源（将乐）至夏茂（沙县）、南口（将乐）至明溪、房道（建瓯）至洋口（顺昌）、顺昌至浦上（顺昌）、仁道（顺昌）至书坊（建阳）等5条战备公路，共167公里。第二步，修建武夷山东麓各主要干线相互联络的路线，即岚口（崇安）至永兴（浦城）、均口（建宁）至安远（宁化）、曹坊（宁化）至新桥（长汀）至尧山（武平）的公路，共128公里。在铁路方面，加强对骨干线鹰厦铁路的整治工程，并加强对原有森林铁路的整修管理。

在邮电通讯方面，为了保证战时首脑机关通信联络，有线通讯联络除依托南平、永安、龙岩三线网与省外联络外，改建邵武、南平、永安、漳州等通讯枢纽点。三线新增木干线路572公里，铜线1185公里，12路载波电话6套。福州、厦门设大型无线电台，各专区配设中型电台，各县配设小型电台，三线首脑机关附近设无线电通讯枢纽电台。此外，配设保密小型电台24座，以备战时流动通讯联络。

在物资储备和仓库建设方面，投资100万元建设战备粮仓，以保证战备所需储备的1亿斤粮食全部存放在山区，供应20万人一年的粮食。同时考虑到全省每年库存粮食5—6亿斤，60%存放在山区，为此，投资6300万元，建设9万平方米的粮库，并投资10万元修建盐坑和盐库。考虑到福建离产油区远，战时运输紧张，需要储足军用民用半年的用量约8万吨，投资660万元修建9万平方米的油库。另外，还投资160万元修建储存5000吨生铁、2000吨优质铜、200吨合金钢、5000吨橡胶及5000吨其他有色金属的储库。

在煤炭建设方面，除龙岩煤矿外，以天湖山煤矿为开发重点，力争"三五"末期煤炭自给，并提供部分外调。为此，1966年煤炭部给福建追加煤炭投资100万元，地质部也积极支持福建加强煤炭地质勘察力量。

在钢铁建设方面，国家计委和冶金部积极支持福建发展地方小钢铁，并要求三明钢铁厂及矿山建设集中力量打歼灭战。1967年，首先建成潘洛年产50万吨的铁矿，恢复三明一座高炉，形成铁10万吨、钢8万吨、钢材6万吨的生产能力。为了加快潘洛铁矿的建设，国家计委追加投资200万元。同时，国家计委和冶金部还同意开发阳山铁矿。为了解决三明钢铁厂粉矿烧结问题，冶金部及时提供了资料和图纸，并安排技术人员到鞍山钢铁厂学习取经。为了开发天湖山煤矿和阳山、潘洛铁矿，国家计委还同意修筑大深至天湖山全长55.5公里的铁路。

在电力建设方面，根据新的工业布点，国家计委同意龙岩扩建6000千瓦机组，追加投资100万元；新建庙前750千瓦机组，追加投资80万元；国家计委和水电部还将水头水电站、南靖二级水电站、交溪水电站、长汀童屋水电站列入1967年计划项目。

调整区域经济布局，是“小三线”建设的一个重要部分。考虑到福建与台湾仅一海之隔，海峡对岸的国民党当局不断地叫嚣反攻大陆。一旦战争爆发，沿海平原地区首当其冲，而集中在这一地区的福建工业自然很难幸免于战火。于是省委在加强“小三线”地方军工建设的同时，首先决定迁移一批对支援战争必需的骨干工厂到闽西北地区。

省委计划迁移26个厂，职工6137人，产值4809万元。其中机械工业迁移17个厂，占沿海原有企业数的13.7%，职工3928人，占14.3%，产值1652万元，占15%。具体为将龙溪机器厂一分为二，油泵、油嘴生产部分搬至龙岩雁石燃料学校，动力机部分留下继续生产；福州开关厂开关板生产部分搬至建阳莒口，变压器部分留下继续生产；福州电线厂将布由线生产部分搬至南平橡胶厂，高压线部分留下继续生产；福建机器厂除船用柴油机生产部分留下外，其余车床配件搬至三明陈大；福州第一工具厂除模具留下外，其余搬至三明陈大；厦门电机厂将发电机部分搬至西芹水轮泵厂，电动机部分留下继续生产；福州灯泡厂将氨瓶生产部分搬至三明玻璃厂，其余留下继续生产；福州汽车修配厂将大修部分搬至永安修配厂；龙溪轴承厂搬至永安探矿机械厂；福州第一机床厂搬至邵武煤矿机修厂；福州无线电厂搬至富文冶金学校；福州医药器械厂搬至建宁县小纸厂旧址；泉州蓄电池厂搬至沙县农械厂；福州林业机械厂搬至邵武林业机械厂；福建机械研究所将物理试验部分搬至三明钢铁厂，电机试验部分搬至西芹水轮泵厂；福州通用机器厂将移动电源部分搬至建阳县通用机械厂。

化学工业共搬移 4 个厂，职工 915 人，产值 1783 万元。具体为福州翻胎厂搬至三明橡胶厂，厦门农药厂搬至三明新建，福州制药厂搬至建阳黄坑，福州第一塑料厂将塑料鞋生产部分搬并三明新建塑料厂。

轻工业共搬移 5 个厂，职工 1294 人，产值 1435 万元。其中，泉州麻袋厂搬至南平安丰桥闽江工程局旧址，厦门针织厂搬至顺昌元坑木材加工厂，厦门彩印厂搬至三明地区新建。这种在短时间内，工厂大规模北迁的大举动，构成了一幅壮观的经济“南雁北飞”的景象。

随着一大批工业企业的内迁并迅速产生效益，山区的经济结构发生了重要的变化。厦门杏林农药厂搬迁至三明，更名为三明农药厂，仅用一年时间就投入生产，当年创产值达 158.91 万元，上交利税 20.5 万元，创全省化工发展史上“多、快、好、省”的先例。而更多工业企业的迁入，大大调整了三明工业结构并充实了力量。至 1966 年三明市已经拥有各类工厂 80 余家，形成重轻工业比较合理的结构，有冶金、机械、电力、化工、农药、印染、纺织、塑胶、玻璃、食品、木材加工等门类齐全的工业体系，初步完成了从重工业城市到重、轻工业配套的工业城市的转化，在全省的工业发展中占据越来越重要的地位。

在对工业进行大举迁移的同时，也对文教、卫生、新闻、出版、广播等进行了较大规模的地区性调整。对沿海全日制中学的发展进行适当控制，加强山区文教事业的建设。一方面要求山区多办半工半读、半农半读的学校；另一方面，将一些原在一线地区的部分大中专院校迁往内地，部分科研院所也迁往内地，迁往三线地区的科研机构有福州果树研究所、水土保持研究所、水利研究所、林业研究所、计量所及厦门催化研究所等。在医疗卫生方面，加强了鹰厦沿线及二、三线地区中心医院的充实配备，并在三明、邵武一带建立初具规模的省立第一医院、森工医院和省卫生防疫站等机构。并采取省、专、市卫生医疗单位固定挂钩、包县建设的办法，重点建设一批山区后方县，使其平时为生产建设和农民服务,战时作为后方基地为战争服务。在广播新闻方面,计划在沙县夏茂建一个全省广播台和转播站,将厦门日报的圆印刷机迁往南平地区,充实南平报社,为福建日报社战时搬迁打下基础。

针对“小三线”地区地多人少、资源丰富的特点,省委还采取了一系列措施发展农业,提高粮食及副食品供应能力。一是加大投入修建山区小型水利,改造低产田,大种绿肥,增加化肥,改变耕作粗放的作法,努力提高粮食产量。同时大面积造林绿化,改善因木材砍伐造成的水土流失。二是组织沿海城市、农村移民上山,加强二、三线的农业生产建设。1965 年移民 82750 人,其中移到三明、南平两个专区 53400 人,沿海专区移民山区 29300 人。三是组织各内迁和新建厂的职工家属,参加集体生产劳动,争取两年内基本做到职工和家属的蔬菜、猪肉自给,有条件的单位,五年内争取做到粮食部分自给或全部自给。四是实行厂社结合的形式,从政治、技术、文化等各个方面支援农业生产。这一系列措施,不仅解决了因“小三线”建设而带来的人口骤增,粮食副食品供应紧张的问题,而且,对于山区地区农业的进一步开发起到了重要的作用。

从 1964 年开始的大规模“小三线”建设,是新中国成立以来福建最大的一次经济布局的大调整,目的是要把“小三线”建设成为能够独立坚持的巩固后方。国家对山区投入了大量的资金,调动了大量的人力、物力。仅 1964 年就投入近亿元。这些资金投入“三线”地区,对于山区经济的发展起到了重要的促进作用,特别是对于改变山区交通、通讯等基本建设的落后面貌起到了重要的作用。同时,原在一线地区的重要工业内迁“三线”,对于改变原工业集中在沿海地区的状态,调整工业发展的地区性结构起到了积极的作用。而原在一线地区的文化卫生事业机构的内迁,对于改变山区的文化卫生落后面貌起到了重要的作用。但由于三线建设上得过急、铺得过大,挤掉一部分其他方面的资金,对于解决人民的吃穿用问题带来了一定程度上的影响。由于偏重于地区性的投入,相对忽视了产业结构的调整,使调整适宜的国民经济比例受到一定的冲击。更重要的是,随着“小三线”建设的展开,更强化了福建特别是沿海地区“前线”的意识,影响了投资导向,给福建经济发展打下了很深的“前线”烙印。

三、经济调整由被动到全面好转

经过两年的全面调整，福建省的“经济工作和计划工作开始从被动转向主动”①，国民经济逐步得以恢复。根据 1962 年底的统计，在农业生产方面，粮食、经济作物和其他农副产品不但完成和超额完成了计划，而且绝大多数的农产品都有较大幅度的增产，特别是粮食产量达 70.96 亿斤，增产 10.7%。在工业生产方面，大部分产品增产，少数产品稳定，个别产品如木材、煤炭有所下降。22 种支援农业的产品全部完成和超额完成计划，42 种主要轻工业产品中有 40 种完成和超额完成了计划。40 种主要重工业产品也有 33 种完成和超额完成计划，多数产品的质量都有所提高。在商业市场方面，全年社会购买力为 15.26 亿元，商品零售额为 15.39 亿元，当年货币回笼 1300 万元。主要农产品采购任务超额完成了计划，集市贸易价格降低 50% 左右。在交通运输、文教卫生、劳动工资、基本建设和物资供应等，也都基本完成计划。这些计划的完成初步改善了城市和农村、工业和农业、轻工业和重工业之间的关系，为以后国民经济的发展奠定了基础。

尽管如此，全省经济发展尚存在不少的薄弱环节，农业生产水平还没有完全恢复，粮食产量只相当于 1952 年的水平，油料作物产量只相当于 1950 年的水平，主要经济作物产量也只相当于 1950 年的水平；工业的调整也没有到位，特别是在把整个工业转到以农业为基础的轨道上来方面，还必须进行艰巨的工作；工商企业管理落后，亏损情况还相当严重；人民生活必需品供应不足，大部分职工的生活比较困难。

针对这种情况，省委及时纠正因国民经济情况好转而产生的认为国民经济的调整工作已经结束了，1963 年应当以充实、提高为主，因而不适当地要求基建投资、增加职工，甚至不经过省委和中央批准随便招收职工的现象，要求 1963 年全省国民经济计划必须切实遵循以农业为基

① 福建省委批转省计委党组：《关于福建省 1963 年国民经济计划（草案）的报告》，1963 年 3 月 24 日。

础，以工业为主导的发展国民经济的总方针，把恢复和发展农业放在第一位，并继续全面贯彻调整、巩固、充实、提高的方针，力争农业生产有一个好收成，工业生产稳步上升，市场供应继续有所改善，从而使全省整个国民经济形势进一步好转。

根据这一发展方针，1963 年在农业生产方面，采取一系列有力措施，确保农业增产，并在优先增长粮食的同时，注意油料、麻类、烟叶、甘蔗等经济作物的增产，积极开展多种经营；在工业方面，为适应农业生产的需要，尽可能集中安排生产，使轻工业、手工业能够增产更多更好的城乡市场适销商品，使重工业能够增产更多更好的农村需要的化肥、农业机械等生产资料，并积极增产木材、煤炭等全国“短线”的产品，同时进一步做好工业企业的内部调整；在商业市场方面，根据“发展经济，保障供给”的要求，并在保证供应农村更多的生产资料，供应城市更多的原料、材料，供应城乡人民更多生活必需品的前提下，继续实现“当年平衡，略有回笼”的方针；在基本建设方面，采取集中力量打歼灭战的方针，优先安排农业和支援农业的项目，积极安排短线原材料和轻、工市场急需以及为维持现有生产水平的配套补缺和支前备战有关的项目。

由于在国民经济全面好转的情况下，福建省继续坚持调整的方针，调整了工农业生产中的不合理比例，解决了国民经济建设中的薄弱环节，使国民经济的发展呈现出较好的势头。在全面完成 1963 年国民经济计划的基础上，1964 年省委又提出了新的发展目标。要求大力发展粮食生产，争取粮食大丰收；在全面发展农业生产的同时，有计划地建立农产品商品的基地，使综合经营和专业化生产密切结合起来；在工业生产方面，重点转入搞好现有工业生产，进一步发挥现有工业设备的能力，彻底改变质次价高和技术上的落后状态。

经过全省上下的艰苦努力，1964 年国民经济的发展又取得了可喜的进展，一些主要经济指标均超额完成计划。粮食生产又取得丰收，总产量达 85 亿斤。工业总产值达 13.7 亿元，比 1963 年增长 24%。而产品质次价高的现象有很大程度的改变，列入全省“两赶三消灭”规划的 120 种产品，47 种产品质量赶上 1963 年全国先进水平，其中小型电机、水轮泵、灯泡、聚氯乙烯树脂、塑料薄膜、泡沫拖鞋、火柴、水牛皮革、弹子锁等20多种产品已跨入同期国内先进行列；可比产品总成本比1963年降低13.9%，44种产品成本赶上1963年全国先进水平，其中火柴、松节油等在全国同行业中名列前茅。在增加产品品种规格方面也取得了新的进展，全省工业部门进行了78项重要新产品的试制工作，47项已试制成功，成批投产或转入中间试验的有30项。工业企业的全员劳动生产率达到5552元，比1963年增长30%，超过历史最高水平。工交企业净利达1.37亿元，比1963年增长76%，基本消灭了亏损[①]。

在此基础上，1965年省委又进一步搞好国民经济的调整。在农业战线，深入开展比学赶帮运动，比革命思想、比革命干劲、比措施的落实、比依靠群众、比依靠贫下中农、比巩固和壮大集体经济，在全省掀起农业生产的新高潮，使粮食生产有新的发展。1965年全省粮食总产量达到91.1亿斤，比1964年增长7.1%。而在工业生产和交通运输方面，由于继续贯彻以农业为基础，以工业为主导的方针，深入开展增产节约运动，努力提高劳动生产率，使1965年全省工业总产值达到17.24亿元，比1964年增长25.6%。

从1963年至1965年的国民经济继续调整中，无论是计划的制订和生产的安排上，基本上能针对国民经济发展中存在的主要问题和薄弱环节，依照经济发展的规律，紧紧抓住农业生产这一中心环节扎实地展开，从而使全省国民经济继续向前发展，但是，这一时期，在经济工作中也逐渐渗透了一些“左”的做法，片面强调把阶级斗争、生产斗争和科学实验三大革命运动紧密结合起来，用阶级斗争来推动生产斗争和科学实验，从而使“左”的思想对经济工作的影响日趋严重。

尽管如此，在这期间经济的调整始终没有停止，无论是社会主义教育运动还是“五反”运动，都强调运动要与经济生产相结合，并把衡量运动是否有成效的标准，落在经济生产是否搞上去。正因为如此，使经济调整得以继续进行，全省国民经济得到了有效的恢复。

随着周恩来总理在1964年12月三届人大一次会议所作的《政府工

① 《大搞思想革命、技术革命和经济管理革命，推进工交生产建设新高潮》，1965年5月。

作报告》中宣布，调整国民经济的任务已经基本完成，工农业生产已经全面高涨，整个国民经济已经全面好转。同全国一样，福建的国民经济调整也宣告基本结束。在历时五年的国民经济调整中，福建省战胜了连年天灾的侵扰，克服了因台湾海峡局势紧张所造成的种种困难，下大力减少城镇人口、压缩粮食销量、压缩基建规模、缩短基建战线，特别是纠正了一系列违反经济规律的“左”的做法，大力加强和发展农业生产，逐渐扭转了严重困难的局面，使国民经济得到了恢复和发展。这种恢复和发展是高热后冷静思考的结果，是挫折后艰难探索的结果，使全省国民经济的发展重新回到符合经济规律的轨道。

——工农业得到恢复发展，农轻重的产值在工农业总产值中所占的比重发生了明显变化。到1965年，农业总产值达到18.80亿元，略高于1957年。粮食总产量1965年达到91.1亿斤，比1957年增长2.6%。1965年全省生猪、甘蔗、烤烟、黄红麻的总产量均比1957年有较大增加。1965年水产总产量达32.55吨，比1957年增长14.8%；林业、畜牧业也有所恢复。同时，由于农业基建投资在全省基建投资总额中所占比重迅速增大，至1965年全省共建蓄水量10万立方米以上的水库437座，总蓄水量比1957年增加7倍多，农村水电装机容量比1957年增加13倍。全省农用排灌动力机械比1957年增加近8倍，机耕面积增加17倍，渔业机动船增加9倍，化肥施用量增加3倍。全省农业生产条件、技术条件获得改善，促进了农业生产恢复、发展，并为以后农业生产的继续发展打下了一定的基础。对此，福建省委认为：“我省农村形势很好，农业生产的新高潮已经到来。”①

——随着农业生产的恢复发展，工业生产也逐年回升。1965年工业总产值达到17.24亿元，比1957年增长近1倍。工业在工农业总产值中所占比重，从1957年的33.50%提高到47.8%。全省共有工业企业4933个，其中大中型骨干企业46个，比1957年增加41个。三明由一个仅有6000多城镇人口、200多万元工业产值的山区小县，发展成为福建的重工业基地，先后建成三明钢铁厂、三明重型机器厂、三明化工

① 中共福建省委：《关于当前农业生产工作的紧急指示》，1964年7月16日。

厂等骨干企业。三明钢铁厂和其他冶金企业的建成投产，结束了福建“手无寸钢”的历史。煤炭工业改变了主要依靠手工挖煤的状况，1965年全省共产原煤60.19万吨，比1957年增加6.3倍。电力工业在这期间完成了古田溪水电站一级二期、三期工程，同时建设了一大批火力发电厂、小型水电站，1965年全省发电设备装机容量达到21.51万千瓦，比1957年增加近6倍；全省发电量达到7.41亿千瓦小时，比1957年增长12倍。福建化学工业也得到较快的发展，1965年全省乡及乡以上化学工业产值达到2.98亿元（按1957年不变价格计算），比1957年增长12倍。机械工业在这期间也有较大发展。为了适应战备的需要，机械工业从沿海向内地扩展，在山区建立了三明重型机械厂、三明化工机械厂、永安机械厂等中型骨干企业，还办了大批小型机械厂，经过调整，一部分下马，一部分保留下来。到1965年全省机床拥有量从1957年的1344台增加到8515台，锻压设备从222台增加到1263台；机械工业总产值从1957年的0.66亿元增加到2.1亿元。继上海将裕成昌丝织厂和鼎成染织厂的全套设备和人员迁来福州，合并组成福州丝绸印染联合厂之后，1965年福建与上海商定，再从上海迁闽6家工厂，分别设在三明、龙岩、南平、邵武。从上海随厂迁闽的职工、家属总计5000余人，其中有一大批技术骨干力量，为福建现代纺织工业的发展打下了坚实基础。在这期间兴建了全省第一座大型造纸厂——南平造纸厂，扩建了福州造纸厂，并建成一批小纸厂，使1965年全省机制纸及纸板产量达到5.19万吨，比1957年增长5.3倍。制糖工业发展很快，先后在莆田、厦门、漳州建成了3个日榨蔗能力为350吨的机制糖厂，使全省糖厂日榨蔗能力从1957年的4800吨增加到1965年的1.5万吨。1965年全省产糖16万吨，比1957年增长69.8%。其他轻工业产品，如卷烟、罐头、肥皂等产品的产量，都比1957年成倍以至数倍地增长。在生产能力提高、产品产量增加的基础上，工业企业经济效益也有所提高。1965年全民所有制工业企业全员劳动生产率6609元，比1957年提高69.5%，轻重工业的比重也调整为69.0 ∶ 31.0，趋向合理。

——交通运输、邮电等基础建设也得到相应的发展。到1965年，全省铁路营运里程达876公里，比1957年增加232公里，铁路线跨越

22个县市，把福州、厦门、三明、漳州、邵武、南平、永安、龙岩等主要城市联结起来，成为沟通福建与全国各地、福建沿海与闽西北山区联系的交通运输的动脉。与此同时，福建公路建设也得到较快的发展，到1965年，全省公路通车里程14251公里，比1957年增加8217公里，增长1.36倍，将近80%的公社通了汽车；全省汽车拥有量从1957年的2118辆增加到6304辆，公路客运量从1957年的1254万人次增加到2135万人次，货运量从1957年的725万吨增加到1455万吨。海上运输方面，主要港口货物吞吐量从1957年的165.96万吨增加到239.87万吨。邮电通讯事业这期间也获得发展，全省设置的邮电局所由1957年的1945所增加到2382所，邮路单程长度由65092公里增加到95968公里，电报电路由162路增加到283路，长途电话电路由178路增加到326路，市话交换机总容量由12920门增加到28330门，农话交换机总容量由8264门增加到28932门。邮电业务总量由902万元增加到1995万元。

——市场供应明显改善，物价稳定，人民生活水平普遍提高。在调整政策、纠正“左”的错误初见成效之后，城乡市场开始渐趋活跃。1965年全省城乡商品零售总额已从1957年的11.92亿元增加到18.24亿元，其中消费品零售总额从10.70亿元增加到16.03亿元。主要消费品的社会零售量，除食用植物油、布匹仍低于1957年水平外，粮食从17.43亿斤增加到20.03亿斤，猪肉从8.93万吨增加到10.77万吨，鲜蛋从 591万斤增加到1371万斤，水产品从11.38万吨增加到16.56万吨，食糖从1.45万吨增加到5.73万吨。手表、自行车、收音机的销售量也都成倍增加。随着市场供应状况逐步好转，物价也趋向平稳。以1962年为100，1965年全省商品零售价格指数为84.7%，居民消费价格指数为86.9%。1965年，全省城市居民人均可支配收入为216.58元，农民人均纯收入为128.74元，分别比1957年提高31.5%和14.8%。城乡居民储蓄存款稳步上升，由1957年的1.16亿元增加到2.18亿元，人民生活有了一定程度的改善。随着人民生活水平的改善，人口也出现不断增长的势头，1960年底，全省总人口为1572.62万人，年增长率为19.16‰，到1965年底，全省总人口增至1759.76万人，比1963

年末总人口增加 81.39 万人，平均年增长率为 23.96‰。

——教育、科技、卫生、文化事业获得发展。教育事业到 1965 年，全省高等学校已从 1957 年的 4 所增加到 10 所，其中包括 1959 年创办的全省第一所以理工科为主的福州大学及以后创办的主要吸收海外侨胞子女入学的华侨大学。高等学校在校学生从 1957 年的 7544 人增加到 15194 人；中等专业学校从 1957 年的 41 所增加到 67 所；普通中学从 213 所增加到 429 所；小学从 12850 所增加到 34583 所。各级各类学校在校学生总数从 1957 年的 157.05 万人增加到 326.83 万人。在校学生数占全省人口的比重从 1957 年的 10.8% 提高到 18.6%。福建高考成绩多年居全国先进行列。

1965 年全省共有科技人员 7.5 万人，科研机构 45 所。在此期间广大科研人员研制、开发和推广了不少具有福建特色的科研成果，为恢复、发展经济和各项社会事业作出了贡献。与此同时，农村群众性科学实验活动也日趋活跃，收到实效。1966 年 3 月，在周恩来的直接关怀下，在福州召开了全国农村群众性科学实验活动经验交流会，总结推广南通公社开展农村科学实验运动经验，进一步推动了全省农村科学实验活动的广泛开展。由省农业机械化研究所研究设计、省农具试验厂试制的水轮泵，以水流的落差为生产动力，可以抽水灌田，也可以带动其他机具转动，不需燃料，没有污染，在 1958 年全国农具展览会上获得特别奖。此后全省各地大力制造、推广使用水轮泵，并迅速向全国推广，在联合国粮农组织资助下，水轮泵还推向了亚太地区。

卫生事业的面貌在这期间有了很大改观。全省医疗卫生网和医疗保健制度得到发展，由县到村的农村基层三级医疗卫生网基本建成，并开始出现农民依靠集体力量，在自愿互助基础上建立起来的合作医疗制度。全省医院数增加 2.18 倍，病床数增加 1.6 倍，卫生技术人员增加 63.7%。医学科学技术不断进步，1964 年福建医学院附属协和医院建成了中国第一台（世界第三台）高压氧手术治疗室，通过增加空气中氧浓度，治疗一些缺氧性疾病，抢救了不少危重病人。省、地一些医院还成立了肿瘤科，进口了钴放疗和深部 X 线照射等治疗仪器，开展了子宫颈癌、鼻咽癌、食道癌等普查工作。

这期间,全省文化事业又有新的发展。到1965年,除了省立图书馆外,建立了10个市、县图书馆、562个农村图书室。全省公共图书馆藏书量比建国初期增加6倍以上。全省建立地、市级群众艺术馆8个,县级文化馆73个,电影院98个,省辖市及专区所在地的中心城市分别建立了工人文化宫和少年宫。群众文化事业机构开始向基层延伸;街道文化站、居委会文化室、工厂俱乐部普遍设置,以文化馆、站为依托的城市群众性的文化艺术活动广泛开展。全省建立乡村文化站337个,农村流动电影放映队403个。福建戏曲、木偶剧种多达30余种,其中莆仙戏和梨园戏被称为宋元南戏的“活化石”。到1962年,全省发掘记录的戏曲传统剧目达1.7万多个。50年代至60年代中期,整理、改编传统剧目工作取得很大成绩。莆仙戏《团圆之后》和《春草闯堂》、高甲戏《连升三级》、闽剧《炼印》、梨园戏《陈三五娘》、芗剧《三家福》等优秀剧目,在全国产生很大的影响,其中一些剧目在北京和外省演出,受到广泛的赞誉。

由此可见,历经五年的国民经济调整,所取得的成效是明显的,使福建的国民经济得到了明显的恢复。这五年的经济调整,是福建社会主义建设进程中的一个重要阶段,经验丰富,教训深刻,特别是这五年的经济调整对一些经济体制的探索,对以后的经济改革和发展提供了宝贵的历史借鉴。

第二节　经济和意识形态领域“左”的错误的发展

一、对包产到户的批判

1962年9月24日至27日,党的八届十中全会在北京举行,毛泽东在会上作了关于阶级、形势、矛盾和党内团结问题的讲话,把社会主义社会中一定范围内存在的阶段斗争扩大化和绝对化,提出阶级斗争必须年年讲、月月讲、天天讲,还批判了“单干风”和“翻案风”,发展了他在1957年反右派斗争以后提出的无产阶级同资产阶级的矛盾仍然是我国社会的主要矛盾的观点。以邓子恢为部长的中央农村工作部受到指责而撤销。重提阶级斗争等指导思想上的“左”倾必然会对经济工作产生影响，中央关于纠正“单干风”的精神，中断了对农业生产责任制的探索。

福建省委于10月15日至11月12日召开工作会议，传达了中央八届十中全会精神，对本省以包干到户为特征的“单干风”进行了一边倒的批判，还选择了一些反对包产到户的调查报告，作为省委工作会议的参考文件，如中央农村调查组《龙海县角尾公社锦宅大队削弱集体的情况调查》，省委、莆田县委调查组《莆田县埭头区四个大队包产到户情况调查》，省委农村调查组福安组《一个单干回头的生产队》，宁化县委调查组《从下沙大队看包产到户的严重恶果》等。这些调查报告片面地罗列了包产到户所造成的种种所谓恶果，同时还把导致产生包产到户的原因，归结于是党支部战斗堡垒作用大大削弱，支部委员所在的生产队包产到户，支部委员向支部保密，大队向公社做假报告；党在农村中依靠老贫农、下中农，联合中农的阶级路线，没有很好的贯彻；缺乏社会主义教育，集体化的方向不明确，干部不敢宣传社会主义集体优越性；集体的经济管理有问题，基本核算单位下放到生产队以后，已经规定的经营管理制度，大部分没有执行；过多强调按劳分配等①。

正是在这种“左”的错误思想指导下，会上首先集中批判了对邓子恢主张的农业生产责任制和省委原先提出的关于“自由一季”的主张。认为邓子恢的主张是犯了“右倾”路线的错误，是方向性的错误，是阶级斗争在党内的反映。福建“所以能刮起‘单干风’的气候是上面来的（指邓子恢），‘土壤’是我们自己工作中的缺点、错误和思想混乱”②。并认为“自由一季”最大毛病是从思想意识上动摇了群众坚持集体经济的信心，特别是给富裕农民钻了大空子，有不少干部对包产到户问题产生糊涂思想，就是在一定程度上受了“自由一季”的迷惑③。

---

① 中央农村调查组：《龙海县角尾公社锦宅大队削弱集体的情况调查》，1962年10月12日。

② 《省委工作会议情况综合》第1期，1962年10月20日。

③ 《福建工作会议简报》第62期，1962年10月26日。

接着，与会代表，特别是省、地领导纷纷围绕包产到户问题进行了批评与自我批评。认为在纠正“五风”恢复农业生产方面，从工作上的缺点和错误考虑得多，从两条道路斗争上着眼少，“当时虽然也意识到包产到户会引起两极分化，但想这几年群众都穷，如穷的穷，富的富，也比都穷好”①。并认为省委对包产到户问题的态度“在7月至8月约一个月左右的时间内，不那么样很明确，‘不推、不扭’，实际上是观望等待”，给下边的印象，就是对包产到户默许②。于是在紧接着召开的省委一届十八次全委会上通过了《关于贯彻执行中央“关于进一步巩固人民公社集体经济、发展农业生产的决定”的决议》，对“包产到户”作了错误认定，认为“包产到户就是单干，这是走社会主义或者走资本主义的两条道路的斗争”“在农村中，真正刮单干风单干的，主要是少数的富裕农民”。同时，决议也指出：纠正包产到户、闹单干，不要采取简单急躁的办法，应耐心教育帮助，分批分期地把他们重新组织起来。经过教育以后，对于那些愿意走集体化道路的贫农、下中农应首先组织起来，有几户就组织几户，加强领导，把它办好，作为榜样；对于那些暂时还不愿意组织起来的人，不要“强扭”，也不要歧视，应当对他们积极地进行工作，进行教育，不断提高觉悟，逐步地把他们组织起来。并要求多数地方用一个冬春基本解决包产到户问题，少数地方则在两个冬春之内基本解决包产到户的问题。③ 于是，对于农业生产责任制的探索也随之中断。

根据省委的决议精神，随着各地纠正“包产到户”工作的全面展开，对包产到户的批判呈愈演愈烈的趋势，原有的一些正确的主张遭到无情的批判和打击。认为造成包产到户根本原因是地富反坏分子趁机破坏，一部分富裕中农的自发资本主义倾向作怪，利用我们工作中的问题，煽动搞起来的；认为“不管白猫黑猫，抓到老鼠就是好猫”“不论大路小路，增产粮食就是好路”“多收粮食就是方向”的观点，是缺乏阶级观点、缺乏阶级分析的思想方法，必然使部分干部在阶级斗争中软弱无

① 《省委工作会议情况综合》，1962年11月。

② 《省委工作会议简报》第63期，1962年10月26日。

③ 中共福建省委：《关于贯彻执行中央“关于进一步巩固人民公社集体经济、发展农业生产的决定”的决议》，1962年11月15日。

力，致使赌博风、投机风、迷信修庙风、买卖婚姻风抬头，两极分化严重，阶级斗争激化，严重影响社会治安。

随着对包产到户的批判愈演愈烈，从上到下对阶级斗争形势的估计也越来越严重，认为“两个阶级、两条道路的斗争，是当前一个关键性的问题，是谁战胜谁的问题。这一场斗争是不可避免的。现在矛盾已经暴露了。有的歪风邪气已经占了上风，单干风、投机风、迷信风、宗派斗争、打架风，以及干部中的平反风、特殊化风，错综复杂的交错在一起，冲击我们的社会主义阵地。”① 也正是基于这样的认识，给农村政策的进一步“左”倾埋下了伏笔。

二、农村社教运动中“左”的错误及纠偏

在党的八届十中全会重提阶级斗争以后，从“反修防修”的战略出发，中央决定在全国城乡发动一场普遍的社会主义教育运动。根据中央的精神，于1962年11月14日至15日召开的省委一届十八次全委会决定：为了纠正包产到户的“单干风”，进一步巩固集体经济，于今冬明春在农村开展社会主义教育运动。于是，全省各地围绕着刹住“单干风”，先后开展了社会主义教育运动。但由于对包产到户的问题，从干部到群众的认识并不一致，“个体生产积极性还高于集体生产积极性”，使得社会主义教育运动之初，“旗帜不鲜明，号角不响亮，声势不大”②。

至1963年中央的二月工作会议要求各地抓紧进行社会主义教育后，福建农村的社会主义教育运动才随之全面展开。2月1日至6日，省委在长乐召开会议，对开展农村社会主义教育运动进行了全面的部署。2月19日，省委发出《在农村放手发动群众，厉行增产节约，开展社会主义教育运动的紧急指示》。指出农村社会主义教育的内容是：宣传“三个主义”（社会主义、爱国主义、集体主义），反对“三股歪风”（即资本主义、封建主义、铺张浪费），“三要三不要”（即要社会主义，不要资本主义；要集体，不要单干；要勤俭办社，不要铺张浪费）。强调农村

① 《省委工作会议简报》，1962年10月26日。

② 中共福建省委：《关于在农村社会主义教育的情况报告》，1963年5月14日。

的社会主义教育运动采取“以点带面、点面结合”的办法逐步展开，以正面教育为主，打击极少数坏人。运动必须从生产入手，紧密结合生产、推动生产，通过运动提高大多数干部和社员的觉悟，提高大多数社员集体生产的积极性，使社会主义正气压倒一切歪风邪气，使“六十条”和勤俭办社、民主办社的方针得到进一步贯彻。省委要求分三个步骤展开社会主义教育运动。第一步：通过大宣传、大讨论，使群众认清形势，明确方向，正确认识国家、集体、个人三者的关系，伸张正气，压倒各种歪风邪气。在提高觉悟的基础上，联系本地的实际情况，抓住妨碍生产、妨碍集体经济巩固的几个突出问题，逐个加以解决。第二步：进一步贯彻“六十条”，解决社内、队内目前亟需解决又能够解决的问题，进一步改善经营管理；整顿和健全党、团、妇女、民兵等基层组织。第三步：总结评比，表扬好人好事，进行民主选举，检查落实生产规划，掀起生产高潮。

根据省委的部署，各地都普遍以县为单位，召开三级干部会议，不少县领导干部带头“洗手洗澡”①，帮助社、队干部放下包袱。在社、队干部初步“下楼”②后，开展了大宣传、大发动，对广大社员进行社会主义、集体主义、爱国主义和国际主义的教育，以帮助社员划清社会主义和资本主义的界线，并结合处理一些生产中迫切需要解决的问题。在提高群众阶级觉悟的基础上，集中力量打击地主富农分子的复辟活动和投机倒把活动。据当时统计，福州市有 17422 名干部检查认识错误，退出现金 66063 元，粮食 34100 斤，土地 9138 亩，林木 18010 根，布票 2645 尺。过去一贯不参加劳动的基层干部，有 4662 人脱鞋下田，同时还有 720 个干部下放或住到落后队去。据 1963 年 5 月 35 个县的不完全统计，干部通过整改退出土地 58842 亩，现金 548905 元，粮食 458927 斤。“特别是干部脱鞋下田、参加劳动对群众影响很大，干部作风深入了，和群众的关系更加密切了”③。

在这一阶段，省委十分强调“社会主义教育运动必须从生产入手，

① 当时指领导干部下到群众中去，自我检查交代问题。

② 当时指领导干部下到群众中去，自我检查交代问题。

③ 中共福建省委：《关于农村社会主义教育运动的情况报告》，1963 年 5 月 24 日。

紧密结合生产进行，通过教育来推动生产”[①]。要求县、社、队都要有专人领导生产，有关部门必须帮助生产队切实解决当前生产上必需解决的实际问题，保证做到不违农时。运动不能占用生产时间，一般应采取白天生产，晚上开会的办法，但也不要天天晚上开会，而且会议要短小精悍，以免疲劳群众。在1963年4月8日，省委又针对全省严重干旱的实际情况，发出了《关于立即把农村工作转到以抗旱生产为中心的紧急通知》。通知要求在农事大忙季节，应把社教运动暂告一段落，整社、整党工作也暂时停止，农村工作应把抗旱和春耕生产作为当前的中心任务。正由于注意处理好社教运动与生产的关系，并没有对经济工作产生大的影响。

5月20日，中共中央发出关于印发《关于目前农村工作中若干问题的决定（草案）》（即“前十条”）的通知。根据中央的精神，省委于7月召开工作会议对社会主义教育运动进行了新的部署，决定全省社教运动按三年计划、争取两年完成，采取点面结合的办法，分期分批开展。随后，省委又发出《关于农村社会主义教育开展“四清”运动试点工作的通知》，要求各地以地委为单位，搞一个公社的试点，由地委书记或副书记亲自蹲点掌握，并决定龙溪地委选一个产粮区公社，南平、三明地委各选一个林区公社，龙岩、福安地委各选一个老区公社，晋江地委选一个侨区公社进行试点。为此，全省共抽调2400多名干部分别在22个公社，316个生产大队，3558个生产队开展试点工作。在试点中主要“抓住五个要点，即阶级斗争、社会主义教育、‘四清’、组织阶级队伍、干部参加集体生产劳动，而以阶级斗争为纲，在解决政治思想战线上的社会主义革命之后，紧接着又开展经济战线上的社会主义革命，最后通过整顿基层组织、建立和健全各项制度，把运动成果巩固下来”。在林区主要解决利用国家木材进行投机倒把、乱砍滥伐，地富反坏纵火烧山，破坏山林资源的问题。渔区主要解决自发资本主义势力大搞渔货投机活动，大挖集体墙脚的问题。侨区主要抓走私套汇、倒卖侨汇票证、暗娼

① 中共福建省委：《关于农村中放手发动群众，厉行增产节约，开展社会主义教育运动的紧急指示》，1961年2月19日。

聚赌等问题，产粮区主要解决分散集体经济，多分自留地，多开荒，包产到户，副业单干等问题。在老区则抓“有的封建势力、叛徒、盗窃‘老革命’名义，篡夺了领导权，造成长期落后的局面”的问题[①]。

1963年9月，中央在北京召开工作会议，制定了《关于农村社会主义教育运动中一些具体政策的规定（草案）》（即“后十条”）。中共福建省委根据中央的精神，结合总结试点工作的经验，决定“先展开面上的社会主义教育运动，待面上的运动基本结束后，再按原计划分期分批地、系统地展开第一批点的社会主义教育运动”。[②]要求一年搞一批，每批运动的面控制在百分之十几的大队，每期运动的时间半年，统一按照五个步骤进行：第一步，宣讲“双十条”[③]，干部“下楼洗手洗澡”；第二步，开展“四清”，大抓退赔兑现；第三步，揭生产斗争盖子，处理巩固集体经济中的问题；第四步，开展对敌斗争，打击封建势力和资本主义势力的进攻；第五步，整顿基层组织，成立贫农下中农协会。此间，为了配合面上社教运动的开展，福建省委抓住福清音西公社音西大队自力更生、勤俭创业、发展生产的先进典型，向全省推广音西大队开展农田基本建设、重视科学实验，以及正确处理国家、集体、个人三者关系等经验。为此，《福建日报》开辟了“学音西赶音西，创造更多音西”的专版，进行集中连续的宣传报道。

1964年五六月间，毛泽东、刘少奇根据一些试点单位的典型材料，做出了“全国有1/3左右的基层单位，领导权不在我们手里，而在敌人和他们的同盟者手里”的估计，于是中央对后十条作了修改，对形势作了更加不符合当时我国实际情况的严重估计，认为“这次运动，是一次比土地改革运动更为广泛、更为复杂、更为深刻的大规模的群众运动，”规定“整个运动都由工作队领导”，也就是把基层组织和基层干部都撇到一边。此后中央又连续转发了天津小站地区夺权斗争的报告和河北省抚宁县桃园大队社教经验，强调进行夺权斗争。

---

① 福建省委社会主义教育运动办公室：《关于全省分批开展农村点上社会主义教育运动的报告》，1964年3月7日。

② 中共福建省委：《关于开展面上社会主义教育工作部署的报告》，1963年11月23日。

③ 指中央关于社教运动的“前十条”与“后十条”。

根据中央的精神和部署，1964年9月，省委决定采取集中力量打歼灭战办法，在一市（厦门）三县（南安、建瓯、连江）开展第一批点上城乡社会主义教育运动。全省共组织了由1.2万多人组成的社教工作团，加上轮流参加劳动锻炼的机关干部，全省参加社教人员达3.5万多人。

1965年1月14日，中共中央又发布了《农村社会主义教育运动中目前提出的一些问题》（简称“二十三条”），将“四清”的内容由清财物、清仓库、清工分、清账目，改为清政治、清经济、清组织、清思想，并强调这次运动的性质是解决社会主义和资本主义的矛盾，运动的“重点是整党内那些走资本主义道路的当权派”（这后来成为“文化大革命”的主要口号）。这就把斗争的矛头集中指向党的各级领导人，从而使阶级斗争扩大化的“左”倾错误发展到一个新的阶段。1965年9月1日至4日，省委召开有地、市委书记、厅局党组书记和部队军以上干部参加的常委扩大会议，会议决定根据备战和生产建设的需要，集中力量搞好沿海第一线、三线战略要地和主要产粮区的社教运动，即集中力量搞好福安专区的霞浦、福安，闽侯专区的福清、长乐，晋江专区的晋江、莆田、惠安、泉州市郊，龙溪专区的东山、龙海、漳浦、云霄、诏安，南平专区的建阳、光泽、邵武、顺昌、将乐，龙岩专区的上杭、武平，三明专区的宁化等21个县的社教运动。为此从省、地、县、社各级领导机关和企事业单位又抽调一批干部，充实和加强工作队。全省参加社教工作队的人员达5.5万至6万人①。

正当社教运动不断加温之时，“文化大革命”运动爆发了，根据中央关于“把四清运动纳入文化大革命中去”的决定，各地“对本地区的社教运动进一步作了检查和部署，要求有机地紧密地结合社教运动，立即开展文化大革命”②。社教运动实际上就不了了之。

历时三年多的社教运动，对于纠正干部多吃多占、强迫命令、欺压群众等作风和集体经济管理中的许多缺点，起了一定的作用；对于打击

① 《中共福建省委关于社教运动部署的报告》，1965年9月7日。

② 《社教地区无产阶级文化大革命迅速展开》，《福建社教通讯》第24期，1966年6月13日。

贪污盗窃、投机倒把和刹住封建迷信活动等歪风，也起了一定的作用。但是，由于“以阶级斗争为纲”，许多不同性质的问题都被认为是阶级斗争或者阶级斗争在党内的反映，混淆了两类矛盾，使不少干部和群众受到不应有的打击；一些有利于搞活经济的正确政策和措施，往往被指责为“资本主义倾向”“资本主义尾巴”而不能很好地执行。不过，这次运动只在部分地区开展，而且是有领导地分期分批地进行，还纠正过运动中出现的某些偏差，因而在一定程度上限制和减轻了运动的消极方面，全省工农业生产尚未受到大的影响，社会没有发生大的混乱。

三、城市“五反”运动的普遍开展

在开展农村社会主义教育运动的同时，省委根据中央的指示，在城市县团级以上的党政军机关、国营和合作企业、物资管理部门以及文教部门，开展了以反对贪污盗窃、反对投机倒把、反对铺张浪费、反对分散主义、反对官僚主义为内容的“五反”运动。1963 年 3 月中旬召开的省委工作会议，讨论部署了“五反”运动。先是在 18 个工厂、企业单位进行试点，随后在全省由上而下，从内到外，先领导机关后企、事业单位，层层展开。全省分三批进行，第一批是省直机关和福州、厦门两市市直机关；第二批是地专机关和漳州、泉州、三明、南平 4 个市的市级机关，以及省属厂、矿、企、事业单位；第三批是县级机关和县以下全民所有制的企、事业单位。

在运动之初，省委要求各部门一方面按计划于 4 月底以前完成精简职工的任务，并妥善地安置好精简人员；另一方面，要求县以上机关的领导干部，应在本单位开展“五反”运动之前，首先进行检查，应着重检查铺张浪费、多吃多占、违反制度、“走后门”、生活特殊化和不团结等问题，有什么突出问题就检查什么问题；对各单位的领导状况也应进行排查，对软弱无力的要派人去帮助，对领导核心烂了的，要进行改组，建立新的领导核心，以保证对运动的坚强领导。①

---

① 中共福建省委：《关于贯彻执行中央厉行增产节约和“五反”运动指示的部署的报告》，1963 年 4 月。

1963年4月底，省委在听取了几个厅局和基层“五反”试点单位的汇报后，认为各单位下“第一层楼”（多吃多占、“走后门”、生活特殊化）准备较为充分，下得比较顺利；但下“第二层楼”（官僚主义、分散主义、铺张浪费）由于思想还不够明确，有的领导决心不大，不敢放手发动群众，害怕引火烧身；有的虽已向群众作了检查，但群众没有充分发动起来，运动声势不大。运动搞得好不好，关键在省委。于是省委决定放手发动群众，先“火烧省委领导”，决心“以一股群众的革命烈火”①将省委领导上的官僚主义、分散主义、铺张浪费和特殊化等不良思想作风烧透、烧掉，以带动全省“五反”运动。

5月初，省委连续召开常委会议，由省委第一书记叶飞首先作了检查，省委常委也开展批评与自我批评，把省委领导存在的主要问题初步摆出来。5月17日，由省委第二书记范式人代表省委向省直各厅局党组成员以上的干部作了第一次检查。随后，在听取来自群众的大量意见和批评的基础上，范式人又于5月31日再次代表省委向1300多名副处长以上的党员干部作了第二次检查，并要求“把火烧得更旺一些”。接着，省委向各地、市、县委发出了征求对省委领导的意见的通知，并先后召开各种座谈会当面听取对省委的批评和意见；省委常委还分别在各口作了补充动员和检查，鼓励大家帮助省委整风。截至6月6日，省级机关各单位党员干部共向省委提出2812条批评意见。

由于省委领导带头“下楼”，推动了各部门领导“下楼”，各部门领导“下楼”，又推动了处长“下楼”；各级领导干部“下楼”，又影响了广大群众。

从8月开始运动陆续进入反贪污盗窃、反投机倒把阶段。在这阶段主要采取群众自我教育的办法，通过回忆对比，查思想、查忘本、查上当、放包袱，首先团结教育95%以上的人，使他们提高觉悟，自觉革命，放下各种各样的“包袱”，并由此带动犯有各种违法乱纪错误的人坦白交代问题。在自我教育的同时，认真组织机关“四清”（清账，清钱，清仓库物资，清制度、事故等），以求把多数人的思想问题搞透，把有关问

① 中共福建省委：《关于开展五反运动情况的报告》，1963年7月11日。

题搞清。

经过一个多月的群众自我教育，省委认为“从群众自我教育中暴露出来的问题看，近几年来，资产阶级思想对我们的干部队伍的侵蚀是严重的，阶级斗争的反映是激烈的，不少干部经不起暂时困难的考验，在许多方面褪了颜色”①。并综合出以下十方面的问题：阶级斗争观念模糊，对形势认识不清楚；居功骄傲，搞特殊化，多吃多占，不平等待人，严重脱离群众；安于现状，不求上进，朝气不足，思想衰退；不安心工作，计较个人得失，甚至公开争名夺利；公私不分，损公利己；追求资产阶级生活方式；民主生活不正常，同事间怀疑，猜测，抱成见不团结，有的发展到勾心斗角，严重影响工作；有的腐化堕落，违法乱纪；有的贪污盗窃、投机倒把；有的搞封建违法活动②。针对上述问题，省委一方面要求各单位对前段运动进行检查，把自我教育运动加深一步；另一方面，在自我教育运动告一段落后，转入“五反”运动的整改建设阶段。

在省级机关开展“五反”运动的基础上，省委于 1963 年 9 月 26 日发出了《关于地、县机关开展“五反”运动的通知》。要求各地立即抓紧秋收大忙前的间隙，集中时间集中精力首先把县级机关的“五反”运动搞好。

在地县机关开展“五反”运动的同时，工交系统企业的“五反”运动也全面展开。要求结合企业的特点，自始至终抓增产节约，抓社会主义教育，抓干部带头，抓整改。同时，强调在运动中“坚持不打乱生产秩序、不打乱生产指挥系统，把生产和运动两条战线都抓起来，做到生产和‘五反’运动两不误、两丰收”③。

至 1964 年 7 月，县以上党政机关的“五反”运动已普遍展开，地、县机关主要领导干部也均作了初步“下楼”检查，20% 左右的单位进入群众自我教育阶段。基层企事业单位的“五反”运动，也在先后展开，工交系统开展运动的单位达 16.74%，财贸系统开展运动的单位占 14.2%，

① 中共福建省委：《关于省级机关进行五反运动的情况报告》，1963 年 9 月 21 日。

② 中共福建省委：《关于省级机关进行五反运动的情况报告》，1963 年 9 月 21 日。

③ 福建省人委工交办公室：《工交系统增产节约和“五反”运动的情况和意见》，1963 年 9 月 10 日。

文教系统在6所大学开展；农林系统在个别国营农场、国营伐木场进行试点。省委在总结这一阶段的“五反”运动时，认为“凡是按照中央指示，认真开展的地区和单位，在思想上、政治上、组织上、经济上都收到了显著的效果”。由于在“五反”运动中，省委一方面强调要在进行广泛宣传和学习的基础上，通过自我教育的形式，使各级干部提高觉悟、自觉革命，放下思想上和经济上的包袱，以达到团结教育95%以上人的目的；另一方面，在运动中自始至终强调要抓生产。因此，这一阶段的“五反”运动在一定程度上起到了改变作风、理清经济的作用。

然而，从1964年五六月起，中央对于“五反”运动的调子越提越高，把它同“四清”一样，视为国内反修防修、挖修正主义根子的一个重大战略措施。于是，省委根据中央新的指示精神，发出了《关于继续抓紧进行城市社会主义教育和“五反”运动的意见》。认为“五反”是场兴无灭资、你死我活的群众革命运动，企图以正面教育代替阶级斗争，以学习解放军、学习大庆代替“五反”，以评功摆好代替“下楼”检查是达不到挖掉修正主义根子和教育人、改造人的目的的。因而，改变了前一阶段的一些做法，对全省的“五反”运动进行了重新部署，要求各地都要组织专业的工作队，并强调“要多次检查，反复‘扫荡’，使运动逐步深入，认识逐步提高。”① 直到国民经济调整结束时，“五反”运动仍在如火如荼地开展着，而且其负面的影响越来越严重，特别是到后期，运动的重点发展成为整“党内走资本主义道路的当权派”，并成为“文化大革命”爆发的重要原因之一。

四、文化思想领域“左”的错误的发展

随着八届十中全会后大规模的阶级斗争的开展，阶级斗争扩大化、绝对化的错误，不可避免地扩展到意识形态领域。从1963年5月上海《文汇报》对新编昆剧《李慧娘》和“有鬼无害论”的批判，以及全国报刊上对一系列小说、电影、戏剧的批判，在福建意识形态领域也掀起了层

① 中共福建省委:《关于继续抓紧进行城市社会主义教育和“五反”运动的意见》，1964年7月14日。

层波澜。

1964年10月15日，省委宣传部向各地宣传部门及新闻单位发出了《关于公开放映和批判影片〈早春二月〉的意见》。指出“《早春二月》是一部宣扬资本主义人道主义和人性论，抹杀和歪曲阶级斗争的坏影片，是一本修正主义材料。我们准备在公映时，进行一次公开批判和群众讨论。通过批判，在文艺界进一步开展兴无灭资的斗争，从文学艺术战线上击退资产阶级的猖狂进攻；通过讨论，对《早春二月》进行一次群众性的批判，从政治上、思想上提高人民群众的阶级觉悟和文艺哲学欣赏能力，消除影片的不良影响”，要求公映后“批判文章要集中、连续发表，造成一个强大声势”，并特别强调“应把组织群众性的学习、讨论和批判，当作一项政治任务”[①]。

根据省委宣传部的安排，《早春二月》于10月15日开始在福州和厦门公映。公映后，省文化局、省戏曲研究所、《热风》编辑部、省委党校等单位组织了座谈讨论。讨论中反映出两种不同的意见。一种认为这是一部反革命影片，是一株鲜艳的毒草，是用资产阶级的颓废派人物冒充革命人物，宣扬了资产阶级的人道主义和人性论、活命逻辑，是同修正主义者思想一脉相承的，是同当前革命斗争针锋相对的，是跟毛主席的文艺思想相对抗的，必须狠狠地批判；另一种认为这部影片并非全坏，评价上要一分为二；还有的人对批判这部影片表示不满，认为这部影片有高超的艺术成就，无论编导手法，演员表演，情节安排，音乐、美术设计，声响等，都精雕细刻，出类拔萃。电影内容上也有精彩的地方，是有教育作用的。

1965年11月10日，上海《文汇报》发表姚文元的《评新编历史剧〈海瑞罢官〉》的文章后，根据中央的指示，省委宣传部从11月中旬开始，组织各高等院校、有关研究机关、学会、文艺团体和部分中学，开展对《海瑞罢官》《谢瑶环》以及由此引起的“清官”“让步政策”、历史人物评价、历史研究、编写历史剧等问题的讨论批判。此次讨论批判与批判《早春二月》相比，“左”的倾向更为明显。各单位采取每星期一至两

① 《中共福建省委宣传部关于公开放映和批判影片〈早春二月〉的意见》，1964年10月5日。

次的座谈会、小组会，不定期报告会、讲座会等方式进行讨论。厦门大学、福建师范学院还把讨论引入课堂，结合教学进行专题辩论，先后举行报告会、讨论会、辩论会130多场次，参加人数达数万人次。《福建日报》开辟了《关于“海瑞罢官”问题的讨论》专栏，连续刊发了一批批判或争鸣文章。当时的舆论称：“参加批判和讨论的人数之多，牵涉面之广，规模之大，影响之深，是前所未有的。一场群众性的大辩论正在形成中。”①

随着批判的不断升温，“左”的倾向越加明显。首先在讨论批判中，一些敢于发表自己不同观点的知识分子受到打击。如认为“姚文元制造了一个最大的冤狱”的人，就被错误地认定是“少数政治上比较反动或者对党不满、平时表现比较沉默的人，这次也挺身而出，情不自禁地表明自己的态度”。其次，批判的范围不断扩大。“愈来愈多的人要求继续深入揭露，批判吴晗、田汉、翦伯赞、夏衍等人的反动观点，并且清理本地区、本单位的类似问题”。第三，鼓动起学生对教师的对立情绪。认为“福建师范学院过去学生有‘三迷信’（迷信权威、迷信教师、迷信书本）思想，现在出现‘三不跟’（不跟书本跑，不跟教师跑，不跟考试跑），能结合当前斗争实际，积极主动阅读课外材料，敢于同教师的错误观点针锋相对地进行辩论。”第四，造成理论文化教育界思想上的混乱。对于“罗斯福这个人在历史上应该如何评价，同艾森豪威尔、肯尼迪等人是不是一路货？讲中国史时，岳飞、文天祥、史可法等人应如何评价？过去许多课本都是按吴晗等人的观点写的，今后怎么办？学生考试中的答案究竟应当以什么标准来衡量？这些问题不解决，感到书教不下去，日子难过。由于这些问题搞不清楚，也影响到文艺界的编剧和演出。有些人公开表示，今后不再搞历史剧了，要错就让吴晗、田汉他们去错吧。有的同志用‘大动荡’三个字来形容当前学术界和艺术界的思想动态。”②

伴随着对《早春二月》《海瑞罢官》和吴晗、邓拓、廖沫沙“三家村”

① 中共福建省委宣传部：《我省讨论批判〈海瑞罢官〉、〈谢瑶环〉的概况》，1966年4月26日。

② 中共福建省委宣传部：《我省讨论批判〈海瑞罢官〉、〈谢瑶环〉的概况》，1966年4月26日。

的批判，在文化艺术领域，开展了一场以戏剧带头兴无灭资、破旧立新、煞歪风、压邪气，发展社会主义文化艺术，粉碎资本主义、封建主义旧文化势力猖狂进攻，夺取城乡思想文化阵地的斗争。帝王将相、才子佳人被赶出舞台；香港片和古装戏曲片遭停映；传统年画、古装连环画、古典文学等都一并加以清查销毁[①]。“山雨欲来风满楼”，一场更大的错误批判浪潮正在形成。

① 福建省文化局：《福建省三年来文化革命的基本情况和经验》，1965 年 9 月 5 日。

第 三 编

“文化大革命”的内乱与抗争

（1966 年 5 月—1976 年 10 月）

第十五章
从内乱到省革命委员会的成立

第一节　内乱局面的形成

一、“文化大革命”初期的福建局势

1966年，正当全国基本完成经济调整任务，开始执行发展国民经济第三个五年计划的时候，史无前例的“文化大革命”爆发。1966年5月4日至26日，中央政治局在北京召开扩大会议。5月16日，会议通过的《中国共产党中央委员会通知》（简称“五一六通知”），成为“文化大革命”的纲领性文件。

中共福建省委于5月9日发出通知，成立省委社会主义文化革命领导小组，叶飞为组长。5月13日至15日，省委召开地、市委书记会议，传达中共中央华东局全委（扩大）会议精神，座谈了本省“文化大革命”运动的部署问题。5月17日，省委向中共中央、华东局作出《关于“文化大革命”运动的部署的报告》，强调首先抓报纸、文艺界和大专院校作为运动的重点，加紧清理报刊和演出剧目，进行观点、人物排队，特别注意深挖文化战线上的“黑线”在党内的根子；检查省委及有关部门在宣传、文教工作等方面的问题，总结经验教训。要求发动群众和组织

群众用读报组，办黑板报、墙报等形式，开展“文化大革命”运动[①]。5月26日中共中央政治局扩大会议结束后，全党全国上下全面传达“五一六通知”精神。这时候，省委“才感到问题的严重性”[②]，才感到这场“文化大革命”绝不仅仅限于文化领域的大批判，而是要清洗“混进党里、政府里、军队里和各种文化界的资产阶级代表人物。”29日，省委发出《关于讨论中共中央1966年5月16日〈通知〉的通知》，要求各级党委、省直属各单位党委（党组）应立即向党员干部宣读“五一六通知”，动员所有宣传、文教、新闻、出版、学校等单位的全体党员、干部，积极投入“文化大革命”运动中去。

6月1日《人民日报》发表了《横扫一切牛鬼蛇神》的社论，次日发表评论员文章《欢呼北大的一张大字报》，在全国各地引起十分强烈的反响。福建首先从宣教部门开展“反修”斗争，各大、中学校的学生也同时起来“横扫一切牛鬼蛇神”，校园里铺天盖地贴出矛头指向领导干部和教师的大字报。此后的十天里仅福州市各个学校就贴出10万份以上的大字报[③]，把一批领导干部、专家、学者、教授和有成就的老师当作“走资本主义道路当权派”“反动学术权威”“牛鬼蛇神”加以批斗。厦门大学、福建师范学院、福州大学、华侨大学等大、中学校几近瘫痪。

为了控制局面，福建省委发出通知，对学校批斗作了严格的规定：“全校性斗争的重点要经省委批准，否则不能斗”“学校和学校间不准串连”。鉴于一批卓有成就的科学家处境艰难，省委第一书记叶飞立即向周恩来汇报，得到“必须采取紧急措施予以保护”的批示后，当即责成省科委党组列出应予保护的科学家名单上报省委。卢嘉锡、蔡启瑞、李来荣、唐仲璋、王岳、夏美琼等58名科技界著名专家、学者，在当时可能的条件下，暂时得到了保护[④]。与此同时，根据中央政治局对大中学校开展运动作出的若干规定，福建省委先后向厦门大学和福建师范学院派出工

---

① 中共福建省委：《关于文化大革命运动的部署的报告》，1966年5月17日。

② 《梁灵光回忆录》，中共党史出版社1996年11月版，第411页。

③ 中共福州市委文化革命领导小组：《关于中等学校文化大革命运动十天小结报告》，1966年6月14日。

④ 《梁灵光回忆录》，中共党史出版社1996年11月版，第413页。

作团去领导维持局面，随后，根据“哪里出事，哪里就派人去”的指示精神，省委又向省内其他大、中学校及有关单位派出工作组。工作组进入大、中学校后，宣布停止原校领导的职权，由工作组代行领导。工作组组织了对“反党反社会主义的头面人物”的斗争，主持了对文化教育界一批知名人士和领导干部的揭发批判。一些学校的主要领导人被指责为“资产阶级代表人物”，许多教授、专家被批判为“反动学术权威”，被认为有政治历史问题和复杂社会关系的教师遭到歧视。尽管如此，工作组力图使运动在党的领导下有序进行的做法，仍引起一些情绪偏激的造反学生的不满，也受到中央文革小组越来越强烈的批评。不久，一些造反学生贴出抨击工作组的大字报，有些学生不经过工作组而自行组织批斗“黑帮”。

6 月 16 日至 25 日，福建省委召开一届二十次全体扩大会议，传达中央政治局会议的精神，作出《关于开展文化大革命运动的部署的决定》，强调要分期、分批、有重点、有步骤、有计划地开展运动，把县以上的领导核心机关和宣传、教育部门作为首先开展运动的重点。

此后，全省各级党政机关的“文化大革命”迅猛地发动起来。从 6 月 18 日至 30 日，省直机关就贴出了 15 万张大字报[①]。宣传教育部门首当其冲，受到严重的冲击。省委宣传部副部长、省委党校党委书记兼副校长卢叨和省文化局党组书记、局长陈虹首先在《福建日报》上被公开点名批判。接着，优秀的高甲戏《连升三级》、莆仙戏《团圆之后》《春草闯堂》等众多传统戏剧被当作“大毒草”“黑戏”加以批判。《连升三级》被认为与《海瑞罢官》遥相呼应，一个“罢官”，一个“升级”，一北一南，互相配合[②]。许多著名编导和演员也成了“反党分子”“牛鬼蛇神”。

学校的“文化大革命”更是来势迅猛。从 7 月上旬开始，福建大、中、小学全面“停课闹革命”。由学生成立的“红卫兵”组织蜂拥而起，到处揪斗学校的领导和教师，揪斗的方式也越来越出格，戴高帽、挂黑牌、涂黑脸、剃阴阳头、罚跪等都出现了。据统计从运动开始到 7 月上

① 中共福建省委：《关于六月份以来文化大革命情况的综合简报》，1966 年 7 月 14 日。

② 《评〈连升三级〉——铲除这株反党反社会主义的大毒草》，《福建日报》1966 年 7 月 7 日。

旬，福州市就发生自杀事件26起、死亡17人，其中学校就占14起、死亡9人[①]。

全省的运动发动起来后，福建省委发现运动的势头远远超出省委原先部署所确定的范围，不少基层单位也拉开了运动的帷幕，普遍存在"战线太长，铺得太宽"的问题。因此，7月12日召开的省委常委会又对全省的"文化大革命"作收缩战线的调整，决定全省"文化大革命"以城市为重点，以"五界"和地专以上党政重要机关为主要战场；县级机关和县以下文教战线的"文化大革命"，均放在"四清"运动中统一解决，由"四清"工作团统一领导，统一安排；工交、财贸基层单位及医院等，主要学习文件和社论，不搞本单位的重点斗争，全力抓好生产[②]。省委这个决定下达后，各地区县级机关及"五界"开始暂停运动，仅南平一个地区暂停的单位就达91个[③]。省委收缩"文化大革命"战线，意在保证基层单位"全力抓好生产"。

二、红卫兵运动和各级党政领导机关的瘫痪

正当福建省委收缩"文化大革命"战线的时候，8月1日至12日召开的党的八届十一中全会又把运动推向一个新的高潮。毛泽东在全会上严厉指责派工作组是"镇压学生运动""是路线错误"。并把他写的《炮打司令部——我的一张大字报》印发中央全会。会议通过的《关于无产阶级文化大革命的决定》(即"十六条")，对于运动的对象、依靠力量、方法等根本性问题作了有严重错误的规定，确定"这次运动的重点，是整党内那些走资本主义道路的当权派"。党的八届十一中全会的召开以及它所作出的决定，使"左"的错误更加发展。

党的八届十一中全会尚未结束，会议的有关精神就传到了福建。从8月4日开始，全省各地就陆续听取全会的有关录音报告。同一天，省委就作出《关于撤销大、中学校工作队(组)的决定》，于是，工作队

① 福州市委办公室1966年简报材料。

② 中共福建省委:《关于六月份以来文化大革命情况的综合简报》，1966年7月14日。

③ 中共南平地委:《关于贯彻执行省委关于文化大革命运动补充决定的意见的报告》，1966年7月22日。

（组）开始陆续从学校撤出，到8月15日，全省派驻大中学校的193个工作队（组）已撤出168个[①]。由学生和教职工组成"文化革命筹委会"取代工作队领导运动。8日晚，广播电台播发了"十六条"和毛泽东《炮打司令部》大字报后，全省各地的街头贴满了大幅标语、大字报，揪斗工作组、批斗"走资派"的浪潮一浪高过一浪。仅几天时间，全省9个地（市）直机关就揭出"重点对象"1655人，其中，县级以上干部达200人[②]。

党的八届十一中全会后，红卫兵运动迅猛发展。福建较早成立的红卫兵组织有"东海前线红卫兵""福州工人赤卫队""福州农民赤卫队"等。8月20日，首都红卫兵上街横扫"四旧"的广播传出后，福建的红卫兵立即响应，开始冲出校园，走上街头，喊着"造反有理"的口号，到处破除"四旧"（即所谓旧思想、旧文化、旧风俗、旧习惯）。随便更改所谓"散发封建主义、资本主义、修正主义霉味"的地名，重新换上有"革命"气息的名称，如福州的协和医院改为反帝医院，省立医院改为福建反修医院，四海春饭店改为群众饭店，回春药店改为人民药店等等。红卫兵还把教堂、寺庙及各种珍贵文物古迹统统视为"封资修"加以扫荡。在短短的几天里，全省各地被打掉菩萨5.35万尊，烧毁耶稣像、十字架、神牌等80万件[③]。省会福州有许多重要历史古迹被砸被毁，如林则徐故居、林则徐撰写的纪念抗金名相李纲的《李忠定公祠堂碑记》、全国仅有的唐代大书法家李阳冰手书"般若台"摩崖石刻、纪念明代抗倭名将戚继光的于山"醉石"石刻等。就连闽北苏维埃代表大会会址，龙岩后田、永定金砂的革命纪念馆，长汀的瞿秋白纪念碑等革命历史纪念物也未能幸免。全省还有大批图书被当作"四旧"焚烧，据41个县文化馆图书室统计，馆藏图书被焚烧达22.4万册，其中有许多是珍本。随后，红卫兵运动就发展为抄家、打人、砸物。在破"四旧"中，仅福州市

① 中共福建省委文化革命领导小组办公室编：《八月上半月全省文化大革命概况》，1966年8月16日。

② 中共福建省委文化革命领导小组办公室编：《八月上半月全省文化大革命概况》，1966年8月16日。

③ 《关于破四旧的情况》，中共福建省委文件。

就有8000余户被随意抄家，造成大批文物和财产的损失和丢失。

在毛泽东“炮打司令部”的号召下，8月下旬起，全省“文化大革命”运动围绕着“炮打司令部”进入新高潮。街头巷尾贴满传单和大字报，出现了各种大大小小的辩论会。接着出现了4000多红卫兵冲击福建省委并在省委门口静坐、示威继而互相冲突的“八·二九”事件；“九·五”揭发批判福建省委、福州市委，要改组省委、市委，罢叶飞的官的“万人大会”等。在福建省委、福州市委受到严重冲击的同时，省委宣传部、省教育厅、福建日报社、省体委、省科委等省直机关单位，也在红卫兵的一片叫喊声中被推到了“炮打”的行列，遭到来自四面八方的围攻和批判。

1966年9月5日，中共中央、国务院发出《关于组织高等学校革命学生、中等学校革命师生代表和革命教职工代表来北京参观文化大革命运动的通知》，规定外地师生进京参观“文化大革命”运动，路费和生活补助费由政府财政提供。全国各地学生蜂拥而上，奔赴北京，而北京的学生也散向各地，由此出现全国千百万红卫兵大串连。为了做好串连工作，福建省抽调240个干部，成立了外地串连学生接待站、本省串连学生接待站，组织革命师生赴京参观办公室，由副省长梁灵光、许亚等直接领导，负责接待工作。据统计，自9月12日至10月10日止，全省组织师生赴京参观开出34列专车，总人数达7100人①。继组织师生赴京之后，师生去省内外串连，又推向一个新的高潮，其人数之多，范围之广，规模之大，远远超出了组织赴京参观的任务。据统计，从10月8日开始至11月14日，38天内外出串连数已达148284人，外出人数已占全省师生总数38万余人的39%，其中90%以上是在省外各地，在省内串连不到10%②。10月22日，《人民日报》发表《红卫兵不怕远征难》社论，指出“全国大专学校的学生、中学的一部分学生到首都来串连，各地的学生互相串连，这是学生自己教育自己的最好方式之一。”该社论发表后，福建省从10月24日开始办理步行串

① 办公室秘书组编：《组织革命师生赴京接待情况简报》（第9期），1966年10月12日。
② 办公室秘书组编：《组织革命师生赴京接待情况简报》（第9期），1966年10月12日。

连。与此同时，省内外师生到福建各地串连。从8月25日至10月6日，外省到福州串连的有280多个大、中学校共5907人，其中大学生4231人，中、小学生1676人[①]。

全省各地“炮打司令部”引起了一部分干部群众的不满和抵制，并出现分歧和争斗。而1966年10月召开的中央工作会议，却指责刘少奇、邓小平提出了一条“压制群众、打击革命积极分子的错误路线”，说这是反对让群众自己解放自己的“资产阶级反动路线”。会后，一场声势浩大的批判“资产阶级反动路线”风暴在全国掀起。大批领导干部被扣上“资产阶级反动路线”的罪名遭到无情批判和打击。此前不久的10月初，中共中央转发中央军委根据林彪提议发出的紧急指示，宣布取消原有的由党委领导军队运动的规定。从此，“踢开党委闹革命”成为广泛流行的口号，更加助长了无政府主义狂潮的泛滥。

中央工作会议后，福建省委立即于10月24日向各地、市、县委，省直各厅、局党组、党委以及大学党委发出《紧急通知》。《通知》要求“各地、各单位党的组织，要进一步地教育工人、农民、革命干部及其它革命群众，坚决支持学生的革命行动”，“不要干预学生运动”，以利于“彻底揭发省委和各地区单位中走资本主义道路的当权派，揭露一切牛鬼蛇神”。《通知》还提出要按中央的指示精神，给造反学生“恢复名誉”，但造反学生也“必须坚定不移地执行中共中央关于‘抓革命、促生产’的指示精神”“不要到工矿企业、基本建设单位、科学研究单位以及服务行业等地方去串连……以免影响生产、建设、科学研究、设计等各项工作的进行。”[②]这是福建省委在处境非常困难的情况下发出的呼吁，但是在当时的情形下，几乎不起作用。

福建省委对运动发展可能出现的种种情况也作了部署和准备。10月27日，省委办公厅发出通知，要求各单位必须在最短时间内，将机密档案文件进行整理归档并存放到安全地点，严加保管；电报、机密文件一律不准随身携带；历年来党和国家领导人讲话的文件和个人笔记，一

① 《九月份全省文化大革命运动简况》（初稿），1966年。

② 中共福建省委：《关于当前无产阶级文化大革命中几个问题的紧急通知》，1966年10月24日。

律进行彻底清理，该清退的清退，该销毁的销毁。

在全国批判“资产阶级反动路线”浪潮的推动下，11 月 1 日，一批红卫兵和造反派再次冲击福建省委机关，连续五天封闭福建省委大楼，并发表了一、二号封闭公告。随后，福州、厦门、泉州、南平市委，屏南、惠安、连江县委的办公楼相继被造反派封闭。

造反派封闭省委大楼，进一步加剧了全省批判“资产阶级反动路线”浪潮。省委领导、特别是省委第一书记叶飞成为这次批判的主要目标，从 11 月初开始，连续被迫在各种会议上作检查。11 月 4 日晚，在省体育场召开的“革命群众和红卫兵大会”上，叶飞第一次作“初步检查”，承认自己对“文化大革命”运动，总是“很不理解，很不认真，很不得力，‘怕’字当头，没有做到‘敢’字当头，放手发动群众”，被迫承认自己“犯了资产阶级的反动路线错误”①。11 月 5 日到 30 日，省委召开三级干部会议，进一步揭发批判省委特别是省委第一书记叶飞执行“资产阶级反动路线”的种种“问题”。会议期间发表了《致全省工农群众、革命师生、革命干部、红卫兵小将们的一封公开信》，公开承认省委在“文化大革命”中，“没有高举毛泽东思想伟大红旗，没有跟上毛泽东思想，不是执行以毛泽东为代表的无产阶级革命路线，而是站在资产阶级立场上，犯了资产阶级反动路线的错误”。同时，承诺要把叶飞在三级干部会上代表省委所作的检查向社会、向群众公布，以便对省委“所犯的资产阶级反动路线的错误，进一步揭发、批判，揭深、批透，彻底清除错误路线的影响。”②

按照中共中央原定的部署，工交企业、农村的“文化大革命”要和“四清”运动结合起来，有领导、有计划地分期分批进行。但在“踢开党委闹革命”的口号下，在 10 月掀起的批判资产阶级反动路线浪潮的冲击下，特别是 12 月上、中旬，中共中央、中央文革小组发出有关工交企业、农村全面铺开“文化大革命”的指示后，整个工农业生产战线开始陷入全面混乱状态。当时《人民日报》还发表了社论《迎接工矿企业文化

① 《叶飞同志在革命群众和红卫兵大会上的第一次初步检查》，1966 年 11 月 4 日。

② 中共福建省委：《致全省工农群众、革命师生、革命干部、红卫兵小将们的一封公开信》，1966 年 11 月 27 日。

大革命的高潮》，鼓吹“一个无产阶级文化大革命的新高潮正在全国工矿企业中兴起……工人群众在无产阶级文化大革命中，有建立各种革命组织的权利……”工矿企业的工人纷纷建立自己的组织，走上街头，加上红卫兵和机关干部的造反派，全省出现了各种各样的造反派组织，这些造反派组织对时局各抒己见，争论、冲突不已，社会混乱进一步加剧，省委陷入两派夹攻之中。

1967 年 1 月初，在张春桥、姚文元策划下，上海市的造反派组织夺取了上海市的党政领导大权。1 月中下旬，各地掀起由造反派夺取党和政府各级领导权的“一月革命”风暴。“文化大革命”由此进入所谓“全面夺权”的阶段。福建也不例外。1 月 8 日，“毛泽东思想红卫兵”等十个造反派组织联名发出《告全省人民书》，号召群众起来造省委的反；1 月 11 日，“福建日报社造反派”首先宣布夺权。接着，省直各部门、各单位及全省各地造反派组织也先后宣布夺了本部门、本单位和本地党政财文领导权。在夺权中，造反派组织还对各级党政领导进行揪斗。1 月 16 日，叶飞被一些造反派拉上卡车，在福州市区游街示众。19 日至 31 日，省委及福州市委领导又被造反派组织挟持到福州市郊魁岐进行揪斗。周恩来得知此事后，根据毛泽东曾经批准的应予保护的高级干部名单，立即要求福州军区副司令员皮定均送叶飞到北京，想方设法予以保护。

在这场夺权斗争中，从省委领导到乡镇干部，从党政机关到工矿企业领导，都被扣上“走资派”（走资本主义道路当权派）、“三反分子”（反党反社会主义反毛泽东思想分子）、“黑帮分子”“叛徒”“特务”等莫须有的罪名，被批斗、游街，甚至惨遭毒打，全省各级党政机关相继瘫痪。而各造反派组织在夺权中，很快形成山头林立的局面，无政府主义思潮泛滥。许多造反派组织要求“以我为核心”，拉帮结派，对其他组织采取排斥或打击的态度，相互争权抢权，相互指责辱骂，派性武斗层出不穷，愈演愈烈。工矿企业停产或半停产，交通严重堵塞，国民经济状况严重恶化，整个局势几近失去控制。

第二节　福建省革命委员会的成立

一、省军事管制委员会的成立

为了稳定社会秩序，1967年1月23日，中共中央作出了《关于人民解放军坚决支持革命左派群众的决定》。据此，中国人民解放军福建前线部队奉命抽调大批力量介入福建地方“文化大革命”，执行“三支两军”[①]的任务，维持各级党政领导机关基本瘫痪后的艰难局面。

在“一月风暴”夺权后，造反派来到军区，要求福州军区司令员韩先楚表态支持他们的夺权，在遭到拒绝后便认定韩先楚所领导的福州军区与叶飞领导的省委一样执行“资产阶级反动路线”，应予“炮轰”。于是发生了造反派组织强行冲击福州军区司令部、并与解放军战士发生暴力冲突的“一·二六”事件。由于对“一·二六”事件的不同态度，福州的造反派组织就分化成对立的两大派。而全省各地、市、县的造反派组织也形成相应的两派，各自标榜“革命的造反派”，互相指责，逐步由“文斗”发展到“武斗”。1月29日、30日又发生了部分造反派冲击“福州部队学习毛主席著作积极分子代表大会”和乱抓军队干部进行斗争的事件。为了稳定军队和福建前线局势，1月30日，在韩先楚主持下，福州军区召开常委扩大会，起草并通过《福建前线部队公告》（后面简称《公告》）并上报中央军委。2月6日，中央军委转发。《公告》明确表示：为了执行好“三支两军”任务，遵照最高统帅的命令，对那些证据确凿的反革命组织和反革命分子，坚持采取专政措施！对不执行中央军委命令者，坚决实行纪律制裁！《公告》最后声明：为着维护最高统帅命令的尊严，对军队内部极少数违抗中央军委命令的违法分子，实行了纪律处理。外部如有借此进行造谣诬蔑或煽动不明真相的群众，继续冲击军

① 三支两军，即“支左、支工、支农，军管、军训”。

事机关，丑化中国人民解放军者，一定要按照最高统帅的命令，坚决采取必要的措施①。

《公告》发布后，支持"一·二六"行动的造反派攻击《公告》是"一个反党反人民的反革命宣言书"，并于2月7日下午举行示威游行，再一次冲击军区，时称"二·七"事件。

2月11日，福建省八二九革命造反总司令部、福建省农民革命造反总司令部、福建省工人革命造反总司令部、福建省机关革命造反总司令部等造反派组织与福建前线部队举行"彻底粉碎资产阶级反动路线又一次新反扑誓师大会"。福州军区司令员韩先楚、福建省省长魏金水等出席了大会。2月17日、18日，《人民日报》和《解放军报》分别发表社论《坚决捍卫"三结合"的正确方针》《彻底粉碎反革命逆流》，均对福州军区的支左及"二·一一"大会作了肯定。与此同时，根据《公告》精神，福州军区解散了在"一·二六"事件中冲击军区的一些造反派组织，并于3月份逮捕了"一·二六""二·七"事件中冲击军区的造反派头头。这对扼制当时进一步蔓延的无政府主义行为，保证前线部队的稳定和控制进一步的武斗现象起到了一定的作用。

早在1月19、20日的中央军委碰头会上，叶剑英、徐向前、聂荣臻坚决反对江青、康生、陈伯达鼓吹军队应和地方一样搞运动的主张，成为所谓"大闹京西宾馆"事件。2月11日、16日的怀仁堂碰头会上，再次爆发了老一辈革命家和中央文革小组的激烈斗争。谭震林、陈毅、叶剑英、李富春、李先念、徐向前、聂荣臻等老同志，围绕着要不要党的领导、要不要广大老干部、要不要稳定军队等"文化大革命"以来的一些根本性问题，怒斥江青、陈伯达、康生、张春桥等人乱党乱军的做法，这就是著名的"大闹怀仁堂"事件。后来这些正义抗争却被说成是"二月逆流"，受到打击。这种情况下，韩先楚及福州军区党委对"一·二六"事件的处理自然成了"镇压造反派"的"二月逆流"在福建的表现，《福建前线部队公告》也成了"反动路线"的产物。于是，那些遭到解散和逮

① 《中央军委转发福建前线部队公告》(1967年2月6日)，中国人民解放军国防大学党史党建政工教研室等编:《中共党史教学参考资料》第25册，1988年10月，第288页；姚科贵著:《我在韩先楚身边的日子》，福建人民出版社2019年11月版，第58页。

捕的造反派及其组织便卷土重来，同时又有一大批新的造反组织“应运而生”。造反派借口支左部队打击、压抑“革命造反派”，损害“革命群众的革命积极性”，自己是“受害者”因而要求“平反”。这样，造反派与支左部队的对立情绪更加严重，观点对立的两大造反派，展开了更为激烈的争斗。为了缓和局面，3 月 31 日，周恩来对福州“一·二六”事件下达了六点指示[①]。根据中央的精神，4 月 3 日，福建前线三军和各造反派举行誓师大会，声讨所谓的“党内头号走资派”的“罪行”，开始为造反派“平反”。

为尽早结束造反派纷争的混乱局势，福州军区党委曾向中央报告，准备在 3 月 18 日召开有 20 万人参加的群众大会，向原中共福建省委内“一小撮走资本主义道路的当权派夺权”，并宣布成立福建省革命委员会。周恩来认为福建实现“三结合”的条件不成熟，报经毛泽东同意后，提出：福建还是经过军管来筹备三结合的革委会好；如各方面认为三结合条件确已成熟，可推出代表来中央谈；如 18 日大会已宣布，无法取消，可改为准备夺权大会[②]。根据周恩来的意见，中共中央于 3 月 13 日通知福建造反派组织头头 12 人到北京参加“福建问题”座谈会。座谈会尚未开完，4 月 20 日，造反派以“福建日报自‘一·二六’事件后成为资本主义复辟的工具”为借口，强行封闭了福建日报社，使报纸中断了四天，并扬言要更改报名。23 日凌晨周恩来指示：福建是前线，报纸不能封，报名不能改，不能出新报，不能中断毛主席的声音；进驻报社的人要退出来；两派斗争相持不下要军管。同一天周恩来又专门接见在京参加“福建问题”座谈会的福建代表，要求占据福建日报社的群众组织立即撤出。说：福建面临前线，你们要特别注意[③]。27 日，国务院、中央军委批准对福建日报社实行军管。

4 月 30 日，在京举行的“福建问题”座谈会结束，中央根据在这次座谈会上所了解的详细情况，作出了《关于福建问题的意见》：

“一、这次会议听取了福建革命群众代表的许多宝贵意见，对于解

---

① 《福建前线部队负责人的讲话》，《福建日报》1967 年 4 月 4 日。

② 《周恩来年谱》（1949—1976）下卷，中央文献出版社 1997 年 5 月版，第 136—137 页。

③ 《周恩来年谱》（1949—1976）下卷，中央文献出版社 1997 年 5 月版，第 147 页。

决福建问题，起了重要的作用。

二、福建处在对美蒋敌人的最前线。人民解放军在边防执行保卫祖国的任务中，有很大贡献，在粉碎美蒋特务的工作方面，成绩也是显著的。在无产阶级文化大革命中，福建前线的军民，必须更好地高举毛泽东思想伟大红旗，进一步团结起来，巩固无产阶级专政，抓革命，促生产，一致对敌。

三、现在福建的各革命群众组织，应该在对党内最大的一小撮走资本主义道路当权派的大批判中，实现自己的革命大联合，实现同人民解放军的革命大联合。

四、一·二六事件和二·七事件不能作为划分革命和反革命的分水岭，也不能作为革命和保守的分水岭。

五、各革命群众组织之间，有些不同意见，是正常现象。中央认为，遇到这种场合，应该通过协商或联席会议的途径解决。一时解决不了的问题，可以暂且搁下，先解决那些能够很快解决的问题。决不能采取粗暴的作法，强加于人，或者对不同意见的革命组织和个人，进行围攻。只许文斗不许武斗。

六、各革命群众组织之间，不要只看对方的短处，只强调自己的长处。要对自己的缺点和错误，进行认真的自我批评。用自我批评的方法，克服‘私’字，克服‘无政府主义’和‘唯我独尊’的错误倾向，实现各革命派的大联合。

七、对人民解放军的负责人，有意见，可以提，写信。送大字报，派代表，这些方式都可以，但不要组织群众冲军区。

八、那些用经济主义鼓动农民成批进城的个别干部，必须向农民群众承认这种鼓动是错误的。

九、建议来京的福建群众组织的代表在这次会议结束之后，立即回去，就地解决各种具体问题。

十、鉴于当前福建成立三结合的权力机构还不成熟，中央宣布，在那里先实行军管，以利巩固无产阶级专政，并责成军管机构按照中央的精神，处理近几个月来发生的事件。待条件成熟时，再成立有广大群众代表性、有无产阶级权威的革命三结合的权力机构。”①

5月11日，中共中央决定对福建省实行军事管制，成立中国人民解放军福建省军事管制委员会。福州军区司令员韩先楚为主任，福州军区副政委廖海光为第一副主任，福建省军区司令员朱耀华、第二政委刘健挺、福州军区司令部副参谋长石一宸为副主任。委员有熊兆仁、陈景三、颜红、刘维新等4人。军管会下设文化大革命小组和生产指挥部。5月17日，福建省军管会正式成立。随后，各地、市、县(市)军管会也相继成立。省军管会和各地、市、县军管会所设立的生产指挥部(组)，负责处理生产和建设事宜，一些有经济工作经验的地方干部被吸收参加生产指挥部(组)的实际工作，使当时处于停滞状态的生产建设出现一线转机。

对福建实行军管，是中共中央特别是周恩来根据福建“三结合”条件不成熟形势而作出的正确决策。在被全面夺权一时无法“三结合”特殊情况下，实行军管是迫不得已的选择，在维护社会治安、安抚群众生活等方面起到了一定作用。

二、从武斗升级到“大联合”

福建实行军管之初，各地武斗仍在升级，甚至抢夺部队枪支，冲击军事机关。据不完全统计，仅1967年五六月间，全省就有22个县、市发生武斗，其中，百人以上的武斗85起，千人以上的27起。武斗致死7人，伤1351人，部队人员在武斗现场劝阻时被打致伤138人②。尽管中共中央于1967年6月6日发出了“六·六”通令，严禁武斗，但造反派无视这一切，7月份开始出现了更混乱、近于失控的局面。从6月7日至7月15日，仅福州地区武斗就达97起，伤亡165人，部队在“支左”、执勤和制止武斗中被打伤96人③。更严重的是，有些地方的武斗还煽动大批农民参加，而且在造反派的煽动下搞静坐绝食，要求给所谓“老区”

① 《中共中央关于福建问题的意见》(1967年4月30日)，中发〔1967〕142号。

② 福建省军管会：《五、六月份福建武斗情况综合报告》，1967年6月26日。

③ 张正隆著：《战将韩先楚》，解放军出版社2000年8月版，第259页。

问题平反①。工人、农民离开生产岗位参加武斗，给全省工农业生产和社会经济造成了严重危害。

面对全省各地武斗升级和农民进城的混乱局面，6 月 16 日，省军管会发出《通告》，宣布全部撤销军队系统设在福州市的广播站、广播车，并停止广播，要求造反派组织以及机关、工厂、学校等单位，亦停止使用广播车、高音喇叭，撤销设在外单位或街道上的广播站。20 日，省军管会发出《通知》，号召广大干部职工要坚决执行“抓革命、促生产”的指示精神，不得擅离职守，要严守岗位，遵守纪律，积极生产，夺取革命和生产双胜利。22 日，省军管会又发出通知，要求造反派群众组织占用的运输车辆，交回单位投入国家建设，今后不准动用汽车改装宣传车，更不准动用车、船运送人员参加武斗，否则，要根据情节轻重给予处罚。在农民进城的问题上，省军管会为了平息农民的不满情绪，根据中共中央《关于福建问题的意见》的精神，多次重申：不能强制解散“老区”群众组织，对取缔的组织和错捕的人员一律给予平反②。7 月 29 日，省军管会发出《关于严禁武斗、抢夺武器的通知》，并与省军区联合发出《禁止挑动农民进城参加武斗》的命令。然而，武斗并未因此减少。尤其是在 1967 年夏秋，谢富治、王力、江青等人提出“彻底砸烂公、检、法”“文攻武卫”“揪军内一小撮”等口号后，福建省各地武斗规模进一步扩大。1967 年 7 月 9 日，福建省革命造反委员会（简称革造会）成立后，其观点与“八·二九”工总司观点相对立，接连出现重大武斗流血事件。福建所发生的武斗事件引起了周恩来的关注。在他亲自安排下，8 月 11 至 12 日，福建省“革造会”赴京汇报团与“八·二九”等八个总部赴京汇报团，连续达成四个协议，暂时缓解了“革造会”与“八·二九”等组织间的对立局面。

武斗不断升级的同时，省内从 7 月底 8 月初开始爆发了持续三个月的夺枪事件。特别是在中央“两报一刊”③提出“坚决打倒党内军内一小

① 《关于农民进城情况的报告》，1967 年 7 月 16 日。
② 福建省军管会：《关于“老区”问题的几点意见》，1967 年 7 月 13 日。
③ 指《人民日报》《解放军报》《红旗》杂志。

撮走资本主义道路当权派”等煽动反军乱军的口号后，福建的造反派尤其是“革造会”大肆抢夺部队的大量武器、弹药、车辆及其他军用物资，并冲击福州军区机关，占领司令部大楼。严重事态引起周恩来关注。8月22日，周恩来等中央领导指示：不论是哪一派，在前线夺的枪支、弹药、一切军事装备和物资，都必须立即交还解放军，都必须立即停止夺枪，停止一切抢夺。违反的，以破坏国防安全论处。正当此时，厦门造反派公然策划要去夺厦门驻军某部炮舰的武器，致使炮舰不敢靠岸。周恩来得知这一情况后，立即指示制止，同时要求厦门两大造反派组织的头头到北京开会解决厦门问题。在中央的主持下，1967年9月3日凌晨4时30分，厦门“促联”与“革联”两派代表在北京签订了《厦门“促联”“革联”两派协议》：双方无条件地立即停止武斗，保证今后不挑起武斗；不许向中国人民解放军及军分区、人武部夺取枪支、弹药和军用物资；双方夺取的枪支、弹药、军用物资一律立即封存；坚决执行中央7月13关于禁止挑动农民进城武斗的通知；双方立即释放全部互抓的人员，保证三天内放完。今后不许再搞打、砸、抢、抄、抓；双方不得对厦门水陆交通进行封锁，不得以任何借口检查来往的行人和车辆等等。

9月2日上午，福州的一些造反派300余人肆无忌惮地持枪冲击福州军区。军区司令员韩先楚、副司令员皮定均以及其他领导人均被抄家，军区办公室的值班日记、机密文件等被洗劫一空。9月3日，周恩来等中央领导来电，向福建省“革造会”等组织指出：“福州军区是福建前线三军的最高指挥机关，担负着很重的战备任务，你们随意进驻其指挥机关，这种行动是极其错误的。”并警告：“福州军区领导机关的所有坑道设施，任何组织、任何人均不得冲击和破坏”，不然，“将受到国家法律的严厉制裁”，责令立即退还被抢的文件、档案等。9月5日，中共中央发出《关于不准抢夺人民解放军武器、装备和各种军用物资的命令》（即“九・五”命令）。据此，福州军区、福建省军管会也几次发出通令，要求人民解放军坚决执行中央的“九・五”命令，指出：“如发现任何群众组织和个人有携带武器和军用装备、物资或乘坐抢夺的军用车辆者，军队有权进行检查、收缴。”并强调：“任何群众组织和任何个人，不论属于哪一派，凡是抢夺人民解放军和民兵的武器、弹药、装备、车辆、器材、物资，都必须尽速归还。如有隐藏、转移、买卖、破坏和私自制造武器弹药者，都要依法惩办”①。在中央、福州军区和省军管会的一系列命令、通令下，各地造反派一度停止夺枪，有的开始交还一些武器弹药。但到10月，又再次爆发了全省性的夺枪事件。发生夺枪事件的县、市达54个，占全省69个县、市的80%。据初步统计，在“九·五”命令前后的两次夺枪风潮中，全省共发生夺枪事件349起，得逞的258起②。

尽管周恩来为阻止造反派之间的武斗而殚精竭虑，而中央文革小组却蓄意挑拨，加剧福建武斗，最典型的便是诏安县的“九·五事件”。

“文化大革命”初期，诏安县形成“联司”（革命造反联合司令部）和“新诏”（新诏安公社）两派群众组织。由于对“文化大革命”中一些问题看法的分歧，两大派群众组织的矛盾越演越烈，磨擦和冲突急剧上升，终至发生武斗。1967年7月8日，两派又发生武斗，开始时，“新诏”在武斗中占了上风，控制了县城，“联司”被迫转移到农村。但“联司”组织人员到地区、到省里、到北京控告，反映诏安情况。对两派的矛盾，本应促其和解、联合，但时任中央文革小组组长的陈伯达于8月25日在接见诏安“联司”代表时却轻易表态：“诏安的路线很分明”，“新诏安公社是反动的，是反动组织”，并要福州军区下决心解决“新诏”问题。在陈伯达的授意下，部队发给“联司”各种枪支925支（内机枪32挺，手枪6支），子弹42000多发，手榴弹670多枚。9月5日凌晨，部队分别从陆、海包围了诏安，声称要“第二次解放诏安”，强行取缔了“新诏安公社”，制造了武装镇压诏安军民的“九·五事件”。事件造成了极其严重的后果，被关押的干部、群众达上千人之多，83人被打死，226人被打致残丧失劳动能力，889人被打成重伤，

① 福州军区、福建省军管会：《关于贯彻执行中央“九·五”命令的第二号通令》，1967年9月13日。

② 福建省军区：《综报一九六七年武器、装备、物资被夺和归还情况》，1968年1月24日。

323人被长期关押，525户被砸抢，此外，还株连其亲友、子女[①]。参加和同情“新诏”的干部群众则被划入另册，不准入党、提拔，不准参加“三结合”，不准在重要部门工作。还有50名领导干部被强行送到“学习班”，审查了八个多月。

1967年的7、8、9三个月，是福建武斗最严重，局势最混乱时期，全国的情况基本上也如此。在这种情况下，毛泽东采取一系列紧急措施，中央连续发布维护社会治安、确保国家物资设备、人民生命财产安全的命令。10月，中央发出毛泽东视察华北、中南和华东地区时的谈话记录，重申要“实现革命的大联合”，要“正确地对待干部”，要复课闹革命等等。9月28日，福建省军管会发出《关于坚决响应毛主席发出的实行革命的大联合的号召的通知》，要求各军分区、各级军管会、各地驻军接待站、各县市人武部贯彻执行，造成一种良好气氛，消除造反派组织间的隔阂，尽快促成两派大联合，推动革命的“三结合”。10月20日，省军管会又发出《关于贯彻执行毛主席的指示，按照系统实行革命大联合的通知》，要求所有部队支左人员，立即深入工厂、农村、机关、学校，采取各种方法同广大革命群众一起座谈，研究实行“革命大联合”的具体措施。

12月5日，中央举办的毛泽东思想学习班福建班第一批学员开始入学，驻闽部队干部、战士、地方干部以及全省105个造反派组织代表集中北京学习。前后共1300多人分三批先后入学，学习时间最长的达8个月。当时的福建支左部队虽然在制止武斗、稳定局面中做了大量工作，但有些支左部队也存在支一派压一派的现象。为此，周恩来于1968年1月18日凌晨专门接见学习班的福建部队代表，告诫“要支左不支派！”人民解放军不能参加地方群众组织，只能要党性，不

---

① 中共龙溪地委、龙溪军分区党委：《关于处理诏安“九·五事件”的请求报告》，1979年3月20日；中共诏安县委：《关于平反“文革”中冤、假、错案落实政策工作的总结报告》，1981年5月21日。

能有派性[①]。在给部队代表做工作的基础上，又和中央其他领导人两次接见毛泽东思想学习班福建班全体代表，对造反派中存在的派性进行了批判，并且要求两派必须实现大联合。在中央领导多次接见和谈话的教育影响和压力下，通过学习、讨论、批评与自我批评，1968年2月2日，在京的福建105个造反派组织代表终于达成《关于收缴武器、制止武斗的协议》(即“二·二”协议)。《协议》声明“人民解放军和所拥有的各种武器、装备和物资，是不能侵犯的”，全省各地各派群众组织，必须立即把所有枪枝、弹药(包括自造的)、车辆等军用物资，按“九·五”命令，于接到协议后，立即一律集中封存，如实造册上报。对抢夺、窝藏、贩卖、私造武器、弹药者，坚决实行专政。对私自转移、窝藏、贩卖和继续制造武器、弹药、炸药、毒品者，坚决遵照“九·五”命令按国法论处。2月5日，中央以中共中央文件的形式同意了福建各派所签的这个协议。

“二·二”协议的签订，标志着福建武斗问题基本得到了解决，推动了全省各地“大联合”和“三结合”的局面迅速形成。

三、省革命委员会的建立

继“二·二”协议之后，在京的“省八·二九工总司”“省革造会工联总”等45个造反派组织又达成《关于敦促执行“二·二协议”的协议》，一致同意“于3月25日前，完全、彻底地落实协议，各派必须把一切枪支、弹药和军用物资立即交清，不得封存，不得留下一枪一弹。”并发出声明：“为了促进和实现福建革命大联合和革命三结合，福州地区各派在执行二·二协议中，必须做好榜样，带动全省，以期在全省范围内完全彻底地消灭武斗”。福建省军管会抓住这个有利时机，于1968年2月14日及时成立由部队代表、工人代表、学生代表和干部代表联合组成的福州地区收枪、制止武斗监督小组，对拒绝执行“二·二”协议

① 《总理等中央首长接见中央办的毛泽东思想学习班福建班部分部队代表时的讲话》，1968年1月8日。

者，监督小组“将按照协议报请警备部队采取必要措施”，对“胆敢违抗和破坏协议的”“则坚决对其实行专政”[①]。与此同时，省军管会还派出指战员组成毛泽东思想宣传队，深入到福州地区的各个县市的群众中，进行广泛的宣传教育，动员他们回原单位“抓革命、促生产”。这些措施有力促进省会福州的稳定，迈开了福州地区“大联合”的第一步，这在全省各地起了很好的带头和示范作用。

为加快全省“大联合”“三结合”的步伐，福建省军管会在全省范围内掀起举办毛泽东思想学习班的高潮。学习班学习的主要内容是“毛主席语录”和“老三篇”（即《为人民服务》《愚公移山》《纪念白求恩》），开展“革命大批判”“斗私批修”，力图通过学习班为实现“大联合”“三结合”做舆论和思想准备，也为造反派间提供沟通、协商和达成协议的机会。在与有关造反派组织充分协商后，省军管会又从各地造反派中增调286人（包括地方干部4人）到中央举办的毛泽东思想学习班福建班学习。从2月20日起的五个多月时间里，省军管会连续举办了三期毛泽东思想学习班，参加学习班的有军队干部、地方干部和造反派组织代表，为“大联合”“三结合”作了必要的准备。地、市军管会也举办了类似的学习班。除此之外，全省各基层单位、群众组织也都竞相举办学习班。在几个月的时间里，全省共举办了各种类型的毛泽东思想学习班5万多期，参加学习的有300多万人[②]。至1968年5月，福建各地区造反派组织在中央办的毛泽东思想学习班上达成了“革命大联合”的协议。

4月9日，本省第一个县级革命委员会——松溪县革命委员会成立。4月19日，本省第一个地市级革命委员会——福安地区革命委员会成立。至6月9日止，全省7个专区、2个直辖市和66个县（市）中有福安、南平、龙溪、闽侯等4个专区和26县成立了革命委员会。全省各地（不含福州）省、专区、县属的企业、农村人民公社（农、林场）和大

① 《福州地区收枪、制止武斗小组通知》，1968年2月16日。

② 福建省军管会：《庆祝福建省革命委员会成立宣传教育提纲》，1968年5月24日。

中学校，已实现“大联合”和“三结合”的单位有1700多个，其中成立革命委员会的达400多个。不少县的基层单位的“大联合”“三结合”发展很快。福安专区成立革命委员会的8个县中，已有71个公社成立了革命委员会，占94%。霞浦、柘荣、松溪三县还按行业、按系统全面实现了“大联合、三结合”。周宁县有93%以上的单位，德化县有80%以上单位，龙海县有70%以上单位，明溪、同安县均有60%以上单位实现“大联合”和“三结合”。邵武全县15个公社(镇)全部成立革命委员会[①]。此外，省级机关和市级机关也开始实行“大联合”“三结合”。

这种情况的出现，说明福建省革委会建立的时机已基本成熟。1968年7月16日深夜至次日凌晨，周恩来等再次接见福州军区在京领导和福建班部分代表，就福建实行“大联合”、建立革委会的事，苦口婆心地做造反派代表的说服工作。为了促使福州市和厦门市革命委员会能够早日成立，周恩来总理等甚至答应：福州市成立革委会，新华社、人民日报可以破例给予广播报道，表示“厦门也要单独广播”。此前全国只有武汉、重庆、成都三个市革委会成立时单独报道过。第二天，毛泽东思想学习班福建班当即召开贯彻中央领导“七·一六”指示誓师大会，一致同意各派归口大联合。7月23日，福建班造反派代表在京签订了《关于大力巩固和发展革命大联合的协议》(即《七·二三协议》)。协议除重申“二·二”协议必须坚决执行外，着重对大联合的必要性、大联合的方式及干部问题等都提出了具体的要求。8月1日，中共中央、中央文革小组负责人对此作出批示：很好，望坚决贯彻执行，以促进福建省革委会早日诞生。8月7日，福建省军管会在福州五一广场召开“福州军民坚决执行党中央、毛泽东主席指示誓师大会”。

8月14日，福州军区党委向中共中央呈报《关于成立福建省革命委员会的请示报告》，报告省革命委员会委员、常委、正副主任的人员组成

---

① 福建省军管会编印：《地区文化大革命情况简报》，1968年6月9日。

情况。当天，中央批准福州军区党委的《报告》，毛泽东批示“照办”[①]。19日，福建省暨福州市革命委员会成立大会在福州五一广场举行，数十万人参加大会。从全国各省、市、自治区革委会成立时间看，福建和广西、西藏、新疆同列最后一批成立革委会的省（自治区）。8月21日，《人民日报》《解放军报》《红旗》杂志为福建省革命委员会成立发表题为《团结起来，共同对敌》的社论，着重强调革命委员会要把“斗、批、改”这件事抓好，把“文化大革命”进行到底。福建省革委会成立后，全省掀起了“大联合”“三结合”的高潮。11月9日，闽清、建阳两县革委会建立。至此，全省7个专区、两个省辖市和66个县（市）全部成立了“三结合”的革委会。

福建省革命委员会由147人组成，其中“革命群众”代表占62%、军队代表占18%、“革命领导干部”代表占20%。省革委会常委的组成也体现了“三结合”，由军队干部9人、地方领导干部7人、群众代表16人共32人组成。福州军区司令员韩先楚任福建省革委会主任，军队代表皮定均、朱耀华，地方领导干部代表蓝荣玉、叶松、伍洪祥、黄亚光以及工人代表、农民代表、学生代表等11人任副主任。下设办公室、政治部、生产指挥部，其下分设若干组，分管各局、委、办，行使原省委、省人委工作机构的职能。而“对原省委、省人委所属机构，除组成精干的业务班子在省革命委员会的领导和监督下进行业务工作外，其余全力进行本单位的斗批改，不行使任何权力。”这样，省革委会集党、政大权于一身，实行党政合一、高度集中的领导体制。

全省各级革委会的普遍建立，是福建“文化大革命”的转折点。它不仅基本上结束了造反派间的纷争和武斗，初步扭转了全省的混乱局面，而且使一些“靠边站”的各级地方干部得以进入领导岗位，一些熟悉经济工作的领导干部也回到了生产指挥系统，这在一定程度上保证了全省经济秩序的正常运转。

---

① 《中共中央、国务院、中央军委、中央文革关于成立福建省革命委员会的批示》（1968年8月14日），中发〔1968〕132号。中国人民解放军国防大学党史党建政工教研室等编：《中共党史教学参考资料》第26册，1988年10月，第158—159页。

四、内乱对经济建设的影响

60年代前半期，福建省的国民经济经过全面调整后，逐步形成良性循环的趋势。进入1966年后，国民经济继续保持全面增长的势头。但是，5月以后逐渐开展的“文化大革命”，猛烈冲击着社会生活各方面的正常秩序，也给经济建设造成了极大的影响。由于“文化大革命”初期的动乱主要集中在文教部门和党政机关，尚未波及基层广大的工厂农村，因而对经济建设破坏所产生的恶果在1966年尚未显露出来。1966年的经济仍有较大幅度的增长。按可比价格计算，1966年全省社会总产值达52.48亿元，比1965年的45.19亿元，增长16.1%。

1966年12月初的中央政治局扩大会议后，“文化大革命”由上层建筑领域扩展到经济领域，由学校机关扩展到工厂农村广大的基层单位。尤其是1967年初，在上海“一月风暴”的影响下，全省各级党政机关、经济管理部门基本瘫痪，许多有经验的经济管理干部和技术人员被打倒或“靠边站”，经济工作的指挥、调度和管理系统失灵，企业内部许多行之有效的规章制度被当作“修正主义”的“管、卡、压”受到批判，甚至把党委领导下的厂长负责制、按劳分配原则、利润指标等也当作资产阶级的东西加以摒弃，造成企业管理混乱、劳动纪律松弛，无政府主义思潮泛滥，不讲经济核算、不讲成本的现象相当普遍。其结果是劳动生产率下降，经济效益降低，从而影响整个经济的发展。1967年全省社会总产值降为47.72亿元，1968年更降至39.02亿元，两年平均下降超过10%，直接导致了人均国民生产总值从1966年的180元降到1968年的138元。全省工农业总产值从1966年的37亿元下降到1967年的33多亿元、1968年的27亿元[①]，分别下降了36.81%和11.7%。

由于社会动乱，使1967年全省基本建设投资总额仅完成年计划的69.21%，比1966年减少1.34亿元；新增固定资产投资仅0.50亿元，交付使用率下降为38.16%；国民收入总额比1966年减少2.87亿元，1968

① 福建省地方志编纂委员会编：《福建省志·共产党志》，中国社会科学出版社1999年11月版，第178页。

年又下降到3.17亿元[①]。与1966年相比,1968年的社会消费品零售总额减少了1.41亿元,批发零售贸易业减少1.12亿元,餐饮业减少0.11亿元,制造业减少了0.14亿元。1968年人口比1966年增加了103.96万人[②]。经济建设的混乱局面和工农业生产的下降,造成物资供应紧张,日用消费品短缺,人民生活水平下降。

---

① 福建省地方志编纂委员会编:《福建省志·计划志》,方志出版社2001年9月版,第114、71页。

② 福建省统计局编:《光辉的历程——福建五十年》,中国统计出版社1999年8月版,第279页。

第 十 六 章
“斗、批、改”运动和经济建设

第一节　“斗、批、改”运动的开展

一、“清理阶级队伍”

党的九大后，“斗、批、改”运动[①]在全国展开。按照毛泽东的设想，“斗、批、改”包括建立“三结合”的革命委员会、大批判、清理阶级队伍、整党、精简机构、改革不合理的规章制度、下放科室人员、工厂里的“斗、批、改”等阶段。在实际工作中还包含“教育革命”“文艺改革”、知识青年上山下乡等内容。毛泽东试图通过“斗、批、改”，达到“天下大治”的设想，也含有结束“文化大革命”的意向。但是，“斗、批、改”实际上是把“文化大革命”的“左”倾错误在各个领域具体化，结果是党内矛盾和社会矛盾继续紧张，引起动乱的因素更加深化。

1968年4月10日，《人民日报》社论刊出了毛泽东对“文化大革

① “斗、批、改”，是指中共中央《关于无产阶级文化大革命的决定》（即“十六条”）中提出的“斗垮走资本主义道路的当权派，批判资产阶级的反动学术权威，批判资产阶级和一切剥削阶级的意识形态，改革一切不适应社会主义经济基础的上层建筑，以利于巩固和发展社会主义制度”，当时也叫“一斗、二批、三改”。

命”性质的新判断，把“文化大革命”说成是“中国共产党及其领导下的广大革命人民群众和国民党反动派长期斗争的继续。”这样，就得清查解放前有着或被怀疑有这样那样历史问题的人，而且又增加了一个新的内容，就是在全国范围内清理阶级队伍。5 月 15 日，北京市革命委员会发出《关于清理阶级队伍工作中几个问题的通知》后，“清理阶级队伍”运动便席卷全国。

在这种“左”的思潮影响下，福建刚刚成立的革命委员会，主要任务便是抓“革命”，搞“斗、批、改”。“清理阶级队伍”则贯穿“斗、批、改”运动全过程。1968 年 8 月 14 日，中共中央在《关于成立福建省革命委员会的批示》中，就要求福建省革命委员会成立后，要“认真清理阶级队伍”。虽然在“清队”伊始，毛泽东曾指示：“清理阶级队伍，一是要抓紧，二是要注意政策。”但是，群众性政治运动一旦发动，是很难按照领导人的意愿发展下去的。“清队”亦是如此，从一开始就出现了问题，就偏离了方向。全省各地先后举办“清队”学习班，抓“叛徒”“特务”“反革命”，搞严刑逼供，结果不可避免地制造出大批冤、假、错案。据统计，仅至 1968 年 12 月为止的一个多月中，全省共揪斗各种人员 96851 人，其中被定为叛徒的 1886 人，被定为走资派、现行反革命、没有改造好的五类分子的 48423 人。① 当时福州军区、福建省革命委员会也意识到全省各地“清队”中存在的严重问题：一是存在支一派压一派的现象；二是混淆了两类不同性质的矛盾，把不该揪斗的也揪斗了；三是有些单位搞吊打、体罚、逼供信、挂牌游街，有的地方在揪斗中打死人，有的地方在逼供信的情况下出现了自杀较多的现象②。福州军区、省革委会随即发出《当前清理阶级队伍应注意的问题》的指示，要求各地必须加以克服。至 1969 年 3 月底，全省原关押的 22619 人中属于人民内部矛盾或证据不足的，被释放的达 19865 人③。

① 福建省革命委员会办公室：《情况简报》(27)——全省《举办毛泽东思想学习班，革命大联合、三结合及清理阶级队伍情况》，1969 年 1 月 7 日。

② 福州军区、福建省革命委员会：《当前清理阶级队伍工作应注意问题》，1968 年 12 月 14 日。

③ 福建省革命委员会办公室：《情况简报》增刊(2)，1969 年 4 月 3 日。

其实，早在1967年3月，中共中央印发《薄一波、刘澜涛、安子文、杨献珍等61人的自首叛变材料》后，“揪叛徒”之风就已迅速波及全国。而到了“清队”期间，随着运动的发展，这种随便揪斗之风非但没被制止，而且愈演愈烈。大批在全国解放后积极执行党的路线、方针和政策，在工作中做出了成绩的同志，被诬为“走资本主义道路的当权派”“反革命修正主义分子”，如福安地委20个委员，被诬为“叛徒”“地富分子”“死不改悔的走资派”的就达14人；在过去严重的白色恐怖下坚持革命斗争，并作出过重要贡献的某些地区地下党组织，竟被整个打成“叛徒集团”“假共产党”“叛徒窝子”。如在革命老根据地龙岩专区，搞了所谓“闽西叛徒集团”案，把长期坚持地方革命斗争的魏金水、方方、罗炳钦等人诬为“闽西大叛徒”，将分布全国各地的闽西老干部揪回龙岩收监审查，此案涉及11个省、市、自治区，110个单位，受迫害和株连达4900余人①。福鼎县“挖”出了所谓“以郑丹甫为首的叛徒窝”，许多曾经为革命出生入死的干部、群众，都被无辜打成“叛徒”“特务”“反革命”，据统计，全县因此案被列为审查对象的达1000多人，其中立案310人，定性处理的73人，被打致伤的33人、迫害致残的147人、迫害致死的68人②。在全省统战侨务系统、省直机关卫生、重工、交通系统还无端制造了所谓“特务集团”“反革命集团”等五个大集团性案件，使1575名领导干部、高级知识分子、民主人士和科技人员受到不同程度的迫害，其他受牵连者不计其数。尤其是本省统战侨务系统的菲律宾华侨抗日游击队“美蒋特务集团案”，造成了极为严重的后果。此案牵涉到15个省（市）和中央部属机关120多个单位、340多人，其中有的被迫害致死，有的被打伤致残，仅福建就有8人被迫害致死③，从而在海外华侨中造成了极为恶劣的影响。

“清理阶级队伍”在全省各地、各单位全面展开后，许多普通群众也

---

① 《福建“文化大革命”专题汇编》（未刊稿）。

② 宁德地区落实政策检查福鼎工作队：《福鼎县落实政策工作检查情况的汇报》，1981年12月25日。

③ 中共福建省委党史研究室编：中国共产党历史资料丛书：《拨乱反正》（福建卷），中共党史出版社2000年10月版，第17页。

被卷入运动的漩涡，遭到残酷迫害。古田县大甲公社红书大队上洋村，全村64个劳力，被打成“反革命”的竟有54人[①]；南靖县采取逼、供、信手段，查出了一个有100多人参加的所谓“反革命集团”；宁化县一工厂的群众组织，总共110人，其中109个被打成“反革命组织”成员，整个案件只凭一个人的口供，没有其他任何证据[②]。

至1969年10月，“清队”中全省被重点审查的对象就达165266人之多，被一般审查的更多。对被审查对象的定性，也严重违背党的政策，随便将罪名强加于人。至同年11月，在所谓已基本审查清楚的112375人中，被定性属于敌我矛盾的竟达62020人[③]。

“清理阶级队伍”使无数无辜的党员、干部和群众蒙冤受屈，身陷囹圄，身心受到了极大的伤害。这场运动，对福建广大干部群众来说，无疑是一场灾难。

二、“一打三反”运动

在全国开展“一打三反”[④]运动，是“文化大革命”深入开展“斗、批、改”的又一个重要措施。在当时“左”的思想影响下，根据中央提出的“放手发动群众，打一场人民战争，掀起一个大检举、大揭发、大批判、大清理的高潮”的精神，福建和全国其他地方一样，在这场运动中又走向了极端。

在“打击反革命”的运动中，全省各地又造成了很多冤假错案。陈寿图案就是一个典型的冤案。陈寿图是福清县城关公社党委委员兼公安特派员。“文化大革命”开始不久，他就公开阐述自己对“文化大革命”的反对意见，公开为刘少奇、邓小平等辩护，并接连上书党中央、毛

① 中共宁德地委落实办：《宁德地区复查落实“文革”案件工作情况总结报告》，1981年7月。

② 福建省革命委员会办公室：《当前全省运动情况综合》（1969年5月12日整理），《情况简报》增刊（14），1969年5月13日。

③ 福建省革命委员会政治部：《情况简报》增刊（2），1969年11月2日。

④ “一打三反”，指“打击反革命破坏活动，反对贪污盗窃、投机倒把、铺张浪费运动”，重点是打击现行反革命。

主席，表明自己的观点。“斗、批、改”运动开展后，遭受审查。1968年11月，在党的八届十二中全会上，刘少奇被莫须有地扣上“叛徒、内奸、工贼”的罪名，被“永远开除出党”后，为刘少奇辩护的陈寿图被认定为“现行反革命”，于12月遭正式逮捕。由于省、专区、县对他的量刑意见不一致，因而在1969年对陈寿图并未定案。当1970年初“一打三反”运动掀起后，陈寿图当然成为了打击的典型，1970年2月18日，省革委会批准对陈寿图“判处死刑，立即执行”。陈寿图冤案成为福建“一打三反”运动中诸多冤假错案一个缩影①。

此外，在“文化大革命”初期对“文化大革命”进行抵制、抗争的干部、群众，在“一打三反”中被打成“反革命”集团案件的更是屡见不鲜。如南平市在“文化大革命”初期，破获了一起所谓“国党反共救国军118师”案。“一打三反”期间，涉案的、为刘少奇鸣不平的群众被无辜打成“反革命集团”，致使南平市的炉下、夏道、东坑、土堡、巨口、赤门、太平、大凤等8个公社60个大队，以及古田、建西等地的干部群众共464人受到不同程度的牵连，其中，178人被错定为“反革命集团分子”，68人被错判刑入狱②。又如1966年至1967年间，龙岩适中一带群众秘密结成“幸福会”组织，反对“文化大革命”极左路线，拥护刘少奇“三自一包”“四大自由”的正确主张，宣称要为人民谋幸福。“一打三反”期间，被认定是一起“有组织有纲领有破坏活动的反革命集团案”，有19人被判处死刑、20人被判处有期徒刑，被公社、大队抄家、没收财产、戴帽管制的有数百人。“文化大革命”初期龙溪地区诏安县造反派“新诏安公社”被打击摧毁，该派有人害怕被抓、被打，逃到乌山躲避。“一打三反”运动开始后，诏安县革委会和人武部，对这一问题作了错误的估计和决定，向地区革委会上报了《关于潜逃乌山地区坏人的活动情况和处理意见》，建议“云、和、诏三县统一行动”，进行“宣传瓦解和武装围捕”，并

① 中共福清市委党史研究室：《为真理而献身——记模范共产党员陈寿图烈士》，中央文献出版社2002年4月版。

② 福建省高级人民法院：《关于南平市“国党反共救国军118师”反革命集团案件的复查情况和处理意见的请示报告》，1981年7月20日。

请求“上级派一至二连的兵力进行配合”。1970年3月30日，龙溪地区革委会、龙溪军分区向福州军区党委、福建省革委会上报《关于处理潜逃乌山地区犯罪分子的报告》，提出“准备采取政治瓦解和武装围捕相结合的办法，予以彻底解决”。4月13日，福州军区党委批示。不久，部队和地方武装进驻乌山围剿，历时3个多月，涉及3个县、6个乡镇（农场）、32个村，受围群众达1000多户，被逮捕和被迫“归案”进学习班的干部群众200余人，其中不少是在革命战争年代曾对革命作出过贡献的老赤卫队员、老游击队员、老地下党员、老交通员、老接头户，这些“五老户”有的被列为重点搜查对象，有的被刑讯逼供，有的被诬为“土匪”“土匪婆”遭关押①。

据不完全统计，至1970年3月底止，全省就挖出了所谓“现行反革命分子”14415人，揭发出所谓“反革命集团案件”239起②，无数冤假错案由此产生。

在着重打击“现行反革命”的同时，福建还打击了一批“贪污盗窃投机倒把”分子。至1970年3月底，共揭出“贪污盗窃、投机倒把”分子152317人（据闽侯、福安、南平、三明、龙岩五个专区报告，有贪污、投机倒把集团3875个），“贪污盗窃、投机倒把现金”4678.85万元，粮食1195.92万斤，粮票260.408万斤，布料12.8776万尺，布票128.24万尺，木材2.1835万立方米，钢材26.6吨，化肥181.057万斤，黄金8.81万两，银元1.0645万元。还查出一批“投机倒把”的“地下黑厂黑店”。查出“地下工厂”3934个，11695人；“地下商店”2534个，3418人；“地下运输队”1052个，3633人；“地下包工队”915个，4953人；“地下俱乐部”701个，4229人③。实际上，所揭出的所谓“贪污盗窃”分子，除少数外，绝大多数是无中生有，凭空捏造的。而所谓“地下黑厂黑店”，是暗地里艰难挣扎的个体经济，因此，“一打三反”运动对“奄奄一息”的个体经济是致命一击。

---

① 中共诏安县委：《关于平反“文革”中冤、假错案落实政策工作的总结报告》，1981年5月26日。

② 福建省革命委员会办公室二号：《运动简报》（73），1970年4月12日。

③ 中共诏安县委：《关于“三·三〇”案件的调查报告》，1976年3月4日。

当时，也在一定范围内打击“铺张浪费”现象。涉及“铺张浪费”的人，要退赔的有41531人，共退出（包括缴获）现金和存款514.5989万元，粮食102.51万斤，粮票42.606万斤，木材8650立方米，布料3.5366万尺，布票21.7万尺，钢材1868斤，化肥1.4233万斤，黄金880两，银元1.6851万元，以及手表、自行车、收音机、缝纫机等一批物资[①]。打击“铺张浪费”是应该的，但在当时的情况下同样难以避免打击面过宽的现象。

必须指出，“一打三反”运动也打击了一些真正的现行反革命。还收缴了一批“文化大革命”初期被用以武斗而散落在社会上的武器。仅至1970年3月底，全省共收缴各种枪支1243支，子弹238418发，手榴弹4152枚，炸药2096公斤，雷管15413个，以及小口径步枪，各种土造枪支，凶器一批[②]。为结束福建混乱局面迈出了第一步。

三、干部下放与知识青年上山下乡

1968年12月24日，福建省革委会发出《关于动员干部、知识青年和脱离劳动的城镇居民到农村去，到山区去的指示》，由此开始，“文化大革命”中福建省干部下放及城镇居民、知识青年的上山下乡全面拉开了序幕。省革命委员会决定将原来“大、中专毕业学生分配办公室”和“安置办公室”合并成立“四个面向办公室”，统一管理干部、知识青年和城镇居民到山区去和复员退伍军人安置工作。各专、市、县、公社也设相应机构。

精简下放，原意为“精简机构，下放科室人员”，实际上是把大批干部、教师、科学工作者、文艺工作者、新闻出版工作者、工程技术人员等，送到“五七干校”去劳动，或下放到农村接受贫下中农再教育。1968年10月5日，《人民日报》发表文章：“毛主席最近指出：广大干部下放劳动，这对干部是一种重新学习的极好机会，除老弱病残者外都应这样做。在职干部也应分批下放劳动。”

---

① 福建省革命委员会办公室二号办：《运动简报》（73），1970年4月12日。

② 福建省革命委员会办公室二号办：《运动简报》（73），1970年4月12日。

根据毛泽东的指示和中央的部署，1969年9月20日，福建省革委会发出《关于下放干部问题的通知》，指出，根据“斗、批、改”运动的发展情况，原省直机关干部将有12800余人于10月上、下旬和11月上旬分三批下放各专、县，要求下放干部到农村宣传毛泽东思想、接受贫下中农再教育。此后不久，省革委会领导小组会议对干部下放进一步明确决定：“要有一大批好的和比较好的干部下放到基层，包括省、专（市）、县加在一起，大体上每个单位有三、五、七个干部，好的单位少去或不去，差的单位多去。”据有关方面统计，至1970年初，全省下放近4万名干部到农村、工矿，接受贫下中农的再教育①。

当时下放人员远不止这些，与下放干部相配合，还进行所谓“教育革命”“文艺改革”“医院整顿”等，大量教师、医务人员、演员被下放。

所谓“教育革命”，就是批判中华人民共和国成立头17年教育战线的所谓“黑线”，合并、撤销、下放学校，缩短学制。合并后，全省仅保留四所大学，即福州大学、厦门大学、福建医学院、福建师范学院。其余大专院校分别下放、撤销，并提出历来农民都会种田、造林，何必开设专科学校，所以福建农学院和福建农业科学院混合编队下放到九个县；福建林学院分散到各林场；各种科研机构、设计院，除特殊需要外，大体上仿照农学院、农科院、林学院的处理原则，精简下放、撤销。中小学也毫无例外地进行这样一场“革命”。至1969年10月，全省已有54所中学、191所小学下放工厂办；有556所中学、1930所小学下放社、队管理。这些中小学下放后，教师队伍马上进行调整，而从工农兵中选派“工宣队”“贫宣队”“军宣队”进驻学校，去改变所谓“资产阶级知识分子统治学校”的状况。到1969年10月为止，全省从干部、工人、农民、复退转业军人中，选拔5191人担任中小学专职教师，并有22517名工农兵兼职教师登上讲台，而原来的教师则被下放劳动②。小学学制缩短为五年，中学学制缩短为四年，大学学制仅二到三年。中学毕业后不直接考大学，而是下放去劳动，大学生则从有实践经验的工农兵和表现

① 韩先楚同志在中国共产党福建省第二次代表大会上的工作报告，1971年3月30日。

② 福建省革命委员会政治部：《情况简报》增刊（2），1969年11月2日。

好的上山下乡的知识青年中推荐选拔。有些工农兵学员，只有小学文化程度，良莠参差不齐，质量普遍下降。由于教授、讲师多数下放农村“劳动锻炼”，造成师资严重缺乏，有些大学就叫工农兵学员登台为师生讲课。

所谓的“文艺改革”，也是批判中华人民共和国成立头 17 年文艺战线的所谓“黑线”，合并、撤销、下放文艺团体单位。据 1969 年 11 月福建省革命委员会领导小组会议精神，在文化系统“改革”中，省、专（市）、县各级文化系统，都要下放到工矿、农村、基层，接受工人、贫下中农的再教育。省和福州市的剧团合并成三个剧团（京剧、闽剧、话剧和歌舞），名称都改为“毛泽东思想宣传队”。专区不设剧团。县、市搞一个小型的“毛泽东思想宣传队”。然后下到工矿、农村，接受工人、贫下中农的再教育，搞“斗、批、改”。

医院所进行的所谓“整顿”，也是大同小异。按照省革委会领导小组会议精神，也是“该撤的撤，该并的并，组成医疗队（组）上山下乡，为工人、贫下中农服务，培养工矿、农村的医疗卫生人员。留在城市的医院，也要组织医疗卫生人员，分批参加巡回医疗队，接受再教育”①。福州医学院附属医院被分散迁到邵武、建阳、政和、泰宁、连城等县，协和医院被分散迁到清流、明溪、宁化等县。虽然农村合作医疗和农村卫生员（赤脚医生）在农民的初级卫生保健中起到很大的作用，但在另一方面却对卫生事业造成了巨大破坏，医疗设备、技术资料损失惨重，一批专家也难发挥更大的救死扶伤的作用。

在下放的队伍中，除了干部、教师、演员之外，还有一般职工，甚至临时工，所有这些人，连同医务人员、家属和户粮关系都迁到农村，仅 1969 年至 1970 年两年间，全省各地共动员 30 余万城镇居民下乡落户②。

知识青年上山下乡，提出于 50 年代，当时是作为解决就业问题的一种尝试。1968 年 12 月，毛泽东发出“知识青年到农村去，接受贫下

---

① 福建省革命委员会：《关于干部下放、教育革命等几个问题》，1969 年 11 月 8 日。

② 福建省地方志编纂委员会编：《福建省志·共产党志》，中国社会科学出版社 1999 年 11 月版，第 179 页。

中农的再教育，很有必要”的号召后，全国包括福建省立即掀起知识青年上山下乡的高潮。

1969年1月23日，福州市首批知识青年1264人赴闽北顺昌县山区插队落户，这标志着“文化大革命”期间福建知识青年上山下乡的开始。从1969年到1973年4月，全省共动员15.5万多知识青年上山下乡①。

广大知识青年上山下乡，向农民学习各种生产知识，参加各种艰苦的农业劳动，传播文化知识，经受了锻炼，为开发、改变农村面貌起了一定作用。在上山下乡的知识青年中，有的当了中小学教师，成为贫乡僻壤传播文化的种子；有的当了“赤脚医生”，为缺医少药的农民解除病痛；有的立志于农业科学技术的研究和应用，为发展农业生产作出了可喜的贡献；有的被推选为生产队会计、保管，成了“红管家”；有的被选拔到农村各级领导岗位，成为受农民爱戴的带头人。在农村的各条战线上都涌现出一批先进模范人物。而更多的人以普通农民的姿态，默默地耕耘，用自己辛勤的汗水浇灌出来的农产品，支持着祖国的社会主义建设。更重要的是，磨炼了意志，在长期与广大农民群众的共同劳动和生活中，体验了劳动的艰辛、群众的困苦，了解和熟悉了中国国情，增进了与劳动人民的感情，是一段难忘的人生经历，很多人成长为党和国家的栋梁之材和工作骨干。

但由于农业条件差，生产劳动过重、分配收低、文化生活贫乏、缺少组织管理，出现一系列困难和问题。知青安置经费常被贪污、挪用，打击、迫害知青、强奸女知青的事时有发生。据不完全统计，此类案件全省有立案的就多达950多起②。知青生活困难、住房困难的问题更为严重。据1972年省革委会民事组初步调查，全省有1/3下乡知识青年生活不能自给，2/5以上上山下乡人员（包括下放干部、职工）长期占用和

① 其中各个地区的人数分别为：福州市46194人；厦门市21911人；建阳地区13612人；宁德地区9051人；莆田地区10883人；晋江地区18591人；龙溪地区20912人；龙岩地区：6323人；三明地区8355人。见中共福建省委：《落实政策汇报会中全省几个统计数字》，1973年。

② 《卢胜同志在福建省知识青年上山下乡工作会议上的讲话》（记录稿），1973年8月28日。

借用社员私房、大小队公房[1]。这在全省乃至全国都是具有一定普遍性。在这样的背景下，福建莆田县城郊公社下林小学老师李庆霖于1972年12月20日给毛泽东写信，反映了自己的孩子在农村生活的窘境，以及地方一些干部利用职权在知识青年招工、招生、招干中“走后门”的不正之风。1973年4月25日，毛泽东回信提出：“全国此类事甚多，容当统筹解决。”后来中央发出有关文件，召开全国知青上山下乡工作会议，福建省委贯彻中央指示精神，调整知青政策，采取措施，从而促进了知青困难问题的逐步解决。

当然，这场运动改写了一代人的命运，使大批知识青年在青春年华失去在学校接受正规教育的机会，造成人才生长的断层，给国家的现代化建设带来长远的危害。而且国家和企事业单位为安置知识青年上山下乡花费了大量财力和物力，知识青年的家长和部分地区的农民也为此加重了负担。这在当时成为社会上不安定的因素之一。

四、“整党建党”和中共福建省第二次代表大会的召开

“斗、批、改”运动的一项重要任务是“整党建党”。“整党建党”是对被“文化大革命”冲击而停止过组织生活三年之久的党员和党组织进行整顿和重建。

党的整顿的指导思想是毛泽东提出的“五十字建党纲领”：“党组织应是无产阶级先进分子所组成，应能领导无产阶级和革命群众对于阶级敌人进行战斗的朝气蓬勃的先锋队组织。”至于如何建成这样的“先锋队”组织，毛泽东认为要“吐故纳新”，“吐故”，就是要“把证据确凿的叛徒、特务、一切反革命分子、顽固不化的走资派、阶级异己分子、蜕化变质分子坚决清除出党”。“纳新”，就是要把那些“在无产阶级文化大革命中冲杀出来的忠于毛主席的无产阶级革命造反派”吸收入党。

福建此次“整党建党”始于1969年初，先在邵武县的和平公社、龙海县的紫泥公社、明溪县的沙溪公社、宁化县的安乐公社以及三明工模具厂、永安机械厂等进行了整党试点。在整党过程中，根据“五十字建

---

① 福建省革命委员会：《知识青年下乡工作总结》（初稿），1972年9月20日。

党纲领”和“吐故纳新”的原则，始终强调突出无产阶级政治、突出学习毛泽东建党思想和九大通过的党章，联系本单位的阶级斗争实际，上挂下联，开展“革命大批判”。这次整党是在“无产阶级专政条件下继续革命”的理论指导下进行的，始终“以阶级斗争，两条道路、两条路线斗争为纲”。至1973年5月，全省整党基本结束为止，共发展新党员34856名，“吐故”（出党）党员4446名，不予恢复暂时被挂起来的党员2114名①。“暂挂”党员中不少是被称为“党内走资派”的各级领导干部。这样“吐故纳新”的结果，一部分合乎条件的党员不能恢复组织生活或被错误开除党籍，而新纳的党员则有一部分不合乎条件。这次“整党建党”，由于指导方针不正确，问题很多，使党在政治上、思想上、组织上受到一次大破坏。

但是，这次“整党建党”毕竟重新建立了地方的各级党组织，恢复了大多数党员的组织生活。1969年七八月间，在六个试点单位等开始建立基层党委。1970年4月，省革委会建立了党的核心小组。由韩先楚、周赤萍、蓝荣玉、卓雄、朱耀华、黄亚光、叶松、谭启龙、朱绍清、严政等十人组成，韩先楚任组长，周赤萍、蓝荣玉为副组长。核心小组临时行使党委的部分职权。1971年初，全省各级党组织已建立，省委的恢复工作摆上了日程。1971年2月7日，省、地、市革委会党的核心小组负责人在福州举行会议，协商省第二次党代会代表名额分配和成立新省委的人选问题。3月16日，省革委会核心小组向中共中央请示了召开中国共产党福建省第二次代表大会的有关事宜，称全省有85.54%的基层党组织经过整顿，建立了新的党支部和党委，33个县建立了新县委，两个地（市）建立了地（市）委员会，召开省党代表大会的条件已经成熟。提出准备在3月下旬召开中国共产党福建省第二次代表大会②。

经中共中央同意，1971年3月30日至4月3日，中国共产党福建

① 中共福建省委组织史资料编纂领导小组：《中共福建省组织发展史概要》，福建人民出版社1994年12月版，第125页。

② 福建省革命委员会核心小组：《关于召开中国共产党福建省第二次代表大会的请示报告》，1971年3月16日。

省第二次代表大会在福州召开。参加会议代表963人，列席240人。韩先楚代表福建省革命委员会党的核心小组在会上作了题为《紧跟伟大领袖毛主席，继续革命，乘胜前进》的报告，报告回顾了省革委会成立后“斗、批、改”运动的情况，强调要继续认真搞好“斗、批、改”“一个一个单位，深入细致地、扎扎实实地、刻苦地、一步一个脚印地去完成斗、批、改的各项任务。”会议选举产生了由75名委员和18名候补委员组成的中共福建省第二届委员会。4月4日，省委二届一次全会召开，全会选举马兴元、叶松、江礼银、朱绍清、朱耀华、严政、杨思禄、卓雄、周赤萍、周曼天、倪南山、黄亚光、韩先楚、蓝荣玉、谭启龙等15人为省委常委；选举韩先楚为省委第一书记，周赤萍为第二书记，卓雄、谭启龙、朱绍清、黄亚光、倪南山为书记。4月5日，中共中央批准了新省委的成员名单。此后，还未召开党代会的地（市）县，先后召开党代会，选举产生地（市）县委员会，恢复党委领导机构。在“整党建党”期间，全省重新建立了9个地（市）委和78个县（市、区）委，建立基层党委1170个、党总支部327个、党支部23407个[①]。

全省党组织的恢复和建立，绝大多数党员特别是许多老党员组织生活的恢复，对稳定全省局势，推进工农业生产，具有一定的积极作用。但新建立的各级党委与革委会合署办公，实行党的一元化领导；党委书记、副书记基本上也是由同级革委会的主任、副主任兼任；党委书记都由在地方执行“三支两军”任务的军队干部担任；在青年委员中，有一批是造反派头头，派性十分严重，他们在革委会中争权夺利，致使各级领导班子很不团结，严重影响了党组织的战斗力和凝聚力。

① 中共福建省委组织史资料编纂领导小组：《中共福建省组织发展史概要》，福建人民出版社1994年12月版，第125页。

第二节 “小三线”与经济建设曲折发展

一、以备战为中心的“小三线”建设

全省各级革委会的普遍建立，基本上结束了因造反派间的纷争和武斗引起的混乱局面，保证了全省经济秩序的正常运转；虽然革委会成立后的主要任务是抓“革命”，搞“斗、批、改”，但也采取了一些“促生产”的措施。加上国家的宏观调控，1969 年的经济状况有所好转，一定程度上扭转了国民经济工作的无政府状态，基本上刹住了前两年生产下降的趋势。

1969 年，省革委会生产指挥部在全省国民经济计划安排中要求，在确保毛泽东著作印刷任务前提下，突出抓好三大重点：一是狠抓粮食生产，努力突破 90 亿斤的水平；二是狠抓军工生产，加强三线建设，一定要在战争到来之前建好本省后方基地；三是狠抓煤炭、电力的生产和基建①。7 月 28 日，省革委会召开全省农业会议，提出贯彻落实党中央、毛主席关于“备战、备荒、为人民”和“抓革命、促生产、促工作、促战备”方针的措施，部署开展“农业学大寨”群众运动。

由于当时中苏关系严重对立，苏联在中国边境陈兵百万，两次侵入珍宝岛地区制造流血事件，对中国安全造成严重威胁，战备任务十分繁重，党中央和毛泽东在对国民经济部署中，强调“以战备为纲”和“加强大、小三线建设”，1970 年 2 月，全国计划会议在拟定“四五”计划纲要（草案）时，提出的总要求是：“四五”期间要狠抓备战，集中力量建设战备后方。要求建立包括闽赣区在内的不同水平、各有特点、各自为战、大力协同的经济协作区，初步建成独立的、比较完整的工业体系和国民经济体系。同时要大力发展地方“五小”（小钢铁、小机械、小煤窑、小

① 福建省统计局编：《光辉的历程——福建五十年》，中国统计出版社 1999 年 8 月版，第 83 页。

化肥、小水泥）企业，各省、市、区都要建立自己的小煤矿、小钢铁厂、小有色金属厂矿、小化肥厂、小水泥厂和小机械厂，形成为农业服务的地方工业体系，内地的工业建设要大分散、小集中，工厂布点要“靠山、分散、隐蔽”，特殊的和重要工厂的关键设备或车间，有的要“进洞”，建成一个部门比较齐全、工农业协调发展的强大战略后方。

在这种背景下，地处东南沿海、面对台、澎、金、马的福建更是积极贯彻毛泽东的“备战、备荒、为人民”的指示。1970年福建省革命委员会制定的《1970年国民经济计划纲要》中，突出强调“以战备为纲”，工业要立足于战争，集中力量建设“小三线”，搞军工建设。山区内地建设一批相当规模的军工企业，重工业投资上升，占全部投资的50%左右；轻工业投资下降，产值比重减少。在重工业上又侧重加工制造工业，其产值所占比重达55%，原料和采掘工业分别只达31.3%和13.7%，处于薄弱状态。强调工业支援农业，大力发展“五小”工业，发展化肥、农药、农机、农机配件及支农产品，强调狠抓粮食生产。

1970年是“三五”计划的最后一年，到年底，福建全省国民经济各项主要经济指标大部分有所上升，或完成或超额完成了“三五”计划的指标，大部分工农业产品产量都超过了1966年的水平。1970年全省工农业总产值达46.32亿元，比上年增长13.5%①。财政收入较好，达64511万元，完成计划103.6%，但支出也逐渐增加，达8.34亿元②。在此基础上，1971年全省国民经济又得到了较大的发展：国民生产总值完成38.08亿元，比上年增长12.7%；工农业总产值完成46.32亿元，比上年增长13.59%③。其中工业总产值28.4亿元，比1970年增长13%。农业总产值17.9亿元，比上年增长14.67%。全年财政收入实际完成6.84亿元，为计划数6.39亿元的107%。社会商品零售总额21.77亿元，比

① 福建统计局编：《福建统计年鉴》（1992），中国统计出版社1992年6月版，第27页。

② 国家统计局国民经济平衡司编：《国民收入统计资料汇编》（1949—1985年），中国统计出版社1987年8月版，第153—154页。

③ 福建省地方志编纂委员会编：《福建省志·计划志》，方志出版社2001年9月版，第71、152、191、192页。

1970 年增长 9.23%[①]。1971 年进行了第三次工资调整，全省约有 40 万名全民所有制单位职工（约占职工总数 102.56 万的 39%）增加了工资[②]。

但是，为了完成“三五”计划指标，从 1970 年初起，又出现了经济建设的“左”倾冒进。而 1971 年开始的“四五”计划，不仅没有重视和调整这个问题，反而继续“跃进”，更大地追求高速度、高指标，致使 1971 年国民经济陷入畸形发展状态：基本建设实际完成投资 5.16 亿元，为年计划 140.27%，大大超过 1966 年的 2.63 亿元和 1970 年的 3.81 亿元，固定资产交付使用率却远远低于 1966 年的水平，基建整体效益差[③]；在不切实际地追求地方成体系，搞“工业省”和削弱条条垂直管理的思想指导下，到 1971 年，出现职工总数、工资总额、粮食销量三大突破，粮食库存大幅下降；同时造成地区分割和部门分割，搞“大而全”“小而全”，盲目生产，重复建设现象严重。“三个突破”给整个国民经济带来了新的困难。

二、工商业的滑坡

商业在“文化大革命”时期是持续萎缩的行业。“文化大革命”初期，特别是在“斗、批、改”运动期间，商业工作的奖售政策被批判为“物质刺激”，废除了正确的政策和规章制度，丢掉了商业的传统经营特色。更严重的是，大撤大并商业机构。1969 年，各级手工业管理机构被撤销，领导干部被打倒，大批干部职工被下放。据统计，至 1970 年，全省被砍掉、并走的手工业厂、社有 985 个，占全省二轻工业企业总数的 53.2%，被下放的职工达 28465 人，占全省二轻职工总数的 23.4%。而在 1970 年的商业部门再次实行政企合一中，将原商业厅、供销社、粮食厅和外贸局合并为商业局，撤销专业公司；把合作商店、组，集中归口于国营商店；农村不准社队经商，城市工业企业的自销门市部也交给商业部门，加剧了国营商业独家经营的局面。在城镇也搞撤并网点，搞综合商场、

① 福建省地方志编纂委员会编：《福建省志・计划志》，方志出版社 2001 年 9 月版，第 244 页。

② 福建省地方志编纂委员会编：《福建省志・劳动志》，方志出版社 1998 年 11 月版，第 111 页。

③ 福建省地方志编纂委员会编：《福建省志・计划志》，方志出版社 2001 年 9 月版，第 116 页。

综合门市部。导致全省到处出现了网点不足、流通不畅、商品供应紧张的局面。1970 年，全省 21 种小商品中产量比 1966 年下降的有 11 种，占 52%。许多人民生活必需品长期奇缺，有的只能凭票供应①。1971 年，福州市场上供应的小商品品种只有 1000 种左右，比 1965 年减少 300 多种②。

在当时，“革命大批判”把财政、税收工作中合理的规章制度一概否定。鼓吹“肉烂在锅里，几年不算帐，钱不会跑到外国去”等谬论，使严格的财政监督取消，税收机构撤销，财政、银行机构大合并，财政税收干部大批下放，财政税收的职能无从发挥。

外贸工作被批判为“崇洋媚外”“卖国主义”。省外贸机构被撤销。出口商品中的特种手工艺品如木刻、木画、瓷雕等，被批判为“封资修”产品，并停止生产，致使许多传统出口产品丢失了原有的国际市场。海关在邮递物品监管中规定，凡进口邮包夹有“资修”的衣服、食品一律退寄。厦门海关 1969 年退寄来自国外及港澳地区的邮包，占当年邮包的 1/4。当时，华侨捐赠的钱、物也大都被拒收。

1969 年，福建省还以国营农场为基础，组建了福建生产建设兵团，共 28 个团场，划归福州军区领导。兵团下面建立了基建师、林业师、煤炭冶金师等，师下面也按军队建制。基本建设师下设七个团；煤炭冶金师则把全省大的厂矿企业，如邵武煤矿、潘洛煤矿、三明钢铁厂并起来进行集中管理。生产建设兵团是带有军队编制特点的大型国营企业，内部保持着军队师、团、连的建制和与之相关的政治工作机制和制度，以高度集中的“军事化”办法来管理工业，给生产和建设带来了很多负面影响，后于 1974 年撤销。尽管如此，组建生产建设兵团，成为了当时安置下乡知青的一条重要途径。

---

① 福建省地方志编纂委员会编：《福建省志 · 二轻工业志》，方志出版社 2000 年 4 月版，第 115 页。

② 赵德馨主编：《中华人民共和国经济史》（1967—1984），河南人民出版社 1989 年 2 月版，第 216 页。

三、“以粮为纲”方针的贯彻及其危害

福建农村遭受“大跃进”、人民公社和刮“共产风”、浮夸风的折腾之后，经过三年调整，经济开始好转。1965年，农业生产呈现稳步发展的势头。“文化大革命”又使全省农业生产遭受严重破坏，1966年粮食产量90亿斤，比1965年减少7.1亿斤。1967年降到86.8亿斤，1968年又降到84.84亿斤[①]。

福建省革命委员会成立后，在“斗、批、改”期间，虽然大力抓农业，但在指导方针上片面强调“阶级斗争”“以粮为纲”“备战夺粮”，使农业的全面发展受到严重影响。1969年12月，省革委会主要领导人公开提出：“走社会主义道路还是走资本主义道路，就要看是不是坚定不移地贯彻‘以粮为纲’的方针”[②]。同月16日，《福建日报》发表题为《必须把粮食抓紧》的社论，说“文化大革命前省委极力鼓吹以钱为纲，是要把人引到钱窟窿里去，引到资本主义的老路上去”；“我们必须狠抓两个阶级、两条道路的斗争，坚持革命大批判，彻底批判刘少奇、叶飞的这条反革命修正主义黑线，肃清其余毒。坚决贯彻以粮为纲的方针，千方百计地大力发展粮食生产”。社论要求经济作物“能砍掉的就砍掉，能搬走的就搬走，能上山的就上山”。当月的《福建日报》引用的毛主席语录，有78处只提“以粮为纲”，不提“全面发展”，为当时全国省报所罕见。于是，为了扩大粮田面积，以“闽江桔子红”著称的福桔产地闽侯，著名的甘蔗之乡莆田、仙游，主要的香蕉产地漳州、龙海，纷纷大搞“柑桔让路”“甘蔗上山”“香蕉搬家”。福州市郊区的许多社队把大片的茉莉花、茶树连根拔掉，把鱼塘填平，甚至将西湖公园内供人观赏的部分林木也砍掉，改造成田种植粮食作物。不仅大砍经济作物为粮田让路，还挤掉一些乡镇工业搞粮食。连一些有特色、有优势的传统工业也在劫难逃。全国著名的瓷都之一的德化县，1970年初搞了一场“粮瓷之争”的大辩论，大批所谓办瓷厂是“抓了钱，丢了粮”。县革委会下令所有社

① 福建省地方志编纂委员会编：《福建省志·政府志》，方志出版社2002年5月版，第190页。

② 《韩先楚同志在福建省革委会工作会议上的讲话》，1969年12月13日。

队办的瓷厂一律砍掉，集中劳力抓粮食。当时《福建日报》曾以头版整版篇幅发表了“粮瓷之争”的评论和经验文章，向全省推广。为扩大农田增加粮食，山区一些地方劈山填沟，搞“人造小平原”。1972 年仙游县集中全县劳力，大干所谓“5199”工程，即集中 5 个公社 1 个学校的劳力，平掉 99 个小山头，大搞人造平原。长泰县也搞什么“2821”工程，即铲平 28 个小山头，填平 21 条小坑垄[①]。这些不顾自然条件造出来的农田，既种不上粮食，又造成大量水土流失。更有甚者，福建还有的地方，不顾海拔 600 米以上山区的具体条件，强行推广双季稻，结果劳民伤财。在沿海，盲目搞“围海造田”，既种不了粮食作物，又破坏了海涂养殖业生产。在一些较大的江河地带，还搞“围滩造田”“围沙造田”，带来了江河淤塞、航运受阻、洪涝灾害加剧，生态平衡受到破坏等严重后果。

之所以如此强调“以粮为纲”，是因为把粮食生产看作“不仅是解决吃饭的问题，而且是政治问题，是关系到巩固集体所有制，巩固社会主义制度，关系到支持世界革命的大事情。”[②]在这种思想指导下，农村的经济作物和多种经营受到了很大损害。贯彻“以粮为纲，全面发展”方针取得突出成绩的福清县音西大队、诏安县太平公社等先进典型，均被作为“修正主义黑样板”加以批判。在对待农民自留地、副业方面，把自留地、家庭副业视为“资本主义尾巴”，进行大批大砍，有的地方没收了社员的自留地，分配的一些少量的自留地，主要是解决家庭吃菜和猪饲料[③]，连番薯和黄豆也不准种。家庭副业受到种种限制，不少地方规定农户饲养的“鸡头、鸭头不得超过人头”，超过了就是搞“资本主义”。农民赶墟也被当成“资本主义尾巴”，加以批判、限制。有的地方还实行“贫下中农管市场”，结果关闭了很多农村集市贸易；一些从事农村商品生产经营活动的社员被批判斗争，有的被戴上资本主义“暴发户”的帽子，受到惩办。这些“左”的错误政策，严重挫伤了农民的生产积极性。

---

① 何少川主编：《当代中国的福建》（上），当代中国出版社 1991 年 8 月版，第 143 页；何少川主编：《当代福建简史》，当代中国出版社 2001 年 5 月版，第 217 页。

② 《韩先楚同志在部队和地方干部会上的讲话》，1970 年 5 月 24 日。

③ 福建省工作会议《简报》总 26 号，1971 年 9 月 20 日。

同时，集体经济和社员个体经济收入大大减少，整个农业劳动生产率停滞不前，甚至下降。以粮食高产闻名的龙海、长乐两县，“文化大革命”期间不少生产队买化肥、农药都没有钱，社员劳动一年所得工分不够买回口粮。各地出现许多“吃粮靠返销，资金靠借贷，生活靠救济”的“三靠队”。由于农业生产的单一化，农村为城市提供的副食品十分匮乏，凭票供应的面越来越宽，菜摊前排队越来越长，百姓度日艰难。

此外，在分配形式上，批判按劳分配，以所谓“政治表现”来决定社员的分配收入。在农田基本建设中，重刮“共产风”，搞大兵团作战，无偿调用社队的劳力和物资，严重挫伤农民的生产积极性。在所有制上，在一些地方搞并队，“穷过渡”，把基本核算单位由生产队变为生产大队，把公社、大队、生产队三级核算变为公社、生产大队两级核算。

“斗、批、改”中的“左”的经济政策，严重扭曲了全省经济发展方向，给福建经济建设带来了巨大损失。

第十七章
纠正极左思潮及1975年整顿

第一节　短暂的纠“左”整顿

一、“解放”干部

1971年9月13日，林彪等人叛国外逃，在蒙古温都尔汗机毁人亡，其反革命集团宣告覆灭，客观上宣告了“文化大革命”的理论和实践的失败。全国掀起“批林整风”运动。在“批林整风”期间，主持中共中央日常工作的周恩来，把批判林彪反革命集团的罪行和批判极左思潮结合起来，采取措施力挽“左”倾错误造成的危机。

在中央的统一部署和领导下，福建的纠“左”主要围绕落实干部政策和整顿国民经济两个方面展开。落实干部政策，主要是解放老干部，让知识分子、技术人员回到工作岗位及复查“清队”“一打三反”“整党建党”中的案件。

在毛泽东的支持下，周恩来从全局上推动全国的解放干部工作。1972年4月24日，经周恩来指示和审阅由人民日报社起草的社论《惩前毖后，治病救人》在《人民日报》发表，指出：“对一切犯错误的同志，不论老干部、新干部，党内的同志、党外的同志，都要按照‘团结——批评——团结’的公式，采取教育为主的方针。”这篇社论有力地推动解放干部工作。

在此推动下，福建开始为干部落实政策，原来“靠边站”、受审查的下放干部陆续被解放出来。从《人民日报》社论发表后的第二个月，就解放安排了一批干部，8 个地、市省管干部解放 314 人，安排工作 237 人；地管干部解放 8305 人，安排工作 6701 人；县管干部解放 13088 人，安排工作 11808 人[①]。这之后，全省各地的解放干部工作进一步展开，越来越多的干部，以及专家、学者、技术人员开始走上工作岗位。根据 1973 年 5 月召开的全省落实政策汇报会统计，福州市的省、市管干部已解放 99% 以上，绝大部分安排了工作；1966 年后被开除的 46 名干部，除定性判刑遣返原籍监督劳动以外，其余 33 人均已作适当安排；各类专业技术人员（除少数长期患病和下放基层外）98% 作了对口安排使用，撤销的 6 个集体所有制剧团的 581 名演职员，已安排工作的 304 人，准备安排到集体所有制单位的 75 人[②]。而晋江、厦门、龙溪、龙岩、三明、宁德等 6 个地市原省管干部共有 766 名，已解放 644 名，除上调、退休、死亡 139 人外，已安排工作 337 名；原地管干部 6630 人，解放 6269 人，已安排使用 5953 人[③]。建阳地区省、地管干部 1347 人，除退休、判刑、死亡 110 人外，未安排工作仅 42 人[④]。生产建设兵团干部 10567 人，已安排使用 10059 人，其中各种专业技术人员和知识分子干部 2189 人，已安排使用 2118 人[⑤]。对于大学、文艺团体，省委要求讲师以上原则上都要调回，全省集体所有制剧团 5159 人，“文化大革命”开始后发给一年工资的 70% 处理回家，已安置 3712 人[⑥]。而对于知识分子和技术人员也作了一定的安排和使用。如晋江地区高级知识分子（时为中级职称以上）

① 福建省地方志编纂委员会编：《福建省志·共产党志》，中国社会科学出版社 1999 年 11 月版，第 227 页。

② 全省落实政策汇报会：《福州市汇报摘要》，1973 年 5 月。

③ 根据 1973 年 5 月全省落实政策汇报会材料统计。

④ 全省落实政策汇报会：《建阳地委汇报摘要》，1973 年 5 月。

⑤ 全省落实政策汇报会：《福建生产建设兵团汇报摘要》，1973 年 5 月。

⑥ 全省落实政策汇报会：《大学组讨论中反映的主要问题》，1973 年 5 月。

76人，已安排使用67人；厦门全市各种技术干部2329人（包括下放44人），已安排在技术岗位上的有2207人；主治医师、讲师和工程师63人，已对口安排51人；三明地区农技师以上技术干部43人，已安排工作39人；主治医师以上44人，已安排41人①。从各地反映的情况看，福建在1972年至1973年纠"左"期间，解放、安排干部方面做得较好，不过当时解放出来的干部，只是一部分，还有大批的干部问题尚未解决；被解放出来的干部的安排使用基本上都是就低安排使用，极少有人担任原来的领导职务，特别是原省管干部、地管干部更是如此。

在安排、使用老干部的同时，全省各级领导班子的结构也作了相应调整，根据中央精神，部分支左人员调离地方回部队。1972年8月，福州军区所辖的福建、江西两省"支左"人员6685人，经过调整，至1973年4月底，仅剩3015人，其中福建1465人。至6月底，又调整到2506人，其中福建1153人，这之后支左人员继续调离地方。根据福州军区三支两军办公室的安排，县（市、区）留2至3人（包括参加县委领导及主持人武部工作的有关人员），地（市）留6至8人（参加地委领导班子的2至3人，机关4至5人），省直机关只留60人左右，大专院校、厂矿企事业单位原则上不留。即福建、江西两省各留500人左右。但此事因随后的"批林批孔"运动的掀起被迫停止实施，到1975年全面整顿时支左人员才基本上全部调离地方。但总的来讲，纠"左"整顿期间有相当部分支左人员调离地方，一批解放了的老干部充实到各级领导班子，这在一定程度上加强了地方党委的一元化领导。不过，地方党委主要领导的情况虽有所变化，但并没有大的改变，大都还是由支左人员担任。至1973年6月初，经初步调整，福建仍有5个地（市）书记、56个县（市、区）委书记由部队支左人员担任②。

复查"斗、批、改"期间的案件，是纠"左"中落实政策的重要内容。福建仅在"清队""一打三反"两次运动，已审查定案的99067人中，被定为敌我矛盾的多达10966人，造成的冤、假、错案甚多。鉴于此，福

① 全省落实政策汇报会：《三明地委汇报摘要》，1973年5月。

② 福州军区三支两军办公室：《三支两军人员调整情况》，1973年7月10日。

建省委于1972年12月30日发出通知，就一些突出的政策性问题，提出了解决的原则，要求对“整党建党”“清队”“一打三反”中定性不服的申诉案件进行复查，纠正错案；妥善处理“文化大革命”中非正常死亡和被开除、退职人员问题；对被遣送后又返回城镇的人员中，确实遣送错的要适当安置[①]。全省各地、各部门按照中央、省委精神，开始对几次重大政治运动中的案件进行复查，重点对被定为敌我矛盾的案件进行复查。如龙溪地区，在“清队”“一打三反”运动中，原定为敌我矛盾的有826人，经过复查，事实有出入或原定性不当的192人，重新按照人民内部矛盾处理；各县定为敌我矛盾的案件，经过复核验收，也有89人降为按人民内部矛盾处理[②]。建阳地区原定为敌我矛盾的1320人，复查后纠正错案94人[③]。三明地区对定为敌我矛盾的1890人复查后，164人降为按人民内部矛盾处理，161人收回安排工作[④]。龙岩地区定为敌我矛盾635人，复查后降为419人，人民内部矛盾减轻处分946人[⑤]。晋江地区定为敌我矛盾278人，复查后166人作改变性质的处理[⑥]。宁德地区原定为敌我矛盾1062个案件，复查后降为699件[⑦]。福州市则对1970至1971年遣送到山区监督改造的“五类分子”1810人的有关问题重新处理，对其中的124人的定性作了复查处理，对随迁的3446名家属子女就业问题也作了处理，凡属于全民所有制职工的，绝大部分就地或收回安排，属于集体所有制固定工的496人，安排了76人[⑧]。厦门市重点复查了915个案件，其中，平反纠正了6件错案、57件定性不当的案件[⑨]。可见，复查只是对明显搞错的案件进行纠正，在当时条件下，要对案件

① 中共福建省委：《贯彻中共中央〈关于加强信访工作的指示〉的通知》，1972年12月30日。

② 全省落实政策汇报会：《龙溪地委汇报摘要》，1973年5月。

③ 全省落实政策汇报会：《建阳地委汇报摘要》，1973年5月。

④ 全省落实政策汇报会：《三明地委汇报摘要》，1973年5月。

⑤ 全省落实政策汇报会：《龙岩地委汇报摘要》，1973年5月。

⑥ 全省落实政策汇报会：《晋江地委汇报摘要》，1973年5月。

⑦ 全省落实政策汇报会：《宁德地委汇报摘要》，1973年5月。

⑧ 全省落实政策汇报会：《福州市委汇报摘要》，1973年5月。

⑨ 全省落实政策汇报会：《厦门市委汇报摘要》，1973年5月。

进行全面复查和改正，既不现实也不可能。

解放干部工作虽然只是初步的，但在党内外产生了强烈的政治影响，使一批干部、知识分子重新回到工作岗位，虽然他们的处境仍然很不好，但许多人毕竟因此能够尽其所能，为促进社会主义事业在艰难中发展作出自己的努力。

福建是侨区，当时的福建落实政策还包括落实华侨政策。“文化大革命”期间，大量华侨财物被查抄，在海外影响很坏。此事也得到部分解决和处理。至 1972 年底，晋江地区被查抄侨户 119 户中，已处理落实了 104 户；被冻结侨汇 18.5 万元中，已解冻 98.9%；被侵占的华侨房屋已基本上退还。龙溪地区被冻结的侨汇有 61 户 6.2 万多元，已解冻 55 户 4.6 万多元，被没收占用的华侨房屋 133 户，大部分也已归还。福州市冻结的侨汇已全部解冻，查抄的物资也已处理落实。厦门市已定案处理查抄对象 1646 户，占被查抄总户数的 74.8%；被占用房屋 734 户，已处理 233 户，其中退还房屋 15 户，其余退还房产权①。华侨政策的初步落实，在海外产生了积极影响。

二、整顿工农业生产

在周恩来主持中央日常工作期间，多次提出要批判极左思潮，明确要求：“运动与业务不能对立”，政治挂帅“就是要挂在业务上”，为扭转国民经济遭受严重破坏的局面作了很大努力，力争国民经济在相对稳定的局势下摆脱困境，以求发展。在此期间，福建省在中央领导下，整顿和加强工业企业管理，落实农村经济政策，工农业生产有所好转。

首先是工业企业的整顿。1971 年底和 1972 年初，周恩来多次指出，现在企业管理乱得很，要整顿。1971 年 12 月至 1972 年 2 月，全国计划工作会议强调了整顿企业管理，明确规定要恢复和健全七项制度（岗位责任制、考勤制度、技术操作规程、质量检验制度、设计管理和维修制、安全生产制、经济核算制）和七项指标（产量、品种、质量、原材料燃料动力消耗、劳动生产率、成本、利润）。1972 年 10 月，经国务院批准，

① 福建省革命委员会生产指挥部：《关于加强企业财务管理工作的意见》，1972 年 3 月 2 日。

召开了加强经济核算、扭转企业亏损会议，提出了加强经济核算制、做好整顿工作、改进国家对企业亏损的管理制度、严格财经纪律等措施。福建的工业企业整顿主要是根据国务院这两次会议的精神，全面落实"七项制度"和"七项指标"，改进对企业亏损的管理，使企业管理工作得到加强，取得了较好的经济效果。

整顿之前，福建工业企业的问题非常严重，普遍亏损。据统计，1971年全省企业扣除了政策性亏损，还亏损8500万元，比1970年增加3363万元[①]。其原因主要是企业管理混乱，消耗增加，产品质量差、产品合格率低所致。以机械行业为例，据4个厂14742项检查结果，总平均合格率只有59.6%。其中，标准件的问题最为严重，合格率只有36%。轻工业中的纺织行业的问题也很突出，普遍存在缩水率和漏检率高，染色牢度差的问题。据6个纺织厂15项质量指标统计，只有一项达到历史最好水平。全省色织布巡回检查中，36个厂中就有18个厂没有一等品。复查各厂进仓的406匹一等品布，真正是一等品的只有60匹，漏检率达85%。

1972年2月24日至3月11日，福建省委召开全省计划会议，传达全国计划会议精神，并提出本省的经济计划：农业生产要求突出粮食，发展多种经营。基本建设集中打歼灭战，缩短战线，加强基建管理，力求节省，提高投资效率，坚持按基建程序办事。工业方面抓钢材品种、产品质量，更好地为工农业生产和国防建设服务，轻工业主要为解决全省人民穿衣问题打好基础；机械工业大力支援农业，加速农业机械化过程[②]。重点提出企业要执行岗位责任制度、考勤制度、技术操作规程制度、质量检验制度、设备管理和维修制度、安全生产制度、经济核算制度等七项制度，并提出要抓产量、品种、质量、原材料燃料动力消耗、劳动生产率、成本、利润等七项指标。为了切实有效在全省企业推行"七项制度"和"七项指标"，提高产品质量，福建省委又于1972年6月召开全省工业电话会议，要求各地狠抓工业产品的质量问题，努力实现优质、高产、多品种、低消耗，保证完成国家计划。并提出，为确保产品质量，

---

① 朱绍清在省委、省革委会电话会议上讲话：《动员起来，进一步掀起抓革命、促生产的新高潮》，1972年6月15日。

② 福建省地方志编纂委员会编：《福建省志·总概述》，方志出版社2002年1月版，第123页。

要突出抓整顿劳动纪律，建立健全考勤制度和岗位责任制度，建立强有力的生产、技术和质量管理机构，选调一批有实践经验的老工人和技术人员到质量管理机构里来，普遍推广“优选法”和“统筹法”；对不适应生产需要的连排组织形式，要改成车间、班组；要求企业一、二把手亲自抓质量，把产品质量问题提到党委的议事日程。对质量事故要追究责任。一些地区在这方面因为措施有力，收到了比较明显的效果。厦门地区抓质量抓管理较早，领导亲自蹲点，发动群众开展质量普查，总结典型经验，开展交流活动，提出 1972 年各项产品的质量要求，制订了具体措施。截至 1972 年第一季度，厦门市有 54% 以上产品质量达到历史最好水平，大部分工厂的质量检验机构和制度已经建立起来。全省涌现了一批重视产品质量的企业。在抓产品质量这一主要环节后，省委又着手抓企业经济核算，加强对企业的管理，扭转企业亏损局面。经过一段时间整顿，企业亏损虽然有所好转，但仍“改变不快”。造成这种状况原因很多，但最根本的一条是以往企业管理太松散。人的思想一时也难以有大的转变。有些人错误地认为，抓生产、抓技术就是“政治不挂帅”，抓管理就是“穿新鞋走老路”，重犯“管、卡、压”的错误；把规章制度一概说成是“老框框”“烦琐哲学”“复旧”等等。以致一些企业存在这种现象：一、二把手不去管，生产技术工作干部不敢管，少数无政府主义的人干涉管。对此，省委专门召开全省加强核算、扭转企业亏损会议，严厉批评企业中流行的“管不管，机器照样转”“三年不核算，生产照样干”的错误说法，要求各级党委和企业党委必须大力加强对企业管理的领导，切实做好企业的整顿工作。

至 1972 年底，企业整顿开始取得比较明显的成效，是年全省工业总产值比上一年增长 14%。其中，增长 4 倍以上的有手扶拖拉机，增长 1 倍以上的有拖拉机、合成洗涤剂，增长 30% 以上的有钢材、化学纤维、缝纫机等[①]。1973 年上半年，全省工业总产值累计完成 172383.48 万元，比上一年同期增长 15%[②]。

① 福建省革命委员会生产指挥部：《生产情况》(6)，1973 年 1 月 17 日。

② 福建省革命委员会生产指挥部：《生产情况》(72)，1973 年 7 月 17 日。

在农村工作方面，主要纠正一些“左”的经济政策。1971年12月，中共中央作出了《关于农村人民公社分配问题的指示》，强调必须坚持国家、集体、个人三者利益兼顾，坚持按劳分配，农业必须全面发展，不能把政策允许的多种经营当作资本主义去批判。1973年初召开的全国计划会议还进一步强调，强行扩社并队、没收自留地、砍家庭副业、搞“一平二调”，是错误的。在这方面，早在1971年福建省委就根据中央的指示精神，具体制订了有关农村经济政策的“十六条”，提出了要坚持按劳分配原则，允许社员适当经营自留地和家庭副业等具体意见。因这“十六条”符合中央关于农村经济整顿精神，因此，在纠“左”期间，福建省委在全省农村仍继续推行“十六条”。1972年全省工作会议就农村经济政策问题又进行了专门的讨论和研究。根据全省农村执行“十六条”中出现的新情况，提出要进一步完善农村经济政策，特别是农产品的价格和奖售政策。对一些农副产品如毛竹、木材、柴片、木炭、茶叶、生猪、甘蔗、海带、黄麻、烤烟、晒烟、土纸、笋干等调高价格，同时也增加了一些农副产品进行奖售①，这些政策、措施有力促进了全省农村多种经营和农村经济的发展。1972年全省粮食产量达124.27亿斤，比1971年增长6.20%；造林面积由1971年的458.48万亩发展到1972年的645.13万亩和1973年的565.84万亩②。

经过整顿，全省工农业生产有所恢复发展。全省工农业总产值从1971年的53.56亿元提高到1972年的60.76亿元，再提高到1973年的65亿元；财政收入从1971年的6.8485亿元提高到1972年的8.5892亿元，再提高到1973年的9.5771亿元③。基本建设投资完成4.6亿元，商业购销得到恢复，物价稳定；文化、教育、卫生、出版、体育、广播和科学技术等方面都有了新的发展④。但也存在不少问题。比如基本建设战线，虽然经过压缩，有所好转，但是战线还是比较长。到1972年底，全省全民所有制职工达到109.20万人，比1969年增加了22.44

① 《省工作会议简报》，1972年10月19日。

② 福建省地方志编纂委员会编：《福建省志·政府志》，方志出版社2002年5月版，第191页。

③ 何少川主编：《当代福建简史》，当代中国出版社2001年5月版，第202页。

④ 福建省档案馆馆藏资料第179卷，第12—3页。

万人;工资总额 6.15 亿元,比 1971 年增加了 1.27 亿元[①];粮食销量也相应地增加。鉴于这种情况,根据周恩来和国务院的指示精神,省委在 1973 年四五月间召开的全省计划会议上重新调整了全省国民经济各项计划,提出要大力发展农业,实现全省粮食生产上《纲要》;开展增产节约运动,实现工业生产的持续发展;加强基础工业,增加支农产品,大力发展轻、手工业;缩短基本建设战线,控制建设项目,控制投资额,把建设项目的批准权集中到省;严格控制职工人数,提高劳动生产率;积极组织财政收入,抓好粮食购销,安排好城乡市场[②]。经过 1973 年的努力,全省国民经济的调整取得了良好的效果。1973 年全省国民生产总值 40.36 亿元,比上年下降 1.7%;工农业总产值 64.94 亿元,比上年增长 7.3%;财政收入 9.57 亿元,完成计划数 8.53 亿元的 112.3%,比上年实际收入增长 11.5%[③]。

1972 年的纠"左"整顿使党的干部政策和知识分子政策得到初步落实,工农业生产开始恢复和发展。

三、"批林批孔"运动

经过 1972 年全国开展对极左思潮的批判,广大干部和群众希望社会安定、经济发展、生活有所改善的要求更加迫切。但各个领域在批判极左思潮过程中采取的纠"左"措施及其成果,因涉及对"文化大革命"的总体评价,引起毛泽东担心。1974 年 1 月 18 日,中共中央以一号文件转发了由北京大学、清华大学大批判组汇编的《林彪与孔孟之道》(材料之一),一场"批林批孔"运动立即在国全开展起来。"四人帮"借此把矛头指向周恩来等老一辈革命家,从而使林彪事件后经过艰苦努力刚刚趋于稳定的政治局面和有所发展的国民经济再遭严重破坏。

1974 年 1 月 30 日到 2 月 3 日,福建省委召开常委扩大会议,传达贯彻中央对"批林批孔"的部署,提出要纠正不认真、不严肃、不理解、

---

① 福建省统计局编:《光辉的历程——福建五十年》,中国统计出版社 1999 年 8 月版,第 257、260 页。

② 福建省地方志编纂委员会编:《福建省志·计划志》,方志出版社 2001 年 9 月版,第 71 页。

③ 福建省地方志编纂委员会编:《福建省志·计划志》,方志出版社 2001 年 9 月版,第 287 页。

不得力的状况，要把“批林批孔”摆在一切工作的首位，与认真纠正“走后门”、搞特殊化和向传统决裂联系起来，把矛头对准林彪孔孟之道。会议召开期间，福建省委、福州军区党委还联合召开有 2 万多人参加的“批林批孔”动员大会。为了取得经验，指导和推动全省“批林批孔”运动的开展，福建省委常委会议决定直接抓省军区司令部机关、省军区独立团十三连、省计委机关、福州城门公社店前大队等四个试点。此后，各地也认真进行传达贯彻。通过这些部署和发动，使“批林批孔”运动在全省各地逐步开展起来。

正当“批林批孔”运动在福建展开时，新华社记者戚休于 1974 年 2 月来到福建省军区搞所谓“批林批孔”的试点。在“四人帮”的直接干预下，此人抓住原福州军区司令员、福建省委第一书记韩先楚所谓长期为福建省军区政委倪南山、副司令员周子韬“捂盖子”问题大做文章，指责福州军区在对待倪、周所写检举陈伯达、张春桥材料事件中有严重错误。此时，韩先楚刚调离，皮定均接任福州军区司令员。由于福州军区、福建省委在倪、周问题上的立场同中央文革小组的愿望背道而驰，于是，中共中央、中央军委于 3 月 6 日复电福州军区党委、福建省委（即中共中央［1974］9 号文件），对福州军区党委、福建省委提出严厉批评，要求彻底揭开福州地区“批林批孔”斗争的盖子，并要求福建省委、福州军区党委、省革委会和省军区党委共同召开全体委员参加的联席会议（简称“四联会”），对前段批林批孔中的“错误”作出检查。

为了“彻底揭开福州地区批林批孔斗争盖子”，按照中央 9 号文件的要求，中共福建省委、福州军区党委、福建省革命委员会和福建省军区党委的联席会议于 3 月 10 日在福州召开，一直到 9 月 28 日，历经半年多。这是福建省有史以来最长的一次会。参加会议的有福建省委、福州军区党委、福建省革委会、福建省军区党委的全体委员 218 人。会议由福州军区党委和福建省委领导。

召开会议的目的就是贯彻中共中央 9 号文件，揭福州地区阶级斗争、路线斗争的盖子。一开始主要是检查批判福州军区党委、福建省委在“批林批孔”运动初期所犯的“错误”，批判了倪南山、周子韬的“严重错误和罪行”。会议本来是批福州军区党委和福建省委“犯方向性错误”的，但会议开始不久，时为中共中央副主席的王洪文擅自代表中央给皮定均打电话，要求“集中揭发批判韩先楚，把韩先楚的盖子揭开”①。于是福建的“批林批孔”运动马上转向，开始“万炮齐轰韩先楚”，“四联会”也集中批韩先楚。4 月 24 日，福建省委向中共中央报告，决定在《福建日报》上对韩先楚进行不点名的批判。

“四联会”的第一阶段，从批倪南山、周子韬，到批福州军区、福建省委，最终到批韩先楚，完全是错误的。在“四人帮”被粉碎后，中共中央副主席叶剑英批示：“9 号文件”确实是“四人帮”搞的，应予撤销。因“9 号文件”而受迫害的干部和群众，应予落实政策。1982 年 7 月 22 日，中共中央正式发通知：“1974 年 3 月 6 日，中共中央、中央军委给福州军区及福建省委的复电（中）发［1974］9 号）文件是错误的，应予撤销。”

到 4 月底，“四联会”的“揭盖子”任务基本上已告一段落。此后的几个月里，会议回到了“批林批孔”的轨道上。这个阶段，在深入揭发的基础上，开始把“学、揭、批”结合起来，着重学习中共中央、毛泽东关于“批林批孔”的一系列重要指示和文件，学习儒法斗争的历史，批判儒家“反动没落阶级的意识形态的孔孟之道，批判林彪效法儒家‘克己礼复’的反动纲领及其修正主义路线的极右实质”。不少党政机关及其负责人，又因所谓“复辟回潮”“否定文化大革命”而再次受到冲击。有些地方利用派性，趁机搞“突击入党”“突击提干”，1974 年底至 1975 年初，全省“突击”发展党员达 3900 多人。②

根据毛泽东关于“无产阶级文化大革命，已经八年，现在，以安定为好，全党全军要团结”的指示，9 月 28 日，“四联会”闭幕。此时，政治气候已发生微妙变化，所以，在会议闭幕之际对“揭盖子”中所涉及的人和事的定调也有所缓和。随着“四联会”的结束，“批林批孔”也逐渐接近尾声，虽然此后仍继续了一段时间，但形势正在朝好的方向发展。

---

① 石一宸：《捂盖子与揭盖子的一场严峻斗争》，韩先楚传记编写组：《战将韩先楚》，湖北人民出版社 1993 年 1 月版，第 101 页。

② 中共福建省委组织部等：《中国共产党福建省组织史资料》（1926 年 2 月—1987 年 12 月），福建人民出版社 1992 年 12 月版，第 459 页。

福建的“批林批孔”运动，由于“四人帮”的直接干预而使局面变得异常复杂、混乱，福建各地的极少数造反派和“四人帮”集团遥相呼应，到处兴风作浪，互相串联、武斗夺权的恶劣风气再度抬头；福建省委大院再次出现大量的大字报，福州市酿酒厂工人要求组织战斗队，还有几个人要去兰州揪韩先楚；① 南平街头又出现两种不同观点互相覆盖大字报的严重对立状况，南平铝厂还发生了武斗事件②；一些人散布所谓“不为错误路线生产”的口号，煽动停工停产；一些领导干部或被重新打倒，或被迫离开岗位，或卷入支一派压一派的派性斗争中；许多地方和单位的领导班子又陷于瘫痪。③ 所有这些，使得刚刚有转机的全省经济又陷入低谷，其直接后果便是当年国民经济大部分主要指标没有完成，生产下降、运输停滞、财政困难、市场紧张等严重社会问题重又出现。此外，“批林批孔”运动还扰乱了福建各级学校正常的教育教学秩序，使尊师重教的优良传统和伦理道德规范也受到了严重的破坏。

第二节　领导班子的整顿与党的政策的落实

一、批派性与整顿领导班子

“批林批孔”运动，致使有所好转的形势重新陷入严重混乱的境地。人们对这场政治运动的厌倦情绪越来越强烈，希望社会安定、经济发展、生活有所改善成为广大干部群众普遍的迫切要求。毛泽东对江青等利用“批林批孔”另搞一套的图谋有所察觉。鉴于周恩来身体原因，毛泽东提议由邓小平任国务院第一副总理。1975 年 1 月 8 日至 10 日，党的十届二中全会选举邓小平为中共中央副主席、政治局常委。1

① 《福州市反映的一些问题》，《福建批林批孔简报》第十八期。

② 《各地、市兵团传达贯彻中央 12、13、14 号文件后尚待解决的几个问题》，《福建批林批孔简报》第二十四期。

③ 《福州市反映的一些问题》，《福建批林批孔简报》第十八期。

月 13 日至 17 日举行的第四届全国人民代表大会第一次会议上，周恩来在政府工作报告中重新提出全面实现农业、工业、国防、科学技术的现代化的宏伟目标。会后，周恩来病重住院治疗，邓小平在毛泽东的支持下，主持国务院和党中央的日常工作。针对“批林批孔”造成的混乱局面，邓小平根据毛泽东提出的要安定团结，把国民经济搞上去的指示，以铁路运输和钢铁工业为突破口，对国民经济和各方面工作大刀阔斧地开展了整顿。就福建而言，主要围绕整顿领导班子、落实政策、整顿国民经济三个方面展开。

“文化大革命”中，福建的社会主义民主与法制被严重践踏，众多靠造反起家的人，在各级党政机关和社会企事业单位攫取了重要权力，这些人与其他形形色色的争权夺利者混杂在一起，闹派性，打派仗，致使各级领导班子很不团结，普遍存在“软、懒、散”现象。到“文化大革命”后期，派性成为危及福建一切工作的一大公害。当时新上任的中共福建省委第一书记、省革委会主任廖志高，在接触了福建的实际情况后，曾经深有感触地说：“当前社会上不安定、不团结，派性是主要的，派性的危害性大，这个东西不搞掉，不会安定”，“工作就捅不开，不能安定团结，不能落实政策。”① 正因为派性严重，因此，整顿班子中的派性，调整领导班子，成为 1975 年福建整顿的重点。

整顿一开始，廖志高在军队干部大会上就明确提出，要把坚决消除资产阶级派性，作为贯彻安定团结总方针必须解决的首要问题。在 4 月召开的全省地、市委书记会上，省委对派性问题的严重性有了进一步认识，并作出了反派性先抓省、地、县机关，后抓基层的部署。会后，从省直机关开始，召开反派性动员大会，而后对各厅、局中“有派性而未脱钩断线的人”进行排队、办学习班，各地也仿效召开动员大会，层层办学习班。有些派性严重的干部，调到党校学习。在省委党校，就集中了 60 多人。当时送学习班、党校学习，名为“学习”，实际上是先行回避，发动群众，开展背靠背的检举揭发；然后，再逐个叫回去，进行面对面的揭批。这样的学习班，从省、地、县，一直办到社队基层。

① 《省委常委、全委扩大会材料》，1976 年 7 月。

但是，反派性的过程并非一帆风顺。经过“文化大革命”八年动乱，派性势力根深蒂固，派性关系盘根错节，反派性不可能不遇到阻力。广大干部群众对派性长期作乱虽极为不满，但对反派性心有余悸，“最怕派性在上级有人支持，后台硬”①，担心“大气候”一变，派性分子立即反攻倒算。有的派头头威胁知情者：“你交代，我不仅政治上要搞垮你，而且肉体上要消灭你。”这给反派性斗争增加了很大的难度。因为派性势力在作怪，也因为“恐派病”在作怪，许多地区和单位对省委的反派性部署顾虑重重，执行不力。

正因为派性问题如此严重，省委领导自5月起开始不断为反派性斗争加温，认定“反派性是个不可逾越的阶段”，把反派性的调子升到了“围歼派性”“消灭派性”，提出对派性要“针锋相对，寸步不让”，要求各级党委要反右倾、抓重点，克服“恐派病”，并决定集中力量先解决18个问题比较大的重点县、市和重点机关、要害部门的严重派性问题。

在努力打开反派性斗争局面的同时，省委反复强调要注意掌握政策。提出只要与派性彻底脱钩，不再搞派性，就既往不咎；对于执行错误路线的一般性分子，改了就好；如果坚持不改，今后再搞资产阶级派性，就要作严肃处理②。

经过半年多的反派性斗争，打击了“派性头头”的嚣张气焰，掌握了各级领导班子中派性状况，为调整和加强领导班子创造了条件③。但要真正进行班子大调整，调离、调动派性分子，重新任用老干部，并非易事，首先是遇到派性势力的负隅反抗。

在这关键时刻，中央于1975年8月上旬召开了福建工作汇报会。廖志高、皮定均、朱绍清等人出席会议。邓小平在听取汇报后，首先肯定了福建反派性斗争的成绩，并一针见血地指出，福建反派性工作还不突出，解决派性问题、班子问题，态度要坚决，什么事情没有强有力的领导班子就办不好；搞派性的干部有一百个调一百个，有一千个调一千个，有多少调多少；调整班子中，要大量起用“文化大革命”中靠边站的

① 中共福建省委：《关于省委常委扩大会议情况的报告》，1975年9月13日。

② 《廖志高同志在地市委书记会上的讲话》（记录稿），1975年6月8日。

③ 中共福建省委：《关于省委常委扩大会议情况的报告》，1975年9月13日。

中年干部，这些人对党有感情，又有各方面工作的经验，工作主要要依靠他们[①]。廖志高等人回福建后，立即召开省委常委扩大会议，传达、贯彻邓小平的指示精神。会议决定对省革委会和省直机关的派头头王云集等三人进行停职审查，并遵照邓小平的指示，对“文化大革命”期间大搞派性活动的李庆霖进行严重警告[②]。还决定调离派性严重的地委领导干部 6 人，县委正副书记 22 人；提拔地委副书记、常委、地区革委会副主任 19 人，县委正副书记 40 人，并加强了 29 个县（市）的领导班子[③]。

9 月中旬，中央召开包括福建在内的 12 个省省委书记会议。会上，邓小平再次肯定了福建的工作，说“廖志高到福建，也不过是几个月时间，局面就改变了，主要是大胆，不怕”。廖志高向邓小平反映工作中的具体困难，说在福建一安排老干部工作，就有人说是“峨眉山幽灵（廖志高系四川人）和乌山幽灵结合起来了”，并说是在搞“右倾复辟”。邓小平听了后说：“他说他的，搞事情总是有人反对，不要怕。反正领导班子问题要解决，要调整，老干部要依靠。”[④] 在 10 月下旬召开的地、市委书记会议上，廖志高传达了中央会议精神，对继续搞派性的人提出严重警告，对消灭派性、整顿班子提出严格要求。会议决定对派性打“总体战”，发动“总攻击”，努力使其“总崩溃”，从而达到班子大调整的目的。

调整班子的一个途径是通过恢复、调整机构来实现的。1975 年 11 月 3 日，省委发出《关于省级机关机构设置的通知》，决定省委机关不再设立“组”，设办公厅、组织部、宣传部、统战部；省革委会不再设“口”，设办公室、计委、建委、政法办、工业交通办、农林水办、文教办和财贸办；省委办公厅与省革委会办公室暂时合署办公；成立省委经济工作领导小组，研究决定日常经济工作；原省革委会各委、办、厅、局、院和工、青、妇人民团体的党的核心小组撤销，都设立党组；各地、市、县机构设

① 《廖志高同志在省委全委扩大会全体会议上的检查》（1976 年 6 月 9 日），《中共福建省委全委扩大会议简报》综合（2），1976 年 6 月 19 日。

② 《中共福建省委全委扩大会议简报》综合（2），1976 年 6 月 19 日。

③ 中共福建省委：《关于省委常委扩大会议情况的报告》，1975 年 9 月 13 日。

④ 《廖志高同志在省委全委扩大会全体会议上的检查》（1976 年 6 月 9 日），《中共福建省委全委扩大会议简报》综合（2），1976 年 6 月 19 日。

置可参照省级机关的机构设置，报省里批准。新调整的机构取消了原来“三结合”的班子，重新任免干部。

调整班子的另一途径，就是直接对班子中的派性分子采取措施。随着反派性斗争的深入，对派性采取的措施，已经从办学习班、送党校学习，发展到下放蹲点、交流调离、停职检查，乃至组织处分，除了对极个别派头头采取停职检查和组织处分外，比较多或比较普遍的是采取下放蹲点和交流调离这两种措施。省级机关、地市县机关一批派头头被下放到基层蹲点，到农村、厂矿锻炼。交流调离干部的面则更大，仅8月份的一次就调整200多人。其间，莆田、晋江、龙溪三地区的干部，调整、调动的面较大。宁德地区干部调整的面也比较大，仅古田县就撤换580多人，新提拔490多人①。其他地区和部门的领导班子，也有不同程度的调整和变动。

1975年福建的批派性和整顿领导班子，沉重地打击了派性，使全省各地特别是沿海一带派性势力严重削弱，同时使一大批靠边站的老干部在各级领导班子中重新发挥重要作用，初步建立较为健全的领导班子，在一定程度上缓解了后来“批邓、反击右倾翻案风”运动给福建带来的恶劣影响，也为粉碎“四人帮”后顺利打开福建的工作局面奠定了组织基础。但在当时“左”的一套盛行的历史环境下，在批派性和整顿领导班子中，有些地方也存在着以派性反派性，以派性整顿班子等现象。

二、落实党的政策

1975年，省委根据邓小平关于对各方面工作都要进行整顿的要求，开始对“文化大革命”中“清队”“一打三反”等案件和一些历史案件进行复查落实。

1975年2月25日，省委发出《关于认真做好落实党的政策工作的通知》。《通知》明确提出要对“文化大革命”历次运动中被错整的人落实政策。要求对未作结论的案件，应迅速根据事实材料，做好结案处理；对已经处理的案件，凡属结论不当，混淆两类不同性质矛盾，定性错

---

① 摘自《省委常委、全委扩大会揭发材料》，1976年7月。

误的，都应予以改正或纠正；对历史关节问题，除确是叛徒外，未发现新的重大问题的，应维持“文化大革命”前的结论，不作重新处理。《通知》还强调，在“文化大革命”中除直接给人民生命财产造成严重损失，应按党纪国法论处外，其余犯严重错误的，一般免予纪律处分；对犯有错误的，以“反军倒韩（韩先楚）”名义正式定为反革命分子的应予平反；对在“文化大革命”历次运动中非正常死亡的，一般都要弄清问题做出结论。通知特别强调，落实政策是全党的任务，是一项艰巨、复杂、严肃、细致的工作，要敢于坚持真理，勇于纠正错误，坚持党性，反对派性。此后，全省各地、各部门的落实政策工作正式启动。1975 年 3 月，省委落实政策办公室成立。各级党委也抽调干部建立落实政策办公室。据统计，省委 9 号文件下发后，全省县以上就抽调 894 名干部参加这项工作。

在“文化大革命”中，包括各级领导干部、知识分子、技术人员在内的广大干部受到了严重的冲击和迫害，落实党的干部政策，贯彻省委 9 号文件精神，首先就要复查落实他们的案件，尽快让他们重新回到工作岗位。当时，省委特别强调“要落实老干部的政策”，“要快点解放老干部，使用老干部，发挥老干部的作用”。于是，部分老干部立即被解放出来，被降职使用的有的也恢复了职务。1975 年上半年，部队支左人员基本上全部撤离地方回部队，省、地（市）、县（市、区）党委、革委会及有关部门所腾出的位置由老干部充实，特别是县（市、区）委主要负责人，经过 1975 年 3 月、5 月两次调整充实，多数都换上了解放出来的干部。

为了推动党的干部政策落实工作，1975 年 7 月 14 日，省委又批转了省委落实政策领导小组《关于落实政策中解决若干具体问题的意见》，提出了复查要求和复查针对有关人员的政治定性、工作安排、工资调整、生活待遇、遗属与家属的安置等方面的具体意见。但是，由于有的党委领导仍然对落实政策工作重要性认识不足，再加上“左”的思想影响未消除，派性干扰还在继续，因此，这一阶段全省落实政策工作虽已起步，但并未打开局面。据 9 月初统计，全省完成应复查的任务还不到 1/4，双开除的案件有 80% 左右尚未复查落实，与省委要求在年底完成落实政策工作的要求有很大的距离[①]。

于是，省委于10月下旬又召开落实政策工作座谈会，强调要加快落实政策的步伐。会后，各地（市）都分别召开落实政策工作会议，研究加快步伐的措施。龙岩地委提出，要人给人，要时间给时间，务必在年底完成落实政策任务，如完不成要作为违反政治纪律检查。地委第一书记温附山亲自到漳平、长汀等县调研，对少数搞派性、抵制落实政策的干部，采取了组织措施，推动了整个地区落实政策工作的开展。全省其他地区也都不同程度加大了落实政策工作力度。至年底，全省列为复查的案件45490件，初步复查落实了31165件，对“文化大革命”中非正常死亡未作妥善处理的1825人作了处理，为2066人作了口头平反或书面结论[②]。宁德地区1957年处理不纯干部1448人，在这次落实政策中，对690人作了复查并作出结论[③]。

当然，这一阶段落实政策只是初步的。在当时的历史条件下，许多被颠倒了的重大是非问题还无法纠正过来，只能在肯定“文化大革命”前提下，对全省个别典型的冤假错案进行复查和平反。这就决定了“落实政策工作必然有很大的局限性”[④]，“文化大革命”中大多数的冤假错案，在这个时候根本得不到复查。而且当时不少案件复查后得不到平反，就是平反了也很少是彻底的平反，总是留着这样或那样尾巴，以至于“文化大革命”结束后，这些案件又重新复查平反。尽管如此，当时在十分困难的情况下，落实政策工作毕竟起步了，并推翻或改正了一些“文化大革命”中的案件，解放平反了一些蒙冤受屈的干部、群众，在社会上产生一定的影响。

① 《林一心在全省落实政策工作座谈会上的讲话》，1975年10月。

② 福建省地方志编纂委员会编：《福建省志·共产党志》，中国社会科学出版社1999年11月版，第181页。

③ 中共宁德地委：《一九七五年落实政策工作总结报告》，1975年12月28日。

④ 李雨之：《全省平反“文化大革命”中冤假错案、落实干部政策初步总结和当前工作任务》，1981年8月28日。

第三节　国民经济的整顿

一、工业的整顿

“文化大革命”给国民经济造成了严重破坏，根据毛泽东发出“要把国民经济搞上去”的呼吁，邓小平全力领导国民经济整顿。其时，福建的工农业在全国均居下游位置，国民经济整顿主要是整顿工农业生产中存在的问题，在继续抓“工业学大庆”“农业学大寨”运动中，采取实际步骤和措施，推动工业和整个农村经济的发展。

整顿前，虽然经过 1972 年的“七项制度”和“七项指标”的贯彻落实，但福建工业所存在的问题仍然非常突出。国营工业企业欠利和集体企业欠税的数额很大，1974 年全省的财政收入仅占全国的 1.2%，而企业欠利却占全国的三十分之一[①]。这主要有两个方面原因造成。一方面，铁路运输堵塞，煤炭、钢铁工业欠产以及电力供应不足等这些基础工业方面的问题，导致了工厂开机不足，设备利用率低；另一方面，企业领导班子派性严重，管理混乱，带来了产品质量差、劳动生产率低等问题。在这种情况下，企业成本增加，利润下降，亏损面扩大在所必然。所以，1975 年福建在工业方面的整顿也主要围绕这两方面进行。

1975 年上半年，重点整顿那些危及整个工业生产的铁路、煤炭和钢铁等基础工业。整顿是在中央的统一部署下进行的。1975 年 2 月 10 日，在邓小平的主持下，中共中央发出了《批转一九七五年国民经济计划的通知》，要求全党要把国民经济搞上去，当前特别要把交通运输和煤炭、钢铁生产抓上去。福建的铁路、煤炭和钢铁工业的整顿随即依次展开。3 月 11 日，福建省委电话通知全省各地认真贯彻中共中央《关于加强铁路工作的决定》。随后，为了落实《决定》精神，全省共举办

① 《伍洪祥同志在省抓革命促生产会议上的讲话》(记录稿)，1974 年 10 月 25 日。

130多期学习班，教育、处理铁路系统有关派头头；组织180多个工作组深入基层，调查研究，整顿秩序、建立健全规章制度。紧接着，福建省委即着手整顿煤炭工业。在3月中旬召开的省委工业会议及省计委的办公会议上，都把煤炭作为重点问题研究，要求各有关地、市组织力量狠抓煤炭生产，尽快把煤炭生产促上去；运输部门要迅速组织力量，领导干部要亲临第一线，采取有效措施，迅速扭转大量煤炭压矿的局面。在铁路运输、煤炭工业整顿初见成效后，福建省委又按照中央的整顿部署，狠抓钢铁工业整顿。福建省自1972年之后，钢铁产量逐年下降。1975年1至5月，全省钢产量31986吨，只完成年计划的30%，欠产12600吨；生铁产62330吨，仅完成年计划的31%[①]。面对钢铁严重欠产的局面，省委要求各级领导要把钢铁以及整个工业生产列入党委的重要议事日程，重点地区党委主管工业的负责人要以主要精力抓好钢铁生产；省、地、市三级必须建立强有力的生产指挥调度系统，煤、电、运输等有关部门要密切合作，为完成钢铁生产任务创造良好的条件[②]。

1975年上半年铁路、煤炭、钢铁的整顿只是初步的。除铁路整顿效果比较明显外，全省的钢铁生产一时还难以有大的转机，省委在给中央的报告中依然称：上半年的“钢铁、煤炭生产上得慢。”据统计，当时57种主要产品有3/4没有达到计划进度要求，上半年工业企业收入要比上一年同期下降17.2%[③]。

下半年，全省工业企业整顿全面展开。6月18日，省委、省革委会在给中共中央、国务院《关于贯彻中央〔1975〕13号文件的报告》中就提出了具体整顿措施：一要坚决消除企业领导班子中的派性，调整充实企业的领导班子；二要落实企业干部政策和老工人、老技术员政策；三要加强企业管理，建立和健全必要的规章制度。下半年的企业整顿主要就是抓这些整顿措施在全省各地的落实情况。在6月28日至7月

① 中共福建省委、福建省革命委员会：《关于贯彻中央〔1975〕13号文件的报告》，1975年6月18日。

② 中共福建省委、福建省革命委员会：《关于贯彻中央〔1975〕13号文件的报告》，1975年6月18日。

③ 中共福建省委：《关于贯彻执行中共中央〔1975〕17号文件的通知》，1975年7月26日。

10日召开的全省“工业学大庆”经验交流会上，省委领导反复强调，要改变企业班子中“软”“懒”“散”现象，明确提出，所有企业要按照中央精神，建立和健全必要的规章制度，扎扎实实把岗位责任制、技术操作规程、安全生产、设备管理和维修制度等建立、健全起来，坚决克服不敢抓管理、不敢抓规章制度的错误思想，纠正有章不循、无章可循的现象，迅速改变质量低、消耗高、事故多的严重情况。还提出要搞技术革新、技术改造，充分挖掘现有企业的潜力，提高劳动生产率，改变基本建设投资战线过长，机器利用率低，投资效益差的状况①。在10月18日召开的全省企业整顿座谈会上，再一次强调要抓紧整顿企业领导班子，落实党的有关政策，加强企业管理，抓设备检修和搞好煤、电与原材料生产。省委第一书记廖志高还于11月专程到工业重地三明市调查研究，先后到青州纸厂、三明重机厂、三明纺织厂、三明印染厂、三明钢铁厂、三明化工厂、三明维尼纶厂、三明安砂电站及永安插秧机厂、拉管厂等厂矿企业，展开广泛调查，检查企业整顿情况，发表了一系列重要讲话②。指出，工矿企业班子不抓好，企业管理没有人抓，规章制度没有人去建立，歪风邪气没有人带领群众去斗争，甚至有些干部自己还带头搞七搞八，这怎么能把企业搞好？班子一定要抓紧解决，不抓不行，抓而不紧也不行。像那种遇事不点头、不摇头的班子怎么行？对这样的人要下决心去调整，不能再拖了。要下决心把反派性的运动搞彻底，在整顿企业中，对派性未搞彻底的，还要继续发动群众搞，对破坏生产、破坏机器、破坏劳动纪律、挑起事端的，一定要狠狠打击。不要怕犯错误，只要敢于执行中央的指示，派性就一定会垮。

为了加强对经济整顿的领导，省委于11月12日成立由老干部组成的省委经济工作领导小组。组长朱绍清、副组长马兴元，成员有朱绍清、马兴元、梁灵光、许亚、伍洪祥、贺敏学、王炎等7人。10月中旬，省企业整顿座谈会后，地、县（市）委也确定由常委或革委会副主任分

① 《朱绍清同志在全省工业学大庆经验交流大会上的报告》，1975年6月30日；《廖志高同志在全省工业学大庆经验交流大会闭幕会上的讲话》，1975年7月10日。

② 《省委廖志高同志到我区工厂检查工作时的指示精神》，根据记录整理，1975年11月18—23日。

管企业整顿工作，相应建立了办事机构。以建阳地区为例，共抽调472名机关干部，组成89个调查组，广泛深入工业企业抓整顿，全区工交、基建和森工部门的510多个单位全面开展企业整顿工作，全区企业的各个方面工作都得到较大改善。

经过整顿，全省的工业企业的情况有明显的改善。1975年全省工业总产值达44.44亿元，比上一年增长9.4%①。

二、农村经济的整顿

“文化大革命”期间，福建农村经济主要存在两个突出问题：一是片面强调“以粮为纲”，农村经济呈农业单一发展状态；二是农业本身也没有因此而有大的发展。这两个问题严重影响着城乡人民的生活。

时至1975年，全省农村的大形势还是“农业学大寨”，还是强调“以粮为纲”，但在中央关于全面整顿、发展国民经济的指示推动下，在贯彻实施邓小平提出的“农业要整顿”中，全省农村经济政策还是作了适当的调整，允许适当发展家庭副业。省委明确提出“以粮为纲，全面发展”是发展社会主义农业生产的根本方针。因此，省委虽然强调“认真抓好粮食生产，在任何时候任何情况下都不能动摇”，但也已经意识到：“多种经营发展了，就能提高扩大再生产能力，促进粮食生产的更大发展。”基于这一认识，在全省农业学大寨经验交流大会上，省委领导提出：“对农、林、牧、副、渔五业和粮、棉、油、麻、丝、茶、糖、菜、烟、果、药、杂等十二项生产，应列入计划，集体经营，因地制宜，合理布局”②，促进农、林、副、渔全面发展。1975年11月底，省委召开的地市委书记会议又明确提出，凡是不影响集体、不破坏国家资源、不损害公共利益、不弃农经商、不搞投机倒把，社员可以利用工余假日从事正当家庭副业。还提出，农产品销售，只要不是国家统购物资，不是搞投机倒把，允许正当、少量的农产品交流。

---

① 福建省地方志编纂委员会编：《福建省志·共产党志》，中国社会科学出版社1999年11月版，第183页。

② 《马兴元同志在全省农业大学寨经验交流大会上的报告》，1975年2月19日。

在农业政策调整之外，省委还提出加强整个农村经济发展的方针、政策。1975年6月30日，在全省电话会议上，省委要求全省广大农村按照“农、林、牧、副、渔业并举”的方针，把农业、林业、渔业和其他生产抓紧抓好，并强调指出，福建是全国四大林区之一，一定要抓好木材生产，要求落实生产措施，上足劳力，抓好水、陆运输。在这次会议上，省委还具体下达了建阳、三明、龙岩、宁德、龙溪、莆田、晋江等6个地区的木材生产指标。为了加强林业管理，省委又于1975年7月5日批转省林业局党的核心小组《关于林业体制和管理办法的报告》。报告提出，将林业与森工管理机构合并；在省革委会统一领导下，由省林业局根据国家计划，统一组织木材生产、收购，统一安排木材流向，统一组织省内木材供应，健全林业管理机构，实行分级管理，分级核算。省委要求加强领导，认真贯彻执行“以营林为基础，采育结合，造管并举，综合利用”的方针，加速林业建设。这些发展农村经济的措施，对改变全省农村经济单一性，发展农村经济起了一定作用。

工农业生产整顿措施的初步贯彻落实，推动了全省城乡经济的发展。1975年全省工农业总产值达70.97亿元，比上一年增加6.2%。农业总产值26.53亿元，增长1.2%；农田基本建设也取得较大成绩，粮食收成也较好，总产量达129亿多斤。全省财政收入9.58亿元，比上年增加3.2%①，比1970年增长48.58%。文教卫生事业也有发展，全省高等院校在校学生数1.033万人，其中工农兵学员占93%，赤脚医生3.1万人，占卫生技术人员的87%，大队实现了合作医疗②。

邓小平领导的全面整顿，实质上是系统纠正“文化大革命”以来种种“左”的错误做法，进一步落实党的正确政策，大力恢复党的优良传统作风和行之有效的规章制度，进而使党和国家的工作逐步走上正轨。正如邓小平回顾这段历史时所说：“一九七五年我主持中央常务工作。那时的改革，用的名称是整顿，强调把经济搞上去，首先是恢复生

---

① 福建省地方志编纂委员会编：《福建省志·共产党志》，中国社会科学出版社1999年11月版，第183页。

② 福建省地方志编纂委员会编：《福建省志·计划志》，方志出版社2001年9月版，第191、44、240页。

产秩序。凡是这样做的地方都见效。”又说：经过整顿，“局面就大不一样”①。

三、“农业学大寨”运动

“文化大革命”时期，农业生产以1964年毛泽东提出的“农业学大寨”为号召，把学大寨作为执行毛泽东革命路线标志之一。

大寨是山西省昔阳县的一个生产大队，是合作化以后山区建设中涌现出来的一个先进典型。原先自然条件很差，土地贫瘠，七沟八梁一面坡。合作化以来，大寨的干部群众自力更生，艰苦奋斗，以改造耕地为中心，综合运用农业“八字宪法”，使生产面貌发生了很大变化。因此，1964年毛泽东提出“农业学大寨”的号召。当时总结大寨的基本经验是，政治挂帅、思想领先的原则；自力更生、艰苦奋斗的精神；爱国家、爱集体的共产主义风格。大寨的基本经验在全国推广后，曾起了一定的积极作用。但是到了“文化大革命”前夕，对大寨经验宣传的重点，开始从物质领域转向精神领域，从发展生产力转向变革生产关系，从战天斗地转向与资本主义势力斗，逐渐脱离正确的轨道。

“文化大革命”开始后，林彪、江青两个反革命集团，利用大寨这面旗帜和“农业学大寨”运动这种形式，作为在农村推行“左”倾政策的工具。1974年，随着“批林批孔”运动的开展，“农业学大寨”又被纳入所谓“反复辟”“反右倾回潮”的轨道，大寨经验中的“左”的一套做法更加发展，并在全国农村强行推行。

福建“农业学大寨”运动也是如火如荼地开展，而且有段时间把“大寨”的“左”的经济模式发展到极致：以生产大队为核算单位；采取平均主义分配方式，否定按劳分配原则，主张吃“大锅饭”；片面强调粮食生产，忽视多种经营；取消自留地，限制家庭副业；限制集市贸易；在全省范围内开展割资本主义尾巴等。在一个时期内，一些经济作物被砍掉，一些鱼塘被填掉，一些传统的土特产被荒废了，致使油、糖、麻、烟等轻

① 《邓小平文选》第3卷，人民出版社1993年10月版，第255、369页。

工原料不足，副食品供应偏紧，不少社队集体收入和积累都减少了[①]，引起人民群众的极大不满。尽管当时省委也意识到了“以粮为纲”的危害性，但是在开展“农业学大寨”运动中，仍然把纠正资本主义倾向、大抓农田基本建设视为学大寨的根本。

1975年2月19日至3月7日，在福州召开福建省“农业学大寨”经验交流大会，历时17天，各级党委和各地农业学大寨、支农成绩显著的先进单位代表等2200多人出席，加上列席人员共达6700多人。会议特邀中共中央政治局委员、国务院副总理陈永贵和中共中央委员、大寨大队党支部书记郭凤莲等人到会指导和介绍经验。马兴元代表省委作了《坚持党的基本路线、深入批林批孔、掀起农业学大寨的新高潮》的报告。这次会议虽然也号召全省人民要学习大寨“艰苦奋斗、自力更生”的精神，但实际上是把学习无产阶级专政理论、批林批孔、搞路线斗争作为会议主要任务，把“农业学大寨”说成是两个阶级、两条道路、两条路线斗争的焦点之一，把敢不敢批资本主义，看作是真学大寨还是假学大寨的试金石。[②]为了推动全省“农业学大寨”运动，特别是抓基本路线教育，抓农田基本建设，各地还组织了声势浩大的工作队进驻农村，工作队达34040人，抓了3238个试点[③]。

在“农业学大寨”运动中，全省各地发动群众大搞农田基本建设，取得了一定的成效。省革命委员会成立后，每年冬春都有三四百万劳动大军，投入改造低产田、平整土地、兴修水利、开荒围垦、植树造林的群众运动，特别是1974年冬至1975年春，全省上场劳力达538万人，动工工程28000多处，平整土地47.5万亩，改造低产田91.8万亩[④]。在大搞农田基本建设中，各地还组织了多次大会战，其中以永安安砂公社万亩田大会战闻名全省。

根据中共中央关于普及大寨县的精神，福建省委于1975年秋冬也

① 《马兴元同志在全省农业学大寨经验交流大会上的报告》，1975年2月19日。

② 《马兴元同志在全省农业学大寨经验交流大会上的报告》，1975年2月19日。

③ 中共福建省委办公室：《当前抓点情况》，1975年3月25日。

④ 《坚持党的基本路线　深入批林批孔　掀起农业学大寨新高潮——马兴元同志在全省农业学大寨经验交流大会上的报告》，1975年2月19日。

制订提出了建设大寨县的规划，除要巩固、提高已有的长泰、顺昌、龙海、同安、福鼎等5个“学大寨先进县”外，要求1976年把建瓯、霞浦、长汀、沙县4个县也建成大寨县，后四年每年计划新建大寨县4个，到1980年全省建成大寨县25个，占全省67个县（市、郊区）的37.3%。其余的42个县，每年要求新建大寨式的公社、大队10%，到1980年，以县为单位要有半数以上的公社、大队建成大寨式的社、队①。

在1976年5—9月间，省革委会先后组织省直机关干部分批赴大寨参观，规模一次比一次大，一直延续到“文化大革命”结束。

“农业学大寨”运动的广泛、深入、持续开展，使全省的农业生产条件和农村建设面貌发生了一定的变化。低产田面貌有一定的改观；水利条件也得到一些改善；水电建设有了些发展；山、林进行了初步安排；交通闭塞状况也有些改变。全省人民弘扬了大寨人自力更生、艰苦奋斗的精神，在改造自然界的斗争中取得了一些成绩。然而，在学大寨运动中，推行了大寨“左”的一套做法，把纯粹向自然界作斗争的农业学大寨群众运动演变成为政治斗争运动，大搞“以阶级斗争为纲”，严重背离了党在农村的正确的方针和政策，极大地挫伤了全省广大干部和群众的积极性，给农业生产的发展造成极为不利的影响。

① 《关于我省普及大寨县几个问题的意见——许亚同志在省级机关干部下乡动员大会上的讲话》（记录稿），1975年11月20日。

第十八章
艰难的抗争与欢庆粉碎“四人帮”的胜利

第一节　所谓“反击右倾翻案风”

一、整顿工作被迫暂停与“转弯子”

邓小平主持的全面整顿，触及“文化大革命”的“左”倾错误，逐步发展成为对“文化大革命”的比较系统的纠正。这种发展趋势，既遭到“四人帮”的疯狂反对，也为毛泽东所不能容忍。1975 年 11 月下旬，毛泽东听信了“四人帮”的诬告，动摇了对邓小平的信任，决定停止邓小平的大部分工作，发动一场“反击右倾翻案风”（翌年初改称“批邓、反击右倾翻案风”）运动。突如其来的运动，使福建再度陷入混乱，而且，福建的“批邓、反击右倾翻案风”运动由于“四人帮”的直接插手，形势更加严峻、局面更为混乱。

“批邓、反击右倾翻案风”运动一开始，“四人帮”在福建的帮派势力就蠢蠢欲动。1975 年 11 月中旬，“四人帮”亲信、靠造反起家的省委常委陈佳忠得知王洪文在上海，派专人带福建《工业十八条》《廖志高同志在福建省委常委会上的传达讲话》（即廖志高同志传达邓小平同志在十二省书记会议上的讲话）两份材料到上海，诬告省委主要领导同志[①]。

1976年2月25日，中共中央召集各省、市、自治区和各大军区负责人开会。福建廖志高、皮定均、江礼银、陈佳忠等人参加。会上，王洪文、张春桥、江青等人先后到福建小组讲话，对领导福建整顿的省委第一书记廖志高横加指责。王洪文说：“福建、四川、云南、浙江、江西这五个省省委负责人，转弯子难转。福建廖志高这个还乡团分团长，转更难。”攻击廖志高是“正在走的走资派”，“该打倒了”；江青攻击、诬蔑廖志高“所作所为是涂炭福建人民”，“是走资派还在走”；张春桥也“狠狠地训斥了廖志高”[②]。而对陈佳忠，“四人帮”一伙却十分欣赏。江青当面对陈佳忠说：“福建有人说我是勇敢分子，我感到很荣幸，我很荣幸地认识了陈佳忠同志。”[③]

有了“四人帮”的撑腰，陈佳忠、李庆霖等在福建兴风作浪。陈佳忠在1976年3月12日的省委常委会上对1975年的整顿发难，说反派性造成了“好人不造反，造反无好人”的后果，“批派性是打击造反派的一条黑棍，把造反派打得血淋淋的”，称中央领导让他“回省后要多做些工作，不但要搞批邓，还要多管管经济工作”，“现在谁主持省委工作还未定”“廖志高肯定当不了第一书记了”[④]。在这帮人的胁迫下，领导福建整顿的廖志高、马兴元、林一心（时称“廖、马、林”）被迫一次又一次地在大小会上作检讨，“转弯子”。

“廖、马、林”虽然处境困难，被迫“转弯子”，但省委常委中的老干部都还继续留在领导岗位上，这是“四人帮”在福建的帮派势力所不能容忍的，于是企图改组省委，夺取大权。

1976年五六月间，陈佳忠给王洪文写信，要求对廖、马、林要停职

① 中共福建省委揭批办：《关于“四人帮”亲信陈佳忠反革命罪行的审查报告》，1977年12月30日。

② 中共福建省委揭批办：《关于“四人帮”亲信陈佳忠反革命罪行的审查报告》，1977年12月30日。

③ 中共福建省委揭批办：《关于“四人帮”亲信陈佳忠反革命罪行的审查报告》，1977年12月30日。

④ 《江礼银同志在地、县委书记会议上的讲话》，1976年11月26日。

检查,采取必要的组织措施,建议:“立即对省委班子进行调整,充实一批敢于和邓小平修正主义路线血战到底的无产阶级革命派,特别是配好省委主要负责同志”[①]。1976 年 7 月 5 日,陈佳忠等人操纵形成所谓省委常委会三点意见:“1. 廖志高、马兴元、林一心是党内走资本主义道路当权派,应停职检查; 2. 为改变省委常委目前软弱被动状况,增补 3 至 5 名常委或吸收 3 至 5 人列席常委; 3. 在廖志高停职检查后,望中央派人来福建或指定人主持工作。”[②]7 月 7 日,省委向中央呈送了《关于省委领导班子问题的请示报告》,把所谓“省委常委会三点意见”向中央报告。7 月 13 日,中共中央办公厅电话传达中共中央指示:1. 对廖志高、马兴元、林一心采取停职检查的做法不妥; 2. 福建省委的工作,在廖志高生病期间仍由江礼银主持; 3. 对王云集等 3 人的材料,不能公布扩散; 4. 希望认真学习毛泽东主席一系列重要指示,加强团结,把“反击右倾翻案风”的斗争进行到底。中央的答复,对陈佳忠等人是一个重大打击。

二、造反派煽动夺权与“打砸抢”

在企图改组省委的同时,陈佳忠等更加肆无忌惮地在地、县继续搞夺权的阴谋。陈佳忠在二月中央打招呼会后就扬言:“现在要点火,要放手发动群众”,“要大造舆论”,“特别是去年廖志高抢班夺权,大换班已经得手,要发动这场运动阻力很大,各级党委保廖(志高)的势力很大,我们一定要冲破阻力。”[③] 为了达到目的,陈佳忠等人以种种手段在地、县夺权,说是要“重新收复失地”。并策划和煽动许多县、社的一些人,搞“运动办”“反击办”,抓民兵武装,抓公安机关,层层揪斗干部,造成 30 多个县刚刚整顿建立起来的领导班子,又重新处于瘫痪半瘫痪状态。惠安县是夺权的典型。在陈佳忠等人的一手操纵下,惠安县一些人胁迫召开全委会,以所谓“不肯改悔的走资派”的罪名,开除了县

① 中共福建省委揭批办:《关于“四人帮”亲信陈佳忠反革命罪行的审查报告》,1977 年 12 月 30 日。

② 中共福建省委办公厅编:《中共福建省委大事记》(1967—1978),第 208 页。

③ 《揭发陈佳忠造反革命舆论的问题》,1976 年 12 月 27 日。

委正副书记和3个常委，推选6个列席常委取而代之，篡夺了县委领导权，撤销了12个部委办机构，开除、撤职、调离了公社党委委员以上领导干部86人，并且大搞突击入党，突击提干①。陈佳忠一伙公然提出要把惠安的夺权经验向全省推广，并进一步提出夺权口号：“打出王牌，突破莆田，扰乱晋龙，改组省委”，即打李庆霖这张王牌，从莆田突破，先扰乱晋江、龙溪两地区，从而扰乱全省，最后达到改组省委的目的。莆田的李庆霖连续抛出《公告》《问》《清醒头脑，坚持斗争》三篇文章，别有用心地提出：“手里有印把子的人，不一定都是马克思主义者；手里没有印把子的人，不一定都不是马克思主义者。”攻击省、地、县领导“倒行逆施”“胡作非为”“反攻倒算”；攻击他们“左手抓着印把子，右手执着棍棒子”，像“返乡团”一样，恶狠狠地把革命群众和干部一棍子打死后，立即盖上大印，无理就变成有理。诬蔑1975年办理论学习班是“违背宪法，侵犯人权”，是“法西斯集中营”。声称“要坚决地同邓小平为首的大大小小的走资派对着干”，并诬蔑“现在中央有最大的走资派邓小平，下面省里也有，地市、县、社、大队都有”②。于是，李庆霖一伙在莆田的县、社、队各级成立“运动办”，搞“临时常委”“列席常委”，凌驾于党委之上，利用窃取的权力，进行大换班，以“运动办”领导一切，指挥一切，调动一切。如涵江公社“运动办”成立时就宣布：党委成员都要接受“运动办”审查，请假要“运动办”批准，“运动办”有权撤销党委委员，批准招工招生等。据统计，全县26个社镇成立“运动办”的有25个，大队有226个，企事业有85个。有20个公社、镇，61个企事业单位和相当部分大队被换班夺权。1976年5月至10月，全县共突击发展党员1772人，突击提拔干部1349人。仅公社一级党委就提拔了相当于正书记干部13人，临时常委50人，委员47人。“双突击”的重点在“运动办”和“民兵指挥部”，某一公社突击入党的85人中，“运动办”成员就占52人，另一公社“民兵小分队”19人中就有18人入党。全县被撤职干部达1000余人，被逼走干部达771人。县革委会副主任、科局

① 《满腔怒火烧，声讨“四人帮”》，《第二次全国农业学大寨会议简报》福建省（2），1976年12月14日。

② 《“四人帮”在福建省的亲信李庆霖的反革命罪行的审查报告》，1977年。

长以上干部被揪斗的有19人，各公社、大队被揪斗的干部68人（其中领导干部26人）。全县除工矿外有55个干部被“隔离审查”，130个干部被“停职审查”，9个干部被拘留[①]。

惠安、莆田等地的夺权之风迅速波及全省。据统计，全省9个地（市）委中4个被夺权，65个县（市）委中25个被夺权，887个农村人民公社（乡镇）的党委中236个被夺权，省直63个单位中有19个被夺权。全省突击提拔干部3200人，突击发展党员3800人；而1975年全面整顿中进入党政领导班子的干部，纷纷被批斗和打倒，全省被开除、撤职、罢免者共3200人[②]。

陈佳忠还对抗中央精神，鼓动成立“民兵指挥部”。全省不少地方纷纷成立“民兵指挥部”，这些所谓“民兵指挥部”实为武斗专业队。在“民兵指挥部”这一招牌下，社会沉渣再次泛起，打砸抢之风又盛行起来。全省发生打砸抢400多起，打死打伤近2000人，有的护林人员、工商管理人员被打致残，其中，莆田地区被打死25人，打伤845人；24个公社和一部分大队、厂矿也在此前后分别成立了各种形式的武斗专业队201个，人员达6778人，动用和抢夺各种枪支2085支，子弹215155发，设置武斗据点140处，关卡67处。

在造反派的煽动下，全省刮起了放犯人的歪风。造反派公然提出“踏破牢笼救战友”的反动口号，企图以释放王云集等三个派头头作为“放人风”的突破口。在“廖、马、林”等省委领导受检查、失去发言权的情况下，经陈佳忠一手策划定王云集等三人为人民内部矛盾，要省公安局放人。但此事遭到省公安局的抵制。为了让省公安局“就范”，陈佳忠手下一行三人于3月17日“上访”公安部，反映“问题”。谎称王云集等人的罪行“都不是事实”，并反映省公安局对省委的放人决定“拒不执行”[③]。王云集等人被释放后，各地纷纷仿效。宁德地区释放犯人达

① 中共莆田地委办公室：《反对王张江姚反党集团斗争情况简报》（8），1977年1月3日。

② 何少川主编：《当代福建简史》，当代中国出版社2001年5月版，第207页。

③ 中共福建省委揭批办：《关于“四人帮”亲信陈佳忠反革命罪行的审查报告》，1977年12月30日。

28人[①]。莆田地区在押犯被释放达364人[②]。

所谓“反击右倾翻案风”运动给福建带来了又一次灾难。刚刚经过整顿的领导班子许多又陷于瘫痪，生产和建设再度受到严重破坏。据统计，1976年福建全省工农业总产值比1975年下降0.28%，其中，农业总产值下降2.5%，粮食总产量下降6.2%，重工业总产值下降5.6%，全省财政收入也比1975年下降7%[③]。全省职工工资平均为537元，比上年下降[④]；全省每个农民的年均纯收入仅有104.43元，比1965年减少24.31元[⑤]。

第二节　欢庆粉碎“四人帮”的胜利

一、对“四人帮”的抗争与声讨

不得人心的“反击右倾翻案风”运动，破坏了刚刚出现的比较稳定的局势，全国再度陷入混乱，广大干部、群众因此更加厌恶“文化大革命”，更加看出“四人帮”祸国殃民的面目。人们心中长期郁积而又迅速发展起来的怀疑、不满的情绪犹如堆积大宗火药，一旦点燃引信，便将猛烈引爆，以摧毁压在人民头上的“四人帮”。

1976年1月8日，敬爱的周恩来总理逝世，八闽大地的广大干部群众都沉浸在无限的悲痛之中。在为周总理治丧期间，“四人帮”发出种种禁令，竭力阻挠和诬蔑群众性的悼念活动，这一丑恶行径激起了福

① 中共宁德地委：《打倒“四人帮”，闽东有希望》，1977年2月25日。

② 中共莆田地委办公室：《反对王、张、江、姚反党集团斗争情况简报》第8期，1977年1月3日。

③ 何少川主编：《当代中国的福建》（上），当代中国出版社1991年8月版，第150页。

④ 福建省统计局编：《光辉的历程——福建五十年》，中国统计出版社1999年8月版，第260页。

⑤ 福建省地方志编纂委员会编：《福建省志·商业志》，中国社会科学出版社1999年12月版，第29页。

建人民的强烈愤慨，全省各地悼念周总理，声讨“四人帮”的活动此起彼伏。

周总理逝世后，福州广大干部、群众就纷纷以各种形式举行悼念活动。在市区最繁华的东街口，出现了许多悼念周恩来、歌颂邓小平、批判“四人帮”的诗词、标语、大小字报等。

1976 年 2 月 23 日，福建机械局干部刘宗利和他的妻子张梅英、父亲刘学旗在福州东街口贴出一张署名“三名共产党员”的大字报——《“阿斗”的呼声》，上面工工整整写着“三名共产党员”的六点意见。

刘宗利贴出的大字报之所以冠名《“阿斗”的呼声》，是因为在“四人帮”横行的日子里，没有真理，没有是非，民意被强奸，人心遭蹂躏，人民群众都成了“阿斗”。就是要让他们听听“阿斗”的声音！大字报表达了对周总理逝世的沉痛心情，对邓小平等执行党的正确路线的拥护，对“四人帮”倒行逆施的强烈不满。《“阿斗”的呼声》大胆喊出了福建人民的心声。大字报贴出的第二天，就有许多围观群众，有人边看边抄，有人在大字报上写下：“好得很，我们坚决支持你”“三位共产党员说出我们的心里话”。在大字报签不下名了，人们便写了纸条贴在边上，有人写道：“三位正直的共产党员说出人民心里话，我们坚决支持你。我们虽不相识，我们永远跟你战斗在一起”。1976 年 3 月 8 日，《“阿斗”的呼声》被诬为“反革命大字报”，随即以“114 反革命案”（因大字报所署日期是 1976 年 1 月 14 日）立案追查。刘宗利顶住了压力，做好被捕的准备，把两个孩子托付给弟弟。

2 月 26 日，福州大学机械系教师厉海清也在福州东街口贴出《天仙子·葬志》词一首。词曰：“先朔瞑思为国愁，愿示遗骨漂江洲，敬问忠魂有何忧？只因玉宇刁人留！泪奔流，湿貂裘，染映山河练子舟。罗霄山脉青松茂，井冈红旗嗣有后，敢笑当年粪土侯。莫嫌往日云中秀，壮志酬，马列守，红樱坚戟斗万秋！”《葬志》表达了对周恩来总理的深切怀念，表示与“四人帮”斗争到底的决心。在这以前，厉海清曾在 1974 年揭发福建反对周恩来的王云集等一伙人。《天仙子·葬志》贴出后，陈佳忠立即密报王洪文，公安部由一名领导人率工作组来福建追查，“矛头对准党中央”，“反对‘批邓、反击右倾翻案风’运动”等莫须有的罪状，甚至说《天仙子·葬志》是“天安门事件的前奏”，将厉海清打成“现行反革命”，后厉海清被捕。陈佳忠一伙还扬言要揪“黑后台”，意在打倒中共福建省委和福州军区的负责同志，并为1974年反周恩来的一伙人翻案。3月1日，福州凯强服装厂一名青年工人也张贴了《也和一首》词（署名“慕翔”）。3月4日、6日和4月6日，福州市民还在东街口夜间服务部门口墙上张贴《七律·秦谣》《步侯今·天仙子》等诗词，对开展“批邓、反击右倾翻案风”表示不满。

在那特殊的岁月，福州东街口成为福州人民表达真情，寻求真理，向邪恶开战的一个战斗舞台。而在这里所发生的一切影响并鼓舞着全省各地的广大干部和群众。

3月11日，三明市也传出人民的怒吼声。这一天，三明市农机公司干部赵大中在三明闹市列东大街上贴出《给伟大领袖毛主席的一封信》和《论扩大共产主义思想的宣传——批判党内走资本主义道路当权派张春桥》，公开指出张春桥是“走资本主义道路的当权派，而且由于他隐藏较深，更善于伪装而更加危险。”大声呐喊：“我把他的罪行公诸于此，可以唤起人们的注意，张春桥是个坏人！万一他的阴谋得逞，也要叫他的日子不好过。这样，我杀头也甘愿”。赵大中还复写了大字报的底稿寄给中共中央领导人。当晚，中共三明地委某些领导人指令地区公安局将大字报拍照后撕毁。第二天，赵大中立即向公安部门提出抗议并贴出致地委主要负责人的公开信，对撕毁大字报的行为提出批评，同时又将大字报的底稿贴在商店玻璃橱窗内，再次公布于众，当又一次被强行覆盖时，赵大中再次将大字报抄贴到大街上。在狱中赵大中坚持“张春桥就是有问题，揭发他没有错”，坚定地表示“杀我也不改变自己的观点”。三明市还出现了同“四人帮”斗争的其他勇士。他们在“四人帮”横行的岁月，怀着深厚的无产阶级感情，深切缅怀周总理，拥护邓小平，为此，他们写大字报、作诗词，矛头直指“四人帮”。

全省各地还有许许多多勇士加入了反对“四人帮”的行列，他们的行动走在了全国的前列。福建及全国各地风起云涌的反对“四人帮”的抗议活动预示着“四人帮”的末日已经为期不远了。

二、清除“四人帮”在福建帮派势力

在“批邓、反击右倾翻案风”中，福建全省各地越来越多的人加入反对“四人帮”的行列，这是“四人帮”在福建的帮派势力始料未及的，他们显得惊惶失措，在全省展开了疯狂的追查和追捕。期间，陈佳忠给王洪文致电写信，对群众自发反对“四人帮”的行动进行诬蔑。王洪文对陈佳忠送来的材料很“重视”，立即于 1976 年 3 月 8 日向公安部的亲信作“要追查”的批示。3 月 16 日，公安部调查组抵达福州。3 月 18 日，还专门组成所谓“专案领导小组”。在“专案领导小组”的招牌下，公安部派来的调查组与陈佳忠等人狼狈为奸。调查组在 20 多天的追查工作中，既未向省委主要领导人廖志高，也未向省委负责政法的副书记作任何请示、汇报，只单独同陈佳忠接触。

“天安门事件”后，陈佳忠在 4 月 8 日召开的“声讨”邓小平的大会上公开宣称，对所谓“写反动标语、反动诗词”的人，要“严加追查，坚决打击”[①]。5 月 6 日，省委召开掀起“批邓、反击右倾翻案风，追查反革命新高潮”广播大会。同日，省委同意省公安局《关于贯彻公安部紧急电话通知的报告》，要求各地追查所谓“总理遗言”的谣言。在全省追查、追捕的紧锣密鼓声中，刘宗利、赵大中、厉海清等反对“四人帮”的干部、群众陆续被逮捕。在此前后几个月间，全省大批干部、职工和群众因悼念周总理、散布所谓“总理遗言”被追查[②]。

“四人帮”及其帮派势力的倒行逆施激起广大干部、群众愈来愈大的愤恨，末日即将来临。10 月 6 日，党中央一举粉碎“四人帮”，实现了党和人民的共同愿望。10 月 14 日，党中央公布粉碎“四人帮”的消息，福建人民无不拍手称快，奔走相告。10 月 14 日至 17 日，省委召开地市、县委书记会议，传达了中央打招呼会议精神，与会各级干部表示坚

---

① 《陈佳忠在省、市军民坚决拥护中共中央两个决议、声讨不肯改悔的走资派邓小平罪行大会上的讲话》，1976 年 4 月 8 日。

② 中共莆田地委办公室：《关于平反“文化大革命”中冤假错案、落实干部政策工作总结报告》，1981 年 9 月 19 日。

决拥护中共中央对“四人帮”采取的果断措施。在16日的县委书记和省直机关县级以上干部会议上，大家强烈要求对陈佳忠等采取措施，促使其交代另搞一套等问题。10月17日，省委向中共中央报告了传达贯彻中央打招呼会议精神的情况。报告反映：许多同志对“四人帮”横行霸道，胡作非为，早就憋着一肚子气，听到中央一举粉碎“四人帮”，人心大快；福建问题复杂，因为有“四人帮”插手，陈佳忠等在省委内部搞分裂，另搞一套，要求对他们采取措施，促使交代问题①。在中央支持和省委领导下，陈佳忠等“四人帮”在福建的势力虽然试图抵制，但不得不低头认罪，交代问题。

全省各地，特别是一些受“四人帮”干扰破坏严重的地方，如莆田、仙游、惠安、晋江、泉州、南安、长乐、古田、连江等地，福州军区派出宣传队（组）1363个，1.2万多人，宣传车300多辆，在群众中作深入的宣传、教育工作，使这些地方的政治局面和社会秩序很快得到了迅速改变。这些地方被抢夺搞武斗的武器、弹药也陆续被收回。仅莆田地区就收回武器3468件，弹药10.5910万发，拆除了武斗工事、关卡、据点，解散了非法设立的“民兵指挥部”，刹住了武斗、械斗的妖风，撤销了取代党委领导的“运动办”“反击办”。一些作恶多端、民愤很大的坏人，也受到了惩处。粉碎“四人帮”，铲除“四人帮”在福建的帮派势力，得到了福建全省广大干部、群众的衷心拥护。10月23日福州举行了50万人参加的庆祝活动，全省各地也举行规模盛大的庆祝会和游行，表达了福建全省人民的无比喜悦心情。

三、国民经济在曲折中缓慢发展

“文化大革命”十年间，广大党员、干部和人民群众同“左”倾错误、同林彪、江青反革命集团的斗争一直没有停止，人们逐渐认清“文化大革命”的错误本质。福建各级党政领导中，虽然少数人在相当长的时间里持错误立场，但绝大多数人都站在斗争的正确方面，无论是曾被错误打倒的，或一直坚持工作的，或下放后恢复工作的，都在极其困难的处

① 中共福建省委办公厅编：《中共福建省委大事记》（1967—1978），第215页。

境中尽力为人民办事以减轻动乱带来的损失。

广大知识分子，怀着热爱祖国、拥护中国共产党、拥护社会主义的一片真情，在各自岗位上坚持工作。广大知识分子虽然身心备受摧残却不忘报效祖国，不少高水平的科研成果突破重重困难而诞生。中国科学院福建物质结构所科研人员陈创天，在所长、著名科学家卢嘉锡教授的指导下，研制成功 BBO 晶体，震动了国际学术界，在固体激光器的领域内使国际同行拓宽了思路。在“文化大革命”中遭到冲击的著名微生物学家王岳教授，不改初衷，带领福建省微生物研究所的中青年科学人员，研究庆大霉素取得成功，拓宽了研究小单孢菌的新领域，为中国抗生素工业的发展作出重大贡献。著名昆虫学家赵修复教授举家下放泰宁农村后，常下田观察病虫害情况，提出了“以虫治虫，综合治理”的创见。水稻育种专家林权下放宁化农村，克服困难，深入田间搞育种试验，选育出一批早稻良种。淡水鱼类、养殖专家郑镇安，在下放劳动期间，进行家鱼人工繁殖研究，取得了成功，促进了中国水库渔业的发展。养蜂专家龚一飞教授在学校教学被迫中断后，与助手一起带百余群意大利蜜蜂远走万里追花夺蜜，保住了蜂群，后又在下放的山区，在猛兽出没、杳无人烟的丛林中，取得饲养中蜂的科研成果。设计成功中国第一只大视场精缩镜头的光学专家赖爱光，在福州武斗频繁时，钻到四周围上黑布的桌子底下坚持搞实验。著名妇产科专家夏美琼，在福建省妇幼保健院院长的岗位上被打倒后，遇到重危病人仍顶岗上班，有时甚至通宵达旦。在安砂水电站建设中，有一次基坑开挖出现意外，眼看工程就要半途而废，有关部门从“牛棚”（受审查批斗的知识分子或干部集中生活的地方）中请出水电专家马钟珩救活了工程，境外报纸发出了由衷的赞叹：“马钟珩在戴帽期间仍干出如此辉煌的业绩，不得不令人叹服！”

广大工人、农民也都在各自的岗位上坚持生产，辛勤耕耘。在各级革委会生产指挥小组及有关部门的领导下，全省广大干部、技术人员和工人们一起艰苦奋斗，在极其困难的条件下，全省续建、新建、扩建了一批工业企业，也新增一批工业建设项目。新建的项目有：福建维尼纶厂、永安水泥厂、邵武铜冶炼厂、南平纺织厂、三明纺织厂、龙岩特钢厂、永安煤矿、加福煤矿等。1971年8月福建维尼纶厂开始兴建，1975年12月建成投产。该厂利用本省丰富的石灰石和水电资源，设计能力年产维尼纶1万吨，生产1.6亿米维尼纶织品，成为福建最大的化工企业，在当时全国9个同类型维尼纶厂中是建设速度最快、经济效益最好的。1972年10月建成福建最大的水泥厂——永安水泥厂一套窑。1970年开始建设，1973年10月建成投产的邵武铜冶炼厂，为福建有色金属工业填补一项空白。扩建的工厂有：三明钢铁厂，扩建后生产能力达到钢30万吨、铁40万吨、焦炭40万吨和轧机配套。潘洛铁矿第四个五年计划期间生产能力达100万吨铁矿石。三明化工厂扩建合成氨生产能力4.5万吨。扩建的工业还有：三明重机厂、青州纸厂、厦门综合玻璃厂、南平铝厂、南平化纤厂、德化瓷厂等。水电建设方面：1972年9月，全省最大的综合利用水利工程的山美水库建成，全部配套可灌溉60多万亩农田，水电站可发电1亿度。水库正常蓄水量为3.95亿立方米，可控制晋江东溪流域面积50%以上，使晋江下游免受洪水灾害。永安安砂水电站，1975年11月建成，三台机组装机容量11.5万千瓦，年发电量6亿度，不仅增强闽北电网的发电能力，且调节九龙溪流量，发挥防洪、灌溉、养殖、航运的作用。新建的水电项目还有：清流嵩口坪水电站、华安水电站、光泽水电站、永安下坝水电站、浦城“七一”水电站、永安火电厂、龙岩火电厂，以及邵武到顺昌、泰宁11万伏输变电线路，古（田）南（平）线22万伏升压站。扩建的项目有：福安穆阳溪水电站、泉州火电厂、邵武火电厂，以及古田溪三、四级水电站等。厦门感光厂、福州缝纫机厂、福州自行车厂和厦门自行车厂等一批中型企业也在这个时期建成投产。这些工厂、企业在福建经济建设中发挥着重要作用。在交通运输、邮电通讯方面，这期间续建、新建了福（州）马（尾）、龙（岩）坎（市）等铁路支线。沟通福（州）厦（门）公路、对全省的经济建设和军事战线有重要意义的闽江大桥、乌龙江大桥，先后于1970年6月和1971年9月建成通车。建成通车的公路桥梁还有连江大桥、漳平大桥、闽清大桥、三明大桥、华安金门大桥等。与此同时，福州军用机场经过扩建，改为军民合用，先后开辟了福州—上海—北京，福州—南昌的民用航线；马尾港的扩建工程取得一些进展，万吨级的码头部分建成。1976 年，北京—南昌—福州微波干线建成使用，也提高了通讯能力。全省工业部门在十年中完成基本建设投资 24.33 亿元，新增固定资产 14.96 亿元。这是广大干部、技术人员、工人顶住所谓“唯生产力论”，不听“不为错误路线生产”的煽动，克服资金、设备缺乏等困难，排除派性的干扰，坚守岗位，努力工作的结果。

“文化大革命”对福建农村的直接冲击主要是 1967 年和 1968 年。当时揪斗基层社队干部，农村基层组织领导班子陷于瘫痪。此后，“左”的一套政策虽然给农业生产造成很大损失，但有一些社队，特别是地处边远的山区社队，对这套“左”的政策有所抵制，没有认真贯彻执行。有的社队还在这期间暗中实行类似包产到户的生产责任制，促进了当地生产的发展。从 1969 年开始，福建粮食开始恢复发展，从 1968 年的 84 亿斤上升到 92 亿斤，超过历史最高水平 4 亿斤。到 1970 年突破百亿大关，达到 113 亿斤，以后五年仍保持增长的势头。除黄红麻有所减少外，其他主要农作物如油料、糖料、茶叶、水果、烤烟等也都获得较大幅度的增产①。至于集体所有制的工业企业，由于生产好坏直接影响职工收入和生活，与全民所有制的工业企业相比，生产较为正常。在“文化大革命”中后期，全省集体所有制工业企业的数量和产值都有较大的增长。

十年间，福建工业总产值平均每年增长 9.2%，工业部门完成基建投资 24.33 亿元，新增固定资产 14.96 亿元，福建农业总产值平均年递增 2.1%②。全省经济建设的一些方面在折腾中有所发展，当然，这一切决不是“文化大革命”的成果，恰恰相反，是抵制“文化大革命”的干扰而取得的。如果没有“文化大革命”，福建的各项建设事业会取得比这大得多的成就。

---

① 李明等：《关心农业生产的司令员》，韩先楚传记编写组：《战将韩先楚》，湖北人民出版社 1993 年 1 月版，第 313—314 页。

② 何少川主编：《当代中国的福建》（上），当代中国出版社 1991 年 8 月版，第 149 页。

四、福建在“文化大革命”中的巨大损失

历史已经判明,“文化大革命”是一场由领导者错误发动,被反革命集团利用,给党、国家和各族人民带来严重灾难的内乱[①]。“文化大革命”给福建带来了难以挽回的严重损失。

“文化大革命”给福建人民造成了思想上的极大混乱。在那个特殊的岁月里,全省上下都把“文化大革命”说成是同修正主义路线、资本主义道路的斗争,把许多马克思主义原理和社会主义原则,当作“修正主义”或“资本主义”加以批判。那个时候,林彪、江青反革命集团篡改、歪曲、割裂毛泽东思想,使之庸俗化,反对完整地、准确地掌握毛泽东思想的科学体系。福建和全国一样,报纸天天在重要版面刊登“毛主席语录”,公文往来及民间通信都被冠以语录,城市、乡村的大街小巷都被涂写上语录。语录满天飞,禁锢了全省广大干部、群众的思想,也扭曲了人们的心灵,使人们的思想不敢越雷池一步。十年内乱对人们思想的毒害十分严重,以致在以后很长一段时间内对整个社会风气和道德规范都造成难以弥补的严劣后果。

“文化大革命”使全省的民主和法制被严重践踏。据统计,全省被立案审查的脱产干部近 5 万人,占干部总数的 15.7%[②]。由于极左思潮和派性干扰,精简机构、下放干部、城镇居民,也成为排除异己、惩罚知识分子、干部群众的一种手段。在“文化大革命”中盛极一时的大字报,任意诽谤,损害名誉,不受任何约束和制裁。此外,在“文化大革命”中,“阶级斗争新动向”成为整人的一个借口,或籍此无中生有,或捕风捉影,或颠倒黑白,或故弄玄虚,或混淆是非,或贼喊捉贼,从而达到压制民意、镇压无辜的目的。福建有大量的侨眷和归侨,他们正常的海外关系在“文化大革命”中却被诬为“里通外国”“反动的政治关系”,

---

① 《关于建国以来党的若干历史问题的决议》(1981 年 6 月 27 日中国共产党第十一届中央委员会第六次全体会议一致通过)。

② 中共福建省委落实政策办公室:《关于完成复查“文化大革命”案件善终工作情况的报告》,1982 年 12 月 8 日;中共福建省委组织部:《关于我省落实政策、解决历史遗留问题工作的总结报告》,1987 年 9 月 30 日。

他们成了“反动的社会基础”，不少人不仅因此财产被没收，而且身心惨遭迫害。相反，一些紧跟林彪、江青反革命集团造反派起家的人、帮派思想严重的人以及打砸抢分子，却窃踞要职，兴风作浪，制造混乱，破坏了党的优良传统，破坏了社会主义民主法制，而且“使无政府主义、极端个人主义泛滥，严重地败坏了社会风气”。①

在“文化大革命”中，福建国民经济发展遭受严重干扰。首先，国民经济比例关系严重失调。由于片面强调“以钢为纲”，加强战备，造成全省产业结构的畸形发展，农轻重比例失调。根据统计结果显示，从1966年至1976年五大生产部门的产值在社会总产值中的比重先后顺序变化为：农业由42.9%下降到34.5%，工业由39.8%上升到48.1%，建筑业由7.7%上升到8.4%，运输业由4.1%上升到4.4%，商业由5.5%下降到4.6%②。同时，工农业内部结构也不合理。在工业内部，重工业投资远远多于轻工业。十年中“三五”期间，重工业投资占全部基本建设投资的54.8%，“四五”时期为49.6%，都维持在50%左右。而轻工业投资则从“三五”时期的12.2%下降到“四五”时期的10.0%③。在农业内部，由于在农业生产指导方针上，片面贯彻“以粮为纲”“备战夺粮”，林牧副渔各业以及经济作物都受到排挤，使农业的全面发展受到严重的破坏。在这种情况下，基本建设投资仍然以重工业为主，从而造成积累与消费比例关系的失调。“三五”时期，全省生产性建设投资高达92.1%，非生产性建设投资只占7.9%，而其中住宅仅为3.6%，其中1970年更是高达97.6%，住宅所占比重小到1.6%。到了“四五”时期，在基建投资总数的25.6亿元中，生产性投资仍占87.6%，非生产性投资占12.4%，城市住宅投资虽有增长，但仅占总投资的4.3%④。在一定的积累总额中，

① 邓小平：《对起草〈关于建国以来党的若干历史问题的决议〉的意见》，《邓小平文选》（1975—1982年），人民出版社1983年7月版，第267页。

② 国家统计局国民经济平衡司编：《国民收入统计资料汇编》（1949—1985年），中国统计出版社1987年8月版。

③ 福建省统计局编：《福建统计年鉴》（1983年），福建人民出版社1984年9月版，第114页。

④ 何少川主编：《当代中国的福建》（上），当代中国出版社1991年8月版，第142—144页。

生产性建设投资的比重越大，非生产性建设投资比例则越小，加上人口急剧增长，这就影响了人民生活。

其次，经济效益受到严重影响。“三五”时期全省基本建设投资总额为103702万元，而基本投资建设新增固定资产仅为47103万元，固定资产交付使用率从三年调整时期的83.2%下降到45.4%，“四五”时期虽有较大的增长，也仅为59.1%[①]，仍远低于调整时期的数值。工业净产值每年的平均增长的速度远低于工业总产值每年平均增长的速度。全民所有制工业企业的全员劳动生产率平均每年仅增长1.5%，1976年全省工业企业的产值利税率比1965年下降了1/3，工业企业的亏损面达30.7%。这些都导致了财政状况的恶化。十年动乱中，全省财政年度收入始终徘徊在6亿元左右[②]。从1969年开始一直到“文化大革命”结束，财政支大于收的情况一直存在。

再次，人民生活水平下降。1976年全省平均每个农业劳动者提供的产值仅513元，比1965年还减少29元。十年间，全省平均每个农民出售农副产品和劳务收入，每年仅递增0.7元。一些自然条件好，以粮食高产闻名的县，如龙海、长乐的农民人均收入都很低，不少生产队连购买化肥、农药的钱都没有，社员劳动一年的工分报酬还不够买回口粮。一些地方大量出现“吃粮靠返销，资金靠借贷，生活靠救济”的“三靠队”。由于经济作物、多种经营的发展受到限制，再加上在农副产品收购中批判所谓“物质刺激”，在这十年里，全省农副产品收购量下降，其中，水产品收购量12万吨，比1966年下降15万吨。以经济作物为原料的轻工产品的发展也受到影响，1976年全省糖的产量从1965年的16.03万吨下降到14.25万吨。在商业方面，大撤大并商业机构和网点，也造成很大损失。1976年，全省城镇社会商业网点由1965年的1万多个、从业人员6万多人下降到5000多个、4万多人，每个网点承担的供应人员则从220多人增到570多人[③]，到处出现网点不足、流通

① 福建省统计局编:《福建统计年鉴》(1983年)，福建人民出版社1984年9月版，第122—123页。

② 何少川主编:《当代中国的福建》(上)，当代中国出版社1991年8月版，第144页。

③ 福建省地方志编纂委员会编:《福建省志·总概述》，方志出版社2002年1月版，第126页。

不畅、商品供应紧张的局面，1976 年人均消费品零售额为 125.1 元，与 1966 年 108.4 元相比，10 年增长 15.4%，年递增只 1.4%[①]。

“文化大革命”使福建的科技、教育等事业遭到严重破坏。省、地、市、县各级科研机构被撤并，省属 34 个科研所被砍掉 31 个；全省原有 10 所全日制高等学校被撤并成 4 所，全省被停办的中等职业学校、技术学校、师范学校等达 1000 多所。全省 90% 以上的教授、专家和 50% 以上的讲师、主治医生被打成“反动学术权威”，被剥夺工作和科研权利，代之以无休止的批斗。大批专家、学者、教师、科研人员被下放到工厂、农村“接受再教育”，大量科研资料丧失，科研仪器设备被毁，科研事业基本瘫痪。特别是侨办学校，财产被侵占，办学经费被挪用甚至被侵吞，严重破坏广大华侨捐资办学的积极性，据晋江地区统计，从 1966 年至 1976 年，华侨捐资办学共 479 万元，年平均比 1965 年以前减少 52.8%[②]。教学贯穿着“以阶级斗争为纲”的极左路线，耽误了一代人接受正规教育的机会；全省高考招生长期中断，少为国家培养 5 万多名大学本科和专科毕业生，人才培养出现近十年空档，尤其是读书无用、“知识越多越反动”的谬论，严重毒害了青少年。

“文化大革命”对全省的文化领域更是一场灾难。首当其冲的是文艺界，许多著名的优秀戏曲剧目被作为“大毒草”批判，大批戏剧工作者遭到打击迫害。全省 90% 的文艺团体被撤销，90% 的文艺工作者队伍被解散。省京剧团大量用金线缀制的古装戏装被丢到西湖公园门前付之一炬；莆田数以万计的莆仙戏传统剧目纪录卷正本，被交给鞭炮厂制纸炮；省戏剧研究所的千余件戏曲文物资料全部丧失；漳州的造反派召开庆功大会，竟将木偶展览馆的全部陈列品焚毁。全省各级公共图书馆全部关闭，人员下放劳动，全省馆藏图书大批散失、霉烂、被窃。“文化大革命”前 17 年艰苦创建的文物管理机构和博物馆、纪念馆，被诬为“为死人服务的封资修黑窝”而撤销，文物更是遭到毁灭性的破坏。省级出版机构也在“文化大革命”中被撤销，只设“毛主席著作印刷办公

① 福建省地方志编纂委员会编：《福建省志・商业志》，中国社会科学出版社 1999 年 12 月版，第 29 页。

② 福建省教育史志编写办公室：《福建教育史志资料集》，1992 年，第 13 页。

室”，出版界 90% 以上的人员下放。总之，在“文化领域”批判 17 年“黑线”，搞所谓“改革”，使福建的文化事业元气大伤。

“文化大革命”对全省的卫生事业破坏严重。“文化大革命”中，省卫生厅及各级卫生机构领导班子瘫痪。许多有专长、有名望的中西医，以“反动学术权威”的罪名被打倒，有的甚至被迫害致死。科学的规章制度被废除，高、中等医学院、校停止招生。1969 年底，省里又决定将福建医学院附属医院、附属协和医院拆散搬迁清流、泰宁等八个山区县。福州、厦门有些医院也迁往山区农村，大批卫生技术骨干下放农村劳动。中等卫生学校全部下马。1970 年，福建医学院与福建中医学院合并迁泉州，成立福建医科大学。60 所卫生防疫站，8 所妇幼保健站（所）和一些中医院、疗养院都被拆并。个体开业医受到取缔，所余寥寥无几。仅福州地区到 1969 年底便减少病床 2000 多张，下放卫生技术人员 1000 多人。全省卫生系统被外单位占用的房屋面积达 26 万平方米。贵重图书刊物、仪器设备、标本、资料损失惨重，连爱国卫生运动也一度停顿，疾病防治工作也陷于瘫痪，加上全国性大串联，致使全省流行性脑脊髓膜炎、疟疾等暴发流行。①

总之，“文化大革命”期间，福建的政治、经济、教育、科学、文化、卫生事业都蒙受了巨大损失，给福建造成了极其严重的混乱、破坏和倒退。福建的国民经济被迫在曲折中艰难发展。

① 福建省地方志编纂委员会编：《福建省志·卫生志》，中华书局 1995 年 2 月版，第 5 页。

第 四 编

在徘徊中前进和伟大历史转折的实现

（1976 年 10 月—1978 年 12 月）

第十九章
揭批“四人帮”和拨乱反正的初步开展

第一节　开展“一批二打三整顿”工作

一、揭批查“四人帮”在福建的帮派体系

粉碎“四人帮”的胜利，宣告了“文化大革命”这场灾难的结束，从危难中挽救了中国的社会主义事业，为党和国家进入新的历史时期创造了前提。粉碎“四人帮”后，举国上下一片欢腾。人们早就对“四人帮”的活动深恶痛绝，迫切要求清算其反革命罪行，恢复和发展国民经济，把中国建设成为繁荣富强的现代化国家。与此同时，国际关系也日趋缓和，和平与发展的趋势正在孕育生成。因此，在中国面临向何处去的重大历史关头，能否抓住这有利的发展时机，迅速扭转“文化大革命”造成的严重局势，从困境中奋起，开辟一条社会主义发展的新道路，已成为中国共产党一项严峻而艰巨的历史任务。然而，十年浩劫留下的后果十分严重，要在短期内消除这场内乱造成的政治上思想上的混乱是很不容易的。为此，党中央首先着手清查“四人帮”的帮派体系，部署开展揭发批判“四人帮”的斗争，逐步恢复党和国家的正常秩序。

粉碎“四人帮”后，中共福建省委即于1976年10月14日至17日

召开地（市）、县委书记会议，传达贯彻中央打招呼会议精神。从18日起，省委开始向全省广大党员、干部和群众传达中央的精神。到20日，全省县以上城市基本上家喻户晓，并开始在农村社队向广大贫下中农传达。随后，省委于29日成立清查“四人帮”反革命集团材料组，负责收集、整理、上报有关揭发“四人帮”在福建帮派势力的材料，在全省范围内清查“四人帮”在福建的帮派体系。紧接着，省委先后召开地（市）委书记会议、省直属机关18级以上党员干部大会及地（市）、县委书记和宣传部长会议，加大宣传力度，广泛发动群众，掀起揭批“四人帮”反革命集团罪行和省委中极少数人与“四人帮”挂钩搭线、分裂省委罪行的高潮。各县都召开了大队支部以上的三级干部会议，或以公社为单位召开生产队长以上干部和党员大会，或分别举办骨干学习班；机关和部分厂矿则举办领导班子和党员、干部学习班；省、地机关坚持半天学习、半天工作，企事业以班组为单位，农村以政治夜校为阵地，组织干部和群众认真学习。通过宣讲和学习，广大干部和群众进一步认识到这场斗争的性质和意义，从而自觉地投身到揭批斗争中去。据不完全统计，粉碎“四人帮”近一个月，全省各级单位共召开声讨、揭批大会4.5万多场，参加的有2200多万人次，作揭发批判发言的有20多万人次；创办大批判专栏5.7万多期，写大字报54.5万多张，创作漫画9.4万多幅①。

同时，针对莆田、晋江地区以及福州、宁德、龙溪地区的一些沿海县、市因受“四人帮”干扰破坏较为严重，不少党委处于瘫痪半瘫痪状态，派性泛滥，群众对立，武斗频繁，中央打招呼会议精神传达不下去的情况，福建省委召开专门会议进行研究部署，并采取了相应措施。一方面，决定由省委常委带一批干部到莆田、晋江、宁德地区和长乐、福清、仙游等三个县协助工作，充实和加强这些地区的领导班子；另一方面，在福州军区和前线三军的支持下，先后派出宣传车300多辆，宣传队（组）1363个，共1.2万多人，广泛宣传中央指示。对一些问题较多的地方则进驻部队，收回被抢夺的武器，拆除武斗工事、关卡、据点，解

① 《全省运动进展情况——王张江姚反党集团斗争概况之二》，1976年11月30日。

散非法设立的“民兵指挥部”，撤销取代党委领导的“运动办”“反击办”，迅速改变了混乱局面，加强了党委领导①。

为真正从思想上、政治上、经济上、组织上肃清“四人帮”的流毒和影响，福建省委结合中央下发的《关于印发王洪文、张春桥、江青、姚文元反党集团罪证》三批材料，在全省范围内发起揭批“四人帮”斗争的三大战役，即揭发批判“四人帮”篡党夺权的阴谋，揭发批判“四人帮”的反革命面目和罪恶历史，揭发批判“四人帮”反革命路线的极右实质及其在各方面的表现。

12月12日，省委转发中央《关于印发王洪文、张春桥、江青、姚文元反党集团罪证（材料之一）的通知》，要求各级党委把揭发、批判、清查“四人帮”作为头等大事来抓，加强《罪证材料之一》的传达和宣传工作；并联系“四人帮”插手福建的实际，揭批“四人帮”在福建帮派势力篡党夺权的阴谋罪行和祸国殃民的反革命罪行，从而打响了揭批斗争的第一战役。

为加强对揭批查斗争的领导，及时了解和掌握揭批斗争的进展情况，进一步搞好专案审查工作，福建省委于1977年3月成立了揭批“四人帮”办公室，撤销原省委清查“四人帮”反党集团材料组。办公室在省委常委会的直接领导下开展工作。同时，进一步明确揭批查斗争的重点，一是继续揭查他们结帮营私，结帮篡党；二是彻底揭查他们分裂干部队伍，破坏军民团结的阴谋罪行；三是彻底揭查他们全盘否定1975年的工作，诬蔑大好形势，篡党夺权、复辟资本主义的罪行②。

随着中央《关于印发王洪文、张春桥、江青、姚文元反党集团罪证（材料之二）的通知》的下发，揭批斗争转入第二战役，主要任务是揭批“四人帮”及其在福建帮派势力的反革命面目和罪恶历史。3月17日，福建省委发出通知，要求各级党委大力做好《罪证材料之二》的传达和宣讲工作，紧密联系福建的实际，把揭批斗争推向新的高潮。紧接着，省委于4月11日至24日召开工作会议，总结交流了前一段揭批斗争

① 《全省运动进展情况——王张江姚反党集团斗争概况之二》，1976年11月30日。

② 《廖志高在各地（市）委书记会议上的讲话》，1977年1月29日。

的经验；并确定在夏收大忙之前对县以上各级单位采取“四集中” 的办法，即集中领导力量，集中重点清查对象，集中主要问题，集中时间，举办学习班，上下内外配合，协同作战，有领导、有组织地开展揭批斗争。

揭批斗争的不断发展，要求各级党委把斗争进一步引向揭批“四人帮”反革命理论的深层次。10月27日，福建省委对如何传达和宣讲中央《关于印发王洪文、张春桥、江青、姚文元反党集团罪证（材料之三）的通知》提出部署意见。要求各地（市）、县委加强领导，分段布置，组织各方面力量，揭批“四人帮”及其在福建帮派势力的反革命路线的极右实质及其在各方面的表现，从此拉开了揭批斗争第三战役的序幕。

在揭批“四人帮”帮派体系的过程中，应全省广大干部和群众的强烈要求，福建省委对“四人帮”在福建的帮派骨干陈佳忠、李庆霖、庄志鹏等人实行了隔离审查。经审查，他们的主要罪行是：入帮结伙，紧密配合“四人帮”篡夺党和国家领导权，猖狂进行反党阴谋活动；秉承“四人帮”旨意，卖力推行反革命修正主义路线；恶毒攻击中共中央，诬蔑粉碎“四人帮”的斗争，策划潜逃、投靠“四人帮”的余党，妄图负隅顽抗[①]。据此，省委认定他们“阴谋篡党夺权，并有严重的现行反革命罪行”[②]。1977年11月14日，省委召开全省广播大会，宣布了经中共中央批准的省委关于“永远开除现行反革命分子陈佳忠、李庆霖、庄志鹏的党籍，撤销其党内外一切职务，逮捕法办”的决定[③]。

同时，通过开展揭批“四人帮”的斗争，基本查清了与福建“四人帮”帮派篡党夺权阴谋活动有关的人和事，并对参与“四人帮”篡党夺权阴谋活动有关的人员提出了处理意见。一是参与“四人帮”篡党夺权阴谋活动的骨干分子。其中，对一小部分不肯改悔的，应开除党籍，撤销党内外一切职务，放到群众中监督改造直至依法判刑；对那些罪行严重，但能同“四人帮”划清界限，确愿悔改的，可以从宽处理，一般要开除党籍，撤销党内外职务，使他们在劳动和工作中改正错误，重新做人；

① 中共福建省委办公厅编：《中共福建省委大事记》（1967—1978），第229页。

② 中共福建省委：《关于逮捕现行反革命分子陈佳忠、李庆霖、庄志鹏的请示报告》，1977年10月25日。

③ 中共福建省委办公厅编：《中共福建省委大事记》（1967—1978），第253页。

对有些虽有罪行，但能交代清楚自己的问题，并揭发“四人帮”亲信的罪行，有真诚悔改表现的，可不划为骨干分子，保留党籍，给予一定的党纪或行政处分，但不能留在要害部门和领导班子内。二是参与“四人帮”篡党夺权一些阴谋活动但是尚属受人利用犯政治错误的人。要坚持惩前毖后、治病救人的方针，帮助其改正错误。三是与“四人帮”篡党夺权有牵连犯了错误的同志，包括犯严重错误的同志。主要是把问题讲清楚，提高觉悟，接受教训，改了就好。总之，在对上述人员进行处理时，省委要求根据中央有关指示精神，认真贯彻既严肃又慎重的方针，严格区分两类不同性质的矛盾，缩小打击面，扩大教育面。定案结论要做到事实清楚，证据确凿，定性准确，处理恰当，手续完备[①]。

随后，各级党委在继续深入开展揭批斗争第三战役，以巩固清查成果的同时，对参与“四人帮”篡党夺权阴谋活动的有关人员进行了结论定案处理。据不完全统计，全省以篡党夺权骨干分子、反革命分子、打砸抢分子罪判刑的有 613 人，因其他刑事犯罪被判刑的有 315 人，定为严重政治错误的有 2111 人，党纪政纪处分的有 854 人[②]。到 1978 年八九月间，清查工作在全省范围内基本结束。

揭批查“四人帮”在福建帮派体系的斗争，有效揭露了“四人帮”及陈佳忠一伙篡党夺权的阴谋罪行和罪恶历史及其极左路线在各方面的表现，基本查清了与“四人帮”篡党夺权阴谋活动有关的人和事，基本摧毁了“四人帮”在福建的帮派体系。同时，深刻地教育了全省广大干部和群众，澄清和纠正了被颠倒的思想、路线、理论是非，增强了团结，全省工作和生活秩序逐步恢复正常。

但是，由于“左”的指导思想还未从根本上改变，福建省委在清查过程中也出现打击面过宽，处理过重，解脱过晚，还有少数搞错等偏差[③]。如在清查过程中夸大地认为，全省有 1/3 的县、1/4 的人民公社和一批机关、企事业单位程度不同地被“四人帮”在福建的帮派势力篡夺了领

---

① 中共福建省委：《关于清查工作的情况和处理意见的请示报告》，1978 年 4 月 7 日。

② 福建省地方志编纂委员会编：《福建省志・共产党志》，中国社会科学出版社 1999 年 11 月版，第 185 页。

③ 中共福建省委：《关于两案复查和定性处理进展情况的报告》，1981 年 9 月 15 日。

导权[①]，因而先后被列为审查对象的多达 1.1 万人[②]。尤其是错误地把审查干部的历史问题同“两案”（即林彪、“四人帮”反革命集团案）问题混淆在一起，仅根据一些群众的反映，就决定对闽中地区地下党组织的主要负责同志黄国璋（原闽浙赣省委常委兼闽中特委书记，新中国成立后任省委组织部副部长）、许集美（原泉州中心县委书记，时任莆田地委副书记）和有关人员的政治历史问题，进行专案审查，即“四〇五专案”，各地也相应地成立审查机构，并错误地把闽中地下党人员看作是“四人帮”在福建的“地线”[③]，认为“‘地线’不挖掉，一有风吹草动，又会兴风作浪，后患无穷，一定要把他们的问题查清批透。”[④] 经过八个多月专案审查，省委于 1978 年 6 月 13 日向中央报告：“现已基本查明：在全案审查的 25 人（其中党员 16 人）中，属于叛徒、特务、内奸和反革命骨干分子就有 17 人。原闽中地下党组织的领导机关完全是被国民党特务所控制，其主要负责人黄国璋、许集美、林汝楠（已故，原闽中特委副书记，解放后任省教育厅厅长）等人都是叛徒、特务、内奸分子。”[⑤] 这样，一个有着几十年革命斗争历史的闽中地下党就被打成“完全被国民党特务所控制”的组织，从而造成了一起新的错案。

二、开展“双打”斗争

粉碎“四人帮”后，由于福建有些地方帮派势力盘根错节，派性没有完全消除。为此，福建省委决定开展“双打”斗争（即打击阶级敌人的破坏活动，打击贪污盗窃、投机倒把活动），并要求各级党委把“双打”斗争同清查工作结合起来，从政治上、经济上彻底粉碎“四人帮”在福

① 中共福建省委：《关于坚决贯彻执行中央工作会议精神，把揭批“四人帮”的斗争进行到底的意见》，1977 年 4 月 24 日。

② 中共福建省委组织部等：《中国共产党福建省组织史资料（1926 年 2 月—1987 年 12 月）》，福建人民出版社 1992 年 12 月版，第 480 页。

③ 李宗时：《福建落实地下党政策的工作》，1999 年 6 月 8 日。

④ 《中央工作会议简报（华东组）第 14 期（总 88 号）》中廖志高同志的发言，1977 年 3 月 18 日。

⑤ 中共福建省委：《关于对黄国璋、许集美等人的政治历史问题进行审查的情况简报》，1978 年 6 月 13 日。此报告中的全案 25 人应为 27 人，党员 16 人应为 20 人。

建的帮派体系。同时要求各地在“双打”斗争中，认真贯彻执行党的政策，把阶级敌人的破坏活动同人民内部的资本主义倾向区别开来，把贪污盗窃、投机倒把同一般的多吃多占和正当的家庭副业区别开来。打击的重点是严重破坏社会主义革命和建设的阶级敌人以及大贪污盗窃、投机倒把犯。对于贪污盗窃、投机倒把犯以及其他各种罪犯，应根据情节轻重、态度好坏，区别对待。凡属贪污盗窃、投机倒把的赃款赃物，都必须退赔；给国家集体造成严重损失的，还要给予惩罚[①]。

1976 年 12 月 8 日，省委又发出《关于进一步加强对敌斗争的通知》，要求各级党委把恶毒攻击党中央、无耻吹捧“四人帮”的反革命案件和打砸抢案件列为重点，快查、快破、快处理，给予坚决有力的打击。

随后，根据中央的部署，福建省委在广泛揭露和调查核实的基础上，采取集中打击的办法，分别于 1977 年 4 月、6 月、9 月开展了三次全省性清查打击流窜犯的统一行动，以铁路沿线、沿海港口码头、闽江沿岸和公路交通干线的城镇、站点等为重点，进行打击活动。省委还要求各地严惩破坏山林的犯罪分子，指示各地党委选择抢砍滥伐、木材投机、内外勾结、纵火烧山、殴打护林人员等典型案件，组织专门力量，突击调查，落实定案[②]。在此基础上，省委先后在晋江、仙游、宁德等地召开三次全省性公判广播大会，依法严惩了一批现行反革命分子、打砸抢首恶分子和重大刑事犯罪分子，强化了社会治安，维护了社会秩序。

与此同时，福建省委在 5 月召开的工作会议上对打击经济领域内的贪污盗窃和投机倒把活动进行了具体部署。会后，各级党委均成立了打击贪污盗窃和投机倒把斗争领导小组，并先后派出干部 9300 多名，广泛发动群众，采用城乡结合、内外结合、上下结合的办法，普遍进行调查摸底，在机关、农村、工厂、企事业共 1128 个单位抓紧试点工作[③]。各试点单位的做法大致分为三个阶段：第一阶段学习文件，提高认识；第

---

① 《福建省第五届人民代表大会第一次会议关于省革命委员会工作报告的决议》，1978 年 1 月 3 日。

② 中共福建省委：《关于打击处理破坏山林罪犯的通知》，1977 年 6 月 3 日。

③ 中共福建省委揭批“四人帮”办公室：《揭批查“四人帮”复辟资本主义罪行情况统计表》，1977 年 9 月 6 日。

二阶段发动群众，揭发问题，开展斗争；第三阶段查证落实，定案处理。

在试点取得经验的基础上，福建省委于9月召开常委扩大会议，决定夏收大忙以后，在全省范围内分期分批开展打击贪污盗窃和投机倒把的活动。要求抓紧抓好问题多的重点单位，集中力量打击大贪污盗窃和投机倒把犯罪分子及集团案件中的首要分子。

晋江、莆田、建阳等地区通过广泛发动群众，深入调查摸底，把打击贪污盗窃和投机倒把的斗争与清查“四人帮”在福建帮派势力的斗争紧密结合起来，取得了较大的成效。福建省委及时地总结推广了晋江、莆田、建阳等地区的经验，推动全省范围内打击贪污盗窃和投机倒把斗争的顺利开展。据不完全统计，至1978年底，全省共揭露并核实贪污盗窃、投机倒把的金额7500多万元，粮食2900多万斤，并对4565名贪污盗窃、投机倒把分子作出严肃处理。①。

“双打”斗争的开展，反映了全省广大干部群众的根本利益和迫切愿望，沉重地打击了包括一些“四人帮”帮派骨干分子在内的现行反革命分子、打砸抢首恶分子、重大刑事犯罪分子及贪污盗窃、投机倒把分子，极大地动摇并摧毁了“四人帮”在福建帮派体系的社会基础，稳定了社会秩序，促进了安定团结，调动了广大干部和群众的积极性，推动了工农业生产的恢复和发展。但在“双打”斗争中也出现了一些差错，如把有些正常的经商贩运当作投机倒把打击；有些地区和单位还出现事实不够清楚、证据不够确凿、定性不够准确，留有尾巴的现象②。

三、整顿工作和小整风运动

随着揭批查斗争和“双打”斗争的深入开展，也逐渐揭露出了一些问题。全省各级领导班子中程度不同地存在着干部不纯和“软、散、懒”等现象；农村社队及工商企业经营管理混乱，漏洞较多；农村有些社队脱离生产第一线的人员多，干部补贴多，非生产性开支大，超支面大；经

① 中共福建省委揭批“四人帮”办公室:《贪污盗窃、投机倒把落实和处理情况统计表》，1978年12月20日。

② 《我省“一批双打”斗争的情况汇报》，1978年9月15日。

济不清、财务混乱的情况相当严重；党的建设和政治思想工作薄弱，弄虚作假，谎报成绩，主观臆断，瞎指挥等不良风气盛行，干部贪赃枉法，大吃大喝，侵吞和挥霍国家、集体资财等违法违纪现象严重。这对全省安定团结的政治局面构成了严重的威胁。因此，福建省委决定从1977年下半年起，结合揭批查“四人帮”的斗争和“双打”斗争，有步骤、有重点地开展整顿工作，着重整顿领导班子，整顿经营管理，整顿工作作风。

首先，对全省各级领导班子进行思想整顿，通过抓原则问题，开展批评与自我批评，以增强团结，分清路线是非，并开展组织整顿，清理与“四人帮”篡党夺权阴谋活动有牵连的帮派分子，特别加强对无人负责或长期软弱无力的单位的整顿，以纯洁和增强领导班子。

全省各级领导班子的整顿是一项复杂而细致的工作，福建省委要求各级党委应采取既坚决又慎重的态度，先解决各地（市）、县委和各级要害部门的领导班子问题，再解决其他单位和部门的领导班子问题；先配备好一、二把手，然后配备其他的成员。同时，必须下决心把各级领导班子中的“四人帮”帮派骨干分子清除出去；对于被夺了权的单位，坚决把权夺回来；对于瘫痪了的领导班子，派得力干部进去整顿；对于个别错误严重而态度又很坏的人，坚决撤下领导岗位；对于少数长期闹不团结和派性严重的人，进行调整和交流①。据统计，至1979年上半年，省委常委、省革委会副主任以上干部18人（不含军队干部）中，被调整变动的有8人，占44.4%；省直属部、委、厅、局党组（核心组）、大专院校党委成员以上干部313人中，被调整变动的有127人，占40.6%；地（市）委常委以上干部71人中，被调整变动的有42人，占59.2%；县（市）、区常委564人中，被调整变动的有344人，占61%②。这些被调整变动的干部中，除少数属于正常调动变动外，大部分是在“文化大革命”中犯了错误，不适宜继续担任领导职务的，以及被清除出领导班子的“四人帮”在福建的帮派骨干。

在整顿各级、各单位领导班子的过程中，省委要求各级党委采取历

① 《廖志高同志在中国共产党福建省第三次代表大会上的报告》，1979年12月8日。

② 中共福建省委组织部等：《中国共产党福建省组织史资料（1926年2月—1987年12月）》，福建人民出版社1992年12月版，第480页。

史的、全面的态度。对犯了错误的同志，应看到当时特定的历史背景以及犯错误的社会根源和思想根源，而不把责任统统归于个人；要注意把那些觉悟不高、犯了错误甚至严重错误的人同那些卖身投靠“四人帮”并参与篡党夺权阴谋活动的人严格区别开来；还要注意保护那些过去一贯表现好、有能力、有干劲、有成绩，只是偶尔犯了错误并愿意改正的干部。同时，为适应现代化建设的需要，省委坚持德才兼备、任人唯贤的标准，排除派性干扰，较好地贯彻“老中青三结合”和党管干部等原则，有意识地提拔一些经过考验的公社书记担任县委书记，提拔一些县委书记担任地委书记，注意吸收一定数量年富力强、富有朝气的优秀中青年干部和科技专业干部，以充实和加强干部队伍①。

通过对全省各级领导班子的整顿，福建省委在班子配备上，选拔和任用了一大批新干部。据不完全统计，全省共选拔县（市、区）以上党委成员 1184 人，其中省委常委、省革委会副主任以上干部 6 人，省直属部、委、办、局以上党组成员 173 人，大专院校党委常委 50 人，地、市委常委 50 人，县（市、区）委常委 510 人，厂矿企事业党委委员 395 人。还有一批长期“靠边站”的老干部共 113 人被重新安排到主要领导岗位上，其中原正副厅长、地委常委以上干部 38 人②。

其次，加强对农村人民公社和工商企业经营管理的整顿。发动群众，通过开展“小四清”运动，即清账目、清物资、清仓库、清工分，查找经营管理上的问题和漏洞③。同时，实行劳动定额，加强劳动纪律，建立严格的生产管理制度；加强财务管理，搞好收益分配工作，使社员收入在生产发展的基础上逐年有所增加；大力支援穷社穷队；认真整顿和办好国营农场；工商企业要着重加强计划管理，加强劳动纪律，严格实行岗位责任制；不论是工商企业或农村社队，都要坚持按劳分配的原则，实行多劳多得，少劳少得的政策；要坚持男女同工同酬；要把精神鼓励和物质鼓励结合起来，以精神鼓励为主，物质鼓励为辅；认真抓好会计

---

① 《廖志高同志在中国共产党福建省第三次代表大会上的报告》，1979 年 12 月 8 日。

② 福建省地方志编纂委员会编：《福建省志·共产党志》，中国社会科学出版社 1999 年 11 月版，第 229，227 页。

③ 《伍洪祥同志在省委“一批双打”会议上的讲话》，1978 年 9 月 20 日。

员、出纳员、保管员、记工员等的培训工作，建立健全规章制度[①]。通过整顿，农村社队和工商业经济不清、财务管理混乱、私招乱雇等现象有了较大的改观。

第三，认真整顿工作作风。通过反对自私自利、假公济私，反对弄虚作假、独断专行，反对铺张浪费、大吃大喝，重新恢复和确立被林彪、“四人帮”破坏了的实事求是的优良传统和作风，树立全心全意为人民服务的思想和密切联系群众、勤俭节约、艰苦朴素的作风，进一步提高党的战斗力，密切党和人民群众的联系。同时，对待犯错误的干部采取“惩前毖后，治病救人”的方针，除了混进干部队伍的坏人的严重贪污盗窃、投机倒把、违法乱纪，造成极其恶劣影响，不严肃处理不足以平民愤的外，对于立场坚定，工作积极负责，只因方法简单，作风粗暴，产生强迫命令，犯有这样那样缺点错误的干部，本着爱护的观点，批评帮助他们改正错误[②]。

在开展整顿工作的同时，为了使全省广大党员干部进一步从思想上分清是非，增强各级领导班子的团结和统一，提高贯彻执行党的方针政策的自觉性，福建省委还开展了从省到地（市）、县委的小整风运动。首先，于 1977 年 3 月在省、地（市）、县三级共 219 个党支部中开展整党整风试点，其中，省、地（市）委直接抓的有 36 个[③]。接着，于 1978 年 3 月下旬召开各地、市委书记会议，部署在各级党委内部进行的小整风运动，主要解决事关路线的大是大非问题。

省委常委率先垂范，于 4 月间先后召开几次小整风会议，联系本省实际，认真总结经验教训，开展批评与自我批评，对“四人帮”横行时省委常委中事关路线的一些重大问题作了初步检查。省委认为，由于当时是以“根据中央指示”或省委的名义，在全省范围内大张旗鼓地传达

① 《福建省第五届人民代表大会第一次会议关于省革命委员会工作报告的决议》，1978 年 1 月 3 日。

② 中共福建省委：《转发龙海县委〈关于深入揭批林彪、“四人帮”假左真右的修正主义路线，认真落实党的政策，努力改变作风的报告〉的批示》，1978 年 9 月 14 日。

③ 中共福建省委组织部蓝映林：《关于整党整风试点工作情况和今后意见的发言》，1977 年 7 月 8 日。

贯彻了一些错误部署和讲话，从组织上带有强制性，这给各级党委造成很大的压力，也使得一些干部不同程度地犯了错误，主要责任在省委①。

随后，省委将常委小整风的情况发给县以上各级党委常委、党组成员进行讨论，要求各级党委把小整风运动引向深入，帮助省委继续整风，进一步总结经验教训。6月中旬，省委又将常委小整风的情况下发，广泛征求全省广大干部群众的意见。并要求各级党委充分发扬民主，反复发动群众，欢迎和号召大家对省委、对各级党委提出意见，帮助省委常委和各级党委开展整风。

由于各级党委不断端正态度，开展批评和自我批评，并比较充分发动了群众，省委常委小整风和县以上各级党委小整风运动取得了较大的成绩，基本上分清了路线是非，统一了思想认识，各级领导班子内部也增强了团结。

第二节　拨乱反正的初步开展

一、着手平反“文化大革命”中的冤假错案

福建“文化大革命”制造了大量的冤假错案，牵涉数百万人。据不完全统计，“文化大革命”中，全省约有90%以上的教授、专家和50%以上的讲师、主治医师被打成“反动学术权威”，一大批干部被无中生有地打成“叛徒”“特务”“假党员”“阶级异己分子”。在“清队”“整党”“一打三反”、清查“五·一六”分子等运动中被立案审查的脱产干部约4.9万余人，占干部总数的15.7%；处以上干部约1500余人，占处以上干部总数的47.3%。连同基层不脱产干部和群众，全省被立案审查的干部和群众共有17.2万余人。未立案而受冲击和迫害的有20多万人，加上

① 中共福建省委：《关于省委常委小整风的情况报告》，1978年6月2日。

受株连的亲属，直接受害者达200万人左右[①]。因此，对受迫害和牵连的干部、群众进行平反，成为全省广大干部和群众的强烈要求。

为此，福建省委于1978年4月下达了闽委〔1978〕12号文件，批转省委落实政策领导小组《关于落实政策中继续解决若干具体问题的意见》。要求各级党委遵照党中央关于“对过去审查干部中遗留的一些问题，应当严肃认真地尽快妥善处理”的指示，采取切实有效的措施，对“文化大革命”中受审查和处理的干部案件进行全面复查，逐件予以落实。并明确指出：“一切不符合事实的结论和材料，即使一个‘尾巴’，也不能保留。尤其是在林彪、‘四人帮’另搞一套的影响下造成的冤案、假案、错案以及一切诬蔑不实之词，应当一律予以推倒。凡是符合事实需要作结论的材料都应当保留，决不能‘一风吹’。”省委还就落实政策中亟需解决的问题提出了处理意见，主要有：第一，凡是干部、职工的政治历史问题，过去已经审查作过结论，定性正确，“文化大革命”中又未发现新的重大问题，应维持原结论，不重作结论。在干部结论中，错误地给戴上“犯走资派错误”帽子的，应予取消。对于审查多年，问题仍未查清，且无法继续查证的，应根据现有材料，尽快作出恰当的、实事求是的结论。第二，“文化大革命”中所谓“站错队”和以人划线等问题，凡在干部、职工和群众中有这类结论或材料的，应一律作废。第三，经过复查实属冤假错案的，应予以平反昭雪，恢复名誉，并做好消除影响的工作。第四，应认真做好安排干部的工作，并尽快处理好知识分子的审查遗留问题。第五，凡因冤假错案而株连子女的，有关单位应主动发函给其子女所在单位，说明情况，消除影响，妥善解决其实际问题[②]。该文件为实事求是地解决福建“文化大革命”中的大批冤假错案，提供了政策依据。

1978年4月14日，新华通讯社《国内动态清样》登载《福建省三明地区负责人阻挠为被“四人帮”迫害的赵大中彻底平反》一文，披露了

---

① 中共福建省委落实政策办公室：《关于完成复查“文化大革命”案件善终工作情况的报告》，1982年12月8日。

② 中共福建省委批转省委落实政策领导小组《关于落实政策中继续解决若干具体问题的意见》，1978年4月14日。

中共三明地委一些领导人长期阻挠给因反对张春桥而惨遭迫害的赵大中彻底平反的严重事件。这引起了再度复出的邓小平的极大关注。第二天，邓小平作出批示："送福建省委参酌，如反映属实，地、市委有关人员是不干净的，为什么省委不抓住这样典型事件，对地市委加以清查和整顿呢！"①

福建省委接到邓小平的批示后，随即组织省委常委进行学习讨论，并派出调查组赴三明作进一步的调查。调查组经过 12 天的调查，证实新华社《国内动态清样》上所反映的情况属实，同时发现另有四人同样受"四人帮"迫害也没有得到彻底平反。据此，省委责成三明地委立即为赵大中等人平反。在省委的督促下，三明地委于 4 月 28 日召开为赵大中等五人彻底平反的万人大会，并对所犯错误作了检查。5 月上旬，省委在听取调查组的汇报和三明地委的检查后，对三明地委的错误进行严肃的批评，并对错误严重的人员作了处理。《人民日报》以此为典型，发表了题为《严肃处理三明地委阻挠平反冤案的严重事件》的报道，并发表评论员文章《落实党的政策必须具有无产阶级的坚定性》，扩大了赵大中案件的影响。

省委抓住赵大中案件这个典型案例，于 5 月 18 日至 24 日召开地、市委书记会议，深刻总结了发生案件的经验教训，并对全省落实干部政策的工作作了全面部署。会议指出，认真查清"四人帮"制造的冤假错案，为受迫害的同志彻底平反昭雪，落实党的干部政策，是揭批"四人帮"的重要组成部分。同全国相比，福建落实干部政策进度比较缓慢，抓得不紧。各级领导班子必须端正思想政治路线，对事关路线的重大问题一定要澄清事实，分清是非，纠正错误；必须坚持党的实事求是和走群众路线的作风，深入实际，加强调查研究，克服骄傲自满、自以为是，对讲谎话、弄虚作假的干部必须严肃处理；必须加强法制观念，特别是各级领导干部和政法部门的干部必须严格遵纪守法；必须及时排除各种干扰和阻力，坚决落实党的政策②。

---

① 《关于贯彻执行邓小平副主席对三明地委阻挠赵大中同志彻底平反的批示情况简报》，1978 年 4 月 15 日。

② 《廖志高同志在地、市委书记会议上的讲话》，1978 年 5 月 24 日。

会后，各级党委根据省委的指示，层层发动，采取积极的态度，为“文化大革命”中因反对林彪、“四人帮”，为刘少奇、邓小平等同志鸣不平和所谓“恶毒攻击党、攻击社会主义制度、攻击伟大领袖毛主席和毛泽东思想”等政治性问题被判刑的案件，而遭受打击、迫害的干部和群众平反昭雪，恢复名誉。并认真落实党的干部政策，把被颠倒了的是非重新颠倒过来。同时，各级党委对“文化大革命”中未立案而遭受打击、迫害的同志及农村基层干部群众中的类似问题也进行了平反和处理，从而有效地调动了广大干部和群众的积极性，促进了工农业生产的恢复和各方面工作的开展。据不完全统计，全省在“文化大革命”中“清队”“整党”“一打三反”、清查“五一六”分子等运动中，立案审查的案件共有 15 万余件，至 1978 年底复查了 13 万余件；冤假错案涉及的人数共有 2.4 万余人，平反了 2.2 万余人[①]。“文化大革命”中未立案而遭受打击和迫害的同志已平反纠正 88500 多人，农村基层干部和群众已复查了 97200 多人，许多受诬陷的先进单位和老劳模得到了平反，恢复了名誉[②]。

此外，省委还重点抓了几个有代表性、影响较大的集团性案件的复查平反。如对统战侨务系统的所谓“美蒋特务集团”、卫生系统的所谓“反共救国同志会”、“联合国世界卫生组织远东疫情情报站”、重工业系统的所谓“现行特务集团”、邮电系统的所谓“反共救国军特务集团”及团省委的所谓“十个敌特组织”等集团案进行复查，为遭受“四人帮”在闽帮派势力迫害的领导干部、高级知识分子、民主人士、科技人员和其他干部、群众共 1575 人平反昭雪，使许多受株连的归国侨胞、港澳同胞得以恢复名誉。对“文化大革命”中被迫害致死的党内著名人士张孤梅、陈超凡、王亚南等举行骨灰安放仪式，为他们恢复名誉。随后，各级党委相继选择各种典型案件，为遭受林彪、“四人帮”迫害的干部群众平反昭雪。据不完全统计，至 1978 年底，全省共有 654 起集团性冤假错案得到了平反，一批长期得不到解决的老大难问题得到了妥善处理。

---

① 《廖志高同志在地、市委书记会议上的讲话》，1978 年 5 月 24 日。

② 《伍洪祥同志在省委落实政策工作会议上的总结讲话》，1979 年 9 月 7 日。

原被错误定为敌我矛盾性质已平反纠正的有 39461 人，受审查期间死亡已作妥善处理的有 6763 人，开除党籍已恢复的有 1865 人，开除公职已恢复的有 10288 人，省管干部已安排的有 2232 人，大专以上科技人员使用不当已调整的有 3327 人[①]。

通过平反“文化大革命”中的冤假错案，使一些干部重新走上了工作岗位或担负新的职务，因与这些干部有亲属关系或工作关系而受到株连的干部和群众也由此得到解脱，“文化大革命”时期受到严重扰乱的社会关系在一定程度上得到了调整，实现了局部的拨乱反正。这对于促进全省的安定团结起到了积极的作用。同时，党的实事求是的优良传统和作风也得到了初步恢复。

然而，1977 年 2 月 7 日，《人民日报》、《红旗》杂志、《解放军报》社论《学好文件抓住纲》却提出了“两个凡是”的方针，即：“凡是毛主席作出的决策，我们都坚决维护，凡是毛主席的指示，我们都始终不渝地遵循”。由于这一方针是以当时传达党中央声音的权威方式公布的，从而给平反冤假错案工作设置了障碍和禁区，也使福建省委及各级党委中的一些同志产生了思想认识上的偏差。诸如，担心因平反工作而否定“文化大革命”会降低领导机关和领导干部的威信；有些干部思想上没有解放，心有余悸，不敢坚持实事求是的原则；有些干部夹杂私心，固守己见，害怕改正自己经手的案子的结论，会丢面子，因而对平反工作持有消极观望的态度；有些干部因害怕派性干扰或打击报复，甚至顶着不办[②]。这使得平反冤假错案的工作进展缓慢，全省各地开展很不平衡，许多平反工作仍留有尾巴，全省各级、各部门仍有一大批受迫害和牵连的干部和群众还戴着强加给他们的种种莫须有的罪名，仍有一大批老干部未能重新回到工作岗位上，得不到彻底平反和解脱，这在一定程度上成了影响全省安定团结的消极因素。

---

① 《伍洪祥同志在省委落实政策工作会议上的总结讲话》，1979 年 9 月 7 日。

② 《中共福建省委转发〈李正亭同志在省落实政策工作座谈会上的讲话〉的通知》，1980 年 9 月 26 日。

二、初步落实党的政策

福建省委在通过平反“文化大革命”中的冤假错案，以调动干部队伍积极性的同时，还采取措施，恢复省委落实政策办公室，着手落实党的各项政策，调整各方面的社会关系，来调动一切积极因素，并尽可能地把消极因素转化为积极因素。

1977年初，省委重新恢复了因受全国“批邓、反击右倾翻案风”运动干扰破坏而中断了的落实政策工作。恢复后的省委落实政策办公室是省委落实政策领导小组下属的常设办事机构，主要办理领导小组日常事务工作，贯彻执行中央和省委有关落实政策工作的方针、政策和指示，负责全省各地、市落实政策工作的综合指导工作。其工作重点是，恢复和健全全省各地、市落实政策办公室机构，进一步调查了解“文化大革命”期间“清队”“整党”“一打三反”、清查“五一六”分子等运动中遗留的一些政策性的问题，布置“文化大革命”案件的全面复查工作。

1977年7月4日，省委在厦门召开专题会议，讨论研究部署落实政策的工作，澄清了因“四人帮”的干扰破坏造成的思想混乱，肯定了1975年落实政策所取得的成绩，并强调了落实政策工作的必要性和紧迫性。8月13日，省委又下发《关于继续认真做好落实政策工作的通知》，要求各地加快恢复、健全和充实落实政策工作机构。为切实加强组织上的领导，省委于1978年6月23日重新调整充实了省委落实政策领导小组，由省委书记林一心任领导小组组长，增补白治民、孟进城、黄明等省委和部门领导为小组副组长或小组成员，免去了部分造反派成员担任的职务。各级党委也相应调整、充实和加强了落实政策领导班子，层层设立落实政策的办事机构，充实专职办事人员。全省落实政策的专职干部从原先的800多人增加到1.2万多人。[①] 这为全省落实政策工作的开展提供了组织上的保证。

在加强对落实政策工作的指导的同时，福建省委根据中央关于“有

① 胡平、王一士、游德馨:《铁骨铮铮，光明磊落——深切怀念廖志高同志》,《福建日报》2004年8月25日。

反必肃，有错必纠”的一贯方针，采取一系列有力措施，加强落实政策工作。

其一，着手落实党的侨务政策。1978年1月18日至29日，省委召开全省侨务工作会议，传达和部署学习中央转发外交部党组《关于全国侨务会议预备会议的情况报告》的精神，并联系实际，揭批了“四人帮”在福建的帮派势力破坏侨务工作的罪行，强调要认真贯彻执行党的侨务政策，做好侨务工作。接着，省委于2月20日召开电话会议，再次传达和重申了党对侨眷、归侨实行“一视同仁，不得歧视，根据特点，适当照顾”的方针和一系列侨务政策，要求各级党委切实加强对侨务工作的领导，认真落实各项侨务政策，保护和褒扬广大归侨、侨眷爱祖国、爱故乡的热情，进一步调动他们参与社会主义建设的积极性。4月13日，省委发出《关于改变华侨地主、富农成分问题的通知》。省委根据中共中央〔1978〕3号文件关于提早改变华侨地主、富农成分问题的指示精神，提出贯彻执行的具体意见：凡是查明1956年前后已经宣布给予提早改变成分的华侨地主、富农，应当重申有效；对于已经宣布改变成分，又重新给戴上地、富帽子的，应予摘掉；对于尚未提前改变成分的，在落实侨务政策中，应分别情况进行处理；对港、澳、台胞的地主、富农成分问题，可据此精神结合处理。此项工作由统战、侨务和公安部门具体负责，查明情况，提出意见，报请县、市革委会审批①。

其二，着手为被错划的“右派分子”进行摘帽和改正。1978年5月7日，省委成立由省委组织部、宣传部、统战部、省公安局、民政局、劳动局等六个部门共同组成的摘掉“右派分子”帽子办公室，开始对全省在1957年反右派斗争中被错划的“右派分子”进行摘帽和改正工作。随后，为加强对摘帽工作的领导，省委又于11月4日成立摘帽子工作领导小组。紧接着，各地（市）、县委和各高等院校及省直各部委办也相应成立摘帽工作领导小组和办公室，许多单位有一名领导分管这项工作，并有专人负责。12月5日至12日，省委召开全省摘帽工作会议，着重研究和讨论如何贯彻落实中央关于摘帽工作的指示精神，做好摘帽

① 中共福建省委：《关于改变华侨地主、富农成份问题的通知》，1978年4月13日。

人员的安置工作和对错划了的人员的改正工作等问题。

其三，落实党的知识分子政策，改善知识分子的工作条件和生活条件。1978年5月7日，省委批转省农科院《抓纲治院简报》第8期《关于落实党的知识分子政策的经验》，要求各级党委迅速采取有力措施，认真、严肃、尽快地处理好科技人员中政治上的遗留问题，抓紧恢复技术职称，给一些科技骨干配好助手，培养科技人才；结合清查工作，整顿好科技机构，调配好班子，把优秀科技骨干恢复或提升到各级科技领导岗位上；保证科技人员每周至少必须有5/6的工作时间；加强后勤工作，保证研究实验所需物资器材、资料，解决科技人员的生活困难，充分调动广大科技人员钻研科学技术的积极性，尽快把科技工作搞上去，为实现社会主义现代化作出贡献。11月23日，省委又批转省委组织部、省人事局党组《关于抓紧解决科技干部用非所学问题的报告》，要求各级党委切实加强领导，采取有力措施，对那些确有真才实学而用之不当的科技人员，根据工作需要尽快调整归队，做到学以致用，发挥其专长。

粉碎“四人帮”后，福建省委平反冤假错案、落实党的政策、调整社会关系、正确处理人民内部矛盾等一系列措施的实施，开始了福建最初的拨乱反正，从而调动了社会各阶层的积极性，对促进全省的安定团结，坚持和发展党领导的多党合作和政治协商制度，起到了积极的作用。

第二十章
国民经济的恢复和历史转折的实现

第一节　国民经济的恢复

一、工农业生产的整顿和恢复

"文化大革命"期间，正当中国忙于国内的政治斗争之时，世界其他各国却积极调整政策，实现了经济的迅速发展，中国经济与世界经济的差距越拉越大。因此，粉碎"四人帮"后，从噩梦中醒来的人们，焕发出极大的政治热情，积极地投入到国民经济的恢复和建设上来。理论界自发地发起了经济工作"十个要不要"① 的全国性大讨论，澄清被"四人帮"搅乱了的思想。农业、计划、铁路、工业、财贸、煤电、运输、粮食等生产建设方面的全国性会议先后召开，着手整顿和恢复国民经济。

福建省委抓住农业这个薄弱环节，首先部署在农村深入揭批"四人帮"及其在福建帮派势力破坏农业生产的罪行，肃清"左"倾思想在农

① 即要不要坚持党的领导；要不要坚持党的基本路线；要不要全心全意依靠工人阶级；要不要搞生产；要不要坚持合理的规章制度和严格的劳动纪律；要不要抓好经济核算，增加社会主义积累；要不要坚持按劳分配的社会主义原则；要不要无产阶级自己的专家；要不要引进新技术；要不要坚持计划经济。

业战线上的流毒和影响。并认真开展农村基本路线教育，使各级党委充分认识到农业问题的严重性和迫切性，真正落实“以农业为基础”的方针，加快农业生产的发展。接着，省委调整和充实了省农田基本建设指挥部和省农业机械化领导小组，并多次召开全省农田基本建设会议，要求县、公社、大队三级抽调一定劳力组成农田基本建设专业队，坚持常年有计划、有组织、有准备地开展农田基本建设，改变许多地方山河依旧、面貌未改的落后状况①。

省委在抓紧粮食生产的同时，强调要大力发展多种经营。要求对多种经营采取扶持、援助其发展的政策，决不许采取限制、打击的政策。农副产品的收购政策、奖售政策、价格政策及国家贷款方面的有关政策和规定等，都必须有利于多种经营的发展。社员家庭副业是社会主义经济的补充，对于政策范围允许的，只要不妨碍集体生产的发展，要大力鼓励和支持，不能限制，不能当成“资本主义尾巴”割掉②。

为充分调动广大农民的生产积极性，省委根据本省农村的实际情况，于 1978 年 6 月 1 日制定了《关于当前农村人民公社经营管理若干问题的规定》（简称“农业十二条”），进一步建立和健全了农村经营管理制度，从政策和措施上保证了农村多种经营和社队企业的恢复和发展。随后，省委又于 8 月 1 日印发省水产局党组《关于当前渔区社队经营管理若干问题的规定》，作为“农业十二条”的补充，在沿海渔区社队试行。

此外，省委根据中央的部署，开展了全省第二次农业学大寨运动，组织农业学大寨工作队开赴生产第一线。1977 年 2 月 26 日至 3 月 7 日，全省第二次农业学大寨经验交流会在福州召开。会议贯彻落实第二次全国农业学大寨会议的精神，总结交流了农业学大寨运动的一些“先进经验”，对恢复发展农业生产提出了一些正确的意见。但由于受“左”的思想影响，这次大会仍继续推行人民公社化的一套“左”倾政策，号召掀起普及大寨县运动的新高潮，产生了一些消极影响。

福建省委通过对农业生产的初步整顿，调动了广大农民的生产积极

① 《马兴元同志在省委工作会议上的讲话》，1977 年 4 月 25 日。

② 《廖志高同志在各地市委农业书记和省级各部委办局负责同志会上的讲话》，1978 年 10 月 27 日。

性，促进了全省农业生产的恢复和发展。全省粮食总产量由1976年的120亿斤上升到1978年的145亿斤（不包括社会产量），增长20.8%。各项经济作物、林牧副渔各业和多种经营在两年内也有较大的恢复和发展[①]。

农业生产的恢复和发展，推动了工业生产的整顿。福建省委首先通过深入揭批“四人帮”及其在福建帮派势力破坏工业生产的罪行，以肃清“左”倾思想在工业战线上的流毒和影响。接着通过整顿铁路秩序，以确保工业生产的顺利开展，特别是在铁路系统深入开展以畅通无阻、安全正点、多拉快跑、当好先行为主要内容的社会主义劳动竞赛，确保了铁路运输任务的完成。

1977年5月，主管工业生产的省委常委、省革委会副主任梁灵光在率福建代表团到北京参加全国工业学大庆会议时，根据福建的实际状况，提出了发展福建工业的若干意见：要围绕农业办工业，办好工业促农业，大打以化肥、农药、农业机械为重点的工业支援农业的翻身仗；要充分利用福建的丰富资源和原有工业基础，大力发展轻工业，大搞轻工原料基地，安排好市场供应和人民生活；要狠抓基础工业，集中力量解决钢、煤、电、运输等薄弱环节；要发动群众，走革新、改造、挖潜的道路，努力提高产品质量，不断提高生产机械化和自动化的水平；要大力发展县办工业和社队工业；要解决有关体制和政策问题，并注意搞好综合平衡[②]。这些意见尽管仍旧未能摆脱计划经济的旧框框、旧模式，但在当时的历史条件下，对福建工业生产的整顿和恢复，起到了很好的推动作用。

1978年4月，中共中央作出《关于加快工业发展若干问题的决定》（简称“工业三十条”），对企业整顿提出了明确的要求，对企业的任务、基本制度和工作方法都作了具体规定。福建省委认真贯彻“工业三十条”，切实搞好福建的企业整顿，恢复实行党委领导下的厂长分工负责制，促进了全省工业生产的发展。

此外，省委根据中央的部署，开展了全省第二次工业学大庆运动，

① 《廖志高同志在省委工作会议上的传达讲话》，1979年5月6日。

② 《梁灵光同志在全省广播大会上的讲话》，1977年5月26日。

先后组织工业学大庆工作队深入重点厂矿企业。1977年3月25日至31日，全省第二次工业学大庆会议在福州召开。会议传达贯彻第二次全国工业学大庆会议和全国计划会议精神，总结交流了本省工业学大庆的一些“先进经验”。进一步促进了全省工业生产的恢复和发展。但这次会议也提出和制订了一些不切实际的普及大庆式企业的规划和措施，起到了负面的影响。

福建省委通过对工业生产进行初步的整顿，清理和纠正“左”倾错误思想对工业战线的影响，调动了广大工人的生产积极性，促进了全省工业生产的恢复和发展。全省工业总产值由1976年的42亿元上升到1978年的60亿元，增长43.2%。各种产品的产量、质量和各项经济指标都有不同程度的提高和改善。财政收入由1976年的8.9亿元上升到1978年的14.6亿元，增长64%①。

二、科学教育事业的整顿和初步发展

“文化大革命”是从科学教育战线开始的，整顿这条战线具有特别重要的意义。在党的十届三中全会上重新恢复职务的邓小平，主动要求分管科学教育工作。他否定了曾得到毛泽东批准的“两个估计”②，肯定新中国成立后科教事业取得了很大成就，强调“科学技术是生产力”，指出为社会主义服务的脑力劳动者是劳动人民的一部分，使知识和知识分子重新受到重视，开始了科教领域的拨乱反正。

福建省委抓住时机，通过深入揭批“四人帮”及其在福建帮派势力破坏科学教育事业的罪行，以肃清“左”倾错误思想在科教战线上的流毒和影响；通过整顿，以加强党对科教工作的领导，调动广大知识分子的积极性。

在科学事业方面，省委陆续建立和健全科技部门，调整和充实科技队伍，整顿和恢复一批专业科研机构，以促进全省科技工作的恢复和发

① 《廖志高同志在省委工作会议上的传达讲话》，1979年5月6日。

② 即指“建国后17年教育战线是黑线专政，知识分子的大多数是资产阶级知识分子”的错误估计。

展。1978年2月1日，省委批复省委宣传部，同意成立省哲学社会科学研究所，以加强对哲学社会科学的研究，完整地、准确地学习和宣传毛泽东思想，澄清“四人帮”在理论领域所造成的混乱，进一步发展社会科学事业。9月1日，省委根据中共中央《关于成立国家科学技术委员会的决定》的精神，成立了福建省科学技术委员会，作为省委、省革委会主管全省科学技术工作的部门。省委还将福建物质结构研究所划归省科委代管，将福建省科学技术协会、省地震局、省标准计量局划归省科委领导。并要求各级党委加强对科技工作的领导，指定一位书记或常委分管科技工作，省直各部门、高等院校要成立科技处或科研处，各地（市）、县要成立科委，切实把科技工作搞上去。

1978年3月全国科学大会的胜利召开，扭转了多年来对知识分子的“左”的政策，迎来了科学的春天。9月18日至26日，省委召开全省科学大会，贯彻落实全国科学大会精神，审议并通过省科委提交的《1978—1985年福建省科学技术发展规划（草案）》，明确了本省科学技术发展的目标和任务及实现这些任务的措施。《规划》选定了65项重点科学研究项目，将农业、山林、海洋、亚热带、能源、材料、电子、轻工、医药卫生九个方面的科学技术问题置于突出的地位，要求各地集中力量，争取突破一批对全省国民经济发展具有重大意义的科研项目，取得若干具有国内外先进水平的研究成果，带动全省科学技术为国民经济的恢复和发展作出贡献。大会表彰和奖励了677项优秀科研成果，其中144项荣获全国科学大会成果奖，部分成果达到国内先进水平；并表彰和奖励了一批科研先进集体和先进科技工作者①。

省委还十分重视自然科学事业的发展，重视自然科学研究资源的保护。福建武夷山大竹岚和挂墩一带是世界罕见的动植物新种模式标本的产地，被世人誉为“世界生物之窗”。然而在20世纪70年代末，这一带森林被乱砍滥伐，生态环境遭到极大破坏，生物模式标本产地濒临毁灭的危险。为此，福建农学院教授、民主党派人士赵修复率先发出紧急

① 《全党动员，大办科学，为实现新时期的总任务而奋斗——林一心同志在省科学大会上的报告》，1978年9月18日。

呼吁，希望中央和省有关部门采取紧急措施，把福建武夷山大竹岚和挂墩一带作为自然保护区封闭起来。1978年11月21日，《光明日报》社编印的《情况反映》刊登了赵修复教授的紧急呼吁，从而引起了邓小平的关注。第二天，他作出批示："请福建省委采取有力措施。"① 接到批示后，省委第一书记廖志高即于25日向建阳地委、崇安县委作出指示，要求重视赵修复教授的呼吁，并提出处理办法。在邓小平的关心和省委的重视下，翌年4年，武夷山自然保护区正式成立，为后代保留了一块极为难得的生物资源调查研究基地。

与此同时，福建省委抓紧了教育战线的整顿工作，认真贯彻党的教育方针和各项政策。1977年秋，在"文化大革命"中被废弃的高考制度得到恢复，全国高等院校重新通过统一考试择优录取办法招收新生。以此为契机，福建逐步恢复和建立以教学为中心的学校正常秩序，培养勤奋向上的良好校风和学风；恢复成立福建教育学院，抓紧抓好师资的培训工作；认真办好一批重点中小学，加强基础教育；并从实际情况出发，尽可能地改善办学条件，提高师生的生活条件。

省委还通过改革高等学校的管理体制，加强了对本省高校的管理。除厦门大学列为教育部主管的全国重点大学、厦门水产学院列为农林部主管的全国重点大学外，从有利于发挥教育部门和各业务部门两方面的办学积极性出发，决定在省委统一领导下，采取统管和分管相结合的办法。即由省文教办、省教育局负责统管，师范大学归教育局，医科大学归卫生局，农学院归农业局，林学院归林业局，福州大学归工交办为主分管②。

根据省委整顿教育事业的指示，各地、市委结合实际，采取有力措施，取得了明显的成效。福州市为尽快使教育工作走上正轨，除恢复狠抓教学的光荣传统，建立健全必要的教育制度外，致力于恢复教师队伍建设。1977年，在恢复福州市教育局、教育工会、共青团、少先队、重点校建制的同时，恢复福州师范学校独立建制，复办福州幼儿师范学校，

① 《情况反映》第274期，《光明日报》社编印，1978年11月21日。

② 中共福建省委：《关于我省高等学校管理体制问题的通知》，1978年1月20日。

创建福州师范大专班。1978 年，又复办福州业余大学，将福州教师培训班扩建为福州市教师进修学校，并在 5 个城区教研组的基础上建立 5 个区教师进修学校，还调整管理体制，充实加强领导班子，从而使全市较快地恢复了正常的教学秩序，在 1977 年和 1978 年的高考中均取得好成绩，在全国名列前茅。三明市在整顿教育工作中，采取各种有力措施提高教育质量，并增加教育的投入，改善办学条件，使全市学校逐步走上正规化。

福建省委对科学教育战线的整顿，使全省科学教育事业得到了复苏，广大知识分子受到极大的鼓舞。这也带动了文化、艺术、卫生、体育等各项事业的恢复和发展。一批被长期禁锢的电影、戏剧及其他优秀文艺作品得到解放，文联、作协等群众团体重新恢复工作，各种文艺创作逐步活跃起来，卫生体育事业逐步走上正轨。

三、经济工作中的新失误

粉碎“四人帮”后，广大群众长期被压抑的生产积极性得到了充分的发挥。在全国人民急于挽回因“文化大革命”而耽搁的经济建设时光的情绪的推动下，在经济建设指导思想上又发生了急于求成的倾向，掀起了经济发展中一次新的“跃进”浪潮。与以往经济过热表现不同的是，这次“跃进”除制定一大批超越国家综合国力的经济建设高指标，继续投入大量资金和人力搞大会战之外，还依赖大量借贷外国资金、引进外国设备的手段，因此又被称之为“洋跃进”①。

受中央“洋跃进”的影响，福建省委在经济指导思想上也犯了片面追求高速度、急躁冒进的错误，主要表现在工农业生产搞不切实际、不顾省情的新“跃进”。

一是提出了许多脱离实际的经济发展的高指标。省委号召全省人民及时抓住正在形成的新“跃进”形势，争时间，抢速度，要“革命加拼命”，发扬大庆工人“有条件要上，没有条件创造条件也要上”的艰苦创

① 中共中央党史研究室科研管理部编：《拨乱反正·中央卷（上）》，中共党史出版社 1999 年版，第 350 页。

业精神，尽快夺回被“四人帮”干扰破坏造成的损失；并努力建设大庆式企业，大干苦干三五年，力争改变本省工业落后的基本面貌。到1980年，全省1/2的县属以上工交、基建企业要建成大庆式企业，其中2/3的大中型企业要建成大庆式企业；铁路、邮电两个行业要建成大庆式企业；厦门市要建成学大庆先进市；建成大寨县的，其县办企业2/3以上要建成大庆式企业；1977年和1978年，分别要有5%和10%的工交、基建企业建成大庆式企业。到1980年，工业生产建设的奋斗目标是，工业总产值比1975年增长70%，力争翻一番，为新“跃进”做好各方面的准备。初步建成一个小而全的支农工业体系，基本实现农业机械化；力争年产钢30万吨，铁50万吨，煤600—700万吨，发电量50亿度；县办工业产值要翻一番以上，社队企业收入要达到三级总收入的40%左右。[①] 煤炭、石油、钢铁、化工等各个行业，也开始积极为新的“跃进”进行筹划，制定出大计划。这一系列高指标，在1978年初全国五届人大一次会议后更是达到了极致。省委根据《国务院关于1976年到1985年发展国民经济十年规划纲要》的要求，又提出了一系列大的发展计划，加大建设规模，提高增长速度。这些指标都大大超过了全省人力、物力和财力的承受能力，在当时是不可能实现的。

二是继续推行“农业学大寨”和“普及大寨县”运动，要求在短期内实现农业机械化。省委认为，只要下决心，完全可以在短期内实现高速度发展国民经济的可能，并要求各级党委充分认识到高速度的有利条件，增强高速度的信心和干劲，为建设高标准的大寨县，高速度发展本省农业而奋斗。到1980年，全省1/3以上的县一定要建成高标准的大寨县，基本实现农业机械化，力争粮食产量每年递增8%—10%以上，全省粮食产量、人均粮食占有量和按农业人口提供的商品粮都要赶上全国的平均水平[②]。国务院《1980年基本实现农业机械化的报告》下发后，省委又对农业机械化的实现速度提出了具体要求，要求各级党委用最大

① 中共福建省委:《关于深入开展工业学大庆，普及大庆式企业群众运动的决定》，1977年7月2日。

② 中共福建省委:《关于贯彻全国普及大寨县工作座谈会精神的情况报告》，1977年12月19日。

努力加快实现全省农业的机械化。这种不顾客观条件、不讲求实效地要求“学大寨”，盲目地大搞农田基本建设，到处搬用大寨经验，大搞水平梯田，人造小平原，严重浪费了人力、物力，挫伤了广大农民的生产积极性，并不利于农业增产。在本应让历经十年浩劫后的农民进行休养生息之时，却提出尽快实现农业机械化，是既脱离实际，又脱离群众，也难以实现。

三是盲目扩大基本建设规模，过急过多地引进国内外先进技术设备。省委提出在短期内实现主要经济技术指标达到国内同行业同类型平均先进水平，并努力赶超国内外先进水平的设想，导致基本建设的规模不断扩大，基本建设的战线越拉越长，积累率也越来越高，超过了自身承受能力。同时，省委对于引进部分的先进技术设备，也缺乏认真的调查和可行性研究，不考虑自身的消化能力，不注意综合平衡，不讲求实效，过急过多地盲目引进，从而加重了财力负担。

福建省委在经济指导工作中的新失误，给全省刚刚恢复的国民经济造成了新的困难。首先，加剧了全省国民经济各部门比例关系的失调。由于安排基本建设投资过多，造成积累率过高，势必要挤了农业和轻工业的发展，特别是挤了人民的消费，导致人民的生活未能及时得到改善，人民的吃穿用未能很好地安排，职工的福利、住宅、城市建设、环境保护、文教卫生等长期以来积压的许多问题未能得到解决，从而加剧了积累和消费之间比例关系的失调。再加上仍然过分强调发展重工业，而挤了农业和轻工业，造成了农业与工业以及农轻重之间的比例关系进一步失调。其次，由于仍然继续沿用在“以阶级斗争为纲”的框架内“抓纲治省”的口号，使经济体制上存在的许多弊端未能得到及时清除，加上煤炭、电力供应紧张，许多企业的管理和市场流通领域依然混乱，基本建设战线过长，投产慢，浪费大，导致在建设、生产、流通等各个领域的经济效益都比较低。

在全省国民经济刚刚经历十年动乱的大破坏后亟须休养生息之时，福建省委却错误地发动了新的“跃进”，这固然是由于受中央发动“洋跃进”的影响，但也由于省委未能彻底地清理经济工作长期存在的“左”的错误指导思想，再加上对当时经济发展的困难和问题估计不足，重视不够，在指导思想上犯了急于求成的错误。显而易见，新“跃进”严重违背了实事求是、量力而行的原则，违反了客观经济规律，无论是从全省的财力、物力、人力（技术力量），还是从全省的资源和建设需要来看，这样的国民经济发展规划都超出了实际的可能，是无法实现的。它给全省国民经济的恢复和发展造成了新的困难，全省经济工作因此出现了虽有所前进却发展缓慢的徘徊局面。

第二节　实现伟大的历史转折

一、真理标准问题讨论的开展

在粉碎“四人帮”后的重大历史转折关头，“两个凡是”的错误方针，却得到普遍宣传。这种拒绝对事物作任何分析的方针，在理论上违背了马克思主义基本原理，在实践上为新形势下坚持真理、修正错误设置了障碍，结果导致党和国家的工作在前进道路上出现徘徊局面。

在广大干部群众对拨乱反正的强烈要求下，一批干部和理论工作者开始挣脱“两个凡是”的束缚，在不同场合讨论关于真理的标准问题，并酝酿撰写文章。1978 年 5 月 10 日，中共中央党校内部刊物《理论动态》发表了胡耀邦审定的《实践是检验真理的唯一标准》一文。5 月 11 日，《光明日报》以特约评论员的名义发表该文，对实践是检验真理的唯一标准这一科学论断作出结论。尽管该文只是对马克思主义的基本常识作正面阐述，实际上却是从根本理论上否定了“两个凡是”的错误方针，吹响了解放思想的第一声号角，因而立即引起了“两个凡是”同实事求是两种观点的激烈争论。但由于“两个凡是”错误思想的影响相当顽强，该文的观点受到了部分领导人的强烈指责。真理标准问题的讨论面临着巨大的压力。

在福建，《福建日报》于 5 月 12 日全文转载了《光明日报》的文章。9 月 11 日，省委第一书记廖志高在《人民日报》上发表题为《弄清楚实践是检验真理的唯一标准，对发扬党的实事求是作风有重要意义》的文章，公开表态支持这场讨论，认为“这是哲学上的一个带根本性的理论问题，是一个思想路线问题，是对马列主义、毛泽东思想的根本态度问题，是关系到党和国家前途和命运的大问题。”① 9月18日，省委书记林一心在全省科学大会上指出：“承认不承认实践是检验真理的唯一标准，是不是实事求是、一切从实际出发，是搞唯物论还是搞唯心论的分水岭，是关系到党的思想路线和政治路线的问题，是真高举毛主席的旗帜，还是假高举毛主席的旗帜的问题。”②

真理标准问题的讨论，得到了福建哲学界的热烈响应和支持。9月15日至23日，省哲学学会在福州召开理论与实践问题讨论会。会议贯彻“百花齐放，百家争鸣”的方针，坚持实事求是，充分发扬民主，不抓辫子，不扣帽子，不打棍子，采用大小会结合、系统发言和即席发言相结合的形式，各抒己见，时有交锋，开得生动活泼。与会者主要围绕“当前这场争论的实质和重大意义是什么”“为什么检验真理的标准只能是社会实践”“被实践检验过的真理能不能作为检验真理的标准”“实践检验理论和理论指导实践的辩证关系”“逻辑证明和实践检验的关系”等问题展开了热烈讨论。通过列举林彪、“四人帮”否认实践是检验真理的唯一标准所造成的严重恶果，多数与会者认为检验真理的标准只能是社会实践，不能有其他标准；同时充分认识到，开展真理标准问题讨论，对于肃清“左”倾错误的流毒和影响，维护党的理论基础，坚持党的优良传统具有重要意义，是关系到党和国家前途命运的大问题。闭幕会上，省委宣传部负责同志对全省开展真理标准问题的讨论作出部署，要求各地、市委把真理标准问题的讨论更加广泛地开展起来。各地（市）、县和各大学都要召开讨论会；中学政治课要向学生讲解这场讨论的意义和坚持实践是检验真理唯一标准的重要性；各工

① 廖志高：《弄清楚实践是检验真理的唯一标准，对发扬党的实事求是作风有重要意义》，《人民日报》1978年9月11日。

② 《全党动员，大办科学，为实现新时期的总任务而奋斗——林一心同志在省科学大会上的报告》，1978年9月18日。

厂、农村要进行宣传教育；报纸也要组织有关这场讨论的文章。总之，要把这场讨论作为向广大党员、干部和群众进行辩证唯物主义认识论的一次教育。

会后，各地区、各部门陆续召开了规模不等的真理标准问题讨论会。省委党校第二期轮训班专门开展真理标准问题的讨论。学员们各抒己见，畅所欲言，澄清了一些模糊认识，明确了实践是检验真理的唯一标准这一理论问题和政治问题的重要性，促进了思想解放。

龙溪地区召开全区性理论讨论会，讨论实践是检验真理的唯一标准问题，并对各县、市召开讨论会作出具体部署。到 11 月上旬，全区召开过真理标准问题讨论会的有漳州、东山、诏安、南靖、平和、龙海、长泰等县；云霄县委党校在轮训内容中增加了理论与实践的关系这一课，并在学员中展开热烈讨论；华安县一中还在广大师生中进行实践标准的宣传教育；龙海县委在落实政策时，联系实际，开展真理标准问题的讨论，较好地澄清了“左”倾错误所造成的思想混乱，使广大干部群众初步分清了是非，统一了认识，有效地推动了党的政策在该县的落实。

龙岩地委顺应党内外广大干部群众的普遍要求，在全区范围内展开了一场真理标准问题的大讨论。龙岩地委首先召开常委、副专员学习会，结合闽西实际，从生产、生活等方面进行真理标准问题讨论，并帮助广大干部群众排除思想顾虑，明确真理标准问题讨论的实质和意义。接着，为把真理标准问题讨论开展到基层，龙岩地委在党校举办了全区公社宣传委员读书班，结合各自的工作实践，以县为小组，对真理标准问题展开讨论，并进行大会交流。随后，龙岩地委召开实践是检验真理唯一标准问题的理论讨论会，澄清了广大干部群众思想中存在的模糊认识，开阔了眼界，提高了思想理论水平，为正确贯彻执行党的路线方针政策奠定了基础。

真理标准问题的讨论，使全省广大党员、干部和群众在一定程度上解除了精神上的禁锢，敢于面对现实思考问题，为克服思想僵化、开动脑筋开辟了道路，为全省各个领域内的全面拨乱反正在政治上、思想上和组织上准备了前提条件，为省委重新确立实事求是的思想路线，纠正长期以来的“左”倾错误，带领全省人民走出徘徊局面，实现历史性转折奠定了坚实的思想理论基础。但就全省来说，对于这场意义重大的讨论，开展得还不够深入，有一段时间只限于在省内理论界和部分实际工作者中开展讨论，而且发展很不平衡。有些地区只是根据报刊上的宣传报道进行一般性的学习和讨论，不敢敞开思想，展开深入讨论，更不敢触及敏感的实际问题，因此未能彻底清除“左”倾思想的余毒，导致在实际工作中走了一些弯路。

二、真理标准问题讨论的“补课”

党的十一届三中全会对真理标准问题讨论进行充分肯定和高度评价，从根本上冲破了“两个凡是”的束缚，重新确立了解放思想、实事求是的思想路线，实现了思想路线的拨乱反正。但在福建，由于一些同志仍然受“左”倾思想的束缚，对三中全会确定的路线、方针、政策表现出某种不理解，有的把真理标准问题的讨论，尤其是否定“两个凡是”同坚持四项基本原则对立起来。针对这种思想僵化的状况，福建省委在贯彻三中全会精神时作出开展真理标准问题讨论“补课”的决定，以促进人们的思想解放。

1979年1月起，省委分段召开全省理论工作务虚会，讨论社会主义时期的主要矛盾、阶级和阶级斗争、对“文化大革命”的评价等重大政治理论问题，同时在报刊和广播电台上广泛宣传十一届三中全会的思想路线、政治路线和组织路线。这对全省进一步解放思想，深入开展真理标准问题讨论的“补课”起了舆论导向作用。

6月8日至17日，省委召开全省党的思想理论工作会议，进一步宣传开展真理标准问题讨论的重大意义，把思想统一到十一届三中全会精神上来，为实现社会主义现代化扫除思想障碍。会议要求坚决肃清极左思潮的流毒和影响，端正思想路线，在全省党员、干部和群众中进一步开展真理标准问题讨论的“补课”。没有讨论的地区要积极行动起来，并使之逐步深入到群众中去，深入到实际工作中去，各级领导干部更要带头学习和弄清这一问题。

会后，全省九个地、市和绝大部分县、区委都召开常委扩大会，传达贯彻中央和省委关于普遍深入开展真理标准问题学习讨论的重要指示，全省范围内的真理标准问题讨论才真正开展起来。福州市委召开真理标准问题的讨论会，从回顾半年多来的工作入手，面向福州的实际，研究如何解放思想，开动机器。随后，各县、区委和各部、委、办、局、公司党委结合传达全市真理标准问题讨论会精神，广泛组织了讨论会或学习班，把真理标准问题的讨论自上而下地深入开展下去。宁德地委召开地直机关政工干部会议，对全区范围内深入开展真理标准问题讨论"补课"进行思想动员。随后，地委又批转地委宣传部《关于路下公社真理标准问题讨论会情况报告》，要求各地仿效路下公社在基层开展真理标准讨论中摸索出的一些经验，切实从上到下，由点到面，认认真真地补好真理标准讨论这一课。三明地委也于9月初召开地委常委和各县（市）委书记会议，认真学习和讨论实践是检验真理唯一标准的问题，并强调各级领导必须带头补学这一课。

为了促进全省真理标准问题讨论"补课"的进一步开展，福建省委于9月12日至23日召开全省理论讨论会，再次组织理论界和部分实际工作者深入开展关于真理标准问题的学习和讨论。省委常委蔡黎在会上作了《深入开展关于真理标准问题的学习和讨论》的报告。省委书记金昭典在会上对理论指导和实践检验的关系，坚持实践标准、解放思想和坚持四项基本原则的关系以及肃清林彪、"四人帮"极左思潮的流毒等需要进一步解决的认识问题作了阐述。讨论会结束后，《福建日报》发表了评论员文章《深入讨论真理标准，进一步解放思想》。指出，要进一步解放思想，就要深入进行真理标准问题的学习和讨论，以实践作为检验真理的唯一标准，从林彪、"四人帮""左"倾错误的影响下解放出来，从官僚主义和小生产习惯的影响下解放出来，从主观主义和个人主义思想的束缚下解放出来。

同时，此间召开的省委工作会议也把深入讨论真理标准问题作为一项重要内容。指出，对党中央的政治路线和现行的一系列方针政策是不是真正地拥护、自觉地贯彻执行，是一个很重要的问题，而这又是同思想路线端正与否有很大关系。因此，必须密切联系实际，着重解决现实问题，不要搞任何的形式主义；要继续解放思想，进一步肃清林彪、"四人帮"的流毒和影响，深入学习和讨论真理标准问题，提高全省广大党员、干部和群众贯彻执行党的路线方针政策的自觉性；要勇于实践，认真调查研究，充分走群众路线，敢于负责[①]。

通过真理标准问题讨论的“补课”，大家普遍认识到，这场在全国范围内开展的关于真理标准问题的大讨论，决不仅仅是宣传部门的事和理论界的理论之争，而是一场深刻的马列主义、毛泽东思想教育活动，是两种世界观、两种思想路线的斗争，是关系到党和国家前途命运的大问题。只有坚持实践是检验真理的唯一标准，才能彻底肃清林彪、“四人帮”的流毒和影响，不断改造世界观，进一步发扬党的群众路线和实事求是、一切从实际出发、理论联系实际的优良传统作风。只有深入讨论真理标准问题，才能进一步端正思想路线，更好地坚持四项基本原则，严格执行党的路线、方针、政策；才能正确总结经验教训，顺利解决历史遗留问题；才能不断解放思想，研究新情况，解决新问题。

全省各地关于真理标准问题讨论的“补课”虽然取得了一定的成绩，但由于“左”的思想影响仍未彻底清除，“补课”的开展仍不平衡。如建阳地委因当时主要领导人受“左”的思想影响较深，对省委真理标准问题讨论“补课”的精神仅作一般传达，并没有认真地进行贯彻，也没有组织专题学习和深入展开讨论，就草草了结，实际上没有起到“补课”的作用，从而影响到十一届三中全会精神在该地区的贯彻落实。

三、拨乱反正和实现工作重点转移

1978年，中国历史开始了又一次重大转折。11月10日至12月15日，中共中央召开工作会议，就中央政治局根据邓小平建议提出的全党工作重点转移问题进行了认真讨论。与会同志一致同意中央提出的从1979年起把全党工作着重点转移到社会主义现代化建设上来的战略决策。会议本来是侧重于讨论经济工作的，但是，在与会同志强烈要求下，会议围绕当时党内外普遍关心的真理标准讨论、端正党的思想路线、平反冤假错案等问题展开，要求确立党的实事求是思想路线的呼声更为强烈。在闭幕式上，邓小平作了题为《解放思想，实事求是，团结

① 《廖志高同志在省委工作会议上的总结发言》，1979年9月23日。

一致向前看》的重要讲话，指出：只有解放思想，坚持实事求是，一切从实际出发，我们才能正确地以马列主义、毛泽东思想为指导，解决过去遗留的问题，解决新出现的一系列问题。邓小平的讲话为随即召开的十一届三中全会提出了基本的指导思想，实际上成为十一届三中全会的主题报告。

1978 年 12 月 18 日至 22 日，党的十一届三中全会在北京召开。全会批判了“两个凡是”的错误方针，充分肯定了必须完整地、准确地掌握毛泽东思想的科学体系，高度评价了关于真理标准问题的讨论，并从党和国家生死存亡的高度，深刻阐明了端正党的思想路线的极端重要性，重新确立了解放思想、实事求是的思想路线；认真讨论了党的工作重点转移问题，果断地停止使用“以阶级斗争为纲”的口号，及时作出了从 1979 年起把全党工作重点转移到社会主义现代化建设上来的战略决策，实现了政治路线方面最根本的拨乱反正；审查和解决了历史上一批重大冤假错案和一些重要领导人的功过是非问题，恢复了正确的组织路线。

这次全会是在重要历史时期召开的一次具有转折性意义的会议，党的指导思想开始了从“以阶级斗争为纲”到以经济建设为中心、从僵化半僵化到全面改革、从封闭半封闭到对外开放的历史性转变，开始全面展开了党在思想、政治、组织等领域的拨乱反正，揭开了中国改革开放的序幕，开创了中国社会主义建设的新时期，成为建设中国特色社会主义道路的新起点。

为了传达、学习、贯彻中共中央工作会议和十一届三中全会精神，讨论如何把党的工作重点转移到社会主义现代化建设上来，1979 年 1 月 3 日至 23 日，中共福建省委在福州召开工作会议。会议认真学习和讨论了中央工作会议和十一届三中全会的有关文件，对本省一些路线上的大是大非问题提出了意见；联系实际讨论了福建如何把工作重点转过来，把生产建设特别是把农业生产搞上去的问题。

会议期间，福建省委第一书记、省革委会主任廖志高作了《关于我省过去有关路线是非问题的若干重大问题》的讲话，指出，“文化大革命”以前的 17 年，成绩是主要的，全省广大军民对福建的社会主义革命和建设事业，是作出了重大贡献的；为受林彪、“四人帮”迫害的叶飞等同志彻底平反，抓紧所有的冤假错案的平反昭雪，解决这些问题的目的，是为了分清路线是非，统一思想认识，向前看，顺利实现工作重心的转移。省委书记、省革委会副主任马兴元就农业问题作了发言。会议还学习讨论了中共中央《关于加快农业发展若干问题的决定（草案）》和《农村人民公社工作条例（试行草案）》。

会议完全拥护中央关于全党工作重点转移和三中全会的其他各项决定。认为本省具备了实现工作重点转移的有利条件：清查工作完成了阶段性任务；“双打”斗争在全省取得显著成果；在全省深入揭批“四人帮”的罪行，分清了是非，提高了干部群众的觉悟；对县以上各级领导班子和大部分公社一级领导班子进行了整顿；平反冤假错案取得阶段性成果，复查 13 万余件，平反 2.2 万余人；特别是在“文化大革命”期间遭败坏的党的优良传统和作风正在恢复和发扬，全省安定团结的局面正在形成。这些为全省实行工作重点转移提供了政治思想、组织方面必不可少的条件。粉碎“四人帮”后，全省国民经济逐步摆脱了干扰破坏，各方面取得一定发展，为工作重点转移准备了经济方面的条件。以经济建设为中心，把福建的国民经济搞上去，完全符合全省人民的迫切愿望和根本利益，将会受到广大群众的坚决拥护和支持。福建山多海阔、华侨众多等特点，都将促进党的工作重点转移和经济建设的发展。

廖志高强调指出，要实现工作重点转移，首先，要从思想上真正的转过来，摒除“以阶级斗争为纲”的“左”倾错误，明确全党的中心工作就是社会主义现代化建设，其他工作都必须围绕这个中心工作；其次，必须巩固和发展安定团结的政治局面；第三，要把各方面的力量集中到生产建设上来，把已有的人力、物力和财力尽可能地集中使用到生产建设上；第四，必须加强领导班子建设，改进领导方法和工作作风，深入批判极左路线，有效地清除错误思想的影响，解放思想，拨乱反正，以保证全党的工作着重点转移的顺利实施①。

---

① 《廖志高同志在省委工作会议结束时的讲话》，1979 年 1 月 23 日。

会议确定要善始善终地把清查和“双打”遗留问题处理好，认真解决历史上有关路线是非的若干重大问题，抓紧冤案、假案、错案的平反昭雪工作，采取坚决措施，进一步解决由于林彪、“四人帮”干扰破坏而长期积累下来的有关群众生产和生活方面的问题。

省委工作会议结束后，各地（市）、县迅速传达贯彻十一届三中全会和省委工作会议精神，一致拥护中央关于全党工作着重点转移的伟大决策，并紧密结合本地区实际情况，讨论确定把工农业生产搞上去的各项措施。

随着党的十一届三中全会及省委工作会议精神的贯彻，全省上下进一步解放思想，联系实际，深入批判极左思潮，肃清其流毒和影响。通过学习和总结历史经验，广大干部群众提高了认识，真正把工作重点转移到现代化建设上，集中精力搞生产建设，从领导思想、组织机构、管理体制、工作方法、思想作风等方面实现大转变。

省委、省革委会各部门结合本部门实际，努力实行工作重点的转变。全省宣传工作从过去重点宣传两条路线斗争转到着重宣传经济建设，宣传党的工作重点转移的伟大意义，宣传为实现工作重点转移必须巩固和发展安定团结的政治局面等。通过宣传，教育干部群众向前看，顾大局，讲团结，把全省人民的思想和行动统一到党的十一届三中全会路线上来。同时广大思想理论工作干部也适应工作着重点的转移，把注意力转移到经济工作方面，学习经济、研究经济，以更好地适应转移，做好宣传工作。

在具体工作中如何实现工作重点转移，省委、省革委会提出，一定要抓好农业这个基础，要夺取当年农业大丰收。省委工作会议后，接着召开了全省农业局长会议，认真贯彻三中全会和省委工作会议精神，讨论本省农业问题。廖志高、马兴元、许亚都到会讲了话。会议讨论了全党工作重点转移后农业部门怎样转变思想以及工作重点和工作作风。首先，要肃清林彪、“四人帮”极左思潮的流毒，进一步解放思想，落实好党对农业干部、科技人员的政策，调动他们的积极性，维护安定团结，使农业部门上下一条心，拧成一股绳，共同把农业工作搞好。其次，农业部门要树立以农业为基础的思想，以搞农业为荣。各级农业领导干部要积极参加农业技术的轮训。逐步建立和健全农业的领导干部和技术人员的考核制度，努力提高农业科学技术和管理水平。第三，发扬党的优良作风，大搞调查研究，一切从实际出发，按照客观经济规律和自然规律办事，因地制宜，分类指导。搞好农业技术示范推广工作，在各级农业干部中实行岗位责任制①。

千方百计把生产搞上去，这是贯彻党的工作重心转到经济建设上的具体体现。各地农业部门根据计划安排，狠抓夺取当年农业全面丰收的关键性措施，指导大队、生产队保质保量地搞好春耕生产。在粮食生产上狠抓种植面积，发动群众按计划种足种好早、中、晚稻、番薯和杂粮，力争多种高产多收；狠抓粮种，扩大杂交水稻种植面积；狠抓肥料，大积农家肥，管好紫云英，发展绿肥种植，推广球肥深施和根外追肥等先进施肥技术；搞好农田水利建设，推广农业机械化，树立抗灾夺丰收的思想。在抓好粮食生产的同时，大抓多种经营和社队企业。

在工作重点转移过程中，龙海县委行动迅速，很快把工作重心、领导力量集中到农业上。县委 11 名常委和 4 名革委会副主任，确定 2/3 以上的成员抓农业。党政机关、工交、财贸部门和各行各业，迅速把自己工作的重点转移到服务农业、促进农业生产发展的轨道上来，并逐步向农业生产区域化、专业化、机械化方向发展。根据“全面发展”的方针，全县规划当年新建、扩建竹木基地、油茶、油桐基地、果林基地、海产养殖基地，支持社队兴办工厂、企业。为了使基层干部的思想作风和工作方法实现大转变，坚决克服瞎指挥和强迫命令，克服衙门作风，县委带头改革机关行政层次，实行干部分级管理和权限下放，充分发挥局、部、办的职能，提高工作效率，多下基层蹲点②。

对于工交战线着重点转移的问题，省委提出四点意见：思想上来一个大解放，解除批“唯生产力论”“物质刺激”“利润挂帅”等对人们思想的束缚，摆脱小生产方式和旧习惯势力的影响，改变“小而全”“大而全”的做法，解放思想，大胆按经济规律办事；管理上来一个大改革，改变以

① 《一定要夺取今年农业大丰收》，《福建日报》1979 年 3 月 15 日。

② 《怎样把工作着重点转移到现代化建设上来？》，《福建日报》1979 年 2 月 7 日。

政代企的行政管理体制，采取先进的科学管理方式，提高专业化水平，给企业更多的经营管理自主权，积极推行合同制，实行经济核算，把国家、企业和职工个人的物资利益结合起来，落实按劳分配原则，推行民主管理等；科学技术来一个大发展，向外国学习，引进先进技术，推广新技术、新工艺、新材料的运用等；领导作风来一个大转变，脚踏实地、雷厉风行，改变左顾右盼、拖拖拉拉的作风，恢复实事求是，真抓实干的作风①。

按照省委的部署，省直各部门在工作重点转移中，努力从单纯依靠行政命令、行政区域、行政层次的办法，转到按照经济规律办事；从闭关自守转到积极地引进先进技术，利用国外资金，大胆进入国际市场；从单一计划调节转到计划和市场调节相结合；从偏重年度计划和日常事务工作，转到以搞中长期计划为主，提出长远性的任务和战略。省计划部门还注意从单纯追求新建、扩建项目来增加生产，转向注意挖潜、革新、改造，充分发挥原有企业的作用；从过去眼睛向上，伸手向国家要钱要物，转向立足本身，充分利用本省的资源和有利条件，积极发展对外贸易和轻工业②。省水利部门积极把水利工作的着重点转移到加强管理上。过去，水利建设存在“重工程轻效益，重数量轻质量，重兴建轻管理”的问题，造成摊子大，质量差，管理工作薄弱，工程效益得不到发挥。为了改变这种状况，各级政府和水利部门切实加强水利管理工作，根据“安全、效益、综合经营”三项任务要求，健全灌区组织的统一管理，严格用水管理和工程管理制度，加强“三查三定”（查安全、定标准，查效益、定措施，查综合经营、定发展计划），实行责任制，加强经营管理，发挥综合效益③。

省农科院为了迎接战略性转变，真正把工作重点转到以科研为中心，促进农业科研工作的大干快上。为此，召开了院属 8 个研究所和各地市农科所所长、重点课题负责人参加的农业科研计划会议，研究制定

① 《把主要精力转到生产建设上来，搞好经济管理改革，加速工业现代化步伐——王炎同志在省委工作会议上的发言》，1979 年 1 月 16 日。

② 福建省计划委员会：《1997 年国民经济计划的安排》，1979 年 6 月 3 日。

③ 福建省水电厅：《关于把水利工作的着重点转移到管理上来的报告》，1981 年 9 月 7 日。

了农业科研计划，有66个研究项目、174个课题被列入计划。为保证科研计划的实施，农科院从领导思想、工作作风、组织机构、科研管理及后勤等方面进行转变，进一步健全党委领导下的所长分工负责制，建立科研工作岗位责任制，对科研人员实行定方向、定课题、定人员、定设备、定制度，开展科研协作攻关，保证了科研计划的顺利完成①。

省教育部门则把工作着重点转到以教学为中心，全面贯彻党的教育方针，努力提高教学质量方面上来。各级党委和教育部门尽量给学校创造抓教育、抓质量的条件，学校领导把主要精力放在抓教学上，注意抓提高教学质量，改进教学方法，大力抓好课堂教学、开展电化教学，加强实验，克服片面追求升学率的现象，使教学质量大大提高。

文化部门坚持“两为”方向，把工作重点转到农村群众文化事业上，开展健康、有益的文化娱乐活动。各专业剧团、电影放映单位等面向农村，为农民服务，满足农村群众的文化生活需要。

总体而言，福建省委推动全省积极行动，认真贯彻党的十一届三中全会精神，把工作重点切实的转移到社会主义现代化建设上来，冲破了过去不敢谈论经济价值的禁区，敢于实事求是，对生产制度、规模进行合理的调整，干部的思想、工作作风都有较大的改变。福建省委在思想路线、经济战线上都取得了拨乱反正的决定性胜利，实现了粉碎“四人帮”以来的伟大历史性转变。这一历史性的转变，从政治、经济、思想、文化等各个方面为福建全面开创社会主义现代化建设的新局面打下了良好的基础。

① 《省农科院集中精力搞好农业科研》，《福建日报》，1979年2月19日。

修订后记

2021年10月，中央党史和文献研究院下发《关于组织出版〈中国共产党历史（地方卷）集成·社会主义革命和建设时期〉的通知》（中研院办发〔2021〕67号），福建省委党史方志办室务会议高度重视，组织工作专班部署启动了《中国共产党福建历史》第二卷的修订工作。

《中国共产党福建历史》第二卷的修订有一个很好的基础。根据中共中央党史研究室的部署，2008年9月，福建省委党史研究室就编纂完成了《中共福建地方史·社会主义时期》（1949—2007），由中央文献出版社出版，这在全国走在前列。该书由林强主编，钟健英、郑复龙、黄超凡副主编。执笔人员是：林强（绪论、第八至十章、后记），黄超凡（第一至十章），钟健英（第十一至十四章），陈宜淳、王爱菊（第十五至十九章），杨占城（第二十至二十一章）。钟健英、郑复龙、黄超凡阅改了史稿有关部分。全书由林强总纂统稿，林玉涵、林强审定，陈雄审签。

对于《中国共产党福建历史》第二卷的修订，原中共福建省委党史研究室逄立左主任也很重视并开始着手，采取省、市、县上下联动的办法组织编写中共福建党史二卷，形成系列丛书。至2021年底，全省已出版42部地方党史二卷。同时开展了社会主义革命和建设时期专题研究，并编辑《福建社会主义时期党史专题文集（1949—1978年）》第一辑、第二辑，由中共党史出版社公开出版，共收录文稿53篇。全省各设区市委及县（市、区）委党史研究室积极组织力量开展社会主义革命和建设时期党史资料征集与汇编、专题研究等工作，编纂出版有关书籍。还向中央党史研究室和福建省有关老领导、老同志征求《中共福建地方史·社会主义时期》(1949—2007)中1949年至1978年部分内容的修订意见。原中央党史研究室郑谦、张化、武国友,省领导游德馨、何少川,老领导程科和老同志曾梅生对有关问题提出了修改意见。这些工作为《中国共产党福建历史》第二卷修订做好了前期准备。

《中国共产党福建历史》第二卷修订工作由黄誌主任主持,得到林浩、曹宛红副主任、戴振华、钟健英二级巡视员的支持配合。由王盛泽副主任牵头负责,研究二处具体承担修订工作。参加修订工作的人员及分工如下:李顺禹负责绪论和第一章至第十章,毛立红、方雯负责第十一章至第十四章,王爱菊负责第十五章至第十九章,温雪勇负责第二十章至第二十一章。全书最后由王盛泽副主任负责修改和统稿。并报经室务会议研究审定。

为了做好修订,修订人员以高度的政治责任感,加强学习,收集学术新观点和有关党史资料,以严谨的态度,科学的精神推进这项工程。先后向黄超凡、钟健英、杨占城、吴明刚以及各设区市委党史方志研究室、平潭综合实验区党工委党校征求意见,他们及大部分市就有关部分提出了很好的建议与意见。

《中国共产党福建历史》第二卷修订工作,坚持以习近平新时代中国特色社会主义思想为指导,以习近平总书记对党的历史和党史工作论述为指针,坚持正确党史观,按照《关于建国以来党的若干历史问题的决议》和《中共中央关于党的百年奋斗重大成就和历史经验的决议》精神,坚持与《中国共产党简史》《中国共产党历史》(第二卷)和《中国共产党的一百年》的体例、口径、观点相一致,在保留原著基本内容和优点基础上,充分吸收近年来福建社会主义革命和建设时期党史研究的一些新材料、新成果、新观点。在结构调整、史实考证、内容增删、文字表述和注释规范等方面下了很大功夫。当然,由于资料及能力和水平所限,难免存在不足之处,敬请批评指正。

《中国共产党福建历史》第二卷的编纂和修订出版,是在中共福建省委领导下,在省委领导的直接关心和指导下进行的,更是各有关部门支持和参与同志们共同努力的结果、集体智慧的结晶。在此,真诚感谢省委办公厅、省委宣传部、福建日报社、省档案馆等提供宝贵资料,特别是中共中央党史和文献研究院及中共党史出版社的帮助与支持。感谢为此书的修订出版提供大力支持的所有单位和同志们。

习近平总书记强调指出："我们党的一百年，是矢志践行初心使命的一百年，是筚路蓝缕奠基立业的一百年，是创造辉煌开辟未来的一百年。回望过往的奋斗路，眺望前方的奋进路，必须把党的历史学习好、总结好，把党的成功经验传承好、发扬好。"相信《中国共产党福建历史》第二卷（1949—1978）的修订出版，对进一步推进福建省党史学习教育常态化长效化，引导全省广大党员干部深刻把握"两个确立"的决定性意义，增强"四个意识"、坚定"四个自信"、做到"两个维护"，弘扬伟大建党精神，实现福建高质量发展超越，以实际行动迎接党的二十大胜利召开，都将发挥重要作用。

丛书后记

历史是最好的教科书。党的十八大以来，以习近平同志为核心的党中央高度重视党史和文献工作。全国党史和文献部门深入贯彻落实习近平总书记关于党史和文献工作的一系列重要论述，扎实开展党史研究和编写工作，推出系列党史编研成果，充分发挥了以史鉴今、资政育人的作用。

为庆祝中国共产党成立100周年，中央党史和文献研究院组织各省（自治区、直辖市）党史和文献部门编写和修订本地区新民主主义革命时期的中国共产党历史基本著作，由中共党史出版社推出《中国共产党历史（地方卷）集成·新民主主义革命时期》（简称“一卷集成”），为开展党史学习教育和“四史”宣传教育提供了重要读本，受到社会各界的好评。

为迎接党的二十大胜利召开，深入贯彻落实中共中央办公厅《关于推动党史学习教育常态化长效化的意见》，“推动正确党史观更深入、更广泛地树立起来，让正史成为全党全社会的共识”，中央党史和文献研究院组织《中国共产党历史（地方卷）集成·社会主义革命和建设时期》（简称“二卷集成”）编写出版工作，用党的光辉历程和伟大成就鼓舞斗志、明确方向，用党的光荣传统和优良作风坚定信念、凝聚力量，用党的实践创造和历史经验启迪智慧、砥砺品格，为实现中华民族伟大复兴的中国梦提供不竭精神动力。

“二卷集成”编写出版工作，坚持以习近平新时代中国特色社会主义思想和习近平总书记关于党史、文献工作的重要论述为指导，以党的第二个历史决议、第三个历史决议为遵循，注重吸收最新研究成果。中央党史和文献研究院院务会高度重视此项工作，曲青山院长给予大力指导。各地党史和文献部门积极配合，26个省（自治区、直辖市）完成了“二卷集成”的编写出版任务。“二卷集成”的出版，是全国党史和文献部门向党的二十大献上的一份厚礼！

党有所需，史有所为。编写出版中央和地方党史基本著作，是党中央赋予全国党史和文献部门的重要职责。我们将继续做好后续集成丛书的编写出版工作，全面系统讲好党的历史，修好红色家谱，为广大党员干部群众在新时代新征程深入学习党史、从党史中汲取前进的智慧和力量，不断作出新的贡献。

中央党史和文献研究院第七研究部

2022年9月